L'OFFENSIVE MORALE

des Allemands en France pendant la Guerre

L'ASSAUT DE L'AME FRANÇAISE

PAR

LOUIS MARCHAND

OFFICIER INTERPRÈTE — AGRÉGÉ DE L'UNIVERSITÉ

PRÉFACE DE

M. MAURICE BARRÈS

DE L'ACADÉMIE FRANÇAISE

LA RENAISSANCE DU LIVRE

78, BOULEVARD SAINT-MICHEL, 78

L'OFFENSIVE MORALE

L'Assaut de l'Ame Française

L'OFFENSIVE MORALE

des Allemands, en France, pendant la Guerre

L'Assaut de l'Ame Française

PAR

LOUIS MARCHAND

OFFICIER INTERPRÈTE, AGRÉGÉ DE L'UNIVERSITÉ

Préface de M. MAURICE BARRÈS

DE L'ACADÉMIE FRANÇAISE

... Lisez dans le détail ce rapport éblouissant qui jette, sur tout ce que nous avons entendu au cours de cette guerre, de mortelles clartés.

MAURICE BARRÈS

PARIS

LA RENAISSANCE DU LIVRE

78, Boulevard Saint-Michel, 78

Il a été tiré de cet ouvrage 20 exemplaires hors-série sur papier pur chiffon Lafuma numérotés de 1 à 20.

A LA MÉMOIRE

DE MES 90 ÉLÈVES

TUÉS PAR LES ALLEMANDS

PRÉFACE

C'est ici un livre d'histoire et un acte de salut public.

M. Louis Marchand nous mène dans les sapes que les Boches creusent sous notre patrie. Son travail est passionnant, dramatique et utile. De ces ténèbres où il nous guide on rapporte d'éclatantes lumières. L'esprit en sort déniaisé.

Edgar Poe n'a rien écrit de plus romanesque. Mais qu'est-ce qu'un roman imaginaire auprès de ces pages où tout le temps il s'agit de notre vie ou de notre mort !

Les Allemands qui se piquent de *Völkerpsychologie*, de psychologie des peuples, ont étudié dans un but pratique nos façons de sentir. En 1870 Bismarck, avec son ton coutumier d'allégresse méchante, observait que pourvu qu'on nous parle de liberté, on peut impunément nous bâtonner ; à la veille de la dernière guerre, Bulow recommandait que l'on tînt compte, pour s'en méfier et pour s'en servir, de nos « fièvres françaises » et de nos aptitudes à la générosité ; tous notaient comme un point de faiblesse dont il fallait savoir profiter notre « chevalerie », que déjà Mommsen avait bafouée de sa méprisante admiration. Nous avons de naissance une disposition à l'émotivité humanitaire. Les Allemands ont recherché méthodiquement quel parti ils en pouvaient tirer. Leurs officiers d'état-major ont dressé un plan de l'âme française avec ses centres de résistance, ses escarpements, ses abîmes, ses cachettes, ses points faibles et ses voies d'accès.

Avait-ils déjà une esquisse de ce plan, les social-démocrates qui, bien décidés à voter les crédits de guerre au Reichstag, persuadaient nos trop naïfs socialistes qu'il n'y aurait plus jamais de guerre et qu'il importait à l'honneur des « fils de la grande Révolution » de prendre l'initiative des temps nouveaux en désarmant de leurs propres mains la France? Et chaque commis voyageur allemand qui voulait s'insinuer chez nous et nous placer sa marchandise s'était-il déjà composé quelque idée sur la manière de prendre par les sentiments nobles « le naïf et vaniteux Français »? Cette méthode psychologique atteignit son point de perfection aux mains du Grand État-Major allemand, quand il créa la *Gazette des Ardennes*, le *Bonnet Rouge* et leurs feuilles complémentaires.

Le 11 Octobre 1917, au Reichstag, le député Müller (de Meiningen) poussa une grande plainte : « Au printemps dernier, dit-il, il y avait 90 officiers au bureau militaire de la Presse. Il y en a aujourd'hui plusieurs centaines. Nous demandons qu'on nous donne enfin quelques éclaircissements sur le rôle de ce bureau. Il semble être le centre d'un travail reptilien comme on n'en a jamais vu de pire en Allemagne... » Le député Müller n'était pas dans le secret de l'État-Major. Les centaines de journalistes et de professeurs qu'il s'étonne de voir mobilisés à Berlin sont occupés notamment à dresser les directives quotidiennes d'une opération acharnée contre l'âme française. En grand secret. Mais le secret, Marchand l'a trouvé.

Vous vous rappelez de quelle manière subtile, toute faite pour étonner l'imagination, de déduction en déduction, dans ce *Scarabée d'or*, auquel nous faisions tout à l'heure allusion, M. Legrand, le père des héros de Stevenson et l'aïeul, avec Gaboriau, de tous les *Sherlock Holmes*, déchiffre le parchemin révélateur et découvre le trésor des pirates. M. Marchand a dépensé un pareil génie pour reconstituer le plan d'offensive morale des Allemands et pour faire éclater le crime de quelques journalistes français vendus à l'Allemagne.

Suivez son raisonnement, aussi simple que fort. Le Grand État-Major allemand publie à Charleville depuis le 1er Novembre 1914, la *Gazette des Ardennes*. Tous les termes y sont minutieusement pesés en vue de fins purement militaires. C'est un engin de guerre, destiné à « bourrer le crâne » des Français des territoires envahis et des Français prisonniers afin de détruire leur moral. C'est le parfait modèle du journal que l'Allemagne voudrait nous faire lire à tous. C'est le journal propre à jeter à terre notre confiance dans la France et dans la victoire. S'il y a des journaux parisiens vendus à l'Allemagne et qui reçoivent le mot d'ordre du Grand État-Major allemand, ils propageront les mêmes rumeurs, ils publieront les mêmes arguments, ils mèneront les mêmes campagnes que la *Gazette des Ardennes*. Plus ces campagnes communes seront nombreuses, plus s'évanouiront les possibilités d'un simple parallélisme dû au hasard. Plus ces campagnes coïncideront, plus les certitudes de collusion s'affirmeront. Si de plus la *Gazette des Ardennes* peut utiliser le *Bonnet Rouge* dans un sens constamment contraire aux intérêts de la France, et si de son côté le *Bonnet Rouge* publie des articles qui présentent par le fond et jusque dans la forme le maximum de ressemblance avec ceux de la *Gazette des Ardennes*, la conclusion inéluctable d'une telle confrontation sera qu'il existe entre les deux périodiques non pas des rencontres fortuites, mais une entente préalable.

Marchand a fait son travail. Il a collationné la collection de la *Gazette des Ardennes*, avec la collection du *Bonnet Rouge*. Il a dégagé les directives du premier de ces journaux et il les a retrouvées dans le second.

Exactement, mois par mois, les manœuvres des deux feuilles se superposent. Le journal fondé par le *Grand Etat-Major allemand* et le journal subventionné par le ministre de l'Intérieur français sont pareils ! La rédaction du *Bonnet Rouge* est convaincue d'intelligences avec l'ennemi.

Je possède un dessin puissant de Behrings qui sur le vif a dessiné la figure de Duval prodigieuse d'effroi quand, à l'audience, il écoute le réquisitoire du commandant Mornet. Le misérable n'avait pas prévu l'arsenal de raisonnements logiques avec lesquels Marchand le débusquerait et débrouillerait son crime.

Voulez-vous des recoupements décisifs? Les procès de la *Gazette des Ardennes* ont établi que cette feuille immonde, dirigée par le traître alsacien René Prévôt, né à Moosch, près de Saint-Amarin, n'était pas un journal, mais un bulletin d'état-major destiné à torpiller le moral français. En outre un de ses rédacteurs, l'accusé Toqué, avoua qu'il avait été sollicité par les Allemands de confectionner une série d'articles contre Maurice Barrès. Le même misérable écrivit que les Allemands l'avaient chargé d'aller à Paris « voir Almereyda et dix autres journalistes français pour organiser une campagne de détente et préparer la voie d'une paix amiable anticipée. » Enfin il reconnut qu'il avait déclaré à sa femme dès 1916 qu'Almereyda «s'était laissé acheter » par les Allemands. Pleine confirmation des conclusions de Marchand.

Son travail fut extrêmement utile à l'instruction de l'affaire du *Bonnet Rouge*, et d'une manière générale, en permettant de rétablir les bases de l'action de presse allemande, il fournit des dossiers qui ont été utilisés dans tous les procès de trahison. Ce n'est pas un rapport ; nulle ordonnance n'a commis le lieutenant Marchand ; c'est spontanément qu'il s'est mis à la disposition de la justice et de la défense nationale. Par la suite il fut nommé expert, dans le procès de Toqué et l'affaire Judet.

Honneur à Marchand. L'histoire retiendra son livre. *L'offensive morale* de Louis Marchand et le *G. Q. G. allemand* de Henri Domelier constituent le double témoignage indispensable et décisif pour que nous sachions quelles étaient les consignes passées par l'État-Major impérial à ses agents de propagande et de démoralisation, pour que nous comprenions de quelle manière il acheta les concours et organisa la trahison. En voilà des documents de *Völkerpsychologie* ! Il ne peut pas y avoir de bibliothèque, de chaire universitaire, de guide touristique qui, voulant vous renseigner sur le germanisme, ne fasse la première place à ces deux dossiers. Quelle lumière complémentaire et quelle justification ils apportent à l'œuvre de Clemenceau, de Léon Daudet et (s'il m'est permis de rappeler ce qui me valut tant de glorieux outrages) à mes propres efforts ! Domelier nous introduit dans la maison mère, dans les bureaux de la *Gazette des Ardennes*; Marchand nous fait voir sous vitre, comme dans un aquarium, la manœuvre des Judas que les Boches actionnaient chez nous ; il faut maintenant qu'Ignace complète le triptyque en écrivant ses mémoires, les mémoires du collaborateur de Clemenceau, sous-secrétaire d'État à la Justice militaire.

***

Qu'est-ce que Marchand? Qu'est-ce donc que cet ami de la patrie et de la vérité?

Un professeur, agrégé d'allemand, nous l'avons dit, et qui pendant vingt ans est allé chaque année en Allemagne où il entretenait de bonnes relations avec ses collègues à Mayence, à Worms notamment. D'ailleurs, comme tous les gens sensés, il voyait venir la guerre. La difficulté n'était que d'en fixer la date. Elle le surprit en Allemagne. Il rentra en hâte et si tard qu'il fut retenu prisonnier à Metz le 1er Août. Mais il se débrouilla, réussit à voir le général commandant la place et, pour finir, parvint à ramener en France soixante Français arrêtés d'abord comme lui par les autorités allemandes.

Nommé officier interprète, Marchand fut placé au deuxième bureau du Gouvernement militaire de Paris. S'il ne lui fut pas donné de servir dans les tranchées, tout de même il fut un très utile serviteur. Indiquons, sans pouvoir pour l'instant y mettre plus de précision, que tel document qu'il traduisit à certain jour permit de sauver la vie d'un grand nombre de Français. Au deuxième bureau, qui était le point de friction du personnel civil et militaire, il vit l'ingérence des Allemands dans les questions de police et de politique intérieure. Nous avons raconté ailleurs ces scandales et comment ils se terminèrent par l'étranglement du général Clergerie et de ses collaborateurs, sacrifiés par le ministre Malvy aux défaitistes et bochisants. Le deuxième bureau dissous, Louis Marchand passa dans la section allemande du bureau d'études de la presse étrangère. Les trente à cinquante journaux qu'il y dépouillait chaque jour le mirent à même de bien saisir les manœuvres de la pensée allemande. Il sut voir et il osa parler.

Tout le monde peut faire l'anatomie d'un journal en remontant des articles aux campagnes, des campagnes aux idées, des idées aux intentions de son directeur. Tout le monde le peut (et quelle importance de faire subir cet examen aux journaux défaitistes et bochisants qui champignonnaient sur notre sol!) mais personne ne bougeait. Il eût fallu une entente entre les bureaux militaires et les bureaux de l'Intérieur ou de la Place afin de briser vigoureusement les manœuvres du Grand État-Major allemand qui fait de la presse une septième arme avec laquelle il prétend diriger l'opinion. Cette entente n'existait pas. A l'Intérieur, il y avait Malvy et Leymarie.

Nos chefs militaires eux-mêmes ont compris très tard et bien imparfaitement l'importance de l'offensive morale allemande. Ils voyaient, pardieu! les effets, mais ils ne remontaient pas à la source. Le lieutenant Bruyant était chargé, au Grand Quartier Général, de ce qu'on a appelé d'un mot nullement officiel « la direction du moral de l'armée ». Sa déposition au procès du *Bonnet Rouge* accabla Leymarie. Mais, si je ne me trompe, son service était plutôt d'observation et de surveillance que de contre-offensive. Notre front moral n'était pas défendu. Nous n'avons pas eu d'organisme chargé d'étudier les directives de l'État-Major allemand et d'en anéantir les effets sur la pensée française. Seul le lieutenant Marchand s'est inquiété de remonter aux sources de la propagande boche et, pour saisir la bande infâme, a organisé des recherches méthodiques.

Qu'elle est élégante et concluante, sa méthode! Il ne s'agit pas, en lisant un article, de dire: ceci me plaît, me paraît judicieux, peut être soutenu, s'explique. Il ne s'agit pas de dire: ceci est indigne, abominable, etc. Tout se plaide. Mais demandons les causes des effets, instituons une belle expérience. Voici à telle date les textes que faisait imprimer l'État-Major allemand, et voici en face les textes que dans le même temps faisaient imprimer des Suisses naturalisés français et des Français. Une telle concordance constitue un document révélateur de premier ordre. C'est la clef qui ouvre les caves de la trahison. Nous voyons clair dans le jeu des traîtres et dans leur caisse. Nous y voyons l'or allemand.

* * *

Nous sommes travaillés par la trahison et nous le serons de plus en plus. Je ne crois pas à la résignation des Allemands. Il ne faut pas les connaître pour croire qu'ils délaisseront l'arme qu'ils considèrent comme la plus efficace: celle de la dissociation intérieure. Vraiment elle leur a trop bien réussi, en Russie et même chez nous, car nous avons été à deux doigts de notre perte. Il faudrait être d'une naïveté peu commune pour supposer qu'ils ne continueront pas. Représentons-nous ces gens qui rêvaient la conquête du monde, l'organisation de la planète et que voici réduits à obéir aux Français — et aux Polonais! Ils vont faire le silence, mais ils agiront. Il saute aux yeux que, plutôt que de nous apporter sur un plat d'argent les 165 milliards qu'ils nous doivent, ils n'hésiteront pas à dépenser cinq milliards, dix milliards, à déchaîner sur nous tous les journalistes vénaux, tous les « moutons » qu'ils ont recrutés dans les départements envahis et dans les camps de prisonniers, tous les neutres qui ne demandent qu'à gagner de l'argent. Ouvrez les yeux et les oreilles, entendez et voyez l'extraordinaire campagne qu'ils ont déjà commencée pour la revision du traité de Versailles!

Je ne puis que répéter ce que j'ai dit à la Chambre: « C'est une chose hautement caractéristique de voir que Ludendorff, dans ses *Souvenirs de Guerre*, attribue la victoire des Alliés en grande partie à leur propagande dans l'intérieur de l'Allemagne et qu'ainsi il incite l'Allemagne à multiplier sa propagande chez nous et chez nos alliés. A l'entendre, on s'assure que le plus grand effort des Allemands va être immédiatement de redoubler par l'or et par des doctrines appropriées contre notre moral. Désarmer l'adversaire, lui enlever le fusil des bras en créant chez lui un certain état d'esprit, ce sera le travail allemand. Je l'indique à la haute vigilance patriotique du gouvernement et de l'assemblée... »

Ce qu'il y a de dangereux dans l'aspect que la guerre a pris depuis l'armistice, c'est qu'elle est moins visible que quand elle se manifestait par des bombes et à coups de fusil. Des cerveaux faibles ou irrités par la souffrance ne sentent même pas, quand ils bougonnent et qu'ils accueillent et propagent telle thèse, qu'ils ânonnent un catéchisme boche. Chers concitoyens, écoutez le sifflement des vipères qui s'avertissent dans la nuit et qui menacent !

Mais les devoirs d'un représentant du peuple ne sont pas seulement de vigilance. Je voudrais que la défense nationale eût des armes.

***

J'en causais hier précisément avec le lieutenant Marchand. Sa conversation vaut que je la note. Depuis le jour d'Avril 1915 où le *Bonnet Rouge* déclencha sa campagne contre les patriotes qu'il appelait d'abord « des échauffés et des chauvins » puis des « fous furieux », les attaques contre les bons Français n'ont fait qu'augmenter de violence et de cynisme. Au moment où Duval fut arrêté, on constata un désarroi dans les aboiements de la meute. Mais dès qu'elle fut certaine de l'impunité, ses hurleurs recommencèrent à donner de la voix dans les feuilles qui font le jeu des Boches. La censure laissant publier leurs injures contre des officiers qui remplissaient simplement leur devoir de Français et qui, de l'avant, ne pouvaient répondre aux complices d'Almereyda, ceux-ci se crurent, non sans raison, tout permis et leurs sarcasmes contre l'armée et la patrie se firent de plus en plus perfides et venimeux. La censure, contre laquelle la *Gazette des Ardennes* et le *Bonnet Rouge* déversèrent tant de fiel, laissa tout passer. C'était déjà en fait le régime de liberté absolue. « Nous ne faisons pas un procès de presse », dit M. Mornet au procès Duval, quand Marchand s'étonna que G. Clairet et Fanny Clar, collaborateurs du *Bonnet Rouge*, ne fussent pas sur les bancs des inculpés. On n'avait pas pu faire la preuve que Clairet connaissait l'origine des fonds touchés par Duval, donc Clairet s'en tirait en faisant la nique à la justice. L'état de notre législation ne permettait pas, paraît-il, de le comprendre dans les poursuites. Ce n'était pas la faute de l'admirable et scrupuleux Mornet. Mais en constatant ce fait, les Allemands ont pu se gausser. Ils tenaient une arme que systématiquement nous nous refusions à leur faire tomber des mains. Ils allaient s'en payer à cœur joie. Et en effet les publications proboches pullulèrent. Celles qui existaient déjà redoublèrent de virulence. Chacun ayant le droit légalement reconnu de gangrener l'opinion publique, pourquoi se seraient-elles gênées? Il est interdit de vendre de la cocaïne, ceux qui en trafiquent vont en prison, pourtant ils ne font de tort qu'à quelques individus sans intérêt; mais il est permis de répandre les mensonges les plus scélérats contre une cause pour laquelle 1 500 000 des nôtres ont sacrifié leur vie. Actuellement un agent de l'État-Major boche comme René Prévôt, le principal rédacteur de la *Gazette des Ardennes*, peut impunément insérer sa prose dans les journaux de Paris et continuer sans se gêner son immonde besogne d'empoisonneur du moral français.

Si nous étions seuls sur une île, la complexité des problèmes qui se posent au pays rendrait la situation actuelle déjà très difficile. Mais nous avons toujours auprès de nous le voisin qui a voulu notre mort et qui voit dans notre désorganisation la condition de son propre salut. Il veut jeter chez nous le bolchevisme. Le bolchevisme, c'est-à-dire la torpille sociale d'origine boche avec son inévitable cortège d'émeutes et de répression.

Est-il possible de voter une loi qui dirait : « Tout attentat contre la sûreté nationale par la parole ou par l'écrit sera poursuivi devant les tribunaux »? Je ne le crois pas. En vain me diriez-vous que le dogme de la liberté absolue de la presse a bien perdu de sa respectabilité depuis 1848, époque où la propagande s'exerçait moins de peuple à peuple. En vain me donnerez-vous l'exemple de notre ami le général de Maud'huy qui fait ses dévotions à Jeanne d'Arc, à Saint-Louis et à Robespierre. Oui, Robespierre parce qu'il savait être terrible... J'admire, mais il ne suffit pas de faire régner la terreur; il faut qu'elle frappe juste, et comment donner à la loi le moyen d'atteindre les traîtres sans que ce moyen puisse être détourné sur les adversaires des traîtres? Vous vous rappelez M. Caillaux ordonnant à Painlevé en pleine séance de la Chambre d'avoir à rechercher les moyens légaux pour museler les journaux qui dénonçaient la campagne défaitiste et proboche.

Pour nous préserver des agents boches camouflés en naturalisés français, peut-on accepter une loi qui dirait qu'un naturalisé contre lequel une pétition de deux mille Français aura été déposée sur le bureau de la Chambre sera déchu de sa qualité de Français et expulsé ? Ce ne serait pas si mal.

Est-il possible d'organiser un bureau militaire de contre-offensive morale comme nous avons un bureau de contre-espionnage? Voilà pour moi la solution vraie.

Nous en reparlerons. Aujourd'hui je constate que l'âme française n'est pas défendue, on connait trop peu en France l'Allemand organisateur de réclame, metteur en scène et fabricant d'opinion ; c'est un de ses aspects qui échappe à la plupart de nos compatriotes. Nous le voyons surtout attablé devant un grand plat de saucisses et faisant ripaille, le verre de bière à la main. Combien peu se représentent derrière ce gros et gras glouton le Méphisto sardonique et sarcastique, le maître fourbe qui trouve sa joie à prendre les innocents et les fols dans l'invisible filet de ses savantes intrigues? Soyez persuadés que les gens de Berlin ont pesé toutes leurs chances de s'en tirer, et qu'ils ont profité des innombrables observations qu'ils ont faites sur nos prisonniers et nos compatriotes du Nord. Ils ont rectifié leur manœuvre psychologique. Je crains qu'il n'y ait entre la manœuvre dont ils nous menacent actuellement et celle qu'ils inaugurèrent à la fin de 1914 la même différence qu'entre la *Gazette des Ardennes* et le *Moniteur* que Bismarck faisait publier à Versailles en 1870. Ce sont toujours les mêmes procédés : la même rouerie, le même cynisme, la même morgue froide et dédaigneuse, la même joie de broyer la volonté qui résiste, les mêmes sarcasmes dissimulés, le même triomphe d'une raison qui se croît saine et mûre sur un sentiment qu'on juge mièvre, puéril et méprisable, le même camouflage d'informations qu'on fait passer dans les colonnes de journaux étrangers et neutres, bref tout l'attirail du régisseur qui tire les ficelles des pantins psychologiques. Mais aujourd'hui la mise en œuvre est bien perfectionnée. C'est surtout le recrutement et le dressage des complices qui s'avère en progrès. C'est grave. Le gouvernement ne s'occupe pas assez de gêner et de terrasser cette action occulte de l'Allemagne sur l'opinion. Il faut que l'intelligence surveille les quatre coins de l'horizon et que nous ayons sans cesse des vigies au haut des mâts.

Ce livre est le cri d'une vigie. Il nous donne la vue la plus claire du plan de l'offensive morale boche contre l'âme française. Accueillez ce livre pour le propager.

MAURICE BARRÈS.

AVANT-PROPOS

> Ne vous méprenez pas sur le compte des Allemands. Voyez-les tels qu'ils sont aujourd'hui : fous, mais ni bêtes, ni paresseux, donc trois fois dangereux.

Contrairement à l'opinion répandue dans le public, les pages qui suivent ne sont pas un « rapport ». Qui dit « rapport » dit en effet, « ordre de préciser les détails d'une enquête » et je n'ai reçu de personne l'ordre, ni même le conseil de faire les recherches dont on va lire les résultats. Attaché au Bureau d'étude de la Presse étrangère (section allemande), j'étais bien placé pour suivre dans les journaux germaniques les consignes du *Kriegspressamt* (Bureau militaire de la Presse). Mais de tous les périodiques allemands, le seul qui n'était pas dépouillé, c'était précisément le plus intéressant pour nous : la *Gazette des Ardennes.* Le prédécesseur de mon chef hiérarchique faisait examiner, paraît-il, la feuille immonde. Il partit et tant que dura mon passage à la « Maison de la Presse », la *Gazette des Ardennes* resta, officiellement, inexplorée. Je la lisais cependant, en marge de mon service. Comme, d'autre part, je suivais les campagnes du *Bonnet Rouge*, je n'ai pu ne pas être frappé des concordances entre les deux feuilles et des nombreux emprunts que l'État-Major allemand faisait au journal d'Almereyda. Aussi, quand éclata le scandale du chèque, je demandai au capitaine Bouchardon à déposer sur les procédés de la propagande allemande. Le 22 Août 1917, je lui écrivis que je ne pourrais poursuivre l'étude comparative de la *Gazette des Ardennes* et du *Bonnet Rouge* qu'à la condition de me consacrer entièrement à cette délicate enquête et je le priai de vouloir bien obtenir de mes supérieurs l'autorisation de me donner exclusivement à ce travail. C'est ainsi que je fus, *sur ma demande*, détaché auprès du capitaine Bouchardon.

Les avocats de Duval et Cie se sont donc trompés en me qualifiant d'« expert » dans un procès où j'ai déposé en simple témoin. Je n'avais pas à prêter d'autre serment que celui de témoin et le cas de cassation soulevé par les avocats ne reposait sur rien.

De leur côté, les Allemands ont trompé leurs lecteurs en m'appelant dans la *Gazette des Ardennes* elle-même, l' « expert du gouvernement », c'est-à-dire l'exécuteur des ordres de M. Clemenceau.

Mais le public français se trompe aussi en pensant que nos services militaires de presse étaient organisés pour parer au danger que les grands procès de la trahison : *Bonnet Rouge*, *Journal*, *Gazette des Ardennes*, etc., ont fait si tragiquement apparaître. Notre bureau était si peu préparé à cette tâche pourtant essentielle de dépister la propagande boche à travers les journaux français que, lorsque je proposai à mon chef de la rue François-Ier de lui soumettre les résultats de mes premières investigations, il me refusa net d'y jeter les yeux !

Peut-être la publication de ce mémoire contribuera-t-elle à perfectionner, à l'avenir, un des rouages les plus importants de la défense nationale.

Pour l'instant, ce qui est acquis, c'est que cette enquête apporta dans le procès Duval des lumières décisives. Là où ne perçait que le délit de commerce avec l'Allemagne, éclata, d'une façon irréfutable, le crime d'intelligences avec l'ennemi. Jusqu'alors tous les arguments qui étayaient cette dernière inculpation étaient d'ordre sentimental et pouvaient donner prise à d'interminables discussions. Ici on tenait un critère irrécusable. En partant de la *Gazette des Ardennes*, c'est par l'État-Major allemand lui-même qu'on faisait fournir la preuve matérielle de la trahison et aucun doute ne pouvait subsister sur la besogne infâme que venait rétribuer l'argent du fameux chèque. Duval fut condamné à mort, quelques-uns de ses complices allèrent au bagne.

Quelques mois plus tard commençaient les débats du procès Malvy. Pendant l'instruction de l'affaire, la commission de la Haute-Cour me chargea de rechercher les échoppages du *Bonnet Rouge* qui avaient paru malgré les interdictions de la censure. Je remis sur cette question un rapport d'où il ressortait que le *Bonnet Rouge* avait publié environ un tiers de ses articles entièrement ou partiellement échoppés (près d'un tiers d'entre eux malgré les interdictions *formelles* de la censure) et qu'il avait fait passer de ces articles à des agents de l'Allemagne. Quand on songe que, malgré ces faits, malgré la condamnation à mort de Duval, l'accusé Malvy ne fut banni qu'à une majorité de quelques voix, on peut se demander ce qui serait advenu si le verdict du 3e conseil de guerre et les preuves matérielles qui engageaient directement la responsabilité de l'ex-ministre de l'Intérieur, n'avaient pesé de tout leur poids dans la balance. Le sort de la France oscillait entre Malvy et Clemenceau !

Le procès Toqué (où je déposai cette fois en qualité d'expert) et l'affaire de la *Gazette des Ardennes* apportèrent aux conclusions de ce mémoire des confirmations de plus en plus précises. Toqué avoua qu'il avait été sollicité par les Allemands d'écrire une série d'articles contre M. Maurice Barrès, l'un des grands ravitailleurs du moral français. Il écrivit que les Boches l'avaient chargé d'aller à Paris « voir Almereyda et dix autres journalistes français pour organiser une campagne de détente et préparer la voie d'une paix amiable anticipée ». Il reconnut qu'il avait déclaré à sa femme, dès 1916, qu'Almereyda « s'était laissé acheter » par les Allemands. Il retrouva à travers ce qu'il appelle « les dadas » de la *Gazette*, treize des quinze campagnes que j'avais signalées deux ans auparavant.

La première affaire de la *Gazette des Ardennes*, instruite d'une façon si remarquable par le capitaine Salançon et le lieutenant Théry, établit d'une façon définitive que la feuille de Charleville était bien, comme je l'avais affirmé, un bulletin d'Etat-Major allemand, que tous les termes en étaient minutieusement pesés en vue de fins purement militaires, et que son plan comportait bien le développement des quinze campagnes que j'avais énumérées.

Les interrogatoires confirmèrent jusque dans tous les détails les consignes passées par l'État-Major impérial à ses agents de propagande et de démoralisation. Entre autres exemples, le lieutenant Hervé chargé d'un panégyrique de Wagner, avoua au médecin expert qu'il ne connaissait du musicien allemand que le seul titre de *Lohengrin!* Successivement et sans rien connaître de mes déductions, MM. Domelier, Gassmann et d'autres témoins, attribuèrent à Prévôt les articles dont j'avais identifié le style au cinquième chapitre de ce mémoire.

Il était donc possible de reconstituer *le plan de l'offensive morale allemande*, en France, pendant la guerre. Il suffit dès lors de confronter avec ce plan celui des feuilles de trahison, comme le *Bonnet Rouge*, pour être fixé sur le mal qu'elles ont essayé de faire au pays.

Nous pouvons et nous devons nous défendre au point de vue moral comme au point de vue stratégique. Après « *le repli Erzberger* » que fut l'armistice du 11 novembre 1918, la guerre n'a fait que changer d'aspect. Elle a pris une forme infiniment plus dangereuse pour nous. Le Français se gare d'une balle de fusil, il ne se méfie pas d'un article de journal. Il n'y a plus de censure. Rien ne défend le Français contre le réseau d'impostures qu'on lance sur lui. L'Allemagne compte sur l'empoisonnement continu de l'opinion chez ses ennemis. Tous ses efforts portent maintenant sur sa propagande d'anarchie et de révolution — pour les autres. Puissent les documents que nous présentons éclairer le public français sur la façon dont il est travaillé et dont opèrent au cœur du pays les vrais « bourreurs de crâne », les agents du prussianisme et leurs complices.

L'ASSAUT DE L'ÂME FRANÇAISE

Les méthodes allemandes de pénétration journalistique et de dissociation intérieure.
La propagande allemande en France pendant la guerre.
La " Gazette des Ardennes " et le " Bonnet Rouge ".

INTRODUCTION

Rompre le front, corrompre l'arrière.

LA « BATAILLE DES ÂMES ». COMMENT LA PROPAGANDE ALLEMANDE S'EST DÉVELOPPÉE DANS LES PAYS DE L'ENTENTE PENDANT LA GUERRE.

Pendant que la guerre de tranchées se poursuivait à l'avant, les Allemands ont organisé à l'arrière l'offensive du moral ennemi. Ils ont tout de suite compris qu'il s'agissait d'une « guerre totale » (1) *et qu'il fallait réduire l'adversaire sur tous les fronts, par tous les moyens. En remontant des conséquences aux causes, ils ont bien vite découvert, avec leur logique massive et en bons compatriotes de Schopenhauer que la foule immense des combattants ne se mettait en mouvement et n'affrontait la mort que parce qu'une commune volonté de vaincre l'animait. Il fallait donc anéantir ce vouloir générateur de force. Si l'on ne pouvait le briser à coups de canon, il fallait essayer de le dissoudre en l'attaquant de côté et par derrière* (2). *C'est alors que s'est constitué, derrière le front militaire, le front diplomatique et le front économique, un front moral et qu'a commencé cette bataille des âmes dont nous allons décrire un des épisodes les plus émouvants. Cette bataille a, comme l'autre, ses assauts, ses élans, ses avances, ses reculs, ses feintes, ses pièges, sa tactique, ses défaites, ses victoires, ses lâches, ses traîtres et ses héros. Ses engins sont le journal, la revue, le tract, le livre, le discours, le simple mot qu'on glisse à mi-voix dans l'oreille, la rumeur qui se répand comme un gaz asphyxiant et qui propage le découragement, l'indiscipline, la terreur ou le désespoir.*

(1) *Gazette des Ardennes*, 2 Décembre 1916 : « Jamais au cours de l'histoire il n'y eut de guerre aussi totale. »

(2) « Mais la puissance et la volonté de l'ennemi ne sont pas encore brisées. Il faut continuer l'âpre lutte pour la sécurité de ceux qui nous sont chers, pour l'honneur de la Patrie et la grandeur de l'Empire. » Manifeste du Kaiser à son armée et à sa flotte (*Gazette des Ardennes*, 6 Août 1916).

De là l'importance considérable que les Allemands ont, depuis de longs mois, prêtée aux questions journalistiques ; de là leurs projets d'établir après la guerre des « attachés de presse » auprès de toutes leurs ambassades à l'étranger (1) ; *de là le développement extraordinaire du* Kriegspressamt (*bureau militaire de la presse) de Berlin, qui, d'après le* Berliner Tageblatt *du 11 Octobre 1917, occuperait aujourd'hui plusieurs centaines d'officiers ; de là l'éclosion, en France, dans les autres pays de l'Entente et dans les pays neutres d'innombrables périodiques de toutes tendances et de toutes confessions qui tous, plus ou moins ouvertement, prennent la défense de l'Allemagne ou combattent ses ennemis.*

Mais ici, bien plus encore que dans les luttes sanglantes du front, c'est le domaine du camouflage et de la dissimulation. La « Boche » ne s'avance que dans les ténèbres, à pas feutrés et masqué. Il change de costume à chaque incursion. Il s'abrite derrière des comparses avec qui il s'entend à demi-mot. Il sait se déguiser et s'entourer de mystère. C'est un trait de la nature germanique qui se retrouve jusque chez les plus sincères des Allemands (2).

Et rien n'est plus facile pour un ennemi introduit dans la place que de préparer son œuvre de trahison. Une clef magique, l'or, lui ouvre presque toutes les portes. Il pénétrera auprès de quelques-uns des grands dispensateurs de la publicité. Il acquerra des intérêts dans tel ou tel journal. Il en commanditera d'autres, par ses amis. Alors que le papier est cher et la main-d'œuvre hors de prix, il fondera dans la capitale et en province des périodiques « populaires », des journaux illustrés, voire des feuilles légères genre Vie Parisienne. *Il trouvera un intermédiaire pour remettre à flot un périodique, qui « ne bat que d'une aile ». Il enverra à une autre feuille des souscriptions anonymes dans un but « philanthropique ». Il fera la connaissance de directeurs, de rédacteurs, de journalistes amateurs. Il déjeunera ou dînera avec eux. Au cours de la conversation, on suggère un sujet qui ne peut manquer de passionner le public. D'un air détaché, on fait ressortir certains détails qui n'apparaissent pas encore, mais qui s'affirment avec évidence aux esprits clairvoyants. On a fourni la matière d'un développement que le journaliste n'a plus qu'à coucher sur le papier. Son article est terminé. Le directeur est satisfait et il le prouve en se montrant plus généreux qu'à l'ordinaire. Si le chroniqueur a malgré tout quelque scrupule, il compte sur la censure pour arrêter sa prose. Si l'article passe, voilà notre journaliste complètement rassuré. Entre les consciences rigides et les complicités sordides, il y a toute la gamme des ententes tacites, des semi-convictions et des demi-abdications. On demande à un peintre de dessiner un point, là, sur ce papier blanc. Pourquoi pas? Où serait le mal? On « l'indemnise » royalement. Un point, cela n'a aucune importance, cela ne fait de tort à personne. Mais ce peintre est curieux — ou, s'il ne l'est pas, d'autres le sont pour lui. Il s'intéresse au sort du point qui lui a coûté si peu*

(1) *Kölnische Volkszeitung*, 2 Novembre 1916.
(2) On connaît le goût de Gœthe pour les travestissements.

de peine. Il se livre à une recherche dans le genre de celles que nous poursuivons actuellement. Il rapproche ce point de lignes, de traits, que d'autres, comme lui, sans y chercher malice, ont dessinés. Il s'aperçoit que ce point fait partie d'une immense mosaïque qui représente l'Allemagne triomphante. Comment aurait-il deviné ! Comment son ami X..., journaliste intègre, que l'on a prié d'écrire une lettre, une simple lettre, un petit i tout innocent par exemple, aurait-il pu penser qu'il a collaboré à une phrase comme celle-ci :

MORT A LA FRANCE ! VIVE L'ALLEMAGNE !

On voit quelle prudence il convient d'apporter dans les jugements qui vont suivre. On se rend compte également du danger que présente l'exécution d'un plan poursuivi avec une inlassable ténacité par une puissance occulte qui dispose de moyens à la fois aussi subtils et aussi redoutables. On a vu les effets de ces « offensives morales » chez nos alliés et jusque chez nous. Toutes les répercussions n'en sont pas encore connues. Toutes les attaches de la « Maffia » journalistique avec Berlin ne sont pas encore coupées.

Ce qui rend la propagande allemande particulièrement dangereuse, c'est qu'elle est, au début tout au moins, à peine perceptible. Elle s'infiltre d'abord hypocritement, non plus seulement à l'insu de quelques-uns de ses agents inconscients, mais sans être reconnue par la majorité de ses victimes. Elle exploite leurs souffrances, leurs misères, les flatte, ménage leurs susceptibilités, exagère à l'occasion son zèle patriotique, puis négligemment laisse tomber, une à une, quelques insinuations empoisonnées et attend. Surprise chez quelques-uns qui connaissent la façon de procéder des Allemands. La plupart des autres ne remarquent rien. Car comment suspecter un journal qui, par ailleurs, prêche énergiquement la guerre? Et puis, l'article en question ne contient-il pas, à côté de critiques sur lesquelles on peut toujours discuter, d'évidentes et incontestables vérités? N'est-ce pas montrer beaucoup d'étroitesse d'esprit que de relever de pareilles vétilles? N'est-ce pas faire le jeu des ennemis du régime que d'écouter les suggestions de patriotes clairvoyants aussi habiles à dépister le Boche qu'ardents à dénoncer la responsabilité des Républicains? On ne veut être dupe ni de soi, ni des autres. On a peur, en pleine guerre, contre 90 millions d'Allemands d'Allemagne, d'Autriche, d'Amérique et d'ailleurs, d'être accusés d'espionnite ! On continue donc à se laisser intoxiquer par un poison dont les doses augmentent tous les jours. On s'y laisse aller d'autant plus facilement que la propagande allemande ne heurte jamais de front les sentiments de ceux qu'elle veut capter. Avant de se livrer à quelque « attaque brusquée », elle procède toujours à quelque marche oblique. Elle a toujours soin de se dissimuler derrière quelque détail de fait qu'elle grossit démesurément et dont elle exagère tendancieusement la portée ou derrière quelques sophismes assassins que les plus perspicaces dénoncent, mais sur lesquels les complices, les naïfs et les ignorants se jettent comme des enfants sur un verger abandonné. Et l'œuvre de dissolution morale continue.

Ainsi, pendant que le poilu dans sa tranchée se bat, un travail souterrain s'achève, sans bruit, sous ses pieds. Des sapes se creusent, des galeries étendent leurs ramifications. A la première secousse, le sol miné s'effondrera. En même temps, des gaz délétères se répandent insidieusement dans l'air. D'invisibles projectiles chargés d'un liquide corrosif assaillent le « poilu ». Qu'une attaque plus violente qu'à l'ordinaire, que la situation économique se complique, aggravée de quelques circonstances « inexpliquées », le combattant sentira le sol se dérober sous lui, il verra ses compagnons disparaître ou fuir, et ce sera la panique. L'Allemand triomphant et narquois n'a plus qu'à cueillir des vaincus.

Jusqu'ici, nous avons admis que les artisans de cette « démobilisation des esprits », pour employer l'expression de la Frankfurter Zeitung *du 17 Mars 1917, ont opéré loin des regards de la police, et qu'ils ont évité prudemment d'attirer sur eux l'attention de gouvernants jaloux de défendre l'âme de la Nation. Mais si, parallèlement à cette offensive morale, l'ennemi lance ses agents à l'assaut du pouvoir; s'il réussit à s'introduire au cœur même du gouvernement; s'il a eu soin de placer depuis longtemps auprès des chefs politiques des créatures à sa dévotion, si les événements découvrent successivement parmi des ministres un Sturmer et un Protopopov en Russie, un Streit en Grèce, un Hoffmann en Suisse, un Lauro-Muller au Brésil, un Schwarz en Suède (comme on avait vu avant la guerre une Allemande sur le trône de Grèce, une Allemande sur le trône de Suède, une Allemande sur le trône de Russie, deux Allemands sur le trône de Bulgarie, un Allemand sur le trône de Hollande, un Allemand sur le trône d'Albanie, etc.); si les hommes chargés de combattre l'offensive journalistique sont complices, ou se montrent simplement incapables de comprendre l'ampleur, le danger de cette « bataille des âmes » qu'ils ont pour devoir de gagner à tout prix, quel profit l'ennemi ne pourra-t-il pas tirer de ces incuries, de ces complaisances, de ces trahisons ?*

Aussi les agents du « défaitisme » se sont-ils enhardis. L'insinuation a pris corps. On ne se contente plus de glisser un mot, une phrase, un article. On organise de véritables campagnes de presse, on parle haut, on menace. Enfin le scandale éclate !

Ce jour-là, le juge intervient. L'opinion publique tiraillée, énervée, inquiète, veut la lumière, toute la lumière. Elle veut savoir où finit l'imprudence et où commence la trahison. Elle réclame le châtiment.

Le Bonnet Rouge *est supprimé. Quelques-uns de ses rédacteurs sont en prison; d'autres restent en liberté. Ce journal est-il vraiment un organe défaitiste? A-t-il vraiment accompli une besogne allemande? A-t-il trahi les intérêts les plus sacrés de la France?*

Mais, dira-t-on, il suffit de parcourir les collections de ses articles pour s'en rendre compte. C'est juste, et cela en effet devrait suffire. Mais si c'était si simple, comment expliquer que le Bonnet Rouge *ait pu paraître jusqu'au 12 Juillet 1917 sans entraîner ses rédacteurs devant le conseil de guerre ? C'est donc qu'il ne contenait rien de dangereux? Et puis, n'y avait-il pas la censure? On pouvait donc discuter le sens des thèses qu'il soutenait. Il y avait donc dans le jeu des idées qu'il préconisait à l'abri du principe sacré de la liberté, une marge par où a pu passer l'indulgence de l'Etat?*

Est-il vraiment si difficile de reconnaître avec certitude en pleine guerre un périodique qui travaille pour l'ennemi? Ne dispose-t-on pas, en dehors du sentiment national, d'un critère infaillible? *Si; ce moyen nous l'avons et c'est l'Allemagne elle-même qui nous le fournit. C'est elle en effet qui, depuis le 1er Novembre 1914, publie à Charleville la* Gazette des Ardennes, *le type même de l'organe de la défaite. C'est un point de repère indiscutable.* « *Journal né de la guerre, et publié par les soins des autorités militaires allemandes, la* Gazette des Ardennes *n'a toutefois jamais prétendu, comme l'affirmait dernièrement une agence française, dans une note qui fit le tour de la presse,* « *représenter l'opinion publique du territoire occupé* », *dit la* Gazette des Ardennes *du 2 Novembre 1916. Et elle ajoute avec un maladroit cynisme :* « *C'est un* journal de guerre. » *C'est en effet un engin allemand, destiné à une besogne exclusivement allemande, une feuille de l'état-major allemand, le parfait modèle du journal de la trahison* (1). *On peut affirmer qu'un journal français qui fait le jeu de l'ennemi atteint d'autant mieux son but qu'il se rapproche davantage de la* Gazette des Ardennes.

Le Bonnet Rouge *et la* Gazette des Ardennes *s'adressent au même public : des Français. Si les deux journaux obéissent vraiment au même mot d'ordre, ils seront entraînés à employer les mêmes moyens, à mener les mêmes campagnes. Plus ces campagnes communes seront nombreuses, plus s'évanouiront les possibilités d'un simple parallélisme dû au hasard. Plus ces campagnes coïncideront, plus les certitudes de collusion s'affirmeront. Si, de plus, la* Gazette des Ardennes *peut utiliser le* Bonnet Rouge *dans un sens constamment contraire aux intérêts de la France, si de son côté le* Bonnet Rouge *publie des articles qui présentent pour le fond et jusque dans la forme le maximum de ressemblance avec ceux de la* Gazette des Ardennes, *la conclusion fatale, inéluctable d'une telle confrontation, c'est qu'il y aura eu entre les deux périodiques non pas des concordances fortuites, mais une entente préalable. La rédaction du* Bonnet Rouge *sera convaincue* « *d'intelligences avec l'ennemi* ».

(1) « La *Gazette des Ardennes* est le journal de l'administration allemande en France », dit la *Kölnische Zeitung* du 7 Novembre 1917.

« La *Gazette des Ardennes* joue un rôle très particulier et difficile, car elle est publiée par les autorités militaires allemandes pour des lecteurs français ». (*Frankfurter Zeitung*, 13 Novembre 1917.)

LA GAZETTE DES ARDENNES

De l'aveu même des Allemands, la *Gazette des Ardennes* (1) est un « *journal de guerre* », publié par les soins des autorités militaires allemandes. C'est un point de repère indiscutable, le type même de l'organe de la défaite et de la trahison. On peut affirmer qu'un journal français qui fait le jeu de l'ennemi atteint d'autant mieux son but qu'il se rapproche davantage de la *Gazette des Ardennes.*

Dans quelle mesure le *Bonnet Rouge* se rapproche-t-il de la *Gazette des Ardennes*? Les deux journaux poursuivent-ils des campagnes communes? La *Gazette des Ardennes* a-t-elle utilisé le *Bonnet Rouge*? Le *Bonnet Rouge* a-t-il inséré des articles de collaborateurs de la *Gazette des Ardennes*?

Avant d'aborder l'examen de ces questions, il convient de donner quelques détails sur la *Gazette des Ardennes*, son programme, ses rédacteurs, ses procédés de camouflage journalistique et sa propagande.

« Avec une fierté légitime, — écrit la *Kölnische Zeitung* du 7 Novembre 1917, — la *Gazette des Ardennes*, journal des régions françaises envahies, publié à Charleville, donne dans son numéro 485 du 1er Novembre 1917, un tableau synoptique des chiffres atteints par son tirage. Le 1er Novembre 1914, elle a débuté à 4 000 exemplaires. Elle dépassait 82 000 en 1915. Elle a atteint 136 000 en 1916 et 175 000 le 1er Novembre 1917. Le *Petit Ardennais* n'a jamais tiré à plus de 20 000 exemplaires. La *Gazette des Ardennes* n'est pas, il est vrai, un journal local pour Charleville. C'est le journal de l'administration allemande en France » (2).

La *Gazette des Ardennes* paraît quatre fois par semaine, et édite trois fois par mois un supplément illustré. Elle a un double programme : elle publie les ordonnances de l'autorité allemande concernant les régions envahies, ainsi que la traduction des discours officiels allemands, des articles de journaux officieux et du plus grand nombre possible de textes allemands propres à façonner l'opinion française ; et, d'autre part, elle dirige une série de campagnes de démoralisation, de défaitisme, de rapprochement franco-allemand, de trahison, qui seront exposées plus loin et qui toutes aboutiraient, si elles réussissaient, à faire de la France la vassale, l'esclave, la chose de l'Allemagne.

Les principaux rédacteurs de la *Gazette des Ardennes* sont René Prévôt, Alsacien, ancien correspondant de journaux allemands à Paris, qui, en 1912, essaya d'entraîner à Munich un certain nombre de nos artistes nancéens, et Paprczcki, journaliste à Mulhouse avant la guerre. Ils ne signent jamais,

(1) *Gazette des Ardennes* du 2 Novembre 1916 : « Journal né de la guerre et publié par les soins des autorités militaires allemandes, la *Gazette des Ardennes* n'a toutefois jamais prétendu représenter l'opinion publique du territoire occupé ». « La *Gazette* n'a jamais caché qu'elle est rédigée entièrement par des Allemands, qu'elle est une entreprise de caractère et d'organisation *militaires.* »

(2) Voir : *Kölnische Zeitung*, 7 Novembre 1917 et *Frankfurter Zeitung*, 19 Novembre 1917.

mais, d'après le style, il est possible d'identifier les cinq collaborateurs ordinaires de la *Gazette* : le rédacteur A, que nous appellerons « le littéraire » (René Prévôt); B, « le juriste »; C, « l'équivoque » (probablement Paprczcki) (1); D, qui signe parfois Yvette Musset et E, « l'institutrice ».

Au point de vue du style, le rédacteur A est de beaucoup le plus habile. Comme on le verra, il écrit un français qui ne manque pas d'allure. B pourrait aussi, sans se trahir, collaborer à des journaux français. C et D laissent passer de temps en temps le bout de l'oreille allemande. Mais « l'institutrice » émaille sa prose de pesants germanismes du plus déplorable effet.

Pour faire lire leurs articles, tous ces rédacteurs se déguisent en Français ou en « neutres ». Ils signent : Un Ardennais, un Français, un provincial, un envahi, un Français en territoire non occupé, un occupé, un Français en pays neutre, Jacques Bonhomme, Jean du Nord, un collaborateur français, un habitant de Saint-Quentin, un vieux Lorrain, une Française, un Français prisonnier, un citoyen américain, un collaborateur brésilien, etc... Ou bien ils se dissimulent, mal, sous des pseudonymes français : Jean Prouvaire (dont la signature se retrouve sous des articles du *Bonnet Rouge*), Yvette Musset, J.-P.-L. Bouchez, Dingot, Greindl, P.-S. de Champagne, le comte Hue de Grais, Bertourieux, et Camille Clerc, professeur de l'Université (*sic*), caporal au 359e d'infanterie, prisonnier au camp civil de Rastatt. Il n'est pas impossible que ces deux derniers noms aient été achetés à leurs propriétaires. Il arrive aussi à la *Gazette des Ardennes* de publier, sans l'autorisation de leur auteur, des ouvrages français, manuscrits ou déjà parus, qu'elle a volés chez des Français des régions envahies. Le cas s'est produit entre autres pour des poésies de M. Dacremont, de Charleville, actuellement réfugié à Paris et collaborateur involontaire de ce qu'on a appelé « la feuille immonde » (2).

Afin d'attirer son public, la *Gazette* fait des emprunts considérables à la presse du monde entier, particulièrement à la presse française. C'est une autre façon de se maquiller. Elle pratique le « camouflage journalistique » avec une véritable maestria. Parmi les périodiques de langue étrangère, elle cite surtout des Hollandais : le *Nieuwe Rotterdamsche Courant*, les *Niews van den Dag*, le *Standaard*, le *Limburger Kœrier*, le *Tœkomst*. Parmi les Suisses, le *Berner Tagblatt*, les *Basler Nachrichten*, le *Basler Volksblatt*, la *Zürcher Post*, les *Neue Zürcher Nachrichten*. Parmi les Suédois, le *Svenska Dagbladet*, le *Stockolms Dagblad*. Parmi les Danois, le *Socialdemokraten* et le *Politiken*. Parmi les Norvégiens, le *Morgenbladet*. Parmi les Américains, le *New-York American*. Parmi les Espagnols, le *Correo español*, l'*A. B. C.* de Madrid, la *Vangardia*, etc.., tous germanophiles, entretenus ou soutenus par de l'argent allemand. Elle reproduit également des articles

(1) L'instruction du procès de la *Gazette des Ardennes* a corrigé nos renseignements sur ce point (note de 1920).
(2) Le fait nous a été signalé par M. Dacremont lui-même.

de l'*Avanti* et de la revue anglaise *The Nation*. Elle sait aussi les ressources du double camouflage. C'est ainsi qu'elle a publié sur les séances secrètes de la Chambre française, en Juin 1916, des détails échoppés dans l'*Avanti* de Milan, mais parus dans le *Basler Volksblatt* de Bâle (1).

Mais elle aime surtout citer des périodiques de langue française. Parmi ceux qui paraissent hors de France, elle fait une large part au *Bruxellois*, à l'*Information de Bruxelles*, à l'*Echo de la Presse*, au *Messager de Bruxelles* et à la *Belgique*, qui ne sont imprimés en Belgique qu'avec l'approbation et sous le contrôle des autorités allemandes, au *Limburger Kœrier*, qui insère des articles en hollandais et en français, à la *Gazette de Lorraine* de Metz, à l'*Indépendance helvétique*, à la revue *Demain*, d'Henri Guilbeaux, à la *Revue internationale d'économie politique et financière*, à la *Revue internationale des valeurs mobilières*. Elle cite la traduction française de la *Pravda* russe (par Henri Guilbeaux) et la *Revue de Hongrie*, toutes publications qui dépendent directement ou indirectement du *Kriegpressamt* de Berlin. Elle note aussi les articles germanophiles que les agents de l'Allemagne réussissent à faire passer dans l'*Indépendance roumaine*.

Elle n'est pas moins renseignée sur tout ce qui se publie en France. Non seulement toute la presse parisienne, depuis le *Temps* jusqu'à la *Grimace* et au *Canard enchaîné*, figure dans ses colonnes, mais on y retrouve aussi un grand nombre de nos journaux de province, entre autres : le *Populaire du Centre*, de Limoges, le *Droit du Peuple*, de Grenoble, le *Progrès de Lyon*, le *Petit Niçois*, l'*Eclaireur de Nice* et jusqu'au *Petit Manceau* et au *Littoral de la Somme*. Comme on peut s'y attendre, nos journaux du front : le *Diable au Cor*, le *Crapouillot*, le *Journal de la Tranchée*, le *Pépère*, par exemple, n'y sont point oubliés.

Il va sans dire que les journaux français n'y sont pas tous utilisés de la même façon. Les uns sont simplement destinés à amuser, amorcer le lecteur : l'*Œuvre*, le *Cri de Paris*, etc... D'autres ne sont là que pour servir de prétexte à de tendancieuses réfutations : le *Temps*, les *Débats*, le *Petit Parisien*, le *Petit Journal*, etc... Les erreurs, les prévisions inexactes des journaux patriotes : *Temps*, *Matin*, *Homme enchaîné*, *Echo de Paris*, *Action française*, la *Victoire*, etc... sont soigneusement relevées et largement étalées dans le « Miroir de la Presse française » (2). On exploite les inimitiés et les critiques de l'*Œuvre*, de l'*Homme enchaîné*, etc... Enfin, il est toute une série de journaux français dont la *Gazette des Ardennes* se sert manifestement contre la France, pour le plus grand profit de l'Allemagne : le *Bonnet Rouge*, les *Hommes du Jour*, le *Carnet de la Semaine*, le *Canard enchaîné*, la *Tranchée Républicaine*, le *Journal des Réfugiés du Nord*, la *Bataille*, le *Journal du*

(1) *Gazette des Ardennes* du 9 Juillet 1916. *Un rapport sur les séances secrètes de la Chambre*. — Nous avons fourni des renseignements sur cette question à qui de droit.

(2) « Ce Miroir» de l'hystérie française projette une lumière amusante sur la rhétorique politique en France » (*Frankfurter Zeitung*, 13 Novembre 1917), (Cf. *Bonnet Rouge*, 27 Juin 1917 : *Les Républicains diffamés* : « Ces hystériques de l'annexion à outrance »).

Peuple, *Ce qu'il faut dire*, etc... Dans cette catégorie, le *Journal*, l'*Eclair*, le *Correspondant*, l'*Œuvre* et quelques autres, qui ont fourni dans des articles isolés des arguments aux thèses allemandes, occupent une place particulière et méritent un examen spécial. Ainsi abritée derrière des citations vraiment « françaises », la *Gazette des Ardennes* peut se flatter d'agir profondément sur l'esprit de ses lecteurs. Au moins croit-elle de cette façon en imposer à leur bonne foi et se soustraire au reproche de travailler pour le « Roi de Prusse ».

Pareille hypocrisie se retrouve dans la publication des listes de prisonniers français internés en Allemagne (1), des listes des civils français décédés dans les régions envahies, des listes de la « nécrologie française » : avis mortuaires empruntés à différents grands journaux parisiens (2), des listes de soldats français enterrés derrière le front, des listes de Français tués ou blessés dans le territoire occupé, « victimes de leurs compatriotes ». Sous un prétexte humanitaire, on fait défiler sous les yeux des malheureux « occupés » d'interminables colonnes de prisonniers et de morts. Comme on craint qu'il n'y en ait pas encore assez et que le moral français résiste à d'aussi accablantes énumérations, on fait repasser plusieurs fois les mêmes noms, comme on fait circuler plusieurs fois les mêmes trains de prisonniers dans les mêmes localités du Nord envahi (3).

La *Gazette des Ardennes* affiche une telle confiance dans le succès de ses procédés qu'elle ne recule devant aucun effort pour répandre ses numéros dans la France envahie, où l'interdiction de lire des journaux français lui assure un odieux monopole : « La vogue de la *Gazette des Ardennes*, écrit-elle le 14 Avril 1916, ne fait que croître et pour cause. Franche et loyale, toujours respectueuse des sentiments patriotiques de nos populations, sachant reconnaître et rendre hommage à (*sic*) la vaillance de l'armée française, elle n'a pas cessé de publier les listes de prisonniers et c'est à cette même *Gazette des Ardennes* tant décriée au début, que des parents, des femmes ou des enfants doivent d'être renseignés sur le sort de leurs chers soldats. » Mais cette diffusion ne se limite pas à nos régions du Nord, elle s'étend largement sur le front, à l'arrière de nos lignes (et jusqu'à Paris) (4), où des ballons spéciaux viennent la déposer par paquets. Les autorités allemandes la répandent à profusion dans les camps de prisonniers français, en Suisse et jusqu'en Roumanie, où le ministre de France dut mettre le public en garde contre sa propagande (5).

(1) *Kölnische Volkszeitung*, 24 Novembre 1917 et *Norddeutsche Allgemeine Zeitung*, 25 Nov. 1917 : « Dans les tranchées françaises, on « dévore » positivement la *Gazette des Ardennes* et le soldat français, qui la lisait et y cherchait le nom de ses camarades disparus, ne rencontrait jamais dans ce journal publié par des « Boches », une parole haineuse, une expression qui eût blessé ses sentiments », etc.

(2) Voir entre autres *Gazette des Ardennes*, 15 Mars 1916.

(3) Le fait nous a été signalé entre autres, par une habitante d'Arleux rapatriée (Voir *Revue de Paris*, 15 Juin 1917, Drs X et Z). « Comment on fait l'opinion dans la France envahie ».

(4) La *Gazette des Ardennes* du 15 Février 1917 n'oublie pas de mentionner qu'un de ses ballons est tombé en plein Paris.

(5) Sur cet effort de propagande en France, voir *Gazette des Ardennes* du 3 Octobre 1915 : « Anni-

La *Gazette des Ardennes* du 2 Novembre 1916 définit ainsi le but qu'elle poursuit : « En somme, quelle est, réduite à sa plus simple expression, la thèse générale de la *Gazette des Ardennes*? C'est que la grande coalition, issue de la politique d'encerclement d'Edouard VII et de ses disciples, ne viendra jamais à bout du peuple allemand et de ses alliés. Telle est notre intime conviction, que les faits se chargèrent de confirmer jusqu'à ce jour. C'est le point de vue allemand, certes, mais est-il pour cela forcément anti-français?

Si l'on identifie la France avec la politique de l'heure présente, alors il pourra sembler tel ! Mais est-on bien sûr que cette politique, qui est l'aboutissement fatal des alliances anti-allemandes conclues par les gouvernements précédents, soit la bonne? Nombreux ont été, avant la guerre déjà, les Français qui en prévoyaient l'issue funeste. Et aujourd'hui encore est-ce l'intérêt bien compris de la France de poursuivre cette guerre jusqu'à l'épuisement complet?

Que ceux dont l'incurable illusionnisme croit encore à l'écrasement de l'Allemagne persistent jusqu'au suicide dans leur folie meurtrière ! Nous écartons de nous cette terrible responsabilité. Ce faisant, nous avons conscience de servir non pas l'intérêt de l'Allemagne seule, mais celui de l'Europe entière » (1).

L'impression générale que laisse la lecture de la *Gazette des Ardennes*, c'est que les Allemands semblent convaincus qu'en répétant inlassablement les mêmes phrases, ils finiront par convertir les Français à leur cause et parviendront à les lancer contre les Anglais. Leurs flagorneries suggèrent irrésistiblement la parole de Bismarck : « On peut rosser les Français tant qu'on veut, pourvu qu'on crie en même temps : « Vive la liberté » (2).

Les Allemands n'inventent de toutes pièces qu'exceptionnellement des arguments favorables à leur cause. Dans leur offensive journalistique, leur tactique habituelle consiste d'une part à exploiter cyniquement un certain nombre de sophismes fallacieux, propres à duper les esprits hésitants ou les âmes simples et d'autre part à exagérer certains faits, à pousser certains traits à la caricature, de façon à en tirer tendancieusement des conclusions qui n'ont plus aucun rapport avec la vérité. Comment ces arguments ont-ils été mis en œuvre? C'est ce que va montrer le rapprochement suivant entre la *Gazette des Ardennes* et le *Bonnet Rouge*.

versaire »; du 9 Janvier 1916 : « la Peur de la Gazette »; du 20 Janvier 1916 : « la Racine du mal »; du 14 Avril 1916 : « Les journaux allemands de Lille »; du 19 Mai 1917 : « N° 400 ». Sur la propagande de journalistique allemande à l'étranger, voir : article de la *Kölnische Volkszeitung* du 2 Nov. 1916 sur les « attachés de presse » des ambassades allemandes, du *Berliner Tageblatt* du 11 Octobre 1917, sur le *Kriegspressamt* de Berlin (bureau militaire de la presse) qui occupe aujourd'hui plusieurs centaines d'officiers.

Ces deux articles ont été remis au lieutenant Bondoux le 6 Novembre 1917.

Voir aussi : *Deutschlands Künftiger Ruf im Ausland* (la réputation future de l'Allemagne à l'étranger), par Otto von Bœnigh chez Bamberg à Greifswald, 1917.

(1) Cf. la thèse d'Almereyda rapportée par un témoin dans la *Victoire* du 25 Novembre 1917.

(2) Citée par la *Tägliche Rundschau* du 6 Septembre 1917.

CHAPITRE PREMIER

SOMMAIRE :

LES CAMPAGNES COMMUNES DE LA « GAZETTE DES ARDENNES » ET DU « BONNET ROUGE »

I. Contre la haine.

II. Contre le moral français.

a) Contre le moral du poilu.

1) Contre l'esprit de guerre.
2) « L'argument ignoble ».
3) Appel au sentiment de la famille.
4) Appel à la peur.
   1° L'horreur de la guerre.
   2° Peur des opérations chirurgicales.
5) Vive la vie !
6) La paix est proche.
7) Les Français se battent pour le Tsar et pour l'Angleterre.
8) L'Allemagne est invincible militairement, économiquement, moralement.

b) Contre le moral de la nation :

1° *Campagnes particulières du* Bonnet Rouge :
1) Alcool, pornographie, dépopulation.
2) Contre les « réactionnaires », les prêtres ; mouvement féministe. Intérêt que la *Gazette des Ardennes* porte à ces campagnes.

2° *Campagnes communes de la* Gazette des Ardennes *et du* Bonnet Rouge *(suite)* :
1) Contre la paix sociale.
   a) Citadins contre paysans.
   b) La province contre Paris.
   c) Ouvriers contre patrons, etc...
2) L'armée contre la nation.
3) L'armée contre le gouvernement.
   Le parlement contre le gouvernement.
   Les deux Frances.
4) Contre le patriotisme.
5) La grande imposture : Les Allemands ont le génie de l'organisation, mais il n'y a en France ni traîtres, ni espions.

c) Les effets de la propagande pacifiste et des excitations a la guerre sociale.

1) Grèves.
2) La propagande pacifiste et le « cafard du poilu ».

III. Contre les patriotes français.

a) Le Français est « gobeur ».
b) Contre Barrès.
c) Contre Léon-Daudet.
d) Contre Hervé.
e) Contre les autres écrivains patriotes.
f) Contre l'Académie française.

IV. Contre la grande presse française.

a) CONTRE *le Matin*, *l'Echo de Paris*, *le Temps*, etc...
b) ON MÉNAGE *le Journal* et *l'Eclair*.
c) PIÈGES TENDUS A LA GRANDE PRESSE D'INFORMATION.
d) CITATIONS D'AUTRES JOURNAUX : *Populaire du Centre*, *Journal du Peuple*, *Bataille*, etc..

V. Contre la censure française.

a) IL FAUT SUPPRIMER LA CENSURE.
b) IL FAUT PUBLIER EN FRANCE LES COMMUNIQUÉS ALLEMANDS.
c) IL FAUT PUBLIER EN FRANCE LE PLUS GRAND NOMBRE POSSIBLE DE TEXTES TRADUITS DE L'ALLEMAND.

VI. Il ne faut pas d'après-guerre économique.

VII. Contre l'Angleterre.

a) CONTRE LES ANGLAIS.
b) LES ÉMEUTES D'IRLANDE NE SONT DUES QU'A LA TYRANNIE ANGLAISE.

VIII. Contre les journaux francophiles à l'étranger.

a) CONTRE LES JOURNAUX FRANCOPHILES SUISSES.
b) CONTRE LES JOURNAUX FRANCOPHILES ITALIENS.
c) CONTRE LE *Telegraaf*.
d) CONTRE LA PRESSE ANGLAISE ANTI-GERMANIQUE.

IX. Pour les intérêts moraux de l'Allemagne.

a) IL NE FAUT PAS DÉNIGRER LES ALLEMANDS NI LA « KULTUR ».

1) Les Allemands ne sont pas des « barbares ».
2) Les Allemands ont des qualités. « L'usine aux cadavres ».
3) Le militarisme n'est pas un vice allemand.

b) LA « KULTUR ».

1) Les grands Allemands.
2) La question Fred. Aug. Wolf.
3) La question Wagner.

c) ON NE PEUT PAS SE PASSER DES ALLEMANDS .
d) L'ALLEMAGNE EST LIBÉRALE ET SYMPATHIQUE.
e) JUSTIFICATION DES MESURES POLITIQUES ET MILITAIRES PRISES PAR LES ALLEMANDS.

1) Affaire Zimmermann-Caranza.
2) Affaire Grimm.
3) La « Forteresse de Londres ».
4) Représailles contre les prisonniers et la guerre sous-marine.
5) La dévastation des régions envahies.

f) APOLOGIE DES ALLEMANDS :

1) Le Kaiser est un souverain libéral.
2) Le Kronprinz est doux, clément et miséricordieux.
3) L'empereur Charles est pacifiste.
4) Le roi Constantin est un souverain loyal.
5) La reine Sophie de Grèce est une excellente ménagère et une brave mère de famille.
6) Scheidemann est un socialiste sympathique et désintéressé.
7) L'officier allemand est correct, courtois et humain.
8) Le soldat allemand est doué des plus éminentes vertus.

X. Pour les intérêts matériels des Allemands.

a) IL NE FAUT NI REPRÉSAILLES, NI BLOCUS.
b) LA VENTE DES MARCHANDISES SÉQUESTRÉES.
c) LES ALLEMANDS ONT, EN PLEINE GUERRE, DROIT AU DROIT FRANÇAIS CONTRE LES FRANÇAIS.

XI. Pour la paix.

a) L'ALLEMAGNE VEUT LA PAIX.
b) LES NEUTRES VEULENT LA PAIX.
c) LA FRANCE VEUT LA PAIX.

d) L'Allemagne propose la paix, elle ne la dicte pas.
e) Les conditions de la paix sont acceptables. Les trois cartes.
f) La paix ou la ruine !

1) Ruine financière.
2) Ruine économique.
3) La fin de la race française.
4) La famine.

g) Invocations à la paix.
h) Manœuvres politiques du *Bonnet Rouge* en faveur de la paix allemande :

1) L'Allemagne a exposé ses buts de guerre.
2) Nous devons faire connaître nos buts de guerre.
3) Campagne pour la « démobilisation perlée ».
4) Stockholm.
5) La paix séparée austro-russe.
6) La proclamation de Marchal aux Berlinois.
7) Pour la médiation espagnole.
8) Contre le Président de la République française, etc.

XII. L'Intervention américaine.

a) Elle n'aura pas lieu.
b) Elle n'aidera pas la France a remporter la victoire.

XIII. La question des responsabilités.

La France est également responsable de la guerre.

XIV. La question des prisonniers.

a) Les prisonniers français en Allemagne sont heureux et bien traités.
b) Les prisonniers allemands en France sont dignes de tous les égards.

XV. La question des réfugiés.

a) Les Allemands et les Français des régions envahies fraternisent.
b) Les évacués du Nord rentrés en France « calomnient » les Allemands.
Comment la *Gazette des Ardennes*, le *Bonnet Rouge* et le *Journal des Réfugiés du Nord* se sont efforcés de fermer la bouche aux rapatriés.

A. — LES CAMPAGNES COMMUNES DU " BONNET ROUGE " ET DE LA " GAZETTE DES ARDENNES "

Le *Bonnet Rouge* et la *Gazette des Ardennes* s'adressent au même public : des Français. Si les deux journaux tendent vraiment vers les mêmes fins, il est de la plus grande vraisemblance qu'ils emploieront les mêmes moyens. Ils poursuivront les mêmes campagnes. Toutefois, d'après ce qui précède, on ne s'attendra pas à toujours trouver dans toutes ces campagnes une identité complète d'expression. Il faut tenir compte de ce fait que, dans les régions envahies, les Allemands se sentent absolument maîtres d'abuser de leur force, qu'ils tiennent à maintenir intact le principe d'autorité et qu'ils ne gardent que les ménagements qu'ils veulent bien s'imposer. De plus, les idées en matière de journalisme n'ont pas les arêtes vives qu'elles présentent dans les sciences. Elles se touchent, se fondent, se pénètrent sans qu'il soit toujours possible de les séparer et de les isoler. Il faudrait alors entrer dans des détails qui dépassent le cadre d'une enquête comme celle-ci. Certaines d'entre ces idées sont, en quelque sorte, latentes derrière les développements et agissent moins sur la raison que sur la sensibilité. Elles sont difficilement saisissables et traduisibles. Elles n'en contribuent pas moins, autant et plus que les idées clairement exprimées, à susciter, étayer, sceller une conviction. Seule, la lecture des collections complètes des deux journaux, ou leur traduction en langage émotif, pourrait faire saisir la puissance de ces impondérables. Mais cela supposerait une intervention de la personnalité de l'enquêteur. Nous nous garderons de sortir du domaine plus étroit d'un examen purement « objectif ». Nous nous limiterons à signaler les ressemblances, les analogies, les coïncidences, les concordances, les parallélismes, les rapports, les points de contact qui peuvent exister entre le *Bonnet Rouge* et la *Gazette des Ardennes*. Nous bornerons notre rôle à présenter des textes sans conclure, ni juger.

La *Gazette des Ardennes* et le *Bonnet Rouge* mènent de front les quinze campagnes suivantes (1) :

1. Contre la haine.
2. Contre le moral français.
3. Contre les patriotes français.
4. Contre la grande presse française.
5. Contre la censure française.
6. Contre la guerre économique.
7. Contre l'Angleterre.
8. Contre les journaux francophiles à l'étranger.
9. Pour les intérêts moraux de l'Allemagne.
10. Pour les intérêts matériels des Allemands.
11. Pour la paix immédiate.
12. Sur l'intervention américaine.
13. Sur la question des responsabilités de la guerre.
14. Sur la question des prisonniers.
15. Sur la question des réfugiés.

Comme le détail de ces seules questions remplirait un gros volume, nous nous contenterons, pour abréger, d'exposer la première et la dernière de ces campagnes. Pour les autres, nous reproduirons le « plan détaillé » de cette enquête, qui a fait l'objet de notre déposition du 9 Novembre dernier. Nous y ajouterons seulement, à titre d'exemple, quelques références qui seront complétées, si cela paraît nécessaire. La surabondance d'une documentation portant sur près de 1 700 journaux nous a seule empêché de présenter ici toutes les citations qui ont été recueillies.

(1) Notre examen a porté principalement sur les collections de la *Gazette des Ardennes* et du *Bonnet Rouge* du 1er Janvier 1916 à Juillet 1917.

I. CONTRE LA HAINE.

Après avoir soulevé contre leur tyrannie universelle presque toutes les nations du monde, les Allemands se sont aperçus qu'ils avaient dressé contre eux une muraille de répulsion et de haine qui les isole de l'humanité et qui menace de les étouffer. Aussi ont-ils donné pour première tâche à leurs journaux de briser le cercle d'aversion qui les étreint de toutes parts. Cette consigne, la *Gazette des Ardennes* l'observe avec une discipline toute militaire : la haine alimente le courage du soldat, soutient le moral du civil, empêchera plus tard la reprise des affaires commerciales avec l'Allemagne. Il faut donc qu'à tout prix disparaisse la haine de l'Allemand. On pincera la fibre humanitaire qui vibre toujours si facilement dans les cœurs français. Il faut que le Français cesse de regarder le « Boche » comme un ennemi. Tous deux sont victimes d'une commune catastrophe qui doit les rapprocher et leur montrer ce qu'ils sont réellement : « des frères dans l'Humanité ».

Sur ce thème, la *Gazette des Ardennes* publie les variations suivantes :

Et voici ce qu'on lit dans le *Bonnet Rouge* :

a) Il ne faut pas enseigner aux enfants la haine des Allemands (1).

9 Janvier 1916. — *L'âme de l'enfant et la haine.*

« Dans tous les pays civilisés on s'efforce de tenir à l'écart des terreurs de la guerre les enfants innocents. Il y a pourtant des gens qui ne partagent pas ce point de vue raisonnable et humain. Ainsi le Conseil municipal d'Agen a élaboré un plan scientifique pour semer systématiquement la haine dans l'âme de l'enfant. Voici cette information qui pourrait être qualifiée de grotesque si elle n'était pas si triste, oh combien triste ! »

Suit le vœu du conseil municipal d'Agen.

« Nos lecteurs ne seront pas étonnés en apprenant que c'est le *Matin* qui a offert ces monstruosités à ses lecteurs le 24 Décembre pour la sainte fête de Noël ».

19 Avril 1916. — *Le rôle des instituteurs.*

« C'est dans le même ordre d'idées que nous protestons contre la distribution faite dans toutes les écoles de la ville de cette brochure intitulée : « Leurs Crimes », qui tend à développer la haine chez de jeunes êtres qui ne sont nés que pour l'amour ».

G. Morelle.

9 Juin 1916. — *Au Gymnase. La Race.*

« M. Baldy veut non seulement la haine immédiate, résultant du heurt sanglant de la guerre, mais la haine future. Il la prêche, cette haine, férocement (2), et veut que les bambins de cinq ans soient élevés dans cette haine ».

« Pour moi... la vue de toute cette jeunesse abîmée dans ses chairs ne m'inspire

(1) A la lecture de la *Gazette des Ardennes* et des autres journaux allemands, il apparaît clairement que nos ennemis attachent une grande importance à la conquête morale des jeunes Français et des maîtres de l'enseignement primaire en France.

(2) Les passages en caractères gras ont été supprimés par la Censure. Nous les avons rétablis d'après les épreuves soumises au Bureau de la Presse.

GAZETTE DES ARDENNES

Organe de l'Etat-Major allemand.

8 Octobre 1916. — *Haine.*

« Donnay demande la création d'un manuel scolaire, contenant le récit des atrocités allemandes et mettant au pilori la férocité dogmatique des Germains. « Ce manuel, dit Donnay, *les enfants « devront le lire sans cesse, l'apprendre par « cœur* ».

« Quel moyen merveilleux d'éducation, propre à former des hommes bons ! Quelle méthode unique pour cultiver dans les âmes tendres la douce fleur de l'idéal et pour y faire entrer l'amour de la raison !

« Qui délivrera la France de cette coterie de furieux énergumènes qui la ruine et qui la tue ? »

1er Octobre 1916. — *Contre la haine.*

« Après avoir reproduit l'appel monstrueux à la haine éternelle lancé par le *Figaro* de Paris, nous prenons note de la réplique française que voici :

« L'association des instituteurs et insti-« tutrices de France a adopté une motion « désapprouvant formellement la culture, « dans le cœur et l'esprit des jeunes élèves, « des haines de races. L'association déclare « que cet appel à la haine est dangereux et « nuisible. Nuisible parce qu'il s'adresse « aux instincts les plus bas... dangereux « parce qu'il ne peut que prolonger la « durée de la guerre actuelle...

« Il n'est pas un homme digne de ce nom et soucieux de l'honneur de son pays comme de l'avenir de la civilisation qui se refuse à rendre hommage à l'esprit dont s'inspire cette motion ».

BONNET ROUGE

pas de haine farouche. Il me monte à la gorge un sanglot non de haine mais de grande pitié ».

9 Juillet 1916. — *La Tache d'encre* (1) dit au journaliste Chauvin :

« Prenez garde à la lèpre du monde qui épuise et détruit les forces vives des nations ».

Pour les « Jeunes » de France.

« N'écoutez plus ceux qui murmurent ou proclament à vos jeunes oreilles trop naturellement crédules des paroles fielleuses, des paroles de haine, mais nourrissez dans votre cœur fertile cette plante vivace dont le fruit est la paix : l'Amour ! Voici qui est digne d'un vrai jeune (2) et qui nous repose des méchantes langues des vieillards sanguinaires ».

ROBERT PÉNICAUD.

20 Novembre 1916. — *Brieulles-sur-Bar.*

« L'autorité allemande avait organisé pour Noël une fête locale pour les 33 enfants qui restaient au pays... En quelques

21 Mai 1917. — *La Haine.*

« *La Revue de l'Enseignement primaire* publie ces vers que nous reproduisons sans y ajouter un seul commentaire :

(1) Journal de « Jeunes » particulièrement destiné à enseigner aux jeunes lycéens la haine de la guerre et de la Patrie.

(2) On remarquera le germanisme : « Un vrai jeune ».

GAZETTE DES ARDENNES
Organe de l'Etat-Major allemand.

mots en français, M. le major (1) commandant la place a indiqué aux enfants que les jeunes Allemands, et notamment les élèves du lycée de Ludenscheid, avaient voulu faire profiter les petits Français de Brieulles du Noël qui est particulièrement fêté dans leur pays », etc.

25 Novembre 1916. — *Pluxieux* (Meurthe-et-Moselle).

« Une petite fête a été organisée par M. le professeur de langue allemande, bibliothécaire de la ville de Leipzig, en l'honneur des enfants de l'école communale. Cette fête était présidée par M. le major (1) », etc...

22 Juillet 1917. — *Norddeutsche Allgemeine Zeitung* (Journal officieux, organe du Chancelier).

« Des pédagogues français publient des cahiers représentant sur leur couverture des atrocités commises par les « Boches » (collection Charier). Voilà comment chez nos ennemis les successeurs de Rousseau empoisonnent l'âme des enfants ».

16 Août 1917. — *Gazette des Ardennes illustrée.*

La vérité.

« Ces barbares tueurs d'enfants (on l'a dit) ont cependant la faculté de gagner la confiance des petits et de facilement devenir leurs amis... Jeannette, grâce à sa bonne mémoire, gardera toujours un agréable souvenir de l'oncle Fritz », etc..

YVETTE MUSSET.

19 Septembre 1916. — *Les prisonniers* (par un Français).

« O mon pauvre peuple ! pourquoi com-

BONNET ROUGE

LA FRANCE, *après un court silence.*

Tu t'arrêtes.

JEANNE, *hésitante.*

J'ai peur que ce ne soit pas bien (!)

LA FRANCE, *avec un sourire.*

Vraiment? Parle toujours et ne me cache rien.

JEANNE, *encore un peu hésitante, mais avec une certaine émotion.*

Tout d'abord et surtout, dame, je pense aux nôtres,
C'est trop clair ; mais souvent aussi *je plains les autres.*
Ces pauvres paysans d'Allemagne, tous ceux
Qui sont venus souffrir, mourir loin de chez eux.
Pas plus que nous *ceux-là ne voulurent la guerre.*
C'était le peuple, ce qu'ils nomment : le vulgaire,
Triste chair à canon que l'on pousse à la mort ;
Et j'aurais bien soigné leurs blessés... ai-je tort?

LA FRANCE, *avec une douce gravité.*

Non, chère enfant. Ton cœur se refuse à la haine:
Il est pareil au mien. Plus tu seras humaine,
Plus tu ressembleras à mon pur idéal.
(Face au public et avec force).
Je ne veux point d'arrêt dans mon combat loyal
Tant que je n'aurai pas terrassé l'adversaire ;
Mais la haine est impie et n'est point nécessaire
Pour que le crime des puissants soit châtié.
(A Jeanne).
Au troupeau misérable, accorde la pitié (2).

(1) « Major » : commandant.
(2) Cf. *Gazette des Ardennes*, 13 Janvier 1918. *La pitié est en marche* (éditorial). « La pitié finira par triompher. Elle est l'avenir. Elle renversera tous les obstacles. Elle vous renversera, M. Clemenceau », etc...

GAZETTE DES ARDENNES
Organe de l'Etat-Major allemand.

promettre, en insultant un digne adversaire, ton antique renom de loyauté chevaleresque, de noblesse et surtout de générosité envers ceux qui souffrent? Un désir de vengeance inassouvie paraît avoir annihilé dans ton âme le sentiment le plus noble : la pitié » (1).

BONNET ROUGE

b) Il faut réagir contre les écrivains et les artistes qui propagent la haine.

20 Février 1916. — *La Racine du mal.*

« Si l'on n'avait point écouté la presse envenimée, on n'aurait sans doute pas vu couler ce sang généreux » (de la France).

« La semence de haine qu'on fait pousser avec l'engrais du mensonge aurait peut-être séché dans les cerveaux détraqués de quelques journalistes et écrivains dévoyés ».

28 Avril 1916. — *Le Procès d'un semeur de haine.*

« Nos lecteurs se rappellent le cas du sieur Fuglister dont les conférences calomnieuses contre l'Allemagne ont été interdites par les autorités suisses. Les pratiques de ce conférencier, la réclame dont il s'entourait, ont fini par dégoûter même certains Français dont le patriotisme n'empêche pas le simple bon sens. C'est ainsi que M. Victor Snell, le chroniqueur bien connu de l'*Humanité*, écrivait dernièrement dans le très francophile *Genevois*, à propos d'une affiche où M. Fuglister annonçait ses conférences : « *Cette affiche est de fort mauvais goût*, etc... »

28 Septembre 1916. — *La Haine éternelle* (réponse à l'article intitulé « La Haine » de M. Bergerat, publié par le *Figaro* du 18 Septembre 1916).

« Nous tenons à mettre les principaux passages de cet article sous les yeux de nos lecteurs, de ceux-là surtout qui se refusent encore à croire que certains grands

14 Février 1916. — *Billets rouges.*

Voici l'affiche qui, paraît-il, vient d'être placardée dans une administration parisienne : « Français n'oubliez jamais ce qu'ont fait les Allemands à la France... Qu'une haine éternelle soit le châtiment de leurs crimes... » Accepter un espoir semblable, en vouloir faire un enseignement, c'est promettre à tout jamais l'humanité aux horreurs du carnage »...

FANNY CLAR.

3 Septembre 1916. — *Le prêcheur de haine.*

« M. Richepin à la Sorbonne le 5 mai 1916 :

« L'amour de la patrie se manifeste à « l'arrière par l'entretien de la haine sainte « contre l'ennemi ».

« L'auditeur : Oui, souvenons-nous que les prêcheurs de haine préparent une nouvelle guerre. On nous disait pourtant qu'il fallait aller jusqu'au bout pour que celle-ci fût la dernière. »

PIERRE BRIZON, *député.*

7 Février 1917. — *Art et Esthétique. Un album de Manfredini.*

« En temps de guerre, plus souvent les commères et les vieillards à l'âme basse peuvent vomir à l'aise et impudemment toute leur vilenie. La guerre, c'est la haine inféconde (2) et mauvaise installée omnipotente dans les cœurs. Et les cœurs grossiers jettent sans contrainte leurs hurlements de haine. Et les sadiques de la délation érigent leurs sales instincts en devoir patriotique.

(1) Voir note 2, p. 17.
(2) Cf. : la haine inféconde et, p. 19, *Gazette des Ardennes* : les haines infécondes.

GAZETTE DES ARDENNES
Organe de l'Etat-Major allemand.

journaux parisiens sont tombés à un niveau nettement pathologique, excluant tout sens commun, tout sentiment humain et tout jugement clair et sain. Voici les phrases principales de l'accès de folie dont le *Figaro* s'est fait l'interprète », etc...

27 Octobre 1917. — *La Culture latine.*

« C'est une mauvaise action que d'essayer de faire naître et d'aviver des haines infécondes et destructives ».

BONNET ROUGE

« La grossièreté de Manfredini plaît à la grossièreté de tous ces gens-là. »
GEORGES AXEL.

17 Novembre 1916 (1). — *Ils ne m'apprendront pas la haine*, par ROMAIN ROLLAND.

« Un grand peuple assailli par la guerre n'a pas seulement ses frontières à défendre : il a aussi sa raison. Il lui faut la sauver des hallucinations, des injustices, des sottises que le fléau déchaîne. A chacun son office : aux armées, à garder le sol de la Patrie ; aux hommes de pensée, de défendre sa pensée. S'ils la mettent au service des passions de leur peuple, il se peut qu'ils en soient d'utiles instruments, mais ils risquent de trahir l'esprit, qui n'est pas la moindre part du patrimoine de ce peuple. Un jour l'histoire fera le compte de chacune des nations en guerre, elle pèsera leur somme d'erreurs, de mensonges, de folies haineuses. Tâchons que devant elle la nôtre soit légère.

« On apprend à l'enfant l'Evangile de Jésus », etc...

c) Le soldat français chevaleresque et généreux doit repousser les avilissantes suggestions de la haine et tenir compte de l'opinion des autres peuples.

9 Janvier 1916. — *Carnet d'un Provincial.*

« Il est bon de retrouver entre les combattants un peu d'humanité et de charité.

« L'amour de l'humanité est quand même plus fort que la haine, même et surtout sur le champ de bataille ».

27 Mars 1916. — *Aux écoutes.*

« J'eusse voulu de tout mon cœur que tous les gens que je voyais eussent été chacun dans leur chaumière avec leurs femmes et leurs enfants et moi dans ma rue des Maçons avec ma femme.

« C'est Racine qui parle ainsi. Il suivait alors Louis XIV à la guerre de la Ligue d'Augsbourg. Comme on le voit, c'était un correspondant de guerre qui manquait d'enthousiasme. Il ne se montrait point non plus d'humeur très féroce, allait même jusqu'à appeler les ennemis « ces pauvres gens ». Et pourtant c'était des Allemands ».

(1) Toute la troisième page de ce numéro est consacrée à Romain Rolland.

GAZETTE DES ARDENNES
Organe de l'Etat-Major allemand.

31 Mars 1916. — *Arrogance et sagesse.*

« La presse parisienne nous offre depuis bientôt vingt mois le spectacle peu digne de la plus folle exaspération...

« Ce n'est pas en glapissant que l'on vient à bout d'un adversaire... On n'a jamais raison lorsqu'on rage ainsi. Des Français, très rares hélas, mais d'autant plus sincères, ont senti combien ces extravagances de haine compromettent le bon renom et la cause de leur pays...

« Reconnaître les qualités de l'adversaire n'est pas déchoir. Depuis quand le génie français est-il fait d'exagérations rageuses et fielleuses? »

15 Octobre 1916. — *Réponse au Figaro* (par un vieux Lorrain).

« Non, dans cet abject tableau (l'article du *Figaro*) je ne reconnais plus rien de la grande âme, de l'âme chevaleresque de la vieille Gaule, telle que j'ai appris à la connaître dans l'histoire des Clotilde, des Geneviève, des Jeanne d'Arc, etc...

« Oui, l'âme française se fatiguera de haïr lorsqu'elle connaîtra les « Boches » que des journalistes ignorants et criminels ont actuellement beau jeu de lui dépeindre sous les couleurs les plus noires. C'est alors que l'âme française ressaisira son empire sur elle-même ».

5 Novembre 1916. — *La haine.*

« Lorsque Jeanne d'Arc (1), la bonne et chrétienne Lorraine, bouta l'Anglais hors de France, les pires atrocités avaient été commises auparavant chez nous et le peuple tout entier, hormis quelques Bourguignons, était en droit de pousser des cris de haine contre ses ennemis. Pourtant

BONNET ROUGE

9 Juin 1916. — *En beauté.*

« Parce que notre race est généreuse, chevaleresque, idéaliste, le poilu, les yeux fixés sur cette apparition bienheureuse, se bat et meurt...

« Pourquoi donc des voix mauvaises, des voix de furies, des voix d'Euménides s'efforcent-elles de couvrir ce cri magnifique et exaltant?

« Haine ! hurlent ces voix. Haine farouche ! Haine éternelle ! Ah ! misérables et honteuses voix qui ne comprenez pas que vous sollicitez le sentiment le plus bas et que vos cris sont un outrage à l'esprit même de la nation !... Haine ! Haine ! qu'est-ce donc, sinon le hurlement sauvage du barbare, le glapissement bestial du fanatique?

« Prenez garde ! Le monde observe la tenue de nos adversaires et la nôtre ! », etc.

ALMEREYDA.

1er Août 1916. — *A bâtons rompus.*

« Quelques énergumènes continuent de crier « *vingince* » sur le ton que les soudards de Simon de Montfort assiégeant les Albigeois rugissaient « sang et feu ! »

M. BADIN.

22 Mai 1917. — *Joie farouche.*

(Le *Bonnet Rouge* proteste contre les déclarations d'un correspondant du *Journal* « dépeignant la joie farouche » qu'avait éprouvée un officier anglais à massacrer à coups de canon des Allemands qui avaient pénétré dans les tranchées anglaises.)

9 Juin 1916. — *En beauté* (suite).

« Il (le monde) écoute le rythme de notre cœur et celui du leur. Il guette les mots par lesquels eux et nous trahissons l'intime secret de nos âmes et le ressort caché de nos volontés.

« Admettriez-vous que cette galerie de peuples s'imagine, ne fût-ce qu'un mo-

(1) Les Allemands saisissent toutes les occasions de rappeler aux Français le souvenir de Jeanne d'Arc, « l'ennemie des Anglais ».

GAZETTE DES ARDENNES
Organe de l'Etat-Major allemand.

l'héroïne ne voulut pas s'abaisser à de si piètres moyens et lorsqu'au tribunal le juge lui demanda si Dieu lui avait enseigné la haine des Anglais, la vaillante fille répondit simplement que le Très-Haut lui avait ordonné de vaincre ».

16 Janvier 1917. — *La réponse de l'Entente.*

« L'*Information* de Bruxelles écrit... on en a assez d'entendre prêcher la vengeance sous n'importe quel nom »...

5 Juin 1917. — *La Victoire* (de Bertourieux), *Semaille de haines.*

« Parfaitement informés, les neutres sont perspicaces et savent discerner nettement de quel côté sont les paroles doucereuses accompagnées d'actes brutaux, les déclamations sentimentales suivies de dénis de justice », etc...

9 Juin 1917. — *La Victoire* (de Bertourieux).

« O ma France bien aimée, ô France de Clovis, de Bayard et de saint Vincent de Paul, de Colbert et de Fénelon, de Pascal et de Montesquieu, de Michelet. O France rédemptrice qui affirmas les droits de l'homme devant l'Europe coalisée. France, berceau du socialisme ! France hier altruiste, courtoise, éprise de vérité, de lumière et de raison, jusqu'à ériger celle-ci en religion. O ma Patrie ! n'écoute plus les perfides conseils, n'imite plus les odieux exemples des trafiquants de Londres ! Je t'en conjure au nom même de tes morts héroïques, crains de troubler douloureusement pour eux la sérénité de l'au-delà si tu continuais à déchoir »...

BONNET ROUGE

ment, que la France pour tenir a besoin de faire appel aux moins nobles des instincts humains?

« Non ! le peuple de France ne se bat pas par haine et pour la haine.

« Le peuple de France se bat comme se battent toutes les races grandes et fières. Il se bat comme jadis, « pro aris et focis », pour ses autels et ses foyers.

« Et sur ses autels, il place la Liberté, le Travail, l'Amour et la Paix ».

ALMEREYDA.

d) Le nom de « Boche » exaspère les Allemands. Ils le considèrent, non sans raison, comme l'expression cinglante de la haine et du mépris qu'inspirent leurs bandes d'assassins. Ils veulent le supprimer de la langue française.

21 Juillet 1916. — La *Kölnische Volkszeitung* écrit sur ce sujet :

« Ce n'est pas à nous seulement que ce monotone ricanement contre les « Boches »

3 Janvier 1916. — *Allemands, mais pas Boches*, par G. CLAIRET.

2 Février 1916. — *Boches ? Non. Les Alliés. Oui*, par G. BAZILE.

GAZETTE DES ARDENNES
Organe de l'Etat-Major allemand.

finit par sembler fastidieux. Il faut mettre un terme à cette grossière façon de déprécier l'ennemi. La haine trouble le raisonnement et peut nuire à son auteur. Les Français ont affaire à un ennemi qui sait asséner des coups fort durs. L'oublieraient-ils? Nous avons trois fois plus de prisonniers qu'eux. Nous avons dans les marais de Pologne et d'Asie Mineure bien des travaux qui conviendraient à des Français ».

9 Novembre 1916. — *Gazette des Ardennes.* — *Allemands et Français.*

« Dans les départements investis, on rencontre maintenant beaucoup de Français qui ont changé d'opinion du tout au tout sur les « Boches », « les têtes carrées », « les mangeurs de choucroute », « les Barbares » qu'ils appellent courtoisement les « Allemands » comme a dû les appeler toujours feu M. de Coislin qui, paraît-il, était l'homme le plus poli de France : *Ils savent* » (1).

BONNET ROUGE

9 Septembre 1916. — *Aux écoutes.*

« Dans un wagon, un monsieur fait le récit d'un combat auquel prit part son beau-frère.

« A chaque instant on entend : ces maudits Boches... les officiers boches... les blessés boches...

« Une jeune femme qui écoutait dans son coin, très simplement mise et vêtue de noir, interrompit à ce dernier terme le monsieur exubérant : « Pardon Monsieur, dit-elle, quand ils sont blessés, ce sont des Allemands ! » Le Monsieur en resta bouche bée.

17 Octobre 1916. — *Allemands, mais pas Boches*, par G. Clairet.

20 Octobre 1916. — *Allemands, mais pas Boches*, par G. Clairet.

6 Avril 1917. — *Allemandes, mais pas Boches.*

e) La haine n'est pas une vertu.

31 Octobre 1916. — *La haine n'est pas une vertu.*

« Aujourd'hui nous prêtons l'oreille à quelques rares échos qui nous parviennent d'au delà du front de la France non occupée. Là aussi certains esprits sincères et sensés s'alarment en songeant aux conséquences funestes de l'irresponsable propagande des calomniateurs professionnels ; des propagateurs de légendes haineuses qui pèseront longtemps sur le mort comme un cauchemar » (2).

« Non, la haine n'est pas une vertu ; elle est un vice ; voire une épidémie mentale qui engendre les mortels aveuglements et les destinées catastrophales ».

23 Septembre 1916.

« Un de nos lecteurs... a lu dans l'*Illustré national* cette phrase : « La haine du « Boche est le commencement de la sa- « gesse ». Notre lecteur se demande si la haine marque le commencement d'une sagesse quelconque et aussi, quel qu'en soit l'objet, comment elle peut se voir élever à la hauteur d'une vertu? Quant à l'influence de maximes semblables répétées toutes les semaines sur l'esprit de nos bambins, je doute de l'excellence du résultat, nous dit ce correspondant. Nous aussi ».

(1) Ils savent que, quand ils parlent des « Boches », ils vont en prison.
On trouvera à l'ex-2e bureau du gouvernement militaire de Paris, des détails sur la rigueur avec laquelle les Allemands frappent tous ceux qui, dans nos régions envahies, se servent du mot « Boche ». Les espions des « Kommandanturen » sont particulièrement chargés d'observer les conversations particulières à ce point de vue. On se représente tout ce que la phrase de la *Gazette* dissimule sous son ironique ambiguïté.

(2) A l'appui de sa thèse, la *Gazette des Ardennes* cite un article du *Journal des Réfugiés du Nord* reproduit par le *Bonnet Rouge* du 6 Octobre 1916, que nous retrouverons plus loin à l'examen de la quinzième campagne.

GAZETTE DES ARDENNES
Organe de l'Etat-Major allemand.

BONNET ROUGE

f) Les excitations à la haine de l'Allemand se cachent hypocritement derrière le masque de la justice.

16 Septembre 1916. — *Lettres familières d'un prisonnier français à son ami Jean Chauvin.*

« Coup de pied de l'âne ! (1) Coup de pied de l'âne! Comment diantre, ami Chauvin? Mes lettres familières sont le coup de pied de l'âne à la patrie en danger ! Vous allez un peu fort pour charrier les meubles, vous, par exemple ! Et c'est tout ce que vous trouvez à en dire?

« En vérité, l'âme collective qui, de plus en plus, se manifeste en France, me déconcerte et m'épouvante. On y envisage la guerre comme devant nécessairement durer des années encore. On préfère imiter l'imbécile autruche et, la tête dans le trou, ruminer les plus ineptes ragots sur cet ennemi tellement méprisable et que néanmoins on ne parvient pas à vaincre !

« Mais si, mais si, dites-vous, la France vaincra finalement ; elle ne peut pas ne pas vaincre, avec l'aide de ses alliés fidèles, car elle a pour elle le Droit, la Justice, etc... Halte-là, ami Chauvin et veuillez, je vous prie, faire attention que parler ainsi, *quand vous défendez l'erreur et le mensonge par raison de ménage*, c'est tout simplement convenir de cette proposition ébouriffante : la France qui est dans cette guerre, le champion du droit, de la justice et de la liberté du monde, qui doit donc nécessairement avoir conscience d'avoir pour elle et le droit et la justice, et la sympathie des peuples opprimés, ne saurait nonobstant avoir d'arme plus sûre que la calomnie, ne peut réellement vaincre l'oppresseur, l'ennemi des libres nations, le champion de l'Esprit du Mal que... *par le mensonge* ! La France sommant son armet de guerre, sa galante bourguignotte de la calotte de Basile ! »

19 Octobre 1916. — *La Haine.*

« C'est bien, c'est entendu ! on crée la ligue du souvenir pour qu'à jamais ne s'effacent entre les peuples déchaînés les ferments de discorde... car enfin, il faudrait de la franchise.

« Ceux qui veulent les Français n'oubliant pas disent ceci :... « Les hommes « selon leurs tempéraments divers par- « donnent à la bête allemande s'ils le « veulent et quand ils le voudront, ils lui « pardonneront sous conditions ou aux « conditions qu'ils auront fixées : Mais il « faut d'abord qu'ils sachent la vérité ».

« Ces paroles... je les trouve étranges et ne puis m'empêcher d'y découvrir quelque jésuitisme qui m'effraye. Comment oser affirmer qu'on ne songe point à influencer les jugements futurs des hommes alors qu'on leur souffle la haine?... Est-ce notre tâche à nous de demander aux soldats que la vengeance adopte hypocritement le masque de la justice?

FANNY CLAR.

(1) Cf. *Mère indigne*, par Fanny Clar (*Bonnet Rouge*, 12 Août 1916) : Mère indigne ! Eh, pas si vite, s'il vous plaît, monsieur le journaliste, etc...

GAZETTE DES ARDENNES Organe de l'Etat-Major allemand.	BONNET ROUGE

g) La haine ne doit pas intervenir dans les questions économiques.

24 Avril 1916. — *Les journaux allemands à Lille.*

« La paix viendra un jour et les relations commerciales et industrielles reprendront sur des bases meilleures. La haine est un sentiment qui n'a point d'asile en France. Nous connaîtrons mieux ceux qui furent nos ennemis », etc...

24 Février 1917. — *La guerre d'après-guerre se fera-t-elle?* (3e article).

« La guerre économique ne pourra avoir lieu, assure un syndicaliste influent, élu du suffrage universel, que si la haine entre les peuples ne s'apaise pas à la conclusion de la paix. Cette hypothèse est monstrueuse et on ne saurait flétrir trop énergiquement ceux qui voudraient l'envisager comme réalisable. La guerre doit rester la guerre, c'est-à-dire un état anormal intermédiaire entre deux périodes de paix, tous les souvenirs devant se reporter à l'avant-guerre et toutes les aspirations devant tendre au rétablissement de la vie normale qui doit suivre la signature des traités. Or, que cherche-t-on? A reculer indéfiniment ce rétablissement de vie normale...

« Bouder chacun de notre côté du Rhin et nous regarder en chiens de faïence alors que la moitié des Allemands reviendront en France et qu'une grande partie des Français reviendront en Allemagne, cela me fait sourire »...

16 Juin 1916. — *Les suggestions de la haine.*

« N'écoutons pas les voix de l'Amour, mais soyons sourds aussi aux voix de la Haine. L'égoïsme sacré nous commande de n'avoir en vue que les intérêts du pays. Mais la vue claire, la nette perception de ces intérêts, la soif de vengeance s'y oppose autant que la soif de dévouement...

« Déjà, l'on nous propose de poursuivre, la guerre militaire terminée, une guerre économique qui ne finirait point. Et cette guerre éternelle, on la justifie comment? en nous disant qu'il faut tirer de l'Allemagne une vengeance permanente. Eh quoi ! une vengeance? Après avoir fait taire les voix de l'amitié nous écouterions d'une oreille complaisante celles de la haine? L'égoïsme sacré exclut le désir de vengeance, comme le désir de sacrifice. Notre intérêt ! Où est notre intérêt?

« S'il est démontré que nous avons plus à perdre qu'à gagner à rompre toutes relations commerciales avec l'Allemagne sous prétexte que nous devons haïr éternellement nos ennemis, sous prétexte de satisfaire notre haine, alors nos représentants (à la conférence économique des Alliés) ne devront pas hésiter. Ils sauveront ainsi, non seulement nos intérêts, mais notre réputation de peuple humain et civilisé chez lequel la vendetta nationale est aussi méconnue que la vendetta familiale ».

G. Clairet.

h) Les Allemands ne sont pas haïssables.

5 Juillet 1916. — *Réflexions pour l'avenir, par Vidi, soldat français prisonnier en Allemagne.*

« Je voudrais contribuer dans la mesure de mes forces à dissiper cet affreux cauchemar commencé le 2 Août 1914, cauchemar résultant d'un venin qui nous

30 Mai 1916. — *Aux écoutes.*

« Mais tu avais une autre poupée que celle-là, qu'en as-tu fait? »

« La petite prend un air grave et répond à mi-voix : « Oh ! tu sais, à ce qu'il paraît « qu'elle était boche. »

« Puis, plus bas encore, elle ajoute :

GAZETTE DES ARDENNES
Organe de l'Etat-Major allemand.

avait été infusé depuis bien des années sans que nous y prenions garde, venin savamment distillé et élégamment présenté sous forme de romans, de pièces de théâtre, de discours politiques. J'ai un fils, je ne veux pas que dans quelques années il prenne les armes pour se ruer sur son petit camarade qui saute ici tous les jours sur mes genoux ».

13 Août 1916. — *Vaillants prisonniers.*

« Nous lisons dans le *Bonnet Rouge* du 2 Août :

« A Egligny près de Provins, etc... contre certaines préventions» (voir *Bonnet Rouge*, art. ci-contre.).

« Pareils faits donneront-ils à réfléchir à certains journalistes parisiens qui déversent leur haine sur les prisonniers sans défense, excitant contre eux la population? »

14 Janvier 1916. — *A mes camarades prisonniers.*

« En France comme en Allemagne, le peuple a un autre idéal que la guerre, il la subit parce qu'il ne peut pas faire autrement. »

21 avril 1916. — *La veillée.*

« Dans les campagnes des départements investis...

« 8 heures du soir...

« En fumant de nombreuses pipes, les hommes jouent aux cartes. La grand-mère, assise au coin du feu, ravaude le linge d'un jeune Bavarois qui a l'âge de son « fieu » et qui lui ressemble un peu.

« On vit presque en famille, l'Humanité a repris ses droits.

« C'est le « Bon Gîte » et, témoins de cette scène, il vous semblerait toujours que la vieille va dire au jeune Bavarois, moitié larmes, moitié sourires :

« *J'ai mon gars soldat comme toi.* »

BONNET ROUGE

« Pourtant, tu sais, je l'aime encore tout « de même ».

2 Août 1916. — *Aux écoutes.*

« A Egligny, près de Provins, le feu se déclare dans une grange par l'imprudence d'un enfant de huit ans.

« Des prisonniers allemands employés aux travaux agricoles arrivèrent les premiers sur les lieux de l'incendie, qui menaçait une exploitation agricole. Ils combattirent le fléau avec une telle bravoure que le Maire a signalé leur conduite.

« Cet exemple mérite d'encourager tous les cultivateurs qui refusent énergiquement la main-d'œuvre des prisonniers allemands à cause de beaucoup de raisons, fort mauvaises. Il y aurait pourtant des avantages, mais allez donc lutter contre certaines préventions ».

22 Février 1917. — *Prisonniers allemands.*

« Sur la vie des prisonniers allemands en France, nous avons recueilli plusieurs témoignages. Le plus récent et l'un des plus circonstanciés est celui d'un collaborateur occasionnel du *Mercure de France*, M. Bréauté. Ce témoin est digne de foi. Il s'est battu; blessé, il a été envoyé dans un village du Centre pour surveiller les prisonniers qui travaillent dans les fermes... Recueillons son témoignage ».

Pas de haine.

« Que pensent d'eux (des prisonniers) nos paysans? Qeuls sentiments nourrissent-ils à leur égard?

GAZETTE DES ARDENNES

Organe de l'Etat-Major allemand.

16 Septembre 1916. — *Contact.*

« Le village allait avoir des soldats allemands à loger... Ils sont venus.

« Des hommes propres en leur vêtement gris, rasés, aux yeux doux, rayonnants d'espoir, d'une politesse spontanée, non pas conventionnelle...

« Pas un inoccupé, chacun à son poste, à son travail, un rien leur est utile, ils ont une faculté spéciale d'improvisation.

« Notre bonne vieille doyenne est entourée du respect de tous ces hommes qui s'ingénient à lui faire plaisir ; c'est à qui lui offrira des douceurs que ses vieilles dents trouvent « rebelles ».

« En reçoit-elle de ces « bonjour, maman » (1) prononcés avec respect et sympathie. Elle rayonne et clame : « Je vous disais bien qu'ils ne sont pas méchants »..

« L'union franco-russe a commencé sur les champs de bataille par l'estime réciproque des soldats. Pour quoi cela n'aboutirait-il pas avec les « Boches »?

« Quand le crépuscule arrive, des poitrines de ces « Barbares » s'élèvent des hymnes douces qui jettent je ne sais quoi de troublant dans la nuit qui commence ; et ces hommes demain vont aller au front ; leur grandeur d'âme dans l'esprit de sacrifice est énorme et touchante ».

1er Novembre 1916. — *Pour les morts.*

« Il y a aux pays occupés un levain grandissant qui n'est pas de haine. La pitié ne peut devenir esclave dans la vieille Gaule ».

6 Février 1917. — *Gazette régionale.*

« Bien que ces soldats soient nos ennemis, nous ne devons pas être durs envers eux, vu qu'ils se montrent bons pour nous. D'ailleurs le soldat n'est pas responsable de ce qui peut nous arriver. Il respecte les ordres qu'on lui donne. Un point, c'est tout ».

BONNET ROUGE

« Pas de haine ! Allemands et Français **mangent dans la même salle :**

« Ces gens-là avec qui l'on vit dans un « voisinage quotidien, avec qui l'on souffre « des intempéries, à qui l'on parle à tout « instant pour le service, finissent par ne « plus ressembler à ceux dont là-bas avec « plaisir on eût, d'une décharge, troué la « tête ».

« Ainsi notre homme explique chez les soldats (qui gardent les prisonniers) ce qu'il appelle l'affaiblissement de la haine ».

Pas plus de haine chez les paysans.

Cœurs pitoyables.

« Le vieux berger a eu un fils tué aux « Eparges, un autre blessé à Soissons. Si « on le pousse, il s'exalte »... « Un quart « d'heure après notre entretien, je le trouve « dans la grange batifolant avec les Boches « et les égayant de ses pitreries ».

« Le sentiment général, c'est la pitié. Les Allemands — les Boches comme dit le collaborateur du *Mercure* — sont aux yeux de nos paysans ce que sont leurs propres fils : des victimes d'un malheur qui s'est abattu sur tous les peuples. Ils les plaignent comme ils se plaignent eux-mêmes.

« Pour arriver à faire naître ou paraître de la haine, il faut une intervention étrangère »...

« *Des ganaches* ».

« Il ne faut pas oublier les ganaches. La sottise de quelques citadins échauffés contraste avec le bon sens des paysans »...

(1) Cf. p. 27, *Gazette des Ardennes* : Un cri affectueux : « Bonsoir, Gross Mama!

GAZETTE DES ARDENNES

Organe de l'Etat-Major allemand.

21 Décembre 1916. — *Le labeur fraternel.*

Impressions d'une Française sur le travail en commun avec les soldats allemands.

« Le travail en commun avec les soldats allemands offre à ceux qui savent regarder et conclure un spectacle curieux, un champ d'observation plein d'intérêt. Là on oublie que l'on est ennemis ; tous se courbant vers le même sol ou ployant sous les mêmes fardeaux, unissent leur peine dans un commun effort : tous, pères de famille ou jeunes gens du même âge, Allemands et Français que la guerre semble plutôt rapprocher que désunir. La plupart sont des humbles, des hommes du peuple qui se ressemblent... comme des frères. Souvent, l'on voit deux petits gars, vêtus l'un de l'uniforme gris, l'autre d'un costume d'ouvrier, partageant joyeusement les mêmes occupations et ensuite se récréant ensemble comme des enfants qu'ils sont encore. Ou bien ce sont des hommes plus graves qui, dans un langage bizarre, composé de mauvais français et de mauvais allemand, se font part de leurs impressions, qui se trouvent être les mêmes. En voyant tous ces travailleurs, l'on est frappé malgré soi de l'intimité qui naît de ces rapports...

« De l'avis des gens sensés, c'est une chose excellente que ce travail en commun. D'où vient souvent cette haine si justement dénommée aveugle, que l'on éprouve pour un ennemi qu'on n'a jamais vu... si ce n'est précisément de ce qu'on le méconnaît?

« Figurez-vous, par exemple, qu'il existe entre tous les Français et les Allemands des rapports semblables à ceux que crée le travail en commun. Quels changements se réaliseraient alors dans les idées, dans les opinions. Pour certains Français qui ignorent si complètement l'Allemagne, ce serait une véritable découverte. Ah ! s'il pouvait en être pour tout un peuple ce qu'il en est seulement pour quelques

BONNET ROUGE

22 Février 1917. — *Prisonniers allemands* (suite).

« Ainsi arrivant précédés d'une épouvantable réputation de bandits sauvages, les Allemands dans nos campagnes de France ont conquis nos paysans. Loin d'aviver les haines ou même de les entretenir, ce contact quotidien, cette vie commune ont dissipé bien des préventions et fait naître une vague sympathie faite de la conscience d'une commune misère ».

« Le narrateur lui-même doit convenir qu'il ne découvre chez « ses Boches », dans leur physionomie, rien de cette brutalité que leur attribuent nos académiciens et autres guerriers de l'arrière.

« Ils sont doux et polis. Quand leur cuisinière se retire après les avoir servis, ils la saluent tous d'un cri affectueux : « Bonsoir, Gross Mama ».

« Ils sont propres et soigneux », etc...

Des gars laborieux.

« Ces prisonniers sont laborieux, ils travaillent consciencieusement...

« Et notez que ces prisonniers ne sont pas des agriculteurs de profession. Notez aussi que rien ne les oblige à être aussi soigneux », etc...

Et de la musique.

« Les prisonniers allemands ont enfin révélé qu'ils ont l'âme élevée. Leurs distractions ne sont point basses ni grossières, leurs sentiments sont teintés d'idéalisme. Le soir, après le travail et pendant leur après-midi du dimanche, ils chantent...

« Notre porte et la leur sont ouvertes.
« Ils forment des chœurs à deux ou trois
« parties qui accompagnent les modula-
« tions d'un harmonica. Bien que je m'en
« défende, un de leurs *lieder*, au rythme
« grave, quasi religieux, me pénètre de
« délices. Je m'en veux de m'y aban-
« donner »...

« Même idéalisme, même élévation dans leur correspondance » (1).

« Un autre, le jour de Pâques (2), évoque

(1) Nous avons contrôlé pendant près d'un an la correspondance des prisonniers allemands. Nous nous inscrivons en faux contre cette affirmation pour le moins tendancieuse.

(2) L'article du *Bonnet Rouge* est du 22 Février.

GAZETTE DES ARDENNES
Organe de l'Etat-Major allemand.

BONNET ROUGE

individus... Ce même bonhomme que j'entendais il y a deux années traiter les Allemands « d'arriérés » et de « barbares » m'a déclaré depuis qu' « après tout c'étaient de bien braves gens ». Quelle leçon ! »

YVETTE MUSSET.

7 Octobre 1916. — *Liller Kriegszeitung* (Gazette de guerre de Lille).

« Il n'y a pas d'Allemand sans idéalisme »...

23 Avril 1916. — *Cloches de Pâques* (2).

« A l'aube du samedi saint, balayant les nues de leurs cloches de bronze, les cloches reviennent... elles sonnent l'*Alleluia* matutinal au-dessus des champs, sur les cités et dans nos cœurs. En entendant vos carillons, j'ai fait un rêve... Cloches tant aimées, faites qu'après avoir effacé du cœur de ma douce France la haine stupide et factice qui la ronge, vous chantiez l'*Alleluia* de l'Humanité ressuscitée ».

UN FRANÇAIS.

24 Octobre 1916. — *La vie en pays français occupé.*

« Au commencement de cette guerre, les premiers Allemands qui franchirent la frontière franco-belge furent l'objet dans les esprits des populations de mauvaises pensées et d'imaginations perverses...

« Une certaine méfiance, au début de l'investissement, régnait entre civils et soldats...

« Mais la durée du temps est le médiateur des choses. Au fur et à mesure que s'établirent les occupants, les rapports devinrent plus corrects et courtois, et à l'heure présente je dirai même que l'on

les souvenirs de jeunesse, les jolis carillons répandus dans les vallées, les phrases sublimes de Faust :

« Mon enfance se lève au son de ces cantiques ».

Colis de victuailles.

« Les familles allemandes comblent les prisonniers de colis et les gorgent de victuailles.

« Quelques prisonniers reçoivent des 5 colis à la fois. Cette abondance dément les articles de la presse chauvine qui représente l'Allemagne comme affamée (1). Cette abondance n'a pas peu contribué en plus à faire réfléchir le paysan français »...

« Et cette opinion du paysan français sur les Allemands n'est pas telle que souhaitaient qu'elle soit ceux qui comptaient exploiter à perpétuité la haine des deux peuples ».

CLAUDE CADET.

(1) De notre enquête personnelle sur les journaux allemands, il ressort avec une évidence indiscutable qu'au commencement de 1917 l'Allemagne passait par une crise alimentaire terrible. Une rapide enquête dans les camps de prisonniers prouvera que l'affirmation du *Bonnet Rouge* n'est pas seulement inexacte, mais mensongère.

(2) Cf. *Bonnet Rouge*, 26 Avril 1916. *Cloches de Pâques*, par A. Chevalier :
« Il n'avait pas vingt ans, l'âge fou des chimères,
« Où le cœur est sans haine, où l'esprit est sans fiel. »

GAZETTE DES ARDENNES
Organe de l'Etat-Major allemand.

ne se considère plus en ennemis, mais en compagnons d'infortune qui souffrent en silence de ce terrible fléau, attendant d'un même désir la paix libératrice.

« Nous avons appris mieux que d'aucuns à les connaître et nous remarquons qu'ils sont laborieux, excessivement pratiques et propres. Tous ont les sentiments de la famille et de piété recueillie.

« N'avons-nous pas souvent été heureux d'avoir recours à leur générosité, dans les durs moments, pour se substancer (*sic*) en acceptant quelque « rata » ou croquant à belles dents un morceau de pain K. K. si dénigré des journalistes parisiens et qui faisait notre délice.

« Quoique qualifiés à outrance de « Barbares », par messieurs les Chauvins de l'autre côté, les Allemands n'offrent pas cette mentalité. Ce sont des hommes comme nous ».

BONNET ROUGE

i) Fraternisons dans l'amour de l'Humanité. La barrière du langage n'est pas un obstacle aux cœurs qui se comprennent.

14 Septembre 1916. — *Chez les investis.*

« Dans les corons de mineurs, certains soldats aident les femmes à faire la lessive...

« Ces barbares d'un nouveau genre n'aiment pas à se mettre à table seuls, tels de vulgaires M. Vautour et Harpagon. Ils partagent leur soupe, leur portion de viande, leur ration de beurre, le morceau de fromage et le petit pot de confiture.

« Allez, madame! — Non merci ! Madame, mangez avec nous ! — Non vraiment, je... — Oh ! madame... Ils insistent, sont presque suppliants et la Française accepte et l'on dîne en famille. Soudain l'un d'eux s'échappe pendant quelques instants : il s'en revient avec quelques bouteilles de cidre et une bouteille de vin qu'il a achetée à la cantine.

« Santé ! madame ! Santé ! Et nos deux gaillards de trinquer et de boire à celle du mari parti lui aussi depuis deux longues années ».

16 Août 1916. — *Méditations de guerre.*

« Aujourd'hui l'Etat libre, la France, est sauvée. Demain, les habitants des patries étrangères se plairont à dire, comme les dictateurs d'Albe, aux troupes romaines :

« Nous sommes voisins, nos filles sont vos femmes
« Et l'hymen nous a joints par tant et tant de nœuds
« Qu'il est peu de nos fils qui ne soient vos neveux.
« Nous ne faisons qu'un sang et qu'un peuple en deux villes. »

« Ce sera la paix, c'est-à-dire la vie.

« Il faut écraser le militarisme... Par militarisme il ne faut pas entendre seulement le porteur d'épée. Il faut comprendre aussi et surtout le porteur de haine.

« Il importe que les échanges internationaux ne soient pas favorisés par des préférences nées de la guerre (c'est-à-dire de l'erreur).

GAZETTE DES ARDENNES

Organe de l'Etat-Major allemand.

16 Juin 1917. — *Gazette régionale.*

« La paix c'est la vie ! »

24 Octobre 1916. — *La vie en pays français occupé.*

« Ne sommes-nous pas tous frères devant l'Humanité? Pourquoi ce fleuve de sang dont la crue s'accentue chaque jour? »

25 Novembre 1916. — *La troisième campagne d'hiver.*

« Sous ce titre, le journal hollandais *Limburger Koerier* publie un article de fond en langue française que nous reproduisons intégralement (1)...

... « Est-ce qu'au pied de ces décombres ne doivent pas enfin venir s'anéantir tous ces vains projets d'homicide, de haine et de vengeance? Refuserons-nous toujours de prêter l'oreille... à la voix suppliante qui surgit du million de tombes creusées depuis deux ans? Voix qui nous crie sans cesse : Assez ! Assez de haine ! Assez de morts ! La paix, la concorde, le baiser fraternel ! »...

3 Mars 1917. — *Gazette régionale.*

« J'en reviens à nos pauvres malheureux qui continuent de s'entre-tuer, tandis que, réciproquement, tous, nous devrions nous donner la main, nous aimer, être frères enfin comme Dieu nous a faits !... »

1er Avril 1917. — *Gazette régionale.*

« *Obsèques de deux soldats allemands.*

« Dans ce cimetière nous avions déjà... un soldat français.

« Le Destin a voulu lui donner deux frères. Dormez en paix, soldats de France et d'Allemagne. Ils naquirent frères en Dieu, ils sont réunis comme tels dans sa volonté sainte ».

BONNET ROUGE

« Maudissons avec Jaurès les misérables patriotes qui, pour aimer un pays, ont besoin de ravaler les autres !

« Puisqu'il a été possible à la haine de réunir 200 millions d'hommes, pourquoi serait-il impossible à l'Amour de réunir l'Humanité? »

SAINT-DIÉ.

(1) Cet article est un bel exemple de ce que nous avons appelé le « camouflage journalistique ».

GAZETTE DES ARDENNES
Organe de l'Etat-Major allemand.

20 Novembre 1916. — *La Racine du Mal.*

« Pourquoi n'écoute-t-on jamais en France **la voix de l'adversaire, il a des arguments qui supportent la lumière du jour, sans cela il ne les imprimerait pas,** car ils deviendraient une proie facile.

« Combien de fois les esprits en France n'ont-ils pas été envenimés par cette néfaste habitude de la foule de ne pas **s'orienter de plusieurs côtés?** »

24 Octobre 1916. — *La vie en pays français occupé.*

« Notre sol était foulé et à la suite des regrettables tragédies qui venaient de se dérouler en Belgique entre civils et militaires, les gens étaient pris d'épouvante. Beaucoup fuyaient, abandonnant tout, sans savoir au juste où se diriger et se montaient la tête mal à propos, par la lecture des journaux parisiens qui représentaient les Allemands comme des descendants de Satan ».

2 Juin 1917. — *Une ville en pays occupé,* Laon, 15 Mars 1917.

« C'est un spectacle extraordinaire que celui de notre ville depuis quelques semaines...

« Toutes les chambres vacantes sont occupées par des officiers ou des sous-officiers qui, la plupart, sont fort conciliants et s'accommodent parfaitement avec les civils de la vie en commun qui leur est imposée. Parfois même il se passe des scènes touchantes (1) ; ainsi souvent l'on peut voir les petits grimper sur les genoux de « l'Allemand », etc... Quelquefois les nouveaux arrivés prennent plaisir à passer une partie de la soirée en compagnie de ceux qui les logent », etc...

YVETTE MUSSET.

8 Mars 1917. — *Gazette régionale.*

... « Que dire aujourd'hui de l'adminis-

(1) Cf. « les scènes touchantes ».

BONNET ROUGE

Echoppage du 5 Mars 1917.

A travers le dictionnaire.

« Ceci se passa dans les régions envahies, d'où ceux qui reviennent nous apportent des récits, assez dissemblables parfois, des histoires qui forment, depuis les premiers retours, la pâture de certains journaux.

« La vie fut très dure là-bas les premiers mois. Des scènes affreuses s'y passèrent, mais la guerre n'est pas une conversation enjouée, il ne faut pas présenter une des seules faces de la vérité, elle en a plusieurs. L'existence fut d'autant plus pénible — je rapporte ici exactement les paroles qui me furent dites — « que nous étions en proie « à l'affolement, entretenu par la lecture « des journaux de Paris, qui nous épouvan- « taient de leurs récits sur la cruauté de « l'envahisseur ».

« Cette terreur une fois calmée, des rapports forcés s'établirent entre les conquérants et les envahis. Des scènes parfois touchantes (1) se produisirent. Elles feront grincer les dents des braillards qui crient d'autant plus fort qu'ils agissent moins. Mais elles font espérer des lendemains meilleurs, elles éclairent l'horizon au delà des ténèbres présentes.

« Voici une de ces scènes, fidèlement transcrite. Je pourrais en compter d'autres, parler de la façon dont les majors allemands soignèrent nos malades, avec quelle intelligente méthode furent organisés par les envahisseurs quelques-uns de nos propres services, quels songes de liberté les soldats allemands fondent sur la révolte civile, mais ceci que je vais dire me touche davantage :

« Un envahi fit la connaissance d'un Allemand. Mobilisé dans les postes, l'Allemand ne se battait pas et logeait près du Français. Quelle intuition leur fit comprendre qu'ils pensaient de même? Je ne sais. Probablement ils furent attirés par un mystérieux d'affinité morale. Ils se sen-

GAZETTE DES ARDENNES
Organe de l'Etat-Major Allemand.

tration de la ville (par les Allemands). Par où commencer? Je ne sais, car la tâche est ardue, et ce n'est pas un journal, mais des volumes qu'il faudrait pour faire connaître ce qui a débuté par des murmures et se continue maintenant »...

17 Juillet 1916. — *Un méchant rêve.*

« Grâce à cette résistance allemande, quelques millions de Français et de Belges conserveront ou retrouveront demain leurs foyers ainsi que leurs villes ou leurs villages convenablement administrés, voire même dotés parfois de certaines institutions nouvelles (hygiéniques et autres), constituant un progrès ! »

9 Novembre 1916. — *Allemands et Français.*

« Dans les villages, où il n'y a plus de docteurs, ce sont les médecins-majors allemands qui assurent le service de santé, qui soignent les malades, les femmes et les enfants de ceux qui sont à la guerre.

« Une mère nous disait dernièrement : « C'est le médecin allemand qui a sauvé mon enfant du croup. — Il l'a bien soigné? On ne peut mieux. — Combien vous a-t-il demandé? — Rien ». Voilà toutes choses que les Français de France ne savent pas, des faits qu'ils ignorent, des actes de dévouement et d'humanité dont ils sont loin de se douter ».

10 Mars 1917. — *Fragments du journal d'une « occupée »* (2).

« Les enfants vont en classe depuis l'arrivée du bataillon. Tous les enfants affectionnent (*sic*) leur maître d'école qui ne connaît cependant rien de la languo française ; néanmoins il leur explique tout très bien par des manières (*sic*) et ces pre-

BONNET ROUGE

tirent de mêmes croyances et voulurent se parler. Comment y arriver avec entre eux la barrière du langage? Une idée leur vint, ils prirent chacun un dictionnaire, et mot à mot, ils arrivèrent à se causer (*sic*) (1). Mot à mot ils épelèrent le rêve qui les tenait tous les deux. Mot à mot ils communièrent en leur idéal d'une humanité délivrée de ses langes sanglants. Et ces mots des dictionnaires, couchés froids et sans vie, ils en firent des lumineux A. B. C. d'un langage futur que tous comprendront un jour ».

FANNY CLAR.

(1) De telles « conversations » sont matériellement impossibles, on nous permettra de le faire remarquer comme professeur d'allemand et comme auteur d'une méthode intuitive appliquée à l'enseignement de la langue allemande.

(2) L'auteur de ces « fragments » est la collaboratrice E, « l'institutrice ».

GAZETTE DES ARDENNES Organe de l'Etat-Major allemand.	**BONNET ROUGE**
miers (*sic*) connaissant quelques mots allemands, cela marche à merveille (1). Les soldats de ce bataillon sont Prussiens et nous paraissent très doux et affables ».	

Voilà le langage que tient la *Gazette des Ardennes* aux Français du Nord envahi et aux soldats de nos tranchées, voilà ce qu'on fait entendre aux neutres.

Voici maintenant comment les journaux allemands s'expriment : 1° sur les rapports de la population allemande avec les prisonniers français ; 2° sur la haine et 3° sur l'attitude que doivent garder les soldats allemands à l'égard des populations envahies.

1° Pour exciter les citadins et les paysans allemands contre nos prisonniers, on impute à ceux-ci les pires méfaits et les plus abominables desseins de sabotage. De Mai 1917 au mois d'Août dernier, pour s'en tenir à ces deux dates, la presse allemande organise une véritable campagne dans ce sens.

Voici quelques exemples de ce genre d'articles :

Hamburger Nachrichten, 16 *Mai* 1917. — « Citadins et paysans, méfiez-vous des prisonniers de guerre ! Les Français ont fondé une grande organisation pour répandre par leurs compatriotes prisonniers chez nous, des épidémies dans nos troupeaux et détruire nos productions industrielles et agricoles. Surveillez les prisonniers et méfiez-vous ! »

Kölnische Volkszeitung, 22 *Mai* 1917. — « De France, une campagne systématique est entreprise pour encourager les prisonniers de guerre français à saboter nos installations industrielles, détruire nos moissons », etc...

Rheinisch-Westfälische Zeitung, 5 *Juin* 1917. — « Nous devons nous protéger par tous les moyens contre les tentatives de sabotage dont nous sommes menacés par les prisonniers français », etc.

Les *Leipziger Neueste Nachrichten du* 9 *Juin* 1917 annoncent que le général commandant la région du XIXe corps d'armée vient de publier « les noms des personnes condamnées pour contravention aux rapports avec les prisonniers ». « La liste des personnes condamnées pour avoir fourni ou vendu aux prisonniers des friandises ou des rafraîchissements comprend 11 noms ».

Dans les *Münchner Neueste Nachrichten du* 5 *Juillet* 1917, la sous-préfecture de Traunstein recommande aux paysans de restreindre la nourriture des prisonniers occupés aux travaux des champs.

Strassburger Post, 31 *Juillet* 1917. — « Le tribunal de Strasbourg a condamné un certain nombre de femmes pour rapports illicites avec des prisonniers de guerre. Celles qui par pitié leur avaient donné de la nourriture s'en sont tirées avec des amendes », etc, etc.

2° Sur la Haine.

Rheinisch-Westfälische Zeitung, 2 *Mai* 1916. — « Les Français ne sont-ils pas tous fous ? se demandent les Allemands... Contre une démence aussi dangereuse, il n'y a qu'un remède : le fer et le feu ».

(1) Voy. note 1, page 32.

Rheinisch Westfälische Zeitung, 25 *Août* 1915. — « L'Allemagne peut-elle avoir pitié de la France ? Depuis 2000 ans, nous nous combattons. Presque toujours l'Allemagne a été attaquée. L'Allemagne ne doit pas avoir pitié. La loi suprême doit être son propre salut. Au nom de cette loi, finissons-en avec la France. Employons tous les moyens. »

Frankfurter Zeitung, 3 *Juin* 1917. — « Voici ce qu'écrit le professeur Flamm dans la *Woche* (1) : « L'effet des sous-marins sera d'autant meilleur que l'on sauvera moins d'hommes des navires neutres coulés. Le mieux serait que les bateaux détruits disparussent avec leurs équipages et les passagers sans laisser de traces, parce qu'alors la « Terreur » contribuerait rapidement à éloigner marins et passagers des zones interdites, ce qui diminuerait les pertes en vies humaines » (2).

Deutsche Tageszeitung, 14 *Juin* 1917. — « Lettre du front ». J'ai le sentiment qu'à l'intérieur du pays on ne se rend pas toujours compte de ce qui est en jeu. A l'intérieur il faut trois choses : de la haine, de la haine et encore de la haine ! etc...

Kölnische Volkszeitung, 14 *Août* 1917. — Voici ce qu'on lit dans l'ouvrage du Dr W. Fuchs (pangermaniste) : « Sans explosif dans l'âme on ne peut atteindre aucun grand but politique. Sans dispositions de caractère dangereuses, on n'inspire aucune crainte. Aussi la nécessité allemande de l'heure est-elle : Enseignement de la haine ! Enseignement du respect de la haine ! Enseignement de l'amour de la haine ! Nous ne devons pas hésiter à le proclamer blasphématoirement : à nous ont été données la foi, l'espérance et la haine, mais parmi elles, la haine est la plus grande ! » (2).

3° Tandis que la *Gazette des Ardennes* prêche aux Français « investis » et à nos soldats dans nos tranchées la fraternisation avec l'Allemand « doux, affable et bon », la *Liller Kriegszeitung* (Gazette de guerre de Lille), éditée à Lille par le capitaine de landwehr Höcker, journal de campagne, destiné aux militaires allemands et publié, comme la *Gazette des Ardennes*, sous la haute direction de l'Etat-Major allemand, donne, en allemand, à ces mêmes soldats qui sont en contact avec nos populations françaises, les conseils suivants :

Liller Kriegszeitung du 4 *Septembre* 1916. — « Tout le monde te considère comme un sale cochon », mon cher Michel (3). Tu n'y changeras rien. Aie donc devant toi-même le courage d'en prendre ton parti... Seuls les « sales cochons » sont respectés. Si des joueurs de chalumeau pacifique se mettent aujourd'hui martel en tête au sujet de ces « pauvres Belges » et de ces « pauvres Polonais », ris-leur au nez et dis-leur : « Seule la rude poigne organise dans cette guerre. Il est impossible que nous nous entendions avec nos ennemis pendant cette génération et la suivante. Plus tu seras dur et cruel, plus ton triomphe sera rapide ! »

Hamburger Nachrichten, 3 *Octobre* 1916. — « La presse de l'Entente essaye d'apitoyer les neutres sur le sort des populations françaises du département du Nord. Les Français des pays occupés par nos troupes peuvent s'estimer heureux de ne pas se trouver sous la domination anglaise (4) », etc...

(1) Revue particulièrement consacrée à entretenir le prestige de l'Empereur.

(2) La *Frankfurter Zeitung* et la *Kölnische Volkszeitung* protestent platoniquement contre ces déclarations qu'elles trouvent compromettantes. On sait ce que valent les protestations des pseudo-libéraux allemands dans un empire entièrement soumis à la politique pangermaniste.

(3) Le soldat allemand.

(4) Au moment des « déportations du Nord », les journaux allemands ont publié d'innombrables articles conçus dans le même sens, complètement dépourvus des plus élémentaires sentiments de pitié et d'humanité.

Quant à la cordialité des relations franco-allemandes en territoire occupé, qui, d'après la *Gazette des Ardennes* et le *Bonnet Rouge*, donnerait lieu à des scènes si « touchantes », voici ce que les Allemands eux-mêmes en disent quand ils se retrouvent entre eux et qu'ils s'adressent, non plus à des Français ou à des neutres dans un but trop clair, mais, dans leur langue maternelle, en Allemagne, à des Allemands :

Hannoverscher Anzeiger, 14 *Juin* 1917. — « Depuis trente-trois mois je goûte l'aigre hospitalité lilloise... La haine des Lillois pour tout ce qui est allemand n'a pas fléchi pendant ces deux années et demie... Le « Boche » maudit, le « sale Boche » reste l'ennemi mortel. Les gens aiment mieux laisser pilonner par les Anglais tout le nord de la France que de renoncer à leur rêve de revanche... De notre côté nous ne comprendrons jamais cet orgueil national et cette haine des Français, qui touchent à l'hystérie... A peine aurons-nous le dos tourné que les Français répéteront les mensonges de tous les contes de nourrice qu'on fait sur les Huns Allemands. Et ils nous haïront ! Que pour l'amour de Dieu les hommes qui élaboreront la paix future avec les Français ne le perdent pas de vue » (Capitaine P. O. Höcker).

L'auteur de cet article est le même capitaine Höcker qui dirigeait à Lille la *Liller Kriegszeitung*.

Kölnische Volkszeitung, 16 *Août* 1917. — « Vous tous qui croyez que la longue existence en commun a appris aux provinces françaises occupées ce que cela veut dire que d'être allemand ; vous qui vous figurez que les populations de ces territoires, ayant compris le génie allemand, aideront à construire un pont au-dessus de l'abîme qui nous séparait ; vous qui faisiez ce rêve, écoutez : Quiconque a tenu garnison dans ces zones connaît le petit panier suspendu dans les cuisines au ras du plafond. On y tient en réserve, en tout temps, du lard, des fèves et des pois. Depuis l'été de 1914 on y garde encore autre chose, qui y demeurera, jusqu'à ce que les Français reviennent et c'est ce que les gens appellent « le pain des cochons ». Ce qu'ils dénomment ainsi, ce n'est rien d'autre que la ration de pain que l'Autorité allemande distribuait aux résidents avant que ne leur parvînt le secours américain. Le « pain des cochons » est comme la forme permanente et concrète de leur haine...

« La mère française le montre le soir à ses enfants et elle instruit les petits de la manière suivante, comme je l'ai entendu : « Maurice, où est ton père? — A la guerre, mère ! — Que fait ton père à la guerre? — Il tue tous les Boches ! — Avec quoi? — Avec son fusil ! — Qu'est-ce que les Boches? — De sales cochons, des pestes, des apaches... mon père, mon bon père, je lui donnerai une bonne caresse ». Maurice avait deux ans et demi. La mère martèle la haine dans l'âme de son enfant afin qu'elle y soit à tout jamais. N'en avez-vous pas le frisson...

« Vous qui pouvez vaquer en pays allemand à vos paisibles travaux... n'oubliez pas, je vous en conjure, le « pain des cochons ».

De Janvier 1916 à Juillet 1917, la *Gazette des Ardennes* a consacré à sa campagne « Contre la Haine » 49 articles, soit une moyenne d'environ trois articles par mois (sans compter les innombrables passages où, au cours d'autres articles, elle revient sur le même sujet). Pendant la même période de dix-huit mois, le *Bonnet Rouge* publiait parallèlement les 26 articles signalés plus haut. Ceux-ci se répartissent et se groupent ainsi :

3 Janvier 1916. — *Allemands, mais pas Boches*, par G. CLAIRET.
1er Février 1916. — *Boches ! non, les Alliés ! oui*, par G. BAZILE.
14 Février 1916. — *Billets rouges*, par FANNY CLAR.
27 Mars 1916. — *Aux écoutes.* (« *Ces pauvres gens* ». *Et pourtant c'était des Allemands*).
19 Avril 1916. — *Le rôle des instituteurs.*
20 Mai 1916. — *Aux écoutes* (*Poupée boche*).
9 Juin 1916. — *En beauté*, par ALMEREYDA.
16 Juin 1916. — *Les suggestions de la haine.*
9 Juillet 1916. — *La tache d'encre.*
1er Août 1916. — *A bâtons rompus*, par M. BADIN.
2 Août 1916. — *Aux écoutes* (*Des prisonniers allemands éteignent un incendie*).
16 Août 1916. — *Méditations de guerre.*
3 Septembre 1916. — *Le prêcheur de haine*, par P. BRIZON.
9 Septembre 1916. — *Aux écoutes.* (*Un blessé allemand n'est pas un « Boche »*).
23 Septembre 1916. — *Aux écoutes.* (*La Haine n'est pas une vertu*).
17 Octobre 1916. — *Allemands, mais pas Boches*, par G. CLAIRET.
19 Octobre 1916. — *La Haine*, par FANNY CLAR.
20 Octobre 1916. — *Allemands, mais pas Boches*, par G. CLAIRET.
27 Novembre 1916. — *Ils ne m'apprendront pas la haine*, par ROMAIN ROLLAND.
17 Février 1917. — *Art et Esthétique*, par GEORGES AXEL.
22 Février 1917. — *Prisonniers allemands.*
5 Mars 1917. — *A travers le Dictionnaire*, par FANNY CLAR.
6 Avril 1917. — *Allemandes, mais pas Boches.*
21 Mai 1917. — *La Haine*, poésie.
22 Mai 1917. — *Joie farouche.*
6 Juin 1917. — *La jeunesse et la liberté.*

Comme on a pu le constater, quelques-uns de ces rapprochements effleurent d'autres campagnes, en particulier celles qui concernent le moral français, les intérêts moraux et matériels des Allemands, la question des prisonniers et celle des réfugiés. On va voir que ces chapitres ne s'en trouvent en rien diminués.

II. CONTRE LE MORAL FRANÇAIS

On saisit, par les exemples cités, la méthode des Allemands. Tous les mois, toutes les semaines, régulièrement, avec une ténacité automatique, ils instillent dans l'esprit de leurs lecteurs un poison, plus ou moins dilué et coupé d'anesthésiques, qui, d'après leurs calculs, doit finir par dissoudre l'énergie française. Ils comptent moins sur la concentration des doses que sur l'action lente mais sûre d'une intoxication légère mais sans cesse renouvelée. Ce qui est dangereux, ce qui serait mortel dans cette propagande, si elle n'était pas démasquée, ce n'est pas chacun des articles où elle s'exprime — il en est d'aussi anodins, si l'on peut dire, qu'une gorgée d'alcool — c'est leur nombre, c'est leur répétition, c'est leur formidable accumulation.

Les empoisonneurs ne procèdent pas à l'aventure. Ils utilisent les compétences. Ils mettent à la tête de la *Gazette des Ardennes* un journaliste qui, dit la *Norddeutsche Allgemeine Zeitung* du 14 Novembre 1917, « n'écrit pas seulement un français admiré de mauvais gré par l'ennemi lui-même, mais qui, aussi, par sa connaissance approfondie des personnalités politiques de la France, est hautement qualifié pour instruire la population française des événements qui se passent dans la France non occupée ». Ils semblent avoir consulté un de leurs spécialistes en *Völkerpsychologie* (Psychologie des peuples), quelque docteur d'université comme le professeur Wundt — dont le *Bonnet Rouge* des 3, 4 et 5 Janvier 1916 a publié longuement et sans commentaire une défense fanatique de la politique allemande (1) — et avoir dressé, sous sa très savante direction, un plan de l'âme française, avec ses centres de résistance, ses escarpements, ses abîmes, ses cachettes, ses points faibles et ses voies d'accès. Là-dessus, ils ont fait donner les bataillons de leurs rédacteurs et de leurs complices.

Dans leur assaut de l'âme française, les Allemands ont spécialisé leurs efforts. Certaines de leurs manœuvres visent plus particulièrement le moral d soldat, d'autres le moral de la Nation (1).

a) Contre le moral du « poilu ».

1) Contre l'esprit de guerre :

La *Gazette des Ardennes*, rédigée par des militaires, ne s'attaque pas directement à l'esprit de guerre. Elle s'efforce de ruiner chez les soldats français la confiance dans les chefs, la résolution de vaincre et l'enthousiasme indispensable au combattant.

GAZETTE DES ARDENNES
Organe de l'Etat-Major allemand.

3 Juillet 1917. — *Aux Poilus de France.*

« Au cours des mois et des années de cette guerre cruelle et décevante, les soldats de France ont vu, en dépit de leur incontestable vaillance, s'évanouir trop d'illusions, s'écrouler trop de belles promesses pour qu'on puisse s'étonner de ce qu'aujourd'hui ils éprouvent le besoin de méditer un peu sur leur sort.

« Craignant sans doute que cette méditation ne reste livrée à elle-même et aux inspirations du simple bon sens, le généralissime Pétain vient de rédiger à l'usage des poilus de France un petit catéchisme qui prétend répondre sur un ton paternel aux principales questions qui inquiètent de plus en plus la conscience du soldat... jalousie mercantile de l'Angleterre... réveil du chauvinisme français se croyant sûr de la victoire grâce au concours du chau-

BONNET ROUGE

15 Juillet 1916. — *A bâtons rompus.*

... « Ne vois-je pas au hasard de mes pérégrinations quotidiennes maints Anglais et maints Belges, maints tirailleurs et maints Annamites, les gens du souvenez-vous et autres agglomérations carnassières. J'ai écrit à des soldats qui me sont chers... je ne crois pas qu'il soit nécessaire de stimuler leur ardeur et de soutenir leur courage. Mais il ne me semble pas superflu, quand je vois à quelles lectures on les incite, de hausser leur cœur et de purifier leur esprit ».

M. Badin.

14 Août 1916. — *Aux écoutes.*

« Musette au dos, la tête rasée sous la casquette ou le chapeau, s'en vont ceux qu'un mot inélégant nomme les récupérés

(1) Voir aussi la 10e campagne.

GAZETTE DES ARDENNES
Organe de l'Etat-Major allemand.

vinisme français — telles sont donc les causes indirectes mais décisives de la catastrophe européenne... pour le général Pétain toute cette longue période préparatoire n'existe pas... C'est là, en effet, un terrain dangereux, car si les poilus français s'avisaient d'y fureter... ils n'en demanderaient sans doute pas davantage, ils sauraient si c'est bien l'Allemagne, — l'Allemagne seule, comme ose l'écrire le général Pétain — qui a voulu et préparé la guerre qui se fait avec leur sang ».

7 Juillet 1917. — *Aux Poilus de France.*

« Le général Pétain a dit au poilu français qu'il fait une guerre défensive et nationale. M. Lloyd George s'est chargé de démentir cette belle légende. La Gazette de de l'Allemagne du Nord (*Norddeutsche Allgemeine Zeitung*), organe officieux du Gouvernement allemand, complète ce démenti en écrivant : « Dans le *Journal des* « *Armées* (*sic*), le général Pétain entreprend « une pauvre tentative de sauver de l'effon- « drement le moral de la France », etc...

Voir aussi : 5 Mai 1917. — *1 000 jours de guerre.*

26 Mai 1916. — *La Russie et les alliés.*

24 Juin 1916. — *Le Président de la Guerre* (contre le discours de M. Poincaré).

24 Juin 1916. — *Un peu de pudeur, s. v. p.* (contre le général Lévi).

3 Juillet 1916. — *En France. Une séance mouvementée.* Protestation des députés Blanc, Brizon et Raffin-Dugens contre le discours de Nancy.

12 Juillet 1916. — *La guerre à la machine.*

18 Août 1916. — *Le congrès socialiste français.*

28 Septembre 1916. — *La haine éternelle.*

« La *Norddeutsche Allgemeine Zeitung* du

BONNET ROUGE

Sur le quai de la gare quelques-uns de ces jeunes gens attendent le train. Ils causent sans grand bruit. Un d'eux tout à coup s'écrie : « Si on montrait de l'enthousiasme ! Ça fait tant plaisir aux journaux. Allons, un bon mouvement ! » Et comme passe un train de territoriaux, ils se mettent à pousser un hurrah collectif. « A la bonne heure, fait un monsieur corpulent qui arrive au même instant, le moral est excellent ».

4 Février 1917. — *A bâtons rompus.*

« Je ne pense point d'ailleurs qu'aucun perfectionnement dans l'art de détruire son adversaire puisse amener celui-ci à renoncer à la lutte s'il est véritablement en proie à cette sorte d'exaltation frénétique que l'on appelle l'esprit de guerre ».

M. Badin.

20 Mai 1917. — *A bâtons rompus.*

« Si l'on ne trouve guère plus de charbon nulle part c'est que l'ardeur guerrière dont brûle toute la nation rend inutile l'emploi des autres combustibles ».

M. Badin.

15 Avril 1917. — *Tous les mobilisés ont le droit de lire le* Bonnet Rouge.

« Ni le Ministre de la guerre, ni le Général en chef n'ont jamais interdit aux soldats, sous-officiers et officiers la lecture du *Bonnet Rouge.*

« Par conséquent tout citoyen mobilisé a le droit de lire le *Bonnet Rouge* et si un officier s'avise de vouloir porter atteinte à ce droit, cet officier sera châtié. »

Voir aussi :

GAZETTE DES ARDENNES
Organe de l'Etat-Major allemand.

22 Juillet 1917 reproduit les « dix commandements du poilu », lus par M. Brizon le 14 Juin à la tribune de la Chambre française : « Le désir de paix, dit le Journal officieux de la chancellerie allemande, qui s'exprime dans ces dix commandements ne peut plus se laisser étouffer en dépit des nombreuses condamnations à mort dont l'exécution est confiée à des Sénégalais. Malgré l'interdiction sévère de parler de la paix, et de la discipline de fer que l'on cherche à imposer, le mouvement pacifiste s'étend de plus en plus dans l'Armée française ».

BONNET ROUGE

5 Avril 1916. — *Envoi d'une photo*, par Gabriel Reuillard.

13 Avril 1916. — *Regards vers l'Est*, par Gabriel Reuillard.

19 Juin 1916. — *Regards vers l'Est, les Possédants*, par Gabriel Reuillard.

14 Août 1916. — *Réflexions à ras du sol*, par Fanny Clar (contre le discours de M. Poincaré du 14 Juillet 1916).

28 Août 1916. — *Des contes*, par Fanny Clar.

30 Août 1916. — *A bâtons rompus*, par M. Badin.

2 Septembre 1916. — *A bâtons rompus*, par M. Badin.

27 Octobre 1916. — *En deçà de Douaumont* (dessin de Lafarge).

31 Octobre 1916. — *Ceux de la 12e heure*, par J. Goldsky.

20 Décembre 1916. — *Taisez-vous*, par le « Général N ».

13 Janvier 1917. — *Le branleur*.

« Il a le don de deviner les défauts des autres et surtout les péchés mignons de ses chefs.

« Avec eux il devient l'homme indispensable », etc...

Fr. de Campo.

7 Avril 1917. — *A bâtons rompus*, par M. Badin.

17 Juin 1917. — *Les Dix commandements du soldat sur le front* (échoppé).

Quand la *Gazette des Ardennes* parle non plus aux « poilus » de France pour émousser chez eux l'esprit de guerre, mais aux « envahis » pour les convaincre que la volonté combative de l'Allemagne ne se laisse pas influencer par la « Guerre à la machine », voici ce qu'elle dit :

« La meilleure organisation ne vaut que par l'âme qui la fait vivre. Ce qui fait les armées victorieuses et invincibles, ce n'est pas uniquement la supériorité du matériel, mais l'esprit qui les anime, depuis le génie et la science des chefs jusqu'à la conscience forte et disciplinée des soldats. «*La guerre à la machine* », 12 Juillet 1916.

« De son côté, la *Liller Kriegszeitung* s'applique à tonifier l'esprit de guerre du soldat allemand : « Il s'agit de vaincre complètement. Car il s'agit du salut de la Patrie, de notre existence, du bonheur de notre âme... une seule chose importe : vaincre ! vaincre tout ce qui n'est pas allemand, etc... » 7 Octobre 1916.

« L'orgueil qui nous promet le monde est une fleur de la blessure de notre cœur... Notre devoir est dur. Il nous appelle. Nous le suivrons sans mot dire. Nous irons notre chemin — jusqu'au bout, etc... » 7 Octobre 1916.

GAZETTE DES ARDENNES
Organe de l'Etat-Major allemand.

BONNET ROUGE

2) « L'ARGUMENT IGNOBLE » :

Pour déprimer le « poilu », la *Gazette des Ardennes* n'hésite pas à recourir au plus ignoble des arguments : elle cherche à exciter la jalousie du mari, la rage de l'amant. Et par surcroît, elle se donne la joie de salir des Françaises.

16 Août 1916.

« Si c'est commettre des violences que de partager son repas avec la femme et les enfants de son ennemi, où donc trouvera-t-on la douceur et le respect... Ce sont les femmes ou les jeunes filles qui recherchent le militaire pour s'en faire un amant ».

30 Novembre 1916. — *Nécessité*, par un Ardennais.

« Les Allemands sont l'objet d'une chasse des moins belliqueuses de la part de trop de compagnes de ceux qui là-bas dans la tranchée française font leur devoir quand celles-ci oublient trop le leur ; aucun frein à cette attitude, la contagion aidant ».

5 Novembre 1916. — *La Haine.*

« Haine et guerre éternelle ! Y pensez-

1er Septembre 1916. — *L'ardente patriote* (dessin de Lucien Lafarge dans le *Journal du peuple*).

Légende : « Tu n'as pas honte de tromper ton mari pendant qu'il est au front? »

3 Septembre 1916. — *Le lapiniste.*

« **Faites des enfants... pour la prochaine guerre... En attendant, nous avons des Kabyles et des Chinois pour repeupler la France ! Tout s'arrange !** »

PIERRE BRIZON, *député.*

15 Novembre 1916. — *Aux écoutes.*

« Cette histoire absolument authentique se passe en France... Une des mamans menaça le délinquant qu'était son fils de la rigueur paternelle... au retour :

« Tu verras, je dirai à ton père (*sic*), quand il reviendra de la guerre ».

GAZETTE DES ARDENNES
Organe de l'Etat-Major allemand.

vous réellement? Avez-vous senti courir dans votre poitrine jusqu'au plus intime de votre être ce frisson de honte que donnent à tous les cœurs sincères les agissements des profiteurs et des vautours et l'immoralité croissante de tant de femmes à qui le Devoir semble un fardeau trop pesant?... »

29 Avril 1917. — *Lettre de France.*

« Question de femmes à présent ; ça grouille, mon cher ! Il n'y a qu'à se baisser pour en prendre. C'est même un peu ragoûtant. Tout b... en ce moment, et de quelle façon ! Ces salauds de Marocains ont laissé de la progéniture à droite et à gauche, ainsi que les Annamites », etc..

Voir aussi 5 Juillet 1916. — *Un drame passionnel.*

14 Septembre 1916. — *Chez les investis* (art. cité p. 22).

17 Mai 1917. — *L'ame thiérarchienne.*

8 Juillet 1917. — *Gazette régionale*, etc.

BONNET ROUGE

Alors, le gosse sans s'émouvoir répliqua :

« Eh bien ! si t'y dis, moi j'y dirai que tu sors tous les soirs ».

« **La guerre, disent certains journaux, exerce la plus heureuse influence sur les mœurs familiales** ».

15 Juin 1917. — *A bâtons rompus.*

« Lettre d'une petite main de la Maison Picoché...

« Au premier aspect les soldats américains paraissent des hommes comme les autres, mais ensuite on se sent pris d'une curiosité de les voir de plus près, de pénétrer dans leur intimité !... Sans doute, nous aimons bien nos pauvres poilus mais enfin, sans leur être infidèles, on peut désirer quelques distractions »...

M. Badin.

Voir aussi :

3 Mai 1916. — *Le soldat jaloux*, par Fanny Clar.

3 Septembre 1916. — *Le sommier de Mimi et la guerre* (dessin du *Canard enchaîné*).

18 Septembre 1916. — *A bâtons rompus*, par M. Badin, etc.

3) Appel au sentiment de la famille :

« Soldats, ayez pitié de la douleur de vos parents, de vos femmes et de vos enfants français ! Ne laissez pas tuer vos enfants à la guerre ! » crie la *Gazette des Ardennes* aux poilus français, aux pères français et aux mères françaises !

28 Septembre 1916. — *La haine éternelle.*

« Mères françaises, résignez-vous à sacrifier tous vos enfants sur l'autel sanglant de la *haine éternelle* », etc...

24 Septembre 1916. — *Le sang de la France.*

« Le *Temps* s'est efforcé d'expliquer les

10 Août 1916. — *Aux écoutes.*

« En gare de L. des adieux s'échangent. Un soldat quitte les siens. Tout le monde est là, serré autour de lui, la maman, la femme et le petit garçon.

« Jusqu'au dernier moment, l'enfant garde son courage. Mais quand le train va partir, une pauvre grimace lui tord la bouche et le petit éclate en sanglots. Pour

GAZETTE DES ARDENNES
Organe de l'Etat-Major allemand.

nécessités réclamant cette mesure (la nouvelle visite des exemptés et réformés)... D'autres journaux qui sentent de plus près la grande douleur du peuple se sont exprimés avec plus de franchise... c'est ainsi que M. Jean Goldsky contait dernièrement dans le *Bonnet Rouge* la douloureuse scène que voici : « L'autre jour, dans mon bureau, un homme vêtu de noir me contait sa navrante histoire : « *J'avais trois fils,* « me disait-il. *Deux ont été tués, le troisième* « *blessé deux fois va repartir dans quelques* « *jours. Je suis sûr qu'il ne reviendra pas* ».

« Et le pauvre homme, entre deux sanglots, maudissait ceux qu'il appelait les responsables de cette guerre », etc...

Voir aussi : 8 Juillet 1917. — *Gazette régionale.*

BONNET ROUGE

le calmer, on lui achète un livre d'images, images de guerre nécessairement. Quand l'enfant voit le titre, il jette le livre à terre et s'écrie rageusement ; « J'en veux pus de la guerre, j'en veux pus, t'entends ! »

La grand'mère veut intervenir pour le calmer, mais pâle et les yeux brillants des larmes qu'elle retient, la jeune maman l'arrête d'un geste : « Oh ! non, dit-elle, ne le gronde pas ! »

Voir aussi : 17 Juin 1916. — *Aux écoutes.*

25 Août 1916. — *Les vieux messieurs,* par FANNY CLAR.

5 Novembre 1916. — *Paroles de femmes,* par FANNY CLAR.

« Les polémistes qui vont leur chemin sans broncher n'ont pas de fils (1) », etc.

9 Avril 1917. — *Larmes de femmes* (2), par FANNY CLAR (échoppé), etc.

4) APPEL A LA PEUR :

Un excellent moyen de déprimer le combattant, c'est de lui mettre avec insistance sous les yeux les scènes les plus atroces de la guerre, de lui dépeindre avec complaisance l'horreur des chairs déchirées et du sang répandu. La *Gazette des Ardennes* ne manque pas de faire appel à la peur instinctive de la souffrance et de la mort.

30 Juillet 1916. — *Gazette régionale.*

« Souhaitons chaque jour de voir bientôt fuir comme un mauvais rêve ces harcelantes visions de poitrines ouvertes et de membres épars roulant sous un ciel de feu dans un fleuve de sang ».

14 Septembre 1916. — *La Moisson.*

« Le seul fléau maintenant, c'est la guerre

14 Août 1916. — *Réflexions à ras du sol.*

« Voici le troisième août que je les rencontre, hommes, chevaux, canons mélangés, je puis me boucher les oreilles, ne plus entendre. En moi toujours la peine résiste, lancinante. Qu'elle m'apparaît injuste devant cette nappe de ciel bleu ! Et soudain, l'idée me vient que c'est ainsi là-bas dans les champs aussi, parmi les prés souillés et les bois abattus. Des êtres

(1) Fanny Clar « déclare plus loin qu' « elle n'a pas d'enfant et qu'elle ne veut pas en avoir. » Voir p. 54.

(2) Le 3 Août 1914 Fanny Clar publiait dans le *Bonnet Rouge* un article intitulé : *Aux femmes Françaises ! plus de larmes !*

GAZETTE DES ARDENNES
Organe de l'Etat-Major allemand.

avec son cortège de deuils et de misère, c'est l'ouragan de fer et de mitraille où les vaillants soldats de toutes les nations tombent comme des épis fauchés par la mort sombre. Moisson de haine, moisson rouge, moisson hideuse ! Puissions-nous oublier un jour ton souvenir dans le bonheur tranquille d'une paix éternelle ! Quand donc te tairas-tu, canon ! »

5 Novembre 1916. — *La Haine.*

« Vous avez déclaré à l'Allemand guerre et haine éternelles ! Et derrière vous désormais, comme dans un songe, un cauchemar plutôt, apparaissent des spectres terrifiants, des lacs de sang, des femmes et des enfants qui pleurent et désespèrent, un pays qui se ruine et semble mourir », etc...

5 Mai 1917. — *Mille jours de guerre* (de l'*Information* de Bruxelles) (2).

« Que représentent ces 1 000 jours de guerre?... Que d'espérances fauchées, que de jeunesse massacrée, que de pères enlevés à leurs petits enfants, que de soutiens à leurs parents ! Que de ruines, que de pertes, que de destructions, que de privations, que de souffrances ! Que d'horreurs », etc...

17 Mai 1917. — *Gazette régionale.*

« Des torrents et des torrents de sang rougissent et rougiront encore pendant des mois la terre qui frémit, l'océan qui bouillonne », etc...

Voir aussi : 31 Mai 1917. — *Laon. Instants tragiques*, etc...

BONNET ROUGE

qui me furent chers y sont étendus. Mais leur visage qui m'était familier n'est plus qu'une vision fugitive et leur repos fut précédé d'horreurs : « *Ils sont morts de la mort sereine des combats* ». *Discours de M. Poincaré du 14 Juillet* 1916 ».

FANNY CLAR.

29 Avril 1917. — *1 000.*

... « Mille jours ont passé enregistrant chacun des ruines, des deuils, des sanglots.

« Le cauchemar dure encore. L'horreur nous étreint toujours. Mille fois de suite le soleil s'est levé sur des champs de carnage où la mitraille fouille le sol plus profondément que le soc d'une charrue, où la moisson humaine s'accomplit inexorablement...

... « La voix des canons est là qui crie : « L'amour est mort »...

MARCEL SERANO.

23 Juillet 1916. — *La guerre aux champs.*

« Laissons donc s'accomplir le temps des récoltes.

« **Il est éphémère, il n'y a que celui de la moisson humaine qui se prolonge** ».

GILLES NORMAND.

10 Novembre 1916. — *Croquis.*

... « **Une salle d'opérations.**

... « **Les ciseaux mordent en (1) les chairs rouges et fétides, on entend le cliquetis des pinces nickelées... Mais par-dessus tous ces bruits s'élève la plainte des blessés. Le cri monte jusqu'à la haute coupole, s'enfle à la fois strident et profond... le cri monte et la pince mord toujours en (1) les chairs, toujours...**

« **Elles (les infirmières) parlent de leurs** *grands* **blessés en se rengorgeant. Elles sont fières de ces maux multiples ; soigner**

(1) Cf. l'emploi insolite du mot « en » dans ces phrases, aux phrases suivantes de la *Gazette des Ardennes*, 16 Janvier 1916 : des faits brutaux *en* leur réalité ; 12 Juin 1917 : considérée *en* ses éléments ignorants, la nation, etc.

(2) Autre exemple de camouflage journalistique.

GAZETTE DES ARDENNES
Organe de l'Etat-Major allemand.

BONNET ROUGE

des *grands* blessés, quel incomparable bonheur ! Odieusement elles déballent leur science de pacotille...

« Ce sont ces perruches détraquées qui devraient rappeler à de pauvres petits les visages aimés et doux », etc.

LOUIS LÉVY.

20 Août 1916. — *Le Val des douleurs.*

« Il faut aller en (1) l'un de ces vastes hôpitaux où palpite une portion de cette humanité pitoyable pour que l'ordre des sentiments humains se rétablisse en son plan normal et que surgisse à nouveau dans son intégrité tout l'horrible de la guerre », etc...

Voir aussi :

4 Mars 1916. — *Le Fou*, par GABRIEL REUILLARD.

25 Février 1917. — *L'Horreur de la guerre*, par GEORGES AXEL (sur les dessins de Georges V. Hugo), etc...

5) VIVE LA VIE :

Dans leurs opérations commerciales, industrielles et militaires, les Allemands pratiquent ce qu'on peut appeler « la manœuvre à double action ». Ils ont remarqué qu'une voiture avance plus vite quand on lui imprime en même temps un mouvement qui tire et un mouvement qui pousse. Aussi la *Gazette des Ardennes* fait-elle alterner les pages qui inspirent l'horreur de la mort et celles qui exaltent les joies de la vie. De là ces vers de mirliton :

24 Avril 1916. — *Pâque fleurie.*

« Pâque fleurie
Promesse de vie
Promesse solennelle
De saison nouvelle
De nids et d'amours
Qui revient toujours
Solennelle promesse
De moisson et de liesse
Peux-tu sourire encore à ce grand charnier
Que les hommes ont fait du monde entier? »

(1) Voir note (1) page précédente.

2 Novembre 1916. — *Respectez la vie.*

« La mort ! Pourquoi ce mouvement d'impatience ; pourquoi cette pâleur subite sur le rose de vos joues?... Et vous, vous, gueux, égoïstes ou malins, pourquoi tremblez-vous à cette heure? La mort !

« Ecoutez, je vous pardonne ! Vivez, vivez longtemps, vivez bien et faites-moi à vos côtés, s'il vous plaît, une petite place... je suis du voyage comme vous et

GAZETTE DES ARDENNES
Organe de l'Etat-Major allemand.

19 Mai 1916. — *Printemps.*

« Le Printemps rit en sourdine, il fredonne si gaiement avec un entrain si joyeux, il trouve des chansons nouvelles. Les fleurs s'épanouissent. Des bois, s'élève un hymne printanier, mais là-bas s'accomplissent des meurtres sans nom et dans les allées où vibre la lumière, des femmes passent en vêtements de deuil. Un jour pourtant se lèvera le beau soleil de la paix et les hommes lutteront pacifiquement pour l'émancipation et le progrès de l'humanité tout entière... Alors reviendront les printemps joyeux et la douceur de vivre ».

JEANINE.

14 Octobre 1916. — *Vive la Vie !*

« Mort donc à la haine, à la mort — et vive la vie ».

15 Mars 1917. — *Journal d'une occupée.*

« C'est l'aurore, c'est le printemps, l'heure est blanche et les rêves sont roses », etc...

Voir aussi : 23 Avril 1916. — *Cloches de Pâques.*

20 Juin 1917. — *Gazette régionale*, etc...

24 Juin 1917. — *Une chanson de Soldat.*

« Adieu la vie, adieu l'amour,
Adieu toutes les femmes.
C'n'est pas fini, c'est pour toujours... »

BONNET ROUGE

je voudrais comme vous aller jusqu'au bout, gentiment. Maintenant que vous savez qu'il faut mourir comprenez-vous combien la vie est douce et précieuse et vacillante hélas !... Mais puisqu'il nous faut mourir... nous allons nous mettre à respecter la vie, la vie de tous, celle des mères épuisées, celle des enfants sans lait, celle du vulgaire et celle des génies méconnus parmi nous »...

MAGJAB.

4 Mars 1917. — *Songeries de Carnaval.*

« **Depuis trente mois il n'y a plus de carnaval. Depuis trente mois il n'y a plus de joie — le sourire est devenu scandale, le plaisir est crime** »...

Voir aussi plus loin : *Le Réveil*, p. 62.

« **Une folie ! Eh bien, ne vaut-elle pas, cette folie joyeuse, la sinistre folie que déchaînèrent quelques puissants — l'atroce folie dont l'Europe frissonne depuis quarante mois? Pourquoi honnir la folie joyeuse et admettre la folie triste, la folie cruelle !** »

« Les carnavals reviendront quand les hommes las de la cruauté s'apercevront de leur folie tragique, ils se jetteront à corps perdu, à âme perdue dans la folie joyeuse et sensuelle. Les carnavals de demain seront beaux » (1).

GEORGES AXEL.

Voir aussi :

22 Juillet 1916. — *Aux écoutes* (échoppage).

16 Mars 1917. — *Mi-Carême*, par HENRI DIÈ.

6) LA PAIX EST PROCHE :

« Soldat français, pourquoi te bats-tu? disait la *Gazette des Ardennes*. La mort est affreuse ! La vie est belle ! Amuse-toi ! » Elle ajoute maintenant : « A quoi bon te sacrifier puisque nous allons bientôt conclure la paix? »

(1) Toute la troisième page de ce numéro est consacrée au carnaval.

GAZETTE DES ARDENNES
Organe de l'Etat-Major allemand.

16 Novembre 1916. — *Lettre ouverte à M. le Président de la République française.*

... « Un jour prochain sans doute un conflit surgira, non entre ennemis d'aujourd'hui, mais entre les alliés actuels et la France aura alors besoin de ce qui restera de ses forces militaires »...

29 Avril 1917. — *Une lettre de France.*

... « D'après l'ensemble des « on dit » on prévoit sous peu la signature de la paix ; les curés l'annoncent publiquement dans leurs églises et certains officiers haut placés la déclarent très prochaine », etc...

BONNET ROUGE

17 Février 1916. — *La fin de la guerre est proche, paraît-il.*

13 Août 1916. — *Le commencement de la fin.*

« Si vous voulez m'en croire, il suffira que se fasse entendre bientôt la clarinette de Sarrail pour que, la question balkanique enfin liquidée, on puisse sérieusement commencer à parler de la paix, même si les Allemands sont encore à Noyon ».

GÉNÉRAL N.

20 Avril 1917. — *La guerre va* **finir.**

23 Avril 1917. — *On va libérer des soldats... en Allemagne.* — « Zurich. On mande de Berlin que la Commission spéciale du Reichstag a examiné la question du renvoi de certains soldats dans leurs foyers (1) (*Radio*).

12 Mai 1917. — *Pour que les soldats retrouvent leur emploi.*

« C'est une loi seulement qui sauvegardera les intérêts professionnels des mobilisés. Cette loi, il faut la mettre dès maintenant à l'étude pour que le Parlement puisse la voter bientôt ».

G. CLAIRET.

14 Mai 1917. — *Pour que les soldats retrouvent leur emploi*, par G. CLAIRET.

18 Mai 1917. — *Pour que les soldats retrouvent leur emploi*, par « un Soldat ».

22 Mai 1917. — *Pour que les soldats retrouvent leur emploi*, par G. CLAIRET

(1) On remarquera le contraste entre la forme affirmative du titre imprimé en gros caractères en première page et le ton plus réservé de la dépêche, qui d'ailleurs constitue peut-être une manœuvre. Si la mesure, dont l'examen fut, dit l'agence *Radio*, envisagé par le Reichstag, a été réellement prise pour « certains soldats », la loi allemande sur le service national auxiliaire (*Vaterländischer Hilfsdienst*) lui a enlevé toute portée. Les hommes « libérés » sont restés mobilisés comme devant et soumis à toutes leurs obligations militaires.

GAZETTE DES ARDENNES
Organe de l'Etat-Major allemand.

BONNET ROUGE

15 Juin 1917. — *Pour que les soldatso retrouvent leur emploi*, par G. Clairet.

16 Juin 1917. — *Pour que les soldats retrouvent leur emploi.*

19 Juin 1917. — *Pour que les soldats retrouvent leur emploi.*

26 Juin 1917. — *Pour que les soldats retrouvent leur emploi*, par J. Martray.

7) Les Français se battent pour le Tsar et pour l'Angleterre :

« Brave petit soldat français », susurre la feuille d'Etat-Major allemand à l'oreille du « poilu », « ne vois-tu pas que tu te fais stupidement tuer pour le Tsar et tes « soi-disant » alliés les Anglais? N'écoute pas les promesses de l'Angleterre ; elle est bien décidée à ne pas les tenir. Elle abuse de ta bonne foi. C'est elle qui prolonge la guerre. Ta véritable ennemie, ton ennemie héréditaire, ce n'est pas l'Allemagne — qui t'aime — c'est la perfide Albion! »

26 Avril 1917. — *La question de Constantinople.*

« On a pu constater aussi que dans sa réponse au manifeste de paix des puissances centrales, l'Entente ne soufflait mot de Constantinople. Et pourtant le Tsar n'avait-il pas, deux ou trois jours avant la publication de cette note collective, proclamé à nouveau, dans un sensationnel ordre du jour à son armée, la conquête de la capitale turque comme le grand but de la Russie dans cette guerre? Etait-ce donc un but inavouable?... Comment faire concorder la main mise de l'impérialisme russe sur ce grand pont qui relie l'Europe et l'Asie avec les différents idéals de l'Entente?... »

1er Mai 1917. — *La Survie* (article du *correspondant*).

« Nos alliés du reste ne se préoccupent en rien de semblable discrétion. Et je ne vois pas entre autres qu'elle ait empêché la Russie de déclarer itérativement sa volonté d'occuper Constantinople, pardon Tsarigrad. Et ne trouverait-on pas oppor-

26 Mai 1917. — *Pour le Tsar.*

« Pourquoi te bats-tu? se demandent les soldats français dans le *Feu* de Barbusse... Dans son télégramme à M. Ribot; le Ministre des affaires étrangères de Russie dit pourquoi la France est entrée en guerre. « La Russie n'oubliera jamais « l'élan avec lequel la France est entrée « dans la lutte *par fidélité à la parole donnée.* » *Ainsi parla M. Terestchenko.*

« La France n'est entrée en guerre que pour aider le Tsar comme elle s'y était engagée ».

GAZETTE DES ARDENNES
Organe de l'Etat-Major allemand.

tun que notre petit troupier, qui se sait lié par la fameuse convention du 5 septembre, pût se dire qu'il souffre et meurt pour des buts un peu plus rapprochés que Tsarigrad », etc... (Censuré).

12 Janvier 1916. — *Militarisme.*

« Le fameux « militarisme », cette institution tant exécrée contre laquelle l'Angleterre et ses auxiliaires prétendent défendre la « liberté » et la « civilisation » européenne est, aujourd'hui plus que jamais, à l'ordre du jour. Ne voyons-nous pas cette même Angleterre en train de l'introduire chez elle, après avoir d'abord, pendant dix-huit mois, laissé à ses alliés et surtout à la France, l'honneur de se faire saigner pour épargner ce cauchemar au bien-être britannique !... Pour amener les *célibataires* anglais sous les drapeaux... il va falloir avoir recours à la contrainte... Gare à la nouvelle illusion ! Au printemps passé on promettait aux soldats français l'arrivée prochaine de la formidable armée Kitchener, aujourd'hui ce sont les célibataires anglais qu'on leur fait espérer. Mais ils peuvent être certains qu'il passera de l'eau sous les ponts et que beaucoup de sang français devra encore couler — de ce sang déjà si rare — avant que le fameux « militarisme anglais » n'entre en action »...

30 Avril 1916. — *Ce qu'on raconte aux poilus.*

« Il y a longtemps que l'allié anglais a perdu son crédit auprès des poilus. Ceux-ci savent et avouent franchement qu'ils combattent pour les intérêts anglais.

« Il n'est pas douteux qu'une grande partie de l'armée française a reconnu quel est le véritable ennemi héréditaire de la France et que cet ennemi séculaire ce n'est pas l'Allemagne ».

BONNET ROUGE

8 Janvier 1916. — *En Angleterre. La Conscription.*

« En réalité, la conscription n'est pas nécessaire en Angleterre ; de plus, non seulement elle n'est pas populaire, mais encore en dépit de la minorité de la Chambre des Communes, c'est la majorité du pays qui s'élève contre elle.

« C'est qu'on craint fortement que, malgré tout le tact et l'habileté de M. Asquith, une première fois cette loi votée, ainsi que l'a dit un orateur anglais : « le chemin soit passé qui conduit au militarisme ». Et les forces militaristes sont actives dans tous les pays. Leurs intérêts sont trop fortement engagés pour ne pas mettre tout en œuvre pour la réussite de leurs intentions.

« Quant au projet actuel, il apporte à l'Angleterre 600 000 hommes mais non 600 000 soldats... on tirera tout au plus 200 000 hommes de ces 600 000. Si les alliés n'en sont pas à 200 000 hommes près — ce qui est possible — alors à quoi bon imposer à un pays une loi qui va à l'encontre de sa volonté et de son tempérament national? »

14 Novembre 1916. — *Billets rouges.*

... « Nous avons des alliés pour lesquels nous n'eûmes pas toujours des sentiments d'amitié ! L'ennemi héréditaire dont on nous parla sur les bancs de l'école, était-ce bien l'Allemagne? »

FANNY CLAR.

GAZETTE DES ARDENNES
Organe de l'Etat-Major allemand.

7 Septembre 1916. — *Quelques méditations.*

« Ménager le sang français », cela cadre assez mal avec le chauvinisme à outrance de la grande presse de Paris, sous l'inspiration du gouvernement dont la volonté dépend de celle de l'Angleterre. L'*Eclair* vient de l'avouer. M. Winston Churchill ayant dit dans un récent discours que « ce serait folie, après tout ce qui s'est passé, que de ne pas établir les plans anglais en vue d'une longue durée de la guerre », l'*Eclair* du 17 août a ajouté les remarques suivantes :

« L'Angleterre n'est pas pressée con- « naissant la tâche qu'elle veut accomplir. « *Tant que nous sommes attachés à sa fortune « nous sommes obligés d'être du même avis « qu'elle* (2) et de nous préparer comme elle « à de semblables efforts aussi longs et aussi « persévérants ».

« C'est l'Angleterre qui décide : La France « *attachée à sa fortune est obligée d'être du même avis* » (2).

Voir aussi :

16 Janvier 1916. — *La France veut-elle la ruine?*
23 Janvier 1916. — *Un peu d'histoire.*
30 Janvier 1916. — *Dessin prophétique.*
16 Février 1916. — *Et la guerre continue.*
26 Mars 1916. — *Français et Anglais.*
20 Février 1916. — *La racine du mal.*
15 Mars 1916. — *Dans le Métro.*
17 Avril 1916. — *Une page à relire.*
24 Avril 1916. — *La guerre fatale.*
3 Mai 1916. — *France et Angleterre.*
19 Mai 1916. — *Malbrough s'en va-t-en guerre.*
21 Mai 1916. — *Une interview.*
5 Juin 1916. — *Les Anglais à Paris.*
5 Juin 1916. — *En Picardie anglaise.*

BONNET ROUGE

28 Août 1916. — *Dans l'attente.*

« M. E. Judet commente dans l'*Eclair* les déclarations de M. Winston Churchill.

« M. E. Judet souligne avec beaucoup d'à-propos l'importance de ces déclarations : « *L'Angleterre n'est pas pressée,* « écrit-il, *connaissant la tâche qu'elle veut « accomplir. Tant que nous sommes attachés « à sa fortune, nous sommes obligés d'être du « même avis qu'elle et de nous préparer « comme elle à de semblables efforts aussi « longs et aussi persévérants* » (1).

« **Parfait! Au moins on sait à quoi s'en tenir. Félicitons M. Judet de sa belle franchise. Jusqu'au bout! Jamais encore on n'avait indiqué aussi clairement ce que cette formule pouvait signifier.** »

GENERAL N.

Voir aussi :

15 Juin 1916. — *Les Pans*, par ALMEREYDA.
21 Juin 1916. — *A bâtons rompus*, par M. BADIN.
26 Juin 1916. — *A bâtons rompus*, par M. BADIN.
29 Juin 1916. — *A bâtons rompus*, par M. BADIN.
14 Juillet 1916. — *A bâtons rompus*, par M. BADIN (échoppé en entier).
24 Juillet 1916. — *A bâtons rompus*, par M. BADIN.
4 Août 1916. — *Pudibonderie*, par J. LANDAU.
« Amiens est devenu une ville anglaise ».

(1) Souligné dans le texte du *Bonnet Rouge*.
(2) Souligné dans le texte de la *Gazette des Ardennes*.
Ainsi qu'on le verra à la « quatrième campagne », la *Gazette des Ardennes* et le *Bonnet Rouge* observent à l'égard de l'*Eclair* la même attitude non dépourvue de sympathie.

GAZETTE DES ARDENNES
Organe de l'Etat-Major allemand.

3 Juillet 1916.—*Où en est-on?* (citation du *Bonnet Rouge*).
25 Juin 1916. — *Réponse à M. Galli.*
12 Juillet 1916. — *Pour Messieurs les Anglais.*
24 Juillet 1916. — *La suppression de la déclaration de Londres.*
28 Juillet 1916. — *Illusions de rechange.*
7 Septembre 1916. — *En France* (citation de l'*Eclair*).
14 Septembre 1916. — *Réminiscences.*
17 Septembre 1916. — *Simples réflexions.*
28 Septembre 1916. — *La joie de l'occupation anglaise* (traduction d'un article du *Leipziger Volksblatt.* « Une copie de cet article, dit la *Gazette des Ardennes*, interdit par la censure française, a été envoyée à tous les députés français »).
3 Octobre 1916. — *L'arme suprême.*
12 Novembre 1916. —*Rouen, ville anglaise.*
26 Novembre 1916. — *Le but de l'Angleterre* (citation de l'*Eclair*).
20 Janvier 1917. — *Gazette régionale.*
23 Janvier 1917. — *L'Angleterre et la Guerre.*
24 et 25 Mars 1917. — *Réminiscences.*
15 Mai 1917. — *Valenciennes.*
24 Mai 1917. — *L'Angleterre et les buts de guerre.*
2, 3, 16, 19 Juin 1917. — *La Victoire* (de Bertourieux).
3 Juin 1917. — *Vers la crise économique* (citation du *Journal* et de l'*Eclair*).
19 Juin 1917. — *L'Après-Guerre.*
23 Juin 1917. — *La protection du droit international.*
30 Juin 1917. — *L'Angleterre et l'Alsace.*
11 Juillet 1917. — *Les libérateurs opprimés.*
26 Juillet 1917. — *La France victime*, etc...

BONNET ROUGE

12 Août 1916. — *A bâtons rompus*, par M. Badin.
8 Septembre 1916. — *A bâtons rompus*, par M. Badin, etc...

Quelques-uns de ces articles seront examinés à la 7e campagne : contre l'Angleterre, en même temps que les attaques indirectes dirigées contre les Anglais, à l'occasion des événements d'Irlande. On trouvera également à la 8e campagne contre la presse anglaise et à la question des responsabilités de la guerre, 13e campagne, des articles qui tendent, comme les précédents, à briser l'alliance anglo-française.

8) L'Allemagne est invincible militairement, économiquement, moralement.

« Brave petit soldat français », répètent en chœur les mille voix cajoleuses de la pseudo-gazette, « nous n'avons pour toi que tendresses, sympathie, amour ! Nous voudrions t'éviter la souffrance des brutales désillusions !

Notre plus ardent désir est de te guérir — par pure charité sois-en sûr, et pour ton seul bien — de ta folie de mener « jusqu'au bout » cette guerre meurtrière. La continuation des hostilités, ce serait l'épuisement de l'Europe, ta propre ruine ! Hâte-toi de saisir la main franche et loyale que te tend un adversaire magnanime ! Cesse de combattre un ennemi contre lequel tu t'épuises en vains efforts. Pour le réduire ne compte pas plus sur le « temps » que sur tes alliés. L'Allemagne est une force élémentaire de la nature. Son expansion est aussi irrésistible que légitime. Elle est la Puissance, la Sagesse et la Vertu réunies. Elle est militairement, économiquement, moralement, invulnérable. Ses méthodes et son organisation la rendent, aussi bien dans le présent que dans l'avenir, invincible. Dépose donc les armes tout de suite ».

GAZETTE DES ARDENNES
Organe de l'Etat-Major allemand.

31 Octobre 1916. — *Anniversaire.*

« Rappelons la légende du fameux « rouleau compresseur » (1) russe dont la marche irrésistible sur Berlin fut trop longtemps le thème favori de la presse parisienne ; ou bien encore cette famine par laquelle la noble Angleterre a cru pouvoir réduire à sa merci le peuple allemand qu'elle n'a pu vaincre à l'arme franche. La *Gazette* a-t-elle eu tort de mettre en garde contre ces vaines illusions? »

15 Mars 1916. — *Autre cloche.*

« Depuis de longs mois, c'est-à-dire depuis qu'on s'est rendu compte à Paris, à Londres et à Pétersbourg qu'on ne viendrait pas à bout de l'Allemagne par la force, on s'est découvert un autre allié mystérieux et incalculable, sans cesse invoqué à défaut d'arguments plus consistants, dans les discours ministériels et par la grande presse de Paris et de Londres », etc...

BONNET ROUGE

9 Mai 1916. — *Un neutre douteux.*

(Cet article, entièrement échoppé, a paru malgré l'interdiction *formelle* de la censure.)

(2) [**« Nos soldats piétinaient-ils des mois**
— **et des mois dans les mêmes tranchées,**
— **devant les mêmes objectifs, en dépit de**
— **la plus farouche vaillance et des plus**
— **sanglants sacrifices?...**
— **« Espérez, criait-on, le temps tra-**
— **vaille pour nous.**
— **« Le « rouleau compresseur » qui**
— **devait, en cinq étapes, broyer les**
— **défenses de Berlin à la Noël de 1914,**
— **faisait-il machine en arrière et tentait-**
— **il, des mois durant, de se dégager des**
— **marais polonais pour reprendre son**
— **élan?... le cri de naïve espérance reten-**
— **tissait à nouveau d'une tribune à**
— **l'autre : « Le temps travaille pour nous! »**
— **« C'est M. Lloyd George, l'Albert**
— **Thomas anglais, qui nous révèle la**
— **fausseté, la vanité de cette outrecui-**
— **dante ritournelle.**
— **« ... Ainsi de temps en temps, la Vérité**
— **domine d'un grand cri le fallacieux et**
— **étourdissant bourdonnement du Men-**
— **songe et impose à nos méditations un**

(1) Nous disons en général « le rouleau à vapeur ». C'est l'expression qu'emploie le *Bonnet Rouge* lui-même les 2 et 9 Septembre 1914. Voir : l'évolution du *Bonnet Rouge*, 3e période.

(2) Les articles ou passages échoppés publiés par le *Bonnet Rouge malgré l'interdiction de la censure* sont indiqués par les signes [...] et les lignes de ces articles sont précédées d'un trait, — comme dans l'exemple ci-dessus.

GAZETTE DES ARDENNES
Organe de l'Etat-Major allemand.

1 Juin 1916. — *Un neutre douteux.*

« M. Charles Humbert n'est plus seul aujourd'hui, en France, à mettre à sa place le « douteux allié » qu'est le temps. Un autre journaliste, appartenant à la gauche, M. Miguel Almereyda, vient de lui consacrer le petit article plein de verve ironique que voici : (suit la citation du *Bonnet Rouge* ci-contre, 58 lignes) » (1).

19 Avril 1916. — *Programme anglais.*

« Le passage essentiel du discours de M. Asquith est celui qui traite le point principal du programme allié, à savoir la destruction du soi-disant « militarisme prussien ». Se rend-il compte de ce que le vain effort vers l'impossible réalisation de cette chimère coûtera encore de sang à l'Europe et surtout *aux alliés de l'Angleterre.* Pour aboutir à quoi? Au même point selon toute probabilité où nous en sommes aujourd'hui, c'est-à-dire *à la nécessité de traiter avec l'Allemagne sur la base indiquée par le chancelier de l'Empire* ».

26 Juillet 1916. — *Un appel* (2).

« Dans le *Bonnet Rouge* du 19 Juillet, le Général N... semble avoir voulu parler de la nécessité de songer à la paix, la censure ne le lui a pas permis et a coupé le passage subversif, citons toutefois les considérations finales de cet article » (38 lignes de citation).

Juin 1916. — *Réponse aux dirigeants.*

« Répondant au discours que M. Poincaré prononça dernièrement à Nancy et dans lequel il déclara pour la mille et unième fois vouloir faire la guerre jusqu'à la « défaite de l'Allemagne », le *Bonnet*

BONNET ROUGE

— thème d'une gravité redoutable et — imprévue ».]

ALMEREYDA.

9 Août 1916. — *Une opinion sur* **la paix immédiate.**

... « A propos d'une critique malveillante qu'un journaliste fit sur son récent ouvrage « La Guerre par (*sic*) le Monde » (the War for the World), M. Israël Zangvill, le grand écrivain juif anglais, expose dans la « Daily Chronicle » ce qu'il entendait **par une paix immédiate et comment il convenait qu'on la réalise...** »

G. B.

Pourquoi nous devrions accorder la paix.

... « **Pourquoi continuer d'entasser la ruine et la misère sans but? Vous n'annihilerez pas l'Allemagne. Au bout de trois ans vous n'obtiendrez d'elle que ce qu'elle consent à vous accorder en ce moment. Pourquoi ne pas l'accepter maintenant** »...

ISRAEL ZANGWILL.

18 Juillet 1916. — *La leçon de la Somme et de la Meuse.*

« **Il n'y a aucun intérêt à pousser la guerre jusqu'au bout des forces de l'Europe. Un jour ou l'autre il faudra traiter et l'intérêt des deux groupes de belligérants est de traiter le plus vite possible avec le minimum de pertes, mais, pour traiter, il faut nécessairement être plusieurs** ».

GENERAL N.

(1) Nous reviendrons plus loin, au chapitre V : « le *Bonnet Rouge* a-t-il inséré des articles de collaborateurs de la *Gazette des Ardennes* », sur cette page signée Almereyda, qui présente avec l'éditorial de la *Gazette des Ardennes* du 19 Janvier 1916, intitulé *Constantinople*, de remarquables analogies de pensée et de style.

(2) Le passage auquel la *Gazette des Ardennes* fait une si précise allusion a été, en effet, échoppé ; c'est celui que nous reproduisons.

GAZETTE DES ARDENNES
Organe de l'Etat-Major allemand.

Rouge répond par un article intitulé « *Jusqu'au bout* », dont voici quelques passages cruels d'ironie : » (27 lignes de citation de l'article ci-contre).

16 Février 1916. — *Et la guerre continue.*

... « Et la guerre continue ainsi. Et la responsabilité en retombe, comme l'a dit clairement le chancelier de l'Empire allemand, sur ces gouvernements dont l'orgueil affolé se refuse de voir les réalités telles qu'elles sont et d'accepter comme un fait dès aujourd'hui acquis la faillite de l'intrigue belliqueuse tramée contre la prospérité et l'irrésistible essor de l'Allemagne. Il faudra bien pourtant qu'un jour ou l'autre ils s'y décident. Il semblerait presque que certains parmi les responsables comptent sur l'épuisement suprême de leurs propres pays pour échapper au bras vengeur qui les menace » (2).

19 Novembre 1916. — *Du cafard au bon sens.*

« Pour juger sainement la situation il faut savoir regarder les réalités en face et non pas à travers les lunettes de l'illusion « jusqu'au boutiste » qui s'obstine à vouloir l'impossible écrasement d'une force vitale aussi puissante et aussi élémentaire que le peuple allemand ».

3 Février 1917. — *Jusqu'au bout.*

« On ira jusqu'au bout ! Jusqu'au bout aboutit à cette signification sinistre : jusqu'à ce que soit tarie la virilité de notre race, jusqu'à ce que les mâles n'y soient plus qu'enfants et vieillards ! Jusqu'au bout veut dire : jusqu'au dernier homme, jusqu'au dernier sou ! » etc...

6 Novembre 1917. — *Jusqu'au bout*, etc...

BONNET ROUGE

25 Mai 1916. — *Jusqu'au bout* (éditorial).

« ... Nous dirons simplement ceci : Vous ne voulez pas causer?

[« *Même si l'ennemi s'avouait épuisé, c'est-à-dire vaincu, même si la négociation devait réaliser le plein de nos aspirations?*

« *Très bien !*] (1).

« Toute proposition, toute avance, si profitables qu'elles soient à la cause des alliés, seront repoussées ! Parfait !

« Les armes ne seront déposées que le coupable une fois châtié, pulvérisé, réduit à rien, nos armées campant aux portes de Berlin !

« A merveille !

« Jusqu'au bout !

« Nous en sommes !

« [*Pas du bout des lèvres, du fond du cœur !*

« *S'il faut donner sa peau pour ça, nous la donnons !*] (1).

« Mais, prenez garde ; c'est pour vous l'obligation de triompher, c'est-à-dire l'obligation de tout faire, tout, pour triompher. Le peuple est prêt à donner son sang aussi longtemps qu'il le faudra. Il est prêt à vous soutenir dans cette idée qu'on ne peut traiter qu'à Berlin.

« *Mais il faut l'y mener.*

« Jusqu'au bout ! Mais pas de retour sur soi-même au premier écueil sérieux.

« Jusqu'au bout ! Mais le vrai bout !

« Vous rejetez la médiation? Ce qu'il vous faut, c'est le succès total?

« Allons-y ! mais au cas d'un raté, c'est pour les maladroits la sixième arme...

« C'est bien entendu ainsi?... »

ALMEREYDA.

10 Août 1916. — *Jusqu'au bout.*

« On ne voit pas bien quel serait l'intérêt d'augmenter les ruines si l'on ne devait en tirer d'autre que ce qu'il est possible d'avoir aujourd'hui », etc...

J. GOLDSKY.

(1) Passage supprimé par la *Gazette des Ardennes* du 7 Juin 1916.
(2) La *Gazette des Ardennes* revient souvent et avec insistance sur cette « menace » aux gouvernants français.

GAZETTE DES ARDENNES
Organe de l'Etat-Major allemand.

1er Décembre 1916. — *Sans haine.*

« En forgeant contre un peuple jeune, grandissant et prospère comme une force élémentaire, la ligne de leurs rancunes et de leurs jalousies, en entravant par tous les moyens son besoin légitime d'extension économique et coloniale, les nations ennemies de l'Allemagne ont fait violence à la nature même »...

5 Janvier 1916. — *Manifeste impérial.*

« L'espoir de nous vaincre dans la lutte loyale, il y a longtemps que nos ennemis ont dû l'enterrer... leurs desseins se briseront misérablement contre l'esprit et la volonté unissant l'armée et le pays : l'esprit du Devoir envers la Patrie accompli jusqu'au dernier soupir et la ferme volonté de vaincre... En avant avec Dieu pour la protection de la Patrie et pour la grandeur de l'Allemagne. »

WILHELM.

16 Février 1916. — *Et la guerre continue.*

« Alors, se disent ces Français, pourquoi achever le suicide du peuple français rien que pour le plaisir farouche et insensé « d'affaiblir » un ennemi qui a prouvé que sa force vitale et son incomparable organisation sont réellement invincibles ».

2 Novembre 1916. — *Le deuxième anniversaire de la Gazette.*

« En somme, quelle est, réduite à sa plus simple expression, la thèse générale de la *Gazette des Ardennes*? C'est que la grande coalition issue de la politique d'encerclement d'Edouard VII et de ses disciples *ne viendra jamais à bout du peuple allemand et de ses alliés* », etc.

BONNET ROUGE

4 Mars 1917. — *A bâtons rompus.*

« Je vois très bien au contraire quel danger naîtrait de l'accroissement de notre population. L'exemple m'en est fourni par l'Allemagne, l'expansion de celle-ci étant créée par la surabondance de ses habitants et l'on considère généralement que ce besoin d'expansion fut une des causes déterminantes du conflit qui ensanglante actuellement le monde. »

M. BADIN.

Voir aussi :

29 Juillet 1916. — *L'Engeance*, par G. CLAIRET.
23 Septembre 1916. — *Dangereuse légende. Les deux points de vue*, par ALMEREYDA.
22 Décembre 1916. — *Dans la bonne voie*, par GÉNÉRAL N.
13 Juin 1917. — *Jusqu'au boutisme et fournitures de guerre*, par HENRI DIÉ.
4 Mars 1916 (ou 1917). — *A bâtons rompus*, par M. BADIN.

7 Mai 1916. — *La réponse allemande.*

« Malheureux qui ne voyez pas que grâce à ses **[merveilleuses]** méthodes, à son sens de l'organisation et de l'utilisation, l'Allemagne représente encore un adversaire redoutable. **[Et puis un peuple qui lutte pour — sa défense (1) n'est-il pas capable de — miracle? (2)]** En 71, Paris, encerclé, affamé, réduit à rien, n'a-t-il pas tenu des mois?... Le blocus hermétique organisé par l'Angleterre oblige l'Allemagne à se défendre », etc...

ALMEREYDA.

13 Juillet 1916. — *De Péronne à Verdun.*

« Ce serait risquer les pires déconvenues que de s'imaginer qu'une paix victorieuse

(1) L'argument, que l'Allemagne lutte « pour sa défense », est précisément celui que les journaux allemands développent avec le plus d'obstination. On le retrouve dans tous les périodiques de tous les partis. Nous reviendrons sur cette question au chapitre II, § 12 : « Les nécessités de la guerre excusent les Allemands. »

(2) Tous les échoppages de cet article ont paru dans le *Bonnet Rouge* malgré la censure.

GAZETTE DES ARDENNES
Organe de l'Etat-Major allemand.

28 Juillet 1916. — *Illusions de rechange.*

« Toujours les mêmes illusions, la même velléité de venir à bout de l'Allemagne dont l'invincible vitalité tient tête victorieusement à un monde d'ennemis ».

29 Août 1916. — *Rêve et réalité.*

« Les pertes allemandes sont lourdes, mais l'Allemagne les supportera plus facilement que la France qui a perdu à Verdun 400 000 hommes », etc...

2 Décembre 1916. — *Mobilisation civile.*

« Jamais au cours de l'histoire il n'y eut de guerre aussi totale. L'Allemagne n'est pas à bout de ressources »...

20 Février 1917. — *Gazette régionale.*

« Nos gouvernants crient à tue-tête : « Continuation de la guerre jusqu'à l'écra- « sement complet de l'Allemagne ! » Paroles, paroles et encore paroles ! Nous allons d'illusions en illusions »...

1er Février 1917. — *Veillée d'armes.*

« On veut battre l'Allemagne ! C'est vite dit ; le poilu sait toute la difficulté de la tâche... L'énergie allemande, la science allemande, le génie allemand se sont montrés à la hauteur de toutes les tâches que leur imposa la guerre », etc...

1er Mars 1917. — *Ce que disent les prisonniers français.*
8 Mars 1917. — *Gazette régionale.*
10 Mars 1917. — *Aphorisme de bon sens.*
28 Avril 1917. — *Perspectives.*
5 Mai 1917. — *1 000 jours de guerre.*
15 Mai 1917. — *Réflexions* (citation de l'*Eclair*).
17 Mai 1917. — *La Victoire* (de Bertourieux).
27 Mai 1917. — *Autour de l'offensive.*

BONNET ROUGE

ne pourra être signé par l'Entente que lorsque les Allemands seront refoulés chez eux. Il convient que les pays alliés et leurs Etats-Majors ne l'oublient pas, la victoire la meilleure sera celle qui coûtera le moins cher. »

GENERAL N.

3 Septembre 1916. — *Philosophes de l'arrière. Le bourreur de crânes.*

« Junius, intrépide, tirant non sur les Allemands mais sur les pauvres d'esprit qui avalent l'*Echo de Paris* : « Notre devoir : « pousser cette guerre jusqu'au bout... et « *briser l'Empire* » (16 Août 1916). Le jésuite Junius ne laboure pas la mer, il laboure les crânes, il spécule sur la bêtise ».

P. BRIZON.

15 Janvier 1917. — *A bâtons rompus.*

« C'est également un accès de folle gaieté que doit provoquer cette paradoxale opinion du *Temps*, que « l'Allemagne n'est pas battue encore ».

M. BADIN.

23 Avril 1917. — *A bâtons rompus.*

... « Enfin un dernier fait achèvera de nous rassurer sur l'anéantissement imminent et définitif de nos adversaires : les Pingouins mobilisent et se préparent à déclarer la guerre à l'Allemagne »...

M. BADIN.

Voir aussi :

3 Août 1916. — *A bâtons rompus*, par M. BADIN.
27 Août 1916. — *Mais taisez-vous donc*, par le GENERAL N.

GAZETTE DES ARDENNES
Organe de l'Etat-Major allemand.

3 Juin 1917. — *Vers la crise économique*, etc...
12, 14, 16 Juin 1917. — *Paix française.*
24 Juin 1917. — *Rêve et réalité*, etc...

BONNET ROUGE

22 Janvier 1917. — *Les confidences d'un Hauptmann* (échoppages).
28 Février 1917. — *L'appel de la forêt*, par M. Badin.
etc., etc.

---

30 Janvier 1916. — *En marge d'un article du* Times.

... « Celui qui voudra vaincre l'Allemagne devra le faire l'arme à la main et tous les projets de l'affamer, toutes les phrases sur les possibilités d'une banqueroute, tous les cris de victoire et les articles grandiloquents de journalistes boulevardiers et d'académiciens puérils ne la terrasseront pas »...

28 Juillet 1916. — *Illusions de rechange.*

« Dans trois mois, dans six mois, dans un an, à mon sens, la force économique de l'Allemagne, la force indispensable pour la continuation de la guerre sera approximativement la même que maintenant »...

7 Décembre 1916. — *Bourreurs de crânes.*

« ... A Berlin, pour une oie pesant 21 livres, on a payé 126 marks (*Havas*). Diable! Ça prouve que les Berlinois sont fameusement riches » (*L'Œuvre*) (3).

14 Janvier 1917. — *La guerre d'après-guerre se fera-t-elle?*

« Etrangler l'Allemagne?... Comment

21 Mai 1916. — *Les Allemands chez nous.*

... **[« Les familles allemandes (1) essaient — par leurs expéditions de suppléer à — l'insuffisance de viande et de pain (dis- — tribué aux prisonniers allemands). Des — colis arrivent nombreux, ce qui ne — semble pas confirmer l'exactitude de — toutes les informations sensationnelles — publiées sur « le pays de la faim. »]** Les journaux socialistes locaux arrivent fréquemment. Et nombreux sont surtout les organes de la minorité, telle la célèbre *Chemnitzer Volksstimme* » (2).

17 Mai 1916. — *L'Allemagne contre l'Angleterre.*

« Quand viendra la paix. »

« *Zurich*, 15 Mai. — L'agence Wolff communique aux journaux allemands un article intitulé : « Quand viendra la paix? »

« A cette question de l'article il n'y a qu'une réponse : quand nous aurons réussi à remporter une victoire économique efficace, certaine, dans la guerre économique que nous impose l'Angleterre ».

« L'article conclut que, par son souci d'organisation unifiée, l'Allemagne retrouvera une force qui lui permettra de montrer au monde entier et à l'Angleterre

(1) Ce passage échoppé a été publié malgré la censure.
(2) Voir note 1, p. 28. Le règlement interdit aux prisonniers la lecture de tous les journaux allemands. — La *Chemnitzer Volksstimme* n'est pas, comme le raconte le *Bonnet Rouge*, un organe de la minorité socialiste, mais au contraire, avec le *Vorwärts*, et plus encore que le *Vorwärts*, le porte-parole des socialistes du Kaiser. C'est en réalité une feuille gouvernementale.
(3) Le *Berliner Tageblatt* des 9 et 10 Janvier 1917 annonce la poitrine d'oie à 12 marks la livre, la graisse d'oie à 10 marks 75 la livre (voir l'enquête citée plus haut). L'*Information Havas* n'est donc pas, comme essaye de le faire croire la *Gazette des Ardennes*, du « bourrage de crâne », c'est la constatation d'un fait qui ne pouvait qu'encourager les puissances de l'Entente. Mais, pour empêcher le ravitaillement moral des Français, il fallait jeter le discrédit sur ceux qui voyaient et signalaient une crise alimentaire qui, sans être mortelle, était extrêmement grave, — et qui, d'ailleurs, n'a pas pris fin.

GAZETTE DES ARDENNES
Organe de l'Etat-Major allemand.

voulez-vous que nous luttions avec plus de chances de succès après la guerre puisque rien ne sera changé, quoi qu'on dise, aux conditions existantes avant la guerre. Tout cela, voulez-vous que je vous dise mon opinion? *C'est de la littérature* ! »

24 Décembre 1916. — *Impressions d'Allemagne.*

... « Que de sottises la presse germanophile n'a-t-elle pas publiées depuis deux ans sur la situation intérieure de l'Allemagne ! Comme s'il servait à quelque chose de se leurrer et de se tromper soi-même !

« L'historien de demain établira les terribles responsabilités de tous ces voyageurs pseudo-neutres qui vendirent leurs plumes complaisantes aux journaux à grands tirages ! »

(Suit le récit d'un correspondant du *Journal de Genève*).

22 Décembre 1915. — *Les prétendues manifestations de Berlin.*

« Si quelques femmes de Berlin se plaignent de la cherté des vives — fait divers qui se produit quotidiennement à Paris — c'est « la révolution » pour les feuilles boulevardières et les sans-fils gouvernementaux de Poldhu, Carnavons Lyon. Lorsqu'un député isolé et sans influence comme M. Liebknecht fait de l'opposition, celui-ci devient une espèce d'apôtre pour les mêmes commères bavardes. Ce petit jeu est connu et ne nous fait que sourire. Une petite manifestation cependant qui a eu lieu le jour de l'ouverture du Reichs-

BONNET ROUGE

en particulier quelle résistance économique peut avoir l'Allemagne. »

11 Janvier 1917. — *A bâtons rompus.*

« En Allemagne « les petits enfants périssent sur le sein de leurs nourrices incapables de les allaiter. Quelques vieillards résistent, grâce à la longue habitude qu'ils ont contractée de vivre »... Que l'on ne croie pas surtout que ce sont là des inventions de bourreurs de crânes », etc.

M. BADIN.

21 Février 1917. — *La situation réelle à Berlin.*

— **[(Interview d'un journaliste américain qui accompagnait M. Gérard) :**
— **« Il appartient à un des plus importants journaux des Etats-Unis.**

— **« La situation à Berlin n'est pas le moins du monde ce qu'un vain peuple pense sur la foi des agences plus ou moins officielles ou de telles interviews récentes d'une complaisance à mon avis plus que suspecte... Malgré les restrictions alimentaires, la vie à Berlin... continue comme par le passé... Le moral des gens qui comptent, j'entends l'aristocratie et le monde des affaires, est excellent. Ils exagèrent même et plastronnent. C'est dans la note. Tarascon n'existe pas qu'en France. Il est des Tartarins aussi d'outre-Rhin. Les théâtres et les établissements de nuit ne désemplissent pas. Un prurit de plaisir semble animer la société. On a l'impression de la lumière. Ici, c'est la nuit... L'état de guerre, je l'ai surtout éprouvé dans votre Paris nocturne »...] (1)**

EDOUARD MOREAU.

22 Février 1917. — *Pour* Paris-Midi.

« *Paris-Midi* a voulu reproduire notre

(1) Cet article entièrement échoppé a paru malgré l'interdiction formelle de la censure.

GAZETTE DES ARDENNES
Organe de l'Etat-Major allemand.

tag, a été utilisée d'une manière particulièrement extravagante qui mérite un démenti », etc...

Voir aussi :

26 Mai 1916. — *Un article du* Fortnight Review.
28 Mai 1916. — *Politique ou entêtement.*
31 Mai 1916. — *La 200e Gazette.*
11 Juin 1916. — *Les forces économiques de l'Allemagne.*
31 Mars 1917. — *La famine illusoire.*
21 Avril 1917. — *Les bourreurs de crânes.*
28 Avril 1917. — *Perspectives.*

BONNET ROUGE

article d'hier sur la situation réelle à Berlin. Il en a été empêché par la censure. L'échoppage de cet article nous avait été demandé. Si cet échoppage n'a pas été fait dans quelques numéros, c'est malgré nous.

« *Paris-Midi* **ne sait si notre Américain est un sincère ami de la France et il nous demande son nom. Ce nom, nous nous sommes engagés à ne pas le révéler. Mais nous pouvons donner à notre confrère** *Paris-Midi* **l'assurance que notre interlocuteur est un véritable ami de la France et qu'il collabore à un journal des Etats-Unis qui n'a cessé de manifester aux alliés une sympathie sans réserve** » (1).

Voir aussi :

23 Juillet 1916. — *La bonne foi du temps de guerre*, par Fanny Clar.
27 Septembre 1916. — *La vie en Allemagne* (récit d'un correspondant du *Journal de Genève*).
22 Février 1917. — *Prisonniers allemands* (cité plus haut, p. 21).
15 Mai 1917. — *A bâtons rompus*, par M. Badin.
15 Juin 1917. — *La famine fantôme.*

b) Contre le moral de la Nation.

1) Les campagnes particulières du *Bonnet Rouge.*

Le *Bonnet Rouge* contient une riche collection d'articles contre les adversaires de l'alcool, de la pornographie et de la dépopulation. En dépit de l'« Union sacrée », il mène de violentes campagnes contre ceux qu'il appelle « des réactionnaires » et contre les prêtres. Alors que les suffragettes en Angleterre font taire leurs revendications afin de maintenir intacte la concorde nationale, il s'affirme ardent partisan d'un féminisme résolument hostile aux devoirs envers la Patrie.

Voici quelques contributions à ces campagnes qui n'ont pas leur équivalent dans la *Gazette des Ardennes*, mais auxquelles l'Etat-Major allemand attachait, comme on le verra, un intérêt tout particulier :

(1) Il serait extrêmement intéressant de connaître le nom de ce mystérieux correspondant.

Contre l'anti-alcoolisme.

4 Mai 1916. — *Un livre de M. Finot* (1), par ALMEREYDA : « L'œuvre de M. Finot n'a pas les qualités du livre qui sont l'ordonnance et la mesure. Elle n'en a pas non plus les défauts. Par contre elle a du pamphlet toutes les qualités... il faut se garder de prendre à la lettre sa terrible philippique », etc...

6 Mai 1916. — *La lutte contre l'alcoolisme*, par ALMEREYDA : « M. Finot a pu se laisser aller à écrire la phrase suivante qui est, en même temps qu'une affreuse injure, une contre-vérité : « *Sans l'alcoolisme d'avant-guerre on aurait bien plus vite eu raison des Allemands* » (2).

10 Mai 1916. — *La solution*, par ALMEREYDA : « Il faut limiter la consommation, non la fabrication de l'alcool ».

24 Août 1916. — *A bâtons rompus*, par M. BADIN.

24 Octobre 1916. — *Le mal invincible*, par MAGJAB : « L'alcoolisme est invincible. Décidément le règne de l'usine capitaliste c'est le règne du mal ».

17 Décembre 1916. — *Plus d'alcool !* (non signé) : « Mais par quoi comblera-t-on les trous creusés par le Trésor ».

19 Décembre 1916. — *La mort de la poule aux œufs d'or ou les conséquences malheureuses d'un Décret annoncé*, par HECTOR DEFRANCE.

29 Janvier 1917. — *L'alcoolisme péril national, l'alcool richesse nationale*, par FERNAND MORELLE : « A la vérité on a fait, on fait encore de la surenchère », etc...

2 Février 1917. — *L'alcool.*

18 Février 1917. — *L'alcoolisme, ses causes, ses remèdes* (3). *Une méthode, un bilan*, par J. GOLDSKY.

18 Février 1917. — *L'alcoolisme est un fléau, mais l'alcool est-il un poison?* par A. G., etc.

24 Février 1917. — *De la mesure, du bon sens*, par J. G. : « M. Chaumet nous donne la bonne formule lorsqu'il écrit : « Oui, certes, luttons contre l'alcoolisme, mais afin « que cette lutte soit bienfaisante, et non mortelle pour le pays, sachons garder de la « mesure et du bon sens ».

1er Mars 1917. — *Deux mots à la* Bataille : (Réponse à un collaborateur de la *Bataille* qui trouve qu'on se moque du peuple quand on lui dit : L'alcoolisme est un péril national, mais l'alcool est une richesse nationale).

3 Mars 1917. — *Le triomphe du bon sens*, par GOLDSKY.

4 Mars 1917. — *L'alcool et le Parlement. Mesures excessives*, par BARTHE, député de l'Hérault, rapporteur de la Commission de l'Agriculture pour le régime de l'alcool.

5 Mars 1917. — *Les mauvais philanthropes*, par GOLDSKY : «M. Sébastien Faure dénonce la ligue nationale contre l'alcoolisme qui, dit-il, est une formidable société d'empoisonnement et de distillation.

« Sébastien Faure fait justice de la campagne suspecte avec laquelle on a cherché à égarer l'opinion ouvrière et la détourner de ses devoirs essentiels de contrôle et d'organisation ».

25 Mars 1917. — *Tout s'enchaîne*, par J. GOLDSKY : « L'anti-alcoolisme politique et les menées réactionnaires ».

25 Avril 1917. — *Les anti-alcooliques à la Sorbonne* (non signé) : « La patrie en danger, la civilisation menacée, l'alcool empoisonneur, tous les vieux clichés furent servis à l'assistance par le professeur Debove qui cita cependant un exemple : un ouvrier ayant fait le pari de boire un litre d'alcool est tombé mort sur le coup », etc...

9 Mai 1917. — *Autour d'une réunion. Lettre rectificative du professeur Ruyssen* (protes-

(1) « L'Union sacrée contre l'alcoolisme ».
(2) Cf. *Gazette des Ardennes*, 10 Juillet 1916, p. 63.
(3) Deux pages consacrées à la défense de l'alcool.

tant contre le compte rendu inexact et tendancieux fait par Goldsky de sa conférence anti-alcoolique).

26 Mai 1917. — *L'anti-alcoolisme politique. Reprise d'offensive.*

6 Juillet 1917. — *Ce serait la ruine* (non signé), délibération du Conseil municipal de Cognac.

En faveur de la pornographie.

4 Août 1916. — *Pudibonderie*, par J. Landau (contre la saisie de cartes postales à Amiens).

9 Septembre 1916. — *Gare les mœurs* (contre la police des mœurs).

13 Janvier 1917. — *A bâtons rompus*, par M. Badin : « Ce qui sollicite le salacité de nos poilus, ce qui souille la plus délicate de leur pureté morale, ce sont les livres pornographiques. Les ouvrages obscènes foisonnent, assure-t-on, parmi les pépères et les bonhommes. Je le regrette tout le premier, mais je ne crois pas qu'il convient de trop s'en émouvoir... ce dévergondage oral n'a jamais empêché Fanfan la Tulipe, Joli-Cœur et les Grognards de se battre merveilleusement ».

23 Janvier 1917. — *A bâtons rompus*, par M. Badin : « N'empêche que notre pays, en devenant le temple de la stricte pudeur et de l'absolue sobriété perdra le plus puissant de ses attraits et la plus alliciante de ses séductions. Il est vrai qu'en compensation, les Français seront conviés aux plaisirs de la reproduction intensive », etc...

Contre la repopulation.

5 Août 1916. — *A bâtons rompus*, par M. Badin : « Ce dont je m'occupe, c'est de l'inquiétude, de l'angoisse, que jette dans l'âme sensible de beaucoup de mères et dans l'esprit averti et prévoyant de beaucoup de pères la perspective d'avenir de l'enfant... J'oubliais que certaines gens aussi ont la terreur d'être des parents martyrs. On en voit tellement tous les jours »...

9 Août 1916. — *Population, dépopulation et repopulation*, par Fanny Clar.

13 Août 1916. — *Aux écoutes*, par Fanny Clar : « Je n'ai pas d'enfant et à voir ce qu'on fait pour celles qui en ont, je n'en veux pas ! » (1).

1er Novembre 1916. — *L'élu des quatre*, par Fanny Clar.

4 Novembre 1916. — *La joie et le devoir d'être mère*, par Fanny Clar : « A la pauvre bougresse on dit : Fais des enfants parce qu'on en a besoin et allaite-les parce que c'est une raison de les conserver. C'est un peu brutalement souligner qu'elle ne doit songer qu'à son devoir et ne jamais en escompter de joies »...

23 Février 1917. — *Choses gaies*, par M. Badin : « Vaut-il mieux faire des munitions pour supprimer des ennemis ou faire des enfants pour remplacer les poilus que l'ennemi nous tue? N'est-ce pas que cela est drôle ! Vraiment, je ne comprends pas qu'il y ait tant de gens moroses »...

4 Mars 1917. — *A bâtons rompus*, par M. Badin (échoppé en entier) : **« Je ne vois donc pas pour quel motif on nous invite aux besognes de la prolification et pourquoi l'on va jusqu'à vouloir nous y contraindre. Je vois très bien au contraire quel danger naîtrait d'un accroissement considérable de notre population »** (2), etc...

(1) Si Fanny Clar n'a pas d'enfant comment peut-elle, le 26 Novembre 1915, dans un article du *Bonnet Rouge* intitulé « La 17 » écrire à son fils Jean? » (Voy. plus loin : l'évolution du *Bonnet Rouge*).

(2) Voir plus haut, p. 54.

Contre les « réactionnaires ».

25 Juin 1917. — *Contre les professeurs républicains*, par G. CLAIRET.

26 Juin 1917. — *La vague de folie*, par G. CLAIRET : « **Quant aux journaux pacifistes qu'on les cite : il n'y en a pas. Mais pacifisme ne vient là que pour faciliter la besogne entreprise. Quand on parle de pacifisme c'est à la démocratie que l'on pense. La campagne que l'on mène est dirigée contre les républicains d'extrême gauche. Elle vise ceux qui n'ont pas voulu s'associer aux fanfaronnades dangereuses et intéressées des annexionnistes, ni colporter les mensonges des bourreurs de crânes et à qui cette attitude a valu une autorité qui grandit de jour en jour.** »

1er Juillet 1917. — *La campagne de M. Hervé*, par G. CLAIRET.

2 Juillet 1917. — *Le mauvais coup de M. Hervé*, par G. CLAIRET.

3 Juillet 1917. — *Les agents de l'ennemi*, par G. CLAIRET.

4 Juillet 1917. — *A la suite de M. Hervé* (non signé) : « M. G. Hervé fait école. Il n'est pas un roussin sur la place qui n'ait tenu à lancer à l'exemple de cet âne qui fut rouge une ruade aux pacifistes. (Vous savez qu'on tente de perdre, en les baptisant « pacifistes », tous les patriotes républicains qui estiment que la guerre ne doit pas être éternelle et que la France pour être libre a besoin de vivants)..., tous s'y mettent, les individus et les groupes. Voilà l'union des pères et des mères dont les fils sont morts pour la patrie, qui adresse, au nom des morts, une lettre au Ministre de la Guerre contre la propagande infâme. C'est le journal de MM. Berthoulat, Galli et Cie, la *Liberté*... qui publie le morceau... Il est certain que le jour où l'on aura incarcéré tous les républicains et suspendu tous leurs journaux, la propagande réactionnaire sera plus facile, mais la propagande française sera à peu près impossible ».

9 Juillet 1917. — *A nos accusateurs* : ... « Ceux qui le connaissent savent qu'avec tous ses défauts, toutes ses faiblesses, l'homme qui signe ces lignes est incapable de forfaire à l'honneur et de se prêter à une action coupable.

« Je réunirai demain mes collaborateurs. Je leur fournirai tous les éclaircissements sur le cas **Duval** et la provenance des fonds qui sont entrés dans notre caisse. Ces éclaircissements sont ceux que je fournirai au juge d'instruction s'il m'appelle et au gouvernement s'il le veut. Ils suffiront pour réduire à néant l'abominable accusation que des misérables font peser sur moi, mes collaborateurs et ma maison. L'abcès crevé, le non-lieu rendu, nous retrouverons nos diffamateurs ».

MIGUEL ALMEREYDA.

11 Juillet 1917. — *Autour d'un chèque. Les raisons d'une campagne. La machination* : « Deuxième coïncidence (me dit un professeur de l'Université), on parle de la fondation d'une ligue républicaine. Pour tout le monde, cette ligue est conçue et créée par M. Caillaux, et elle va servir à recréer dans le pays un courant qui portera au pouvoir l'homme que tant de puissances et de médiocrités ont intérêt à n'y pas voir. Et voilà que brusquement s'amorce la campagne contre le *Pays* et qu'on vous fait, à vous, le coup du chèque ». Pour quiconque réfléchit, il est clair que toutes les campagnes dont M. Caillaux et ses amis sont les victimes, concourent au même but : discréditer et tenir éloigné du pouvoir le seul homme qui est assez démocrate pour exiger des classes riches les sacrifices nécessaires et imposer au monde les garanties contre le retour des guerres. »

MIGUEL ALMEREYDA.

Contre l'union sacrée.

24 Juillet 1916. — *Comment on assassine l'union sacrée. Une ordure par jour.*

25 Juillet 1916. — *Le prestige de la soutane*, par G. CLAIRET. *Une ordure par jour.*

19 Janvier 1917 (dessin du *Ruy Blas*). Légende : « Ça a raté à Vichy, ça rate à Rome, qu'est-ce qu'on pourrait encore bien inventer ».

19 Février 1917. — *Démence cléricale*, par G. Clairet : « La République doit donc se débarrasser de l'Eglise où c'est la République qui disparaîtra ».

28 Février 1917. — *Insolences cléricales*, par G. Clairet.

6 Mars 1917. — *Une légende*, par G. Clairet.

25 Mars 1917. — *L'union sacrée en pays envahi*, par Ch. Debierre (échoppé) : **« Prière que les curés font circuler à Lille : O notre Père qui êtes aux Cieux, vous nous frappez encore en expiation des péchés de notre Patrie, péchés des législateurs... péchés des électeurs, etc... Lille, 3 juillet 1916.** Signé : Margerin,

Vice-général recteur de l'Université catholique. »

En faveur du mouvement féministe.

2 Janvier 1916. — *Le carabinier Ignace* (non signé) : « Il semblait bien que l'affaire du comité Fondary était terminée. Nul doute ne pouvait subsister, ni sur les intentions des femmes du comité pour la paix permanente, ni sur les origines, parfaitement connues, parfaitement avouables, parfaitement honorables de leur brochure.

« Mais il se trouve un homme dont les scrupules ne sont pas apaisés, ni la curiosité pas satisfaite.

« C'est un député de Paris. Il porte un nom qu'illustra jadis tristement le fondateur de l'ordre religieux le plus détestable après les assomptionnistes : la Société de Jésus. Ce député est M. Ignace. Et voici ce qu'il demande au Ministre de l'Intérieur...

« Le Ministre de l'Intérieur a une réponse bien facile : lisez les journaux ! »

10 Août 1916. — *Et nous?*, par Fanny Clar.

15 Mai 1917. — *Le réveil* : « Hier matin à la Grande Taverne, faubourg Montmartre, un déjeuner intime réunissait les membres du groupe *Art et Liberté*... On parla de la beauté, de la joie... et pas de la guerre. A l'instant du café, Roinard, au visage jovial et madré, à la carrure solide de Normand, se leva et tint quelques minutes les convives sous la vigueur de sa parole : « L'élite de tous les pays est coupable... Elle n'a pas su « empêcher l'iniquité. Liguons-nous, réveillons-nous, nous avons vécu dans le mensonge »...

« A 4 heures, ce même jour, rue de Bretagne, la Ghilde des Forgerons avait organisé une conférence au titre franc et hardi : Aux femmes qui ne sont pas en guerre. La grande Séverine, la femme la plus brave de ce temps, présidait... Mme Marx parla... Elle dit : « Le chemin du sacrifice est plus facile que celui de la révolte. Les femmes ont observé un silence commode qui leur fit un rempart. Par faiblesse, par habitude de l'esclavage social et religieux, elles se sont tues.

[« Et peut-être aussi se sont-elles laissées prendre par la séduction grossière du clinquant guerrier, par le vieux scintillement de l'héroïsme... Mais l'héroïsme du soldat ne me paraît pas supérieur à celui du savant qui fait une expérience sur lui-même pour sauver des milliers d'autres vies] (1).

« Séverine... évoqua le proche soleil qui commence à se lever et à brûler les cœurs. Il faudrait pouvoir crier la vérité, y gagner ce qui reste de timorés, de pusillanimes, parler devant la rue, la ville, le pays. Il faut que l'effort germe. Il faut que tous les dormeurs se réveillent ».

Henriette Sauret.

La « Gazette des Ardennes » et les campagnes particulières du « Bonnet Rouge ».

La *Gazette des Ardennes* suit avec une sympathie à peine dissimulée les ravages de l'alcoolisme, de l'opium et des stupéfiants ainsi que les progrès

(1) Ce passage, échoppé, a été publié malgré l'interdiction de la censure.

de la dépopulation dans la France non envahie ; elle fait de la nécessité d'assurer la « survie française » un de ses arguments favoris pour nous contraindre à la paix (1). Elle s'indigne vertueusement du relâchement des mœurs françaises qu'elle impute à l'absence de religion. Elle ne se livre à aucune démonstration contre les prêtres : en Allemagne, les ministres du culte sont en même temps les très fidèles serviteurs du Pouvoir. Comme le souverain, ils représentent un principe d'ordre et d'autorité, ils sont donc comme lui officiellement intangibles. Mais une bonne révolution qui mettrait aux prises, en France, les partis les plus avancés de droite et de gauche ferait admirablement l'affaire de l'Etat-Major allemand. La *Gazette des Ardennes* compte sur les socialistes internationalistes français pour lui procurer la paix qu'elle désire. Comme sur un coup de baguette du *Kriegspressamt*, les journaux répètent à l'unisson que les poursuites intentées contre le *Bonnet Rouge* sont une manœuvre des réactionnaires, qu'Almereyda est innocent, que M. Malvy est également une victime des « nationalistes » et que les ennemis de la République sociale ne reculeront devant rien pour écarter du pouvoir l'homme qui peut signer la paix : M. Caillaux.

Sur la question de l'alcool.

13 Février 1916. — *La grève des bistrots* : « Les marchands de vin de Marseille ont décidé une grève de protestation contre les mesures du général d'Amade interdisant aux soldats pour des raisons de discipline l'accès des cabarets à certaines heures. C'est cette affaire qui a donné lieu, à la Chambre, aux incidents rapportés au dernier numéro de la *Gazette*... Les tenanciers des cafés et des débits de boissons ont tenu fermés leurs établissements. La physionomie de la cité phocénne s'est trouvée forcément modifiée du fait de cette situation. Dame, c'est qu'ils sont nombreux les cabarets marseillais », etc...

28 Mai 1916. — *L'alcool en Russie.*

26 Juin 1916. — *Fumeries d'opium à Paris.*

10 Juillet 1916. — *Maigre consolation* : « M. de Magnitot a publié dans l'*Eclair* un article très violent contre les bouilleurs de cru et les ravages de l'alcoolisme. A la fin de cet article, nous lisons ce passage étonnant : « Sans l'alcoolisme, ma conviction « absolue est que si nous avions eu la guerre que désirait l'insatiable ambition de l'Alle- « magne, elle se serait déroulée d'une autre façon ». Pour combattre l'insatiable ambition de l'Allemagne, il n'y a donc qu'un seul moyen : plus de petits verres, plus d'apéritifs, plus de vin, plus de bière, etc... Reste à savoir ce que le public en penserait ! »

10 Juillet 1916. — *L'autre ennemi.*

28 Juillet 1916. — *L'alcool dans l'administration.*

5 Novembre 1916. — *La vente de la cocaïne à Paris.*

16 Décembre 1916. — *Contre l'alcool.*

31 Décembre 1916. — *Interdiction de l'importation de l'alcool.*

15 Février 1917. — *La consommation de l'alcool en France.*

22 Mai 1917. — *Contre l'alcool.*

17 Juin 1917. — *Le trafic des stupéfiants en France*, etc...

(1) Voir ch. II, argument 2.

Sur les mœurs.

1er Mars 1916. — *Tourcoing* : « La prostitution est réglementée. Les maladies ont diminué de 50 p. 100. La cause de la prostitution, c'est la formation défectueuse de la masse. Il faudra développer la conscience morale de l'individu, se servir de principes religieux. Ce sera bien ennuyeux pour une nation qui se pique d'athéisme, mais on n'a pas encore trouvé mieux et comme elle est intelligente, il faut espérer qu'elle comprendra ».

29 Avril 1917. — *Une lettre de France* : A Paris... « La vie n'est plus la même qu'avant, tout est changé. On se fait l'impression d'être un étranger. La mentalité même des personnes qu'on a connues est changée. Notre place, vois-tu, est dans la souffrance ou sur le front à se faire casser la gueule. Il n'y a pas de milieu. Je voudrais vivement que tu fusses (1) là pour en juger par toi-même. D'ailleurs ce redoublement de luxe, cette effervescence de débauche, tout cela semble indiquer une moralité maladive et inquiète... Rien n'est en place, ni en équilibre, tout est bizarre, bizarre, bizarre. Je ne puis expliquer clairement tout ce que je ressens, mais j'apprendrais que dans un temps plus ou moins éloigné une révolution éclaterait que je ne m'en étonnerais nullement »...

Sur la dépopulation.

29 Mai 1916. — *En province.*
26 Juin 1916. — *Mariage et nationalité* (citation de l'*Eclair*).
5 Juillet 1916. — *Pour augmenter la natalité.*
10 Juillet 1916. — *Impôt de génération.*
8 Octobre 1916. — *Pour sauver les enfants.*
14 Octobre 1916. — *Contre la dépopulation.*
28 Décembre 1916. — *Cri d'alarme.*
15 Février 1917. — *La population en France.*
13 Mars 1917. — *La crise du foyer en France.*
3 Avril 1917. — *Le repeuplement, grave problème.*
1er Mai 1917. — *Le vrai danger de mort.*
22 Mai 1917. — *Contre la dépopulation.*
24 Mai 1917. — *Contre la dépopulation*, etc., etc.
24 Juin 1917. — *Gazette régionale.*

De leur côté, les journaux de langue allemande insistent sur la diminution de notre population, pour entretenir chez leurs lecteurs des espérances de paix prochaine, et tirent de notre faible natalité les conclusions les plus encourageantes pour l'avenir de l'Empire allemand. Exemple :

Kölnische Volkszeitung, 16 Novembre 1916. — « Le dépeuplement de leur pays cause aux Français beaucoup de soucis. Ils ont subi des pertes effroyables sur les champs de bataille, le nombre de naissances ne cesse de diminuer et l'état sanitaire général est l'objet de plaintes amères dans la presse. Ce n'est pas seulement le recrutement de l'armée qui est compromis, mais la situation économique de la France. Triste perspective, qui cadre mal avec les rêves de victoire future et de glorieux avenir dont les journaux français entretiennent toujours leurs lecteurs »...

(1) Sous son camouflage de style populaire, le pseudo-Français rédacteur de cette lettre laisse manifestement passer, à travers la correction intempestive de cet imparfait, le bout de son oreille allemande.

Sur l'Union Sacrée.

Sur les « machinations » des ennemis de la République sociale qui seraient en même temps les ennemis de la paix et les ennemis du *Bonnet Rouge*, citons simplement les passages suivants de la *Gazette des Ardennes* :

24 Février 1917. — « Le Parti socialiste français était et restera section française de l'Internationale ouvrière. Il ne permettra pas que le sang versé par des milliers de ses enfants serve uniquement à apporter de nouvelles armes à la féodalité financière, son ennemie de toujours... Le Parti socialiste a fait une guerre qu'il ne demandait pas ; dans ses rangs seulement les patriotards aux abois et les capitalistes en déroute ont trouvé les forces agissantes qui leur ont permis de sauver la face. Qu'ils l'oublient, c'est possible ; que nous le leur rappelions, c'est notre droit ».

En même temps qu'il compte sur l'Internationale ouvrière pour fomenter chez nous un bouleversement complet de la société, l'Etat-Major allemand déclare qu'en Allemagne l'Internationale est « morte et enterrée ». Voici en effet ce qu'on lit dans la *Gazette des Ardennes* du 21 Janvier 1917, sous le titre : l'*Unanimité des puissances centrales* :

« La *Chemnitzer Volksstimme* tient le même langage (que la presse conservatrice austro-allemande).

« *Retenons un fait capital : L'Internationale ouvrière est morte et enterrée. Ce n'était qu'un noble rêve allemand. Assez d'illusions funestes sont venues jusqu'à aujourd'hui contrarier nos décisions* »...

Les deux articles ont paru à un mois d'intervalle. Peut-on imaginer contradiction plus évidente, manœuvre plus flagrante?

Gazette des Ardennes, 19 Juillet 1917. — *Autour d'un chèque* : « La presse nationaliste de Paris s'occupe depuis quelques jours d'une affaire de chèque dans laquelle se trouve impliqué un collaborateur du *Bonnet Rouge*. Dans un article fortement censuré, le directeur de ce journal expose ainsi l'affaire : » (Suit le plaidoyer d'Almereyda paru dans le *Bonnet Rouge* du 9 Juillet 1917, 54 lignes) (1).

21 Août 1917. — *Suicide ou assassinat politique* : « D'après le correspondant de la *Gazette de Francfort*, en Suisse, il ressort d'une dernière communication du Ministère de la Justice, qu'Almereyda aurait été assassiné. Dans quel but? A-t-on supprimé en lui l'ami de la paix des peuples comme on avait supprimé Jaurès? »

25 Août 1917. — *La mort d'Almereyda* : « D'après les plus récentes informations, il s'agirait d'un assassinat en règle. Le défunt aurait-il su trop de choses compromettantes pour les puissants du jour? »

Berliner Tageblatt, 7 Octobre 1917. — « Depuis un certain temps, les gens qui sont au courant des affaires françaises savaient qu'un scandale énorme du genre de l'affaire Dreyfus se préparait en silence. Les fils de cette intrigue aboutissent dans les mains des royalistes et en partie dans celles de Clemenceau. L'affaire Almereyda n'est que le secteur d'un cercle beaucoup plus vaste qui comprend non seulement M. Malvy, mais aussi M. Painlevé et Albert Thomas. Sans aucun doute le mouvement royaliste est dirigé contre la démocratie et son président actuel »...

(1) Voy. plus haut p. 61.

Tag, 18 Décembre 1917. — *Caillaux* : « Caillaux a montré dans l'affaire du Maroc que de bonnes affaires en politique valent mieux que des guerres de revanche et de gloire. Il n'a jamais été un ami de l'Allemagne et il demande aujourd'hui une paix qui, avec ses idées de désannexion, de réparations et de garanties, est inacceptable pour nous. Mais il pense à la France et à l'Europe de demain, et voilà ce qui n'est pas permis dans la France de Poincaré, de Clemenceau, de Barthou, d'Hervé et de Daudet. C'est la seule raison pour laquelle on veut à tout prix l'éliminer » (1).

Sur le mouvement féministe, il suffira de relever dans la *Gazette des Ardennes* du 2 Juin 1917, *les conquêtes du féminisme* pour montrer que l'Etat-Major allemand ne perd pas de vue une agitation qui, à un moment donné, peut être intéressante.

Mais il ne se contente pas de se pencher sur la France comme sur une blessée dont on craint la guérison et dont on surveille avec anxiété les moindres tressaillements. Il veut la mort de sa victime. Il poursuit, avec un acharnement frénétique et une méthode froidement calculée, sa besogne de bourreau. Il connaît la formule « Divide ut imperes » et l'applique avec la minutie et la rigueur d'un chirurgien disséquant tout vif un être qu'il veut tuer.

2) LES CAMPAGNES COMMUNES DE LA *Gazette des Ardennes* ET DU *Bonnet Rouge* CONTRE LE MORAL DE LA NATION.

1) CONTRE LA PAIX SOCIALE :

L'Allemagne a intérêt à lancer les Français les uns contre les autres; donc on cherchera tout ce qui peut rompre l'union sacrée, troubler la paix sociale. On excitera les citadins contre les paysans, la province contre Paris, les ouvriers contre les patrons, les investis contre les Français libres, etc... ; on opposera le prétendu pacifisme des départements à la résolution guerrière de la capitale.

GAZETTE DES ARDENNES
Organe de l'Etat-Major allemand.

19 Septembre 1915. — *La politique mortelle.*

« A cette heure tragique, la voix de la province en deuil monte vers Paris, temple de la fierté nationale en même temps que du chauvinisme fanfaron et de toutes les autres idoles capricieuses qu'aime à se donner la souveraine capitale »...

BONNET ROUGE

16 Juin 1916. — *Le Retour à la terre.*

« Est-ce que ce n'est pas au paysan qu'il appartient plus particulièrement de veiller aux créneaux, de courir à l'attaque, de supporter tous les chocs et de périr, lorsque c'est nécessaire » (2).

GILLES NORMAND.

(1) Voir aussi : *Frankfurter Zeitung*, 7 Janvier 1917; *Post*, 19 Février 1917; *Rheinische Westfälische Zeitung*, 27 Mars 1917; *Frankfurter Zeitung* et *Vossische Zeitung*, 6 Octobre 1917, etc., etc...

(2) Comparez plus loin, p. 67, *la Guerre aux Champs* du même GILLES NORMAND.

GAZETTE DES ARDENNES

Organe de l'Etat-Major allemand.

22 Octobre 1915. — *Paris et la France.*

« Cet asservissement à la capitale, dont la France est lasse depuis longtemps, elle ne l'a jamais subi autant qu'en ce siècle de concentration à outrance...

« La France, elle, la vaste campagne laborieuse et quelque peu somnolente sentait à peine le danger. Elle laissa faire ainsi les politiciens, les journalistes », etc...

7 Septembre 1916. — *Deux mots pour Messieurs les fonctionnaires du territoire occupé.*

« Les fonctionnaires seront les premiers servis quand on indemnisera les habitants des pays investis, tandis que les non-fonctionnaires sont et resteront ruinés »...

2 Juin 1917. — *Peuple et gouvernement en France.*

« Les Parisiens ont été épargnés sous bien des rapports. Le siège du gouvernement se trouvant à Paris, toutes les personnes en relation avec les gouvernants ont pu s'embusquer ou obtenir des places de tout repos. En province, par contre, on a souffert cruellement et l'on y souffre toujours... Tandis qu'une fausse confiance s'étale sur les boulevards, on ne se doute guère que la conversation dans les cafés de province roule sur la révolution de demain qui doit balayer et la guerre et le gouvernement », etc...

1er Octobre 1916. — *L'exploitation des réfugiés.*

30 Novembre 1916. — *Nécessité*, par un Ardennais.

27 Janvier 1917. — *Aux Chauvins.*

15 Février 1917. — *Lettre ouverte à M. le Dr Marcel Monier.*

17 Mars 1917. — *Tourcoing.*

3 Juin 1917. — *La Victoire* (de Bertourieux.)

28 Octobre 1917. — *La crise française*, etc.

BONNET ROUGE

16 Juin 1916.

« Nous savons pertinemment que 70 de nos départements refusent de concourir à l'approvisionnement de Paris en raison des risques multiples qui s'attachent aux transactions qu'ils pourraient essayer ».

Le *Bonnet Rouge.*

3 Août 1916. — *La guerre aux champs.*

« Vous avez l'air, père Mathieu, de maudire la guerre, de la trouver longue... **mais au fond vous la bénissez et peut-être la trouvez-vous trop courte**, vos plaintes ne sont pas sincères, elles ne peuvent pas l'être car à la faveur de la tuerie internationale vous avez réalisé plus de 10 000 fr. de bénéfices que vous n'eussiez pas réalisés sans cela ».

GILLES NORMAND.

12 Août 1916. — *Tout dire.*

« **Dans les populations de quelques villes françaises ces temps derniers on fut surpris de certains incidents qui n'eurent dans la presse que de faibles échos vite lessivés par la censure. Depuis on murmure des choses qu'il vaudrait mieux qu'on ne dise pas, on traite sous le manteau des questions qu'il vaudrait bien mieux discuter au grand jour.**

« Mes lecteurs se demanderont peut-être pourquoi j'écris aujourd'hui ces notes. Je m'excuse auprès d'eux de parler ce langage un peu énigmatique. Mais ces observations ne seront pas sans présenter quelque intérêt dans les milieux où l'on a besoin de connaître l'âme populaire ».

J. GOLDSKY.

27 Août 1916. — *La guerre aux champs. Les idées du père Mordiche.*

... « Et il conclut : **La guerre c'est la fortune pour tous... sans billet de loterie. Et puis il y a les allocations, les pensions, les indemnités de toutes sortes... Mais ça**

GAZETTE DES ARDENNES
Organe de l'Etat-Major allemand.

11 Mars 1917. — *Gazette régionale.*

« Avouons que l'on vit en meilleure intelligence avec l'ennemi qu'entre soi... Que pensez-vous de ces soi-disant patriotes qui, depuis vingt-sept mois, nous exploitent », etc...

Voir aussi :

26 Décembre 1915. — *Impressions d'un ancien officier musulman de l'armée française* (appel à l'insurrection).

23 Août 1916. — *L'Algérie musulmane par un Algérien* (appel à l'insurrection), etc.

BONNET ROUGE

ne prouve pas que le dessus du panier soit intact.

« Attendez j'y arrive !... Vous savez bien, mes trois petits-fils... le garde républicain, l'agent de police et celui des contributions? Eh bien, ils n'ont pas encore bougé. Ils ne bougeront pas. Et pourtant ils sont costauds, allez ! » (1)...

GILLES NORMAND.

29 Septembre 1916. — *A bâtons rompus.*

« Je verrais également avec plaisir disparaître de notre presse la rubrique de « la vie trop chère ».

« Il est en effet un peu ridicule d'accoler un article raillant les vains efforts de Batocki (2) pour réprimer les spéculations des éleveurs et des agriculteurs et un reportage constant que nos agriculteurs et nos éleveurs réalisent des bénéfices exorbitants sur ce qu'ils nous vendent »...

M. BADIN.

7 Février 1917. — *A bâtons rompus.*

« L'*Echo de Paris* **nous informe dans son éditorial que « l'agitation pacifiste sévit en province ». Bien entendu, notre vaillant confrère s'indigne de ces « détestables niaiseries! » De fait, l'outrecuidance des gens qui souhaitent ouvertement que la guerre prenne fin est inconcevable »**, etc..

M. BADIN.

2) L'ARMÉE CONTRE LA NATION :

Il s'agit particulièrement de donner au « poilu » l'impression qu'il est « sacrifié », qu'on l'oublie, qu'on le bafoue et que, pendant qu'il souffre, lutte et saigne dans sa tranchée boueuse, le civil, l'embusqué, enrichis par son sacrifice, continuent dans les théâtres, dans les music-halls grands ouverts et partout où l'on s'amuse, leur vie de luxe, de frivolité et de plaisirs.

24 Mars 1917. — *La reprise normale des spectacles à Paris.*

« M. Malvy, ministre de l'Intérieur, a décidé d'autoriser les théâtres, music-halls, concerts et cinémas à jouer à nou-

16 Juin 1916. — *Aux écoutes.*

« Certainement il ne crânait pas, ce jeune soldat repartant au front. Il venait de quitter les siens, la maman en sanglots, le père dont les yeux brillaient singulière-

(1) Comparez, plus haut, le *Retour à la terre* de GILLES NORMAND.
(2) « Dictateur des vivres » en Allemagne.

GAZETTE DES ARDENNES
Organe de l'Etat-Major allemand.

veau tous les jours à partir du 10 mars, mais en ne donnant que deux matinées seulement par semaine. Cette reprise normale (1) des spectacles est subordonnée à la condition que les salles ne seront pas chauffées et que l'éclairage sera réduit le plus possible ».

29 Avril 1917. — *Une lettre de France.*

« L'état d'esprit de nos poilus revenant du front est à l'heure actuelle vraiment pitoyable. Ils sont lassés physiquement et moralement et ont pris haine de la société qui s'amuse et qui rit ».

24 Juin 1917. — *Une chanson de soldat.*

« Sur les grands boulevards
C'est malheureux de voir
Tant de costauds qui font la fête
Et si pour eux la vie est rose
Pour nous ce n'est pas la même chose.
Au lieu de se farder, tous ces embusqués
Feraient mieux de monter aux tranchées
Pour défendre leur bien,
Car nous n'avons rien
Nous autres pauvres purotins.
Tous nos camarades sont tombés là
Pour défendre le bien de tous ces gens-là
Ceux qui ont du pognon
Ceux-là reviendront
Puisque c'est pour eux que l'on s'crève
Mais c'est fini,
Car nos troufions veulent tous se mettre en grève.
Ce sera votre tour, Messieurs les gros,
De monter sur le plateau
Puisque vous voulez continuer la guerre
Payez un peu de votre sale peau! »

30 Juin 1917. — *Une manifestation « cubiste » à Paris* (2).

On lit dans « l'*Eclaireur de Nice* » :

« Le ricaneur a tenu à avoir sa manifestation théâtrale et il l'a eue l'autre soir au Châtelet avec une production sans queue ni tête qui se réclamait des effa-

BONNET ROUGE

ment, et la petite sœur qui s'était accrochée à lui de ses mains crispées. Le pauvre gars, sans honte, tête baissée, essuyait de la manche de sa capote les grosses larmes qui tombaient de ses yeux.

« Cela n'eut pas l'heur de plaire à un de ces farouches civils qui, ayant dépassé l'âge des mobilisations, bouillent d'une généreuse et inutile ardeur. Il l'exprima en mots brefs. Alors un vieux soldat qui s'en allait lui aussi, se tourna tranquillement vers le monsieur irrité et avec flegme, laissa tomber un mot, un seul mot de trois lettres, assez énergique. La foule s'amusa et le vieux monsieur disparut comme dans une trappe ».

18 Août 1916. — *La guerre* (dessin de L. Laforge, dans le *Canard enchaîné* : deux monoclés vautrés dans des fauteuils). Légende :

« Après deux ans, c'est bien vieux jeu ».

24 Août 1916. — *A bâtons rompus.*

« La vie des poilus telle que nous la décrivent les folliculaires de l'*Echo de Paris* est pleine de fortes réjouissances et d'exaltantes péripéties. Quant à l'existence que l'on mène à l'arrière, elle est également excitante, si j'en juge par la mine allègre de certains embusqués et la frimousse gaiement polissonne des petites dames qui les accompagnent. »

M. BADIN.

8 Septembre 1916. — *Les civils* (dessin de Vidaillet dans les *Hommes du jour*). Légende:

« Deux congés en 12 mois, en somme vous n'avez pas à vous plaindre. Nous autres, au Ministère, nous n'en avons qu'un par an ».

(1) On remarquera l'insistance avec laquelle la *Gazette des Ardennes* répète le mot « normale ».
(2) Cet article s'adresse aussi d'une façon particulière aux populations des régions envahies, à qui l'on veut démontrer que l'art français est en pleine décadence et la société française en pleine décomposition.

GAZETTE DES ARDENNES
Organe de l'Etat-Major allemand.

rantes théories du « cubisme »... Quelle tristesse et quelle honte quand on songe qu'à moins de 100 kilomètres de la capitale, à l'heure même où l'on représentait cette inqualifiable turpitude, acclamée par un public d'*opiomanes*, d'*invertis*, de *drôlesses*, de *métèques*, de *neutres* et d'*agents boches* ! (1), des milliers d'humbles héros, le doigt sur la gâchette du Lebel, la poitrine appuyée contre la paroi humide de la tranchée, guettaient à travers les ténèbres un implacable ennemi », etc...

10 Juillet 1917. — *La guerre à table.*

« La scène se passe dans un grand restaurant de Paris.

« *Personnages* : Elle et Lui.

« — Et la guerre, Gontran !

« — C'est la guerre, chérie, c'est la guerre !

« — Crois-tu qu'elle finira cette année?

« — Jamais de la vie ! Délicieuse, n'est-ce pas, cette *bouchée financière*. (*Haut*). Garçon un *tournedos aux truffes* ! Tu comprends, ma belle, toi qui comprends tout...

« — Flatteur, va !

« — Qu'elle ne peut pas finir comme cela.

« — Quel malheur !

« — Bast, pour maintenant nous en avons pris l'habitude... (*Haut*) avec une *bouteille de « Moulin à Vent »*, garçon ! En attendant, ceux qui sont au front, les hommes mariés surtout, ne se doutent pas du danger que court leur front.

« — Ah ! Ah ! Ah ! Toujours spirituel...

. . . .

« — Et tu n'y es pas?

« — Penses-tu ! J'ai été réformé avec la protection d'un vieil ami de mon père, alors Ministre de la Justice...

« — Et ton frère, à propos?

« — Réformé aussi... par le député Dubuisson, le parrain de ma sœur. Garçon, deux cafés cognac et des cigares, etc...

« — Tu as confiance dans les Anglais, toi?

BONNET ROUGE

8 Septembre 1916. — *Marivaudages* (dessin de L. Laforge dans les *Hommes du jour*). Légende :

« Croyez-vous que nous aurons la campagne d'hiver? »

6 Septembre 1916. — *Les deux civils* (dessin de Vidaillet dans les *Hommes du jour*). Légende :

« Ah ! mon pauvre monsieur, la guerre est une terrible chose, ainsi vous ne vous douteriez pas combien nous payons le veau ! »

6 Septembre 1916. — *A bâtons rompus.*

« Aujourd'hui je me sens un esprit léger, primesautier et un tantinet incliné vers le badinage...

« Finie la maîtrise du sexe fort, enterrée l'autorité de l'époux, anéanti l'avantage de la culotte, ces dames sont devenues pratiques.

« Elles ont remplacé l'homme aux champs, à l'usine, à l'atelier, au bureau, partout où il s'imposait.

« Chose incroyable, elles sont parvenues à se subvenir à elles-mêmes. Le porte-monnaie du mari, elles n'en ont cure, le portefeuille de l'autre, elles s'en moquent.

« Décidément, l'homme sortira de la mêlée profondément amoindri. Tous les postes d'honneur et de travail seront occupés par mesdames leurs épouses.

« Mais alors, direz-vous, qu'adviendra-t-il de ces hommes?

« A cela je répondrai que, n'étant pas prophète, je n'en sais rien.

« A moins qu'ils ne restent militaires. »

M. Badin.

10 Septembre 1916. — *A bâtons rompus.*

« Je préconise une brisque de forme nouvelle pour l'auxiliaire. L'exempté portera sur la manche un petit insigne symbolisant son cas de réforme... fourragère en

(1) Ces mots sont soulignés en italiques dans la *Gazette des Ardennes* qui fait suivre les mots « agents boches » d'un point d'exclamation bien senti.

GAZETTE DES ARDENNES
Organe de l'Etat-Major allemand.

« — Entre nous, pas pour un sou... mais nous ne pouvons pas le dire... nous verrons dans l'avenir...

« — Quand il sera trop tard, comme toujours.

« — Avec les Anglais, nous voulons anéantir l'Allemagne, complètement l'aplatir, la raplatir (*Haut*). *Deux chartreuses, garçon!* Voyons, je disais, je disais, etc...

« Tous deux s'esclaffent de rire, de ce beau rire des satisfaits.

« Là-bas, du côté d'Arras, le canon tonne furieusement. Et dans les mansardes et dans les maisons, sur les champs de bataille et dans les tranchées, les mères et les épouses, les sœurs et les fiancées, celles qui pâtissent et celles qui souffrent, ceux qui luttent et qui combattent, ceux qui donnent leur vie et qui versent leur sang se lamentent, poussent la même plainte qui sera peut-être une menace demain : « La Paix ! la Paix ! »

15 Juillet 1917. — *Fantaisie boulevardière.*

« Les boulevards ont vu passer de belles dames devisant agréablement — sur l'amour et sur le chiffon — plus rarement sur les enfants.

« Y étaient les cavaliers — accompagnés d'amazones altières — caracolant sur des coursiers fringants — jaloux d'autrui et soucieux de bon ton.

« De loin en loin seyait une nounou, teint écarlate et corsage rempli — couvant des yeux le marmot endormi — songeant à « lui » et au sevrage aussi.

« Puis survenaient les tourlourous — se retournant, se démanchant le cou — un peu inquiets, mais se sachant aimés — contents de voir le rendez-vous tenu.

« L'auto rapide aux cahots souples — bondissant sur le macadam — étendait devant les amoureux — la poussière propice aux baisers savoureux.

« Belle, ces temps là ne sont plus — plus de chevaux, plus de coquettes — plus de

BONNET ROUGE

vessie de porc pour le malheureux souffrant d'entérite, » etc...

M. Badin.

15 Septembre 1916. — *Sur la plage*, dessin de Bour dans les *Hommes du jour.*

Un gros bourgeois à un mutilé amputé des deux jambes. Légende : « Eh bien, vous êtes content, vous avez votre Croix de guerre ».

17 Septembre 1916. — *Le grain qui germe.*

« C'est au milieu du vestibule que siège le groom manchot. Tous contemplent en lui le héros, pas un ne peut songer à l'amputé... Et tout autour de lui c'est le luxe : ce sont les officiers chamarrés et pommadés, ce sont les femmes quasi nues...

« Et il ne dit rien, il ne dit pas qu'en Belgique la pluie l'a trempé des jours et des jours durant, que dans les tranchées de l'Argonne il barbotait dans la fange...

« Ainsi, chaque jour, il accomplit les mêmes besognes serviles...

« ... Mais, lorsqu'il se retrouve seul en sa chambre... ce poing qui survit doit se crisper et dans la poitrine de l'infirme doit germer, vivace et sauvage, la semence qui toujours croîtra. »

Louis Lévy.

19 Juin 1917. — *Perruches et poupées.*

« En ces jours de canicule, la crise du chauffage est inconnue chez Phébus — rien n'est plus délicieusement reposant qu'une station prolongée à la terrasse d'un café.

« Pour en jouir davantage encore, j'étais allé l'autre jour jusqu'au bois de Boulogne et m'étais attablé dans un établissement assez chic où la qualité des consommations servies est la même que partout ailleurs, mais où le prix réclamé défie toute concurrence.

« Je ressentais une digne satisfaction à

GAZETTE DES ARDENNES
Organe de l'Etat-Major allemand.

lignards, plus de nounous, plus d'autos jaunes, rouges ou vertes.

« Palas a fait les boulevards — flâner c'est bien, manger c'est mieux — des champs de pois et d'épinards — clôturés de planches et de pieux.

« Les autorités tutélaires ont alloti leur étendue aux citadins qui y cultivent le haricot rouge et l'endive.

« De grand matin je me coiffe de paille, prends le râteau, la bêche et l'arrosoir — sans me soucier du badaud qui me raille — vais à mon lot et suis heureux de voir que l'échalotte se présente nombreuse, que les limaces ont respecté les pois — que des semis la gent ailée peureuse s'est éloignée. Tout cela est à moi.

« Chère, plus de promenades — plus de place pour vos petits pieds — n'écrasez pas cette salade, restez au milieu du sentier. »

BONNET ROUGE

déguster lentement un café glacé, qu'on nommait en 1914 « café viennois » et que l'ardeur patriotique d'un garçon de café a depuis baptisé « café liégeois ».

« Et, tout en « sirotant », je me plaisais à regarder défiler d'élégantes dames bizarrement vêtues. Car le bois de Boulogne, à certaines heures de la journée, est le rendez-vous de tout ce que Paris compte de jeunes dames empanachées.

« — Elle est bien jolie cette jeune personne, dis-je à un mien ami dont toutes les pensées sont uniquement tournées vers la défense nationale à laquelle il se consacre entièrement en fabriquant des obus, des conserves alimentaires et des cartes postales illustrées.

« — Bien jolie ! que m'importe. Je ne comprends pas qu'un homme sensé s'intéresse à ces perruches.

« — Pourquoi « perruches », questionnai-je? Tout d'abord, j'aime beaucoup les perruches quand elles sont empaillées. Ensuite je n'ai jamais assimilé l'une de ces jeunes personnes à autre chose qu'une agréable et coquette poupée.

« — Mettons, si vous le préférez, que ce soient des poupées. Eh bien ! croyez-vous que le devoir d'un homme, en temps de guerre, est de se consacrer à des poupées, sans tête, sans cœur et sans âme?

« Et sur ce thème, mon ami me développe toute une longue tirade de principes puritains. Je revoyais, tandis qu'il discourait, l'inoubliable Taxis du roi Pausole.

« — Pourtant, lui dis-je, en manière de conclusion, n'oubliez pas que, ne risquant aucun des coups de la guerre, ces jeunes personnes sont les plus décidées à la mener longuement. **Elles ont d'ailleurs sur ce point la même opinion que nos amis les Anglais.** Le rapprochement entre eux et elles se fait également, vous le pensez bien, sur d'autres points que je n'ai pas besoin de spécifier.

« Et puis elles ont le dégoût du civil. Tout homme, à leur entendement, doit être soldat, aviateur de préférence. Ce ne sont pas elles, non plus, qui manifesteront

GAZETTE DES ARDENNES
Organe de l'Etat-Major allemand.

BONNET ROUGE

pour avoir leurs vingt sous. Elles ne réclament pas davantage la semaine anglaise. Leur civisme leur permet de subir les sept jours du Seigneur, à la française, à l'américaine, à la russe, ou à toute autre mode d'une nation alliée. Ce ne sont pas elles non plus qui troubleront l'ordre public. Mais à quoi bon discuter davantage. Reprenons plutôt un autre café glacé. »

MARCEL SERANO.

18 Septembre 1916. — *A bâtons rompus.*

« Dans une lettre datée des tranchées, un mari outragé demandait dernièrement au Procureur de la République d'exercer des poursuites contre sa femme et son complice âgé de seize ans.

« L'épouse infidèle fut condamnée. Le galantin mineur a été acquitté comme ayant agi sans discernement.

« Décidément la jeunesse d'aujourd'hui est en retard, à seize ans j'avais déjà sacrifié à Vénus », etc...

M. BADIN.

9 Octobre 1916. — *Fin de saison. Les civils tiennent* (dessin des *Hommes du jour* : des soldats dans la tranchée). Légende: « La rentrée. — Ça y est, la Grèce marche. — Non, la rentrée des baigneurs. »

10 Octobre 1916. — *Tristesse* (dessin de L. Laforge dans le *Canard enchaîné*).

Un bourgeois lisant la *Victoire*. Légende: « Une troisième campagne d'hiver, c'est affreux, le beurre va encore augmenter ».

27 Octobre 1916. — *En deçà de Douaumont* (dessin de Lucien Laforge). Légende :

« Mon petit singe est mort. — Vous voyez, ma chère amie, qu'on ne meurt pas que sur le front ».

9 Novembre 1916. — *Le filleul blessé* (des-

GAZETTE DES ARDENNES
Organe de l'Etat-Major allemand.

BONNET ROUGE

sin de Bour dans le *Canard enchaîné*). Légende :

« Et lorsque le suprême honneur de verser votre sang pour la Patrie vous a touché, qu'avez-vous dit?
« — Ah les v..... ! »

28 Janvier 1917. — *Complémentaires* (dessin de Bour dans les *Hommes du jour*).

Un poilu à un bourgeois : « Nous sommes inséparables, vous, vous faites le patriote et moi le soldat ».

7 Mai 1917. — *Propos printaniers.*

3) L'ARMÉE CONTRE LE GOUVERNEMENT :

« On poussera par tous les moyens le poilu français, soldat citoyen volontiers frondeur, égalitaire et libertaire (quoique insuffisamment « fraternitaire ») à se révolter contre les « politiciens », à exiger des comptes de ses représentants et de ceux qui ont la responsabilité du pouvoir. On fera tout pour abattre sa confiance dans la presse gouvernementale qui prêche la haine de l'ennemi et ose insulter les Allemands. On excitera également les élus du Peuple contre les chefs de la République. On menacera les ministres responsables, on fera appel à l'émeute, on affirmera qu'il y a deux Frances et que celle qui veut la paix va faire taire l'autre ».

12 Septembre 1915. — *Le mensonge méthodique* (1).

« De plus en plus haut s'élève à Paris la protestation des esprits tant soit peu indépendants contre le bâillon brutal imposé par la censure à la liberté d'écrire ce qu'on pense et ce qu'on sait. D'autre part, le désir d'apprendre la vérité sur la situation militaire et politique du pays a été exprimé dernièrement par une importante fraction du Parlement. Enfin la voix douloureuse de la province, longtemps muette, de la province asservie, soumise à l'orgueil souverain de Paris et

18 Juin 1916. — *La voix des tranchées* (éditorial sans signature).

« A huis clos, comme dans les débats de procès-verbaux, le Ministère fournit à la Chambre les explications que celle-ci réclama ardemment durant de longs mois.

« Aucun écho de ce qui se dit derrière les portes cadenassées (2) ne doit sourdre au dehors.

« Mais il est une voix au dehors qui a le droit, malgré les gardes et les tambours, les grilles et les serrures, de pénétrer dans la salle où siègent les représentants du peuple et d'y retentir plus haut que toutes

(1) Du rédacteur A.

(2) Voy. note 1, p. 8 et *Gazette des Ardennes* du 19 Juillet 1917. « L'aveu que la France touche à l'extrême limite des sacrifices possibles est sorti du domaine secret des soucis gouvernementaux pour s'affirmer publiquement »...

GAZETTE DES ARDENNES
Organe de l'Etat-Major allemand.

de ses maîtres momentanés, commence à monter du fond des campagnes en deuil.

« Entre temps, fiévreusement, la clique des responsables travaille. Ministres d'hier et d'aujourd'hui, protagonistes d'un chauvinisme bruyant, artisans de l'intrigue sournoise et semeurs des haines fatales, tous ces « metteurs en œuvre » de la sanglante tragédie qui se joue sur les champs de bataille de l'Europe déchirée, redoublent d'efforts pour conjurer ou du moins retarder l'heure effarante des règlements de comptes...

« Ils ont à leur disposition, pour ce but, une presse habituée aux subtilités de la lutte et de la manœuvre politiques, une presse assouplie à toutes les tâches et disposant des plumes les plus habiles et les plus fameuses. Aux mains de régisseurs habiles à « faire » l'opinion publique, dirigé par les avocats consommés qui détiennent le pouvoir ou qui en dépendent, ce vivant organisme de la grande presse parisienne est devenu l'arme principale et préférée de la stratégie officielle... Quant à l'armée qui guerroie au front, elle est certes moins facile à tromper. La vie des tranchées mûrit les caractères et aiguise le sens des rudes réalités. On y perd le goût des calembredaines boulevardières. On y regarde la mort et l'adversaire en face et cela rend clairvoyant, sincère et souvent plus humain. Aussi les quelques voix qui viennent du front et que l'un ou l'autre journal populaire de Paris enregistre, témoignent-elles de la piètre estime des poilus de l'avant pour ceux qui font leur guerre avec le sang des autres (1). Ces quelques voix de paysans, d'ouvriers, etc... de fils de cette Province (2) qui est en somme la France, ne démontrent-elles pas que le *vrai* patriotisme, celui qu'incarne l'armée, la « grande muette », n'a rien de commun avec ce pseudo-patriotisme étroit, haineux et menteur tel que le prêchent

BONNET ROUGE

les apostrophes virulentes, que toutes les redondantes prosopopées, que toutes les périodes savamment cadencées, que tous les arguments captieux.

« Cette voix c'est celle du Peuple (2) lui-même, du Peuple (2) en armes, du Peuple qui se bat et qui meurt.

« Cette voix, c'est la grande et grave et rude voix des poilus.

« C'est la voix qui s'élève du fond de la terre fouillée par les pioches et bouleversée par les marmites, de la terre trempée de sang, bossuée de tombes, de la terre où dorment les cadavres par centaines de mille, où, par centaines de mille, les vivants endurent toutes les affres, toutes les souffrances, qui peuvent torturer le corps et l'âme de l'homme.

« C'est la voix des tranchées.

« Et voici ce que clame cette voix, s'adressant à ceux qui ont reçu mandat de tout entendre et de tout ordonner :

« Nous sommes face à l'ennemi depuis des mois et des mois, tous ceux qui ont la force d'étreindre un fusil, de lancer une grenade et de franchir au pas de charge les espaces foudroyés par l'artillerie et fauchés par la mitraille qu'on nous commande de conquérir sur l'ennemi.

« Nous avons, ô Parlement, fait notre devoir sans relâche et sans faiblesse, nous n'avons pas toujours été les plus forts, mais nous avons toujours été braves.

« On nous a, en guise de récompense, versé à flots les éloges les plus pompeux, les journaux nous accablent des qualificatifs les plus flatteurs.

« On dit que nous sommes des héros et nos chefs parlent de se mettre à genoux devant nous.

« Et l'on s'imagine que cela nous suffit.

« Et l'on croit que nous nous grisons de ce vin de la gloire, dont on nous abreuve si généreusement.

« Bien mieux, il en est, parmi ces journalistes, qui cherchent à nous représenter non

(1) *Le sang des autres*, article de G. Clairet dans le *Bonnet Rouge* du 20 Septembre 1916 (échoppé en entier).

(2) Avec des majuscules.

GAZETTE DES ARDENNES
Organe de l'Etat-Major allemand.

la politique d'affaires et leur presse la « *grande Bavarde* »?...

19 Septembre 1915. — *La politique mortelle.*

... « A cette heure tragique cette voix de la France d'avant-guerre monte avec un accent plus douloureux encore et plus angoissant du fond de la Province, où plus que jamais la mort aura fait sa sinistre moisson. Et cette voix résonne comme une accusation aux oreilles de ceux qui firent hier la politique de la France, cette politique mortelle, dont nous vivons à cette heure le funeste aboutissement.

« Elle leur dit cette voix : vous qui aviez la charge de veiller sur les destinées de la France n'avez-vous pas vu qu'elle avait besoin surtout d'un renouveau de sève vitale, d'une renaissance morale et sociale. Au lieu de la lui assurer, qu'avez-vous fait? une politique de vaine gloriole, de fanfaronnades boulevardières, en même temps qu'une politique coloniale... flattant peut-être l'orgueil puéril d'un public inconscient. Et à cette heure tragique, la voix de la province en deuil monte vers Paris, Temple (1) de la fierté nationale en même temps que du chauvinisme fanfaron et de toutes les autres idoles capricieuses qu'aime à se donner la souveraine Capitale (2). Elle est inconsciente encore cette voix de France, mais toute pleine de ces douleurs qui enfantent la *vérité* » (3).

15 Octobre 1915. — *L'Etat d'âme des Alliés* (4).

« La voix saine et le simple bon sens de l'homme du peuple ne se font jamais entendre dans cette presse (les grands journaux de Paris). Seuls les politiciens et les journalistes de métier y ont la

BONNET ROUGE

seulement comme des braves épiques, mais encore comme des joyeux drilles ; à les en croire, nous passons le meilleur de notre temps à jouer aux cartes, à nous gaver de pinard, à fumer pipes sur pipes, à sculpter des cannes, à ciseler des bijoux d'aluminium.

« Occupations charmantes, plaisirs puérils, voluptés innocentes et simples qui rappellent les jeux et les devis de Fanfan la Tulipe et de Brin d'Amour !

« Ne comprennent-ils donc pas, ces folliculaires aux imaginations ridicules, à la grotesque psychologie, que leurs louanges nous obsèdent et que leurs bavardages nous irritent?

« Se figure-t-on par hasard, que nous nous battons par vanité et par goût de l'encens?

« Ne sait-on pas que les temps sont révolus où l'on faisait marcher et mourir les enfants de la France pour des grands mots, pour des chimères et des causes ténébreuses?

« Ne sait-on pas que nous ne sommes plus les fanfarons et les hâbleurs qui se faisaient trouer la peau pour la sotte satisfaction de narrer plus tard sous l'auvent de la ferme ou près du foyer de la chaumière les prouesses belliqueuses et les truculentes épopées de leurs campagnes?

« *Assez de coups d'encensoir, assez de flagorneries* !

« *Et assez aussi d'insultes à nos ennemis* ! (5).

« Ne comprend-on pas qu'on nous outrage nous-mêmes quand on représente comme des couards ceux qui nous contraignent à un effort si terrible, si long et si indécis !

« Plus de boniments !

« Qu'on nous parle net et franc comme nous le méritons.

« Qu'on nous dise ce que l'on veut de nous.

(1) Avec un grand T.
(2) Avec un grand C.
(3) En italiques.
(4) Du rédacteur A.
(5) Les passages en italiques sont ceux que l'État-Major allemand lui-même a soulignés. La *Gazette des Ardennes* du 30 Juillet 1916 reproduit en entier cet article anonyme.

GAZETTE DES ARDENNES
Organe de l'Etat-Major allemand.

parole. Et ceux-là ne visent que ce qui correspond au but qu'ils poursuivent. De sorte qu'en fin de compte le pays lui-même ne connaît rien de ce qui le regarde, de ce qui touche à sa vie même.

« C'est ainsi qu'actuellement le peuple français ignore absolument la vérité sur la grande offensive de ses armées lancées dans une ruée formidable contre le mur de granit des positions allemandes. Il est laissé dans l'ignorance des cruels sacrifices que lui coûta cette entreprise qui, malgré la vaillance incontestable de ses soldats, n'aboutit à aucun résultat approchant même de loin le but proposé. C'est là une de ces vérités dont on ne trouve pas trace dans la presse parisienne. Ceux qui ne peuvent l'ignorer osent à peine la chuchoter. Communication en est faite tout au plus à quelques élus derrière portes closes ».

22 Octobre 1915. — *Paris et la France* (2).

... « Cet écho d'hier n'est-il pas la voix de la France en deuil qui, à cette heure tragique de son histoire, paye une fois de plus la dette de Paris, souveraine exigeante et capricieuse, cité sainte des éblouissantes chimères, des glorioles faciles et téméraires et des dangereuses ambitions... cœur fiévreux d'un pays qui avait, plus qu'aucun autre, besoin de calme et de paix, Paris rêva trop longtemps et trop haut ce rêve irréfléchi. La phrase revancharde était trop douce à son oreille et lui donnait un trop facile frisson de victoire. La France laissa faire ainsi les politiciens, les journalistes. Ceux-ci marièrent la France et l'Angleterre, la fièvre de Paris à la froideur de Londres. Ils tramèrent dans le mystère l'intrigue belliqueuse et fatale à l'abri des brillantes mises en scène parisiennes, voire en dehors du contrôle des représentants élus du pays.

BONNET ROUGE

« Tenez », nous répète-t-on depuis vingt-deux mois.

« Nous tenons.

« Tenez jusqu'au bout », nous répète-t-on encore.

« Nous tiendrons.

« *Mais encore faudrait-il savoir ce que cela veut dire* (1), ce que l'on entend faire pour que nous tenions efficacement, non seulement afin d'être victorieux, mais afin que la victoire soit profitable au pays.

« On fera défiler sous l'Arc de Triomphe ceux d'entre nous qui ne seront pas trop éclopés pour marcher.

« On inscrira au Panthéon les noms de ceux qui seront tombés au champ d'honneur.

« Leurs veuves toucheront une petite pension, leurs orphelins seront assurés d'un morceau de pain.

« C'est quelque chose.

« D'aucuns trouvent sans doute même que c'est beaucoup.

« La gloire ne suffirait-elle pas sans l'argent?

« Mais tout cela ne nous éblouit pas, ô Parlement, et nous voulons savoir ce que cela rapportera d'aller jusqu'à ce bout dont nous ignorons même s'il est à Saint-Nazaire ou à Tipperary.

« Nous voulons savoir ce que ça coûtera en sang et en argent et ce que ça rapportera en bénéfices tangibles et réels pour notre pays.

« Car on nous doit des explications et des comptes ; on nous les doit avant que nous ne soyons plus en état de les vérifier et de te donner ou de te refuser « quitus », ô Parlement !

[« (3) Ainsi parle par les milliers de bouches — dont nous relevons les confidences, la — voix rude et auguste des tranchées (4)].

1er Septembre 1916. — *La Voix des tranchées* (dessin représentant des « poilus » dans une tranchée). Légende :

(1) En italiques dans la *Gazette des Ardennes*.
(2) Du rédacteur A.
(3) Ce dernier passage, échoppé avec les précédents, a paru *malgré l'interdiction de la censure*.
(4) On trouvera au chapitre V une étude comparative, au point de vue du vocabulaire et du style, entre cet éditorial du *Bonnet Rouge* et les articles correspondants de la *Gazette des Ardennes*.

GAZETTE DES ARDENNES
Organe de l'Etat-Major allemand.

« C'est toujours de Paris que partent les folles excitations, les vociférations haineuses et insensées, destinées à fouetter jusqu'au désespoir l'âme meurtrie de la France, afin qu'elle ne cherche point les responsables des intrigues, des fanfaronnades, des mécomptes et des ambitions qu'elle paye aujourd'hui de son sang plus cher que jamais !... »

1er Décembre 1915. — *Sans haine* (1).

« Le peuple allemand a su hausser son âme à la hauteur de sa rude tâche... Il lui a suffi de se dresser en face de la menace... Il laisse à quelques petits Académiciens de Paris la triste gloire d'insulter les grands hommes dont les noms représentent devant l'histoire l'immortel génie de l'Allemagne. »

15 Mars 1916. — *Prière d'un poilu aux journalistes parisiens.*

« Un lieutenant français a adressé au journal l'*Œuvre* une lettre du front qui dépeint d'une manière très pittoresque l'écœurement qu'éprouve le poilu en lisant la presse boulevardière. L'article, paru dernièrement, étant trop long pour être reproduit *in extenso*, nous en donnons les passages essentiels ».

(Suivent 85 lignes de citation signées : Lieutenant Ch. Alpin) (2).

30 Juin 1916. — *Lettre familière.*

« Ami Chauvin, haïssons notre ennemi, soit, je le veux bien, mais de grâce ne le dénigrons point. Car si nous dénigrons un ennemi que nous n'arrivons pas à vaincre, sur qui retombera le mépris en fin de compte? »

22 Mars 1916. — *Nation et Parlement.*

« Il n'est pas douteux que la vérité

BONNET ROUGE

« Eh! là-bas (illisible), c'est tout de même pour la liberté qu'on se fait tuer ici, nous autres. »

(1) Du rédacteur A.
(2) Le nom du lieutenant Ch. Alpin n'est suivi, dans la *Gazette des Ardennes*, d'aucun numéro de régiment. Recherches faites, il n'y a dans l'armée française aucun officier de ce nom.

GAZETTE DES ARDENNES
Organe de l'Etat-Major allemand.

BONNET ROUGE

commence à se faire jour en France... le peuple a l'âme simple, il ignore les dessous de l'intrigue politique et des tours d'avocats. Il juge les députés d'après leurs beaux discours... Le peuple français, se croyant en démocratie, n'a donc pas vu où le menaient certains de ses dirigeants, dont l'action sournoise s'abritait derrière l'illusion d'un contrôle parlementaire, paralysé par les influences souveraines d'une clique financière, maîtresse absolue de cette grande « faiseuse d'opinion » qu'est la presse parisienne.

« Durant toutes les longues années qui précédèrent la guerre, les paysans... les ouvriers... ont cru aux protestations pacifiques de leurs élus, alors que beaucoup de ceux-ci subissaient l'atmosphère fiévreuse et chauvine de Paris et la tyrannie des cliques actives et des journaux agressifs qui manient le patriotisme comme une cravache.

« C'est dans ce fluide parisien où pullulent les illusions faciles et les glorioles éphémères que put être mise en œuvre, sans que le peuple s'en doute, la politique fatale qui, à force d'encercler l'Allemagne pour l'étrangler sournoisement, aboutit à l'inévitable castatrophe.

« Ne pouvait-on éviter l'impasse fatale où les gouvernements engageaient le pays, telle est la grave responsabilité qui pèse tous les jours plus lourdement sur le Parlement français ».

23 Avril 1916. — *Ceux du front et ceux de la presse.*

« La *Bataille* du 12 Avril publie les impressions du front que voici :

(Suivent 65 lignes de citation signées A.V).

24 Avril 1916. — *Lettre du front* (1).

« Elle est publiée par le *Mercure de France*, dans son n° du 15 Mars. Elle mérite d'être lue car elle montre de façon parfaite ce que les poilus pensent et ont

(1) Ce numéro a été envoyé par ballon dans les tranchées françaises.

GAZETTE DES ARDENNES
Organe de l'Etat-Major allemand.

BONNET ROUGE

raison de penser de la littérature des « écrivains du boulevard qui croient être quittes envers eux en se répandant en articles ».

(Suivent 68 lignes de citation signées Piphot, conducteur de 1re classe, groupe d'artillerie légère, secteur 118) (1).

30 Juillet 1916. — *La voix des tranchées.*

« Un des rares journaux de Paris qui n'ont pas perdu le contact avec l'âme populaire, vient de publier l'article que voici : (Suit, en entier moins l'échoppage, l'article du *Bonnet Rouge*, « la Voix des Tranchées », reproduit ci-contre).

24 Septembre 1916. — *Le sang de la France* (2). (Suite à la citation de Goldsky, p. 41).

« Il suffira á nos lecteurs de se consulter eux-mêmes et de regarder autour d'eux pour sentir profondément quelle est la véritable voix du peuple, celle de ce père accablé de douleur ou celle de ces politiciens et journalistes dont les phrases tonitruantes n'expriment que leur haineuse impuissance et leur incurable présomption.

« En face des formidables responsabilités dont il faudra un jour rendre compte, l'on conçoit la crainte des cercles nationalistes français, on conçoit qu'ils s'obstinent à ne pas écouter la voix de la destinée ».

18 Septembre 1916. — *La Haine éternelle.*

« Après cet échec, comment échapper aux terribles responsabilités, aux règlements de comptes que le peuple français imposera demain à ceux qu'il jugera coupables de l'avoir poussé dans le malheur ?»

31 Octobre 1916. — *La haine n'est pas une vertu* (3).

« Aujourd'hui, nous prêtons l'oreille à

(1) Il y a entre le style populacier de ce Piphot (?) et ses hautes préoccupations musicales une discordance pénible. Il parle comme un apprenti de faubourg qui s'exercerait à l'argot et pratique l'art des citations comme un vieux routier de Sorbonne : camouflage journalistique.

(2) Du rédacteur A.

3) Du rédacteur A.

GAZETTE DES ARDENNES
Organe de l'Etat-Major allemand.

BONNET ROUGE

quelques échos qui nous parviennent d'au delà du front de la France non occupée. Là aussi certains esprits sincères et sensés s'alarment et songent aux conséquences funestes de l'irresponsable propagande des calomniateurs professionnels, des propagateurs de légendes haineuses qui pèseront longtemps sur le monde comme un cauchemar... Maintes fois déjà cette âme du front a élevé sa protestation contre l'âme de l'arrière dont la presse chauvine est la pire incarnation. De rares journaux restés en contact avec l'âme du peuple ont reproduit des lettres de poilus où ce contraste éclatait avec une rude éloquence. Des psychologues neutres ont dégagé de ces lettres une leçon de vérité et l'ont servie aux semeurs de haine de l'arrière » (1)...

23 Janvier 1917. — *Peuple et politiciens* (2).

... « Les peuples ont tendu l'oreille à ce mot de « paix » comme vers un cri d'alouette dans la tempête : Nous voulons savoir ! nous voulons entendre !...

« *Mais alors, pourquoi mourons-nous? pourquoi?*

« Et c'est une grande clameur qui montera :

« *Dites-nous pourquoi ! Jetez les masques! Ne nous payez plus de phrases, faites taire le mensonge devant la vérité sanglante de nos blessures ! Nous voulons être braves jusqu'au bout, courir sans défaillance aux suprêmes assauts ! Mais nous commençons à voir clair et nous dressons l'oreille. L'ennemi a voulu parler. Nous qui combattons, nous sommes curieux. Nous qui mourons, nous voulons savoir ! habitués au canon, nous avons le courage d'entendre parler de la paix !* »

12 Juin 1917. — *La Victoire*, de Bertourieux (3) (datée de Juillet 1916).

(1) La *Gazette des Ardennes* confirme ainsi que la propagande allemande en pays neutre a tiré parti des articles comme celui du *Bonnet Rouge* que nous reproduisons.
(2) Du rédacteur A.
(3) Le dernier de ces articles, paru dans la *Gazette des Ardennes* du 24 Juin 1917, est daté de Juillet 1916.

GAZETTE DES ARDENNES
Organe de l'Etat-Major allemand.

« Nos gouvernants savent bien qu'en dépit de la plus persévérante, implacable et minutieuse tyrannie, leur volonté belliqueuse serait tôt ou tard vaincue par le bon sens français s'ils n'appelaient à l'aide la force morale de la haine et de la vanité. Le pouvoir se partagea la besogne avec la presse... Lorsque les folliculaires eurent parcouru le cycle des grandes accusations officielles contre l'Allemagne... ils continuèrent à rabâcher les mêmes horreurs avec une verve sadique... le flot de la calomnie déferla toujours plus fangeux... et l'on vit les plus purs talents, les plus sereines renommées de la France s'abaisser à fouiller les cloaques de turpitude pour y trouver matière à des imputations inédites ».

14 Juin 1917. — *La Victoire*, de Bertourieux (datée de Juillet 1916).

« On s'amuse aussi de l'ingénuité que laisse entrevoir notre âme vaillante en se laissant prendre à tous les pièges tendus à sa vanité. Cela peut sembler de mince importance pourvu que nous soyons contents quand, copieusement bernés, nous avons sacrifié nos peines, nos ressources ou même notre vie à l'obtention d'un bout de ruban ou d'un glorieux papier officiel... mais nous devrions nous demander si la manifestation d'un caractère aussi puéril ne risque pas de nous nuire dans l'opinion des autres peuples... nos alliés ne croiront-ils pas suffisant de nous combler d'éloges — ils le font déjà dans un but de flagornerie évident —, de nous concéder d'onéreux et brillants privilèges, et ne sauront-ils pas exciter notre amour-propre », etc...

3 Juin 1917. — *La Victoire*, de Bertourieux (datée de Juillet 1916).

« Il est un avantage que l'Angleterre nous laisserait sans lésiner, c'est la gloire... une fois de plus notre amour de l'idéal servirait à nous berner lors de la répartition des résultats du triomphe et l'exaltation de notre honneur national — qui est

BONNET ROUGE

ZAGETTE DES ARDENNES
Organe de l'Etat-Major allemand.

assez grandiose sans ce nouvel et douteux éclat — n'assurerait pas du pain aux orphelins et aux veuves de la guerre... »»

3 Juillet 1917. — *Une voix de la tranchée.*

« Le *Crapouillot*, journal de tranchée publie un article du véritable « poilu » Galtier-Boissière. Cet article est copieusement mutilé par la censure, mais ce qui reste vaut d'être cité intégralement. On y lit :

« ... Ce qui déconcerte le plus les soldats, c'est de voir que l'élite des intellectuels n'a pas su s'élever au-dessus du patriotisme de cinéma et fait chorus avec les vils professionnels du bourrage de crânes... l'un qui, comme certains insectes, vit sur les cadavres, délivre quotidiennement un permis d'inhumer à quelque pauvre bougre qui gît déchiqueté dans un trou de marmite... Tel autre narre sur le mode héroïque les terribles combats qu'il soutient dans un état-major de l'arrière... Ils hurlent en chœur perpétuellement que « tout va bien » et chantent inlassablement les exploits de nos héros...

Mais le jour où, sortis de l'enfer et grandis par d'inimaginables souffrances, les poilus, glorieux représentants de la France de demain, reviendront, la Grande Muette criera à tous ces éhontés profiteurs artistiques et littéraires de la mêlée : « *Taisez-vous. Pendant que nous supportions pour le pays les plus effroyables épreuves que les hommes aient jamais supportées, vous, parodistes infâmes, vous nous avez trahis*, etc... (109 lignes de citation) ».

28 Octobre 1917. — *La crise française.*

Les voix du front que certains rares organes d'avant-garde se font un devoir d'enregistrer et qui expriment tout le dégoût qu'inspire à l'armée la tourbe des politiciens et des plumitifs sanguinaires ne se comptent plus. Elles deviendront demain, à l'heure du règlement de compte, la voix de la France entière. Cette voix,

BONNET ROUGE

22 Juin 1916 (échoppage). — *Lettre du front.*

« C'est un soldat, un poilu qui vous envoie ces lignes. Cette guerre est bien menée par quelques politiciens et certains chefs militaires, chefs de grosses entreprises commerciales et industrielles qui ont tout intérêt à ce qu'elle dure longtemps, car eux s'enrichissent aux dépens des pauvres soldats qui luttent sur les champs de bataille et des vieux travailleurs qui, exténués de fatigue, se privent encore, rapport à la vie chère.

« Demandez donc au nom de nombreux soldats, de nombreux pères de famille, qu'un grand nombre d'auxiliaires soient renvoyés pour Juillet dans leurs foyers... Rendre des hommes à la vie économique, c'est sauver la France d'une grande crise aussi redoutable, si ce n'est plus, que la guerre... Et qu'apprend-on dans les dépôts, dans les usines? Les idées anarchistes, l'antimilitarisme, le dégoût des nobles idées de Patrie. Oui, vraiment, l'antimilitarisme naît dans les casernes, et nulle part ailleurs. C'est un père de famille, un honnête homme qui le crie parce qu'il est écœuré de voir tout ce qui se passe dans la vie militaire au profit de quelques coteries pour ruiner la France. »

Un poilu, 1916.

30 Juin 1917. — *Les bourreurs de crânes jugés par un soldat.*

(Article ci-contre de Galtier-Boissière, dans le *Crapouillot.*)

GAZETTE DES ARDENNES
Organe de l'Etat-Major allemand.

nous l'entendons déjà ci et là monter du fond de la province en deuil », etc...

(Suit une citation de la *Voix catholique du Lot-et-Garonne*, d'inspiration évidemment allemande).

12 Juin 1917. — *La Victoire*, de Bertourieux (datée de Juillet 1916).

« Tandis que notre vaillante et généreuse population s'épuise et se ruine à combattre avec une sublime confiance, elle subit donc l'insulte permanente de la méfiance sous les trois formes les plus outrageantes : le silence, le mensonge, la menace !

« Il est vrai que le Parlement qui représente cette population s'agite, demande des explications, s'imagine contrôler et croit savoir... quelle sinistre comédie !

« N'existant qu'à la merci du Président de la République respecté à l'égal d'un fétiche; n'étant maintenu que pour rassurer la nation par l'apparence d'une garantie constitutionnelle ; savamment flatté dans son orgueil en partie intéressé, en partie effrayé, en partie naïf, entièrement abusé, le Parlement ne sait que ce qu'on veut bien lui dire parce qu'il ne possède aucun moyen efficace de se renseigner totalement et sûrement.

« En outre, hypnotisé par les promesses de victoire, et par sa haine irraisonnée de l'adversaire, il abdique ses droits et abandonne ses projets lorsqu'on dresse devant lui l'épouvantail des nécessités militaires...

Le Parlement bafoue ceux de ses membres qui manifestent quelque énergie et, clairvoyants, persistent à montrer le péril de l'absolutisme.

« Il se contente de pouvoirs qu'on lui retire le lendemain ou qu'on rend stériles par d'essentielles restrictions.

« De temps à autre, cependant, le Parlement veut s'ingérer dans les questions défendues : il murmure ; on le leurre... et il prend patience encore, sans se douter qu'il trahit ainsi la France ! » etc...

BONNET ROUGE

16 Juin 1916. — *Le comité secret.*

« Pour la première fois depuis le commencement de l'affreuse tuerie, le Parlement va se trouver en mesure de prendre toutes ses responsabilités.

« On ne bâillonnera plus les orateurs en invoquant le public qui écoute et « l'ennemi qui nous épie ».

« Le Parlement peut y aller, comme dit l'autre, il a tous les titres et tous les droits. »

ALMEREYDA.

11 Juillet 1916. — *Aux écoutes.*

« L'heure n'est pas venue de préciser la portée de certaines manifestations. M. Briand n'ignore pas ce qu'elles valent et comment elles pourraient un jour engendrer des événements autrement importants que la suspension d'un journal. N'insistons pas, M. Briand nous comprend. D'autres aussi. »

20 Juillet 1916. — *Le moteur.*

« Il s'est trouvé des hommes assez braves pour crier que l'effacement du Parlement au début de la guerre avait failli entraîner les pires catastrophes pour la nation... On les a bafoués, ridiculisés, vilipendés. »

ALMEREYDA.

9 Décembre 1916. — *La dictature du peuple.*

« La seule dictature que le peuple puisse subir, c'est la dictature du peuple, c'est-à-dire le gouvernement de ses élus et d'eux seuls.

« Vouloir imposer telle ou telle dictature extra-parlementaire, c'est s'instituer de sa propre autorité le souverain.

GAZETTE DES ARDENNES
Organe de l'Etat-Major allemand.

Voir aussi :

7 Juin 1916. — *Réponse aux dirigeants.*
19 Octobre 1916. — *Deux congrès* (citation du *Bonnet Rouge*).
21 Janvier 1917. — *Peuple et politiciens.*
29 Mars 1917. — *Commentaires d'un neutre.*
19 Mai 1917. — *N° 400.*
2 Juin 1917. — *J'appelle un chat un chat.*
9 Juin 1917. — *Peuple et gouvernement en France.*
24 Juin 1917. — *Chanson de soldat.*
7 Juillet 1917. — *Aux poilus de France.*
17 Juillet 1917. — *Une grande séance à la Chambre.*
24 Juillet 1917. — *Souvenirs*, etc., etc.

BONNET ROUGE

« Rien si ce n'est peut-être le regrettable recours à la force, ne pourrait obliger les Français à obéir aux ordres qui, dans une forme quelconque, lois, décrets... émaneraient de cette autorité illégitime. »

GEORGES CLAIRET.

18 Juin 1917. — *La nécessité des clubs.*

« Sur la nécessité des clubs, G. Clairet présente dans le *Bloc* l'organisation révolutionnaire : « Le contrôle du Parlement par les clubs, c'est-à-dire par l'opinion publique, par le peuple souverain, est aussi nécessaire que le contrôle du Ministère par le Parlement. »

CAIUS.

etc.

4) CONTRE LE PATRIOTISME :

« On attaquera la force de résistance française dans sa source la plus intime, l'amour de la Patrie. » Cette source, on l'empoisonnera de doutes et de railleries. On rappellera aux Français que nous ne leur en voulons pas, que nous sommes prêts à leur pardonner leurs erreurs, que nous adorons leurs poètes et leurs musiciens (cela les flattera) et que nous ne demandons qu'à réaliser malgré la guerre (et malgré eux) ce rapprochement franco-allemand qui laisserait enfin l'empire allemand seul maître de la situation ».

23 Septembre 1916. — *Gazette régionale.*

« Le zèle outré, en fait de patriotisme comme en fait de religion, s'appelle fanatisme. Or, *le fanatisme est plus nuisible qu'utile à la bonne cause* ».

10 Février 1917. — *Mentalité peu sensée.*

... « Je parle simplement ici des civils de la France occupée travaillant pour l'autorité allemande et qui sont de la part des

23 Juillet 1916. — *La bonne foi du temps de guerre.*

« ... Tout cela, c'est pour Berlin. Mais on est tout de même forcé d'avouer qu'on y joue du Shakespeare, qu'on y applaudit les musiciens français (1), qu'on y lit les livres et les journaux de chez nous — au lieu de dénigrer systématiquement l'adversaire, combien de leçons aurions-nous pu échanger?

Je garde un document qui me fut donné,

(1) Si nous étions vainqueurs des Allemands, nous trouverions aussi très naturel qu'on jouât chez nous les œuvres de leurs poètes et de leurs musiciens. Ce serait une façon de plus de les posséder. Et c'est bien ainsi que l'entendent les Allemands.

GAZETTE DES ARDENNES
Organe de l'Etat-Major allemand.

esprits creux et médisants l'objet de vexations diverses et de propos humiliants. N'est-il pas pénible d'entendre de la bouche de ces patriotes fantaisistes dire : « Ceux qui travaillent pour les Allemands sont des « Boches » également »... Le patriotisme de ces « embusqués » est égoïste et ne consiste qu'en phrases oiseuses. »

17 Mars 1917. — *Gazette régionale.*

« Il faut aimer sa patrie, cela est naturel, mais il ne faut pas pour cela bourrer les crânes de morale de haine et semer la médisance aux quatre coins de la tête!...».

18 Mars 1917. — *En Sorbonne.*

« On aime en France les manifestations oratoires, et une phrase bien placée, un discours bien tourné y manque rarement son effet... Une manifestation de ce genre vient d'avoir lieu à la Sorbonne...

« Il est dans le discours de M. Deschanel un passage où l'orateur escalade la cime d'une phraséologie creuse et hypocrite », etc.

15 Mai 1917. — *Qu'ils se taisent !*

« A celui qui a écrit « les faux patriotes et les autres »... on a osé dire que tu travailles pour l'ennemi. Eh bien, moi, je te dis que c'est pour la France que tu travailles, honnête homme, car ces petits enfants que tu nourris, que tu élèves au prix de combien de sacrifices, ne sont-ils pas l'avenir de la patrie? », etc...

27 Mai 1917. — *Patriotisme* (1).

« Mais, qui trompe-t-on ici? En voilà des façons différentes, hétérogènes de comprendre « le patriotisme »!...

Je connais un malheureux garçon dont j'ai dû prendre la défense dernièrement contre une poignée d'énergumènes qui

(1) Du rédacteur A.

BONNET ROUGE

c'est un tout petit morceau d'un journal parisien... Voilà ce que j'y trouve imprimé. « A l'heure où les soldats de son pays tombent sous les balles, celui qui se pique de reconnaître impartialement les qualités de l'ennemi est un cuistre irritant. Car, aussitôt qu'éclate une guerre, on n'a plus qu'à fermer les yeux et à étreindre sa patrie ». Je trouve ces paroles abominables et qui les a pensées devrait en rougir et non s'en glorifier. »

FANNY CLAR.

29 Avril 1917. — *A bâtons rompus.*

« Ce qui m'a touché au plus profond du cœur, c'est cette brève affirmation du maréchal Joffre : « Les mères et les petits enfants de France unissent dans leurs prières l'Amérique et leur propre patrie ». Devant cette puissante évocation de l'acte de foi quotidien qui jette à genoux devant les saintes images et devant les autels de l'Eglise la foule dévote des femmes, des fillettes et des garçonnets des autres pays, je n'ai pu retenir mes larmes !

« Et surtout qu'on ne croie pas que je raille ! »

M. BADIN.

27 Juin 1917. — *La gloire* (poésie).

«... Je te connais! Tu n'est qu'une catin,
[ô gloire. »

M. MILLERAND-VANNAY.
L'humble Lyre.

4 Juillet 1917. — *Les petites joies du patriotisme.*

« Qui se souvient du retentissant article publié il y a une trentaine d'années par le grand écrivain Rémy de Gourmont, et qui lui valut d'être chassé de la Bibliothèque Nationale: *Le joujou patriotisme ?* Quelles belles pages l'auteur du *Chemin de velours* aurait écrites sur l'attitude de certains Français pendant la guerre !

GAZETTE DES ARDENNES
Organe de l'Etat-Major allemand.

voulaient à toute force l'écraser sous les épithètes accusatrices et menaçantes de mauvais Français, antipatriote, antimilitariste, internationaliste, socialiste, pacifiste et finalement, immanquablement... de sale Boche, natürlich !...

19 Juin 1917. — *L'esprit de Chauvin.*
14 Juin 1917. — *Le courage moral.*
28 Juin 1917. — *Gazette régionale.*
etc...

BONNET ROUGE

« *Panem et circenses* ! disait avec amertume Juvénal, en parlant de ses concitoyens. Hélas, à nous, on nous donne du pain frais, mais on ne se prive pas de nous offrir des jeux. Les gouvernants — il faut le croire — connaissent la mentalité du peuple parisien.

« Le patriotisme est une belle chose, mais on finit par s'en lasser, le sublime fatigue... l'habileté consiste à rendre amusants ces sentiments d'exaltation patriotique. Nous y excellons.

« Tous les dimanches, des hommes politiques éminents, des académiciens méritoires se dévouent pour distraire, en prononçant des phrases sonores et en faisant des gestes dramatiques, le bon public qui aime les joies gratuites.

« L'entrée dans la guerre des Etats-Unis a corsé ces fêtes et leur a donné un piquant inattendu. Une somptueuse mise en scène a été ordonnée pour célébrer l'anniversaire de l'Indépendance américaine. Hâtivement, on a transporté à Paris, sitôt débarqué à **Saint-Nazaire** ! le premier bataillon américain, et le programme des réjouissances a été disposé de telle sorte que les Parisiens n'auront rien à reprocher aux « managers ». Les monuments sont pavoisés. Des fanions magnifiques seront distribués, et il n'est jusqu'à la scène pathétique sur le tombeau de Lafayette qui n'aura lieu.

« Comment, après de pareils spectacles, voulez-vous que l'on s'attriste de la guerre? Franchement il faudrait posséder un caractère bien mal tourné pour cela. »

(*Anonyme*).

5 Juillet 1917. — *Pensées amazoniennes*

« Miss Clifford Barney publie dans la *Revue* un recueil de pensées toutes sur les femmes. Quelques-unes sont consacrées à la guerre.

« La patrie est une mère — disait un gangrené. Elle nous arrange bien, la mère! »
etc.

GAZETTE DES ARDENNES
Organe de l'Etat-Major allemand.

BONNET ROUGE

8 Juillet 1917. — *Une grande première.*

« *Sursum corda* ! Il faut arriver à régler une cérémonie à l'occasion de notre immortel 14 Juillet qui fasse vibrer les nerfs les plus blasés. Ayons confiance. Déjà on nous annonce que l'anniversaire de la Bastille sera la journée des drapeaux... Très justement l'on a pensé que les troupes étrangères, quelque belle allure qu'elles aient, lasseront un peu à la longue. Ce sont des soldats français que nous allons applaudir. C'est une trouvaille. Il fallait aussi y songer. Honneur aux ordonnateurs !... Il paraîtrait même qu'on ferait appel au concours des immortels, les académiciens les plus notoires défileraient... Derrière eux, poussant des cris guerriers et dansant sur un rythme sauvage, on applaudirait la tribu des critiques militaires. Une couronne de plumes ornerait leur crâne et une jupe à la manière de celle des Sioux ornerait leur taille...

« Il faut entretenir le *patriotisme* » (1).

JULIEN SOREL.

5) « LA GRANDE IMPOSTURE » :

Les Allemands, du moins les Allemands du Nord, les Prussiens, ont le sens de l'organisation. Cela fait partie de leur caractère impératif, de leur mentalité rationaliste, de la constitution même de leur langage. Ils le savent, ils en sont fiers, ils en sont gonflés d'orgueil car ils pensent que ce sens est le critère même de la civilisation et qu'aucun peuple ne le possède à un aussi haut degré qu'eux. C'est grâce à leurs méthodes, disent-ils, qu'ils ont développé leur commerce, leur industrie, leur système de prévoyance sociale, la puissance de leur flotte et de leur armée et qu'ils ont pu, pendant la guerre, tenir contre le blocus économique. C'est vrai ! Et quand ils se plaignent de souffrir de « surorganisation » c'est encore vrai. Mais si les Allemands ont un tel souci des prévisions, des mesures et de l'agencement, comment peuvent-ils soutenir qu'ils ont tout organisé, sauf le service le plus important du temps de guerre : l'espionnage ? A lire leurs journaux, la *Gazette des Ardennes* en particulier, l'espion allemand est un mythe, un fantôme, né du cerveau fêlé de délirants atteints « d'espionnite ! » C'est ici qu'éclate « la grande imposture », c'est ici qu'apparaît le plus manifestement le génie organisateur de l'Allemagne. Ses campagnes contre les « espiono-

(1) Souligné dans le *Bonnet Rouge*.

manes » en temps de guerre font partie de son système d'espionnage. L'espion allemand ne peut vivre dans une atmosphère d'universelle défiance. Pour qu'il puisse prospérer, évoluer à son aise, il faut ridiculiser, vilipender, bafouer et au besoin terroriser, bâillonner ceux qui se représentent la formidable puissance d'espionnage d'un peuple de 70 millions d'hommes qu'un gouvernement sans scrupules a lâchés sur le monde comme sur une proie. Tous les Allemands ne sont pas des espions, certes, mais un nombre considérable d'entre eux, doués d'une curiosité aiguë, voyagent beaucoup à l'étranger, manquent de tact et considèrent comme un devoir envers la Patrie de la renseigner sur tout ce qui peut contribuer à sa prospérité et à sa grandeur. Beaucoup ignorent les desseins cachés de leur gouvernement et les entreprises secrètes de ses agents à l'étranger. Ils sont de bonne foi quand ils doutent des menées souterraines de leurs compatriotes chez les peuples voisins. Mais nous sommes mieux placés qu'eux pour en juger et, pour eux comme pour tous ceux qui connaissent l'Allemagne, se pose le dilemme inéluctable :

Ou bien les Allemands ne sont pas organisateurs et ils ont négligé leur service d'espionnage, ou bien ils ont vraiment le sens de l'organisation et, en bons héritiers des traditions frédériciennes, ils ont appliqué tous leurs soins, non seulement à se renseigner sur leurs ennemis par l'espionnage et la trahison, mais encore à provoquer chez leurs adversaires des troubles intérieurs, ou au moins une désagrégation morale qui, à un moment donné, pourra devenir, pour l'Allemagne, la cause déterminante du succès. Dans une guerre totale comme celle que nous vivons, rien n'explique l'obstination de certains pseudo-naturalisés à s'incruster en France, comme cette préoccupation de ne pas lâcher les « points d'appui » d'où ils peuvent agir sur l'opinion et préparer le retour de leurs compatriotes après la guerre. Rien ne démontre mieux le danger de ces correspondants occultes que les efforts de la presse allemande pour les innocenter, les laver des suspicions dont l'opinion publique française a fini par envelopper quelques-uns d'entre eux.

GAZETTE DES ARDENNES
Organe de l'Etat-Major allemand.

16 Février 1916. — *Et la guerre continue.*

« Alors, se disent ces Français, pourquoi achever le suicide du peuple français rien que pour le plaisir farouche et insensé d'affaiblir un ennemi qui a prouvé que sa force vitale et son incomparable organisation sont réellement invincibles », etc...

BONNET ROUGE

7 Mai 1916. — *La réponse allemande.*

« Malheureux qui ne voyez pas que, grâce à ses merveilleuses méthodes et à son sens de l'organisation, l'Allemagne représente encore un adversaire redoutable », etc...
ALMEREYDA.

2 Mars 1917. — *A bâtons rompus.*

« Nos adversaires ne mériteraient pas leur réputation d'organisateurs s'ils avaient négligé de se concilier les bons offices du Mexique. » M. BADIN.

GAZETTE DES ARDENNES

Organe de l'Etat-Major allemand.

5 Avril 1916. — *Stratèges en chambre.*

« Nous empruntons à un grand journal parisien le petit article que voici :

... « C'est au point qu'il faut regretter qu'un ministre prévoyant n'ait pas fait imprimer et distribuer un peu partout... des avis ainsi conçus : « Taisez-vous, méfiez-vous, *vous allez dire des bêtises* », ce texte vaudrait infiniment mieux, assurément, que celui qui, très fâcheusement, vous incite à voir un espion dans chacun de vos voisins. »

VICTOR SNELL.

30 Avril 1916. — *Semeurs de haine.*

« Personne n'ignore que M. Léon Daudet, directeur de l'*Action française*, a toujours eu son idée fixe, pour ne pas dire sa monomanie : il découvre des espions partout, jusque dans certains cubes Maggi dont les gens moins méfiants se contentent de faire du bouillon... Les conférences de ce genre (sur l'espionnage) qui ne servent que la cause des haines aveugles et irréparables contre un adversaire dont l'histoire démontre la valeur intellectuelle et morale, sont au plus haut point dangereuses... Aveugles et exaltés, tous ces semeurs de haine semblent vouloir fermer à jamais les portes de l'avenir. »

10 Juin 1917. — *La Victoire*, de Bertourieux (daté de Juin 1916).

« N'est-il pas aussi tyrannique et injustifiable d'avoir astreint la circulation automobile à d'étroites et précaires autorisations dans tout le pays. Quelle peut être la vraie raison loin des zones de guerre ? »

BONNET ROUGE

7 Février 1916. — *La presse et les espions*, par G. CLAIRET.

1er Mars 1916. — *Royalisme de guerre.*

10 Mars 1916. — *La manie des suspects*, par FANNY CLAR.

16 Mars 1916. — *Propagande criminelle de Je dis tout.*

« La Préfecture de police a notifié à l'*Action française* que la conférence qu'elle organisait avant-hier pour la réouverture de la section du XVIIIe arrondissement était interdite. Il faut seulement regretter qu'elle soit si tardive. Il y a plusieurs semaines que les groupes de l'*Action française* se réunissent dans divers quartiers de Paris et que leurs orateurs habituels s'y livrent à une propagande criminelle contre diverses personnalités politiques. La Préfecture de police vient enfin de comprendre combien cette propagande était criminelle et qu'il était nécessaire de l'enrayer. Espérons qu'elle persévérera dans cette voie et qu'elle ne cédera pas aux sommations de M. Léon Daudet. »

20 Juillet 1916. — *Votre sauf-conduit, s. v. p.*

« Les voyageurs ont de grands moments de répit durant lesquels ils voyagent sans la moindre contrariété, puis subitement, comme un vent de tempête, les gendarmes s'abattent sur les trains et soumettent à une véritable torture des voyageurs absolument inoffensifs. »

FANNY CLAR.

23 Juillet 1916.

« Notre collaborateur Fanny Clar parlait dernièrement des embarras créés par

GAZETTE DES ARDENNES
Organe de l'Etat-Major allemand.

17 Juin 1917. — *Les espions superflus.*

« M. Léon Daudet mène, on le sait, une campagne des plus fougueuses contre l'espionnage. Si ces espions, qu'il voit partout, existaient vraiment, ils deviendraient absolument inutiles, car M. Léon Daudet s'efforce lui-même avec succès de révéler aux ennemis de la France des choses très intéressantes. Ecoutons :

« Il est de notoriété publique qu'une intense propagande antimilitariste et antipatriote est menée actuellement, *principalement auprès des militaires*, dans les milieux juifs révolutionnaires russes des IVe, XIIIe, XIVe et XVIIIe arrondissements. Cette propagande émigre systématiquement pendant le jour dans les jardins publics, squares et tous les endroits où peuvent se rencontrer des soldats. C'est un débauchage continuel, insistant, scandaleux ».

1er Juillet 1917. — *Le Moral.*

« Le cafard (dans l'armée française) est donc un fait. Ses causes sont bien simples. Les soldats français souffrent... Le lieutenant-colonel Rousset et M. Clémenceau (*sic*) sont d'accord pour dénoncer certaines « influences néfastes » auxquelles sont exposés les soldats... « Propagande antipatriote organisée »? Est-il vraiment besoin de chercher si loin pour expliquer ce qui n'est que la conséquence naturelle d'une situation que les politiciens belliqueux se refusent de voir, mais que les poilus, eux les acteurs du grand drame, sont à même de juger? »

28 Octobre 1917. — *Toujours les alarmistes.*

« A en croire M. Pierre Massé, l'existence des alarmistes — on ne saurait plus le

BONNET ROUGE

l'obtention des sauf-conduits dérangeant inutilement tant de gens qui ont peu de loisirs. On a sagement ces jours-ci élargi la zone de l'intérieur. »

25 Mars 1916. — *La fin d'un roman feuilleton. L'espionnage devant le Sénat.*

« M. Gaudin de Villaine ayant parlé hier au Sénat des accusations empoisonnées qui ont cours depuis des semaines dans la presse réactionnaire, M. Malvy a tenu à s'expliquer avec netteté...

« Espérons qu'on ne recommencera plus à énerver l'opinion avec les romans chez la portière dont la publication quotidienne a déjà duré trop longtemps pour la santé morale du pays. »

26 Mars 1916. — *Les deux méthodes.*

« Si nous avions été atteints nous aussi d'espionomanie, quel beau papier nous aurions pu écrire pour flétrir les sénateurs protecteurs de Boches.

« Et nous aurions trouvé des sots pour nous applaudir, comme en trouvent les Daudet, les Latapie et même M. Gaudin de Villaine... »

27 Mars 1916. — *Une histoire de brigands.*

« Nous demandions hier aux espionomanes de laisser leurs concitoyens s'occuper de choses sérieuses, nous y insistons. Il y a pire danger que l'espionnage et les espions pour le pays : ce sont la sottise et les sots. »

J. Goldsky.

12 Avril 1916. — *Les rumeurs infâmes* (éditorial), par G. Clairet.

13 Avril 1916. — *Les marchands de travail. Organisation kolossale.*

« La manie des espions a tourné la tête à beaucoup de gens et servi les intrigues de

GAZETTE DES ARDENNES
Organe de l'Etat-Major allemand.

nier — serait l'œuvre d'intrigues secrètes allemandes ! Puisqu'il est inutile de le convaincre de son erreur, laquelle d'ailleurs est feinte, contentons-nous de reproduire à titre documentaire une information que le *Progrès de Lyon* reçoit de Paris. » (Suit la circulaire de M. Massé).

BONNET ROUGE

quelques gredins. Qu'on se garde d'y ajouter. Nous avons mieux à faire et nous ferons mieux. »

LECOINTRE-PATIN.

18 Mai 1916. — *Geissler en correctionnelle. Ce faux espion n'était qu'un escroc.*

16 Juillet 1916. — *Le record de l'espionnite*, etc.

28 Juillet 1916. — *Rumeurs infâmes.*

« D'où naissent-elles? Qui les propage? Nul ne trouve personne pour en prendre la responsabilité. C'est un bruit rasant la terre, qui circule, s'infiltre.

« On m'a dit qu'il a dit qu'elle a dit que... C'est la calomnie stupide et cruelle, c'est le gaz asphyxiant de l'arrière, le gaz asphyxiant qui brave tous les masques protecteurs. La plupart du temps, ces rumeurs infâmes sont nées de rivalités, de rancunes, de concurrents déloyaux ou par des confrères envieux dont elles servent à merveille les secrets desseins. En ces temps troublés, l'arme de Basile, aux mains des farouches et belliqueux patriotes de cafés, de coulisses et de rédactions, fait son œuvre », etc...

JACQUES LANDAU.

7 Août 1916. — *Espions, espionnage, espionnite* (échoppé).

14 Août 1916. — *Lettres anonymes.*

« Où l'on croit trouver un espion et on ne trouve qu'un satyre. »

10 Août 1916. — *Les rumeurs infâmes.*

« Depuis quelques jours le bruit circulait : un coup de théâtre était imminent : toute la rédaction du *Bonnet Rouge* allait être coffrée.

« Notre crime?

« Au service de l'Allemagne, la caisse de

GAZETTE DES ARDENNES
Organe de l'Etat-Major allemand.

BONNET ROUGE

mon journal étant alimentée par l'or allemand.

« Pour les uns, l'argent du crime nous arrivait par l'intermédiaire de la Suisse; pour les autres, via New-York.

« Les plus avertis savaient que les subsides boches m'avaient été apportés à Carthagène par le sous-marin allemand qui y fit escale en Juin dernier.

« Je connaissais tous ces bruits. Je pourrais même dire de quelle bouche auguste certains sont sortis et comment les plus fous **[partis d'un fauteuil qui vaut — presque un trône sont arrivés sur le — boulevard par le canal d'un autre fauteuil qui, au dire de son propriétaire, en — vaut trois »].**

(Echoppage publié malgré la censure).

ALMEREYDA.

10 Septembre 1916. — *Un coup classique.*

« Le voleur qui hurle au voleur... les honnêtes gens de la presse réactionnaire ne rougissent pas d'utiliser dans leurs polémiques ces ficelles de malfaiteurs », etc...

G. CLAIRET.

15 Septembre 1916. — *Suprême infamie.*

« Sous ce titre, on lit dans le *Droit du Peuple*, de Grenoble : « Le *Bonnet Rouge*, le *Populaire du Centre*, le *Droit du Peuple*, le *Midi socialiste*, de Toulouse reçoivent des fonds d'Allemagne », etc...

24 Septembre 1916. — *Les anonymes.*

« Des fonctionnaires firent preuve d'une crédulité déconcertante parce que les histoires de brigands qu'on leur contait s'adaptaient trop bien avec leurs désirs secrets. »

J. GOLDSKY.

GAZETTE DES ARDENNES
Organe de l'Etat-Major allemand.

2 Octobre 1916. — *Kölnische Volkszeitung.* — Protopopof, Ministre de l'Intérieur.

«... Le nouveau ministre de l'Intérieur de Russie, M. Protopopof, a été dernièrement attaqué avec la dernière violence par la presse libérale qui l'a « flétri » comme partisan de la paix séparée. L'ambassadeur d'Angleterre à Petrograd, Buchanan, qui ne peut se consoler de la chute de M. Sazonow et qui, pour cette raison, n'a aucune relation avec M. Sturmer, a mobilisé contre M. Protopopof la ligue anti-allemande à sa solde. M. Protopopof a déposé une plainte en diffamation contre ses adversaires soudoyés par l'argent anglais. Nous n'avons pas à examiner si le nouveau ministre de l'Intérieur est en effet partisan d'une paix séparée. Ce qui est certain, c'est qu'en dépit de ses tendances libérales, il ne compte pas parmi les anglophiles aveugles. Comme M. Sturmer, il est décidé à faire une politique exclusivement russe et à ne pas se soucier uniquement des intérêts de l'Angleterre. En suivant cette politique, les deux ministres jouiront de l'appui du Tsar. »

BONNET ROUGE

23 Septembre 1916. — *L'action anti-française.*

« Nous ne dirons pas, nous, que Daudet et Maurras sont payés par l'Allemagne » (1).

12 Octobre 1916. — *L'espionnite. M. Protopopof et ses diffamateurs.*

« Nos chauvins sont des gens ridicules, encombrants et souvent odieux.

« Apprenez, si cette considération peut vous consoler, que cette engeance sévit partout...

« Jusqu'à preuve du contraire, je crois que c'est en Russie que l'espionnite s'est manifestée sous sa forme la plus aiguë, la plus morbide assurément.

« Les gens qui sont atteints de cette rage qui déshonorerait les chiens et même les hyènes, viennent de perpétrer un coup auprès duquel les fantaisies de notre Léon Daudet passeraient presque pour enfantées par un esprit à peu près normal, simplement un peu puéril, pour les jeux d'un enfant arriéré par exemple. Les chauvins de Petrograd avaient mis en accusation l'homme politique qui vient d'être nommé ministre de l'Intérieur... Ce nouveau ministre de l'Intérieur, c'est, vous ne l'ignorez point, M. Protopopof, vice-président de la Douma et l'un des membres les plus estimés du parti libéral. M. Protopopof est un patriote réfléchi mais résolu. Il ne se promène sans doute pas de cabaret en cabaret en hurlant des chants de haine et en menaçant de loin l'ennemi. Mais depuis que son pays est en guerre, il a fait tout ce qui dépendait de lui pour mettre la Russie en état de vaincre les Allemands... Pourquoi cette accusation? Parce que, de même que les chiens enragés éprouvent un impérieux besoin de mordre quelqu'un, les malheureux que travaille le délire de l'espionnite ont, à l'état chro-

(1) Cf. campagne du *Bonnet Rouge*, « les serviteurs de l'Etranger » du 6 Juin 1915 au 9 Septembre 1915, au chapitre « L'évolution du *Bonnet Rouge* au point de vue national » : « Agent secret au service de l'ennemi, Daudet, etc. » (12 Juin 1916).

GAZETTE DES ARDENNES
Organe de l'Etat-Major allemand.

BONNET ROUGE

nique, l'irrésistible désir de dénoncer des traîtres, de découvrir des complots.

« L'espion leur est aussi indispensable qu'à d'autres le cachet de bromure ou le bain de vapeur...

« L'espionnite, en Russie comme en France, exerce ses ravages dans les milieux réactionnaires...

Voici comment ces aliénés présentent leurs monstrueuses accusations... En Russie comme en France, quand on veut perdre son adversaire ou son concurrent, c'est tout aussi facile : on dit qu'il est allemand ou vendu à l'Allemagne...

« Les chauvins, en la circonstance une sorte de ligue nationaliste qui s'intitule « la société de l'année 1914 », affirmèrent dare dare que ces banques qui allaient soutenir le journal libéral de M. Protopopof, c'étaient non point des banques russes, mais bel et bien des banques allemandes...

... « On nomma la Deutsche Bank.

« M. Protopopof est maintenant ministre de l'Intérieur. Il est donc justement chargé de surveiller les espions et de déjouer les complots fomentés par les traîtres. C'est assez dire qu'il est honoré de la confiance entière du Tsar. En continuant à dire que M. Protopopof était un espion, les chauvins eussent grossièrement injurié le Tsar. Aussi ont-ils dû suspendre leur campagne et rétracter, avec plus ou moins de bonnes grâces, leurs diffamations.

... « Quand on voit opérer les déments dont le cerveau est peuplé d'espions imaginaires, on est surtout sensible à leur ridicule et quand on ne prend pas leur folie en pitié, on ne se défend guère de rire de leur manie.

« Mais ce n'est pas une manie innocente et bien souvent, cette histoire après tant d'autres le prouve, leurs dénonciations de toqués peuvent avoir des suites terribles. »

GEORGES CLAIRET.

31 Mai 1917. — *Rheinische-Westfälische Zeitung.*

«Notre rédacteur Ludwig Ganzen-Müller

25 Octobre 1916. — *Epidémie d'espionnite.*

« Il faut ne pas ouvrir les yeux, ne pas

GAZETTE DES ARDENNES
Organe de l'Etat-Major allemand.

vient d'être arrêté à Genève sous l'inculpation d'espionnage. On a inventé ce prétexte pour se débarrasser d'un journaliste très au courant des affaires suisses et françaises.

« Nous sommes convaincus que notre gouvernement protestera.

« Il s'agit de savoir si un journaliste allemand à l'étranger est hors la loi ou non. Nous espérons que notre ambassadeur à Berne fera les démarches nécessaires pour que les Genevois fanatiques de la France s'aperçoivent que derrière les Allemands innocents se trouve toujours l'autorité du gouvernement allemand »...

BONNET ROUGE

voir ce qui se passe pour oser prétendre que la France n'est pas à l'heure actuelle sérieusement gardée contre l'espionnage et contre les espions.

« On souhaite seulement qu'elle soit pareillement gardée contre l'espionnite. La maladie honteuse sévit toujours !... »

GEORGES CLAIRET.

28 Novembre 1916. — *Espionnite et antisémitisme.*

« L'Egypte a ses hyènes.

« La France a les antisémites et les espionomanes.

« La Russie n'est pas privilégiée, elle subit aussi les ravages de cette faune malfaisante », etc...

7 Décembre 1916. — *Vengeance d'espion* (contre Daudet et l'espionnite).

21 Décembre 1916. — *L'espionnage allemand à l'œuvre.*

« M. Jacques Dyssord (auteur d'un livre sur l'espionnage allemand à l'œuvre) a trop d'esprit pour que nous puissions lui cacher la vérité. La vérité, c'est que ses 250 pages sont encore plus détestables que celles que Léon Daudet a publiées sur le sujet », etc...

16 Mars 1917. — *L'espionnage en feuilleton.*

« Léon Daudet a fait école. Il a pensé que pendant la guerre l'opinion publique, pour peu qu'on la maintînt dans l'inquiétude, aurait tendance à voir des traîtres et des espions même où il n'y en a pas et qu'une popularité de mauvais aloi, mais bonne à monnayer, serait acquise au démagogue assez peu dégoûté pour exploiter ces dispositions. »

GAZETTE DES ARDENNES
Organe de l'Etat-Major allemand.

BONNET ROUGE

13 Avril 1917. — *Les imbéciles.*

« Ce qu'il leur faut encore, ce sont les turpitudes d'un Gohier qui peut écrire avec le visa de la censure que **des journalistes de chez nous**, déserteurs de toutes les armées ennemies ou alliées, réfractaires au service militaire en France, sont payés par Berlin pour tirer dans le dos des Français. » (*Anonyme*).

15 Avril 1917. — *Daudet. Les complots.*

9 Juin 1917. — *Der Tag.*

« D'après les feuilles « poincaristes », un grand nombre d'étrangers auraient été mêlés aux dernières grèves de Paris. Il n'y a pas de « Boches », mais naturellement tous ces gens sont à la solde de Bethmann et de Hindenburg », etc...

12 Juin 1917. — *Les étrangers et les grèves.*

« Si les ouvriers étrangers ont pris part aux grèves, c'est pour obliger les patrons à respecter leurs engagements. C'est aussi, bien souvent, pour maintenir les salaires au taux auquel les ouvriers français les avaient portés par leur effort, taux que les ouvriers français seront bien heureux de retrouver en revenant de la guerre. Il ne faut donc chercher là ni trahison, ni espionnage. Les réactionnaires l'ont si bien senti que pour soutenir leurs accusations insensées, ils ont fait appel aux procédés du roman feuilleton. »

G. Clairet.

2 Juillet 1917. — *Frankfurter Zeitung.*

« Entre le sénateur Clemenceau et le ministre de l'Intérieur, Malvy, s'est produit à la Commission sénatoriale de l'armée un incident qui démontre que Clemenceau a perdu la tête et qu'il est atteint « d'espionnite » comme Léon Daudet », etc...

13 Juin 1917. — *Les méfaits de l'espionnite. Les mésaventures de M. Perpignas.*

« Les bourreurs de crânes ont tellement inoculé au public le virus de l'espionnite que des faits regrettables se produisent journellement », etc...

Claude Cadet.

3 Juillet 1917. — *Gazette des Ardennes.*

« Propagande pacifiste ». L'officieuse *Gazette de l'Allemagne du Nord* (*Norddeutsche Allgemeine Zeitung*) écrit : « Ce que les télégrammes de Paris annoncent à propos d'agents du gouvernement allemand est d'invention pure et simple. Par la production de documents concernant une propagande pacifiste allemande, M. Ribot voudrait reléguer à l'arrière-plan les traités secrets conclus par l'Entente relativement aux buts de guerre », etc...

17 Juin 1917. — *Les étrangers à Paris.*

« La campagne menée contre les étrangers n'est commandée que par des appétits inavouables et des haines honteuses. »

Georges Clairet.

25 Août 1917. — *Rheinisch-Westfälische Zeitung.*

« Ceux qui ont contemplé Clemenceau lors de son dernier discours au Sénat ont pu

20 Juin 1917. — *Les étrangers à Paris.*

« Les étrangers sont des hôtes discrets et

GAZETTE DES ARDENNES

Organe de l'Etat-Major allemand.

se faire une idée du degré que la haine pouvait atteindre dans une âme humaine. Avec une voix tremblante et tous les artifices qui feraient honneur au meilleur comédien, ce vieillard conjura l'assemblée de renverser le ministre de l'Intérieur Malvy parce que celui-ci se refuse à emprisonner et à fusiller tous les gens qui parlent de paix — autant d'espions allemands, cela va sans dire... Il y a quelques jours, on a pu lire dans les journaux que le directeur du *Bonnet Rouge*, la seule feuille qui osât encore parler timidement de paix, était mort dans la prison de Fresnes à la suite d'une hémoptysie. C'est, je le suppose, d'une autre façon que le sang de ce malheureux a été répandu. La bande d'avocats qui s'arroge le droit de parler au nom de l'humanité ne reculerait pas devant un crime », etc...

10 Juillet 1917. — *Naufrageurs du sens commun.*

« En voyant chavirer le moral du poilu, après bientôt trois ans de souffrances et toute une série d'offensives manquées, le

BONNET ROUGE

tranquilles, respectueux des lois », etc... (échoppage).

GEORGES CLAIRET.

21 Juin 1917. — *Les étrangers à Paris.*

« Ils ont fait plus que leur devoir. Le sang qu'ils ont versé généreusement leur donne droit plus qu'à notre estime : à notre affection ».

GEORGES CLAIRET.

22 Juin 1917. — *Les étrangers à Paris.*

« La campagne qui prétend atteindre les sujets ennemis ne peut donc frapper que des amis de la France, des hommes dont la nation est asservie par nos ennemis et qui se sont réfugiés dans la France libérale et démocratique pour échapper à la tyrannie de l'Empire ».

GEORGES CLAIRET.

23 Juin 1917. — *Les étrangers à Paris.*

« La campagne qui est menée contre les étrangers demeurant à Paris risque d'être funeste aux intérêts du pays. »

GEORGES CLAIRET.

23 Juin 1917. — *La République et les étrangers*, article de BONTEMPS dans le *Bloc*.

23 Juin 1917. — *La popularité de Lénine* (Lénine n'est pas un espion).

25 Juin 1917. — *Les étrangers à Paris. Et voici M. Clemenceau.*

« Ce n'est pas la population étrangère de Paris qu'il veut atteindre, mais bien le Gouvernement ».

GEORGES CLAIRET.

26 Juin 1917. — *La vague de folie*, par G. CLAIRET.

26 Juin 1917. — *A bâtons rompus.*

« Un de mes amis, personnage occupant

GAZETTE DES ARDENNES
Organe de l'Etat-Major allemand.

journalisme parisien — tel un délinquant criant aux gendarmes — cherche le coupable.

« Le coupable, c'est bien entendu le « Boche ». Ces messieurs ont l'imagination courte. Pour eux l'agent boche tient lieu de toute explication et de toute excuse; il leur épargne tout effort de pensée. Quand il y a quelque chose qui ne va pas comme ils l'ont prédit, vite ils sortent ce croquemitaine de carton, peinturluré aux couleurs de leur folle imagination, etc...

... « Cette découverte des « officines boches » déguisées en rédaction parisienne, n'est rien à côté des révélations que vient de faire le lieutenant-colonel Rousset, critique militaire du *Petit Parisien*, et auxquelles M. G. Clemenceau en personne a donné l'appui de sa sagesse sénatoriale... Il a découvert que les gares où passent les poilus... sont infestées de jeunes personnes accueillantes qu'il est inutile d'appeler par leur nom...

« Que font-elles là, s'est demandé l'esprit subtil de M. Rousset? Et soudain, l'illumination lui est venue... ces péripatéticiennes ne sont pas ce qu'on croyait jusqu'ici, mais des *agents boches*.

« Asseyez-vous, lecteur! Vous qui croyiez avoir une certaine expérience de la grande vie, vous n'étiez qu'un ingénu! A présent, vous voilà renseigné », etc...

8 Juillet 1917. — *Toujours le moral des poilus*.

« Nous lisons dans le *Bonnet Rouge* : » (citation de l'article de G. Clairet : « La chanson des quais et des gares », 85 lignes).

26 Juin 1917. — *Vossische Zeitung*.

« Les soldats français sont de plus en plus fatigués de la guerre, et leur moral ne cesse de baisser. La cause du mécontentement des poilus, ce ne sont naturellement pas les trente-cinq mois de guerre qu'ils viennent de subir, mais les pacifistes traîtres au pays et les agents des « Boches »

BONNET ROUGE

une fonction officielle considérable, me communique la lettre suivante trouvée, paraît-il, avec d'autres papiers dans la cour de la gare de l'Est.

« Elle jette un jour curieux sur les pratiques des filles de joie accusées de menées pro-allemandes et de propagande pacifiste...

« Mon vieux Magloire,

« Je suis encore tout éberlué et tout confus de ce qui vient de m'arriver à Paris. Nous avions lu ensemble, avec quelle stupéfaction et quelle colère, tu t'en souviens certainement, les articles de la « bonne presse » dénonçant les manœuvres des prostituées à la solde de l'Allemagne dans le but de surprendre les secrets de la défense nationale et de décourager les permissionnaires.

« J'avais résolu de faire sur cette question une enquête personnelle et un tenace pressentiment me disait que j'apprendrais quelque chose de très intéressant.

« A peine avais-je fait quelques pas sur le boulevard de Strasbourg, qu'une femme assez élégamment habillée, blonde, dodue, jolie et gracieuse me dévisagea avec insistance, me sourit, m'aguicha. Tu sais que je n'étais jamais encore tombé dans les ruts de la luxure et que j'ai placé ma virginité sous la protection de Saint Louis de Gonzague », etc...

27 Juin 1917. — *La chanson des quais et des gares*.

« D'autres (soldats), que Vénus attire plus que le vin, s'en vont dans quelque hôtel voisin, au bras d'une dame complaisante, sinon désintéressée...

« Au lieu d'attribuer le mécontentement des soldats et leurs chahuts à l'ennui né de l'attente trop longue, ils ont préféré découvrir là, comme partout, la traditionnelle et mystérieuse « main de l'étranger ».

« C'est l'étranger qui, installé dans les gares, prêche aux soldats la rébellion. On aurait pu croire sur parole le colonel

GAZETTE DES ARDENNES Organe de l'Etat-Major allemand.	BONNET ROUGE
qui, en un tour de main, transforment dans les gares de vieux guerriers endurcis en pacifistes découragés... Le lieutenant-colonel Rousset réclame tous les jours la tête des agitateurs agents de l'ennemi », etc..	Rousset, M. G. Clemenceau et leurs pareils. Sur leurs dénonciations, on aurait pu expulser séance tenante tous les étrangers de Paris. On a préféré voir d'abord... et l'on a découvert que ces gens (arrêtés) n'étaient point des étrangers, etc... « On a arrêté des excitateurs. « Le premier de ces excitateurs est un ajusteur... il est français; le second un charretier... il est français... « Voilà les étrangers qui troublent la digestion du colonel Rousset ! » G. CLAIRET.
29 Juin 1917. — *Norddeutsche Allgemeine Zeitung.* « C'est la faute de la propagande allemande si le découragement ne cesse de grandir en France ! C'est du moins ce qu'on raconte et ce qu'on peut lire dans un article du *Rappel* du 22 Juin dernier », etc...	
4 Juillet 1917. — *Vorwärts.* « Différents groupes des partis radicaux français viennent de former une nouvelle ligue républicaine que la presse nationaliste attaque avec rage... Les attaques s'adressent particulièrement au journal nouvellement fondé *Le Pays* et elles se poursuivent avec une violence qui, étant donné le sens des articles publiés par le nouvel organe, est incompréhensible... Un article du *Pays*, largement censuré, s'en prend à la ligue des pères et mères des soldats tombés pour la France, qui demande la continuation de la guerre jusqu'à obtention d'une paix digne des sacrifices accomplis. Le *Figaro* répand le bruit que Caillaux développera incessamment son programme et confirmera qu'il est le chef du mouvement. Patience donc jusque-là ! Nous verrons quelle attitude le nouveau groupe prendra vis-à-vis de l'Alsace-Lorraine et s'il mérite sa réputation de parti d'entente avec l'Allemagne. Les attaques de la presse nationaliste ne laissent supposer provisoirement qu'une chose : c'est que la ligue sera un facteur de sérieuse résistance contre les partisans de la guerre jusqu'au bout. »	30 Juin 1917. — *Les agents de l'ennemi.* « Il (M. G. Hervé) s'obstine à accuser les républicains du *Pays* et des journaux qui s'inspirent des mêmes principes de servir les intérêts de l'Allemagne. « Agents inconscients ! s'écrie-t-il, mais agents tout de même. « C'est un jeu misérable mais bien facile », etc...
4 Juillet 1917. — *Strassburger Post.* « Le nouveau journal *Le Pays* a déchaîné	

GAZETTE DES ARDENNES
Organe de l'Etat-Major allemand.

dès son apparition le 1er Juillet, les hurlements furieux de la presse nationaliste qui attribue sa fondation à Caillaux. Hervé a demandé l'interdiction du nouvel organe... on dit que le *Pays* est l'organe de la ligue républicaine qui compte parmi ses fondateurs Caillaux, René Renault, etc. Peut-être les jours qui suivent apporteront-ils quelque clarté sur ce mouvement. »

31 Août 1917. — *Rheinisch-Westfälische Zeitung.*

« Comme le journal d'Almereyda prenait de plus en plus d'importance et qu'un organe frère de même tendance (1) avait été fondé, Almereyda dut disparaître. »

13 Juillet 1917. — *Frankfurter Zeitung.*

(Duval est innocent. L'affaire du *Bonnet Rouge* est une invention du cabinet Ribot pour se maintenir au pouvoir).

17 Septembre 1917. — *Frankfurter Zeitung.*

(Turmel est incapable de commettre un acte de trahison).

18 Septembre 1917. — *Kölnische Volkszeitung.*

« Turmel est une victime des noires machinations des réactionnaires français. »

8 Octobre 1917. — *Rheinisch-Westfälische Zeitung.*

« Il est dangereux aujourd'hui en France de se trouver en possession de billets de banque suisses. Le député Turmel en a fait l'expérience... A la suite de l'incertitude politique et des scandales incessants, l'espionnite est devenue en France une maladie aiguë. Il n'est pas un homme

BONNET ROUGE

3 Juillet 1917. — *Les naturalisés.*

« Que ne dit-on pas des naturalisés ! les vieux, trop jeunes l'année terrible, trop vieux à la *revanche* (2) excitent les passions populaires contre l'étranger. Leurs journaux et les hommes à leur solde ne ménagent pas les insultes aux naturalisés. Croient-ils ainsi en imposer aux combattants, aux poilus ? » etc...

5 Juillet 1917. — *Sous notre Bonnet* (défense de Lénine).

(1) Il ne peut s'agir que du *Pays*.
(2) En italiques dans le *Bonnet Rouge*.

GAZETTE DES ARDENNES
Organe de l'Etat-Major allemand.

d'Etat des puissances centrales ou de leurs alliées résidant ou passant en pays neutre qui n'ait été soupçonné d'espionnage. Pourquoi l'ancien khédive d'Egypte Abbas Hilmi ferait-il exception », etc...

8 Octobre 1917. — *Münchner Neueste Nachrichten.*—*Le Pachadu Khédive*, etc...

16 Septembre 1917. — *Frankfurter Zeitung.* — *Mata-Hari.*

« L'inculpation d'espionnage qui pèse sur Mata-Hari est une question extrêmement obscure. Il s'agit selon toute apparence de la vengeance d'un amoureux éconduit », etc...

BONNET ROUGE

6 Juillet 1917. — *D'où vient l'argent?*

« D'où vient l'argent? D'un vol. C'est ainsi qu'on arrive à faire croire à des menées mystérieuses ».

7 Juillet 1917. — *Diplomates de rédaction*, par G. Clairet (défense de Lénine).

12 Juillet 1917. — *La calomnie*, dernier numéro du *Bonnet Rouge* (échoppé en entier), défense du Soviet.

30 Juin 1917. — *Une danseuse inconnue.*

« Mata-Hari espionne! Cela vraiment ne semble guère possible. Elle n'était pas taillée pour jouer ce rôle. Languissante, charmante, troublante, voluptueuse, mais irrémédiablement bête — que se passait-il dans cette tête où des yeux glauques, pers, brillaient mystérieusement? Rien. Quelles pensées roulait ce front bas qu'ombrageaient des cheveux sombres? Ce ne pouvait pas être, certes, des plans machiavéliques d'espionne. Se polir les ongles, se rosir les orteils, minutieusement s'épiler le triangle sacré, telles étaient les seules préoccupations de Mata-Hari. »

Julien Sorel.

Par contre, à en croire les journaux allemands, le pays du Kaiser serait infesté d'espions contre lesquels on ne cesse de mettre en garde la population, par des avis réitérés dans le genre de celui-ci, imprimé en gros caractères :

« Le danger de l'espionnage existe toujours !

« Evitez en public toute conversation sur des sujets économiques et militaires ! »

(*Norddeutsche Allgemeine Zeitung* du 22 Juillet 1917) (1).

C. — Les effets de la propagande pacifiste et des excitations à la guerre sociale.

Le *Bonnet Rouge* s'est toujours défendu de faire de la propagande pacifiste.

(1) Voir aussi : *KölnischeVolkszeitung*, 13 Mars 1917; *Kölnische Zeitung*, 11 Juillet 1917; *Strassburger Post*, 14 Juillet 1917; *Norddeutsche Allgemeine Zeitung*, 19 Juillet 1917; *Vossiche Zeitung* 15 Septembre 1917; *Frankfurter Zeitung*, 16 Septembre 1917; *Norddeutsche Allgemeine Zeitung*, 5 Septembre 1917, etc...

Au moment où la question se posait avec une acuité toute particulière, G. Clairet n'hésitait pas à écrire le 26 Juin 1917 sous le titre : *La vague de folie*, qu'il n'y avait ni journaux pacifistes, ni pacifistes :

« Quant aux journaux pacifistes, dit-il, qu'on les cite, il n'y en a pas.
« Il y a à la Santé une dizaine d'ouvriers et d'ouvrières dont le seul crime est d'avoir colporté un numéro du *Libertaire* qui fut étiqueté pacifiste ».

Quelques jours plus tard, le 3 Juillet, le collaborateur d'Almereyda revenait sur cette affirmation vraiment trop audacieuse. Sans se soucier le moins du monde de la contradiction qui allait sauter aux yeux de ses lecteurs, il déclare froidement qu'il y a deux sortes de pacifistes : ceux qu'on met en prison et ceux qu'on veut y envoyer parce qu'on les trouve trop « républicains ».

« Le pacifisme devient un crime.
« On institue des procès de tendance... On entasse les équivoques...
« Tous les gens que nous voyons déchaînés contre « le péril pacifiste », savent à qui ils en ont, s'ils ne le disent pas.
« Leurs campagnes ne sont pas dirigées contre ceux des pacifistes qui réclament la paix à tout prix, la paix immédiate.
« Ces pacifistes-là, on n'a pas à réclamer leur arrestation : ils sont presque tous à la Santé, chaque semaine on en arrête une demi-douzaine.
« Ce n'est donc pas à ces gens-là qu'on en veut.
« Les hommes auxquels on s'attaque sont les patriotes républicains qui ne conçoivent pas la direction de la guerre et des négociations de la même façon que les nationalistes...
« L'ancienne France avait une religion d'Etat.
« Nous, nous laissons tout doucement imposer une doctrine d'Etat, en matière de politique internationale, et ce qu'il y a de scandaleux, c'est que cette doctrine qui tend à devenir la doctrine officielle de l'Etat français, c'est celle des réactionnaires, celle des ennemis du régime », etc... GEORGES CLAIRET (1).

Suivent sept raisons pour lesquelles certains individus sont qualifiés de pacifistes et qui, comme par hasard, se retrouvent parmi celles que la *Gazette des Ardennes* et les journaux allemands invoquent le plus souvent pour défendre les droits supérieurs de la Patrie allemande et pour plier les énergies françaises sous la volonté germanique.

Et Clairet de conclure :

« Ce pacifisme-là que l'on est obligé de ne poursuivre qu'hypocritement, c'est une opinion, et, puisque l'expression de cette opinion ne compromet pas l'intérêt national, chacun doit garder le droit de l'exprimer librement. »

Le 28 Juin, le même Clairet écrivait :

Le Pacifisme et la réaction.

« Nombre de journalistes feignent de découvrir la propagande pacifiste et ils affectent de croire que le gouvernement laisse cette propagande s'exercer librement.

(1) Comme FANNY CLAR, GEORGES CLAIRET collabore aujourd'hui au *Journal du Peuple* note de 1920).

« **Les hommes qui s'étonnent ainsi sont des hommes perfides qui dissimulent le fond de leur pensée.**

« **Quand ils réclament du gouvernement des mesures immédiates, sévères, ce n'est pas aux apôtres de la paix qu'ils pensent...**

« **Ces appels pseudo-patriotiques contre un « léninisme » qui n'existe probablement pas en Russie et certainement pas en France, ces cris indignés contre la liberté qui est laissée aux défaitistes, toute cette littérature, toute cette rhétorique visent les républicains d'extrême-gauche... ceux qui ont juré de ne pas se déshonorer en devenant une nation de proie, un peuple de déments, ivres de conquêtes et de sang... »**

G. Clairet.

Bien que cette propagande pacifiste soit, aux dires de G. Clairet, inexistante, on aime dans le *Bonnet Rouge* à en noter, avec une feinte surprise, les effets sur le moral du poilu :

19 Juin 1917. — *Censure et Cafard* : « De tous côtés on s'inquiète du moral des poilus.

« M. Maurice Barrès recherche dans l'*Echo de Paris* ce qu'il faudrait faire pour que les soldats ne soient plus aussi mécontents et aussi las...

« M. G. Hervé s'est attelé à la même question.

« **L'armée a le cafard et les Sherlock Holmes de la presse nationale policière prétendent découvrir chaque jour des organisations qui entretiennent à grands frais le cafard dans l'armée du front.**

« L'organisation qui plus que tout entretient dans l'armée l'irritation et l'angoisse n'est pas une organisation payée par l'ennemi et dirigée par ses agents. C'est tout simplement la censure. M. G. Téry... le disait hier : « Si les poilus sont inquiets, c'est parce qu'ils ont « l'impression qu'on veut **leur cacher ce qui se passe à Paris.** »

« Le cafard est fils de la censure autant que de l'injustice. »

Claude Cadet (1).

26 Juin 1917. — *Le moral du soldat.* — « Le moral du soldat préoccupe beaucoup depuis quelque temps les publicistes, les chrétiens comme les libres penseurs. »

28 Juin 1917. — *Les alarmistes* (2). — ... « **C'est aussi, d'après un témoin, la mutinerie de tel régiment d'infanterie se refusant de monter en ligne, un bataillon descendant qui aurait tiré sur un train de permissionnaires remontant...**

« **Vous imaginez tout de suite M. Poincaré ne jouissant pas chez les combattants du plus grand respect** », etc...

Edmond Tourcis.

De leur côté, la feuille de l'Etat-Major allemand de Charleville et les journaux de langue allemande enregistrent avec une évidente satisfaction les progrès du mouvement gréviste en France et les ravages de la propagande pacifiste dans l'armée du front. Même en tenant compte des exagérations et des mensonges volontaires du *Kriegspressamt*, certains documents reproduits par la presse germanique sont d'une éloquence effrayante.

On en jugera par ces quelques extraits :

(1) La signature qui figure sous l'échoppage, a disparu dans le n° du 19 Juin.
(2) L'article est entièrement censuré.

Gazette des Ardennes.

17 Mai 1917. — *Les troupes russes sur le front français* : « On apprend de source informée que les troupes russes en France refusent de combattre plus longtemps pour les intérêts anglo-français ».

24 Mai 1917. — *Gaz délétères* : « Dans le *Figaro*, Polybe s'émeut de ce que les « gaz délétères du pessimisme » détruisent depuis quelque temps les trop belles illusions dont il persiste, lui, à gaver ses lecteurs » etc...

27 Mai 1917. — *Le moral des troupes de l'Entente.*

2 Juin 1917. — *J'appelle un chat un chat* : « Un vent d'impatience, d'inquiétude, de désespoir même, traverse la France », etc...

16 Juin 1917. — *Une propagande symptomatique* : « M. Léon Daudet nous apprend l'existence d'une propagande symptomatique en écrivant dans son *Action française* : « Actuellement une propagande criminelle s'exerce dans l'armée à l'aide de tracts, « factums, brochures, etc... »

« Il va sans dire que la propagande ainsi flétrie est « l'œuvre d'agents de l'Allemagne », c'est du moins M. Daudet qui l'affirme. »

24 Juin 1917. — *A bas la guerre* : « Le *Phare de la Loire*, journal paraissant à Nantes, nous apprend que tous les soirs, on entend pousser dans les trains de soldats qui traversent Savenay dans la direction d'Orléans, des cris tels que : « A bas la guerre ! Vive l'anarchie ! Vive la paix ! » Le journal demande que des mesures soient prises pour que ces incidents ne se répètent pas tous les soirs. »

1er Juillet 1917. — *Le moral* : « Le moral de guerre traverse en France une crise qui nquiète les gouvernants », etc.

3 Juillet 1917. — *Pour relever le moral* : « La lassitude et la désillusion ont atteint un haut degré en France », etc.

3 Juillet 1917. — *Encore le moral des soldats. Propagande pacifiste.*

7 Juillet 1917. — *Le tigre se fâche.*

8 Juillet 1917. — *La propagande pacifiste* : ... « Au Sénat, M. de Lamarzelle, sénateur du Morbihan, a prononcé un discours au cours duquel il traita des menées pacifistes : En voici un résumé d'après les journaux parisiens :

... « Ce discours est significatif. Il révèle cette « peur de la paix » qui est aujourd'hui la pensée dominante des cercles dirigeants français. Le truc qui consiste à faire de ceux qui parlent de la paix des « agents de l'Allemagne » est d'une puérilité vraiment déconcertante. »

8 Juillet 1917. — *Toujours le moral du poilu* (citation de l'article du *Bonnet Rouge* relevé plus haut).

Journaux allemands de langue allemande.

9 Juin 1917. — *Schwäbischer Merkur* : « 14 officiers et 545 soldats français faits prisonniers le 25 Mai rapportent que, sur certaines parties du front, la discipline laisse beaucoup à désirer. Deux bataillons de chasseurs ont refusé de retourner aux tranchées parce qu'on leur avait fait espérer un plus long repos que celui qui leur était accordé. Seule la promesse qu'ils ne resteraient que peu de temps en première ligne et qu'on augmenterait la durée de leurs permissions a pu les décider à regagner les positions d'avant. »

19 Juin 1917. — *Communiqué de l'agence Wolff* (reproduit par tous les journaux allemands) : « Au sujet de la mutinerie des troupes russes en France, mutinerie qui, aux dires des Français, n'aurait pas la moindre importance, nous apprenons de source sûre que sur un groupe de Russes qui refusaient de combattre pour la France, on prit 150 hommes,

des meneurs, parmi lesquels 1 sur 10, au total 15, ont été fusillés ». (*Agence Wolff*, journaux allemands du 19 Juin).

26 Juin 1917. — *Kölnische Volkszeitung* : « Un soldat du 329e d'infanterie constate dans son carnet du 27 Mai... Partout des groupes qui décident de ne pas se rendre le soir au rassemblement pour le départ... Le drapeau rouge qui avait été déjà brandi une fois reparaît de nouveau. On chante l'*Internationale*. A six heures, beaucoup manquent à l'appel. A la 23e compagnie, nous sommes tout au plus 40. Nous apprenons par des permissionnaires de retour que le 338e régiment qui appartient à la même division que le 307e (62e division d'infanterie), chante l'*Internationale* dans tout Soissons et crie à pleins poumons : « Vive la paix ! A bas la guerre ! Mort aux généraux ! ». En un mot, moral partout très mauvais. Le IIIe corps qui se trouve dans la même région et qui vient cependant d'un long repos a le même moral. »

11 Juillet 1917. — La *Kölnische Zeitung* consacre son éditorial à la « démoralisation en France sur le front et derrière le front ». Elle souligne la mauvaise organisation du service des gares à Paris et insiste ironiquement sur les efforts de la presse française pour découvrir dans les menées des agents allemands l'origine d'un malaise qui, dit-elle, n'a d'autre cause que la fatigue du peuple français et son désir de conclure le plus tôt possible la paix avec l'Allemagne invincible.

19 Juillet 1917. — *Frankfurter Zeitung* : « Les cas de mutinerie se multiplient dans l'armée française.

« Un homme du 217e d'infanterie écrit que son régiment s'est mutiné à Ste-Menehould », etc...

20 Juillet 1917. — *Nordeutsche Allgemeine Zeitung* (journal officieux de la Chancellerie) : « Nous avons de nouvelles preuves de l'indiscipline croissante qui règne dans l'armée française... voici ce qu'un soldat du 119e régiment d'infanterie écrivait à ses parents le 5 juin dernier : « Le moral est très mauvais. Le 36e et le 129e régiments ont « refusé nettement d'aller en première ligne et il en a été à peu près de même du 74e »... Autre lettre du 19 Mai : « Nous apprenons par des permissionnaires de retour que le « 338e, qui fait partie de la même division que le 307e, chante l'*Internationale* et crie à tue-« tête dans tout Soissons : A bas la guerre ! Mort aux généraux ! »

22 Juillet 1917. — *La Norddeustche Allgemeine Zeitung* reproduit les dix commandements du poilu, lus par M. Brizon, le 14 Juin dernier, à la tribune de la Chambre française : « Le désir de paix, écrit le journal allemand, qui s'exprime dans ces dix commandements, ne peut plus se laisser étouffer, en dépit des nombreuses condamnations à mort dont l'exécution est confiée à des Sénégalais. Malgré l'interdiction sévère de parler de la paix et la discipline de fer que l'on cherche à imposer, le mouvement pacifiste s'étend de plus en plus dans l'armée française ».

25 Juillet 1917. — *Norddeutsche Allgemeine Zeitung* : « D'après des papiers trouvés sur des soldats français du 109e régiment d'infanterie, de la 17e division, faits prisonniers le 8 Juillet au moulin de Laffaux, des mutineries se sont produites au commencement de Juin à Soissons, parmi les troupes du 129e régiment d'infanterie de la 5e division. Le régiment fut désarmé, les meneurs ont été fusillés », etc...

29 Juillet 1917. — *Norddeutsche Allgemeine Zeitung* : « L'inquiétude qu'inspirent au gouvernement français et à la presse chauvine de Paris les progrès rapides du mouvement pacifiste en France, aussi bien dans le peuple que dans l'armée, n'est pas sans fondement », etc...

Voir aussi : *Kreuzzeitung*, 11 Août 1917. — *Strassburger Post*, 7 Août 1917. — *B. Z. am Mittag*, 9 Août 1917. — *Norddeutsche Allgemeine Zeitung*, 17 Août 1917. — *Kölnische Zeitung* et *Kölnische Volkszeitung* du 13 Septembre 1917, etc...

III. — CONTRE LES PATRIOTES FRANÇAIS

Tout en poursuivant contre l'âme de la nation les campagnes qui viennent d'être exposées, le Grand Etat-Major allemand s'efforce de déconsidérer et discréditer les grands ravitailleurs du moral français. Contre les écrivains patriotes, il n'est pas d'injures ni de perfidies qu'on ne mette en œuvre. On veut à toute force persuader le « poilu » qu'il a tort d'avoir foi en ceux qui lui disent leur confiance dans les destinées de la Patrie. On s'attaque surtout à Barrès, G. Hervé et L. Daudet, qu'on juge particulièrement dangereux. Dans les hottées de diffamations qu'on déverse sur les champions de l'idée nationale, on fait à l'Académie française toute entière sa bonne part.

Victor Snell fournit à la *Gazette des Ardennes* et au *Bonnet Rouge* quelques-uns de leurs arguments contre Barrès, comme il alimente d'autre part les campagnes « contre l'espionnite » et « pour le triomphe de Wagner, en France, pendant la guerre ».

Voici à titre d'exemples seulement quelques titres :

GAZETTE DES ARDENNES
Organe de l'Etat-Major allemand.

BONNET ROUGE

a) Le Français est « gobeur ».

Gazette des Ardennes :

5 Avril 1916. — *Stratèges en chambre* (citation de VICTOR SNELL).
12 Mai 1916. — *Les gobeurs.*
7 Juillet 1916. — *Crédulité.*
27 Août 1916. — *Aveuglement ou clairvoyance.*
24 Septembre 1916. — *Le sang de la France* (citation de GOLDSKY dans le *Bonnet Rouge*).

Bonnet Rouge :

20 Mars 1916. — *Des histoires de brigands*, par G. CLAIRET.
29 Août 1916. — *A bâtons rompus*, par M. BADIN.
1er Septembre 1916. — *Le littérateur de guerre*, par FANNY CLAR.
24 Mars 1917. — *A bâtons rompus*, par M. BADIN.
etc., etc.

b) Contre M. Barrès.

Gazette des Ardennes :

3 Novembre 1915. — *Les trucs de M. Barrès.*
5 Janvier 1916. — *La guerre de M. Barrès.*
20 Janvier 1916. — *Un pèlerin de Bayreuth* (citation de VICTOR SNELL).
23 Avril 1916. — *Le prix de la vie humaine.*
7 Juillet 1916. — *Ceux qui devraient payer* (citation de SIXTE-QUENIN).
9 Août 1916. — *Pour M. Maurice Barrès* (citation de VICTOR SNELL).
23 Août 1916. — *Le poilu de l'arrière* (citation de SIXTE-QUENIN).
2 Septembre 1916. — *La guerre en gondoles* (art. de G. TÉRY dans l'*Œuvre*), etc.

Bonnet Rouge :

24 Mars 1916. — *Ecoutons Ibanez et point Barrès.*
4 Mai 1916. — *La France défigurée.*
1er Juillet 1916. — (Dessin du *Canard enchaîné*).
11 Août 1916. — *Incident*, par GOLDSKY.
15 Août 1916. — *La réponse du misérable* (RAFFIN DUGENS à BARRÈS).
28 Août 1916. — (Dessin : *Les imprécations de Maurice*).
8 Septembre 1916. — (Dessin du *Ruy Blas*).
19 Septembre 1917. — *Les imprécations de Barrès*, par G. CLAIRET.
etc., etc.

IV. — CONTRE LA GRANDE PRESSE FRANÇAISE

Si l'Etat-Major allemand s'en prend à quelques-uns de nos plus éminents publicistes, c'est pour atteindre plus sûrement les journaux où ils écrivent et qu'il considère comme les places fortes, les centres de résistance du moral français. Ces citadelles, il veut les détruire ou s'en emparer. Pendant qu'il lance contre les unes ses bombes chargées d'or, il attaque les autres par d'incessantes campagnes de dénigrement, de nargue, d'injures, de mensonges, de caricatures, de railleries, de dérisions, d'ironies, de persiflages, de calomnies et de diffamations. « Quand je serai maître de la presse, pense-t-il dans sa logique massive, je serai maître de l'opinion et je mènerai la France où je voudrai. Commençons par enlever aux Français la confiance qu'ils ont dans leurs grands journaux. Nous les ferons ensuite danser du son de notre flûte ». « La Presse française, dit Al. Meister dans son livre, *la Presse allemande pendant et après la guerre*, est un immense marécage, et cela ne date pas de la guerre, mais remonte à de longues années. La presse française est vénale, comme une prostituée ». On imagine ce qu'avec de pareilles conceptions, les Allemands ont pu tenter. Ce qui est sûr, c'est que la *Gazette des Ardennes* ne cesse de diriger contre le *Matin*, l'*Echo de Paris*, le *Temps*, la *Victoire*, l'*Homme enchaîné*, l'*Action française*, le *Figaro*, la *Liberté*, et d'une façon générale contre tous les journaux patriotes qu'elle appelle des « bourreurs de crânes », les traits venimeux de ses sarcasmes; c'est que dans cette campagne systématique organisée contre la grande presse, l'Etat-Major allemand ménage le *Journal* et l'*Eclair*; c'est enfin qu'il a tendu à la grande presse d'information des pièges qui devaient la disqualifier devant l'opinion. Par contre, il a pu exploiter le *Bonnet Rouge* (1), le *Populaire du Centre*, le *Carnet de la Semaine*, le *Journal du Peuple*, la *Bataille*, l'*Eclair*, le *Journal* et l'*Œuvre* au mieux de ses intérêts.

Dans ces quatre paragraphes :

a) Contre le *Matin*, l'*Echo de Paris*, le *Temps*, etc...;

b) On ménage le *Journal* et l'*Eclair*;

c) Pièges tendus à la grande presse d'information;

d) Citations du *Populaire du Centre*, *Journal du Peuple*, de la *Bataille*, etc... qui demanderaient chacun un long développement, signalons seulement, à titre d'exemples : 1° quelques citations de l'*Eclair* ; 2° quelques mystifications de la presse parisienne. Pour le reste c'est toujours l'accord parfait entre la *Gazette des Ardennes* et le *Bonnet Rouge*.

(1) Dans le *Bonnet Rouge*, ce sont surtout M. Badin, General N. (Goldsky) et G. Clairet qui sont chargés de cette besogne.

GAZETTE DES ARDENNES
Organe de l'Etat-Major allemand.

BONNET ROUGE

1) La Gazette des Ardennes et l'Éclair.

10 citations de l'*Eclair*.

21 Avril 1916. — *La Censure et l'*Eclair.

« L'*Eclair* vient d'être frappé pour la cinquième fois d'une suspension de vingt-quatre heures ».

30 Juillet 1916. — *La censure et l'offensive.*

« L'autre jour, l'*Eclair* essaya de publier sous le titre : « Les leçons d'une offensive » un article de fond de deux colonnes que la censure a entièrement supprimé. Le général N..., critique militaire du *Bonnet Rouge*, se plaint du fait que la censure a estropié ses articles », etc...

7 Septembre 1916. — *Quelques méditations* (1).

... « L'*Eclair* du 17 Août a ajouté les remarques suivantes : l'Angleterre n'est pas pressée, connaissant la tâche qu'elle veut accomplir. *Tant que nous sommes attachés à sa fortune, nous sommes obligés d'être du même avis qu'elle* » (2), etc...

9 Septembre 1916. — *Paix d'après-guerre.*

« Très rares sont, dans la grande presse parisienne, les articles qui osent aborder *sérieusement* le grave problème de la paix européenne. Aussi est-ce avec intérêt qu'on lira l'article que nous reproduisons intégralement ci-dessous, sans adopter, bien entendu, toutes les vues de l'auteur. Il a été publié en tête de l'*Eclair* du 22 août. (Suit l'article de l'*Eclair* signé Alcide Ebray sur une étude de Lord Cromes dans le Nineteenth Century). Il n'est pas douteux que cet article représente un sérieux effort de jugement qui contraste avec la phraséologie de la presse parisienne », etc...

27 Mai 1917. — *Soif de vérité.*

26 Mars 1916. — *Une évolution de l'*Eclair.

« Adversaire respecté pour sa courtoisie et son talent, M. E. Judet, directeur de l'*Eclair*, n'a pas moins toujours été considéré par les républicains d'extrême gauche comme un adversaire. L'*Eclair* abandonnerait-il cette attitude d'opposition intransigeante? L'incontestable talent de M. E. Judet... la loyauté de M. Judet... l'*Eclair* se consacre au relèvement économique de la France. »

G. Clairet.

27 Mars 1916. — *Une histoire de brigands. Où l'on découvre les dessous d'un grand complot dénoncé par la grande presse*, par J. Goldsky.

« Un complot boche à coup sûr !... Cette terrible fourchette qui arriva d'Amérique, M. G. Montorgueil nous apprend ce matin dans l'*Eclair* d'où elle vient », etc... (voir la suite à « la grande imposture », p. 91).

28 Août 1916. — *Dans l'attente.*

« M. E. Judet souligne avec beaucoup d'à-propos l'importance de ces déclarations de Churchill...

« *L'Angleterre n'est pas pressée, écrit-il, connaissant la tâche qu'elle veut accomplir. Tant que nous sommes attachés à sa fortune, nous sommes obligés d'être du même avis qu'elle* » (3), etc...

« Parfait, au moins on sait à quoi s'en tenir. Félicitons M. Judet de sa belle franchise. Jusqu'au bout ! Jamais encore on n'avait indiqué aussi clairement ce que cette formule pouvait signifier », etc., etc...

(1) Voir plus haut, p. 49.
(2) Souligné dans la *Gazette des Ardennes*.
(3) Souligné dans le *Bonnet Rouge*.

GAZETTE DES ARDENNES
Organe de l'Etat-Major allemand.

« Toutes ces dissimulations au sujet de la paix seraient amusantes si elles étaient moins tragiques.

« Un journal nationaliste de Paris qui a su conserver sa tenue sérieuse au cours de la guerre, l'*Eclair* de M. Judet, l'a fort bien senti lorsqu'il lança le 2 mai 1917 cet avertissement plein de bon sens : « *Le jour où nous aurons le courage de regarder en face nos faiblesses et nos erreurs, où la bonne foi dans nos examens de conscience égalera la confiance illusoire et la légèreté audacieuse du système que nous devons condamner et abolir sans retard, nous aurons vraiment gagné beaucoup dans cette terrible guerre* » (1).

3 Juin 1917. — *Vers la crise économique.*

Dans l'*Eclair* du 4 mai, M. E. Judet, faisant sienne la thèse de M. Ch. Humbert (dans le *Journal*), envisageait la famine mondiale, suprême conséquence de la guerre poussée à outrance :

« *La guerre prolongée à outrance devient de la sorte le prologue et bientôt le synonyme de famine. Tous ne pensent qu'à ruiner et tuer l'adversaire, sans se douter qu'un tel acharnement risque de supprimer tout le travail acquis d'une longue civilisation de siècles passés* » (2).

L'auteur de cet article a le mérite de se placer au-dessus de l'étroit point de vue d'un nationalisme haineux. Il n'est pas de ces gens furieux qui ne songent qu'à étrangler l'adversaire sans se demander s'ils ne poussent pas à la mort de leur propre peuple (3).

BONNET ROUGE

---

2) Quelques mystifications de la presse parisienne.

Pour détourner les soupçons, selon son habitude, le *Bonnet Rouge* lui-même dénonce tout le premier les mauvais tours dont la presse française est victime de la part des « Boches ».

Bonnet Rouge, 2 Mars 1916. — *Une mystification boche.* — « Le *Monde illustré* vient

(1) Souligné dans la *Gazette des Ardennes*.
(2) Souligné dans la *Gazette des Ardennes*.
(3) Cf. *Bonnet Rouge*, Fanny Clar, 13 Octobre 1916.

d'être victime d'une mystification teutonne qui montre avec quelle perfidie les Allemands s'emploient à se préparer, dans un but stupide, de faciles triomphes chez leurs ennemis dans l'espoir de parvenir à relever chez les neutres le crédit du nom germain. Voici l'histoire telle que la raconte notre confrère :

« Nous reçûmes au mois d'Août dernier la visite d'un agent de photographies qui nous proposa avec toutes les garanties d'authenticité d'usage une série de documents qui représentaient des scènes d'enthousiasme à Berlin et dans les principales villes de l'Empire, quand y parvint la nouvelle du torpillage du *Lusitania*.

« Le *Monde illustré* achète la photographie et la publie dans son numéro du 21 Août 1915 avec la légende suivante dont les éléments nous furent fournis par le vendeur même du document :

Enthousiasme et joie des barbares.

« Or le *Monde illustré* reçut des Etats-Unis un journal : *Welt im Bild*, où l'on dénonçait le faux dont le journal français s'était rendu coupable en publiant une photographie qu'il prétendait prise récemment alors qu'elle avait paru dans le *Hamburger Fremdenblatt* du 4 Août 1914 ».

a) Le « Deutschland » démontable.

GAZETTE DES ARDENNES
Organe de l'Etat-Major allemand.

18 Août 1916. — *Un bateau démonté* (éditorial).

« Il vient d'arriver à la grande presse parisienne une mésaventure vraiment funambulesque ! Le bateau « colossal » que les plus sérieux journaux boulevardiers ont monté à l'occasion de l'étonnant voyage du sous-marin allemand *Deutschland* en Amérique mérite sa place d'honneur au musée des mystifications parisiennes.

... « Le 1er Août, l'*Echo de Paris* publiait très sérieusement « l'information » que voici : « Au sujet des hésitations du *Deutschland* à quitter Baltimore, l'*Ouest-Eclair* a reçu des renseignements particuliers qui donnent à penser que le voyage du sous-marin de commerce ne serait qu'un bluff.

« Jamais, en effet, le fameux sous-marin ne l'aurait effectué à travers l'Atlantique pour la raison bien simple qu'il aurait été transporté démonté à bord d'un bateau neutre... Il serait donc arrivé en morceaux dans un des innombrables ports déserts qui s'échelonnent sur la côte américaine. Là il aurait été monté et chargé... et il serait parti pour Baltimore où il aurait fait l'entrée triomphale que l'on sait », etc.

BONNET ROUGE

6 Août 1916. — *Comment on fait marcher le public français. Une information sensationnelle — l'*Ouest-Éclair, *la* Liberté *et l'*Écho de Paris *la font revenir d'Amérique. Mais elle était née simplement rue Montmartre.*

La fin d'un bluff.

« Avec un remarquable ensemble, nos journaux ont « marché » dans cette histoire du sous-marin boche de Baltimore, etc...

(Extrait du *Canard enchaîné*, le seul journal qui déclare ne publier que des nouvelles fausses, nº du 26 Juillet).

Le voyage du Deutschland *serait un bluff.*

« Au sujet des hésitations du *Deutschland* à quitter Baltimore, l'*Ouest-Eclair* a reçu des renseignements particuliers qui lui donnent à penser que le voyage du sous-marin serait un bluff », etc... (l'*Echo de Paris*... nº du 1er Août).

« Conclusion (d'après le *Canard enchaîné*).

« *Les Bourreurs de crâne* ».

GAZETTE DES ARDENNES
Organe de l'Etat-Major allemand.

« Pour un bateau « bien monté » c'en était un. Il fit son entrée triomphale dans la presse parisienne. L'*Œuvre* constate ironiquement que le 2 Août tout le boulevard, à quelques rares exceptions près, avait suivi le mouvement et répandu cette nouvelle « *assez curieuse pour ne pas rester limitée aux proportions d'une conversation de club et passer dans le domaine de l'information* » (1).

La *Liberté* préludait ainsi : les hésitations que manifeste l'équipage du *Deutschland* à quitter le port de Baltimore provoquaient dans toute la presse de nombreux commentaires. Elles concordent d'ailleurs assez curieusement avec *certains bruits qui m'ont été rapportés ces jours-ci par une personne digne de foi à qui des relations américaines très sérieuses donnent une indiscutable autorité* ! »

« Nous connaissons aujourd'hui la personne digne de foi qui a si bien su faire marcher tous les grands journaux de Paris ! C'est le fin humoriste qui dirige le journal satirique le *Canard enchaîné*, où ce joli caneton a vu le jour.

« Nos lecteurs se réjouiront de lire ce petit conte auquel l'*Ouest-Eclair* emprunta son « information sensationnelle » qui a fait courir à ses trousses tout le journalisme parisien. Le voici :

La fin d'un bluff.

« Avec un regrettable ensemble, nos journaux ont marché, dans cette histoire du sous-marin de Baltimore.

« La vérité c'est que le sous-marin boche *n'a jamais effectué la traversée de l'Atlantique*. Mais alors ! C'est fort simple. Le *Deutschland* n'a jamais franchi l'Atlantique pour la raison que de toute évidence il a été construit à Baltimore », etc...

« En racontant à ses lecteurs cette histoire pas mal inventée, le *Canard enchaîné* ne les prenait pas en traître... c'est le seul

BONNET ROUGE

Le bluff du sous-marin naviguant sans emballage.

« Nous trouvons dans l'*Ouest-Eclair* cette curieuse information relative au *Deutschland* :

« Les hésitations que manifeste l'équipage du *Deutschland* à quitter le port de Baltimore provoquent dans toute la presse de nombreux commentaires », etc...

(La *Liberté*, n° portant la date du 2 Août).

11 Juillet 1916. —Le *Bonnet Rouge* publiait l'annonce suivante :
Coucou, le revoilà.

« Le *Canard enchaîné*, éclos dans le cerveau de quelques joyeux humoristes, a revu le jour. Né le 4 Septembre 1915 et décédé le 4 Novembre de la même année, il renaît de ses cendres le 5 Juillet 1916. Ce canard est, comme on le voit, bien près d'être un phénix !

« Et quel phénix !

« Jugez-en plutôt par ce sommaire...

. . . .

« Le *Canard enchaîné* paraît tous les mercredis, se vend 2 sous et loge 142, *rue Montmartre* » (2).

7 Août 1916. — *A bâtons rompus.*

« Est-il vrai ou est-il faux que, pour envoyer le *Deutschland* en Amérique, les Allemands aient préalablement démonté le fameux sous-marin, en aient chargé les morceaux à bord d'un cargo neutre, etc...

« Comme ce fut le *Canard enchaîné*, organe spécialisé dans le lancement des informations apocryphes, qui raconta le premier cette histoire, on en infère qu'elle est purement imaginaire.

« Pour mon compte je réserve mon opinion.

« Rien n'empêche en effet que l'invention

(1) En italiques dans la *Gazette des Ardennes*.

(2) C'était aussi l'adresse du *Bonnet Rouge*. Les deux journaux, dont les rapports s'affirment par ailleurs avec évidence, se livraient à la même besogne de dissociation intérieure et de défaitisme que le *Canard enchaîné* poursuit aujourd'hui encore sous le couvert de la caricature et de la « blague ».

GAZETTE DES ARDENNES
Organe de l'Etat-Major allemand.

journal parisien ayant la franchise d'avouer dans sa manchette *qu'il ne publie que de fausses nouvelles* (1).

« C'est tant pis pour les autres, qui n'ayant pas cette franchise, bourrent le crâne à leurs lecteurs avec leurs informations dignes de foi ! »

BONNET ROUGE

d'un mystificateur se trouve en concordance avec la réalité des faits », etc...

M. BADIN.

b) L'Usine aux cadavres.

22 Avril 1917. — *Propagande civilisée.*

« Le sans-fil officiel de Lyon du 19 Avril 1917 étonne le monde par la communication macabre que voici :

« *Comment les Allemands exploitent les cadavres de leurs soldats.* On lit dans le *Temps* ces renseignements atroces sur la façon dont les Allemands tirent parti des cadavres de leurs soldats. M. Karl Rosner, correspondant du *Lokal Anzeiger*... dit :

« Nous traversons Everginco urt. Une odeur fade comme si l'on brûlait de la chair vicie l'atmosphère. Nous passons auprès de la « Kadaververwertungsanstalt » (établissement pour utilisation des cadavres) de groupe d'armées. Les corps gras sont convertis en lubrifiants », etc...

... « Cet aveu du journaliste allemand vient corroborer la description de cette nouvelle et abominable industrie créée par la barbarie scientifique des Allemands que l'*Indépendance belge* publiait il y a quelques jours d'après le *Journal de Belgique* qui paraît à Leyde ».

« Suit un extrait de l'article de ces deux journaux. Nous préférons en donner intégralement le contenu que M. Montorgueil a reproduit dans l'*Eclair* du 13 Avril et dont un résumé abrégé est répandu par le sans-fil (suit l'article de l'*Eclair*).

... « Malheureusement l'édifice de ces calomnies s'écroule dès que l'on compare l'article de M. Rosner à la traduction du *Temps*. Voici le fait : en Allemagne le mot « Kadaver » ne signifie *jamais* « un cadavre » *humain* (en allemand : Leiche), mais exclusivement le cadavre

21 Avril 1917. — *L'usine aux cadavres.*

« Le record de la bêtise dans le mensonge.

« Les lecteurs du *Bonnet Rouge*, s'il leur arrive de comparer leur journal aux autres feuilles parisiennes, peuvent constater que nos confrères donnent fréquemment des informations que l'on ne trouve pas chez nous...

« L'*Œuvre*, de M. Gustave Téry, qui n'est pas un journal plus mal fait que les autres, s'abstient aussi systématiquement de remplir ses colonnes avec des informations ridicules. Elle s'en explique ce matin devant ses lecteurs en produisant un exemple qui vaut d'être rappelé :

« La plupart des journaux parisiens ont reproduit ces jours-ci un télégramme de l'Agence anglaise *Reuter*, repris par notre agence officieuse *Havas*. Ce télégramme annonçait tout simplement que les Allemands, à court de matières premières, « traitent » les cadavres de leurs soldats et... arrivent à extraire de ces corps de la stéarine, de l'huile, etc...

« C'est avec le même luxe de détails que le *Temps*, le journal le plus sérieux du monde, dit-on généralement, décrit les opérations grâce auxquelles on transforme en Allemagne les cadavres de soldats en ingrédients utiles... Il y a bien en Allemagne des usines où l'on utilise les cadavres, mais pas les cadavres de soldats : les cadavres d'animaux.

« Les savants des grandes agences se sont dit : Kadaver, cadavre d'homme, par conséquent, en temps de guerre, cadavre de soldats. Or, il n'en est rien...

(1) Cet aveu a disparu de la manchette du *Canard enchaîné*.

GAZETTE DES ARDENNES
Organe de l'Etat-Major allemand.

d'un animal. La « Kadaververwertungsanstalt » sert donc uniquement à l'utilisation des cadavres de chevaux, vaches, etc...

« Nous avons sous les yeux l'article allemand. Si l'auteur n'y précise pas qu'il s'agit de cadavres de chevaux, c'est parce qu'il écrit pour des lecteurs allemands qui jamais ne se tromperont sur le sens du mot « Kadaver »...

« C'est là un échantillon particulièrement précieux de cette propagande pour la « civilisation » contre la « barbarie » allemande. Nous le devons à la collaboration de deux journaux belges qui inventent ou dénaturent des choses simples et naturelles, d'un rédacteur qui fausse en traduisant, et du sans-fil de Lyon, qui, de ces éléments louches, a distillé un radiogramme calomniateur par excellence.

« Et nous demandons simplement : une *bonne* cause a-t-elle besoin d'une telle propagande? »

26 Avril 1917. — *A propos de la « propagande civilisée ».*

« Voici le « démenti » que l'*Eclair* oppose à l'ignoble article de M. Montorgueil :

« A propos de l'industrie macabre qui consistait à traiter les cadavres allemands des champs de bataille, on fait remarquer qu'il ne s'agit sans doute que de cadavres d'animaux.

« Toute l'erreur proviendrait d'un contresens commis par le traducteur qui aurait pris le mot allemand « Kadaver » dans le sens de cadavre *humain* qu'il n'a jamais eu »...

28 Avril 1917. — *Paroles raisonnables.*

« Tandis que le *Temps* et l'*Eclair* se contentent d'affaiblir par des « démentis » très petits l'effet de leurs abominables histoires sur l'utilisation des cadavres des soldats en Allemagne, il y a encore des journaux à Paris — nous le constatons très volontiers — qui ont honte de ce « bourrage de crânes » vraiment trop fort. C'est ainsi que l'*Humanité* écrit :

BONNET ROUGE

« Quand ils parlent des cadavres des hommes, de ce qui reste d'un corps humain après la mort, les Allemands emploient les mots « Leiche » ou « Leichmann ». Quand ils emploient le mot « Kadaver », c'est pour marquer qu'il ne s'agit pas de corps humain.

« C'est cette erreur de traduction qui a fait naître l'information sensationnelle après laquelle nul ne pourrait plus ne pas croire que l'Allemagne est épuisée.

« Une erreur de traduction, ce n'est pas grave assurément.

« Mais ce qui est grave, c'est de rendre notre peuple si fier et si spirituel, ridicule aux yeux de l'étranger en laissant croire qu'il accepte facilement des sottises aussi monstrueuses, des bourdes aussi monumentales », etc.

G. CLAIRET.

24 Avril 1917. — *La découverte du nouveau monde et de l'ancien :*

« On nous a raconté bien des mensonges depuis le 2 Août 1914.

« Il y en eut de retentissants dont l'évidence apparut à tous : l'histoire de l'usine aux cadavres par exemple », etc...

G. CLAIRET.

24 Avril 1917. — *Les bourreurs de crânes. Canards d'hier et d'aujourd'hui.*

« La grande presse est plutôt gênée par la révélation publique de l'erreur fabuleuse qu'elle commit le jour où, s'en remettant à un traducteur ignare, elle affirma que les Allemands faisaient bouillir les cadavres de leurs soldats pour en tirer une poudre destinée à améliorer l'ordinaire des gorets...

« Cette invention grotesque de l'usine aux cadavres, ce canard géant nous rappelle d'autres fables tout aussi ridicules que notre grande presse servit à ses lecteurs pour des histoires véridiques.

« Il appartenait aux Allemands de reprendre cette tradition de « canards » en mystifiant *sans le vouloir* (!) (1) toute la

(1) C'est nous qui soulignons et ajoutons le point d'exclamation.

GAZETTE DES ARDENNES
Organe de l'Etat-Major allemand.

. . . .

« Même note dans le *Bonnet Rouge*. Après avoir dûment qualifié la fameuse propagande civilisée, le journal radical continue : « Le *Temps* et ses confrères de la «grande » presse parisienne ne donnaient pas cette description pour une plaisanterie indécente, imaginée par quelque humoriste à l'ironie lourde et macabre. Nos journaux de grande information servaient cette histoire folle comme une nouvelle exacte... »

« Suit une explication qui correspond à peu près à la nôtre.

« Dans un article de l'*Œuvre*, consacré à ce record des « bourreurs de crânes », on lit : « *Il reste bien quelque chose de macabre dans toute cette histoire, c'est le zèle des journalistes qui l'ont reproduite. Il reste aussi quelque chose d'écœurant, c'est leur ignorance de la langue qu'ils prétendent traduire* ».

BONNET ROUGE

grande presse de Paris et les organes de Londres avec leur macabre et joyeuse usine aux cadavres qui les faisait passer presque pour des anthropophages et qui n'est en fin de compte qu'une vulgaire fabrique de noir animal. »

CLAUDE CADET.

Ce qui est plus écœurant encore que de prétendues erreurs de traduction, c'est d'insérer dans un journal français une thèse allemande qui repose sur un faux et d'en « bourrer le crâne » des lecteurs français.

Laissons de côté la question de fait sur laquelle les Allemands eux-mêmes n'ont apporté aucune précision. Leur seul argument pour démontrer que leur fameuse « Kadaververwertungsanstalt » ne traitait que des cadavres d'animaux, c'est qu'en allemand le mot « Kadaver » n'avait jamais le sens de cadavre humain, et qu'il est absolument impossible d'interpréter le nom de la fameuse usine aux cadavres dans le sens que lui ont donné les journaux belges, anglais et français. Or c'est faux. Le mot « Kadaver » a en allemand le sens de cadavre humain, tout aussi bien, et même plus spécialement encore que celui d' « animal mort ». En voici des preuves que ni la *Gazette des Ardennes*, ni l'*Œuvre*, ni personne en Allemagne ne pourra réfuter : SACHS-VILLATTE (*Dictionnaire allemand-français, grande édition*) :

Kadaver = cadavre ; weit S. (= par extension) = Aas.

Aas = Tierleiche : charogne.

HEYSE : *Fremdwörterbuch* (dictionnaire des termes étrangers employés en allemand) : Kadaver : ein todter Körper, Leichnam; Vom Vieh gebraucht = Aas. — C'est-à-dire : Kadaver = un corps mort, cadavre humain. En parlant des animaux : charogne.

Donc le mot « Kadaver » a également le sens de cadavre humain.

Donc la *Gazette des Ardennes* et ceux qui lui font écho mentent en soutenant le contraire. Mais nous avons mieux encore : après les dictionnaires qui font autorité, voici un texte dont personne ne contestera la compétence puisqu'il est consacré aux *sépultures humaines* en Italie :

Braus : Leichenbestattung in Unteritalien (*Archiv für Religionswissenschaft*, t. IX, 1906, p. 391). — Les sépultures en basse Italie (Archives pour l'Histoire des religions) :

« Im Mittelalter und bis in die neuere Zeit hinein war es üblich in trockenen Kellern unter den Fussböden der Kirchen zu bestatten. Es sind heute noch solche Grüfte mit vielen Hunderten wohlerhaltener *Kadaver* zu sehen. »

Ce qui signifie :

Au moyen âge et jusque dans les temps modernes, on avait l'habitude d'enterrer les morts dans les caveaux secs sous les dalles des églises. On peut voir encore aujourd'hui de ces fosses remplies de centaines de *Kadaver* (c'est-à-dire de cadavres *humains*) bien conservés.

Et nous demandons maintenant au collaborateur du *Bonnet Rouge*, à la *Gazette des Ardennes* et à l'*Œuvre* (1), de quel côté sont les véritables « bourreurs de crânes »?

c) La cathédrale de Soissons.

GAZETTE DES ARDENNES
Organe de l'Etat-Major allemand.

10 Juillet 1917. — *Les bourreurs de crânes.*

« M. Léo Poldès, rédacteur en chef de la *Grimace*, extrait d'une lettre adressée à l'*Evénement* par un poilu, ces détails affreux sur les méfaits des Allemands à Soissons.

(Pour la suite voir ci-contre).

« Le malheur, fait remarquer la *Grimace*, c'est qu'on cherche cette tour depuis le XIIIe siècle », etc...

(Voir ci-contre).

BONNET ROUGE

5 Juillet 1917. — *Bourrage.*

« Notre jeune et spirituel confrère Léo Poldès, rédacteur en chef du vivant hebdomadaire la *Grimace*, extrait d'une lettre adressée à l'*Evénement* par un poilu ces détails affreux sur les méfaits des Allemands à Soissons.

« La cathédrale... En vain chercheriez vous sa deuxième tour rasée entièrement par de monstrueux obus. »

« On cherche cette tour depuis XIIIe siècle, car elle n'a jamais été construite.

« La flèche de Saint-Médard ne tenait plus dans l'air que par un moellon miraculeusement épargné ».

« Il n'y a jamais eu de temps immémorial d'église St-Médard à Soissons.

« A part ça !

« Et c'est sur de pareils témoignages que l'on prétend instruire le procès des Allemands ! »

(1) C'est la seconde fois que nous voyons l'*Œuvre* pratiquer le « bourrage de crânes » au profit des Allemands. Cf. p. 56, note 32.

Léo Poldès était un des collaborateurs du *Bonnet Rouge* et, le 7 Octobre 1916, le journal d'Almereyda annonçait en ces termes la naissance de la *Grimace* :

La Petite Presse :

« C'est hier qu'a paru le premier numéro de la *Grimace*, une nouvelle gazette républicaine du dimanche...

« Les directeurs de ce journal sont : notre ami Amédée Peyroux, député de la Seine-Inférieure; B. Bernard, député de la Seine; M. Turmel, député des Côtes-du-Nord et notre jeune confrère Léo Poldès.

« Venant après : le *Canard Enchaîné, Ce qu'il faut dire*, le *Ruy Blas*, le *Moniteur de Paris*, le *Carnet de la Semaine, les Hommes du Jour* (1), la *Grimace* marquera le développement de cette petite presse hebdomadaire de combat dont le rôle méconnu des ignorants fut souvent plus important que celui des journaux mastodontes. »

CŒLIUS.

A ces exemples de mystification germanique, il convient d'ajouter :

d) L'information en elle-même abjecte, soi-disant empruntée à une certaine *Deutsche Scheizzunge* brésilienne, dont le titre, imperceptiblement camouflé (2), est d'une ordurière grossièreté (3) et :

e) La signature du « GÉNÉRAL N », collaborateur militaire du *Bonnet Rouge*.

La lettre qui, en allemand, désigne un inconnu ou une personne que l'on ne veut pas nommer est un N, ordinairement suivi d'un seul point : N. (N. est ici une abréviation de N. N. = Nomen Nescio), Monsieur X se dit Herr N. ; GÉNÉRAL X = General N.

En allemand, général se dit General, se prononce « Guénérâl », mais s'écrit sans accent.

« GÉNÉRAL N. » est donc une signature allemande qui peut, si l'on n'attache aucune importance aux accents qui manquent sur les « e » et au sens allemand de la lettre « N », passer pour française.

Dans le *Bonnet Rouge* de 1916, le mot « Général » devant les noms de Percin et de Sauret est toujours en minuscules grasses et surmonté de 2 accents.

Les premiers articles du « Général N. » sont également signés en minuscules grasses, ornées de 2 accents. A partir du 25 Juin 1916, paraissent les signatures « GENERAL N... » en capitales sans accents et nous les retrouvons sous 7 types différents, en capitales grasses, maigres, italiques majuscules, toujours sans accents.

Ces signatures allemandes se retrouvent sous 97 articles, d'abord en capitales ordinaires peu apparentes, puis en capitales grasses de plus en plus apparentes, d'abord suivies de 3 points, puis d'un seul point, d'abord en deuxième et troisième colonnes, puis en première colonne sous des éditoiaux.

(1) Ces périodiques ne représentent que quelques-uns des satellites qui gravitent autour du *Bonnet Rouge* et sur lesquels nous reviendrons au chapitre du « camouflage journalistique ».

(2) Il s'écrirait correctement *Scheisszunge*.

(3) Ce titre signifie « la langue qui ch... ». Voir ch. V. : l'évolution du *Bonnet Rouge*.

Les autres articles militaires sont signés en minuscules accentuées.

Pour des raisons techniques les mots en capitales s'écrivent ordinairement sans accents, mais, dans le *Bonnet Rouge* lui-même les noms de JAURÈS et de DOLÉRIS, en grandes capitales, portent l'accent.

Pour croire que GENERAL N. n'est pas une signature allemande, il faut admettre que c'est le hasard *seul* qui a fait :

1° Choisir la lettre N. qui se trouve justement celle qu'emploient les Allemands.

2° Choisir un mot qui, à part les accents, se trouve justement le même en allemand qu'en français ;

3° Choisir devant les noms de Percin et de Sauret un genre de caractères surmontant toujours le mot « Général » de ses 2 accents ;

4° Choisir devant N. un genre de caractères ne comportant justement pas l'accent ;

5° Choisir dans ce genre de caractères sept types différents sans accents ;

6° Choisir des types de « GENERAL N. » de plus en plus visibles ;

7° Supprimer les 3 points derrière N... et les remplacer par un seul point pour aboutir à la forme classique « GENERAL N. » ;

8° Placer cette signature authentiquement allemande sous des articles de plus en plus importants, dont les derniers sont des éditoriaux de plus en plus censurés ;

9° De plus il faut admettre que, parmi tous les collaborateurs du *Bonnet Rouge* sachant l'allemand (et il devait y en avoir dans une maison où l'on invoque sans cesse les grands noms de la littérature allemande), personne n'a remarqué qu'il *était au moins indécent de laisser* s'étaler pendant des mois ce « GENERAL N. » allemand, dans une feuille française, et qu'*il importait de faire cesser au plus vite une équivoque* qui ressemblait furieusement à une gageure et à une cynique mystification.

Si le hasard seul, dans cette circonstance, a collaboré au *Bonnet Rouge*, c'est un hasard qui doit avoir, comme le « soldat » qu'est le GENERAL N. lui-même, toutes les sympathies de l'Etat-Major de Charleville.

Voici en effet ce qu'on lit dans la *Gazette des Ardennes* du 7 Novembre 1916 :

> « Le général N... est un des très rares critiques militaires de la presse parisienne qui reconnaissent les qualités de l'adversaire. Est-ce parce qu'il est *soldat* (1), tandis que la plupart des confrères sont des écrivains de métier? » etc...

Quelle que soit la solution qu'on adopte, « GENERAL N. » n'en reste pas moins une signature allemande, que des yeux allemands reconnaissent immédiatement et qui n'a pu provoquer chez les officiers allemands qui lisaient le *Bonnet Rouge*, qu'un sourire de satisfaction intérieure, ce « Schmunzeln » comprimé, qui plisse de biais les lèvres des Prussiens quand ils narguent

(1) En italiques dans la *Gazette des Ardennes*. Pour les jugements de la *Gazette des Ardennes* sur General N., voir chapitre IV.

leurs dupes et que celles-ci ne s'aperçoivent même pas qu'à leur nez, à leur barbe, « on se paye leur tête » (1).

Doute-t-on encore de cette nargue prussienne? On en a rencontré un exemple (p. 22), dans le passage de la *Gazette des Ardennes* où l'Etat-Major allemand félicite les Français des régions envahies d'appeler courtoisement les sujets du Kaiser, non pas des « Boches » mais des « Allemands ». Et la pseudo-gazette ajoute ironiquement : ... « Comme a dû les appeler toujours feu M. de Coislin qui, paraît-il, était l'homme le plus poli de France. *Ils savent* ».

Oui, nos malheureux compatriotes savent que quand ils parlent des « Boches » ils vont en prison (2). Nargue prussienne.

Un autre exemple, c'est la publication dans la *Gazette des Ardennes* du 9 Juillet 1916 d'un *Rapport sur les Séances secrètes de la Chambre française* (c'est le titre de l'article) qui, à travers une citation du *Basler Volksblatt* empruntée elle-même à l'*Avanti* de Milan, nous fait comprendre ironiquement que l'Etat-Major impérial est au courant de tout ce qui se passe à nos séances secrètes.

Enfin le discours du Chancelier annonçant au monde entier qu'il connaît par « témoin oculaire et auriculaire » le détail des discussions poursuivies à huis clos dans notre Parlement, est lui-même un trop bel exemple de « nargue prussienne » et trop présent à toutes les mémoires pour qu'il soit nécessaire d'insister davantage.

(J'ai cité au procès Toqué un autre exemple de nargue boche : la *Gazette des Ardennes* du 6 Mars 1917 publie la liste 19 des soldats français inhumés derrière le front allemand. Or on y lit ceci : Tombes n° 2 « *Gewann Sauwinkel* ». Tombes n° 3 « *Gewann Sauwinkel* » suivis de noms français. C'est de l'allemand et cela signifie : « Un tel, un tel... soldat français A GAGNÉ LE COIN DES COCHONS ! » — *Note de 1920*).

V. — CONTRE LA CENSURE FRANÇAISE

La censure semble avoir terriblement gêné l'Etat-Major de Charleville. Cela peut paraître singulier car la *Gazette des Ardennes* n'avait pas à craindre pour elle-même les ciseaux d'Anastasie.

La « feuille immonde » part néanmoins en guerre contre une institution qui, malgré tout, a bien l'air d'avoir contrarié ses desseins. Elle crible de railleries, elle voudrait tuer sous le ridicule — faute de mieux — la sentinelle vigilante qui monte la garde devant le moral de la Nation.

(1) On voit combien ces conclusions sont réservées. L'avocat de Goldsky n'en a pas moins osé affirmer devant le troisième conseil de guerre que j'avais dit : « General N. est une signature allemande, *donc* Goldsky est un traître ! » Et le *Journal du Peuple* d'applaudir à cette falsification de texte ! On juge par là de la loyauté de certains arguments employés par la défense. (Note de 1920).

(2) La *Gazette des Ardennes* n'a pas cessé d'exercer sa « nargue » contre nous. Voici ce qu'elle écrit le 24 Février 1918 sous le titre l'*Ardennais de Paris* : « Depuis que nous avons juré ce qu'on sait, aucune ligne ardennaise n'a plus été empruntée à l'*Ardennais de Paris*. Nous avons d'autres sources. Qu'il ne se donne donc aucune peine. »

Le programme allemand pour cette campagne tient en trois points :

a) Il faut supprimer la censure ;

b) Il faut publier en France les communiqués allemands ;

c) Il faut publier en France le plus grand nombre possible de textes traduits de l'allemand.

C'est surtout la publication en France des communiqués allemands qui préoccupe l'Etat-Major de Charleville. A voir l'insistance qu'il y apporte, il n'est pas douteux qu'il ait voulu se procurer par ce moyen un nouvel instrument de propagande et de démoralisation directs auprès du public français. Ces communiqués, déjà très souvent rédigés en vue de l'effet qu'ils produiront sur les ennemis et les neutres, seraient devenus une nouvelle arme de guerre que les rédacteurs de la pseudo-gazette auraient aiguisée tout spécialement contre nous.

Il est non moins certain que les Allemands mettraient moins d'ardeur à réclamer la publication de leurs communiqués chez nous si nous occupions une vaste étendue de leur territoire.

Dans cette campagne, comme dans toutes les autres, la *Gazette des Ardennes* et le *Bonnet Rouge* s'appellent et se répondent comme des voix qui, à propos des moindres incidents, communiqueraient à travers une épaisse muraille. Voici entre mille exemples (ce chapitre à lui seul remplirait tout un fascicule) un échantillon de ces dialogues. Comme dans la campagne pour la réouverture des cafés-concerts et lieux de plaisir, le *Bonnet Rouge* feint d'ignorer que les Allemands campent en vainqueurs dans quelques-unes de nos plus belles provinces :

GAZETTE DES ARDENNES
Organe de l'Etat-Major allemand.

26 Juillet 1916. — *Un appel.*

« Dans le *Bonnet Rouge* du 19 juillet, le Général N. semble avoir voulu parler de la nécessité de songer à la paix. La censure ne le lui a pas permis et a coupé le passage subversif. Citons toutefois les considérations finales de cet article :

... « *Faisons des économies de forces pour* « *la paix. C'est à ce moment-là surtout que* « *nous aurons besoin de toutes nos res-* « *sources.*

« Mais pour que puissent s'engager en « toute lumière et avec les garanties néces- « saires les conversations dont nous par- « lions hier, et qui sont inévitables, sinon

BONNET ROUGE

13 Juillet 1916. — *En Allemagne, l'agitation* pour la paix.

[— « On doit à mon avis apporter le — moins de restrictions possible à la liberté — de la presse qui, malgré de grandes dif- — ficultés, fait son devoir dans une juste — appréciation de ses responsabilités. »

— « (Discours du Chancelier Bethmann- — Hollweg au Reichstag) (1).

— « La censure doit s'exercer dans la — mesure où la défense nationale est inté- — ressée, mais les fonctionnaires seront — responsables personnellement. »

— « Décision du Comité central du — Reichstag, (2)].

(1) Cette citation et la suivante figurent en gros caractères au milieu du blanc d'un échoppage.

(2) Ces deux citations allemandes se retrouvent le même jour à la place d'un article de tête entièrement censuré et ont paru malgré la censure. Le *Bonnet Rouge* les a d'ailleurs reproduites à plusieurs reprises dans plusieurs numéros.

GAZETTE DES ARDENNES
Organe de l'Etat-Major allemand.

« prochaines, il importe que notre gou-« vernement et sa censure prennent soin « d'éviter tout ce qui pourrait empêcher « les peuples de l'Entente de savoir (1).

« A ce propos on nous (2) permettra de « rappeler cette note du G. Q. G. allemand « que nous avons publiée et qui commence « par ces mots :

« *Depuis le premier jour de la guerre, « nous avons été les seuls de toutes les nations « en lutte à publier chaque jour intégrale-« ment les communiqués de tous nos enne-« mis. C'est que nous avons une confiance « absolue dans la fermeté des Allemands « de l'arrière* ».

... « C'est un camouflet mérité à notre « adresse.

... « On peut trouver en France... les « communiqués des Etats-Majors ennemis « (dans les journaux suisses : *la Réd.*). « *Seule la grande presse française se voit « interdire le droit d'en publier le texte.*

« On ne voit pourtant pas quel incon-« vénient il y aurait pour le peuple de « France, dont la volonté et la fermeté ont « fait l'admiration du monde, à savoir ce « que pense l'ennemi ou ce qu'il veut faire « croire des opérations militaires ».

« (C'est précisément parce que les sobres communiqués allemands « veulent faire croire» *les simples faits* qu'on en a si peur ! *La Réd.*). »

18 Août 1916. — *Le congrès socialiste franç is.*

« La publication de cette résolution minoritaire a été interdite par la censure du gouvernement français à tous les journaux, à l'exception de l'*Humanité* qui a été autorisée à la reproduire en petits caractères.

« Opposant à cette liberté française la prétendue « tyrannie » qui, d'après les journaux parisiens, régnerait en Allemagne, le *Bonnet Rouge* cite les paroles suivantes dans lesquelles le chancelier M. de Beth-

BONNET ROUGE

15 Août 1916. — *Inconséquences.*

« Le gouvernement français, on ne l'ignore pas, interdit la publication des communiqués ennemis et en principe de toutes les communications émanant des Etats-Majors des gouvernements de la coalition du centre.

« **La guerre est une chose assez sérieuse pour qu'on ne bluffe en aucun cas... »**

GENERAL N...

19 Octobre 1916. — *La conspiration des ciseaux.*

[— Maintenant nous en avons assez. Tant — que la censure ne nous paraissait que — stupide, nous voulions bien nous incliner. — La voilà qui se démasque. Sous l'accou-— trement du bouffon, on devine le poi-— gnard du conspirateur » (3), etc...]

J. GOLDSKY.

21 Octobre 1916. — *La censure et* **l'ennemi.**

[— Autre chose : la fameuse *Gazette des — Ardennes* qui s'imprime à Charleville — en français, mais qui est allemande de — pensée (4), parlant des événements de — Grèce, utilise au maximum la polé-— mique que la censure a laissée se pro-— duire dans la presse française au sujet — du commandement en Orient ; elle fait, — elle aussi, allusion à mes articles. Or, ce — qui permet à la *Gazette des Ardennes* de — tirer des conclusions les plus imprévues — de mes articles, c'est encore la cen-— sure...

— Je ne veux pas enfreindre la consigne — qui nous est donnée en publiant des — textes empruntés à l'ennemi. Ils se-— raient probants ; ils montreraient que — la censure qui originellement devait — empêcher l'ennemi de se servir de ce — qui se publie en France, lui permet au — contraire de faire croire ce qu'il veut et de — présenter comme vraisemblables les nou-— velles les plus extravagantes, etc.]. (3)

GENERAL N.

(1) Cf. *Gazette des Ardennes*, 9 Février 1916. Allemands et Français : *Savoir, tout est là.*
(2) C'est toujours le *Bonnet Rouge* qui parle.
(3) Cet article entièrement censuré a paru malgré l'interdiction de la censure.
(4) Joli euphémisme pour désigner la feuille officielle de l'Etat-Major allemand.

GAZETTE DES ARDENNES
Organe de l'Etat-Major allemand.

mann-Hollweg résuma le principe de la censure allemande :

« *On doit, à mon avis, apporter le moins « de restrictions possibles à la liberté de la « presse, qui, malgré les grandes difficultés, « fait son devoir dans une juste appréciation « de ses responsabilités* » (1).

23 Août 1916. — *A l'adresse d'Anastasie.*

« Le critique militaire du *Bonnet Rouge*, un des rares journaux évitant les fanfaronnades et le bluff si chers aux feuilles boulevardières, se voit souvent censuré d'une façon particulièrement sévère. Il répond, dans le n° du 15 Août, par un petit article intitulé « *Inconséquences* » qui débute ainsi (voir p. 121, la citation du *Bonnet Rouge*). (Tout le passage est souligné par la *Gazette des Ardennes* qui, après avoir reproduit la suite de l'article, continue ainsi) :

« Dans un post-scriptum, le Général N. soupire finalement :

... « *Dans mon dernier article, des coupures adroites m'ont fait dire exactement le contraire de ce que j'avais écrit. On ne me laisserait pas rétablir les textes, je ne m'y essaierai donc pas. Mais je retiens le procédé* » (1).

9 Septembre 1916. — *A Salonique.*

« Il y a d'ailleurs à Paris de rares journalistes et critiques militaires auxquels l'affaire de Salonique semble louche.

« Dans un article consacré à la situation, le Général N., après avoir affirmé qu'il ne refuse pas sa confiance au Gouvernement, continue :

« Mais nous supplions nos lecteurs *de ne pas faire, eux, confiance à la presse de bluff et de mensonge qui empoisonne l'opinion française* » (2).

BONNET ROUGE

22 Octobre 1916. — *La censure et...*

« Il ne nous déplairait pas qu'elle (la censure) veuille bien tenir compte de l'usage que l'on fait chez l'ennemi des dégâts commis par ses ciseaux. »

GENERAL N.

27 Octobre 1916. — *Le dernier exploit de Mlle Cisaille.*

« Au fond il est peut-être réjouissant de voir la censure se disqualifier elle-même... Il est évident que **nous n'irons pas, nous, par fidélité aux principes démocratiques, jusqu'à faire le service de nos textes aux soldats de 2e classe.**

« **Nous les adresserons quand nous le jugerons utile à MM. les sénateurs et députés.** »

J. GOLDSKY.

28 Octobre 1916. — *Les textes ennemis.*

« Ou les communiqués ennemis rapportent assez fidèlement les événements et il ne peut y avoir aucun dommage à ce que le public français les connaisse, ou ils sont mensongers.

... « Dans l'un et l'autre cas, la publication des communiqués ennemis apparaît comme une chose désirable » (3).

GENERAL N.

8 Décembre 1916. — *En face du crime.*

« Nous faisons campagne pour que le gouvernement français publie les communiqués ennemis » (*N. de la R.*), etc., etc.

(1) Souligné dans la *Gazette des Ardennes*.
(2) Souligné dans la *Gazette des Ardennes*. On se rend compte par cet exemple de la façon dont l'Etat-Major allemand exploite ce que « GENERAL N. » appelle : « la polémique que la censure a laissée se produire dans la presse au sujet du commandement en Orient ».
(3) Il y a un cas que « GENERAL N. » oublie avec intention, c'est celui où les communiqués allemands publiés en France, non plus seulement avec la tolérance du gouvernement, mais avec son approbation, trouveraient à Paris même des « GENERAL N. » pour défendre leurs mensonges et jeter le désarroi dans les esprits.

GAZETTE DES ARDENNES
Organe de l'Etat-Major allemand.

BONNET ROUGE

28 Septembre 1916. — *Les joies de l'occupation anglaise à Calais.*

(La *Gazette des Ardennes* reproduit un article du *Leipziger Volksblatt* et ajoute) : « Une copie de cet article interdit par la censure française a été envoyée à tous les députés français. »

23 Novembre 1916. — *Les communiqués ennemis.*

« Le Général N... écrit dans le *Bonnet Rouge* : Nous nous sommes souvent élevés « contre l'interdiction faite à la presse fran- « çaise de publier les communiqués enne- « mis », etc...

3 Décembre 1916. — *Toujours les communiqués ennemis.*

« Sur ce sujet inépuisable, le Général N., critique militaire du *Bonnet Rouge*, publie ses récriminations.

... « La preuve que c'est possible (de publier en France les communiqués allemands), que cela ne causera pas plus de dommage que celle (*sic*) de l'autre jour, c'est que nos lecteurs vont pouvoir lire les communiqués ennemis tels qu'ils pourraient les trouver pour 10 centimes à cette même heure dans n'importe quel kiosque de nos boulevards. Les voici : ». . . . .

« Suit une tache blanche qui s'étale aux lieu et place des révélations promises ! »

19 Décembre 1916. — *Premiers échos de la note de la paix. Voix françaises et anglaises* (éditorial).

« Dans le *Bonnet Rouge*, le Général N... publie un article fortement censuré qui apostrophe ainsi la presse nationaliste : « L'indignation de la grande presse ne se concevrait pas si le grand public n'était habitué *à ce ton d'échappés de cabanon* » (1), etc.)

29 Avril 1917. — *M. Ribot et la vérité.*

« Que voyons-nous en France ? des articles

(1) Souligné dans la *Gazette des Ardennes*.

GAZETTE DES ARDENNES
Organe de l'Etat-Major allemand.

BONNET ROUGE

entiers supprimés dans les organes d'une certaine indépendance, tels que le *Journal du Peuple.* Quant aux communiqués officiels allemands, la presse française n'est toujours pas autorisée à en publier le texte authentique. »

17 Novembre 1916. — *Rheinisch-Westfälische Zeitung.*

« Le *Bonnet Rouge* est le seul journal français qui ne se montre pas complètement injuste à l'égard du discours du Chancelier... l'organe du parti radical français continue en citant les passages du discours où le Chancelier parle du partage de Constantinople et de l'Asie Mineure entre les puissances de l'Entente. Les nombreux blancs qui interrompent ces citations montrent combien elles étaient désagréables à la censure » (1).

13 Novembre 1917. — *Frankfurter Zeitung.*

« La *Gazette des Ardennes* est le seul journal en terre française qui ait le courage de publier intégralement les communiqués des deux partis. »

24 Novembre 1917. — *Kölnische Volkszeitung.*

« Il n'a pas été permis jusqu'ici à vos compatriotes en France, de lire les communiqués allemands et de les comparer avec les nôtres, » etc., etc.

Au surplus on jugera par le passage suivant du sans gêne avec lequel le *Bonnet Rouge* traitait les prescriptions de la censure :

22 Décembre 1916. — *Les unifiés et la guerre* : « En demandant hier au *Bonnet Rouge* des échoppages que celui-ci ne lui a d'ailleurs pas consentis, la censure m'a rappelé que, malgré de récentes et solennelles déclarations, la liberté de discussion n'existe pas pour tout le monde ».

Le 18 août 1916, le *Bonnet Rouge* menaçait la censure en ces termes :

« La censure blanchit le *Bonnet Rouge*, un jour le *Bonnet Rouge* lessivera la censure, un prêté pour un rendu ».

(1) En essayant ainsi de faire passer des textes officiels allemands malgré l'interdiction de la censure, le *Bonnet Rouge* provoquait des échoppages qui renseignaient exactement l'ennemi sur l'état d'esprit, les pensées secrètes ou les intentions de notre gouvernement.

VI. — IL NE FAUT PAS D'APRÈS-GUERRE ÉCONOMIQUE

En même temps qu'il organise l'assaut du moral français pour le réduire à un état d'inerte passivité qui prépare la victoire allemande définitive, l'Etat-Major du Kaiser songe à l'avenir économique de son pays. Non seulement il prétend supprimer les Français qui lui résistent, mais encore il entend que les autres, ceux qu'il n'aura pu tuer, deviennent ses clients. On ne saurait trop souligner l'importance qu'il attache à la question. Il se rend parfaitement compte qu'à côté des « trois cartes de guerre » dont il parle sans cesse pour nous amener autour du tapis des négociations : les trois cartes du front terrestre, du front colonial et du front maritime, il en existe une quatrième, la carte du front commercial, qui constitue entre nos mains un atout formidable. Il voudrait bien nous la subtiliser sans attirer notre attention. Le perspective du boycottage universel des produits allemands l'épouvante. Avec un cynisme cauteleux qui fait un joli pendant à ses brutalités, il voudrait nous amener à renoncer de nous-mêmes, bénévolement, à un gage dont il sait tout le prix. Aussi répète-t-il sur tous les tons : « L'après-guerre économique est impossible ! On ne pourra pas se passer de l'Allemagne après la guerre ! Il faut cesser de haïr les Allemands car ce sont d'excellents fournisseurs ! On fait des affaires non par sentiment, mais par intérêt ! Nous savons bien, nous autres Allemands, que pendant des années vous braverez le feu et la mitraille, les intempéries des saisons, le froid, le chaud, les maladies, toutes les mutilations et la mort, vous sacrifierez vos amis les plus chers et jusqu'à vos enfants sur le champ de bataille, mais, la guerre terminée, vous êtes incapables de mettre deux sous de plus dans le prix d'une lime française pour ne pas acheter un objet de fabrication allemande. Or nous produisons et nous continuerons à produire meilleur marché que vous. Sur le terrain commercial comme sur le terrain industriel, comme dans le domaine militaire, comme dans tous les domaines, nous sommes invincibles. Ne parlez donc pas de conférences économiques. Pas de représailles ! Abandonnez donc dès maintenant tout espoir de limiter plus tard, même chez vous, le champ de notre activité commerciale. N'oubliez pas les lois économiques ! Ne les faussez pas : qui paierait les frais de cette nouvelle guerre de commerçants ? ce serait le consommateur, le pauvre peuple, l'éternel sacrifié ! Achetez, achetez, braves Français, les incomparables marchandises que nous nous préparons à vous envoyer (après avoir pris soin de détruire vos usines) par stocks inépuisables et à des prix défiant toute concurrence ! »

Dans cette campagne qui touche au vif les intérêts allemands, le *Bonnet Rouge* déploie un zèle, une activité, une éloquence qui dépassent tout de même un peu trop visiblement le plus fol enthousiasme pour d'abstraites lois économiques. Ici encore, les documents sont trop nombreux, et il faut se borner à quelques citations :

GAZETTE DES ARDENNES

Organe de l'Etat-Major allemand.

24 Avril 1916. — *Les journaux allemands à Lille* (cité plus haut).

23 Juin 1916. — *La conférence économique des Alliés.*

... « Ce qui est par contre absolument certain, c'est que cette politique de violence, tendant à exclure la concurrence allemande au profit d'une clique de producteurs et de spéculateurs, ne tarderait pas à se retourner contre les consommateurs qui forment la masse des peuples. Ce côté essentiel du problème, un journaliste français, M. Miguel Almereyda, vient de le formuler en termes précis. Quels seront, demande-t-il, ces « lendemains réparateurs » dont a parlé M. Briand? Et voici sa réponse cinglante :

« Nous allons organiser la guerre économique...

« Il y aura des lendemains qui ne seront « pas réparateurs pour le peuple.

« Celui-ci s'aperçoit, tous les jours, dès à « présent de ce que lui coûte la suppres- « sion de la concurrence étrangère.

« Ce sera pis encore quand le produc- « teur se sentira garanti pour de longues « années. *Le consommateur en prendra pour « son rhume* » (1).

« Ici la censure de M. Briand a coupé la pensée de M. Almereyda. Mais elle a laissé subsister ces phrases qui démontrent qu'on commence à comprendre en France quelles furent les véritables causes de la guerre — habilement cachées sous les grands mots de « Liberté ! Justice ! Civilisation ! »

« Ne nous avait-on pas informé que dans « le conflit actuel, personne parmi les Alliés « n'avait apporté *d'arrière-pensée mercan- « tile* (1), n'avait obéi à aucune considéra- « tion d'intérêt personnel, n'avait eu l'in- « tention de porter atteinte au développe- « ment d'une nation? Nous n'étions tous « guidés que par des idées nobles, géné- « reuses, de l'ordre moral le plus élevé. « On nous annonce que cette belle bataille « sentimentale n'est que le prélude et la « préface *d'une guerre de marchands* (1)...

(1) Souligné dans la *Gazette des Ardennes*.

BONNET ROUGE

14 Juin 1916. — *Le consommateur demande la parole.*

« A-t-on déjà, dans toutes ces manifestations en vue d'une éternelle guerre économique, « songé aux consommateurs »?

« Si, fermant hermétiquement la frontière aux produits d'à côté, on multiplie les charges, ça ne colle plus.

« C'est un non-sens de dire qu'après la paix, la guerre doit s'éterniser sous la forme de représailles économiques si propres à attiser les haines, à donner de nouveaux motifs aux conflits armés de l'avenir », etc.

GILLES NORMAND.

16 Juin 1916. — *La conférence économique des Alliés.*

« Dans cette lutte qui supprime un concurrent redoutable, les intérêts primordiaux du consommateur apparaissent comme sacrifiés. Il faudrait pourtant que ces intérêts-là pèsent dans la balance ».

JACQUES LANDAU.

16 Juin 1916. — *Les Alliés et les représailles. Solution trop sommaire.*

« Prenez garde, ont crié des gens avisés, prenez garde de ne pas vous punir vous-mêmes en voulant châtier l'Allemagne ».

(échoppage)

La France se ravise.

... « Aidé par la générosité naturelle de notre peuple, notre bon sens légendaire nous avertit... »

Retour au bon sens.

« En imposant ces représailles, nous serions seuls à être victimes de l'erreur qui consiste à vouloir introduire dans les affaires des suggestions sentimentales et les suggestions des sentiments les moins avouables...

« Pour l'honneur de notre pays, nous aurons à enregistrer un heureux et bien-

GAZETTE DES ARDENNES
Organe de l'Etat-Major allemand.

« Les « lendemains réparateurs », ne « doivent pas être *des lendemains de vie* « *chère et difficile* — même si ce sont des « portefeuilles nationaux et alliés qui se « gonflent — et de débours excessifs du « gagne-petit.

... « Vouloir briser la loi de la libre concurrence du travail et du talent, serait non seulement un crime contre le *progrès de la civilisation*, mais une irréalisable chimère ».

9 Juillet 1916. — *La guerre éternelle.*

... « N'ayant pu battre ni vaincre militairement les soldats allemands, ni faire noblement mourir de faim leurs femmes et leurs enfants, on tâche d'épouvanter ce peuple aux indomptables énergies, en menaçant de ruiner son travail pacifique et son fécond esprit d'entreprise...

« C'est cette énergie qui a toujours servi la cause du progrès et de la civilisation qu'on voudrait paralyser en lui coupant les libres communications, le commerce matériel et intellectuel avec les autres nations, autrement dit, on prétend substituer à la loi naturelle du « struggle for life », de la lutte pour la vie, qui est la base de tout progrès, celle de l'indolence inféconde et repue... tenter d'abolir cette loi élémentaire de toute vie et de tout progrès, serait plus qu'un crime, ce serait un acte de *folie* (3).

« C'est donc avec raison que la *Gazette de Francfort* a pu donner aux folles chimères des fanatiques de la guerre éternelle la calme et claire réponse que voici :

« *Le monde a besoin de l'Allemagne...* Notre travail est demandé, car ce travail a bénéficié non seulement à nous, mais à tous...

« Avant la guerre, les nations étrangères n'achetaient pas nos marchandises *par amour* » (3), etc...

BONNET ROUGE

faisant retour à la tradition française de clairvoyance, un heureux retour au bon sens » (1).

G. Clairet.

17 Juin 1916. — *Guerre de marchands*, par M. Almereyda (2).

18 Juin 1916. — **[L'opinion anglaise — contre les représailles économiques].**

(Cet article, entièrement échoppé, a paru en entier malgré l'interdiction FORMELLE de la censure).

22 Juin 1916. — *Pas de représailles, pas de guerre perpétuelle*, par G. Clairet.

23 Juin 1916. — *L'article 11.*

« Accumulez les droits et les prohibitions, vous ne modifierez pas les méthodes allemandes, mais vous ferez une victime, l'industrie textile française qui devra payer plus cher les colorants dont elle aura besoin.

« Mais le traité de Francfort et son article 11, quel rôle jouent-ils dans la formation, le développement et le maintien de cette supériorité économique? Aucun. »

25 Juin 1916. — *Demain.*

(1) Voir aussi à la même date : *Les suggestions de la haine*, par G. Clairet, cité plus haut, p. 24.
(2) Cité par la *Gazette des Ardennes* du 28 Juin 1916.
(3) Souligné dans la *Gazette des Ardennes*.

GAZETTE DES ARDENNES
Organe de l'Etat-Major allemand.

14 Janvier 1917. — *La guerre d'après-guerre se fera-t-elle?*

« Comment voulez-vous que nous luttions avec plus de chances de succès après la guerre puisque rien ne sera changé, quoi qu'on dise, aux conditions existantes avant la guerre !... Tout cela, Monsieur, voulez-vous que je vous dise mon opinion? *C'est de la littérature*, on oublie trop souvent, dit un fabricant possesseur d'importants tissages, les difficultés insurmontables qui seront fatalement rencontrées si nous rompons complètement avec l'Allemagne... mon teinturier ne connaît que les couleurs de Hœchst et d'Elberfeld... comment faire pour remplacer tout cela d'un seul coup par la simple vertu d'une loi ou d'un décret? », etc...

17 Février 1917. — *La guerre d'après-guerre se fera-t-elle?*
24 Février 1917. — *La guerre d'après-guerre se fera-t-elle?*
19 Juin 1916. — *L'après-guerre*, etc., etc.

BONNET ROUGE

27 Juin 1916. — *La folie des hostilités commerciales.*

30 Juin 1916. — *Une approbation précieuse* (1).

30 Juin 1916. — *A bâtons rompus.*

... « On ne fait pas les affaires par intérêt, mais par sympathie ». M. BADIN.

14 Juillet 1916. — *Pour le libre échange.*
11 Août 1916. — *A bâtons rompus*, par M. BADIN.
14 Août 1916. — *Représailles*, par G. CLAIRET.
15 Août 1916. — *A bâtons rompus*, par M. BADIN.
25 Août 1916. — *A bâtons rompus*, par M. BADIN.
2 Septembre 1916. — *Norman Angell* (2), par G. CLAIRET.
13 Septembre 1916. — *Le problème de la paix.*
16 Septembre 1916. — *Le triomphe d'un neutre*, par GILLES NORMAND.
3 Octobre 1916. — *L'hérésie*, de M. GIDE.
22 Février 1917. — *Boycottage dangereux.*

... « Nos industries et nos commerçants seraient les premiers à souffrir de l'isolement auquel on condamnerait l'Allemagne. Les pires contempteurs proclament eux-mêmes les bienfaits de ces échanges internationaux quand ils dénoncent la concurrence allemande... les commerçants allemands resteront pour les nôtres des collaborateurs nécessaires », etc., etc...
(échoppé en entier).
G. CLAIRET.

24 Novembre 1917. — *L'Internationalisme bienfaisant*, par G. CLAIRET.

VII. — CONTRE L'ANGLETERRE

Nous avons vu à la 2e campagne comment l'Etat-Major allemand a cherché à monter l'esprit du soldat français contre son frère d'armes anglais.

(1) Cité par la *Gazette des Ardennes* du 9 Juillet 1916.
(2) Cité par la *Gazette des Ardennes* comme un des meilleurs auteurs à répandre en Belgique.

Le jour où serait rompue l'alliance franco-anglaise, l'Allemagne aurait partie gagnée. L'enjeu est énorme. Aussi les Allemands reviennent-ils à la charge avec une ténacité inlassable. Ils cherchent à rendre les Anglais odieux, non seulement à nos combattants, mais à toute la population française. A l'occasion des troubles d'Irlande, ils organisent une campagne à double effet qui doit, d'une part, masquer leur complicité dans ce mouvement insurrectionnel, et, d'autre part, représenter l'Angleterre comme le bourreau des petites nations, par conséquent comme l'ennemi des traditions historiques de la France.

Complétons les citations de la 2e campagne par les quelques extraits suivants présentés simplement à titre d'exemple :

a) Contre les Anglais.

GAZETTE DES ARDENNES
Organe de l'Etat-Major allemand.

5 Juin 1916. — *Les Anglais à Paris.*

...« Les établissements de nuit de Montmartre et des boulevards auraient été forcés depuis longtemps de fermer leurs portes si les permissionnaires anglais n'étaient pas venus au secours de ces industries spéciales autant qu'intéressantes pour quelqu'un qui vient se divertir à Paris.

« Le soldat anglais est très bien payé, incomparablement mieux que le soldat français. Et comme les occasions de dépenses « gaies » sont plutôt rares au front, les permissionnaires arrivent à Paris la bourse bien garnie et tout prêts à mener joyeuse vie. Il va donc sans dire que les Anglais sont les bienvenus dans ce milieu spécial du Paris nocturne qui se voyait menacé de ruine, à cause de l'absence des touristes américains, allemands, russes, qui en temps ordinaire, constituent sa meilleure clientèle (1). Le soldat anglais en permission a pris la place de tous ces noceurs étrangers et cette partie de la population parisienne qui vit de la noce et des noceurs, a naturellement de la reconnaissance pour les généreux insulaires offrant à Vénus la paye reçue de Mars.

« Il n'en va pas tout à fait de même du

BONNET ROUGE

24 Juin 1916. — *A bâtons rompus.*

« Paris est vraiment la capitale du monde, la métropole de tous les peuples épris de justice et de liberté. Pour s'en convaincre, il n'y a qu'à faire un petit tour sur la ligne de ses boulevards, dans ses cafés, ses restaurants et ses théâtres (1). Partout vous verrez les pimpants uniformes militaires des nations alliées pour le triomphe du droit...

« Belges, Anglais, Russes, Italiens, Serbes, Monténégrins, Canadiens, Néo-Zélandais, Australiens, Indiens, Japonais (2).

« Et tous ces soldats, venus de toutes les îles et de tous les continents mettent une délicate attention à ne point nous rappeler par leur tenue et leur allure les tristesses et les misères de la guerre.

« Les vêtements sont neufs et ajustés, leur mine est florissante, leur allure fringante, ils font honneur à leurs jolies et tendres marraines : à les voir, on évoque les chevau-légers coquets et les galants grenadiers des temps révolus où l'on se battait en perruque poudrée, avec des manchettes en dentelle et des nœuds de ruban à la garde de l'épée.

« Quelques esprits grincheux se moquent de ce que nos braves « poilus », nos vail-

(1) C'est le *Bonnet Rouge* qui a réclamé *dès le mois d'Août* 1914, la réouverture des cafés-concerts et des établissements de plaisir (Voir : évolution du *Bonnet Rouge*).
(2) Dans cette énumération de onze noms, les Anglais reparaissent cinq fois.

GAZETTE DES ARDENNES
Organe de l'Etat-Major allemand.

grand reste de la population. Déjà longtemps avant l'offensive allemande dans la région de Verdun, les Parisiens voyaient ces nombreux permissionnaires anglais d'un œil où la gouaillerie naturelle du Parisien se mêlait à un sentiment d'amertume... Quand un permissionnaire français se montre à Paris, son uniforme est râpé, déchiré, raccommodé, sali en mille endroits... et l'expression fatiguée, sérieuse pour ne pas dire triste du visage cadre bien avec l'uniforme.

« Bien différent est l'aspect du permissionnaire anglais. Il a bien plutôt l'air d'un membre d'une gaie société de sport que d'un homme engagé dans l'aventure la plus sérieuse, la plus terrible, la plus mortelle qu'on puisse imaginer. Les vêtements du soldat anglais sont toujours tout pimpant neufs et l'homme lui-même fait l'effet du beau jeune homme endimanché qui est venu en ville pour s'amuser. Cette tenue du soldat anglais est en contraste si violent avec l'état d'âme dominant de la population qu'elle doit forcément déplaire aux Parisiens.

« Ce sentiment de déplaisir s'est bien vivement accentué », etc...

BONNET ROUGE

lants pépères soient de mise plus négligée que nos alliés. Mais c'est qu'ils sont les enfants et non les hôtes de la maison. Ils comprennent bien d'ailleurs que dans les lieux de fête ils doivent céder le pas aux invités et discrètement ils s'effacent. N'ont-ils pas, au surplus, le champ de bataille pour se rattraper et se mettre fièrement en vedette ?

« Surtout que l'on ne me soupçonne point de vouloir insinuer que tous les beaux soldats cossus et soignés qui arborent à leurs martiales casquettes les cocardes de nos alliés oublient dans les délices de la grande ville le rude appel des armes », etc., etc...

M. Badin.

11 Mai 1917. — *München-Augsburger Abendzeitung* (*Vorabendblatt*).

« La guerre pour les Allemands n'est pas un sport. En faisant la guerre, l'Anglais a le sentiment d'un effort qui ne met en jeu que le corps et le courage physique... On ne voit guère qu'il y mette quelque chose de son cœur... Nos soldats, au contraire, ne sont pas des hommes de records et de sport... »

21 Juin 1916. — *A bâtons rompus.*

« Je suis un anglophile fervent. Très sincèrement, quand tant de gens considèrent la guerre comme une tragédie, quand d'autres la jugent comme un cataclysme, j'admire ceux qui préfèrent la regarder comme un exercice de culture physique. »

M. Badin.

12 Juillet 1916. — *Pour Messieurs les Anglais.*

« Oui, le peuple qui jadis brûla notre Jeanne d'Arc n'a pas peur de s'installer dans la vieille cité normande — Rouen — nom qui évoque dans l'histoire de pénibles souvenirs. Ces tristes faits, on a l'air de les

24 Juillet 1916. — *A bâtons rompus.*

« On avait un peu oublié les suffragettes depuis la guerre... Aussi, Mistress Cristabel Pankhurst... vient-elle d'organiser à Londres un cortège qui a provoqué l'enthousiasme des badauds... ce qui sort, selon moi, de la banalité, c'est l'idée d'avoir

GAZETTE DES ARDENNES
Organe de l'Etat-Major allemand.

avoir oubliés au point peut-être d'en nier l'existence », etc...

8 Décembre 1915. — *Le Maître.*

« L'Anglais continue à mener en maître ses alliés, comme l'exige sa guerre dont, fidèle à ses traditions, il a su faire la guerre des autres... »

19 Décembre 1915. — *Entre alliés.*

« Certes la phraséologie chauvine et revancharde de la grande presse boulevardière conserve sa large part de culpabilité. Mais le ressort décisif qui déclencha la catastrophe, ce fut la volonté habilement masquée de l'impérialisme anglais... » etc.., etc...

BONNET ROUGE

placé à la tête de cette procession Saint-Michel et Jeanne d'Arc... La « leader » des suffragettes a sans doute entendu dire que le peuple anglais a oublié le différend un peu vif qui le brouille avec la Pucelle d'Orléans et que nous devons oublier de notre côté les discussions acrimonieuses que nous eûmes au temps de Trafalgar et de Waterloo. Leçon bonne à méditer. »

M. Badin.

15 Juin 1916. — *Les Pans.*

« On en connaissait deux (le dieu bouc mis à part), le panslavisme et le pangermanisme... Il y a bien aussi un autre petit « pan » : le panserbisme, parent pauvre et débilité du panslavisme. Mais il n'a pas jusqu'à présent suffisamment réussi pour qu'on s'occupe sérieusement de lui. Peut-être même a-t-il intérêt à ce que l'observateur impartial n'arrête pas trop fixement son regard sur lui (1).

« Mais voici qu'un troisième « pan » surgit à l'horizon. Celui-ci, qui se développe et s'affirme un peu plus chaque jour, mérite bien de retenir l'attention. C'est le panbritannisme. Notre confrère Saint-Brice (2) signale une manifestation prochaine de ce nouveau « Pan »...

« Pour débuter sous de favorables auspices, le panbritannisme ne nous en inspire pas moins quelques inquiétudes sur ses conséquences éventuelles. Quand une grande nation, ayant des intérêts divers et opposés sur tous les points du monde, s'occupe d'organiser la gestion et la défense de ses intérêts... cela ne va point généralement sans des heurts sérieux avec d'autres nations et sans un dangereux développement de cette mentalité détestable qui porte le nom caractéristique d'« impérialisme ». Aussi bien le mot est-il hardiment écrit dans l'article du *Journal* », etc...

M. Almereyda.

etc.., etc...

(1) C'est la thèse allemande de la provocation serbe.
(2) Collaborateur du *Journal*.

GAZETTE DES ARDENNES
Organe de l'Etat-Major allemand.

BONNET ROUGE

b) Sur les émeutes d'Irlande.

3 Mai 1916. — *France et Irlande.*

L'impitoyable ironie de cette politique qui a rivé le sort de la France à la galère anglaise veut qu'au jour de la protestation anglaise, cette même France soit réduite à renier son histoire.

« Tandis que c'est l'Allemagne calomniée qui se trouve aujourd'hui rapprochée des patriotes irlandais — non point pour un complot qui n'existe que dans l'imagination des calomniateurs, mais par les liens moraux de la cause commune — en face de l'ennemi séculaire de l'Irlande et du continent. »

29 Avril 1916. — *Les émeutes en Irlande.*

« Les Allemands ont beau être des as, comme dit Gavroche, là où il n'y a pas de matière inflammable, ils n'allument pas d'incendie (1).

« Si leurs agents ont pu soulever l'Irlande, c'est qu'ils ont trouvé un terrain tout préparé, dans le mécontentement — fondé ou non — ça n'a pas d'importance —des Irlandais », etc...

15 Mai 1916. — *Le drame irlandais.*

« Il y a dans ce drame irlandais qui vient de se dérouler et dont les victimes continuent à succomber sous les coups de la répression anglaise, des figures humaines et des pages de vie dont la grande presse parisienne n'aurait pas manqué de tirer le plus grand parti si l'ironie de l'Histoire n'avait voulu que les prétendus défenseurs du « droit des petits peuples » se trouvassent du mauvais côté de l'oppresseur séculaire. Imaginez un peu ce qu'auraient trouvé à écrire ces faiseurs d'opinion qui ont su faire d'une espionne anglaise (2) justement condamnée selon les lois de la guerre, une seconde Jeanne d'Arc, sur le sort tragique de cette comtesse Markiewicz, ardente patriote irlandaise et véritable héroïne de l'insurrection de Dublin. Représentez-vous, lecteurs, le roman que n'auraient pas manqué de tirer de cette victime de son patriotisme le *Matin* ou l'*Echo de Paris* !

« Nous n'imiterons pas ces méthodes. Car nous n'avons pas besoin de ces petits moyens. Les *faits* se chargent de déchirer de jour en jour davantage le voile de mensonge et d'hypocrisie contre lequel nous luttons.

9 Mai 1916. — *La Comtesse Markiewicz.*

« On la croyait morte, tuée aux premières heures de la répression sanglante de l'émeute. Elle avait disparu et ceux qu'elle soutenait de son énergie et de son clair regard ignoraient ce qu'elle était devenue. Elle avait tenté de s'enfuir en voyant avorter la tentative à laquelle elle avait sacrifié d'avance sa vie, elle avait été arrêtée avant de pouvoir mettre son projet à exécution. La cour martiale vient de la juger et de la condamner à mort. Il est vrai que cette condamnation est d'ores et déjà commuée en celle des travaux forcés à perpétuité.

« C'est une étrange figure que celle de la comtesse Markiewicz. Fille d'un baronnet irlandais, mariée à un comte polonais, elle unissait en elle, sous l'influence de son père et de son mari, les sentiments de révolte qui sont communs à ces deux peuples profondément catholiques séparés par des milliers de kilomètres, mais en qui gronde depuis des siècles un même souffle contre la tyrannie de leurs vainqueurs.

« Cette romantique un peu sauvage était une sincère qui avait consacré sa fortune à la délivrance de son pays...

« Telle est, rapidement esquissée, cette

(1) A moins qu'ils n'apportent eux-mêmes cette matière inflammable.
(2) Miss Cavell.

GAZETTE DES ARDENNES
Organe de l'Etat-Major allemand.

« Nous nous contenterons donc de reproduire ici sur la personne de la comtesse Markiewicz, un article publié par un des rares journaux qui n'ont pas perdu complètement le souvenir des causes de « liberté » qu'ils défendaient jadis. Voici ce portrait, emprunté au *Bonnet Rouge* du 9 Mai :

« *La comtesse Markiewicz.* »

(Suit la citation ci-contre, par Jacques Landau).

L'excuse de Gustave Hervé.

« ... Lisez ces lignes qui sont un monument de phraséologie.

« Le directeur de la *Victoire* écrit :

« La proclamation irlandaise parle des « braves alliés » qu'elle a en Europe. Ces braves alliés, ce sont les Boches (1). Les amis de nos ennemis sont nos ennemis. Tant pis pour les républicains irlandais ! »

« Peut-on dire plus cyniquement que l'idéal dont on se réclame, à savoir la *liberté des petits peuples* n'est qu'une *phrase*? »

22 Mai 1916. — *La censure française contre l'Irlande* (texte de l'Etat-Major allemand — et citation de la *Bataille*).

5 Juillet 1916. — *Choses d'Irlande.*

10 Juillet 1916. — *Choses d'Irlande.*

13 Août 1916. — *Traître ou martyr?*

« Parlant de l'exécution du patriote irlandais Sir Roger Casement, nous disions l'autre jour que nous attendions la protestation de la France démocratique dont les porte-paroles ont sans cesse sur les lèvres les principes du droit et de la liberté des petits peuples.

« Cette protestation, nous l'attendons toujours. Il semble que M. Renaudel ait tenté d'exprimer un timide regret dans l'*Humanité*, mais la censure le lui a coupé...

BONNET ROUGE

figure de femme, héroïne de l'émeute » etc...

JACQUES LANDAU.

27 Juin 1916. — *Le procès de Roger Casement.*

29 Juillet 1916. — *Sir Roger Casement.*

« Sir Roger Casement a protesté violemment contre l'insinuation qu'il avait été gagné par l'or allemand. Et, de fait, il n'en a pas été accusé directement (1).

« Si des voix françaises se joignent à celles qui implorent la clémence d'un monarque ami, elles trouveront un écho sympathique dans les pays neutres et notamment dans la grande démocratie américaine », etc...

3 Août 1916. — *La question irlandaise par un député à la Chambre des communes.*

« *Britannia*, **prends garde** !

« On lira avec le plus grand intérêt l'exposé très clair que mon éminent ami le Dr Arthur Lynch, député irlandais, a bien voulu écrire spécialement pour les lecteurs du *Bonnet Rouge.*

« Il défendit et défend au Parlement la liberté de ce petit peuple au passé glorieux qui, après avoir souffert l'oppression si longtemps, dans l'espoir que justice lui serait rendue, a cédé ces temps derniers à un mouvement, inconsidéré peut-être, mais cependant excusable, de colère orgueilleuse.

« Nous nous sommes toujours faits, dans ce journal, les avocats des nationalités opprimées. Serait-il donc si difficile d'appliquer chez soi le principe pour l'application duquel chez les autres on se bat précisément... »

(Suit l'article d'Arthur Lynch) (2).

3 Août 1916. — *Grâce.*

« Dans l'*Humanité* d'hier, la censure voulait bien autoriser M. Renaudel à écrire ceci :

(1) Toujours la « grande imposture ».
(2) Voir la citation p. 134 dans la *Gazette des Ardennes.*

GAZETTE DES ARDENNES
Organe de l'Etat-Major allemand.

« Le *Bonnet Rouge* qui, seul, semble vouloir libérer franchement sa conscience, fut massacré avec plus de sévérité encore.

« Le silence qui couvre le mystérieux assassinat du chef socialiste français doit planer aussi sur l'exécution du grand patriote irlandais ! » etc...

20 Août 1916. — *La souffrance de l'Irlande racontée par un député irlandais.*

« Dans le *Bonnet Rouge* du 3 Août, le Dr Arthur Lynch, membre irlandais de la Chambre des Communes, qui est un ami de la France et un partisan des Alliés, a développé le problème irlandais dans un esprit nullement anglophobe (1). Voici les principaux passages de cet article :

(180 lignes, parmi lesquelles la *Gazette des Ardennes* souligne les passages suivants) :

« *Ces protestants sont pour la plupart des descendants d'immigrants qui furent placés ou « plantés » sur des terres prises aux catholiques par la confiscation, comme conséquence des successives invasions anglaises...*

... « La prédominance protestante était due seulement *à la partialité du gouvernement anglais.* »

... « *L'Irlande a toujours été mal gouvernée par l'Angleterre.* »

... « *Mécontentement, rébellion, oppressions sanguinaires forment l'histoire du pays.* »

... « *De génération en génération, les héros nationaux irlandais ont été ceux qui furent au premier rang pour s'opposer au joug anglais.* »

... « *Quelques jours plus tard, il* (M. Asquith), *avait abandonné toutes ces déclarations grandiloquentes et la majesté de la loi britannique avait disparu dans les coulisses douteuses de la politique de parti.* »

... « *Le rôle joué par l'Allemagne dans tout ceci* (l'insurrection irlandaise) *a réellement été très minime.* » (Cette constatation du député irlandais détruit la légende ridicule du complot allemand. *La Réd.*) etc...

BONNET ROUGE

« On ne peut ne pas être touché par les pétitions qui, à Londres même, sont signées en faveur de Sir Casement, etc... Nous aussi, nous signons la pétition. »

11 Août 1916. — *Nouvelles d'Outre-Manche.*

« On ne peut trop répéter en France que **partout on prépare la paix** », etc...

Le cas Casement.

« Une note gouvernementale l'a présenté (Casement) comme plus coupable qu'il n'avait été établi au procès. Il était fou. Un écrivain américain vient d'établir dans le *New York Times*, que Casement relevait de la maison de santé. Quoi qu'il en soit, le peuple irlandais a un martyr de plus (2) dans son ciel. »

24 Novembre 1916. — *Le secret de Dublin.*

« Il y a trop de gens dont la guerre a troublé le cerveau. Ce n'est pas parmi les combattants qu'on les trouve, mais parmi les bourgeois de l'arrière. Ils n'ont pour l'Allemagne et les Allemands que des injures méprisantes. « Peuple de brutes » est la formule qui résume assez bien l'opinion de ces gens-là sur nos ennemis. Mais à ces barbares, ils attribuent des desseins d'une profondeur qui ferait honneur aux Latins les plus civilisés et des résultats qui supposent des moyens extraordinaires. Cette Allemagne qu'ils méprisent tant, ils affirment cependant qu'elle réussit à glisser sa main, cette main légendaire, partout.

« C'est l'Allemagne et elle seule qui aurait suscité, fomenté la révolte irlandaise. Sans l'Allemagne, il n'y aurait rien eu. Avouez que ce serait un beau succès pour un état primitif et sommaire, comme on nous dit qu'est l'Empire allemand, que d'avoir soulevé, dressé contre l'Angleterre, les armes à la main, des citadins et des paysans qui n'auraient eu aucun sujet de

(1) On en jugera par les passages soulignés par la *Gazette des Ardennes* elle-même.
(2) Cf. le titre de l'article paru dans la *Gazette des Ardennes* du 13 Août 1916 : « Traître ou martyr ».

GAZETTE DES ARDENNES
Organe de l'Etat-Major allemand.

« Lorsqu'il écrivit l'article ci-dessus, déclare le *Bonnet Rouge*, le Dr Arthur Lynch, se fiant aux négociations de Sir Lloyd George — et aux nobles paroles officielles qui commentèrent à chaque instant le but des Alliés dans la guerre actuelle : *la défense du droit des petits peuples* — crut pouvoir exprimer sa conclusion optimiste. Les événements sont venus, sinon démentir entièrement cette conclusion, du moins la contrecarrer momentanément »... La censure n'a pas permis au *Journal Populaire* de Paris d'en dire davantage. Les implacables ciseaux ont coupé la conclusion, n'en laissant subsister que cette phrase : *On ne joue pas impunément avec le feu.* »

Voir aussi :

14 Juin 1916. — *Le terrorisme anglais en Irlande et les « atrocités allemandes » en Belgique.* etc., etc...

BONNET ROUGE

mécontentement, aucun prétexte. L'Allemagne ne paraît mériter ni cet excès de dédain, ni cet excès d'honneur. Et loin que ce soit l'Allemagne seule qui ait, de toutes pièces, créé le mécontentement des Irlandais, cause et condition de leur rébellion, il apparaît maintenant que cet effroyable drame eut des auteurs qui ne sont pas tous à Berlin. Le malheureux Casement, bouc émissaire, a bien pu avoir des complices dont il n'escomptait pas la collaboration...

« Si M. Redmond dit vrai et après ce que nous savons des causes locales du soulèvement, que restera-t-il de l'intervention allemande dans cette tragédie? Peu, bien peu de chose. Cette « main » de l'Allemagne, quand on l'examine de près, on la voit surtout disparaître. Elle ne restera plus bientôt que comme un thème pour feuilletons romanesques, un épouvantail à chauvins » (1).

CINABRE.

Voir aussi :

8 Octobre 1916. — *Trois évêques français en Irlande*, par G. BAZILE.
10 Décembre 1916. — *Lloyd George et l'Irlande.*
25 Mars 1917. — *Tout s'enchaîne*, par J. GOLDSKY.
12 Mai 1917. — *La victoire des Sinn Feiners.*
18 Mai 1917. — *L'Irlande.*
5 Juillet 1917. — *L'actualité de Rochefort.* etc., etc...

VIII. — CONTRE LES JOURNAUX FRANCOPHILES A L'ÉTRANGER

a) Contre les journaux francophiles suisses.

b) Contre les journaux francophiles italiens.

c) Contre le « Telegraaf ».

d) Contre la presse anglaise antigermanique.

(*à développer*).

(1) Toujours la « grande imposture »

IX. — POUR LES INTÉRÊTS MORAUX DE L'ALLEMAGNE (1)

Cette campagne, à elle seule, remplirait un volume. Nous nous contenterons donc d'en retenir quelques citations :

1° Sur Wagner ;
2° Sur Guillaume II et sa famille ;
3° Sur l'affaire Zimmermann-Caranza ;
4° Sur l'affaire Grimm.

1) La question Wagner.

Ce que cherchent les féodaux allemands dans cette guerre « totale », ce n'est pas une victoire fragmentaire. La conquête du territoire, des forteresses, des armées, ne leur suffit pas. Ce qu'il leur faut, c'est briser les volontés, dompter les sentiments, c'est la possession complète des âmes comme l'asservissement des corps, c'est le triomphe de la race allemande sur le reste de l'humanité vaincue, c'est imposer au monde terrassé l'idéal germanique.

Le sentiment national des pangermanistes, on l'a dit, est une religion (2). Dans le temple dont Germania est l'idole et le Kaiser le grand-prêtre, Wagner est le coryphée, le thaumaturge, le grand magicien qui évoque les voix mystérieuses de la divinité et fait sentir le charme ineffable de sa présence. Comme l'Empereur, il est sacré. Comme l'Empereur, il est, lui aussi, un grand « conquérant ». Il est celui qui enchaîne les esprits et captive les cœurs. Il est le grand maître de la passion allemande et nul ne lui résiste. Il est celui qu'on envoie à l'avant-garde de la « Kultur » et qui doit révéler aux foules étrangères, prosternées, la magnificence divine de l'âme allemande. Médire de Wagner est donc un blasphème. C'est atteindre l'Allemagne dans sa fibre la plus sensible, le plus orgueilleux de ses prestiges, car Wagner est le premier des musiciens, comme la musique est le premier des arts. C'est nier le génie germanique.

On imposera donc silence aux ennemis de Wagner. En pleine guerre contre l'Allemagne, le plus allemand des musiciens allemands fêtera ses triomphes chez les vaincus (3).

GAZETTE DES ARDENNES
Organe de l'Etat-Major allemand.

23 Janvier 1916. — *L'art et la guerre.*

« Nous avons dû enregistrer les sottises de taille, disant que c'était de la haute trahison que d'aimer Wagner. Nous donnons volontiers un contre-poids aux élu-

BONNET ROUGE

16 Juin 1915. — *A propos de la musique allemande.*

13 Décembre 1915. — *Wagner de légende,* par L. Lunaire.

(1) Voir le plan détaillé de cette enquête en tête du présent chapitre.
(2) Ch. Andler. *Les documents du pangermanisme*, IVe vol. Préface du pangermanisme philosophique. Chez Conard, éditeur.
(3) D'après le rapport du capitaine Salançon, le lieutenant Hervé, chargé d'un panégyrique de Wagner dans la *Gazette des Ardennes* illustrée du 21 Janvier 1918 avoua au médecin expert qu'il ne connaissait du musicien allemand que le seul titre de *Lohengrin* (note de 1920).

GAZETTE DES ARDENNES
Organe de l'Etat-Major allemand.

cubrations de MM. Saint-Saëns, Barrès, Masson, etc... Nous lisons en effet dans un journal parisien : « Jean Marnold nous venge dans le *Mercure de France* des grotesques qui veulent assigner une patrie à l'art en général. Grâce à une poignée de primaires, nous subissons la tyrannie de la Bêtise trépidante et vociférante », etc...

20 Février 1916. — *Le cas Wagner.*

« L'on sait qu'il y a en France un cas Wagner. D'un côté, les jugements raisonnables du maître Vincent d'Indy, de Willy et d'autres, et, de l'autre, les âneries (cette expression est empruntée à des journaux *français* (2), des Masson, Barrès, Saint-Saëns, etc... »

14 Juin 1916. — *Wagner derrière le front.*

« Un collaborateur allemand nous écrit : Il y a quelques jours j'eus l'occasion de passer une journée à Lille. Un ami prévoyant m'avait averti qu'on jouait *les Maîtres Chanteurs* de Richard Wagner au Nouveau Théâtre...

« Quelle étrange sensation d'entendre un opéra de Wagner à quelques kilomètres du front... Voilà que Lille possède son théâtre-modèle! On comprend facilement que ce sont actuellement des artistes *allemands* qui y jouent pour les soldats allemands... Il faut savoir gré aux autorités allemandes d'avoir fait tout leur possible pour procurer aux soldats des distractions d'une haute valeur artistique... Donc, j'entre dans le théâtre... Partout des soldats... En peu de temps la salle et les galeries étaient remplies. Les yeux des généraux et des simples soldats luisaient d'une même attente... L'orchestre entonne l'ouverture... Un orchestre de premier ordre. Je crus qu'il s'agissait du fameux orchestre de Stuttgart, mais non tous ces musiciens étaient en « feldgrau » (3).

BONNET ROUGE

17 Décembre 1915. — *Daudet contre Wagner* (anonyme).
25 Décembre 1915. — *La bataille autour de Wagner*, par G. Clairet (1).
17 Décembre 1916. — *Wagner au cinéma.*

5 Mars 1916. — *Des injures qui retombent sur nous.*

...« Il serait heureux que l'on rendît pareillement justice à Richard Wagner. Heureux, non point pour sa réputation, mais pour la nôtre.

« Du jour où la guerre a été déclarée, on s'est mis, non point seulement à nier le génie de Wagner, mais même à refuser toute valeur à son œuvre immense... M. Maurice Barrès, quand il partit en guerre contre Wagner, son Dieu d'il y a dix ans, eut pour compagnon de croisade M. Camille Saint-Saëns. Celui-ci est lui-même musicien. Il verrait donc sans déplaisir ses propres œuvres remplacer celles du compositeur allemand dans les concerts et aux programmes de l'Opéra. D'épais béotiens qui jamais ne portèrent leurs oreilles, évidemment trop lourdes, à l'Opéra ni chez Chevillard, emboîtèrent le pas à ces deux sicambres et affirmèrent comme eux que *Lohengrin* ce n'est pas de la musique mais du bruit, et le plus désagréable des bruits. Encore une fois, ces sottises ne portent préjudice qu'à nous. L'étranger ne se privera pas d'aller entendre *Tannhaüser*. Il dira seulement en sortant : Pauvres Français ! Faut-il que la guerre les ait atteints pour qu'ils ne sachent plus apprécier cette musique divine.

« Et là encore les nationalistes, les professionnels du patriotisme auront nui à la patrie. »

Georges Clairet.

3 Mai 1916. — *La vraie France.*
8 Mai 1916. — *La musique allemande et son influence.*

(1) Sur Wagner et le *Bonnet Rouge* en 1915, voir : l'évolution du *Bonnet Rouge*.
(2) Souligné dans la *Gazette des Ardennes*.
(3) « Gris de campagne », couleur des uniformes allemands.

GAZETTE DES ARDENNES

Organe de l'Etat-Major allemand.

... « Le silence religieux de tous ces hommes devant cette divine musique, ce silence vous montrait que l'idéalisme allemand reste vivant, que l'adoration de la beauté n'a pas souffert par la guerre. Et je pensai : tout près d'ici c'est la terreur de la bataille, c'est la mort, tandis qu'ici, dans cette salle, règne l'oubli complet de la guerre, l'absorption absolue par l'art le moins matériel, le plus idéaliste, par la musique !

« Aux entr'actes, on voyait des visages rayonnants ; c'était l'œuvre la plus *allemande* (1) : texte et musique, quelle admirable harmonie !

« Les applaudissements furent frénétiques... Cette représentation restera gravée dans la mémoire comme une preuve des étroites relations existant entre le talent qui permet à l'Allemand d'organiser avec une facilité technique sans pareille et son haut idéalisme que même le règne de la mort ne saurait abolir. Et c'est là le sens profond de ces représentations wagnériennes uniques en leur genre ».

23 Juillet 1916. — *Quelques voix raisonnables.*

« On reconnaît volontiers en Allemagne qu'à côté des déclamations de certains journaux « anti-boches » (il y en a même un qui s'honore de ce nom), on entend quelquefois des voix plus raisonnables. Enregistrons quelques-uns de ces oiseaux rares...

« Voilà pour les Allemands du front. Quant à ceux de l'arrière, citons un article de M. Puech, publié dans la *Grande Revue* de Juin. Le *Bonnet Rouge*, qui reproduit cet article en partie, l'introduit par les quelques lignes que voici :

« On traque chez nous tout ce qui vient « d'Allemagne, même les œuvres des Alle« mands de génie, et ces expulsions nous « privent de plaisirs élevés tels que l'audi« tion des opéras de Wagner. M. Chauvin « parle d'étendre ces prohibitions à la « musique française elle-même... Il en va

(1) Souligné dans la *Gazette des Ardennes.*

BONNET ROUGE

20 Juin 1916. — *Echos.*

« M. Saint-Saëns eut pour sa wagnérophobie un imitateur à Londres. Ce fameux musicien — nous parlons de l'anglais — avait lui aussi prouvé par A plus B que Wagner était cause de la guerre, que ses opéras avaient donné naissance au 420, » etc.

29 Novembre 1916. — *Les sauveurs d'avant-guerre*, par G. Clairet.

... « Tous les crimes des Allemands n'arriveront pas à déboulonner la statue de cet authentique grand homme (Wagner) », *citation* de M. Paul Flot.

21 Juin 1917. — *Sous notre Bonnet.*

21 Juin 1917. — *Pauvre Saint-Saëns.*

« Le mégalomane agité qui s'abrite sous le pseudonyme de Camille Saint-Saëns ne cesse de dénigrer la musique allemande et en particulier celle de Wagner, » etc...

22 Juin 1917. — *Les égarements de Saint-Saëns.*

24 Juin 1917. — *Les égarements de Saint-Saëns.*

« M. Vincent d'Indy et toute la Schola Cantorum persistent à déclarer admirable en tous points l'œuvre de Wagner, malgré les aboiements furieux du roquet qui a nom Saint-Saëns. Espérons qu'après la réplique de M. Vincent d'Indy, les chauvins de l'art se tairont », etc., etc...

GAZETTE DES ARDENNES
Organe de l'Etat-Major allemand.

BONNET ROUGE

« tout autrement chez nos adversaires. Les « théâtres ni les concerts ne sont fermés en « Allemagne et l'on y joue même des « œuvres françaises... » (1).

« Le *Bonnet Rouge* ajoute :

« La librairie (allemande) n'est pas du Midi ».

« J'en lis qui sont du Nord et d'autres du Midi,

« *Ce vers est d'un Français, mais ce sont* « *les Allemands qui en font la règle de leurs* « *lectures* » (2).

« Nous souhaitons vivement que ces lignes viennent sous les yeux académiques de MM. Barrès, Masson, Saint-Saëns et autres, pour qui tout Français qui reconnaît en Wagner un grand musicien, commet un crime de haute trahison... »

29 Octobre 1916. — *Le bochisme dans les poèmes wagnériens.*

« Sous ce titre, M. Raoul Brunel a publié un long article dans l'*Œuvre* du 24 Octobre. Nous y trouvons entre autres les paroles suivantes... »

20 Février 1917. — *Le cas Wagner.*

20 Février 1917. — *Un pèlerin de Bayreuth* (article de Snell dans l'*Humanité*), etc...

19 Avril 1917. — *Post.*

« Nos savants ont organisé en Belgique, à Bruxelles, Anvers, Malines, Louvain, Spa, Liége, Namur, Charleroi, Besterloo, et à Maubeuge une série de conférences qui ont eu le plus grand succès. A Bruxelles le professeur Roethe a parlé des *Niebelungen* et des *Maîtres Chanteurs* dans l'œuvre de Wagner et dans l'Histoire... »

Voir aussi :

1er Mai 1916. — *La guerre et le théâtre.* etc...

(1) Comme nous le faisons remarquer ailleurs, c'est encore une façon pour les Allemands d'accentuer leur triomphe sur un peuple qu'ils considèrent comme vaincu. Si nous tenions plusieurs millions d'Allemands sous la domination française, nous trouverions naturel, nous aussi, qu'on jouât du Wagner à Paris.

(2) Souligné dans la *Gazette des Ardennes.*

Depuis la disparition du *Bonnet Rouge*, l'Etat-Major allemand n'a pas cessé de s'intéresser au mouvement wagnérien en France.

Voici en effet ce qu'on lit dans la *Gazette des Ardennes* du 22 Janvier 1918:

Les calomniateurs du génie.

« Bon nombre d'hommes de lettres français, académiciens et autres, mènent depuis le premier jour de la guerre, et bien avant déjà, une campagne effrénée de basse calomnie contre la science et les arts allemands. Cette campagne restera devant l'Histoire la honte de ceux qui l'auront menée. C'est ce que quelques Français ont parfaitement compris. Et c'est pour sauvegarder l'honneur intellectuel de sa patrie que l'excellent écrivain qu'est M. Georges Pioch a publié dernièrement dans le *Pays*, un article où nous lisions entre autres :

« Dans un livre excellent : « les Sentiments de Critias », M. Julien Benda nous a « montré que, parmi nos philosophes, ceux qui depuis trois ans militent le plus « âprement, et peut-on dire, le plus aveuglément, contre Kant, Gœthe, Hegel et « Schopenhauer, sont les mêmes qui, avant le 2 Août 1914, professaient à l'envi la « pensée ou la rêverie allemande.

« La digestion, ou plutôt l'indigestion d'une telle cuisine a été de produire des « haines nouvelles et absurdes...

« Un homme honorable qui apprit la musique chez M. Mayol me disait imperturbablement : ... « il est prouvé que sans Wagner nons n'en serions pas où nous en « sommes... »

« On peut après trois ans de guerre reprendre le conseil de la raison. Si nous la « consultons avec loyauté, nous allons vite découvrir, je crois, que les agressions « contre Kant, Gœthe, Heine ou Schopenhauer, contre Beethoven (1) et Richard « Wagner, sont moins une réaction du génie celto-gréco-latin contre le génie germanique, qu'une campagne ourdie — et parfois inconsciemment — par certains « penseurs ou littérateurs falots, contre des philosophes ou des poètes épanouis dans « leur gloire et par de médiocres compositeurs irrités contre la belle et vraie musique. »

2) Guillaume II et sa famille.

La question de Wagner, on vient de le voir, n'est intéressante que par l'insistance que met l'Etat-Major allemand à nous imposer, sans réplique, l'admiration du Maître de Bayreuth. Défense nous est faite de discuter le génie de Wagner ! Nous communierons, nous aussi, dans la religion du grand thaumaturge, ou nous serons déclarés hérétiques, apostats, relaps et voués aux gémonies !

Toute cette querelle — d'Allemands — n'est qu'un prétexte pour étaler aux yeux des vaincus (2) l'incomparable gloire d'un surhomme allemand — nargue germanique — et pour dénoncer en France ceux qu'on appelle les « chauvins de l'art ».

Dans leur plan de combattre toutes les formes du patriotisme français

(1) Nous n'avons pas rencontré dans la presse française d'attaques contre Gœthe, Heine et Beethoven.

(2) Il n'est pas douteux que pour l'Etat-Major allemand, nous ne soyons, depuis Charleroi, des vaincus, de qui il ne reste plus à obtenir que l'aveu de la défaite.

et de défendre tous les intérêts moraux de l'Allemagne, les féodaux pangermanistes, qui dirigent ou inspirent l'Etat-Major impérial, sont allés plus loin encore. Leur ambition, ce fut, après avoir abandonné quelque temps leur Empereur au déchaînement des malédictions françaises — à une époque où il eût été par trop imprudent de les contrecarrer — de relever en France le prestige, pitoyablement endommagé, de Guillaume II et de sa famille et de poursuivre la réhabilitation de ce « grand calomnié » qu'est le souverain chef des armées germaniques. L'Allemand a la bosse du respect et la frénésie de la subordination. Les dessins et les articles de la presse française contre le Kaiser durent toujours lui paraître d'abominables sacrilèges. Sans doute, il fallait laisser passer l'orage des colères françaises et, autant que possible, les détourner de ceux qui pouvaient en souffrir le plus, c'est-à-dire du peuple qui combat. Mais il importait aussi grandement, pour le prestige de l'Empire, que les Français changeassent au plus tôt de ton et ne prononçassent plus qu'avec respect et déférence le nom de Guillaume II. Il faut donc que disparaissent des feuilles françaises les injures et les caricatures contre Sa Majesté Impériale et Royale et les « basses diffamations » qui le représentent, lui, « le plus pacifique et le plus libéral des monarques », comme le seul auteur responsable de la guerre, alors qu'il n'est qu'une victime de la folie de revanche française ! Il faut aussi que les Français s'habituent à ne parler du Kronprinz et de la famille impériale — sur qui s'étend si visiblement la main de Dieu — qu'avec la décence qui convient à l'égard d'Altesses aussi augustes !

GAZETTE DES ARDENNES
Organe de l'Etat-Major allemand

27 Octobre 1915. — *Hohenzollern.*

« En confiant au Burgrave de Nüremberg Frédéric VI de Hohenzollern, fondateur de la dynastie de Prusse, cette marche importante, l'Empereur attesta solennellement « la probité, la sagesse, la fermeté et autres vertus et tout particulièrement la fidélité éprouvée » du nouveau margrave. Ces qualités de l'Ancêtre sont restées vivantes dans la longue lignée des princes, des rois et des empereurs, dont l'Histoire est si intimement liée à la destinée du vigoureux peuple prussien d'abord, de la grande nation allemande ensuite...

« La coalition formidable des rancunes et des jalousies fit éclater la plus terrible des guerres...

BONNET ROUGE

16 Janvier 1916. — *Le Dieu de la guerre est mort.*

(Le *Bonnet Rouge* n'a échoppé que les deux derniers mots de ce titre entièrement supprimé par la censure).

« Quant au peuple, il affirme tout simplement que le Kaiser est mort. »

17 Janvier 1916. — *La santé du Kaiser.*

Va-t-il claquer ou bien en sortira-t-il? (1)...

21 Janvier 1916. — *A quand le 21 Janvier du Kaiser?* (dessin représentant un ouvrier brandissant la tête du Kaiser guillotiné) (2).

(1) Le *Bonnet Rouge* se fait avec insistance le propagateur des fausses nouvelles concernant la santé du Kaiser.

(2) Sur ce dessin, le plus violent qu'ait publié le *Bonnet Rouge* contre Guillaume II, voir : Evolution du *Bonnet Rouge*.

GAZETTE DES ARDENNES
Organe de l'État-Major allemand.

« A cette heure tragique, le plus pacifique des Empereurs sentit se dresser en lui, face à la menace, la conscience de ses pères et par sa bouche parla une fois de plus le cœur viril des Hohenzollern », etc...

28 Janvier 1916. — *27 Janvier 1916.*

« Pour la deuxième fois, c'est en campagne que S. M. Kaiser Wilhelm II célèbre en excellente santé son jour de naissance. C'est partout en territoire ennemi que la nation allemande en armes célèbre la fête de son Empereur », etc...

19 Juin 1916. — *Comment est gouvernée l'Allemagne.*

« Parmi les erreurs fondamentales sur lesquelles la presse ennemie base sa guerre de calomnie contre l'Allemagne, il n'en est guère de pire que la haineuse légende dont cette presse entoure la personne de l'Empereur allemand.

« On se plaît à faire de lui une espèce d'autocrate belliqueux dans le but évident de pouvoir rendre sa prétendue toute-puissance responsable de tous les maux de cette guerre. On affirme que cette catastrophe mondiale est l'œuvre de sa volonté qu'on a le triste courage de représenter comme agressive et guerrière.

« Nous n'avons pas l'intention de répondre aujourd'hui à cette accusation où tout homme tant soit peu renseigné ne verra qu'un infâme *mensonge* » (2).

27 Janvier 1917. — *27 Janvier 1917.*

« ...Il semble que le monde commence à comprendre. Dégoûté de cette cacophonie haineuse et mensongère, il dressa l'oreille

BONNET ROUGE

27 Mars 1916. — *Echos.*

« Le *Carnet de la Semaine* publie dans son numéro du 25 Mars un dessin allégorique de Guillaume II absolument inconnu en France et dans lequel celui-ci représente le soldat allemand comme le défenseur de la paix. Ce dessin a été composé en 1896. Il nous a paru intéressant de le mettre sous les yeux du public français vingt ans après, à l'heure même où se déchaînent les horreurs de la terrible guerre préparée et voulue par ce fourbe tyran. »

28 Mars 1916. — *Echos.*

« Le *Carnet de la Semaine* a eu pour son dernier numéro un collaborateur imprévu : notre confrère publie un dessin qui est l'œuvre de Guillaume II. C'est une allégorie médiocre intitulée « le Michel allemand gardien de la paix », n'entendez pas par gardien de la paix, sergent de ville. Le Kaiser dessina cette horreur il y a vingt ans (1). »

26 Avril 1916. — *Le Kaiser socialiste* (éditorial).

« Guillaume II n'est pas loin de devenir socialiste. C'est le *Daily Mail* qui nous annonce cette nouvelle sur le ton le plus sérieux du monde. Le journal anglais donne force détails curieux et impressionnants. Le Kaiser eut, dit-il, un long entretien avec deux députés socialistes, MM. Ebert et Scheidemann...

« Bref, c'est tout juste si Guillaume II n'a pas demandé son affiliation à la Section de Potsdam du parti socialiste (S. A. I. O.).

(1) Le changement de ton de ces deux articles *sur le même sujet* est des plus significatifs. On ne manquera pas de remarquer que ce qu'ils ont de commun, c'est l'insistance avec laquelle le *Bonnet Rouge* souligne que le Kaiser a dessiné son allégorie pacifiste de longues années avant la guerre. Quelle meilleure preuve de ses dispositions pacifiques? Le 27 Mars le « fourbe tyran » avait « préparé » et « voulu » le conflit; le 28, il n'est plus qu'un artiste médiocre mais animé des meilleures intentions (Voir : Evolution du *Bonnet Rouge*).

(2) Souligné dans la *Gazette des Ardennes*.

GAZETTE DES ARDENNES
Organe de l'Etat-Major allemand.

lorsque soudain, le 12 Décembre 1916, une voix prononça le grand mot de « paix ».

« Dans cette voix (1) le peuple allemand a reconnu celle de son Empereur. Cette voix lui était familière et ce fut comme une brusque accalmie dans l'orage qui ravage la vieille Europe.

« Et depuis, la bonne parole est restée vivante... Elle brille dans le regard des soldats allant à la mort... elle est dans tous les cœurs allemands cette bonne parole impériale ! » etc...

17 Novembre 1917. — *Le Pacifisme de l'Empereur Guillaume II.*

« Nous relevons dans la revue hollandaise *De Tœkomst* (3), l'essai qui suit...

« En général l'Entente reproche à l'Empereur d'Allemagne d'être l'auteur principal de la guerre... Il n'y a pas longtemps j'ai réfuté ce jugement erroné. *Les vrais annexionnistes, ce ne sont point les Puissances centrales mais, au contraire, les Etats de l'Entente.*

« Les auteurs à la solde de l'Entente ont-ils toujours vu dans la personne du Kaiser la plus grande menace contre la paix? Avant la guerre aussi? J'en démontrerai même sans peine le contraire ! Quant à la dynastie des Hohenzollern stigmatisée comme belliqueuse, je dirai que l'historien renommé J. Holland Rose reconnaît dans son livre *The origins of the war* (les origines de la guerre 1914, p. 6), le caractère pacifique de l'Empereur Guillaume Ier et du prince Frédéric-Guillaume, son successeur.

« L'humeur belliqueuse n'est donc pas héréditaire chez le Kaiser...

« L'ex-ministre socialiste français, Marcel Sembat... est convaincu que le pacifisme du Kaiser était d'entière bonne foi... Sembat conseille à ses compatriotes de ne pas négliger l'élément précieux que constitue le pacifisme du Kaiser. Le Ministre

BONNET ROUGE

« Ces nouvelles, pour le moins inattendues ont provoqué chez nous deux sortes de commentaires.

« Nombre de journaux se sont contentés d'égrener les épithètes qu'il est d'usage de sortir toutes les fois que Guillaume II agit ou parle, qu'il se coiffe du fez musulman ou qu'en une synagogue de Pologne il s'adresse en véritable rabbin aux Israélites du pays : « Comédien ! Pitre ! Néron ! (2), Cabotin ! etc ».

« D'autres journaux ont fait un autre effort. Ce sont les feuilles réactionnaires. Ces gazettes n'ont pas renoncé à injurier les socialistes. Mais il faut bien avoir quelques égards au moins apparents pour l'Union Sacrée. Aussi n'injurie-t-on les socialistes français qu'à travers les socialistes allemands ou en fonction d'eux, » etc...

24 Août 1916. — *Paroles d'Empereur.*

« Personne, comme de juste, dans la presse, qui prétend ne reconnaître nulle vérité quand elle vient de l'ennemi, n'a relevé les paroles de Guillaume II, rapportées par un neutre à qui parla l'Empereur. Je ne lis point, il est vrai, tous les journaux. —Seigneur ! une telle épreuve au mois d'août ! C'est dans le *Temps* que j'ai trouvé l'entretien dont il s'agit.

« Puisque le *Temps* a pu donner sa publicité aux paroles impériales, c'est qu'on peut en parler, je pense. Que les ciseaux d'Anastasie veuillent donc m'épargner.

« Le *Temps*, il est vrai, les a publiées à titre documentaire, sans un mot les soulignant. Les commentaires ne sont pas un fruit de la maison.

« Après avoir déclaré qu'il n'avait pas voulu la guerre, et protestant de sa bonne foi, l'Empereur aurait dit :

« Je n'ai pas l'outrecuidance de croire que l'histoire me trouvera sans faute. Dans un certain sens, tout homme civilisé en

(1) Toujours l'obsession des voix.
(2) Cf. *Bonnet Rouge*, 3 Novembre 1914. « *Væ* ! Malheur à toi, Guillaume... chouette humaine, tu réhabilites Néron et Caligula. »
(3) Revue hebdomadaire directement inspirée par le *Kriegspressamt*. Camouflage journalistique.

GAZETTE DES ARDENNES
Organe de l'Etat-Major allemand.

français croit néanmoins possible que le « Kaiser pacifique » puisse se trouver dans l'obligation de dégainer l'épée. Il faut relire tout cela et d'autres jugements intéressants dans l'ouvrage très bien documenté : *Faites un roi, sinon faites la paix* (Ed. 20 Avril 1916, p. 84-87).

« Morel démontre (dans *Truth and the War*) que le Kaiser a maintenu la paix malgré les circonstances opportunes, ce qu'un partisan de la guerre n'aurait assurément pas fait.

« De tous ces témoignages d'observateurs très bien placés et qui méritent notre entière confiance, résulte nettement le sincère pacifisme de l'Empereur. Ce dernier voulait maintenir la paix tant que l'Europe y consentit. La grande alliance contre l'Allemagne le fit changer de politique et, convenons-en, il ne put faire autrement. L'intérêt vital de l'Allemagne et le véritable intérêt de l'Europe l'exigeaient impérieusement », etc...

27 Janvier 1918. — *Kaiser Wilhelm II.*

« Der Kaiser ! Ce nom sonne clair et fier comme un appel de clairon ! A l'entendre la pensée s'arrête pour prendre son élan. D'un bond elle franchit 20 siècles écoulés. La voilà qui erre vagabonde et curieuse à travers l'antiquité, le moyen âge, les temps modernes... d'un bond elle franchit la monarchie revenue en France (1), mais pourquoi évoquer le souvenir de ces temps ensevelis dans un lointain passé au moment où je veux tenter d'esquisser un tableau de l'empereur Guillaume II? Je le fis instinctivement en associant mes idées.

« Le souverain qui depuis bientôt trente ans préside aux destinées de l'Empire allemand et l'a conduit à une hauteur sans égale dans l'histoire d'aucun peuple, cet Empereur qui, à mesure qu'il avance dans la vie laisse derrière lui comme la traînée éblouissante d'un météore, ne se rattache-t-il pas à la grande lignée de ceux qui illus-

BONNET ROUGE

Europe doit avoir sa part de responsabilité dans cette guerre ; plus sa situation est élevée, plus grande est cette responsabilité. »

« Tout homme civilisé... » Relisez cette phrase, et dites-moi si vous n'avez pas l'impression, ainsi que moi, qu'un forfait contre l'humanité s'est commis dont tous, plus ou moins, nous portons l'écrasant fardeau? Bien sûr, nous n'avons point déclaré la guerre, et nous ne pouvions pas ne pas nous défendre.

« Mais, écoutez. L'Empereur terminait en parlant « des Français rêvant de revanche ». Ne trouvez-vous pas que parfois, évidemment, il pourrait se trouver dans ces paroles, même d'un Empereur exécré, même d'un être maudit, même d'un ennemi, quelque vérité ou tout au moins quelque matière à réfléchir.

« Je pense avoir parlé avec assez de réserve pour oser espérer qu'un blanc ne remplacera point le paragraphe ci-dessus.

« Si, pourtant, j'avais le malheur d'avoir déplu à la Dame aux Ciseaux, me sera-t-il permis de recopier le texte suivant, imprimé en toutes lettres dans le *Populaire du Centre* et qu'on peut lire, dans le *Bonnet Rouge* du mardi 15 Août :

« Pendant des années IL a fourni au parti de la guerre, en Allemagne, les raisons d'affirmer que la France voulait la guerre »...

[— IL, c'est M. Barrès, à qui répond — Raffin-Dugens. Mais IL est un pronom, — IL possède un pluriel] (2).

FANNY CLAR.

8 Septembre 1916. — *D'après un seul.*

9 Avril 1917. — *La contagion du libéralisme.*

Un rescrit du Kaiser.

Vers l'Allemagne démocratique.

(Ce titre s'étale à la première page en caractères énormes).

(1) Passage cité plus loin, chapitre V.
(2) Echoppé, publié malgré la censure.

GAZETTE DES ARDENNES
Organe de l'Etat-Major allemand.

trèrent l'Histoire? Pour mieux connaître et estimer l'Empereur oserai-je tenter de lever le voile épais qui le cache maintenant aux yeux du peuple français, d'ébaucher sa physionomie, d'analyser son caractère, de mesurer ses innombrables talents?

« Autant vaudrait essayer de peindre une âme, car l'Empereur est une âme, une âme vivante qu'inspire seulement l'amour ardent de son peuple, qui vibre à tous les souffles purs, une âme merveilleusement servie par les organes qui trahissent ses plus intimes mouvements...

« L'Empereur possède au plus haut degré le don de charmer, de séduire son entourage... Guillaume II est bon, généreux, éminemment juste, sensible aux infortunes privées, plus sensible encore aux misères collectives. Jamais l'Empereur n'a laissé passer une occasion de montrer sa sympathie pour la France », etc...

16 Février 1917. — *Nea Himera* (1).

« Notre reine Sophie a été élevée comme toutes les Allemandes : elle est devenue une maîtresse de maison : une « Wirtschafterin » accomplie. Son expérience n'est jamais en défaut ; elle surveille tout au palais comme une simple bourgeoise dans son intérieur. La voici qui recommande, avec un esprit de prévoyance tout à fait excellent, la culture de la pomme de terre », etc., etc...

BONNET ROUGE

(Au-dessous, en caractères gras) :

« J'ai particulièrement à cœur de voir transformer le Landtag prussien et notre vie politique délivrée de cette question. Des travaux préliminaires ont déjà été faits sur nos instructions au début de la guerre en vue d'une modification du droit électoral en ce qui concerne la Chambre des députés », etc...

(Radio).

21 Avril 1917. — *Glorieux camelots.*

« Les camelots recommencèrent à travailler au début de l'hiver. Pendant quelque temps; — jusqu'à ce qu'à la demande de plusieurs journaux, dont le *Bonnet Rouge*, la préfecture de police le leur interdît — ils vendaient des cartes grotesques, grossières, inartistiques, représentant Guillaume II et François-Joseph. Depuis, le métier est redevenu normal ».

22 Juin 1917. — *Mme Tino.*

« Il n'est pas trop tard pour parler encore d'elle. On semble d'ailleurs la connaître peu en France. Par le fait qu'elle se trouve être la sœur du Kaiser, on se moque d'elle, on lui attribue je ne sais quel odieux ridicule de virago guerrière. La vérité est toute autre.

« La reine Sophie n'est ni plus ni moins désagréable qu'une autre femme. Quoique de sang impérial, l'épouse de Constantin sait que 2 et 2 font 4. Ma foi, on a beau être reine, il ne faut pas oublier qu'on a des enfants et qu'il convient de ne pas dépenser à tort et à travers si l'on veut les doter », etc...

(Suit une histoire édifiante de petits pains que la reine Sophie, ménagère économe, et mère de famille modèle, rend à son boulanger quand ses invités n'y ont pas touché).

JULIEN SOREL.

(1) Le plus venimeux des journaux grecs germanophiles.

GAZETTE DES ARDENNES
Organe de l'Etat-Major allemand.

6 Mai 1917. — *6 Mai 1917.*

« Aujourd'hui S. A. I. et R. le Kronprinz entre dans sa trente-sixième année. C'est le troisième anniversaire que l'héritier de la couronne impériale fête en campagne, parmi ses officiers et ses soldats, loin de son palais « sous les tilleuls », loin de l'intime bonheur du foyer familial.

« Mais par les soins de ceux qui sont ses compagnons d'armes en terre étrangère, la riante petite ville française où il réside prendra aujourd'hui un aspect de fête, et les drapeaux flottants au vent matinal salueront joyeusement la venue du printemps et la fête du Prince : *Hourra pour son Altesse* !

Et ce salut aura la franche cordialité dont le futur empereur aime à se sentir entouré. Tous ceux qui l'abordèrent vantent la simplicité qu'il met dans ses relations personnelles avec ses officiers et ses soldats. Une belle et franche camaraderie le liait, bien avant la guerre déjà, à ses grenadiers de Potsdam, à ses gardes du corps, et enfin à ses hussards de Dantzig, dont il a conservé l'uniforme pittoresque...

« Soldat formé à la rude école des vieilles traditions prussiennes, comme tous les princes de la famille régnante, il prend depuis le premier jour une part des plus actives à la guerre la plus formidable de tous les siècles », etc...

BONNET ROUGE

14 Janvier 1916. — *S. A. I. le Kronprinz.*

29 Février 1916. — *Le Kronprinz en Argonne. Un goinfre.*

16 Mars 1916. — *Le Kronprinz consulte les augures.*

2 Mars 1917. — *Une interview du Kronprinz* (1).

« On mande de Zurich à la *Stampa* (2), que le rédacteur en chef de la *Berliner Volkszeitung* a pu s'entretenir avec le Kronprinz.

« Le prince parle de l'adversaire en reconnaissant avec franchise ses qualités militaires.

« Il relève encore l'attitude digne de la population française des pays occupés, l'intelligence des enfants, la grâce des femmes, et ajoute :

« J'ai tenu la main dès le premier jour qu'il fût bien entendu que nous ne faisons pas la guerre aux habitants.

« J'ai fait tout mon possible pour atténuer les souffrances de la population et je crois avoir rencontré en cela l'appui des éléments les plus sages.

« Il y a quelques mois, il se trouvait encore à Montmédy 60 femmes d'officiers français. Leur évacuation avait été retardée par des formalités. Je suis alors personnellement intervenu en leur faveur, je me suis adressé à mon père et l'Empereur leur a permis de partir ».

3) L'affaire Zimmermann-Caranza.

Le secrétaire d'État qui dirige la politique extérieure de l'Allemagne, Zimmermann, fomente au Mexique un complot contre les États-Unis, puissance neutre. Le président Wilson le démasque. « Il n'y a pas eu « com-

(1) Comme à l'égard du Kaiser, le changement de ton du *Bonnet Rouge* à l'égard du Kronprinz s'accuse nettement à partir du mois d'Avril 1916. Voir : Evolution du *Bonnet Rouge.*
(2) Journal italien, germanophile et giolittien.

plot », disent la *Gazette des Ardennes* et le *Bonnet Rouge*. L'Allemagne n'a fait que prendre des « précautions » d'élémentaire prudence ! » (1).

GAZETTE DES ARDENNES
Organe de l'Etat-Major allemand.

6 Mars 1917. — *Un prétendu complot.*

« Le président Wilson a communiqué au Congrès américain une lettre dont nous ne connaissons pas la provenance, mais d'où il ressort, en admettant son authenticité, que le secrétaire d'Etat qui dirige la politique extérieure de l'Allemagne avait envisagé, pour le cas où une guerre éclaterait entre l'Amérique et les puissances centrales, la possibilité d'une entente entre ces dernières et le Mexique.

« Cette trouvaille a causé une joie bruyante dans les cercles ententistes, dont la presse consacre des articles venimeux au prétendu « complot » allemand...

« On ne voit... pas très bien où il y aurait « complot », tout peuple auquel on déclare la guerre ayant bien le droit d'entrer en négociations avec quiconque lui semble susceptible de devenir son allié et de sympathiser d'une façon quelconque avec sa cause », etc...

8 Mars 1917. — *Le prétendu complot.*

« Nous avons signalé que la presse ententophile publie des renseignements sur des instructions envoyées d'Allemagne à Mexico, pour le cas d'une guerre entre l'Amérique et l'Allemagne...

« ... Le complot se réduit à une riposte diplomatique parfaitement légitime, prévue pour le cas où la guerre éclaterait entre l'Amérique et l'Allemagne.

« Lorsque, le 1er Février, fut prise la décision de commencer la guerre sous-marine sans restrictions, on dut, étant donnée l'attitude antérieure du gouvernement américain, tenir compte de la possibilité d'un conflit avec les Etats-Unis...

« En prévision de ces éventualités, *le gouvernement impérial avait non seulement le*

BONNET ROUGE

2 Mars 1917. — *Crier et prévoir font deux.*

« Les Allemands sont gens de précaution. Rarement risquent-ils un pas sans avoir tâté au préalable le terrain où ils vont placer le pied... Les négociations de M. Zimmermann avec le Mexique nous fournissent une nouvelle preuve de cette prévoyance. Bien entendu, le mot d'ordre est de fulminer contre la duplicité de la perfide Germania. Et toute notre presse obéit à la consigne, sans réfléchir que le principe même de la diplomatie est de prendre ses assurances en vue de toutes les éventualités.

« La Wilhelmstrasse avait des raisons d'admettre une rupture entre Washington et Berlin, à la suite de la recrudescence de l'activité des submersibles. Elle s'est donc empressée de chercher une alliance au moyen de laquelle elle pût faire pièce à l'hostilité probable des Etats-Unis. Les accords de puissance ont toujours des buts analogues. Ils constituent des engagements de secours mutuels en cas d'accidents internationaux... Nos adversaires (2) ne mériteraient pas leur réputation d'organisateurs s'ils avaient négligé de se concilier les bons offices du Mexique pour le cas d'un conflit entre eux et l'Oncle Sam.

« Ce traité entre dans la catégorie des mesures de prudence au même titre que les réquisitions, les taxations et les rationnements.

« Notre manie de jeter l'opprobre sur nos adversaires ne date pas d'hier. C'est pourquoi je me refuse à considérer comme ayant une importance quelconque sur l'issue de la guerre, les cris de jars poussés par mes confrères autour du document Zimmermann », etc., etc...

M. BADIN.

(1) C'est ce que nous appelons le « coup du baptême ». Quand les Allemands sont gênés par les faits, ils les changent de nom.

(2) Pour le *Bonnet Rouge*, les Allemands ne sont pas des ennemis, mais simplement des adversaires.

GAZETTE DES ARDENNES
Organe de l'Etat-Major allemand.

droit, mais le devoir, de prendre à temps ses mesures pour le cas d'un conflit armé avec les Etats-Unis, en compensant, si possible, l'entrée en scène d'un nouvel adversaire aux côtés de ses ennemis, etc...

« Tels sont les faits. Ils sont d'ailleurs appréciés avec calme et justice par l'opinion neutre.

« Le *Tagblatt* de Berne (1) considère la conduite de l'Allemagne envers l'Amérique comme naturelle, et écrit :

« Wilson menace depuis si longtemps de faire la guerre que la diplomatie allemande aurait vraiment mérité d'être taxée d'incapacité si elle n'avait cherché un allié en cette assurance », etc...

« La *Zürcher Post* écrit (1)...

« Les *Basler Nachrichten* disent (1), etc., etc...

BONNET ROUGE

5 Mars 1917. — *A bâtons rompus*, par M. Badin.

5 Mars 1917. — *M. Zimmermann explique l'attitude de l'Allemagne.*

22 Mars 1917. — *Interview de M. Zimmermann.*

4) L'affaire Grimm :

Le pseudo-socialiste suisse Grimm, rédacteur en chef de la *Berner Tagwacht*, journal zimmerwaldien, a été surpris complotant activement avec le conseiller Hoffmann en faveur de la paix séparée russo-allemande. La *Gazette des Ardennes* et le *Bonnet Rouge* prennent la défense de Grimm qui fut, on s'en souvient, expulsé de Russie par le gouvernement de Kerenski. Tout ce que le *Bonnet Rouge* concède, c'est que Grimm a commis une « grave erreur » en compromettant la politique internationale.

26 Juin 1917. — *Incidents.*

« ... Tout le crime de M. Hoffmann consiste donc dans le simple fait qu'il a cru devoir répondre à une question qui lui était posée (par Grimm) au sujet de la paix possible, non pas en qualité de chef du département politique fédéral, mais simplement d'homme à homme, en n'écoutant que sa conscience et la voix de l'humanité sanglante...

« Etre accusé de connivence avec l'Allemagne « militariste » rien que parce qu'on désire sincèrement la *paix*, c'est bien l'un

20 Juin 1917. — *Un démenti.*

« *Le journal socialiste de Berne, la* Berner Tagwacht, *dont Grimm était* (2) *le directeur, se refuse, dans son n° du 18 juin, à considérer comme vraie la nouvelle de l'expulsion de Grimm. Le journal socialiste traite d'insolent mensonge l'affirmation que Grimm était un agent de l'Allemagne et met le Gouvernement provisoire au défi de soutenir cette calomnie par des arguments décisifs* ».

(1) Journaux suisses inspirés par le *Kriegspressamt.*
(2) Cet imparfait est tendancieux, c'est « est » qu'il faut dire.

GAZETTE DES ARDENNES
Organe de l'Etat-Major allemand.

des plus étonnants paradoxes de notre époque déconcertante, empoisonnée d'hypocrisie et de mensonge » (1).

26 Juin 1917. — *L'affaire Grimm.*

« Le *Bonnet Rouge* consacre au socialiste suisse Robert Grimm, que la presse de l'Entente attaque à propos de son voyage à Saint-Pétersbourg, un petit article biographique où nous lisons :

« Avant la guerre il s'était déjà signalé par ses efforts en vue d'assurer la paix de l'Europe par le rapprochement franco-allemand... il s'en alla à Milan porter aux socialistes italiens opposés, on le sait, à l'intervention de l'Italie, le salut des social-démocrates allemands... Il prit part enfin, avec les socialistes allemands, italiens et français, à la conférence internationale de Kienthal », etc... (25 lignes de citation).

« Il passait pour un homme intelligent, audacieux, fanatiquement attaché à la paix et s'employant activement à la fois à préserver son pays de la guerre et à hâter la fin du conflit.

« Le gouvernement provisoire russe a décidé l'expulsion de Grimm. Cette mesure est évidemment la conséquence de la violente campagne menée contre ce pacifiste par la presse de l'Entente.

« Le journal socialiste suisse *Berner Tagwacht* commente la façon louche dont les dépêches échangées entre MM. Grimm et Hoffmann ont été interceptées et publiées. Le journal écrit : » (21 lignes de citation).

3 Juillet 1917. — *Propagande pacifiste.*

« L'officieuse *Gazette de l'Allemagne du Nord* écrit : « La nouvelle de l'intrigue pacifiste allemande répandue par les Alliés dans le but de prolonger la guerre, est

BONNET ROUGE

21 Juin 1917. — *L'affaire Grimm-Hoffmann.*

« On fait remarquer que nul ne songerait à contester à M. Grimm le droit de poursuivre la politique neutraliste dont il a été jusqu'ici le champion et qui, d'ailleurs, était conforme aux intérêts de son pays (2), mais le directeur de la *Berner Tagwacht*, en entrant en relations directes avec le conseiller fédéral Hoffmann et en collaborant aux desseins obliques de l'Allemagne, a commis une erreur d'autant plus grave qu'elle prête à des soupçons sur toute l'action politique internationale exercée par lui depuis le début de la guerre. »

27 Juin 1917. — *Çà et là.*

Le grand journal catholique suisse, la *Liberté* de Fribourg (3), donne une version de l'affaire Grimm qui change le « coupable » en « victime ». Mais chut ! »

(1) Les hypocrites et les menteurs, ce sont les puissances de l'Entente qui démasquent les intrigues allemandes. Toujours le « coup du Prussien ».
(2) Ceci resterait à démontrer. Ce n'est pas l'avis de beaucoup de Suisses, bons patriotes.
(3) Inspirée par le *Kriegspressamt* de Berlin.

GAZETTE DES ARDENNES Organe de l'Etat-Major allemand.	BONNET ROUGE
complétée maintenant par des communications de source parisienne, relatives à une campagne pacifiste allemande au sujet de laquelle le chef du cabinet français aurait soumis des documents à la Commission de la Chambre. Ces documents se rapporteraient au cas Grimm-Hoffmann. Puisqu'il est établi par la déclaration de M. Hoffmann que sa démarche était due à sa propre initiative, les efforts faits par l'Entente ne peuvent avoir pour but que de terroriser les personnalités neutres qui, pour des motifs philanthropiques, travaillent à mettre fin à la guerre, et de les empêcher ainsi de poursuivre la tâche qu'elles avaient entreprise. Ce que les télégrammes de Paris annoncent à propos d'agents du gouvernement allemand est d'invention pure et simple. Il est probable que, par la production de soi-disant documents concernant une propagande pacifiste allemande, M. Ribot voudrait reléguer à l'arrière-plan la question des traités secrets, conclus par l'Entente, relativement aux buts de guerre ».	

X. — POUR LES INTÉRÊTS MATÉRIELS DE L'ALLEMAGNE

Voici comment l'Etat-Major allemand, imbu d'esprit pangermaniste et féodal, se représente le Français type, le Français moyen auquel il s'adresse : (On voudra bien ne pas oublier que nous ne sommes pas l'auteur de ce portrait. Nous ne faisons que remplir ici notre rôle d'interprète en essayant de traduire aussi fidèlement que possible la pensée allemande). Pour le *Kriegspressamt* (1), le Français est un être léger, puéril et vaniteux qui ne manque pas de courage, mais qui joint à tous les défauts de la jeunesse tous les vices de l'âge mûr. Sous le nom d'amour de l'égalité, il dissimule une jalousie féroce à l'égard de tous ses semblables. Son principal souci, c'est la femme ; son rêve, s'amuser avec ce joli joujou qu'est la Parisienne. Le Français est indiscipliné, mais néanmoins très maniable : il ne fait pas partie de ce que les Allemands appellent un « peuple de maîtres ». Il suffit de prononcer devant lui de grands mots, de grandes phrases, de flatter son orgueil national qui est immense, et de lui rappeler qu'il est du pays de Jeanne d'Arc et de Napoléon ou bien encore que ses ancêtres ont révélé au monde ébloui les

(1) Il va sans dire que tous les Allemands ne se représentent pas les Français de cette façon, mais ce qui nous importe, c'est l'opinion de l'Etat-Major allemand.

immortels principes de la « Grande Révolution ». Certaines formules ont sur lui un effet magique, par exemple : « Noblesse oblige ». « On peut rosser les Français tant qu'on veut, pourvu qu'on crie en même temps : Vive la liberté ! » (1), a dit Bismarck.

La France souffre de quatre maladies mortelles : l'alcoolisme qui engendre la tuberculose, la dépravation des mœurs qui a pour conséquences directes la propagation de la syphilis et pour conséquence indirecte la dépopulation, une « verbalite » aiguë qui noie sous des flots de paroles oiseuses et un déluge d'éloquence les efforts de tous les hommes d'action, et enfin un « irréalisme » philosophico-juridique qui prouve que le Français n'est pas adaptable aux nouvelles conditions de la civilisation moderne. Pour le Français, le Droit est une divinité immuable et immortelle qui plane au-dessus des contingences humaines. Le Français croit vivre dans « l'être » et le « permanent » ; c'est une aberration. L'Allemand vit dans le « devenir » et le « transitoire » (2). C'est lui qui a raison. L'Allemand conçoit le Droit, comme tout ce qui est humain, du point de vue de la vie. Or la vie c'est le changement. Rien n'est éternel. Tout évolue. Le Droit n'est donc que la constatation d'un équilibre plus ou moins stable, plus ou moins prolongé. Il ne se conçoit jamais sans la formule latine « *sic rebus stantibus* ». Quand les circonstances changent, le Droit doit changer. Un nouvel équilibre s'établit, qu'un Droit nouveau enregistre et consigne. Là où les Français voient une déesse, les Allemands n'aperçoivent qu'un commis-greffier (3).

Mais si le Droit se modifie, qu'est-ce qui, au-dessus de lui, ne varie pas? Au-dessus du Droit, il y a une loi qui reste toujours semblable à elle-même, une loi immuable et éternelle, c'est la Force. Donc pour avoir le Droit pour soi, il faut commencer par avoir la Force. La Force ne prime pas le Droit, elle est l'origine et la condition du Droit.

Voilà une idée, pensent les Allemands, qui jamais ne rentrera dans la tête des Français. Ils sont donc incapables de comprendre la « mutation des choses » : *mutatio rerum*, qui est la grande loi de la vie. Ils démontrent ainsi qu'ils ne sont pas ou qu'ils ne sont plus adaptables à la vie. Ils sont trop vieux, ils manquent de réflexes, d'élasticité et de ressort. Ils doivent donc céder la place à une race qui, elle, est en possession de la vérité juridique et philosophique et qui manifeste sa jeunesse et sa vitalité en s'adaptant avec une merveilleuse souplesse aux deux grandes circonstances de la vie des peuples : la paix et la guerre. Les Français n'étant pas adaptables, n'étant pas viables, doivent disparaître. Aidons-les donc à mourir ! Nous travaillerons de la sorte au triomphe d'une « Kultur », d'une humanité supérieures.

Cette caricature nous ressemble comme une charge ressemble à un por-

(1) Rappelé plus haut p. 10.
(2) *Das Zeitliche segnen* (« bénir le transitoire ») est une expression allemande qui signifie mourir.
(3) Ou une girouette, comme me l'a fait observer avec raison un sénateur.

trait dont on n'aurait retenu que les noirs. Elle n'en est pas moins instructive, car elle nous renseigne sur la tactique occulte que l'Allemagne féodale emploie contre nous. Elle nous dit tout au moins que nous pouvons — non pas abandonner un idéal qui fait notre orgueil, et, quoi qu'en pensent les Allemands, notre force — mais démentir les prévisions sur lesquelles l'ennemi compte pour nous juguler.

Pour prouver aux Allemands que nous sommes aussi capables qu'eux d'adaptation, nous n'avons, par exemple, qu'à distinguer, nous aussi, entre le droit du temps de paix et le droit du temps de guerre, qui s'exercent dans des conditions non pas seulement différentes, mais diamétralement opposées. Ainsi nous arracherons des mains de l'ennemi une arme qu'il veut retourner contre nous. L'Allemand fait fond sur notre idéalisme pour nous réclamer ses droits au nom de nos principes et nous refuser les nôtres au nom des siens. Son espoir, c'est que nous n'hésiterons pas à laisser mourir la France, pourvu qu'elle soit munie de tous les sacrements de la jurisprudence. Donnerons-nous raison à ses anticipations psychologiques? Il dépend uniquement de nous de lui infliger sur le terrain juridique comme sur tous les autres une défaite qui sauve en même temps notre pays et notre idéal plus large, plus humain, de justice et de civilisation.

Ce que nous venons d'exposer touchant notre conception du Droit — conception délirante aux yeux des Allemands — se reflète surtout dans la 10e campagne sur la « défense des intérêts matériels de l'Allemagne », où nos ennemis se hâtent d'exploiter les dispositions légales sur lesquelles ils ne peuvent exercer d'influence immédiate. Dans la 2e campagne, ce qu'ils se proposaient, c'était d'agir directement sur la mentalité du peuple français. Ici, ils se contentent, en attendant mieux, d'invoquer contre nous des lois ou des jugements qui, au moment où eux-mêmes détruisent sans vergogne nos villages et nos villes, leur permettraient de nous demander des comptes devant nos propres tribunaux et de sauver — derrière le dos de nos soldats — leurs plus sordides intérêts.

Cette campagne comprend les trois rubriques suivantes :

a) Il ne faut contre l'Allemagne ni représailles, ni blocus.

b) La vente des marchandises séquestrées.

c) Les Allemands ont, en pleine guerre, droit au Droit français contre des Français.

(*A développer*).

Pour ne prendre qu'un point de la troisième rubrique de ce programme, présentons quelques passages de la *Gazette des Ardennes* et de journaux allemands qui puisent leur inspiration à la même source d'où semble être sorti l'article paru dans le *Bonnet Rouge* du 25 Avril 1916, sous le titre : « Le retour au bon sens ».

GAZETTE DES ARDENNES

Organe de l'Etat-Major allemand.

1er Mai 1917. — *La survie française.*

« On trouve ci et là dans l'une ou l'autre revue française qui a tenu à conserver son renom d'avant-guerre, des pages où vit encore l'ancien bon sens si démodé en cette saison de folie déchaînée... »

8 Octobre 1916. — *Haine.*

« Qui délivrera la France de cette catégorie de haineux énergumènes qui la ruine et qui la tue... »

16 Février 1916. — *Rheinisch-Westfälische Zeitung.*

« A la Chambre française, vient d'éclater un nouveau scandale qui menace de prendre les proportions de l'affaire Dreyfus. Des députés réactionnaires et socialistes gouvernementaux ont accusé certains de leurs collègues au service de la haute finance, d'avoir livré à l'Allemagne des carbures pendant la guerre. Les industries métallurgiques de la Normandie exploitées par des ingénieurs allemands avant la guerre auraient servi d'intermédiaires. On aurait tort de ne pas estimer cette nouvelle querelle à sa juste valeur. Elle est surtout dirigée contre l'industrie allemande qui a de grandes entreprises en Normandie et dans d'autres régions de la France. Le banquier français Ullmann, accusé d'être l'introducteur des espions et des pionniers de l'invasion économique en France, est déjà tombé sous les coups du parti monarchiste français », etc...

30 Juin 1916. — *Une noble protestation.*

« Dans le *Bonnet Rouge* du 16 Juin, Mme Fanny Clar publie ce petit article très digne que nous reproduisons sans commentaire :

... « Vous savez ce qu'est un camp de concentration? Je ne m'attarderai pas à

BONNET ROUGE

23 Avril 1916. — *Le retour au bon sens !*

« Nous pouvons bien le reconnaître, le peuple le plus spirituel de la terre — c'est nous — a eu aussi son heure de folie...

« Sans parler des sacs et des pillages perpétrés la nuit de la mobilisation par trois douzaines d'énergumènes, etc...

« Quand on rappellera, par exemple, la façon dont la dénaturalisation, qui devait être l'exception, et appliquée seulement lorsque la sécurité nationale en dépendait, a été comprise par le pouvoir exécutif, quand on rappellera le pourchas infâme de la sottise, de la haine, de la convoitise coalisées contre des hommes naturalisés depuis vingt, trente et quarante ans, Français incontestablement, non seulement par la loi, mais d'esprit et de cœur, dont certains ont rendu à la France d'immenses services, dont quelques-uns ont fait la fortune d'une région, nous éprouverons quelque peine à nous montrer farauds. Et je crains fort que la fameuse apostrophe sur le chiffon de papier ne serve pas seulement contre les Allemands.

« Quand on dira qu'il s'est trouvé des ministres républicains nourris des immortels principes de 89 pour s'apeurer et trembler devant les déshonorantes campagnes des bateleurs de l'*Action française*, et obéir aux sommations d'un Daudet, le rouge de la honte montera au front de plus d'un Français.

« Quand on se souviendra de la façon dont certaines expulsions et certains internements ont été opérés, nous sentirons comme une humiliation d'avoir couverts (*sic*) ces erreurs de notre silence (1).

« Quand nous nous remémorerons les tartarinades et la niaiserie, les bluffs ineptes, les déformations et (lâchons le mot) les mensonges dont la presse de ce pays — le *Bonnet Rouge* comme les autres — s'est rendue coupable dès les premiers mois de la guerre, ceux d'entre nous qui n'ont pas toute honte bue, baisseront le

(1) La même tournure incorrecte se retrouve dans la *Gazette des Ardennes* du 1er Mai 1917 : « l'ignorance où l'on a tenu le pays de ses pertes. »

GAZETTE DES ARDENNES
Organe de l'État-Major allemand.

décrire celui où la chose se passe, ce qui m'abstiendra de tout jugement à ce propos. Je dirai seulement qu'en un de ces camps se trouvaient des femmes françaises mariées avant la guerre à des Allemands. La veille de la mobilisation, c'était affaire de sentiment, donc nullement justiciable. Au lendemain de la déclaration de guerre cela devenait un forfait odieux. Ces Françaises, pour expier la nationalité de leurs maris, furent envoyées dans un camp.

« Ces temps derniers, on leur proposa la délivrance, en même temps que la réintégration dans tous leurs droits de Françaises. La rançon de cette mansuétude : presque rien, le reniement total de leur affection et une demande immédiate de divorce, qui aurait reçu immédiate satisfaction.

« Si incroyable que cela soit, ces femmes refusèrent toutes ! Pas une n'a hésité. Trouvez-vous cela monstrueux ou très beau? je vous en laisse le libre jugement... J'ai simplement voulu conter une histoire du temps de guerre, une histoire sans moralité. »

7 Juillet 1916. — *Une ignominie* (éditorial).

« Un lecteur français nous écrit : Dans son numéro du 30 Juin, la *Gazette des Ardennes* a reproduit un article d'un journal de Paris qui dénonçait le fait brutal que les Françaises qui avaient épousé des Allemands avant la guerre ont été internées dans des camps de concentration. Il y a peu de temps, on leur a promis la délivrance, en même temps que la réintégra-

BONNET ROUGE

nez, pas fiers du tout (1) de cette phase de l'action journalistique, si belle, si profitable à la patrie par ailleurs.

« Mais le peuple français a une vertu. Il se ressaisit (2). La griserie, la folie (3) ne sont que momentanées. Le mauvais vin de la démagogie nationaliste cuvé, le peuple de France retrouve son robuste et clair bon sens, une des qualités cardinales de notre race.

« Le Boulangisme, l'affaire Dreyfus sont des exemples particulièrement typiques de cette extraordinaire faculté.

« La guerre aura fourni un exemple de plus.

« Si quelqu'un avait osé parler, il y a un an, de respecter et d'appliquer le droit français en faveur des ennemis, on l'eût pour le moins écharpé.

« Aujourd'hui, on peut, sans soulever autre chose que les aboiements des Aissaouas de Gamelle, revenir à nos glorieuses traditions.

« C'est le retour au bon sens (4)...

« On trouvera d'autre part le résumé de l'arrêt par lequel des magistrats attestent devant le monde civilisé que la France républicaine reste, envers et contre tout, la grande Nation dont la force et le rayonnement sont puisés dans le respect du droit des gens.

« Les Allemands ayant des intérêts en France peuvent-ils ester en justice? Telle était la question à trancher. Et les juges répondent par l'affirmative.

« Arrêt sensationnel, dit un confrère.

« Point du tout. Arrêt de raison conforme au droit français...

(1) Cf. à ce « pas fiers du tout », *Gazette des Ardennes*, 9 Janvier 1916 : « L'industriel, pas au courant, se méfie ». — 27 Mars 1917 : « Certes, pas des gens sérieux... »

(2) Cf. *Gazette des Ardennes*, 30 Novembre 1916. *Nécessité* : « O France, où vas-tu? O ma Patrie, ressaisis-toi ! ». — 16 Janvier 1916. « Le coq se ressaisirait-il? »

(3) *Gazette des Ardennes*, 3 Février 1917. *Jusqu'au bout* : « La guerre a sa griserie, son ivresse... »

(4) L'appel au bon sens français est un des thèmes favoris de la *Gazette des Ardennes*. Ex. : 31 Mai 1916. : « La majorité des envahis en qui l'expérience de vingt-deux mois de guerre a mûri le simple bon sens. » — 31 Mars 1916 : « A la presse chauvine de Paris la voix du simple bon sens répond... » — 10 Mars 1917 : « Aphorismes de bon sens. » — 11 Mars 1917 : « Les gens qui reconnaissent que les Allemands font leur possible pour le soulagement des habitants, ces gens-là ont certainement un peu de bon sens et de raisonnement. » — 24 Février 1917. *La 6e arme* : « le bon sens français commence à comprendre. » 12 Juin 1917. *La Victoire* (de Bertourieux). « Nos gouvernants savaient que leur volonté belliqueuse serait tôt ou tard vaincue par le bon sens français, s'ils n'appelaient à l'aide la force morale de la haine et de la vanité » etc., etc.

GAZETTE DES ARDENNES
Organe de l'État-Major allemand.

tion dans leurs droits de Françaises, si elles se décidaient à demander immédiatement le divorce, lequel leur serait bien entendu accordé de suite. Toutes ont refusé. A la suite de ce refus, on leur a enlevé les quelques travaux, médiocrement rétribués, mais qui cependant leur assuraient tant bien que mal leur entretien, en alléguant comme raison que « de si mauvaises Françaises ne méritaient pas de gagner leur pain ».

« Les mots me manquent pour flétrir autant qu'il le faudrait cette nouvelle ignominie commise au nom de la France « aimable et sociable ».

« Quelle cynique cruauté que de soumettre des femmes et des enfants au régime si dur des camps de concentration (1), et quelle vile lâcheté que de faire entrevoir à des femmes françaises mariées à des Allemands, une libération immédiate au cas où elles consentiraient, pour faire acte de « patriotisme », à briser ces liens sacrés qui unissent tant d'âmes dans les mêmes tendresses, les mêmes soucis, les mêmes espoirs !

« Ne savez-vous pas, Messieurs les Ministres, que cette contrainte que vous prétendez opérer sous l'effet d'une menace, ressemble beaucoup à un acte répréhensible, que la loi punit très sévèrement et qu'on appelle « chantage »? Ouvrez votre recueil de lois...

« Grâce à vous, prétendus détenteurs de la plus haute « civilisation », mais dont les actes de ce genre sont autant de défis à l'humanité, on pourrait ne plus parler dans le monde, si ce n'est comme d'un « souvenir historique », de notre France idéaliste et chevaleresque !

« Tout autre est votre France, haineuse, violente, aux gages de l'étranger (2), substituée, hélas ! à la pensée largement humaine des Chateaubriand, Mme de Staël, Victor Hugo, Michelet, Berlioz et tant d'autres !... Ne sentez-vous pas le contraste frappant entre cette œuvre de haine

BONNET ROUGE

« La France n'est pas une nation d'apaches, elle ne détrousse pas les gens, même quand les gens sont des criminels...

« Je sais bien qu'il existe une catégorie de citoyens pour soutenir qu'on ne doit pas justice à l'ennemi, que tous les moyens sont bons contre lui et que plus ces moyens sont expéditifs et brutaux, mieux ça vaut.

« Si on suivait ces citoyens, la France serait à bref délai à jamais déshonorée aux yeux du monde et de l'Histoire.

« Retenons d'ailleurs que les partisans de la Justice (?) sommaire, ce sont les mêmes qui poursuivent d'une haine farouche tout ce qui fait précisément l'honneur et la gloire de la France et qui dépouilleraient ou guillotineraient un républicain, un libre penseur, un juif, avec autant, sinon plus, de tranquillité qu'un Allemand.

« Cela suffit à juger le point de vue.

« Que Daudet l'Arsouille et sa bande injurient avec le visa de la censure les magistrats qui ont rendu cet arrêt de parade et de sainte justice, c'est normal et ça n'a pas autrement d'importance.

« La France — celle qui compte — dit : « Bravo » !

MIGUEL ALMEREYDA.

(1) Et en Allemagne? n'ont-ils pas de camps de concentration pour les civils français?
(2) L'étranger, ici, c'est l'Anglais. Encore le coup du Prussien.

GAZETTE DES ARDENNES
Organe de l'Etat-Major allemand.

BONNET ROUGE

et de jalousie... mercantile (1), que vous décorez du nom de patriotisme et que vous prétendez mener à fond pour la défense du Droit et de la Civilisation et la belle bravoure, la froide ténacité de nos soldats qui burinent le nom sacré de la France sur les tables de l'Histoire?

« Mais le monde ne sera plus dupe de vos grands mots. Il sait déjà dans quel but vous avez jusqu'au dernier souffle engagé notre pauvre peuple dans une guerre impie ; et quand vous lancerez vos phrases creuses et que vous parlerez de soulèvement général de la « Justice » contre la « Violence », de la « Liberté » contre la « Tyrannie », en un mot de l'Humanité en progrès contre les dernières survivances de la force barbare, craignez son rire moqueur, mais craignez surtout qu'il ne vous demande ce que sont devenus en France ce Droit, cet Honneur, cette Humanité.

« Hélas, ces grands principes semblent ne plus exister que de nom ; depuis longtemps vous les avez enfermés dans une nouvelle Bastille, dans une nouvelle forteresse du bon plaisir.

« Mais patience ! votre Bastille s'écroulera un jour, et avec elle ceux qui auront faussé et empoisonné l'âme de notre France, juste et généreuse. »

Un Français indigné.

16 Juin 1917 (daté de Juillet 1916). — *La Victoire* (de Bertourieux).

« Les Allemands sont observateurs et perspicaces, ils savent que nous agissons dans un accès de furieux délire dû aux louches manœuvres anglaises... »

3 Février 1916. — *Allemands et Français* (2).

« D'autres mangent de l'Allemand comme

(1) *Cf. Bonnet Rouge*, 17 Juin 1916. *Guerre de marchands* : « Ne nous avait-on pas dit ou pas informé que dans le conflit actuel, personne parmi les Alliés n'avait apporté d'arrière-pensée mercantile? (cité plus haut p. 126, par la *Gazette des Ardennes*).

(2) Du rédacteur A.

GAZETTE DES ARDENNES
Organe de l'Etat-Major allemand.

il en est qui « mangent » du Juif et du curé : par habitude et par conviction... »

3 Février 1917. — *Jusqu'au bout.*

« Les vertus admirables que nous avons manifestées, d'éclatants triomphes partiels, l'inébranlable vigueur avec laquelle nous maintenons l'envahisseur, tout cela dit que nous pouvons prendre maintenant une décision quelconque, sans qu'elle nous soit imposée par la fatalité d'une immédiate nécessité.

« Trêve donc aux folles obstinations ! Silence aux absurdes forfanteries qui n'ont rien de commun avec le véritable, le pur orgueil de la France !... »

BONNET ROUGE

—

XI. — POUR LA PAIX IMMÉDIATE

Dès que l'Allemagne eut compris qu'elle arriverait difficilement à rompre notre front et que la prolongation de la lutte lui coûterait des sacrifices considérables, elle intensifia chez nous et chez nos alliés la corruption de l'arrière. Forte des gages qu'elle avait eu soin de saisir dès l'abord par son attaque brusquée, elle affecta avec ostentation des sentiments pacifistes. Elle espérait tirer de cette attitude un double avantage, à la fois auprès de son peuple et auprès de ceux de ses ennemis que pouvait séduire son allure pateline. La paix, c'était la reconnaissance de ses victoires, la fin de ses dépenses, le triomphe de ses armes et de sa politique, la gloire d'avoir réduit ses ennemis à composer et les solides avantages qu'elle espérait tirer d'un bon traité qui, tout en l'enrichissant, pour le présent, d'indemnités, d'annexions plus ou moins dissimulées et de conventions commerciales avantageuses, lui ouvrait toutes grandes les portes de l'avenir. Les gouvernements de l'Entente se montrent rebelles à l'idée de paix? On allait entraîner l'opinion des pays ennemis dans une vaste conjuration pacifiste qui finirait par forcer la main des dirigeants. Comme dans la campagne contre le moral français, l'Etat-Major allemand porta son principal effort sur les partis les plus avancés, les éléments les plus libéraux de la population. Les partisans de la paix avant la guerre, pensait-il avec une logique que les faits n'ont pas toujours démentie, ne pouvaient pas ne pas se laisser séduire par ses protestations pacifistes, ses manifestations humanitaires et fraternitaires. Son intérêt étant de traiter, il déclara la paix au monde comme il lui avait déclaré la guerre quelques mois auparavant. Naturellement, la *Gazette des Ardennes* emboucha le chalumeau pacifiste et se mit à en jouer sans relâche et sur tous les tons. Tous les arguments propres à convaincre les Français que leur intérêt était de se réunir avec les Allemands autour d'un tapis vert, furent agités, tournés et retournés dans tous les sens. Toutes les manœuvres extra-diplomatiques de pourparlers, de rapprochements, de méditations trouvèrent dans la presse allemande et, par conséquent, dans la pseudo-gazette, des défenseurs enthousiastes ou déguisés qui, tous, obéissaient à la même impulsion gouvernementale.

Dans cette campagne, comme dans toutes les autres, le *Bonnet Rouge* accompagne la « feuille immonde » avec une fidélité qui ne se dément point.

Toutes les campagnes précédentes, en particulier : contre la haine, contre le moral français, contre l'Angleterre, aboutissaient à cette conclusion : faisons la paix. Dans les articles qui suivent, la question de la paix elle-même est posée, maintenue, défendue.

Dans l'impossibilité matérielle de développer ici le plan complet de cette campagne, nous nous bornerons à juxtaposer ci-dessous quelques textes de la *Gazette des Ardennes* et du *Bonnet Rouge*, d'où il ressort qu'en 1916 (pour se borner à cette période de douze mois), le *Bonnet Rouge* a travaillé en faveur d'une paix qui n'attendrait pas le triomphe de nos armes, et que, de plus, cette campagne, il l'a menée avec des arguments allemands.

En 1916, von Bethmann-Hollweg a prononcé quatre grands discours : le 6 Avril, le 5 Juin, le 9 Novembre et le 12 Décembre. Le 10 Mai, l'Allemagne remettait sa réponse à l'Amérique. Le 31 Juillet, le Kaiser adressait à son armée et à sa flotte un manifeste retentissant. En Mai 1916, l'Allemagne cherchait l'intervention du roi d'Espagne en faveur de la paix. Chaque fois, le *Bonnet Rouge* est venu seconder les efforts de Guillaume II et de son gouvernement pour nous amener à traiter, c'est-à-dire à nous avouer vaincus

1) La guerre est un procès ruineux que les Français ont intérêt à terminer le plus vite possible. Un propriétaire n'a pas le droit de sacrifier tout son bien pour un lopin de terre dont on lui conteste la propriété. Dans ce litige, l'Alsace-Lorraine n'apparaît point comme une réalité morale. On ne tient compte ni de l'origine du conflit, ni de la volonté des habitants :

GAZETTE DES ARDENNES
Organe de l'Etat-Major allemand.

16 Janvier 1916. — *La France veut-elle la ruine.*

... « Que répondrait un père de famille auquel on dirait ceci :

« Votre voisin sera roulé sûrement par vous, mais d'abord vos enfants seront tués, vos serviteurs rendus infirmes, vos récoltes brûlées, vos arbres arrachés, votre foyer démoli, votre argent entièrement perdu et vous aurez fait faillite. Il est vrai qu'à ce prix vous obtiendrez en outre, la restitu-

BONNET ROUGE

2 Août 1916. — *A bâtons rompus.*

« Il était une fois deux familles de paysans qui se battaient à coups de papier timbré. Les origines de la querelle remontaient assez avant dans le passé : il s'était agi, au début, d'un lopin de terre que les Müller s'étaient approprié au détriment des François. Ceux-ci, assez mal en point à l'époque, avaient d'abord accepté le fait accompli.

GAZETTE DES ARDENNES
Organe de l'Etat-Major allemand.

tion du lopin de terre que le voisin vous avait pris jadis après combat.

« Certes, ce père de famille, à moins d'être insensé, n'hésiterait pas à repousser avec horreur une semblable perspective de deuil et de misère. Il préférerait renoncer au terrain réclamé et voir longtemps son ennemi heureux, plutôt que d'acheter son succès par la mort de ses fils et l'anéantissement de son patrimoine... d'ailleurs s'il avait la témérité de vouloir agir différemment, ses amis se ligueraient pour l'en empêcher.

« Eh bien, tel est le cas de la Patrie, victorieuse ou non, la continuation opiniâtre de la guerre serait la ruine, c'est-à-dire la mort matérielle et morale, tandis que la paix rapide serait la vie. Français, voulez-vous vivre ou mourir? »

Un Français de France.

3 Juin 1917 (daté de Juillet 1916). — *La Victoire* (de Bertourieux).

« Quel est le père de famille sensé qui voudrait recouvrer une partie de ses domaines (à peine 1/20 du total) au prix de sa santé mortellement compromise et de la perte de sa prospérité? »

24 Juin 1917 (daté de Juillet 1916). — *La Victoire* (de Bertourieux).

« A moins d'être fou furieux, un individu consentirait-il à réduire en décombres une des plus belles parties de son logis pour en reprendre possession, alors qu'il pourrait l'obtenir par des négociations?!!! »

BONNET ROUGE

Censuré (1).

« Ceux-ci (les François), se sentant menacés, prêtaient une oreille favorable aux instigateurs de disputes... il était fatal que les suggestions et les manœuvres du petit clan des pêcheurs en eau trouble qui s'employaient à aviver les haines et à surexciter les appétits, déchaînassent le conflit.

« Ainsi qu'il en va toujours, le prétexte de la brouille définitive et de l'entrée en jeu des hommes de loi fut plutôt futile et ne se référa pas directement aux rivalités d'intérêt qui divisaient les deux familles.

Censuré (1).

« Les François et les Müller se pourchassaient depuis deux ans dans le « maquis de la procédure ». Dans les deux familles, des gens étaient morts de chagrin, de colère, d'ambition déçue, de désespoir. Les survivants, tout à leur passion chicanière, négligeaient l'administration de leur bien, la surveillance de leurs intérêts. Les économies étaient mangées, les terres hypothéquées. On était, de part et d'autre, hypnotisé par cette perspective : « gagner le procès » et l'on ne songeait point ce que cela signifierait pratiquement. Je pensai un instant à réciter à ces enragés la fable de « L'Huître et les deux Plaideurs ». Mais je réfléchis qu'il n'y a pire sourd que ceux qui ne veulent point entendre »...

M. Badin.

2) Si la France refuse d'écouter les propositions allemandes, c'est sur elle seule que retombera la responsabilité du sang répandu :

12 Août 1916. — *Discours du Chancelier allemand au Reichstag.*

« Lorsque le 9 Décembre, je déclarai que nous étions disposés à traiter de la paix, j'ajoutais que je ne pouvais constater

8 Juin 1916. — *Le discours de Bethmann.*

... « Le chancelier a affirmé une fois de plus que l'Allemagne était prête à causer de la paix avec ses ennemis... M. Bethmann-Hollweg a fait preuve d'une réelle

(1) L'échoppage manque.

GAZETTE DES ARDENNES
Organe de l'Etat-Major allemand.

nulle part chez les gouvernements des pays ennemis le même bon vouloir. Tout ce qui se passa depuis et ce que nous entendîmes de la bouche de leurs hommes d'Etat prouve que j'avais raison.

« Les discours qui furent tenus à Londres, à Paris, à Saint-Pétersbourg sont si clairs qu'il est inutile de les commenter... Pour M. Asquith, la destruction complète et définitive de la puissance militaire de la Prusse serait la condition préalable de toute négociation de paix... Non, à de pareilles conditions de paix, il ne reste qu'une réponse et c'est notre épée qui la donne ! Si nos ennemis veulent continuer l'effusion du sang, les hécatombes humaines, la dévastation de l'Europe, *la faute en retombe sur eux* (1). Nous soutiendrons la lutte et notre bras frappera des coups de plus en plus forts. »

10 Mai 1916. — *Réponse allemande à l'Amérique.*

« ***La conscience de sa force a permis deux fois au gouvernement allemand, au cours des derniers mois, de déclarer ouvertement en face du monde qu'il était prêt à conclure une paix garantissant les intérêts vitaux de l'Allemagne. Il a ainsi démontré que ce n'est pas sa faute si les peuples de l'Europe restent privés des bienfaits de la paix*** » (2).

BONNET ROUGE

habileté... Il s'est également rallié les sympathies de certains neutres. Ce serait une puérilité de se le dissimuler et une bêtise de le nier » etc...

9 Juin 1916. — *La guerre et la paix.*

« Plusieurs de nos confrères de province (3) ont eu l'idée de fixer par des textes officiels l'état d'esprit des gouvernements des différents pays belligérants. Ils publient un curieux tableau, que nous soumettons à nos lecteurs à titre documentaire.

***Discours de M. Asquith* : décembre 1915, (*citation.*) d° du 10 mai 1916 (*citation*).**

« Le 9 décembre 1915, nous avons déclaré que nous étions tout disposés à traiter et nos ennemis ont refusé de s'asseoir avec nous à la table des négociations, pour discuter. Les discours de nos adversaires ne laissent apercevoir aucune trace de disposition pacifique. M. Asquith considère la destruction complète et définitive de la puissance militaire de la Prusse comme une condition préalable de toutes les négociations.

« A une telle condition de paix, il ne reste qu'une réponse : c'est notre épée qui la donnera.

« Si nos adversaires veulent que le massacre humain et la dévastation de l'Europe continuent, c'est à eux qu'en incombe la faute » (*Compte rendu analytique du discours du chancelier de Bethmann-Hollweg*).

« La conscience de sa force a permis deux fois au gouvernement allemand au cours des derniers mois, de manifester ouvertement et en face de tout le monde qu'il était prêt à conclure une paix garantissant les intérêts vitaux de l'Allemagne. Il a ainsi montré que ce n'est pas sa faute si les peuples de l'Europe sont pour longtemps encore privés des bienfaits de la paix ».

(***Réponse allemande à la note américaine.*** Journaux du 8 Mai 1916).

(1) En italiques.
(2) En caractères gras.
(3) Il serait intéressant de connaître ces journaux.

L'Etat-Major allemand avait un tel désir de mettre sous les yeux des Français ces deux pages où il affirme audacieusement les dispositions pacifiques de son gouvernement et la mauvaise volonté criminelle de ses ennemis qu'il a non seulement publié dans sa feuille officielle de Charleville les textes cités plus haut, mais que de plus il a souligné, avec une insistance bien germanique, en italiques, et en caractères gras très apparents, les passages repris par le *Bonnet Rouge.*

En les reproduisant l'un après l'autre, sous un prétexte qui resterait à constater, sans les accompagner d'aucun commentaire qui en fasse ressortir la mauvaise foi, mais au contraire en y joignant les passages des discours de M. Asquith qui ouvrent toutes les possibilités de paix, le journal d'Almereyda prêtait donc la main à une double manœuvre de l'Etat-Major impérial, en faveur de la paix allemande.

3) Le peuple allemand est pacifique. S'il continue la guerre, c'est parce que ses ennemis l'y obligent :

GAZETTE DES ARDENNES
Organe de l'Etat-Major allemand.

6 Août 1916. — *A l'armée allemande de terre et de mer.*

« La deuxième année de guerre est écoulée. Elle fut comme la première une année de gloire pour les armées allemandes. Sur tous les fronts, vous avez de nouveau porté de rudes coups à l'ennemi... La gratitude de votre Empereur et la fière admiration de la Patrie reconnaissante vous sont acquises pour ces actes d'inébranlable fidélité, d'intrépide vaillance et de bravoure tenace.

« Comme le souvenir des héros morts, votre gloire restera vivante jusque dans un lointain avenir...

« Les lauriers cueillis devant l'ennemi par l'armée combattante, dont l'âme a conservé sa souveraine vaillance en dépit des souffrances et du danger, parce que le plus noble sort du soldat lui était dévolu — toute cette gloire est indissolublement liée au travail dévoué et infatigable de l'armée restée au pays.

« Mais la puissance et la volonté de l'ennemi ne sont pas encore brisées. Il nous faut continuer l'âpre lutte pour la sécurité de ceux qui nous sont chers, pour l'honneur de la Patrie et la grandeur de l'Empire. Dans ce combat décisif nous resterons, pendant la troisième année de guerre, ce que nous avons été jusqu'ici en face de

BONNET ROUGE

4 Août 1916. — ***Il faut répondre.***

« Le Kaiser, dans le manifeste qu'il vient d'adresser au chancelier impérial — ce qui est une façon de s'adresser non seulement à l'Allemagne mais au monde entier — déclare : « Après l'ouragan terrible de deux années de guerre, le désir de paix s'émeut dans tous les cœurs humains. Mais la guerre continue parce que le cri de guerre des gouvernements ennemis est toujours la destruction de l'Allemagne.

« La responsabilité pour les effusions ultérieures de sang reste exclusivement sur nos ennemis ».

« D'autre part, parlant à la flotte et à l'armée allemandes, il déclare : « Nous sommes obligés de continuer une lutte sévère, afin d'assurer la sécurité de la patrie bien aimée et de conserver l'honneur et la grandeur de l'Empire ».

« Le même jour, M. Théodore Wolff, dans le ***Berliner Tageblatt***, faisait justice de la petite coterie turbulente des annexionnistes...

« Le Kaiser dit : « La responsabilité pour les effusions ultérieures de sang reste exclusivement sur nos ennemis ».

« Il ne pourrait pas parler ainsi si les gouvernements alliés, une bonne fois, en langage clair, disaient leurs intentions. »

GAZETTE DES ARDENNES
Organe de l'Etat-Major allemand.

l'ennemi nous combattant soit par les armes ou par l'intrigue froide et perfide.

« Le sentiment du devoir envers la Patrie et l'inflexible volonté de vaincre pénètrent aujourd'hui comme au premier jour de la guerre l'armée de terre et de mer du pays entier.

« Avec l'aide auguste de Dieu, nos exploits de demain resteront, j'en suis certain, dignes de ceux d'hier et d'aujourd'hui. »

WILHELM, I. R.

21 Janvier 1917. — *L'unanimité des puissances centrales.*

« La *Chemnitzer Volksstimme*, journal socialiste allemand, tient le même langage (que la presse conservatrice austro-allemande).

« L'Entente, après l'énumération des buts de guerre qui équivalent au détroussement systématique de chacune des puissances de la Quadruplice, veut bien consentir à ce que les peuples allemands ne soient pas anéantis. Ainsi elle daigne se contenter d'anéantir l'Empire allemand ; elle daigne ne pas décréter le massacre des peuples mêmes !

BONNET ROUGE

9 Août 1916. — *Il faut parler.*

... « Le Kaiser disait : « *La responsabilité de toutes les effusions ultérieures de sang reste exclusivement sur nos ennemis.* »

« *S'adressant à ses soldats, il ajoutait : Nous sommes obligés de continuer une lutte sévère afin d'assurer la sécurité de la patrie bien aimée et de conserver l'honneur et la grandeur de l'Empire.* »

« Dans ce journal, notre éminent collaborateur (1) le Général N., commentant ces déclarations, concluait : « *Il* (le Kaiser) *ne pourrait pas parler ainsi si les gouvernements alliés, une bonne fois, en langage clair, disaient leurs intentions* », etc...

« Majorité et minorité ont dit ce qu'il fallait dire. Le gouvernement français est invité à parler. Et comme le gouvernement français est un gouvernement républicain qui tient compte des courants d'opinion et de la volonté populaire, il enregistrera comme un avertissement précieux le débat et les conclusions du parti socialiste et il dira ce que toute la démocratie attend qu'il dise... »

JEAN GOLDSKY.

9 Août 1916. — *Une opinion sur* **la paix immédiate.**

12 Août 1916. — *Ce que veut le peuple allemand.*

« La leçon qui se dégage de ce travail, ce n'est peut-être pas celle que M. Madelin (2) recherchait. C'est que le peuple allemand demande la paix, rien que la paix, la paix avant tout.

« On nous aurait donc menti quand on nous disait le contraire. Et l'on nous ment encore tous les jours quand on se plaît à confondre le Kaiser et son peuple, à ne vouloir connaître qu'une Allemagne tout entière, ivre de combats, de massacres et d'annexions.

«On nous ment quand on nous dit que Liebknecht dans ses protestations contre

(1) GENERAL N. et Jean Goldsky ne sont qu'une seule et même personne !
(2) Dans son livre : *L'Aveu. La bataille de Verdun et l'opinion allemande.*

GAZETTE DES ARDENNES
Organe de l'Etat-Major allemand.

« La réponse de l'Entente signifie la guerre, la guerre la plus exaspérée, la guerre jusqu'au dernier homme, jusqu'au dernier sou, jusqu'à la dernière bouchée de pain...

« La situation de l'Allemagne est simple, nous avons à défendre notre existence avec toute la vigueur imaginable...

« Retenons enfin un fait capital : l'Internationale ouvrière (1) est morte et enterrée. Ce n'était qu'un noble rêve allemand. Assez d'illusions funestes sont venues jusqu'à aujourd'hui contrarier nos décisions. La guerre n'est plus qu'un cas de légitime défense d'une nation en péril de mort et les victoires allemandes sont le seul chemin de la paix.

« Depuis l'Empereur jusqu'au dernier ouvrier, c'est là le sentiment qui dresse l'Allemagne entière face à l'ennemi ! »

(1) Voir plus haut, p. 65.

BONNET ROUGE

le carnage est un isolé et parle dans le désert.

« La vérité qu'on nous cachait mais qui maintenant a crevé le voile et illumine le monde, c'est que le peuple allemand est aujourd'hui (s'il ne l'était pas au début des opérations, ce qui n'est pas établi) semblable aux autres peuples, c'est-à-dire attaché à la paix qu'il considère comme le plus grand bien, le seul désirable à l'heure actuelle. Il faudrait, pour faire renaître en ce peuple l'ivresse guerrière et la soif des combats, lui persuader qu'il est menacé dans son existence, lui faire croire que nous lui en voulons dans ses droits les plus légitimes.

« Mais pas plus que nous ne voulons juger le peuple allemand d'après des hobereaux, des pangermanistes et leurs théories insensées, le peuple allemand ne prendra pour les inspirations véritables et profondes de notre démocratie, les rêves cruels et fous de quelques chauvins rétrogrades dont l'âme, depuis longtemps, a perdu tout contact avec l'âme généreuse du peuple français. »

GEORGES CLAIRET.

Voir aussi :

3 Août 1916. — *Les socialistes parlent de la paix, mais c'est en Allemagne.*

13 Août 1916. — *Pour la paix. Importantes démonstrations à Leipzig.*

16 Août 1916. — *La bataille pour la paix. Un manifeste du Vorwärts.*

18 Août 1916. — *La bataille pour la paix.*

« L'opposition grandit en Allemagne ; la propagande (pacifiste) faite dans les milieux populaires a pris récemment des proportions alarmantes. Elle a provoqué une agitation si grande contre la guerre qu'elle a déjoué tous les efforts tentés par les autorités militaires. »

GAZETTE DES ARDENNES Organe de l'État-Major allemand.	**BONNET ROUGE**
	20 Août 1916. — *Les buts de guerre de la Socialdemocratie.*
	23 Août 1916. — *Le ver dans le fruit,* par J. GOLDSKY.
	23 Août 1916. — *La bataille pour la paix.*
	25 Août 1916. — *La bataille pour la paix.*
	etc., etc...

Ainsi, dans le seul article du 4 Août 1916, signé GENERAL N., cette citation allemande, réitérée trois fois, accuse avec une insistance caractéristique non pas les responsabilités du Kaiser, mais les nôtres! Cette thèse est appuyée par une tactique que le *Bonnet Rouge* n'a cessé de suivre depuis les premiers jours de la guerre et qui consiste à soutenir que le peuple allemand, foncièrement pacifiste et révolutionnaire, est prêt à se soulever contre la guerre qu'on lui impose. Certes, nous n'avons pas intérêt à rapprocher les libéraux allemands de leur gouvernement et à les éloigner de nous. Certes notre cause est la leur, comme la leur est la nôtre. Mais encore faudrait-il ne pas « bourrer le crâne » au public français avec le pacifisme libéral du peuple allemand. S'abriter derrière l'héroïsme de quelques républicains d'Allemagne, pour représenter les sujets du Kaiser comme des adversaires de la guerre et par conséquent comme des ennemis du militarisme allemand, c'est dire systématiquement le contraire de la vérité, c'est faire le jeu de l'ennemi. En effet, c'est amorcer la paix allemande que de faire croire aux socialistes français qu'ils n'ont qu'à tendre la main à leurs camarades d'Allemagne pour que la fraternité règne sur la terre. On a pu, avant le 2 Août 1914, se faire des illusions sur les sentiments humanitaires des pseudo-socialistes allemands. La guerre est venue ouvrir les yeux des moins perspicaces. Il faut plus que de l'aveuglement, il faut se faire le complice de l'Etat-Major impérial pour répondre obstinément et, contre toute évidence : Liebknecht, alors que les événements disent et répètent : Kaiser. Quand, dans leur immense majorité, les Allemands par indifférence, crainte, loyalisme ou soumission, se font les exécuteurs des hautes œuvres prussiennes, il est impossible d'invoquer la générosité socialiste des démocrates d'Allemagne, sans se faire le propagateur d'affirmations tendancieuses qui ne profitent qu'aux Allemands.

Mais bien entendu, ces manœuvres d'exportation — manœuvres d'avant-guerre — n'étaient pas destinées aux Français envahis. Ceux-là, on n'a pas à les piper, on les tient. Il importe seulement de ne leur laisser aucun espoir sur la possibilité des discordes allemandes. Aussi la *Gazette des Ardennes* leur sert-elle des articles comme ceux de la *Chemnitzer Volksstimme* que le *Bonnet Rouge* lui-même a essayé de faire passer pour un organe de la minorité allemande. Ce qu'il convient de souligner, ce n'est pas seulement le contraste entre cet article de l'organe socialiste allemand et la thèse du

Bonnet Rouge, c'est la contradiction flagrante entre cette thèse et la réalité, c'est l'entêtement du *Bonnet Rouge* à soutenir une erreur qui servait uniquement des intérêts germaniques.

4) L'argument des trois cartes de guerre :

GAZETTE DES ARDENNES
Organe de l'Etat-Major allemand.

26 Juillet 1916. — *Un appel.*

« Dans le *Bonnet Rouge* du 19 Juillet, le Général N. semble avoir voulu parler de la paix. La censure ne le lui a pas permis et a coupé le passage subversif. Citons toutefois les considérations finales de cet article : « Encore une fois, il faut que cette préoccupation hante impérieusement l'esprit du chef de l'Entente ; il faut, avant tout, faire une guerre économique en argent, économique en matériel, économique en hommes. *Faisons des économies de force pour la paix. C'est à ce moment-là surtout que nous aurons besoin de toutes nos ressources* » (1).

« Mais pour que puissent s'engager, en toute lumière et avec les garanties nécessaires, les conversations dont nous parlions hier et qui sont inévitables, sinon prochaines, il importe que notre Gouvernement et sa censure prennent soin d'éviter tout ce qui pourrait empêcher les peuples de l'Entente de *savoir* » (2).

9 Février 1916. — *Allemands et Français.*

« Le rapprochement franco-allemand, mais il se fera envers et contre tous ceux qui y sont opposés par intérêt ou par parti pris.

« Il se fera quand les Français et les Allemands se connaîtront mieux, quand ils sauront.

« Savoir, tout est là. »

16 Janvier 1916. — *Un bilan.*

« Ceux de la France libre encore déchireront-ils le voile jeté par une presse cen-

(1) Souligné dans la *Gazette des Ardennes*.
(2) Souligné dans la *Gazette des Ardennes*.

BONNET ROUGE

19 Juillet 1916. — *La victoire présente et la victoire finale.*

« Le dessinateur d'un illustré parisien vient d'avoir l'idée ingénieuse de publier un dessin qui mérite quelque attention.

« Sur une balance, il a mis d'un côté les conquêtes faites par les Austro-Allemands, soit la Belgique et les départements français envahis, la Serbie et la Pologne ; au total : 300 000 kilomètres carrés.

« Sur l'autre plateau, il a accumulé les gains des Alliés, qui, on le sait, ont mis la main sur tout l'empire colonial allemand. En Océanie, les îles Marshall et Samoï; en Nouvelle-Guinée, l'archipel Bismarck ; en Chine, Tsing-Tsao ; en Afrique, les colonies allemandes du sud-est, et, au sud-ouest, Togo et Cameroun, soit, en tout : trois millions de kilomètres carrés de territoire, avec 3 500 kilomètres de chemin de fer, d'où perte commerciale annuelle de 500 millions de francs, et perte de plus de 27 millions d'habitants.

« M. Louis Malteste, l'ingénieux dessinateur, n'a pas cru devoir mettre en compte la possession par les Alliés, de l'empire des mers, dont nous rappelions hier toute l'importance. Si nous insistons sur ces résultats, c'est pour préciser qu'on rend un bien mauvais service aux peuples de l'Entente en leur laissant croire que devant le monde, ils n'apparaissent pas encore comme victorieux.

« Ils ont cependant réduit à néant les plans de leurs ennemis. L'Allemagne pangermaniste est frappée à mort, s'il y a place encore, dans une Europe rénovée, pour une Allemagne laborieuse et pacifique.

GAZETTE DES ARDENNES
Organe de l'État-Major allemand.

surée? Arracheront-ils ce masque trompeur s'il en est temps encore? »

16 Juin 1917. — *La Victoire*, de Bertourieux (daté de Juillet 1916).

« Je vois dans le relatif équilibre des résultats respectivement obtenus par les deux groupes de belligérants, une autre cause de facilité pour nos éventuels pourparlers de paix.

« Il existe trois cartes de guerre dont la valeur comparative est constituée par celle des territoires plutôt que par leur étendue. Ce sont : la carte européenne, la carte coloniale et la carte maritime. La seconde est en défaveur presque totale de l'adversaire, mais la première le favorise entièrement et la troisième est devenue douteuse, malgré l'affirmative forfanterie britannique que semblent seulement justifier quelques apparences. En réalité, avec la Belgique, la Pologne, la Serbie, le Monténégro et le Nord-Est de la France, l'adversaire détient solidement des gages beaucoup plus importants comme politique, activité économique, utilité stratégique, richesse et densité de population, que les immenses contrées très faiblement peuplées de sauvages, onéreusement ou peu exploitées, dont nous avons pu nous emparer de concert avec nos alliés dans le continent noir. On doit faire une exception pour la colonie asiatique de Kiao-Tchéou...

« Au résumé : sans nous donner la possibilité de négocier en offrant l'équivalence de ce que nous demanderions, l'examen des deux cartes continentales nous permettrait de discuter à l'aise. Soyons satisfaits de cela, sans nous entêter à attendre, en nous épuisant, la réalisation de vains espoirs fondés sur la question maritime, car, là, tout fait entrevoir aux observateurs consciencieux que notre maîtrise à peu près absolue pendant le second semestre de la guerre a déchu indubitable-

BONNET ROUGE

[— Mais alors, si les opérations mili- — taires sur tous les fronts, si la situation — respective des armées et des flottes, — comme la situation économique des — deux groupes de belligérants sont tous en — faveur de l'Entente, c'est, comme nous — l'avons dit souvent, qu'il n'est pas utile — pour conclure une paix victorieuse — d'avoir refoulé l'ennemi jusqu'au delà — du Rhin (1)].

« Encore une fois, il faut que cette préoccupation hante impérieusement l'esprit des chefs de l'Entente ; il faut, avant tout, faire une guerre économique, économique en argent, économique en matériel, économique en hommes. Faisons des économies de force pour la paix. C'est à ce moment-là surtout que nous aurons besoin de toutes nos ressources.

« Mais, pour que puissent s'engager, en toute lumière et avec les garanties nécessaires, les conversations dont nous parlions hier, et qui sont inévitables, sinon prochaines, il importe que notre Gouvernement et sa censure prennent soin d'éviter tout ce qui pourrait empêcher les peuples de l'Entente de savoir. »

13 Août 1916. — *Le commencement de la fin.*

« ... Jamais dans une guerre l'occupation du terrain n'a compté à la signature de la paix... Qu'on cesse donc au moyen d'une rhétorique aussi détestable que facile d'égarer l'opinion. Qu'on avance ou qu'on n'avance pas dans la Meuse, voilà qui ne change rien aux conditions dans lesquelles pourront s'ouvrir un jour les pourparlers de paix...

« Les victoires italiennes et russes sur les fronts principaux, complétées par les sérieux succès obtenus sur les fronts secondaires, en Asie Mineure par exemple, mettent entre les mains des Alliés des territoires que nous pouvons appeler des territoires de tractations.

(1) Publié malgré la censure.

GAZETTE DES ARDENNES
Organe de l'Etat-Major allemand.

ment et va décroître avec une rapidité croissante. »

17 Juin 1917. — *La Victoire* (suite), (daté de Juillet 1916).

« Je conclus que : les résultats respectivement acquis se présentent actuellement dans un état comparatif d'équilibre relatif. Les sentiments conciliants des adversaires à *notre égard* (2) et la juste vindicte de l'Allemagne contre l'Angleterre pouvant compenser en notre faveur ce que cet équilibre a d'encore défectueux pour nous, si nous nous dégagions de la suzeraineté anglaise ; enfin tout indiquant que la maîtrise maritime britannique dont nous attendons en majeure partie notre triomphe, est très affaiblie et disparaîtra prochainement ; l'examen de cette situation générale se joint aux divers arguments que j'ai développés auparavant pour vous montrer que nous aurions avantage certain à négocier la paix dès maintenant, sans attendre que notre épuisement croissant ait modifié à notre préjudice la susdite situation... »

BONNET ROUGE

« Tout cela : les mers où se manifeste la toute puissance des flottes de l'Entente, l'empire colonial allemand tombé presque tout entier entre nos mains, suffit à prouver que nous n'avons pas à faire figure de vaincus... »

GENERAL N.

23 Septembre 1916. — *Dangereuse légende. Les deux points de vue.*

[— C'est une erreur de croire que nous — faisons figure de vaincus (1)].

« Si l'on mettait dans le plateau d'une balance les conquêtes des Austro-Allemands, soit la Belgique, la Serbie, la Pologne et les départements français envahis et que dans l'autre plateau on mît tous les gains réalisés par les Alliés, soit tout l'empire colonial allemand qui représente en tout trois millions de kilomètres carrés de territoire avec 3 500 kilomètres de chemins de fer et près de 30 millions d'habitants, on verrait qu'aux yeux du monde qui pense et réfléchit, l'Entente est loin d'être en état d'infériorité pour **[traiter]**.

« Il ne s'agit d'ailleurs pas de traiter. Nous admettons fort bien que la France, encore pantelante, ne peut accomplir aucune démarche.

« Ce que nous disons, c'est qu'il ne faut pas, dans l'intérêt même de notre cause, repousser à l'avance toute tentative de conversation. C'est un crime contre la patrie, contre l'humanité de dire : « Il n'y a place entre nous et nos ennemis pour aucune intervention. Toutes les propositions allemandes seront rejetées ». (*Echo de Paris*, 24 Mai).

« La situation intérieure de l'Allemagne est difficile. Cette situation peut l'inciter à faire des propositions. Le devoir d'un gouvernement sage est de ne pas fermer la porte à cette possibilité de solutionner le conflit.

« Aller jusqu'au bout, pulvériser l'empire allemand, c'est très bien. Mais a-t-on pensé

(1) Echoppé, publié malgré l'interdiction de la censure.
(2) Souligné dans la *Gazette des Ardennes*.

GAZETTE DES ARDENNES
Organe de l'Etat-Major allemand.

BONNET ROUGE

à ce qu'un pareil objectif représente — à supposer qu'il puisse être réalisé — de sacrifices en vies humaines et en argent?

« La paix allemande? La paix où les intérêts et l'honneur de la France seraient sacrifiés, jamais !

« **Mais le jusqu'au boutisme aveugle qui, sans certitude de victoire totale, interdit à nos gouvernements d'abréger le cauchemar, jamais non plus !** ».

MIGUEL ALMEREYDA.

11 Octobre 1916. — **Sondages.**

« L'Allemagne, par sa force militaire, n'est plus au-dessus de tout. Elle trouve en face d'elle des forces plus qu'équivalentes et l'empire colonial et la libre circulation sur les mers constituent pour les Alliés des gages qui priment de beaucoup les gages territoriaux détenus par l'ennemi. »

GENERAL N.

31 Octobre 1916. — *La carte de guerre.*

« Les Allemands occupent des départements français, la Belgique, la Pologne et la Serbie, c'est beaucoup... De l'autre côte, les Alliés détiennent tout l'empire colonial allemand... ajoutez à cela l'empire des mers incontestablement détenu par les Alliés malgré les exploits des sous-marins et l'intervention audacieuse de quelques navires légers opérant non loin de leur base.

« Vous voyez tout de suite qu'en lisant ainsi la carte de guerre, elle n'établit pas du tout une situation favorable aux empires du centre.

« Ajoutez enfin qu'il faut songer aux victoires qui ne sont pas des victoires de guerre, aux victoires de la France laborieuse, aux batailles pour la vie qui succéderont aux batailles meurtrières... »

GÉNÉRAL N.

11 Novembre 1916. — *La Victoire de l'Entente.*

« A l'occasion du second anniversaire de la guerre, les journaux anglais se sont plu

GAZETTE DES ARDENNES Organe de l'Etat-Major allemand.	**BONNET ROUGE**
	à publier les cartes comparatives des territoires occupés par les deux partis en présence... « Et les Alliés tiennent les mers. « Nous répéterons inlassablement cet exposé parce qu'il est la preuve du néant de certaines formules. » GÉNÉRAL N.

Il est au plus haut point caractéristique de voir cet argument des trois cartes défendu presque dans les mêmes termes par l'Etat-Major allemand et le *Bonnet Rouge*. Ce qui ne l'est pas moins, c'est que les deux journaux observent le même silence sur la 4e carte : — la situation économique actuelle de l'Allemagne, — et la 5e carte : — les conditions futures des rapports économiques et commerciaux de l'Allemagne avec l'Entente, qui constituent un de nos principaux atouts. L'Allemagne sait fort bien qu'elle se débat contre des difficultés alimentaires terribles, et que le manque de graisses, de cuir et de laine, pour ne parler que des principales matières premières, l'accule à un véritable désastre, si elle ne parvient pas rapidement à se ravitailler. L'Allemagne, pays industriel, sait aussi qu'elle ne pourra pas vivre tant que le monde entier restera fermé à son activité commerciale. Cette liberté d'écouler chez nous les produits de ses usines, il dépend uniquement de nous de la lui accorder ou de la lui refuser. L'Entente qui constitue aujourd'hui encore la presque totalité du monde, peut se passer d'elle et elle ne peut se passer du monde. Or, non seulement le *Bonnet Rouge* ne fait pas état du facteur économique énorme que représentent la France et ses alliés, mais, cette puissance, il a tout fait pour l'affaiblir, pour la nier tout au long de la 6e campagne contre la guerre économique. Peut-on démontrer d'une façon plus lumineuse qu'on travaille pour le Roi de Prusse?

5) Sur le discours prononcé le 9 Novembre par le chancelier de Bethmann-Hollweg :

Rheinisch-Westfälische Zeitung du 17 Novembre 1916 (1).

« Le *Bonnet Rouge* est le seul journal français qui ne se montre pas complètement injuste à l'égard du discours du Chancelier. Voici ce qu'on peut y lire : « M. de Bethmann-Hollweg a répondu au récent discours de Lord « Grey sur les responsabilités de la guerre et a affirmé une fois de plus, avec « de nouveaux détails toutefois, que la guerre n'a été rendue inévitable que « par la mobilisation russe ordonnée dans la nuit du 30 au 31 Juillet 1914. » L'organe du parti radical français continue en citant les passages du discours où le Chancelier parle du partage de Constantinople et de l'Asie Mineure entre les puissances de l'Entente. Les nombreux blancs qui inter-

(1) Cité en partie p. 124.

rompent ces citations montrent combien elles étaient désagréables à la censure ».

6) Le 12 Décembre 1916 le chancelier von Bethmann Hollweg annonce que l'Allemagne serait disposée à faire la paix, mais il se garde bien de faire connaître ses conditions.

« Il faut se hâter d'accepter la paix du Kaiser, disent la *Gazette des Ardennes* et le *Bonnet Rouge* à leurs lecteurs français. Ne parlez pas de faire la guerre « jusqu'au bout ». Vous compromettriez la survie française. Songez plutôt à la paix séparée » :

GAZETTE DES ARDENNES
Organe de l'État-Major allemand.

3 Février 1917. — *Jusqu'au bout.*

« Un lecteur français nous écrit : La guerre a sa griserie, son ivresse, elle couvre de gloire, mais elle inonde la terre de sang viril, crée des deuils et il n'est pas étonnant qu'un jour, empereurs et généraux s'arrêtent avec effroi, se ressaisissent et proposent de substituer la paix bienfaisante à l'affreux carnage. Les grands festins de gloire peuvent avoir des lendemains pénibles, des réveils tristes, surtout quand la tuerie en fait les frais continuels depuis trente mois.

« Après des succès réels, incontestables, prouvant à l'évidence sa force et sa vitalité, l'Allemagne fait une proposition de paix que l'Entente repousse sans examen. Cette offre de paix ne serait qu'une « manœuvre déloyale », un « piège », et on la décline allègrement.

« Ce refus atteint les pays neutres qui s'étaient ralliés aux espérances de paix, mais c'est surtout ses propres pays que l'Entente frappe, car c'est là, particulièrement, que les populations souffrent et aspirent à la paix.

« On ira jusqu'au bout ! Jusqu'au bout aboutit à cette signification sinistre : jusqu'à ce que soit tarie la virilité de notre race, jusqu'à ce que les mâles n'y soient plus qu'enfants et vieillards ! Jusqu'au bout veut dire jusqu'au dernier homme, jusqu'au dernier sou ! Jusqu'au bout surtout signifie : jusqu'à ce que l'Angleterre soit débarrassée de l'Allemagne, sa rivale détestée ! Des opinions autorisées, impartiales disent que la façon d'agir de l'En-

BONNET ROUGE

13 Décembre 1916. — *Au Reichstag*
Curieuses suggestions du Vorwärts.

« Ce succès (la prise de Bucarest), la presse allemande l'a déjà commenté. De tous ses commentaires, le plus curieux est à coup sûr celui du *Vorwärts*. Organe de la minorité socialiste autrefois, ce journal, vous ne l'ignorez point, a dû, pour être autorisé à reprendre sa publication, accepter certaines directions à peu près officielles. On peut donc se demander si ce n'est pas par ordre qu'il a publié ce curieux article sur la prise de Bucarest.

« A d'autres journaux, la prise de Bucarest a fourni de nouvelles raisons de s'enorgueillir de la puissance allemande. Le *Vorwärts* voit dans cet événement l'occasion pour l'Allemagne de faire la paix — et d'abord de la proposer. Comment tirer de cette victoire le meilleur parti qu'elle comporte, se demandent les Allemands !

« Profitez-en pour proposer la paix, nous pouvons le faire sans honte puisque nous sommes vainqueurs ».

« Il s'agit pour l'Allemagne de proposer la paix, notez le bien, et non point de la dicter.

« Mais laissons la parole à la gazette socialiste officieuse de Berlin. Voilà les passages qu'extrait de son article M. Jean Herbette, de l'*Écho de Paris* :

« Le *Vorwärts* en arrive à sa curieuse « suggestion, la paix : Maintenant les « peuples qui habitent de l'autre côté de « nos tranchées sont préparés à entendre « la vérité. Disons-leur qu'on les a sans « cesse trompés quand on leur racontait

GAZETTE DES ARDENNES
Organe de l'Etat-Major allemand.

tente est contraire au bon sens et aux faits les plus évidents. A sa réponse on peut opposer simplement : que l'Allemagne n'a pas attaqué la moitié du monde par simple méchanceté ou par humeur querelleuse et on peut répéter une fois de plus que l'Angleterre préparait une coalition de haine contre l'Allemagne depuis plusieurs années ; qu'elle avait un intérêt majeur à écraser cette nation pour en détruire la concurrence économique et maritime.

« Quoi qu'il en soit, nous disons que ce n'est pas exclusivement sur la possibilité ou l'impossibilité de la victoire que doit être sagement fondé le choix entre la paix prochaine ou la prolongation de la guerre jusqu'à obtention d'un résultat absolu, mais sur l'examen impartial des situations matérielles respectives.

« A la rigueur, on pourrait même conclure la paix sans qu'il n'y ait ni vainqueurs ni vaincus.

« Un particulier peut se permettre de guider sa conduite, selon ses préférences, son orgueil, en s'inspirant même d'un principe erroné, mais un gouvernement n'a pas ce droit. Son devoir strict est de ne considérer que l'intérêt du pays dont il dirige les destinées et de faire primer les considérations matérielles sans céder à l'orgueil, pourvu que l'honneur national soit sauf. Or, si nous résumons l'état de choses amené par une guerre de plus de deux ans, en considérant les moyens d'action conservés par chaque belligérant et en tenant compte de la déperdition progressive qui se produit normalement de part et d'autre dans ces moyens comme aussi dans la vitalité économique, nous voyons que la guerre pourrait durer un certain temps — mettons une année — mais qu'après une durée minima de trois ans, l'Europe serait dans un tel état d'épuisement général que la victoire ne serait plus que fictive, les vainqueurs étant aussi écrasés que les vaincus, — sauf peut-être l'Angleterre dont le ministre Ribot a dit que pendant la guerre ses revenus étaient plus grands que pendant la paix.

BONNET ROUGE

« que l'Allemagne ne voulait qu'une seule « espèce de paix : celle qu'elle dicterait. « Disons-leur que l'Allemagne à présent, « et à présent plus que jamais est prête à « conclure une paix à l'amiable...

« Les gouvernements de nos ennemis « n'ont pas le courage de faire la paix. Ce « courage, le Gouvernement allemand peut « et doit l'avoir. Qu'il le manifeste. Qu'il « soit courageux à l'arrière, comme les soldats le sont sur le front, *jusqu'à ce que « les peuples d'en face chassent leurs gouver- « nements*, qui ne savent ni vaincre ni trai- « ter, ou bien jusqu'à ce que les gouver- « nements d'en face ouvrent les yeux ».

« N'est-il pas vrai que ce langage valait d'être remarqué?

« Dites-leur qu'on les a sans cesse trompés quand on leur racontait que l'Alle- « magne ne voulait qu'une seule paix, celle « qu'elle dicterait.

« Disons-leur que l'Allemagne, à pré- « sent, et à présent, plus que jamais, est « prête à conclure une paix à l'amiable ».

« Le collaborateur de l'*Echo de Paris*, qui cite ces paroles, rapporte les bons rapports qu'entretiennent les socialistes du *Vorwärts* avec le Chancelier de l'Empereur et il en conclut que l'article et ses invitations constituent une manœuvre, une manœuvre destinée à cacher aux Alliés de nouveaux efforts de l'Allemagne et à obtenir une paix séparée. C'est une hypothèse et les éléments nous manquent pour la combattre ou l'adopter. C'est pourquoi nous nous contenterons de signaler le langage curieux du *Vorwärts* qui peut fort bien exprimer la pensée du Chancelier. »

G. CLAIRET.

14 Décembre 1916. — *Les propositions de paix. Après la démarche de M. de Bethmann-Hollweg. On ignore encore le détail des offres de l'ennemi. Ce que dit la carte de guerre. Faites la paix, sinon, faites la guerre.*

« L'événement était prévu, la situation le dictait, et l'indignation de la grande presse ne se concevrait pas, si le grand

GAZETTE DES ARDENNES

Organe de l'Etat-Major allemand.

« Les Austro-Allemands occupent des territoires chez presque tous leurs ennemis continentaux. Aidés par les Orientaux, ils peuvent maintenir leurs effectifs malgré leurs pertes. Le blocus qui les entoure, mais qui est d'ailleurs largement ouvert du côté de l'Asie, ne les empêche pas de vivre de leurs propres ressources et de subvenir aux besoins militaires, grâce à leurs réserves, leur organisation et leur science d'adaptation.

« Etant ainsi évident que nous ne pouvons espérer vaincre nos adversaires par leur exténuation, pouvons-nous penser que notre affaiblissement sera moindre et plus remédiable que le leur, de manière à ce que nous ayons la supériorité finale sur eux, si la guerre se prolonge selon la volonté de l'Entente? Non ; jusqu'à présent nous avons su nous maintenir à une sorte d'étiage économique où aucune ruine n'est intégrale, mais nous sommes arrivés au moment où chaque dépense en hommes, en finances, en destruction d'éléments de prospérité sera irréparable ou se répercutera sur un temps futur excessif, sinon indéfini.

« Quant au moral : Quoique nous soyons envahis, nous compensons ceci par notre présence dans un coin de l'Alsace, nos Alliés détiennent aussi des territoires ennemis. Les vertus admirables que nous avons manifestées, d'éclatants triomphes partiels, l'inébranlable vigueur avec laquelle nous maintenons l'envahisseur, tout cela dit que nous pouvons prendre maintenant une décision quelconque sans qu'elle nous soit imposée par la fatalité d'une immédiate nécessité.

« Trêve donc aux folles obstinations ! Silence aux absurdes forfanteries qui n'ont rien de commun avec le véritable et pur orgueil de la France ! Hâtons-nous de profiter du suprême équilibre de notre situation militaire, n'attendons pas, pour discuter des conditions de paix, que nous n'ayons plus la liberté d'appréciation que nous possédons aujourd'hui.

« C'est une de nos alliances qui nous a

BONNET ROUGE

public n'était habitué à ce ton d'échappés de cabanon.

« La question posée par M. de Bethmann-Hollweg vaut pourtant qu'on l'examine sérieusement, gravement, ce qui ne veut pas dire qu'il faille s'incliner devant la volonté ou les désirs de l'Allemagne et de ses chefs.

. . . .

« Voilà la carte de guerre

. . . .

(les 3 cartes).

« M. de Bethmann-Hollweg est un trop fin renard pour ne pas connaître exactement les conséquences d'une pareille situation. S'il se risque à parler de paix, c'est sans doute qu'il a de bonnes raisons pour cela.

« Un piège... disent certains.

« Peut-être pas. L'Allemagne, plus que quiconque, a de fortes raisons de vouloir la fin de la guerre. Et quand on explique ses désirs de paix par la hantise qu'elle aurait d'essuyer plus tard une dangereuse défaite, on peut ne pas se tromper. Ce n'est pas une raison pour ne pas voir ce qu'offrent exactement les ennemis.

« Ce qu'il faut examiner, c'est ce que pourrait nous valoir de plus une victoire nouvelle et si ce supplément d'avantages compense les pertes inévitables qu'il nous faudrait encore subir », etc...

Général N.

15 Février 1916. — *L'hypothèse de la guerre à outrance* (1). *Alors faites la guerre.*

« On ne fait une semblable proposition qu'une fois au cours d'une guerre, écrivent les *Dernières nouvelles de Leipzig.*

« *Si l'entente repousse la main que nous lui tendons, nous serons définitivement débarrassés de tous les égards dont nous nous étions chargés* (2).

« *Nous nous déclarons prêts à déposer les armes, dit le nouveau journal de Stuttgart si les autres ne le sont pas, nous n'en serons pas responsables. Alors nous continuerons de combattre avec toute l'âpreté que commande une colère juste et morale* » (2).

(1) Les Allemands ont-ils jamais fait autre chose que la guerre à outrance?
(2) En italiques.

GAZETTE DES ARDENNES
Organe de l'Etat-Major allemand.

mis en guerre et c'en est une autre qui nous y maintient. Mêlée au conflit primitif par amicale solidarité avec les intérêts panslaves, la France continue la lutte en raison d'un ensemble d'injustes obligations morales que l'Angleterre lui fit abusivement contracter et qui concourent toutes aux seuls intérêts britanniques.

« Ouvrons les yeux, sachons voir l'évidence. En raison des immenses aléas qui nous séparent du succès, en raison de la nature relative qu'il revêtirait et des risques innombrables qui le suivraient ; étant donné enfin l'excès des maux qui proviendraient du contraire, notre véritable intérêt est de ne pas refuser la paix offerte. Certes nous pouvons combattre encore et avec gloire, mais nous pouvons aussi tendre la main à nos adversaires sans nous abaisser. L'honneur sera sauf.

« Les horreurs de la guerre et ses tragiques enseignements incitent l'Allemagne à proposer la paix ; je souhaite de toute mon âme que sa proposition ne soit pas rejetée, mais que l'on étudie loyalement, des deux côtés, les moyens d'en finir amiablement, et qu'une mutuelle satisfaction ressuscite la fraternité entre les deux pays. Là est le fécond avenir, là est l'alliance rationnelle ! Qu'on aille jusqu'au bout, mais dans le chemin de la paix et de la réconciliation. »

BONNET ROUGE

« Et la *Zürcher Post* (1) dit crûment : Au cas où les propositions allemandes seraient refusées, celle-ci continuerait la guerre avec acharnement, une guerre sans égards, une guerre au couteau. »

« Si je donne ces textes, c'est pour montrer combien il est indispensable que la France ait les chefs qu'exige la situation. Le Président du Conseil semble avoir d'ailleurs parfaitement compris le danger qu'il y aurait à rétablir à notre détriment l'unité allemande », etc.... GENERAL N.

20 Décembre 1916. — *Taisez-vous.*

« Cette fois, la protestation s'impose. Il est seulement dommage que ni la censure ni le gouvernement n'aient compris l'indécence d'une pareille publication.

Voici ce qu'on lit dans les journaux du matin :

« Soldats du groupement Mangin...

... « Nos pères de la Révolution refu-
« saient de traiter avec l'ennemi tant qu'il
« souillait le sol sacré de la Patrie, tant
« qu'il n'était pas rejeté en dehors des
« frontières naturelles, tant que le triomphe
« du droit et de la liberté n'était pas défi-
« nitivement assuré contre les tyrans »...

« Signé : MANGIN. »

« Eh bien ! Non ! non et non ! Ce n'est pas aux généraux à faire la loi », etc...
GENERAL N.

22 Décembre 1916. — *Dans la bonne voie.*

« Un Sonnino, un Lloyd George, et M. Briand ont l'un après l'autre précisé la volonté de l'Entente d'obtenir ce que le premier Ministre anglais a défini par cette formule claire : Restitution complète, réparation complète et garanties efficaces.

« Il est maintenant certain que l'Entente ne s'en tiendra pas à ces manifestations oratoires. Il est apparu à nos chefs d'état, à nos diplomates et à tous ceux sur qui

1) Journal directement inspiré par le *Kriegspressamt.*

GAZETTE DES ARDENNES
Organe de l'Etat-Major allemand.

BONNET ROUGE

pèse la responsabilité de la continuation de l'affreuse tuerie, qu'on ne pouvait pas laisser sans réponse les propositions du Chancelier.

« C'est ce que pour notre part nous avions dit dès le premier jour », etc...

22 Décembre 1916. — *Les « unifiés » et la guerre.*

« Le général N. dénonçait hier dans le *Bonnet Rouge* le cynisme et l'imbécillité des exploiteurs attitrés du culte patriotique, lorsqu'ils dénoncent ceux qu'ils appellent « les partisans de la paix allemande ».

« Ils seraient directement inspirés par les pangermanistes de la Wilhelmstrasse qu'ils ne tiendraient pas un autre langage (1). Prétendre publier, répéter qu'il se trouve en France des partisans d'une paix qu'on catalogue paix allemande, c'est servir l'ennemi de la façon la plus nette et la plus dangereuse.

« A la vérité, en dehors de ceux qui se consolent d'avoir vieilli en dégustant à petits coups la gloire des autres, près du feu, mais loin du danger, il n'est en France que des partisans de la paix européenne. Paix allemande, paix française, ces mots ne signifient rien. »

JEAN GOLDSKY.

23 Décembre 1916. — *La question est posée.*

« Il n'était pas besoin d'être un grand psychologue pour prévoir que le mot de paix lancé habilement à travers le monde ferait l'effet de la pierre qui se détache vers le sommet d'un mont et qui entraîne pierre par pierre, puis roche par roche, fait se précipiter vers la vallée toute une avalanche.

[— ... Au Tribunal de l'Europe, il faut — que nous sachions aussi reconnaître nos — propres torts. A la vérité, c'est une — organisation lamentable et fatalement — catastrophique qui nous a conduits à — la guerre.

(1) Encore le « coup du Prussien ».

GAZETTE DES ARDENNES
Organe de l'Etat-Major Allemand.

19 Juin 1917. — *La Victoire*, de Bertourieux (datée de Juillet 1916).

« Ce n'est pas l'ensemble de notre groupe belligérant qui ne peut attendre indéfiniment le triomphe par l'action lente du temps ; c'est la France ! Or il serait insensé de faire fond sur la solidarité entre nos alliés et nous pour croire que leur aide fraternelle voudrait ou pourrait suppléer à notre faiblesse, lorsque celle-ci nous mettrait à leur merci... »

31 Mai 1917. — *La Victoire*, de Bertourieux (daté de Juillet 1916).
Epuisement de la race.

« Il en est de l'épuisement de la race comme de l'épuisement financier : si grand soit-il devenu, mieux vaut l'arrêter que le prolonger jusqu'à l'irrémédiable degré. »

BONNET ROUGE

— **La** *Gazette de Francfort* **écrit très judicieusement : « L'Europe faisait la guerre dès avant la guerre : armements sur armements, soupçons sur soupçons... menace de guerre, bluff de guerre ne doit plus être désormais l'atout des diplomates ».**

— **Le** *Hamburger Fremdenblatt* **observe assez justement : « Si on veut engager la discussion sur les responsabilités de la guerre, si nous voulons résoudre cette question par des raisonnements avant de faire un seul pas pour la paix, on n'arrivera pas à cette paix ».**

— **L'état d'esprit exprimé par le** *Journal de Hambourg* **est si exact — et si on ne le sent pas en France, c'est parce que la presse ne nous donne que des citations tronquées et parfois falsifiées de ce qu'on écrit en Allemagne — que le bruit court à Washington que l'Allemagne ferait des propositions de paix détaillées à la condition toutefois que l'Entente fasse connaître sa volonté d'écouter, sinon d'approuver ce qu'on lui dira (1).]**

GENERAL N.

23 Décembre 1916. — *Les unifiés et la paix.*

— **[Ce qu'ils (les minoritaires) disent sur la question de la paix, c'est que plus tôt on pourra faire la paix et mieux cela vaudra pour la France (2).**

— **Si nous n'avions pas eu nos alliés pourtant! objecte-t-on aux minoritaires.**

— **Oui, répondraient-ils sans se troubler, oui, mais si nos alliés ne nous avaient pas eus.**

— **La France se doit à ses alliances. Mais elle se doit aussi à elle-même et la victoire ne vaut qu'autant qu'on est en état d'en profiter (2).**

— **Dans la circulaire de la minorité (2), le chapitre qui s'intitule** *sur la Paix* **commence par ces mots :**

— *« Nous voulons que la France puisse*

(1) Ces citations et ce passage échoppé ont été publiés malgré l'interdiction *formelle* de la censure.
(2) Publié malgré l'interdiction *formelle* de la censure.

GAZETTE DES ARDENNES
Organe de l'Etat-Major allemand.

24 Juin 1917. — *La Victoire*, de Bertourieux.

« La victoire ne pouvant remédier aux maux de guerre parce que la durée démesurée des hostilités aura trop augmenté ces maux quant à nous...

« Cette durée nous faisant même courir les risques d'un mortel épuisement de notre race...

« *La guerre à outrance est un crime de lèse-patrie ou une folie.* — Tout bon patriote français a donc le droit et le devoir stricts d'exiger l'immédiate ouverture de négociations de paix, soit en communion avec la coalition si elle y consent, soit séparément par la France si ses alliés s'y refusent. Et cette exigence est condition essentielle pour l'honneur comme pour la sécurité, pour l'existence même de notre patrie. »

BONNET ROUGE

— *survivre à la guerre. Nous nous épou-*
— *vantons que les démographes puissent*
— *prévoir que notre pays dans dix ou quinze*
— *ans sera peuplé d'un tiers d'étrangers* (1). »

1er Mai 1917. — *La survie française.*

7) Nous sommes tous responsables de la guerre, faisons donc la paix.

5 Juillet 1916. — *Réflexions pour l'avenir.*

« Notre collaborateur *Vidi* qui est, rappelons-le, un soldat français prisonnier en Allemagne, nous envoie l'article que nous publions ci-après en tribune libre...

« Je pense que ces hécatombes peuvent rester sans lendemain. Pour cela il suffit de vouloir fermement la paix et de ne rien négliger pour la faire régner.

« Que chacun de nous fasse un examen de conscience sérieux et il trouvera qu'il a bien sa petite part de responsabilité dans les événements qui se déroulent aujourd'hui... »

23 Janvier 1916. — *Peuples et politiciens...*

... « L'Entente reste attachée à la paix maintenant comme en Juillet 1914 » (répondent la France et ses alliés).

« Singulière mémoire qui prétend se rappeler si bien les événements de Juillet 1914,

22 Décembre 1916. — *Les unifiés et la guerre.*

« Il nous est impossible, disent les minoritaires, de suivre sans réserve ceux qui proclament l'unique responsabilité des Empires centraux dans la guerre, mais tout de suite ils précisent les responsabilités capitales de l'ennemi... Mais ils ajoutent : Il ne faut pas juger les événements comme si l'histoire de l'Europe et du monde avait commencé vers le 25 juillet 1914, voire même un mois plus tôt par l'attentat de Serajevo.

... « La thèse adoptée par la conférence de Londres, c'est celle des minoritaires. Ainsi que nous l'écrivions hier, le conflit entre majoritaires et minoritaires ne porte que sur la date à laquelle on doit remonter pour préciser toutes les responsabilités.

« La force d'un pays commun, celle d'un parti, comme celle d'un groupe, comme celle aussi d'un individu, c'est de savoir

(1) Souligné en italiques et publié malgré l'interdiction *formelle* de la censure.

GAZETTE DES ARDENNES
Organe de l'Etat-Major allemand.

mais qui oublie par contre les dix années qui ont précédé ce mois fatal. On oublie la diplomatie de M. Delcassé qui voulait créer non pas les Etats-Unis d'Europe, mais les Etats-Unis contre l'Allemagne. On oublie les voyages d'Edouard VII créant l'encerclement », etc...

BONNET ROUGE

reconnaître ses torts et ses fautes. Le voisin peut avoir des torts plus grands, il peut avoir commis des fautes plus graves, il n'en est pas moins vrai qu'il en est pour le peuple comme pour les hommes ; nul n'est parfait. Nous avons tous commis des imprudences », etc...

2 Février 1917. — *Responsabilités.*

« Ce qu'il faut, c'est rechercher d'abord ses propres responsabilités. Parfaitement. Nous en avons tous. Tous nous avons, par faiblesse, par naïveté, par erreur créé ou laissé créer l'atmosphère qui a permis à la catastrophe de se produire. La volonté des Junkers allemands n'était peut-être pas suffisante pour déclencher l'atroce aventure. Nous avons fait le Poincarisme, cela nous a conduits à Delcassé, Millerand et aux trois ans. Radicaux, mes amis, ne pensez-vous pas que la conscience des fautes du passé vous crée aujourd'hui des devoirs impérieux?... »

LE SANS-CULOTTE.

Le *Bonnet Rouge* ne s'est pas contenté d'appuyer chacune des offensives pacifistes de l'Allemagne. Il a pris part à toutes les manœuvres tentées en sous-main par le Gouvernement impérial pour mener la France à ses fins. Comme l'Allemagne avait le plus grand intérêt à répandre le bruit qu'elle avait honnêtement exposé ses conditions de paix, c'est-à-dire ses buts de guerre, le *Bonnet Rouge* du 28 Avril 1917 ose imprimer en gros caractères, en première page, le titre suivant :

L'Allemagne va de nouveau faire connaître ses buts de guerre.

Or l'État-Major allemand a toujours gardé sur ces buts le silence le plus hermétique et il tenait si peu à dévoiler son jeu que, le 21 Janvier 1917, la *Gazette des Ardennes* écrivait sous le titre : *L'Unanimité des puissances centrales* :

« La *Chemnitzer Volkstimme*, autre grand organe socialiste allemand, tient le même langage (que les autres journaux allemands). Les rêveurs qui colportaient la fable de la paix sont réfutés et nous espérons qu'il n'y a plus aucun intérêt à savoir si l'Allemagne exposera ou non ses conditions de paix ».

C'est clair.

Par ailleurs, le journal d'Almereyda s'est surtout dépensé pour amener le Gouvernement français à divulguer ses buts de guerre, pour réaliser « la démobilisation générale par petits paquets », ce que nous avons appelé la « démobilisation perlée » (1), pour faciliter à Stockholm la rencontre des délégués socialistes français et allemands, pour exploiter tendancieusement la proclamation de Marchal aux Berlinois, pour faire aboutir la médiation du roi d'Espagne en faveur de la paix et enfin pour provoquer un mouvement parlementaire et extra-parlementaire contre M. Poincaré, président de la République. Mais ceci est, comme dit le poète anglais, un autre chapitre qui nous entraînerait trop loin.

XII. — L'INTERVENTION AMÉRICAINE

a) Elle n'aura pas lieu.

b) Elle n'aidera pas la France à remporter la victoire.

(A développer).

XIII. — LA QUESTION DES RESPONSABILITÉS

La France est également responsable de la guerre.

(A développer).

XIV. — LA QUESTION DES PRISONNIERS

a) Les prisonniers français en Allemagne sont heureux et bien traités.

b) Les prisonniers allemands en France sont dignes de tous les égards.

(A développer).

XV. — CONTRE LES RÉFUGIÉS DU NORD

Bornons-nous, pour limiter ici nos citations, à souligner l'importance de cette campagne. Des textes de la *Gazette des Ardennes* et du *Bonnet Rouge* que nous avons eus sous les yeux, il ressort que ces deux journaux se sont associés pour terroriser, avec la complicité d'un rédacteur du *Journal des Réfugiés du Nord* nommé André Fage, nos malheureux compatriotes « envahis » rentrés en France. Un des moyens sur lesquels l'Allemagne fondait les plus grands espoirs pour nous obliger à traiter, c'est le chantage aux « investis ». Elle a tout fait pour briser moralement ces vaillants Fran-

(1) Cette campagne, des plus nourries et des plus dangereuses, mériterait un développement tout particulier. Notons seulement qu'on trouve ici le *Bonnet Rouge* associé aux efforts du *Journal* pour faire revenir du front dans les usines les ouvriers métallurgistes mobilisés. C'est pour s'être opposé à cette mesure, qu'il jugeait avec raison néfaste aux intérêts du pays, que le général Percin dut cesser sa collaboration au journal d'Almereyda. Les Allemands avaient d'excellentes raisons pour applaudir à cette démobilisation partielle : 1° elle faisait échouer toute tentative de mobilisation civile qui pouvait, comme le *Vaterländischer Hilfsdienst*, en Allemagne, suppléer à l'insuffisance de la main-d'œuvre dans les usines de guerre ; 2° elle dégarnissait le front d'éléments jeunes qui, à un moment donné, pouvaient nous faire cruellement défaut ; 3° elle pouvait devenir un élément de discorde entre les ouvriers et les paysans ; 4° elle rapprochait les ouvriers d'usines des milieux de propagande défaitiste.

çais. Elle comptait sur leurs souffrances pour vaincre notre Gouvernement par la pitié. La *Gazette des Ardennes* publia des pseudo-lettres, des pseudo-suppliques de pseudo « occupés », qui toutes se terminaient par des appels désespérés à la paix et à la « réconciliation ». Aussi la rage de l'Etat-Major allemand fut-elle sans bornes quand M. le sénateur Touron déclara au Sénat, le 19 Décembre 1916, que « dans les pays envahis, personne ne demandait la paix, personne ne pensait à la paix ». Il fallait à tout prix fermer la bouche à ces Français du Nord qui, rentrés dans leur patrie, osaient dire leurs souffrances, leurs haines et crier ce que des milliers d'autres là-bas, sous la férule du « Boche » abhorré, pensaient tout bas. Mais pour exécuter cette ignoble besogne, l'Etat-Major allemand avait besoin de complices à Paris. C'est parmi les rédacteurs ordinaires du *Bonnet Rouge*, aidés d'un comparse, qu'il les trouva. Citons seulement quelques-uns des articles où M. Badin, J. Goldsky et les autres collaborateurs de l'équipe allemande au journal d'Almereyda s'évertuèrent :

1° A faire le silence autour des évacuations de Lille ;

2° A bâillonner les évacués, en présentant à l'avance leurs déclarations comme un tissu d'exagérations et de mensonges.

GAZETTE DES ARDENNES
Organe de l'Etat-Major allemand.

BONNET ROUGE

1° Les évacuations de Lille.

GAZETTE DES ARDENNES

6 Août 1916. — *Mesures justifiées.*

« Depuis quelques jours, le sans-fil officiel de Lyon répand à cor et à cris une nouvelle calomnie contre l'administration allemande des départements occupés. Cette dernière ayant cru devoir évacuer quelques milliers d'habitants de la région de Lille et des villes voisines pour les transporter en d'autres parties du territoire occupé, le gouvernement a publié un Livre jaune où cette affaire est exploitée. Fidèle au mot d'ordre reçu, la presse française multiplie ses protestations contre cette « pire barbarie », prétendant que des milliers d'êtres humains auraient été emmenés comme des esclaves et traités comme un vil bétail.

BONNET ROUGE

31 Juillet 1916. — *Les réfugiés du Nord et les évacuations de Lille. On parle d'exagérations. Intéressantes déclarations d'une rapatriée. N'exagérons rien.*

« Nous empruntons ce titre et le texte qui suit au *Journal des Réfugiés du Nord* : « La *Liberté*, le *Matin*, exagèrent, c'est une mauvaise action que d'exagérer. La vérité est déjà assez triste, il est inutile et imprudent de la corser encore » (1).

« Quelques évacués ont excipé de leur mauvais état de santé et ont obtenu de passer immédiatement une visite médicale (2). Des jeunes filles ont été rendues sans plus attendre à leur famille. Ils (3) disent qu'ils touchent 1 fr. 25 par jour et ne se plaignent pas de la nourriture. Il est

(1) C'est un argument allemand que l'Etat-Major de Charleville développe fréquemment, en particulier : *Gazette des Ardennes* du 26 Juin 1916 : Réponse à M. Galli : « Pour quelles raisons voulez-vous rendre le cœur gros à toutes les mères de famille, à toutes les fiancées, à tous les parents des soldats français prisonniers en Allemagne », etc... Voir aussi le même argument dans la *Gazette des Ardennes* du 5 Avril 1915.

(2) Cette visite médicale fut *imposée à toutes les femmes*, même aux jeunes filles. Voir *Gazette des Ardennes*, p. 181.

(3) Ce « ils » est un faux caractérisé. Ce sont des femmes et des jeunes filles que les officiers allemands prirent comme « ordonnances ».

GAZETTE DES ARDENNES
Organe de l'Etat-Major allemand.

« En face de cette légende malveillante, rétablissons la simple vérité. Les autorités allemandes n'ont aucune raison de nier ou de cacher le fait qu'elles se sont vues obligées d'évacuer des milliers de Français des deux sexes habitant les grandes villes de la Flandre française. Si elles le jugent nécessaire, elles continueront à agir ainsi.

« Ce sont les Français et leurs alliés qui ont provoqué et qui justifient par leur propre attitude ces mesures allemandes...

« Le fait que lesdites mesures ont été prises par les autorités allemandes est d'ailleurs depuis de longs mois connu des autorités françaises — ne serait-ce que par la lecture de la *Gazette des Ardennes* (1). ***Il ne saurait donc être douteux que la tempête d'indignation brusquement déclarée n'est point l'explosion d'une conviction sincère, mais une de ces campagnes artificielles, auxquelles on a toujours recours à Paris, lorsqu'il semble utile d'exciter les colères et de nourrir des haines, qui sont les « alliées morales » de la politique gouvernementale*** (2).

9 Août 1916. — *Les évacuations de Lille.*

« La lecture des journaux parisiens s'occupant des mesures d'évacuation prises à Lille et en quelques autres villes occupées par les autorités allemandes, permet de mieux se rendre compte de la campagne systématique que le mot d'ordre officiel a déchaîné. Jamais peut-être, depuis le début de la guerre, le débordement de haine n'avait atteint pareil degré...

« Comparons cette attitude hypocrite au silence bienveillant dont cette même presse couvre les bombardements répétés de Lille et d'autres cités françaises par l'artillerie et l'aviation *anglaises*...

« Il y a longtemps que la *Gazette des Ardennes* publie d'ailleurs régulièrement

BONNET ROUGE

vrai (mais ce ne sont que des bruits et notre concitoyenne ne peut plus ici affirmer) que *quelques-uns* (2) auraient écrit qu'ils sont ordonnances d'officiers et travaillent aux munitions... »

7 Août 1916. — *Les évacuations du Nord. Toujours les exagérations.*

« Avec un grand sens et beaucoup de courage, M. André Fage, rédacteur en chef du *Journal des Réfugiés du Nord*, continue à remettre au point les récits fantaisistes publiés ou colportés un peu partout sur les évacuations qui ont fait l'objet du récent Livre jaune », etc...

15 Août 1916. — *Les évacuations du Nord. Pour la vérité.*

« Le *Journal des Réfugiés du Nord* veut bien citer les commentaires du *Bonnet Rouge*, il y ajoute quelques commentaires nouveaux auxquels nous nous en voudrions d'ajouter quoi que ce soit :

« Il n'est pas nécessaire de rien ajouter « au Livre jaune; en laissant s'accréditer « des légendes qui ne reposent sur rien « d'exact, nous nous exposerions au con- « traire à de graves mécomptes, car les « neutres (3), comme le public, ne nous « pardonneraient pas de leur avoir bourré « le crâne », etc...

21 Août 1916. — *Encore un exploit de bourreurs de crânes.*

« On lit dans le *Journal des Réfugiés du Nord*, le vaillant journal que dirige notre excellent confrère, M. André Fage, la note suivante que nous nous garderons de commenter :

« *N'accueillons pas sans réserve les informations hollandaises* »...

(Contre le *Telegraaf*, journal hollandais francophile).

(1) L'intention de chantage s'affirme ici clairement.

(2) En caractères gras. La *Gazette des Ardennes* revient souvent sur cette vile accusation : « Les indignations françaises (comme tous les sentiments français) sont artificielles et feintes ».

(3) Ce continuel appel à l'opinion des neutres est un des arguments familiers de la *Gazette des Ardennes*.

GAZETTE DES ARDENNES
Organe de l'Etat-Major allemand.

dans sa chronique régionale, des déclarations d'évacués, soulignant le bon accueil dont ils ont été l'objet dans leurs nouvelles résidences et l'excellente santé dont ils jouissent. La presse parisienne ne saurait ignorer ces faits. Mais que lui importe *la vérité* » (1).

26 Octobre 1916. — *Lille. Retour d'évacuées.*

« ... On a fait grand tapage autour de la visite sanitaire dont les femmes ont été l'objet à l'arrivée. Je crois qu'il faut en rabattre et surtout comprendre que dans ce troupeau (2) non trié au départ, il y avait des brebis galeuses et qu'une visite faite avec toute la décence dont les médecins sont coutumiers dans tous les pays du monde, pouvait seule permettre d'écarter et de soigner les malades. Dans tous les cas on m'a cité qu'une jeune fille de Lille dont le médecin avait constaté l'état de santé, et de vertu intacte, fut l'objet des plus grands égards de la part de ce praticien. Il la recommanda à l'attention vigilante d'une femme à poigne qui devint un peu sa mère au lieu d'exil ; cette enfant fut d'ailleurs rapatriée peu après son arrivée. En fait de débauche, il n'y eut là-bas comme ici, que de la débauche volontaire et librement consentie (3) et par des professionnelles du vice. Une honnête femme sait se défendre partout et dans toutes les situations, n'insistons pas... »

9 Septembre 1916. — *Un dessin regrettable.*

« Le *Bulletin ardennais de Paris* emprunte l'article suivant au *Journal des Réfugiés du Nord.*

« Dans un de nos derniers numéros nous avons relevé quelques inexactitudes publiées par deux journaux parisiens à propos des évacuations de Lille, Roubaix,

(1) Souligné dans la *Gazette des Ardennes.*
(2) Ce troupeau, ce sont les Françaises de Lille.
(3) Encore l'argument ignoble.

BONNET ROUGE

6 Octobre 1916. — *N'exagérons rien, il faut préciser ou se taire. Toute la vérité, mais rien que la vérité.*

« Nous avons déjà fréquemment noté l'excellente obstination de M. André Fage, directeur du *Journal des Réfugiés du Nord*, pour rétablir la vérité chaque fois que des nouvelles fausses étaient publiées en ce qui concerne la vie dans les régions enva-

GAZETTE DES ARDENNES
Organe de l'Etat-Major allemand.

Tourcoing et qui étaient de nature, croyons-nous, à aggraver la pénible impression qu'a produit sur les réfugiés la simple vérité.

« Il s'agit aujourd'hui d'un dessin de M. Abel Faivre paru dans l'*Echo de Paris* du 1er Août sous le titre « A Lille ».

... « Si vous n'aimez pas l'Allemagne, l'Allemagne vous aimera ». Il est inutile de souligner le sens de cette légende... Elle est peut-être spirituelle, mais à coup sûr elle n'est pas heureuse.

«... Ici *Abel Faivre a surtout jeté le doute et le trouble dans l'âme des réfugiés qui ont laissé là-bas des filles, des sœurs, des fiancées*. Il y a des bons mots qui font bien du mal. » A. F.

« Si le *Journal des Réfugiés du Nord* et après lui le *Bulletin ardennais de Paris* ont imprimé cet article, ce n'est certainement pas par sympathie pour les Allemands. Tous deux ne peuvent s'empêcher de les accuser vaguement de « crimes odieux », l'insulte à l'adversaire étant strictement de *rigueur* dans la presse de Paris ; mais il ressort de l'article ci-dessus que c'est aux Français émigrés que certains calomniateurs professionnels font le plus mal en leur racontant que leurs femmes et leurs enfants sont les victimes des « barbares ».

BONNET ROUGE

—

hies et en particulier depuis qu'il a été question des évacuations en masse.

« Récemment M. A. Fage faisait justice des procédés un peu cruels de quelques artistes dont le talent n'est pas toujours d'une inspiration sûre.

« Aujourd'hui, c'est à M. Aulard qu'il répond : l'éminent historien ayant assuré qu'une enquête personnelle lui permettait de dire que tout ce qui avait été rapporté sur les évacuations du Nord était encore au-dessous de la vérité, M. A. Fage lui demande des précisions. Nous ne saurions mieux faire que de publier son article.

« Je souligne une fois de plus le danger (1) de la publication d'informations non contrôlées et de cette tendance fâcheuse qui consiste à vouloir tabler sur autre chose que sur les constatations officielles. Voici l'article de M. A Fage : « *Toute la vérité, mais rien que la vérité* (2) ».

... « Pourquoi M. Aulard ne communique-t-il pas au Ministère des Affaires étrangères ces affreuses précisions qu'il dit avoir ...

... « Nous (les réfugiés du Nord), nous avons droit à quelque respect ; cela vaut qu'on y regarde à deux fois avant de révéler certaines choses dont on n'est pas toujours bien sûr et qui nous terrassent ».

ANDRÉ FAGE.

2° Les rapatriés du Nord mentent quand ils se plaignent des Allemands.

24 Décembre 1916. — *Bavardages dangereux.*

« M. André Fage adresse les lignes suivantes aux évacués :

« Les rapatriés commencent à se ré-
« pandre dans la France libre... Ils peuvent
« enfin se confier, soulager leur cœur com-
« primé depuis deux ans par l'épouvante
« et dire l'immense horreur qui étreint tout
« notre pauvre Nord.

« Ils ne s'en privent pas. Ils racontent...
« Ils racontent... et non seulement ce qu'ils

18 Décembre 1916. — *De quelques bourreurs de crâne qui ne sont pas des journalistes.*

«Les rapatriés commencent à se répandre dans la France libre... Ils peuvent enfin se confier, soulager leur cœur comprimé depuis deux ans par l'épouvante et dire l'immense horreur qui étreint tout notre pauvre Nord.

« Ils ne s'en privent pas. Ils racontent... ils racontent... et non seulement ce qu'ils ont lu, ce qu'ils ont vu là-bas, mais aussi

(1) Pour les Allemands.
(2) En caractères énormes.

GAZETTE DES ARDENNES
Organe de l'Etat-Major allemand.

« savent, ce qu'ils ont lu, ce qu'ils ont vu « là-bas, mais aussi ce qu'ils ont entendu « dire, et qui n'est pas toujours vrai ».

« M. Fage est le directeur du plus important organe des réfugiés, du *Journal des Réfugiés du Nord.* A ce propos un journal parisien, le *Bonnet Rouge*, fait les remarques suivantes :

« M. Fage sait ce qu'il dit lorsqu'il « dénonce le danger des bavardages incon- « sidérés ».

« *Taisez-vous* » (1), dit-il à ses compatriotes.

Le conseil est précieux », etc...

(Reproduct ion du texte ci-contre).

« Ce tableau véridique contrastant trop avec les versions officielles sur les « Bar-

BONNET ROUGE

ce qu'ils ont entendu dire et qui n'est pas toujours vrai.

« Non, ce n'est pas la plume d'un journaliste parisien qui a commis les lignes qui précèdent.

« C'est notre excellent confrère M. André Fage, rédacteur en chef du *Journal des Réfugiés du Nord*, réfugié lui-même et qui sait ce qu'il fait lorsqu'il dénonce le danger des bavardages inconsidérés. « *Taisez-vous* » (2), dit-il à ses compatriotes.

« Le conseil est précieux. Nous en avons tous entendu de ces récits fantastiques qui font frissonner, qui inquiètent, qui désolent...

« On les a toutes violées... assurait cet imbécile.

« Un autre renchérissait.

« Encore peut-on démontrer qu'il faut une dose de crétinisme particulièrement forte pour gober de pareilles bourdes. Mais d'autres récits courent, plus vraisemblables, sinon plus vrais et ceux-là se répètent grossis, en passant de l'un à l'autre.

« M. André Fage s'indigne. M. André Fage a raison.

« Il reproduit, pour montrer ce qu'est la vie dans les pays occupés, un article du *World*, de New-York, paru récemment. Le reporter américain a noté que chaque chose se trouve à sa place. Tout le monde travaille. Quand l'officier ennemi passe, l'enfant continue à jouer sans bruit. Quand il entre dans une boutique, il est servi poliment. Les rapports sont d'une froideur compréhensible. **De part et d'autre cependant les excès de paroles et de gestes sont l'exception.**

« Les Français demeurent fiers sous le joug.

« Les Allemands attendent avec impatience

(1) Souligné dans la *Gazette des Ardennes*.
(2) Souligné dans le *Bonnet Rouge*.

GAZETTE DES ARDENNES
Organe de l'Etat-Major allemand.

bares », le censeur a coupé le passage suivant (*La Réd.*) ».

(Reproduction du texte ci-contre).

« Ce sont là de sages paroles.

« Les personnes qui répandent de tels racontars stupides, flétris par les deux journaux cités, croient-elles servir les intérêts des « occupés ». Mais bien plus criminels encore que ces inconscients sont certains journaux boulevardiers qui payent tant et tant la ligne d'atrocités. »

BONNET ROUGE

que sonne l'heure d'évacuer ce pays qui ne veut pas d'eux et c'est tout (1).

« En dehors de cela, il n'y a que ragots et manifestations d'imaginations trop fertiles.

« Dans le public on s'est plu à dénoncer les « bourreurs de crânes », et on a eu raison. Mais il n'y a pas que les journalistes qui bourrent le crâne...

«... Il serait bon que dans le peuple aussi, au sein même de la nation, les esprits indépendants fassent taire les méchants, les pleutres et les fous.

« Cela aussi, c'est une tâche de salut public. »

JEAN GOLDSKY.

23 Janvier 1917. — *Les évacués.*

« Le n° 310 de la *Gazette des Ardennes* (2) rapporte d'après le *Petit Parisien* — le journal des concierges — l'arrivée du premier train d'évacués en Suisse. Les évacués, savez-vous quelle est leur œuvre en France? Ils trompent l'opinion publique, ils conviennent que les Allemands sont des hommes comme les autres. En France, ils jettent les hauts cris, font maintes campagnes absurdes et surtout fourbes où le thème ne varie jamais : *Pillages*, *assassi-*

4 Janvier 1916. — *Confessions d'exilées.*

UN NOUVEAU DÉMENTI AUX BOURREURS DE CRANES.

« Vous n'avez pas oublié — ils sont d'hier — les récits déchirants que l'on nous débita par tranches quotidiennes des souffrances éprouvées par ceux de nos compatriotes qui sont restés dans les pays occupés ou que l'ennemi a transportés en Allemagne.

« Souffrances physiques, douleurs morales privations et humiliations, brutalités surtout — nous en avons tous pleuré.

(1) Il est impossible de fausser davantage le sens d'un texte que ne le font ici la *Gazette des Ardennes*, André Fage et le *Bonnet Rouge*. Voici ce que dit exactement le correspondant américain dans le *World* du 14 Novembre 1916 : « L'attitude des Belges et des Français dans les régions envahies est singulièrement différente : les premiers, passifs à la manière de Micawber, le héros de Dickens, attendent que quelque chose d'heureux se produise. Chez les seconds, dont la vie est plus dure parce qu'ils sont plus voisins de la ligne de combat, point de passivité, point de résignation, un silence fier, une flamme indomptée dans le regard. On voit en Belgique quantité de gens valides et jeunes qui ne font rien. Dans la France envahie tout le monde travaille, femmes, vieillards, enfants. Chacun semble avoir conscience qu'il contribue d'ores et déjà au relèvement de la patrie. Car personne ne doute de l'issue de la guerre... En France, quand l'officier ennemi passe, l'enfant continue son jeu sans bruit, la femme se détourne et fait semblant de regarder ailleurs, l'homme marche droit devant lui, le regard fixé dans le lointain. Quand l'officier entre dans une boutique, il est servi poliment, mais sans qu'une parole inutile soit échangée. L'atmosphère qui règne à Lille et à Cambrai en particulier fait frissonner le passant. »

(2) 9 Décembre 1916.

GAZETTE DES ARDENNES
Organe de l'Etat-Major allemand.

nats, viols, famine, mais population résignée. Est-ce exact tout cela? non n'est-ce pas.

« Si parmi eux se trouvait une seule personne d'esprit juste et impartial qui murmure (j'ai bien dit qui murmure) la vérité, qu'adviendrait-il? C'en serait fait de cette malheureuse. Le calvaire ne serait pas long à gravir et le massacre en serait le but inévitable... »

BONNET ROUGE

« **Mais** les exilés reviennent **Et ils parlent. Que disent-ils? que montrent-ils? Ecoutez-les.**

« Mme Jean Henry est la femme d'un journaliste de Douai.

« **En glanant dans son récit (1), nous allons savoir comment les Allemands traitaient nos infortunés compatriotes.**

(Récit de Mme Jean Henry, femme d'un journaliste de Douai, rapatriée).

« Cette dame envoie promener un major allemand en ces termes :

... « Je ne veux plus vous voir ici, partez... Je ne veux plus vous voir.

« Que croyez-vous que fit le major allemand ainsi traité?

« **Supposez que la scène soit racontée non point par une femme sincère, mais par un de ces écrivains spéciaux nés de la guerre et que les historiens de notre littérature étudieront à la manière de Brunetière au chapitre « les bourreurs de crânes », vous verriez le soudard brutal sauter sur l'audacieuse Française, la rouer de coups et qui sait, l'envoyer ad patres, d'un coup de sabre.**

« **C'est là la légende...** »

G. CLAIRET.

27 Mars 1917. — *Vérité.*

« Le poison que distille chaque jour la presse boulevardière se répand toujours à flots continus.

« Pour ne pas rester en arrière, la presse de province imite sa grande sœur. Même tremplin. Même cliché.

« On a pu lire dans le *Petit Manceau*, le récit d'une évacuée. Pour constituer son poulet — vraiment du Mans, mais qui n'est qu'un affreux canard — le *Petit Manceau* fait parler une jeune femme aux cheveux bruns... à qui on n'en conte pas, que rien n'abat...

« Mensonge encore quand vous dites qu'on ne lit pas la *Gazette des Ardennes*... De jour

12 Janvier 1917. — *Elle retarde.*

Caricature de Laforge dans le *Canard enchaîné*. Légende :

« — Monsieur, Madame qui se croit Jeanne d'Arc.

« — Ne faites pas attention, Mélanie, ça la prend tous les mois depuis qu'elle a été violée par un uhlan. »

23 Janvier 1917. — *L'aventure du procureur.*

... « Cet incident devrait au moins nous montrer le cas qu'il faut faire de la plupart des récits attribués par les journaux à des rapatriés et dont les auteurs n'ont de toute

(1) Paru dans le *Petit Journal*.

GAZETTE DES ARDENNES
Organe de l'Etat-Major allemand.

en jour on se rend mieux compte que la *Gazette des Ardennes* ne ment pas. Nos compatriotes ne se laissent pas bourrer le crâne.

« Vous tremblez pour vos chers parents laissés à Charleville? Quelle rue? Quel numéro? On les assistera. Les larmes que vous versez sont des larmes de crocodile : *une bonne fille n'abandonne pas ainsi des êtres chers dans l'enfer teuton* (1).

« Ah... vous nous la baillez belle avec vos attentions touchantes de l'administration à votre arrivée au Mans ; on sait ce que cela vaut. Les belles paroles n'emplissent pas l'estomac...

« Dans l'Ouest de la France où le gouvernement, obéissant à un motif qui saute aux yeux, vous a envoyée, vos dires dans ce milieu — qui ignore tout de l'Allemagne — n'auront qu'un succès passager et sonneront creux... N'apportez-vous les hallucinations de l'esprit?...

« Mais voici : cette jeune femme aux cheveux bruns est inventée de toutes pièces par un reporter fécond et son nom est *calomnie*. Elle n'a rien à craindre d'Anastasie, ni des... Boches non plus. Précisez encore une fois.

« Aux pays occupés, on est curieux et attristé de voir le mensonge s'étaler aussi cyniquement — le mot n'est pas trop fort.

« Nous sommes, pensez-vous, sous ce joug teuton, dans l'enfer « boche », forgé de toutes pièces. Dites-vous plutôt que votre attitude n'est pas approuvée aux pays occupés. Dites-vous que si nous n'avions pas une administration forte, sûre du lendemain, cette administration pourrait changer d'attitude, sortir de sa mansuétude, se cantonner strictement dans ses droits, créer une situation nouvelle : alors... concluez?

« A dire la vérité, aux pays occupés on demeure bon Français quand même, tout en étant champion de l'apaisement.

« A mentir dans la France libre, on n'est

BONNET ROUGE

la guerre quitté Paris que pour s'abriter des « tauben » à Bordeaux.

« Il faut donc s'attendre à voir bientôt un de ces reporters audacieux, sans scrupules, mais illettrés nous rapporter en deux belles colonnes avec sous-titres et portraits la protestation d'Henri Heine ou celle de Leibnitz contre l'administration du général von Bissing et le transfert des Belges en Allemagne (2)...

« **Les Allemands n'attendent pas que le record de l'interview soit battu pour dire de notre presse qu'elle utilise des mensonges. Est-ce que dès maintenant ils n'affichent pas sur les mairies de nos villes qu'ils occupent, les récits mensongers attribués par nos grands journaux à des rapatriés complaisants ou pas prévenus** » (3).

G. CLAIRET.

24 Janvier 1917. — *L'enfant du viol. Joséphine Barthélemy devant la Cour d'assises.*

« Voici la sœur de l'accusée. Encore des détails infâmes et combien inutiles. Des commères et par voie de déduction des commérages et c'est tout... »

24 Janvier 1917. — *A bâtons rompus.*

« Un de mes amis héberge un soi-disant réfugié... J'en ai profité pour interviewer celui-ci.

« Il m'a raconté des choses à faire dresser les poils d'un pyjama en tissu des Pyrénées. Je ne m'étendrai pas sur la question des viols, m'a-t-il déclaré d'abord. Tous les journaux vous ont renseigné là-dessus. C'est inimaginable. Nous en étions arrivés à nous demander, dans notre région, comment les Allemands trouvaient encore le temps de se battre alors qu'il semblait que tous leurs instants étaient pris par la satisfaction de leurs appétits lubriques. »

M. BADIN.

(1) Souligné par la *Gazette des Ardennes*.
(2) Tout le monde sait qu'il s'agit de « déportations ».
(3) L'intention de chantage éclate ici d'une façon manifeste.

GAZETTE DES ARDENNES
Organe de l'Etat-Major allemand.

pas patriote, on est champion de l'anéantissement méthodique. »

Un Ardennais.

29 Avril 1917. — *Conseils d'un Français à celles qui s'en vont.*

... « Pour que d'autres soient sauvées comme vous l'avez été, vous mettrez au point les racontars absurdes, les interviews falsifiées, les excitations malsaines. Pour apaiser ces haines, vous parlerez des « Barbares » avec qui vous vivez depuis trente mois et vous expliquerez pourquoi *plus nous vivons avec l'ennemi moins nous le haïssons* (1)... Véritables mandataires des populations occupées, vous serez des propagandistes ardentes de la paix parce que vous avez *vu*, parce que vous avez souffert. Nous avons foi en vous. »

19 Mai 1917. — *N° 400.*

« Nous avons maintes fois constaté que l'un des moyens dont la presse parisienne use de préférence dans sa campagne contre la *Gazette des Ardennes*, c'est l'interview des évacués. On sait ce que valent ces racontars extorqués et frisés pour les besoins de la cause par l'habileté de quelque reporter à court de copie etc... »

1er Juillet 1917. — *Le train du mensonge.*

« Un train d'émigrés est parti pour la France inoccupée (2).

« Parmi les partants et les partantes, beaucoup de bourgeois et de bourgeoises, patriotards et patriotardes, revanchards et revanchardes qui trouvent que tout va bien naturellement, mais n'en sont pas moins très heureux d'avoir réussi à « se tirer des pieds », d'avoir pu fuir une vie qu'ils espèrent meilleure à Paris ou ailleurs.

« Et elle ne serait pas là qu'ils émigreraient en Hollande, en Suisse, en Espagne, n'importe où, pourvu qu'ils la retrouvent, cette bonne vie du bon bourgeois bon enfant.

(1) Souligné dans la *Gazette des Ardennes.*
(2) Inoccupée par les Allemands.

BONNET ROUGE

27 Mars 1917. — *A bâtons rompus.*

AU CINÉMA.

« Durant qu'on projetait des vues des régions évacuées par les Allemands, ma voisine de gauche racontait les souffrances qu'elle avait endurées dans ces mêmes contrées durant trente mois sous le joug de l'ennemi.

« C'était une dame sur le retour. Elle avait de l'embonpoint, de belles perles aux oreilles, de lourdes bagues aux doigts et s'emmitouflait dans une belle douillette de loutre. Elle narrait d'un ton dolent, à petites phrases coupées de silences pathétiques, ses privations et ses humiliations. Elle expliquait aussi que le conquérant se doublait d'un chapardeur et que pour son compte on lui avait pris tout ce qu'elle possédait. Comme elle paraissait cossue et qu'elle était dodue, j'en inférai que cette dame inventait ses histoires de toutes pièces pour se rendre intéressante ou bien qu'elle avait été rendue folle par la lecture de la presse chauvine et s'imaginait avoir subi les plus odieux sévices à Roye ou à Tergnier alors qu'elle avait tout simplement souffert du manque de charbon, de sucre, de pommes de terre et d'essence, rue Ramey ou boulevard Rochechouart », etc., etc...

M. BADIN.

GAZETTE DES ARDENNES
Organe de l'Etat-Major allemand.

« Le bien-être n'a pas de patrie; c'est lui la *Patrie* (1). Les autres, la masse, les naïfs, les gogos, les gobeurs et les gobés, manipulés par les journalistes qui les happeront à l'arrivée du train, les relanceront partout où ils seront, manigancés par leurs députés ou leurs sénateurs, amenés, conduits, poussés, parqués, maintenus dans la bonne voie, ils avoueront à M. Touron que dans les départements envahis *personne ne songe à la paix, personne ne demande la paix*, et patati et patata, résistance par ci et dévouement par là. Et leurs déclarations revues et augmentées paraîtront le lendemain dans les grands « canards », à moins qu'elles n'aient les honneurs de la tribune française, ce comptoir du « Grand Bazar » derrière lequel les défenseurs du Pauv' Peuple — vive le Pauv'Peuple — n'ont jamais cessé de débiter leurs boniments, en temps de paix comme en temps de guerre, en tout temps, dans tous les temps et par tous les temps.

« Le train est parti... le mensonge est en route. Il traverse l'Allemagne, il passe la Suisse, il est en France.

« Et là, arrangé comme il convient, il sera vendu par toute la presse ou presque toute la presse en tranches à un sou (2).

« Demandez le *Matin*, le *Journal*, l'*Echo de Paris*... Demandez les nouvelles du Nord... Les crimes des « Barbares », les nouvelles « atrocités boches ».

Français du Nord.
etc., etc.

BONNET ROUGE

En guise de P.S. à ce chapitre, ajoutons que la feuille d'Etat-Major de Charleville n'a pas dit un mot de nos dépositions sur le *Bonnet Rouge* et qu'elle a gardé le plus complet silence sur la présente enquête autour de laquelle la presse française a fait cependant un bruit peut-être excessif (3).

(1) Deuxième campagne.

(2) Cf. plus haut p. 184 : « Les récits des évacués que l'on débita par tranches quotidiennes », G. Clairet.

(3) Au 9 Mars 1918, la *Gazette des Ardennes* n'avait fait mention de l'affaire du *Bonnet Rouge* que trois fois, les 1er, 3 et 27 Février 1918, incidemment, en quelques mots, et sans aborder le fond du procès. La « feuille immonde » s'est rattrapée depuis le procès Duval. Dans les nos des 17 et 22 Mai 1918, elle a pieusement ramassé les injures que m'avaient co-pieusement décernées le « *Journal du Peuple*, l'*Humanité* et le *Populaire* et les a servies toutes chaudes à ses lecteurs. (Note de 1920.)

CHAPITRE II

QUELQUES-UNS DES ARGUMENTS COMMUNS DE LA « GAZETTE DES ARDENNES » ET DU « BONNET ROUGE »

Au cours des confrontations précédentes, nous avons rencontré un nombre considérable d'arguments reproduits, souvent dans les mêmes termes, par la *Gazette des Ardennes* et le *Bonnet Rouge.* Quelques-uns de ces arguments se retrouvent parfois dans plusieurs campagnes. Ils constituent de véritables procédés tactiques de psychologie défaitiste. Nous en avons isolé une douzaine qu'il eût été intéressant d'exposer parallèlement et dont voici le sommaire :

1° Flagorneries à l'adresse des Français : le Droit doit passer avant l'intérêt de la France ;
2° Ceux qui veulent la paix immédiate combattent pour la « survie » française ;
3° Il y a deux patriotismes ;
4° Les Alliés ne défendent pas la cause des petites nations ;
5° Il ne faut être ni pessimiste ni optimiste ;
6° Il ne faut pas ruiner tout son patrimoine pour en sauver une partie ;
7° L'Allemagne est une force d'expansion irrésistible ;
8° « L'Inutile Victoire » ;
9° Citations de textes de Napoléon ;
10° La « Revanche ».
11° Le « bluff français » ;
12° Les nécessités de la guerre excusent les Allemands.

Nous aurions pu allonger cette liste, y joindre par exemple :

13° La guerre conduit la France à la tyrannie ;
14° Les Allemands sont plus libres que les Français ;

15° Il importe de rappeler fréquemment aux Français la série complète de leurs déceptions (1), etc...

Nous avons dû, faute de temps, renoncer à ce développement. On en aura cependant une idée par l'exemple du 6e argument que nous avons reproduit à la campagne « Pour la Paix », page 158, et par le 12e argument que nous allons accompagner ci-dessous de quelques citations :

12° Les nécessités de la guerre excusent les Allemands :

GAZETTE DES ARDENNES
Organe de l'Etat-Major allemand.

7 Juin 1916. — *Lettre familière d'un prisonnier français à son ami Jean Chauvin.*

« — Mais enfin, et les excès de Belgique, les pillages systématiques de maisons abandonnées, leur militarisme odieux à tout l'univers, etc., etc...

« — Tout beau, nous en reparlerons, mon ami, et même sérieusement ! car je prétends n'esquiver aucune des faces de la discussion par moi bénévolement ouverte ici. Et vous verrez que, là encore, votre chauvinisme échevelé a eu grand tort de généraliser à outrance (défaut éminemment français d'ailleurs) sur quelques faits tout individuels et au demeurant inévitables à la guerre », etc...

17 Juillet 1916. — *Un méchant rêve.*

« Dans cette guerre qu'elle fait pour la défense de son droit de vivre et de prospérer par son travail, l'Allemagne ayant réussi à rejeter loin de ses frontières l'ennemi qui à l'ouest et à l'est avait tout d'abord pénétré chez elle, on se mit à crier à la « barbarie » à chaque coup de canon allemand.

« Les inévitables conséquences de la guerre devenaient « crime boche » alors que les pires dévastations accumulées par les Russes lors de leurs incursions en Galicie et en Prusse orientale étaient considérées comme des faits d'armes légitimes et glorieux !

BONNET ROUGE

7 Mai 1916. — *La réponse allemande.*

« Le blocus hermétique organisé par l'Angleterre oblige l'Allemagne à se défendre ».

1er Août 1916. — *A bâtons rompus.*

« On vient de s'apercevoir tout à coup que le sort des habitants des régions envahies n'est pas des plus charmants ! Quand on a lu quelques-uns des innombrables « cahiers » ou « mémoires » où les cavaliers, les voltigeurs et les grenadiers des armées napoléoniennes notèrent leurs souvenirs et leurs impressions, on sait que la vertu des femmes, les portes des celliers et l'huis des poulaillers semblent également bons à forcer aux vainqueurs échauffés par la griserie du combat et par l'orgueil de la force triomphante.

« C'est pour cela, précisément, que les stratèges de la vieille école combinaient toutes leurs opérations de façon à porter la lutte sur le territoire de l'adversaire et à protéger de ses ravages le sol et le peuple de leur patrie », etc...

M. BADIN.

13 Janvier 1917. — *L'enfant du viol.*

« Faiblesse terreur, violence, quelquefois même simplement inconscience? Qui pourrait et qui oserait préciser?

« Le malfaiteur, dans la vie ordinaire, c'est le père qui laisse sa semence et se dérobe.

(1) C'est ce que nous appelons le « procédé de l'énumération » pratiqué avec un égal entêtement par la *Gazette des Ardennes* et le *Bonnet Rouge*. Nous le retrouverons d'ailleurs dans d'autres journaux comme le *Journal du Peuple*, cité par la *Gazette des Ardennes* du 5 Mars 1918 et la *Norddeutsche Allgemeine Zeitung* du 12 Mars, matin.

GAZETTE DES ARDENNES
Organe de l'Etat-Major allemand.

« Cette haineuse légende hurlant par le monde la « barbarie allemande » n'a fait que s'exaspérer avec tout nouveau succès allemand », etc...

Tag, 7 Juin 1917. — *Les suites funestes d'une mauvaise action* (1).

« Il y a des chances pour que les mensonges français attirent une fois au moins des désagréments à leurs auteurs. Le 23 Mars, un collaborateur de l'*Humanité* racontait ce qu'il avait vu dans la ville de Noyon évacuée quelques jours auparavant par les Allemands. « Sur la place de l'Hôtel-de-Ville, disait-il, une heureuse surprise nous attendait : les édifices qui sont la fierté de Noyon sont intacts ». Le lendemain, le gouvernement français publiait un rapport mensonger adressé à tout le monde civilisé et où la ville de Noyon, comme toutes celles de la région évacuée par les Allemands, était représentée comme entièrement détruite. Mais voici qu'on nous annonce d'Amérique la fondation d'une société qui se propose d'adopter Noyon et de le reconstruire. Qu'arrivera-t-il quand ces aimables Américains débarqueront en France pour constater les dégâts et commencer la construction? Se résoudra-t-on à faire sauter Noyon pour prouver la véracité des récits qu'on a répandus? C'est à peu près ainsi qu'ont agi les Français à Bapaume. L'Hôtel de Ville a sauté au moment où les députés de l'arrondissement et les conseillers municipaux célébraient le départ des Allemands. Personne ne sait comment la chose s'est passée. Nous ignorerons à jamais pourquoi cette explosion a eu lieu et à combien de personnes elle a coûté la vie. Ou plutôt nous apprendrons que ce sont encore les barbares boches qui ont accompli ce forfait... Tout comme a sauté

BONNET ROUGE

Pendant la guerre, les responsables sont au delà. Ces multiples crimes sont des conséquences. Ils n'ont que la valeur des gouttes d'eau perdues dans l'Océan. Le crime, c'est la guerre elle-même. »

26 Mars 1917. — *Destructions*.

« M. Bertre, secrétaire général de l'*Humanité*, ayant parcouru les villes reconquises, raconta ce qu'il avait vu et rien de plus. Ce qu'il raconte, *parce* qu'il l'a vu, ce n'est pas du tout ce que racontaient les autres, *si* c'est *peut-être* (2) ce qu'ils avaient vu eux aussi.

« **Il a vu à Lassigny une église démolie, mais par notre artillerie.**

« Il a vu, de ses yeux vu, les destructions de l'ennemi, il les décrit : L'ennemi, en se retirant, a systématiquement détruit les routes. On a multiplié les obstacles *pour entraver notre poursuite* (3).

« Les arbres qui bordent la route, que ce soient des hêtres énormes, ou de simples pommiers, ont été abattus *pour la barrer* (4).

« Les Allemands ont fait sauter une énorme cheminée d'usine constituant ainsi une *puissante barricade* (5).

« Une visite de la ville nous convainc que les seules maisons détruites sont celles qui furent éventrées par les *explosions de mines* (6) situées à proximité des carrefours et des ponts. »

« Et voilà !

« Les jeunes royalistes à la maison de la presse sont des gaffeurs. En laissant M. Bertre aller à Lassigny et à Noyon, ils ont coupé tous les effets de M. Barrès, leur maître.

« **Cet écrivain à l'imagination puissante avait, en effet, attribué à la sauvagerie des Allemands des destructions qui ne sont dues qu'à la sauvagerie de la guerre.** »

G. Clairet.

(1) Les citations suivantes sont empruntées à des journaux allemands de langue allemande s'adressant à un public allemand.
(2) C'est nous qui soulignons le *parce qu'*, le *si* et le *peut-être*.
(3) C'est Clairet qui souligne.
(4) C'est Clairet qui souligne.
(5) C'est Clairet qui souligne.
(6) C'est Clairet qui souligne.

GAZETTE DES ARDENNES
Organe de l'Etat-Major allemand.

l'Hôtel de Ville de Bapaume avec ses députés, ses édiles, se fonctionnaires et ses notables, on pourrait quelque peu dévaster Noyon afin de montrer aux Américains les ruines qu'ils s'attendent à trouver. Il n'est pas indispensable de choisir l'instant où toutes les sommités de la ville et des environs y seront rassemblées. On pourrait même attirer les gens aux portes de la cité en leur annonçant la visite de Poincaré, de d'Annunzio et de quelque autre cannibale exotique engagé au service de la France ou de l'Angleterre. Quand toute la population sera sortie, on mettra le feu à la ville; il est indispensable de faire quelque chose. Sans quoi les Américains désabusés répéteront : « We have been swindled » (nous avons été floués). Les Français ne peuvent courir ce risque. *Noyon est delenda* ».

Norddeutsche Allgemeine Zeitung, 24 Mars 1917. — « Le coup d'œil offert par la zone évacuée est inoubliable. Tout a été emporté. Ce qui pouvait être utilisé a été brûlé. Tous les puits de la zone évacuée ont été rendus pour toujours inutilisables, ainsi que les abreuvoirs... Ainsi l'ennemi s'avance à travers des destructions systématiques et justifiées... »

Vossische Zeitung, 24 Mars 1917. — « Il passe parmi nos troupes de l'ouest comme une vague de joie et j'oserai dire de joie devant le mal qui a été fait à autrui. Le grand coup a réussi... les ennemis sont sur plus de 100 kilomètres devant une zone organisée en glacis, minutieusement « avec amour » par nos soldats, zone qui réserve tous les avantages aux défenseurs et tous les inconvénients aux assaillants. »

Lokal Anzeiger, 24 Mars 1917.

« Une campagne est menée dans la presse anglo-française pour protester contre la destruction du château de Coucy... La vie d'un seul de nos soldats est plus précieuse qu'une douzaine de châteaux en ruine... »

BONNET ROUGE

27 Mars 1917. — *Les puits empoisonnés.*

« Encore une légende qui s'en va. Elle est détruite par M. Deguise, député de l'Aisne. Interviewé hier à son retour à Paris par l'*Humanité*, M. Deguise a fait d'intéressantes déclarations.

GAZETTE DES ARDENNES

Organe de l'Etat-Major allemand.

Berliner Tageblatt, 26 Mars 1917.

« On passe à travers le désert, un désert triste qui dure des lieues, sans arbres, sans buissons, sans maisons. Tout a été abattu... tous les puits sont détruits. Tout a été bouleversé et brûlé, les villages ne sont plus que des amas de décombres », etc...

Münchner Neueste Nachrichten, 26 Mars 1917

« Nous pouvons aujourd'hui dire toute notre admiration de la manœuvre stratégique de Hindenburg, manœuvre qui est sans exemple dans l'histoire militaire », etc...

Chemnitzer Volkstimme, 24 Mars 1917.

« Des régions du nord de la France évacuées par nos troupes il ne reste plus rien qui puisse servir à nos ennemis. C'est un paysage d'épouvante... »

Norddeutsche Allgemeine Zeitung, 26 Mars 1917.

« C'est la même nécessité militaire qui force l'ennemi et nous-mêmes à des destructions de monuments remarquables : si l'adversaire regrette ces pertes, qu'il en accuse la guerre elle-même... »

Lokal Anzeiger, 27 Mars 1917.

« Nous sommes dans le royaume de la mort... Partout le désert... ce qui n'a pu être emporté a été brûlé ou brisé. Les soldats ont rendu les puits inutilisables... on a fait sauter jusqu'aux caves. Ce ne fut pas là le travail d'un jour. Il s'est poursuivi méthodiquement pendant des semaines et des mois pour ne pas donner l'éveil à l'ennemi... »

Norddeutsche Allgemeine Zeitung, 28 Mars 1917.

« Nos destructions dans la zone évacuée

BONNET ROUGE

« Elles détruisent encore une fois les racontars stupides et odieux dont une certaine presse, toujours la même, se fait l'écho avec une si grande complaisance.

« Le député de l'Aisne a répondu : « Les puits, à ma connaissance, n'ont pas été empoisonnés avec un toxique comme l'arsenic, ainsi je crois qu'il a été dit. Mais l'ennemi en a poursuivi méthodiquement la mise hors d'usage... Lorsque pour une raison quelconque la dynamite n'a pas été employée, on y a jeté du fumier (1), des détritus de toute sorte, de façon à rendre l'eau impropre à la consommation, mais rien de plus ».

« Aucun des réfugiés rentrés à Paris de ces régions, n'a pu d'ailleurs citer un seul cas précis de puits empoisonnés. »

(1) Pour le *Bonnet Rouge*, le fumier et les détritus « n'empoisonnent » pas l'eau des puits !

GAZETTE DES ARDENNES
Organe de l'Etat-Major allemand.

sont la conséquence inéluctable des nécessités militaires... Si les bois durent disparaître, c'est parce qu'il fallait enlever aux ennemis tout matériel de construction. Les villages furent anéantis parce qu'aucun abri ne devait rester à nos adversaires. Les arbres fruitiers furent coupés, non pas par barbarie, mais pour des raisons militaires... Nous n'avons pas envoyé un seul obus sur Noyon... On ne peut donc nous reprocher aucune destruction inutile, aucun acte de violence et d'injustice. Le Commandement allemand a la conscience pure. »

Kölnische Zeitung, 29 Mars 1917.

« Le cabinet Ribot a adressé aux neutres une protestation contre les mesures prises par les Allemands dans la région évacuée, les rédacteurs du quai d'Orsay prétendent que les destructions n'ont pour but que de ruiner pour de longues années une des contrées les plus florissantes de la France. En réalité, il ne s'agit que d'une mesure d'ordre uniquement militaire que nous avions le droit de prendre. Les habitations furent détruites parce que nos soldats ne sont ni assez sots ni assez criminels pour laisser à nos ennemis les abris sûrs des caves. Les puits furent détruits, mais non empoisonnés, ils ont été rendus inutilisables... »

Gazette des Ardennes, 22 Avril 1917.

L'indésirable vérité (éditorial).

« Sous ce titre : « Ce que j'ai vu dans les régions récupérées », un rédacteur du *Bonnet Rouge*, M. Jean Goldsky a entrepris la tâche de dire, *sans haine et sans crainte, la vérité, toute la vérité, rien que la vérité* (1), sur ce qu'il a vu dans la région évacuée par l'armée allemande. Il en fait le serment solennel en tête de son premier article et sa sincérité n'est pas en doute. La mésaventure n'en est que plus significative. Mais donnons-lui la parole :

(Voir le texte ci-contre).

BONNET ROUGE

12 Avril 1917. — *Ce que j'ai vu dans les régions récupérées...*

... « J'entends qu'on me laisse écrire ce que j'ai vu, l'horrible et l'humain, ce qui condamne l'ennemi, et ce qui ***l'explique*** (2) en condamnant le fléau **[qu'il subit comme — d'autres, comme nous.]**

(1) Souligné dans la *Gazette des Ardennes*. Comme on saisit bien ici le mot d'ordre donné au *Bonnet Rouge* !

(2) Souligné dans le *Bonnet Rouge* et dans la *Gazette des Ardennes*.

GAZETTE DES ARDENNES

Organe de l'Etat-Major allemand.

... « et ce qui l'*explique* (1), en condamnant le fléau... » Quel fléau ? La censure n'a pas permis à M. Goldsky de dire que ce fléau c'est *la guerre* (1) car, pour la censure française, les horreurs de la guerre sont évidemment sacrées quand elles sont l'œuvre des canons alliés, tandis que tout acte de guerre allemand est qualifié de « crime » ! Mais rendons la parole à M. Goldsky » (reproduction du texte ci-contre).

(Coups de ciseaux de la censure).

30 Juin 1916. — *Lettres familières d'un prisonnier français à son ami Jean Chauvin.*

« Pourquoi cette sage réserve, ami Chauvin? simplement parce que l'inflexible logique dont je me targue me fait voir un parallélisme indiscutable, un rapport étroit entre ceci : *Reims* et cela : *le Maroc* ! C'est que je me souviens encore de la façon un peu trop cavalière, vraiment (soyons modérés) dont nos Lyautey et nos d'Amade réduisirent les rebelles (?) marocains. Et si nos 75 n'incendièrent que des douars ou des gourbis, ne démolirent que de vulgaires mosquées, c'est qu'apparemment ils n'eurent rien de mieux à se mettre dans la marmite, si j'ose user d'une image aussi risquée. *Mais le principe est exactement le même* (1), etc...

... « La guerre de Troie ne s'est pas faite en un jour. »

BONNET ROUGE

« Tout dire, oui, comme au cours d'un voyage trop rapide, je me suis efforcé de tout voir. Je n'en veux pas aux bons confrères qui se plaisent en de faciles généralisations. La guerre retient les jeunes à des besognes plus âpres, ceux qui restent sont parfois trahis par leurs forces et dépourvus de curiosité. »

« D'autres furent en Afrique et connurent les horreurs de la guerre en ces pays où, sans pétrole, on fait si joliment flamber les villages.

« D'autres ont encore simplement le souvenir de lectures anciennes... La tâche paraît simple à ceux-là. Une auto rapide les emporte. Ils somnolent ou bavardent agréablement... La voiture s'arrête au point désigné, ils descendent et se trouvent, comme il sied, au milieu des ruines. Un crayon, un carnet, des mots griffonnés en hâte — des menus propos surtout. En France la géographie ne fut jamais en faveur. Ouf ! on remonte en voiture et l'on repart. Nouveaux cigares, nouvelles cigarettes, nouveaux bavardages sur tout et sur rien : le mariage de la petite Mme X..., le scandale de la pièce jouée sur une scène en vogue jusqu'à la nouvelle pause également choisie. *Ainsi, ayant vu précisément ce qu'on les conviait à voir — rien de plus, rien de moins — ils rentrent et rééditent sous une forme d'ailleurs peu variée, les textes déjà produits par leurs devanciers* (1). »

(1) Souligné dans la *Gazette des Ardennes*.

GAZETTE DES ARDENNES
Organe de l'Etat-Major allemand.

« Cette manière d'écrire sur commande de longs articles haineux et accusateurs bourrés « d'atrocités allemandes » n'est pas celle de M. Goldsky. »
(Reproduction du texte ci-contre).

BONNET ROUGE

« Grand merci de ce sport — je ne le prise pas. Puisqu'en ma personne le *Bonnet Rouge* (1) était convié à s'informer, j'ai regardé ce qu'on me montrait et puis j'ai gardé grands ouverts les yeux et les oreilles. L'intérêt d'une pareille méthode qui ne vaut pas l'étude sur le tas, parmi la foule et sans guide, au gré du hasard capricieux et des rencontres heureuses, c'est qu'on peut rapporter tout de même au lecteur précisément ce qu'il attend et ce qu'il demande : un peu de vérité. Tout voir — c'est le programme. Le temps et la liberté m'ont fait défaut pour tout voir. J'espère au moins qu'on ne me marchandera pas la liberté de conter tout ce que j'ai vu. »

« Ce qu'il a vu, M. Goldsky va nous le dire, et peut-être saurons-nous enfin la vérité, toute la vérité, rien que la vérité !... Nous nous engagerons à la reproduire ici intégralement.

« Oui mais... que voyons-nous? Dès que l'auteur semble vouloir sortir des généralités, exprimer une opinion personnelle, faire une constatation quelconque, nous voyons s'étaler impudiquement les taches blanches qui témoignent de la collaboration du censeur officiel.

« Mais celui-ci a eu l'imprudence de laisser subsister le passage final de l'article de M. Goldsky. Et ce passage, suivant les coups de ciseaux officiels, est d'une bien cruelle ironie.

« L'auteur écrit : »
(Reproduction du texte ci-contre).

« Je n'ai pas non plus à me préoccuper de ce que, sur certains points, je me trouverai en contradiction avec des affirmations officieuses tendant à assimiler à des excès réels et sans excuse stratégique, les actes qui s'imposent à toute armée soucieuse de sa sécurité.

« Mais qu'on ne me censure pas, car je le déclare tout net, à la fin de ces notes qui constituent une sorte de préface au récit que je veux faire de ma promenade dans les régions récupérées, je ne veux pas signer ici, au nom de ce journal qui fait

(1) Goldsky parlait donc au nom du *Bonnet Rouge*.

GAZETTE DES ARDENNES
Organe de l'Etat-Major allemand.

20 Janvier 1917. — *D'Avesnes à Hirson.*

« Quelles impressions ou quels enseignements plutôt se dégagent de ces rapides voyages dans ce coin de la province française? Une impression de tristesse et de rancœur... Impression de réconfort aussi. L'idée peut mûrir et l'heure viendra de la belle moisson.

« C'est à Mondrepuis qu'une accorte ménagère synthétisa devant nous toute la situation :

« Nous avons deux ennemis en France. Le vrai n'est pas celui qu'on pense... Les Anglais nous donnent un coup de main, je veux bien leur pardonner, mais... »

« Leur pardonner est une trouvaille, et combien gros est le *mais* ! »

22 Avril 1917. — *L'indésirable vérité* (suite).

« M. Jean Goldsky a tenu parole. Dès le lendemain, il a tiré la conséquence de sa mésaventure avec la puissante censure. Sous ce titre « l'*Apothéose de l'Imbécillité* », il écrit dans le *Bonnet Rouge* du 13 Avril... »

(Reproduction du texte ci-contre).

BONNET ROUGE

profession de ne pas bourrer les crânes et de ne jamais « bluffer », des textes travestis par quelqu'une de ces mutilations audacieuses, dont nous n'avons que trop l'habitude.

« Si l'on veut une vérité fardée, attifée, parée des oripeaux de mensonge dont certaines officines font commerce, il faut s'adresser ailleurs.

« Le *Bonnet Rouge* parle net (1), avons-nous écrit autrefois au fronton de cette maison, c'est ce que je vais m'efforcer de faire. Ce sera cela, ou le silence ; le silence terrible, pesant et tellement éloquent ! »

13 Avril 1917. — *L'apothéose de l'imbécillité.*

« Les imbéciles !

« En pensant un instant qu'ils permettraient à un journaliste suffisamment averti des choses militaires pour savoir ce que commande la prudence, de raconter tout net, simplement, sans bluff, ce qu'il a vu parce qu'on l'avait convié à le voir, nous faisions aux censeurs un honneur excessif.

« Eux, avoir du bon sens?... Eux, comprendre qu'un témoignage n'a justement d'intérêt que s'il est visiblement exact, précis et complet ; penser que notre flétrissure marque d'autant plus que nous n'avons pas pour habitude de « bourrer les crânes » ; pressentir l'effet désastreux des blancs dans de pareils textes, et l'effet plus grave encore de notre refus public,

(1) Souligné dans a *Gazette des Ardennes* et le *Bonnet Rouge.*

GAZETTE DES ARDENNES
Organe de l'Etat-Major allemand.

(Ce passage n'est pas reproduit à nouveau par la *Gazette des Ardennes*).

BONNET ROUGE

éclatant, de dire un peu de vérité... **puisqu'on ne tolère pas *toute* la vérité, la vérité mutilée, tronquée, prend trop souvent des allures de mensonge.**

« Et nous nous prêterions maintenant aux fantaisies de ces distributeurs de vérités truquées. Quelle injure on nous fait, si l'on nous croit capables d'échanger contre des amabilités que nous ne cherchons pas, l'indépendance et le goût du vrai qu'on nous reproche comme des tares !...

« Hier, tel quel, mutilé comme il le fut par un censeur inintelligent avec excès, l'avant-propos du récit de mon voyage dans les régions « récupérées » avait au moins une originalité : il ne contenait *aucune inexactitude.* C'est déjà ça ; ce n'est cependant pas assez pour qu'honnêtement il me soit possible de poursuivre. On ment aussi par omission, et consentir à dire des choses que tout le monde sait, que tout le monde peut voir (comme la conservation des chefs-d'œuvre artistiques de Noyon) c'est se faire les complices du mensonge.

« Hier, nous écrivions :

« *Si l'on veut une vérité fardée, attifée, parée des oripeaux de mensonge dont certaines officines font commerce, il faut s'adresser ailleurs...*

« *Le* Bonnet Rouge *parle net, avons-nous écrit autrefois au fronton de notre maison ; c'est ce que je vais m'efforcer de faire.*

« *Ce sera cela... ou le silence, terrible, pesant et tellement éloquent.* »

« On n'a pas compris, à la censure, ce que cette déclaration avait de formel ; le texte — combien inoffensif — que nous présentions a été odieusement et stupidement mutilé. Soit. Tant pis pour la censure. Nous ne répondrons à cette apothéose de l'imbécillité que par la seule protestation qui demeure possible : le silence.

« Ici, messieurs de la censure, on ne ment pas, même sur commande » (1).

(1) *Le Bonnet Rouge* du 12 Avril publie sous le titre : « Un Mensonge », le filet suivant : « Léon Daudet écrit ce matin dans l'*Action Française* que le *Bonnet Rouge* a pu prendre *impunément* et à plusieurs reprises ces derniers temps la défense des dévastateurs de nos départements... L. Daudet

GAZETTE DES ARDENNES
Organe de l'Etat-Major allemand.

« Nous n'ajouterons rien à ce sévère réquisitoire. Nous n'exploiterons pas comme il serait trop facile de le faire, cet éclatant exemple. Nous laissons à nos lecteurs le soin de tirer les conséquences des faits que nous nous contentons d'enregistrer. Nous ignorons les vérités qu'a voulu dire et que n'a pu dire M. Jean Goldsky. Mais il paraîtra tout de même étonnant qu'à l'heure même où les grands journaux boulevardiers regorgent d'articles et de discours prêchant la haine éternelle, un témoin *français*, le seul qui ait fait le serment solennel de dire *toute la vérité et rien que la vérité* (1), se voie retirer la parole. »

BONNET ROUGE

ajoute immédiatement : « L'autorité s'est contentée comme répression, de suspendre à diverses reprises cette immonde feuille. » L. Daudet ment. Le *Bonnet Rouge* n'a pas été suspendu depuis le repli allemand et les dévastations. »

(1) Souligné dans la *Gazette des Ardennes*.

CHAPITRE III

SOMMAIRE :

CAMOUFLAGE JOURNALISTIQUE. — LES SATELLITES DU " BONNET ROUGE "

I. Journaux recommandés par le « Bonnet Rouge ».
II. Trois des satellites du « Bonnet Rouge ».

a. L'AGENCE « PRIMO ».

1) Durée. Rédaction. Programme. Campagnes communes de *Primo*, du *Bonnet Rouge* et de la *Gazette des Ardennes*. Les échoppages de *Primo*. Les nouvelles tendancieuses de *Primo*.
2) *Primo*, le *Bonnet Rouge* et les satellites du *Bonnet Rouge*.
3) *Primo*, MM. Caillaux et Malvy.

b. LA « TRANCHÉE RÉPUBLICAINE ».

1) Durée. Rédaction. Programme. Campagnes communes de la *Tranchée*, du *Bonnet Rouge* et de la *Gazette des Ardennes*.
(La campagne défaitiste de la *Tranchée*).
2) La *Tranchée*, le *Bonnet Rouge* et les satellites du *Bonnet Rouge*.
3) La *Tranchée*, MM. Caillaux et Malvy.

c. LES « NATIONS ».

1) Durée. Rédaction. Programme. Campagnes communes des *Nations*, du *Bonnet Rouge* et de la *Gazette des Ardennes*.
(Les *Nations*, la campagne pacifiste et les Bolcheviks).
2) Les *Nations* et M. Malvy.

CAMOUFLAGE JOURNALISTIQUE. — LES SATELLITES DU « BONNET ROUGE »

La *Gazette des Ardennes*, on l'a vu, a su s'entourer d'un système de périodiques belges, suisses, hollandais, et même français, dans lesquels elle fait passer, d'abord, les articles utiles à sa propagande, qu'elle reprend ensuite, rehaussés de leur estampille neutre ou française. C'est ainsi qu'elle en usa avec le *Bonnet Rouge*. De son côté, le journal d'Almereyda devint un centre autour duquel gravitèrent des satellites de plus en plus nombreux.

« Autour du *Bonnet Rouge*, écrit J. Goldsky dans le *Bonnet Rouge* du 15 Mars 1917, sous le titre « Trois ans de travail », des organes naissent qui, chaque jour plus nombreux, appuient, soutiennent, complètent son action.

« Dolié fonde l'*Agence Républicaine*.

« Marion reprend la publication de *France-Télégramme*.

« Landau agrandit *Primo*.

« Le mois prochain, Clairet et Bontemps feront le *Bloc* contre tous les cléricalismes.

« Cependant qu'avec les jeunes du *Bonnet* et les militants des oppositions socialiste et radicale, je m'embusque dans la *Tranchée*.

« Ces agences, ces journaux, nouvellement sortis de nos chantiers agrandis, c'est pour le *Bonnet Rouge* ce que sont les torpilleurs d'escadre pour les cuirassés. Tous ensemble, d'un cœur léger, nous continuerons à progresser ».

JEAN GOLDSKY.

Mais ce ne sont pas les seuls périodiques auxquels vont les sympathies et l'appui du *Bonnet Rouge*. Parmi ceux que le journal d'Almereyda présente comme les artisans de la bonne cause, citons :

Le Populaire du Centre (*Bonnet Rouge*, 5 Janvier 1916-6 Mai 1916).
Le Midi Socialiste (*Bonnet Rouge*, 5 Janvier 1916-6 Mai 1916).
Le Journal du Peuple, 26 Février 1916.
Le Fer Rouge, 27 Mars 1916.
Les Hommes du Jour, 3 Janvier 1916 (échoppage).
Ce qu'il faut dire, 24 Juin 1916.
Le Canard Enchaîné, 11 Juillet 1916 (même adresse que le *Bonnet Rouge*).
La Grimace, 17 Octobre 1916.
France-Télégramme, 2 Mars 1917.
La Griffe, 25 Mars 1917.
Le Journal de la Paix, 12 et 13 Avril 1917.
Le Pays, 7 Mai 1917, 12 Juin 1917, 15 Juin 1917.
Les Nations, 16 Juin 1917.
La Vague, 4 Juillet 1917.
La Feuille, 4 Juillet 1917.
Le Sourire de France, 24 Juin 1917.
Le Néo-Malthusisme, 27 Juin 1917.
Le Raffût, 27 Juin 1917.
Le Quatrième Etat, 4 Juillet 1917.
La Tache d'encre (journal de jeunes), 7 Juillet 1917.

Le 12 Mai 1916, le *Bonnet Rouge* parlait en ces termes d'Henri Guilbeaux et de la revue défaitiste *Demain* :

« *Demain*, la revue que publie notre confrère M. Henri Guilbeaux, vient de se voir interdire l'accès de la France. *Paris-Midi* avait accusé M. Guilbeaux d'être en relations avec un certain Dr Falck, dont il a été question dans une affaire d'accaparement. M. Guilbeaux déclare ne connaître, ni de près ni de loin, ce Dr Falck. Mais il se plaint vivement qu'après l'avoir laissé diffamer, on l'empêche de répondre et de se défendre ».

Sur le *Journal de la Paix*, le *Bonnet Rouge* publiait, le 12 Avril 1917, le filet suivant :

« M. Léon Daudet peut dans l'*Action Française* consacrer une colonne d'injures au *Journal de la Paix*, fondé à Madrid par notre confrère M. Gaston Routier dont la censure nous a interdit hier d'annoncer sans commentaires la création ».

Le 13 Avril, le *Bonnet Rouge* ajoutait :

« Nous croyons savoir que le *Journal de la Paix*, dont l'on attribuait l'initiative à notre confrère, M. Gaston Routier, ne paraîtra pas ».

Examinons, à titre d'exemples, trois des principaux satellites du *Bonnet Rouge* :

L'Agence d'Information « Primo ».
Le Journal hebdomadaire « La Tranchée républicaine ».
La Revue « Les Nations ».

I. — L'AGENCE « PRIMO »

Durée. — Rédaction. — Programmes. — Campagnes communes de Primo, *du* Bonnet Rouge *et de la* Gazette des Ardennes. — *Les échoppages de* Primo :

I. — Le premier numéro de *Primo*, agence d'informations, est du 21 Mars 1917 (1). Le dernier exemplaire de la collection que nous avons examinée (n° 88) est du 9 Août 1917. Parmi les morasses on trouve des échoppages de *Primo* jusqu'au 12 Août 1917.

Les feuilles de *Primo* portent la signature du directeur gérant, JACQUES LANDAU, rédacteur au *Bonnet Rouge*, et la même adresse que la *Tranchée Républicaine* :

Imprimerie spéciale de l'agence *Primo*, 5, rue Grange-Batelière, Paris.

Le 28 Avril 1917, *Primo* annonce qu'à partir du 1er Mai, « dans un but commun d'extension, l'agence *France-Télégramme* fusionne avec l'agence *Primo* ».

« En plus de ses feuilles quotidiennes, — dit la feuille de Landau, — l'agence *Primo* publiera une feuille hebdomadaire à laquelle collaboreront les personnalités les plus éminentes du monde politique et du monde des affaires, et qui sera réservée à l'exposé et à la discussion des problèmes économiques d'actualité ».

Le programme de *Primo* peut se résumer ainsi :

I. — Soutenir les campagnes du *Bonnet Rouge* ;

II. — Servir de lien entre les « satellites » du *Bonnet Rouge* et le journal d'Almereyda ;

III. — Défendre la politique de MM. Caillaux et Malvy ;

IV. — Agir, par des informations politiques, judiciaires, économiques,

(1) La fondation de *Primo* est évidemment antérieure à cette date. La liste des sanctions parle d'une saisie et d'une suspension qui eut lieu le 11 Novembre 1916. Le 25 Mars 1917, le *Bonnet Rouge* écrivait sous le titre « Trois ans de travail » : « Landau agrandit *Primo* ».

sur les groupements républicains et les influencer dans un sens qui est toujours celui des intérêts allemands (1);

V. — Agir sur les milieux politiques contre certains ministres comme M. Ribot et contre certains hommes politiques comme M. Clemenceau, directement visé ;

VI. — Organiser un service de renseignements qu'elle définit ainsi :

« L'agence *Primo* a organisé un service de renseignements destiné à compléter ses services d'informations. Elle ne fait pas double emploi avec les agences télégraphiques qui suffisent à leur tâche, mais à côté de celles-ci elle est appelée à devenir sous peu un organisme indispensable centralisant les dossiers et les renseignements que l'effort individuel est impuissant à recueillir dans le domaine de l'activité politique, judiciaire, commerciale, industrielle et financière de la vie nationale » ;

VII. — Défendre l'alcool contre les sociétés antialcooliques.

De ce programme nous ne retiendrons que les trois premiers points :

I. Les campagnes communes de « Primo », du « Bonnet Rouge » et de la « Gazette des Ardennes ».

Pendant les quatre mois de son existence, l'agence *Primo* a fourni, le plus souvent en termes voilés et par tendancieuses insinuations, les éléments des douze campagnes menées simultanément par le journal d'Almereyda et l'Etat-Major allemand de Charleville.

1re campagne : Contre la haine : 5 Avril, 25 Avril, 2 Mai 1917.

Exemples : 25 Avril 1917. — *La politique.*

« La paix. — Ce sera l'entente entre les peuples qui comprendront d'autant mieux le bonheur de s'aimer les uns les autres qu'ils auront davantage souffert »...

PRIMO.

2 Mai 1917. — *La politique.*

« Cette haine farouche qui anime tous nos nationalistes contre la nation allemande ressemble furieusement à celle dont faisaient preuve les nationalistes de la première moitié du XIXe siècle à l'égard de nos amis les Anglais. La Haine n'est pas éternelle », etc...

PRIMO.

2e campagne : Contre le moral de la nation.

CONTRE L'ESPRIT DE GUERRE :

16 Juin. — *Les permissions* (2).

18 Juin. — *La question des permissions* (2).

L'ALLEMAGNE EST INVINCIBLE FINANCIÈREMENT :

14 Avril 1917. — *Des coupons allemands qui sont de la monnaie à Zurich* : « On mande de Berlin que la direction des chemins de fer allemands vient d'accorder aux voyageurs la faculté de payer leurs billets avec des coupons de l'emprunt de guerre » (3).

(1) On lit dans le numéro du 15 Mai 1917 : « Les feuilles quotidiennes de l'agence *Primo* sont servies à 350 journaux. »

(2) Echoppé, publié malgré l'interdiction de la censure.

(3) Zurich est en Suisse; les Suisses acceptent les coupons allemands en guise de monnaie ; donc le crédit allemand est inébranlable.

CONTRE L'UNION SACRÉE :

5 Juin 1917. — *Les rumeurs infâmes.*

5 Avril. — *Dans la presse.*

5 Avril. — « *Pages Libres* vient de publier une nouvelle étude du collaborateur de M. Hervé (M. René de Marmande), sous le titre : *Le peuple au feu.*

« Qu'on lise par exemple cette définition du soldat : Très loin du conquérant ; très proche du conciliateur épris du possible... L'âme douloureuse gonflée de colère... Plein de dégoût pour la phraséologie de guerre, choqué par certaines jactances parlementaires ; résolu lorsqu'il rentrera dans ses foyers à de sévères rendements de comptes ».

C'est le motif même de la *Voix des Tranchées* (1).

« LA GRANDE IMPOSTURE ». L'ESPIONNAGE ALLEMAND EST UNE FABLE.

16 Avril 1917. — *En correctionnelle.*

(A propos du procès d'Almereyda contre l'*Action Française*).

« Il semble que l'*Action Française* ait l'intention de plaider la bonne foi et de justifier ses calomnies en s'abritant derrière le souci qu'elle affiche de veiller à la défense nationale.

« Piètre excuse, comme on voit ».

15 Mai 1917. — *Dans la presse* : « A la suite d'un incident violent provoqué par des propos tenus dans un établissement public par un fournisseur de l'armée et de la marine et visant la rédaction d'un quotidien républicain « vendu à l'Allemagne » et « composé d'ailleurs de gens lesquels sont tous à la solde du Kaiser », M. J. Goldsky, directeur de la *Tranchée*, a envoyé ses témoins, MM. le capitaine Dez et Jacques Landau, à M. Charles Chamion », etc...

2 Juin 1917. — *Au syndicat de la presse socialiste.*

« On nous communique la note suivante :

« Le conseil syndical (de la presse socialiste) repousse avec une énergique indignation l'absurde calomnie par laquelle certains patronats et certaines administrations essaient de décourager ou de ternir l'activité syndicale : l'ennemi, son or et son artifice ne sont pour rien dans la revendication d'un droit français, suivant une méthode et une tradition françaises ».

7 Juin. — *Les meneurs de grèves* : « On continue dans une certaine presse à prétendre que les grèves sont encouragées, parfois suscitées par des étrangers stipendiés », etc ...

19 Juillet. — *L'affaire Duval* : ... « Tout de même il nous sera permis, quand M. Berthoulat écrit que le chèque de M. Duval est un chèque berlinois signé par Rosenberg, de dire que M. Berthoulat en a menti », etc...

24 Juillet. — *La politique* : « Pendant que M. Clemenceau déversait sur le Sénat le trop-plein de sa bile et que M. Ribot lui donnait sénilement la réplique, les hommes qui se préoccupent de travailler utilement au triomphe des principes pour lesquels la France et ses alliés combattent indiquaient, au cours de deux importantes manifestations, quelles voies nous mèneront au salut.

« A l'école des Hautes Etudes, M. Jean Hennessy envisageait pratiquement la formation de la société des nations. Mais c'est surtout le discours prononcé à Mamers par M. Joseph Caillaux, qui marquera dans cette guerre le tournant décisif.

« Si le Gouvernement cherchait sincèrement la façon d'empêcher le soldat d'éprouver ce malaise qu'on appelle le cafard, il ferait distribuer sur le front à des centaines de milliers d'exemplaires le texte du discours prononcé par l'ancien président du conseil ».

17 Juillet. — *La propagande pacifiste* : « La commission de législation civile (de la

(1) Voir plus haut, chapitre Ier, p. 74, et chapitre V.

Chambre) a demandé à M. Malvy, Ministre de l'Intérieur, de lui communiquer les publications clandestines qui ont motivé le dépôt du projet (Viviani).

« Il s'agit, en effet, de savoir ce que le Gouvernement entend par « publications clandestines ». Peut-être s'apercevrait-on que cette propagande pacifiste autour de laquelle on fait tant de bruit se réduit à quelques factums dactylographiés ou aux imprimés sans portée de petits groupements anarchistes. »

9 Août 1917. — *Les syndicalistes français et les léninistes* : « Voilà les hommes (les bolcheviks) contre lesquels on répand la pire diffamation ; cette même diffamation que l'on oppose dans tous les pays belligérants à tous les internationalistes sincères, à tous les ennemis de la guerre : agents de l'ennemi ».

3e campagne : Contre les patriotes français.

23 Mars ...... contre M. Ribot.
27 Mars ...... — M. Clemenceau.
6 Avril....... — M. Gohier.
14 Avril....... — M. Ribot.
14 Avril....... contre M. Léon Daudet : *Le Journal de la Paix* :

« Ni M. Caillaux ni les militants du parti radical et du parti socialiste n'étaient de près ou de loin associés au projet de M. G. Routier.

« On ne pourrait pas démentir avec la même fermeté l'entente trop évidente qui subsiste entre les conspirateurs germanophiles de certains pays neutres et alliés et la bande Léon Daudet » (1).

16 Avril....... contre M. Gohier.
20 Avril....... — M. Gohier.
5 Mai .... — M. Clemenceau.
8 Mai .... — M. Hervé.
17 Juillet ..... — M. Clemenceau.
18 Juillet ..... — M. Lysis.
18 Juillet ..... — M. Gohier.
19 Juillet ..... contre M. Clemenceau : « Nulle lumière n'était venue dissiper les ténèbres de l'affaire Steinheil ; il fallut la découverte de certains dossiers perdus dans les archives russes pour qu'on ait enfin des certitudes sur la valeur des pistes suivies.

« Or, avant même que tout soit élucidé, il faut se souvenir qu'à l'époque du drame, un homme était le chef de la police française, c'était le ministre de l'Intérieur, M. G. Clemenceau », etc...

24 Juillet ..... contre M. Hervé.
25 Juillet ..... — M. Clemenceau.
7 Août .... — M. Clemenceau.

4e campagne : Contre la grande presse française.

On ménage le *Journal*.

16 Avril 1917. — *Silhouette*. — *M. Charles Humbert* : ... « Le directeur du *Journal* joue franc jeu. On n'attend de lui ni mièvreries, ni feintes. C'est le coup droit qu'il faut parer si on l'attaque ou s'il vous attaque, » etc...

21 Avril 1917. — *Les bourreurs de crânes* : ... « On voit maintenant la grande presse traiter de « bourreurs de crânes » ceux qu'elle veut clouer au pilori, mais le public, plus

(1) Encore « le coup du Prussien ».

sensé qu'elle ne semble le croire, ne s'y trompe pas, et, pour lui, les « bourreurs de crânes » restent ceux qui lui annonçaient, en 1914, que les armées russes étaient à quatre journées de Berlin et qu'à la même époque les Allemands affamés, sans charbon et sans munitions, étaient prêts à se rendre » (1).

5e campagne : Contre la censure.

2 Mars, 4 Mars, 2 Avril, 11 Avril, 12 Avril, 23 Avril (2 articles), 5 Juin, 6 Juin, 19 Juin, etc...

Non seulement *Primo* attaque la censure, mais il se moque de ses prescriptions et il la bafoue : pour bien souligner le mépris dans lequel il tient les ordres qu'elle lui donne, il publie dans ses numéros des 4, 7, 9, 11 et 12 Mai 1917, les articles qu'elle a supprimés et prend soin de les indiquer par un cachet portant ces mots : « *Supprimé par la censure* ».

A la suite de ces faits, les sanctions suivantes furent prises contre *Primo*:

« 17 Mai 1917 : Très sévère avertissement pour ne pas tenir compte des « suppressions demandées par la censure et, de plus, signaler à l'attention « des lecteurs les passages qui auraient dû être échoppés en les surchargeant « de la mention « supprimé par la censure ».

« L'agence *Primo* est en outre avisée que des sanctions plus graves « seraient prises à son égard si elle persistait dans cette manière d'agir. »

« 19 Juin 1917 : Suspension de trois semaines pour avoir publié dans les « feuilles des 16 et 18 Juin deux articles intitulés : « Les permissions » et « La « question des permissions », dont le bureau de la presse avait demandé la « suppression ».

6e campagne : Contre la guerre économique.

21 Mars 1917. — *L'après-guerre.*

7e campagne : Contre les Anglais.

21 Mars 1917. — *La situation militaire* : « A notre gauche, nos adversaires de Fontenoy gagnent du terrain », etc...

3 Avril 1917. — *La politique* : « Vous connaissez ce rôle de l'Anglais qui, après avoir été impressionné en remarquant que tout le monde avait des idées sauf lui, finit par avoir un trait de génie et s'écrie à son tour : J'ai une idée !

« Il a même une idée merveilleuse, mais c'est toujours celle qui vient d'être exprimée par son interlocuteur », etc., etc...

17 Avril 1917. — *Le Clan des fumistes.*

8e campagne : Contre les journaux francophiles à l'étranger.

17 Mai 1917. — ...« On ne peut oublier qu'il est des confrères d'outre-Manche qui se sont mérités une réputation un peu spéciale et que le *Daily Mail* par exemple, le grand quotidien de lord Northcliffe, n'est guère appelé dans le public que le *Daily Liar*, le *Menteur quotidien* (2).

(1) Dès le 15 Août 1914, c'est le *Bonnet Rouge* lui-même qui annonçait la famine imminente en Allemagne. (Voir, plus loin : l'Evolution du *Bonnet Rouge*.)

(2) En italiques dans *Primo*. Tout ce filet est le type de l'article shrapnell : en quelques lignes on trouve le moyen d'attaquer la censure française et la presse anglaise francophile.

9e campagne : Pour les intérêts moraux de l'Allemagne.

a) La question Wagner :

18 Avril 1917. — *Un manifeste littéraire de la* Tranchée Républicaine : « Notre tradition, c'est aussi Kant ! c'est Bach, c'est Beethoven, c'est Wagner ; contre tous les profiteurs du patriotisme artistique nous nous dresserons. Nous ne laisserons pas dire que Wagner a déclaré la guerre à la France le 1er Août 1914 », etc...

b) L'usine aux cadavres :

24 Avril 1917. —*Les Bourreurs de crânes* : « Ils en ont aussi en Italie. Le *Corriere della Sera* étudie, d'après la revue médicale *Lancet*, la quantité de graisse qui peut être extraite du corps humain.

« Les dividendes de l'entreprenante *Kadaververwertungsanstalt*, concluent les « bourreurs de crânes » de notre sœur latine, semblent devoir être satisfaisants », etc...

25 Avril 1917. —*L'usine aux cadavres* : « La presse française et en particulier la presse parisienne continue à commenter longuement la nouvelle d'après laquelle les Allemands en seraient réduits à traiter les cadavres pour assurer la nourriture des porcs. On est rarement allé aussi loin dans le bourrage des crânes.

« Un radio de Berlin dément naturellement le fait en expliquant, ce qui paraît plus vraisemblable, que les cadavres qu'on utilise sont les cadavres d'animaux », etc...

c) Le prestige de la Kultur :

10 Mai 1917. — *Les La Tour.*

10e campagne : Contre les représailles.

8 Mai 1917. — *La politique des représailles.*

11e campagne : Pour la paix allemande.

Exemples :

31 Mars 1917. —*La politique* : « Il semble que jamais moment n'ait été plus propice pour une glorieuse démocratie, pour une libre nation, de parler le langage de la raison (1) ! Déjà il s'est trouvé parmi la grande nation alliée des hommes, issus du peuple, pour faire entendre les paroles que l'univers attend depuis de terribles mois. »

Censuré (l'échoppage manque). PRIMO.

4 Mai 1917. — *Avant la paix.*

7 Mai 1917. — *La politique.* (Campagne pour la conférence de Stockholm).

8 Mai 1917. — d° (2).

10 Mai 1917. — d° (2).

11 Mai 1917 .— d° (3).

18 Mai 1917. — *La Conférence de Stockholm.*

10 Mai 1917. — *Contre le Pangermanisme* (Le peuple allemand est pacifique et anti-annexionniste).

11 Mai 1917. — *L'opposition en Allemagne.*

11 Mai 1917. — *Le cas de Lénine* (défense de Lénine).

12 Mai 1917. — *La politique* : « Ce qui est significatif, c'est l'importance prise en ces jours derniers par une personnalité de la plus grande valeur : le président du Conseil de Bavière, comte Hertling.

« Le comte Hertling apparaît aux Allemands comme le médiateur rêvé...

[Allemand, il est aussi Bavarois et son organe officieux la *Bayersicher* (sic) *Statts*

(1) Nous sommes en plein vocabulaire de la *Gazette des Ardennes.*
(2) Echoppage publié malgré la censure.
(3) Echoppage publié malgré l'interdiction formelle de la censure.

— *Zeitung* (sic), **comme d'ailleurs le journal du Centre catholique, la** *Kolchische Wolkzei-* — *tung* (1) (sic), **se sont prononcés en faveur d'une paix sans annexion et sans indemnités (2).]**
« **Le développement de son influence a une signification que tout le monde pourra comprendre aisément.** »

Or : 1° La *Bayerische Staatszeitung* ne s'est pas prononcée en faveur d'une paix sans indemnités. Dans son n° 104, on y voit simplement « recommandé le renoncement à une indemnité de guerre en espèces » (3), qui serait remplacée par la livraison gratuite ou à bas prix des matières premières dont l'Allemagne a besoin ;

2° L'article qui suggère cette solution n'est pas d'inspiration officielle. La *Kölnische Volkszeitung* du 11 Mai le constate en ces termes : « La *Bayerische Staatszeitung* déclare que son fameux article sur les indemnités de guerre n'émane pas d'une source officielle bavaroise, mais d'une source privée ».

3° Non seulement la *Kölnische Volkszeitung*, journal catholique pangermaniste, n'est pas antiannexionniste, mais elle a toujours soutenu la thèse diamétralement opposée à celle que lui prête l'agence *Primo* : « Si l'Allemagne n'obtient aucune indemnité, dit-elle dans son n° du 9 Mai, c'est l'indépendance financière des divers états qui aura d'abord à souffrir gravement et peut-être à disparaître. Nous savons que le roi Louis espère et attend de cette guerre une Allemagne plus grande et plus forte. »

« Nous voulons tenir et vaincre avec Hindenburg et non succomber avec Scheidemann », écrit-elle le 24 Avril et dans tous les n^{os} précédents.

Nous nous trouvons donc ici en présence d'une manœuvre nettement caractérisée, destinée à influencer le public français dans le sens pacifiste voulu par les Allemands et cette manœuvre est d'autant plus grave et d'autant plus évidente que *Primo* a publié le passage cité plus haut, malgré l'*interdiction formelle* de la censure. Bien plus, il l'a signalé à l'attention particulière de ses lecteurs au moyen d'un cachet portant ces mots : *Supprimé par la censure* !

Quand on songe que les feuilles de *Primo* étaient (d'après son n° du 15 Mai 1917), distribuées à 350 journaux, on se représente l'action que des informations aussi tendancieuses pouvaient exercer sur l'opinion publique française.

13 Juin 1917. — *Les intellectuels et la guerre* (lettre de Romain Rolland à la *Tranchée Républicaine*).

18 Juin 1917. — *La politique* : « On n'encouragera vraiment (l'opposition socialiste allemande) qu'en tenant compte **du dernier appel du Soviet qui a répondu il y a peu de jours aux socialistes allemands : « Jusqu'ici les démocraties alliées n'ont pas encore réussi à faire renoncer leurs gouvernements à leurs visées impérialistes ; si elles y réussissent**

(1) C'est de la *Kölnische Volkszeitung* qu'il s'agit.
(2) Echoppage publié malgré l'interdiction formelle de la censure.
(3) Ce sont les termes mêmes de la *Leipziger Volkszeitung* (journal *minoritaire*) du 9 Mai.

cependant, mais si la démocratie allemande n'impose pas sa volonté, la guerre devra alors continuer ».

« Voilà la bonne formule : **Donnons l'exemple d'abord,** » etc...

12e campagne : Sur l'intervention américaine.

Les Américains se battent pour le « Dollar ».

(Thèse allemande).

10 Avril 1917. — *Wilson* : **[On a dit, qu'en dehors de toutes considérations morales — l'intervention des Etats-Unis dans cette guerre avait aussi pour but de permettre à leurs — débiteurs d'être en état ultérieurement de faire face aux engagements pris.]**

« Le **[Cabotin]** Roosevelt. »

14e campagne : Sur les prisonniers.

Les prisonniers français en Allemagne ne sont pas si maltraités qu'on veut bien le dire.

En France, par contre, les prisonniers allemands sont maltraités chez nous (thèse allemande).

4 Mai 1916. — *La politique* : « Notons à ce propos que, sur cette question irritante des prisonniers, peu de journalistes ont su garder la mesure qui convient...

« On s'est livré aux développements les moins justifiés sur des faits qu'on n'avait aucune possibilité de prouver, on a épilogué sur ce qui se passait de l'autre côté des lignes et que nous ne pouvions contrôler **[en même temps qu'on se refusait à voir quelle était la situa- — tion de ce côté-ci des tranchées]** (1). Le système des représailles est profondément inhumain. »

II. — « Primo », le « Bonnet Rouge » et les satellites du « Bonnet Rouge ».

a) « PRIMO » ET LE « BONNET ROUGE ».

27 Mars. — *La politique* (citation d'un passage du *Bonnet Rouge*).

4 Avril. — *Danse et Diplomatie.*

17 Juillet. — *Défense de Duval, du* Bonnet Rouge.

18 Juillet. — *Défense de Duval, du* Bonnet Rouge.

19 Juillet. — *Défense de Duval, du* Bonnet Rouge.

19 Juillet. — *Lettre d'Almereyda.*

26 Juillet. — *Défense de Duval, du* Bonnet Rouge.

28 Juillet. — *Défense de Duval, du* Bonnet Rouge.

30 Juillet. — *L'affaire Duval. Un démenti.* (Défense de Duval, du *Bonnet Rouge* et de Jean Goldsky).

30 Juillet. — *La politique.*

« Dès les premiers jours il était visible qu'on ne cherchait dans l'affaire Duval qu'une arme pour atteindre toute cette partie de la presse qui se refuse à chanter les louanges de celui dont Camille Pelletan disait qu'il n'était déjà qu'une vieille canaille méconnue » (2).

PRIMO.

(1) Echoppé, publié malgré la censure.

(2) La même phrase se retrouve dans l'éditorial de la *Tranchée* du 14 Juillet 1917, intitulé : « Caillaux » par J. GOLDSKY.

C'est presque mot pour mot la thèse des journaux allemands.

b) « PRIMO » ET LES SATELLITES DU « BONNET ROUGE » :

Le 4 Avril, *Primo* prend la défense du *Journal du Peuple* contre la censure.

5 Avril. — *Dans la Presse* : « Nous sommes en mesure d'annoncer d'ailleurs qu'il (M. René de Marmande) va fonder incessamment une revue (1) dont on dit déjà des merveilles. Nous en reparlerons. »

11 Avril. — *Dans la Presse* : « La revue fondée par M. René de Marmande dont nous avons annoncé l'imminente publication, va paraître dans quelques jours sous le titre : *Les Nations*.

« Elle se propose d'être l'organe des éléments libéraux des pays alliés.

« L'administration des *Nations* a été confiée à notre confrère M. Albert Goldschild.

« D'autre part, on annonce que M. Marion vient de se rendre acquéreur du titre du *Courrier Français* dont on n'a pas oublié la vogue ancienne. »

14 Avril. — *Dans la Presse* : « Le *Bloc*, que MM. Georges Clairet et Arnold Bontemps devaient faire paraître le 15 courant, ne paraîtra que le 22.

« La *Tranchée*, que dirige M. Jean Goldsky, sortira son premier numéro le 1er Mai.

« Nous souhaitons le meilleur succès à ces hebdomadaires qui se recommandent également des hommes et des partis démocratiques. »

18 Avril. — *Manifeste littéraire de la* Tranchée.

19 Avril. — *The Nation* (périodique pacifiste anglais).

21 Avril. — *La Grimace.*

25 Avril. — *Trois conférences* : A Marseille, à Lyon et à Nantes. (Toute la correspondance pour le bureau de propagande et d'action républicaine doit être adressée à M. Goldsky, 5, rue Grange-Batelière).

28 Avril. — *Le Pays.*

4 Mai. — *L'Avenir International.*

7 Mai. — *La Tranchée.*

7 Mai. — *Le Pays.*

7 Mai. — *Gil Blas.*

7 Mai. — *Les temps nouveaux.*

8 Mai. — *Ce qu'il faut dire.*

14 Mai. — *Les Nations.*

23 Mai. — *La Poussée.*

23 Mai. — *La Tranchée.*

7 Juin. — *La Vague.*

17 Juillet. — *Ce qu'il faut dire.*

17 Juillet. — *La Feuille.*

24 Juillet. — *La réincarnation de Judas*, par J. GOLDSKY (contre Hervé).

12 Août. — *La Tranchée.*

III. — « Primo », MM. Caillaux et Malvy.

a) « PRIMO » ET M. CAILLAUX :

23 Mars 1917. — *M. Joseph Caillaux* : « Ce financier est, par-dessus tout, le plus passionné des idéalistes.

« Le public connaît mal M. Joseph Caillaux et même, lorsqu'il lui est sympathique, il ne le voit qu'à travers les caricatures de certains journaux et le drame qui trop longtemps l'écarta du pouvoir.

(1) Il s'agit des *Nations*.

... « C'est l'homme le moins connu et le plus méconnu du personnel politique de la France.

... « Ce sont ses méthodes qui, aux heures graves de la liquidation, permettront de sauver le meilleur du patrimoine français et de réorganiser la nation.

« On l'écarte, précisément, parce qu'il s'impose...

« C'est un chef, vraiment, totalement. Il a foi en son parti, en l'avenir, il croit à la République et à son idéal.

« Un chef — la guerre nous a montré qu'il n'y en a pas tellement, pas assez pour qu'on puisse négliger de s'en servir ou refuser de les servir. » PIF.

10 Avril 1917. — *Wilson* : « Des hommes comme cela (Wilson), nous en avons peut-être aussi en Europe.

« En France, j'en sais au moins un. Pour le définir, il sera suffisant de dire que c'est précisément celui-là qu'on écarte des affaires du pays. »

18 Juillet 1917. — *La Politique* : « M. Caillaux montre qu'il n'a perdu ni sa belle vigueur ni sa foi démocratique ; c'est un phare qui se rallume dans la tempête. Les bons pilotes ne s'y tromperont pas. » PRIMO.

b) « PRIMO » ET M. MALVY :

7 Juin 1917. — *La Politique* : « De plus en plus il apparaît que nous allons avoir une crise parlementaire grave, de plus en plus aussi les vices de la constitution de 1875 gênent l'action de la démocratie. C'est du peuple seul qu'il semble que le salut puisse venir.

« Justement dans le pays l'agitation créée par les difficultés économiques, et qui s'était atténuée grâce aux bons offices de M. Malvy, semble reprendre.

« Le Ministre de l'Intérieur arrivera, nous l'espérons du moins, à localiser d'abord, puis à solutionner ce conflit. Mais plus nous avançons dans cette guerre, plus il est visible qu'il n'est pas possible d'arriver à de bons résultats avec deux Chambres dont l'état d'esprit ne correspond plus à l'état d'esprit populaire (c'est vrai surtout pour le Sénat). Que nous ayons un bon Ministre de l'Intérieur, c'est parfait. Mais cela ne suffit pas ; le pays républicain voudrait aussi qu'il n'y eût pas, au Luxembourg, de vieux Messieurs qui ne comprennent pas assez que les heures vécues aujourd'hui sont bien différentes de celles qu'ils vécurent il y a bien longtemps, alors qu'ils avaient encore le cheveu riche et le teint frais », etc., etc... PRIMO.

II. — LA « TRANCHÉE RÉPUBLICAINE »

Durée. — Rédaction. — Programme. — Campagnes communes de la Tranchée, *du* Bonnet Rouge *et de la* Gazette des Ardennes :

Le premier numéro des échoppages de la *Tranchée Républicaine* que nous avons entre les mains est du 30 Avril 1917. Cette collection de morasses ne va pas au delà du nº 12.

La *Tranchée Républicaine*, journal hebdomadaire, paraissant le mercredi, avait pour directeur Jean Goldsky, un des collaborateurs ordinaires du *Bonnet Rouge*. Le siège de la rédaction et de l'administration se trouvait 5, rue Grange-Batelière, à la même adresse que l'agence *Primo*. L'en-tête du journal porte : « Pour la publicité financière, s'adresser à l'agence *Primo*, 5, rue Grange-Batelière. »

Le programme de la *Tranchée*, dans ces 12 numéros, s'affirme ainsi :

I. — Soutenir les campagnes germanophiles du *Bonnet Rouge.*

II. — Resserrer les rapports entre les satellites du *Bonnet Rouge.*

III. — Soutenir en France le mouvement des féministes pacifistes.

IV. — Mener une campagne de presse contre MM. Ribot et Clemenceau.

V. — Présenter M. Caillaux comme le plus grand homme d'état français et faire l'éloge de M. Malvy.

Soulignons brièvement les deux premiers points. Nous y joindrons quelques passage de la *Tranchée* concernant MM. Caillaux et Malvy.

I. Les campagnes communes de la « Tranchée », du « Bonnet Rouge » et de la « Gazette des Ardennes ».

Nous retrouvons dans la *Tranchée*, au cour de sa brève existence, 9 des principales campagnes relevées par ailleurs dans le *Bonnet Rouge* et la *Gazette des Ardennes.*

1re campagne : Contre la haine.

N° 1. — 30 Avril 1917. — *Non l'idéal n'est pas mort* : « **La guerre mauvaise, la guerre maudite et la haine qui l'engendre et qu'elle engendre, cercle tragique qu'il faut rompre à tout prix, ne triompheront pas de nos cœurs et de nos volontés.** »

JEAN GOLDSKY.

N° 1. — 30 Avril 1917.

« Je songe à toi, l'homme qui prie
« Par delà la ligne ennemie,
« Devant les faubourgs entassés...
« **Et voici qu'il me semble, frère,**
« **Que nous sommes penchés tous deux**
« **Sur le même enfant douloureux :**
« **Un peuple qu'oppresse la guerre !** », etc...

GEORGES BANNEROT.

N° 10. — 24 Juillet (citation d'un ouvrage de M. Paul Husson : *L'Holocauste*) : « Le patriotisme de la France est pétri d'amour. Il est trop grand pour laisser place à la haine ».

N° 10. — *Caillaux !* (A propos du discours de M. Caillaux) : « On accueillera joyeusement dans tout le pays, où les excès de plume commis par certains polémistes ont soulevé le dégoût général, cette protestation humaine : « Ecartons la haine, d'où qu'elle vienne, « où qu'elle souffle »...

2e campagne : Contre le moral de la Nation.

a) CONTRE LE MORAL DU « POILU » :
CONTRE L'ESPRIT DE GUERRE :
N° 1. — 30 Avril 1917.

« O barrière entre les deux camps !...
« Et je sais qu'un autre homme prie,
« Derrière la ligne ennemie,
« Un homme qui fit le ciel,
« Et qui veut croire et qui veut croire
« **Qu'un seul printemps va s'élancer dans l'étendue**
« **Baignant les fronts tristes et las de trop de gloire !**

N° 11. — *Le temple profané*, par LINE DEUERRE.

APPEL A LA PEUR.

N° 11. — *Pourquoi te bats-tu?*

... « Les cadavres accrochés aux fils de fer dans un sabbat prodigieux, l'obus qui déchire, la balle qui traverse, le crapouillot qui fait de-ci de-là au fond des boyaux ces petits tas où le vivant se débat parmi les morts qui l'enserrent dans une effroyable bouillie rouge » (1). J. GOLDSKY.

N° 11. — *Trois ans de guerre. Le Tout-Paris.*

« La France a été fauchée par la tête. La France qui pense a été mutilée, décervelée, mutilée la France éprise d'idéal, la vraie France, berceau des plus nobles idées, celle qui enfante des rêveurs sublimes, les philosophes des doctrines libertaires, les apôtres de la vérité et de la justice (2).

« Rappelez-vous, rappelez-vous les jeunes hommes qui étaient l'espoir de la nation », etc...

(Suivent deux colonnes de noms « d'intellectuels » et de « Parisiens » tués à l'ennemi).

JACQUES LANDAU.

CONTRE LA GUERRE JUSQU'AU BOUT :

En marge d'une polémique (contre les jusqu'auboutistes). *Une lettre* (du front).

« Je vous en prie, cessez cette campagne anti-jusqu'auboutiste. Ne soyez pas jaloux de notre bonheur !... De grâce, ne nous enlevez pas la joie de voir des crânes fracassés, des ventres ouverts, des visages hagards, des tripes au vent. Ne nous privez pas de cette bonne aubaine qui nous permet de partir à l'assaut en chantant la *Marseillaise* et à certains de crier trois fois « Vive la France » avant de rejoindre l'au-delà. Faut-il que vous soyez méchant pour être ainsi jaloux de notre bonheur », etc...

b) CONTRE LE MORAL DE LA NATION :

CONTRE LA CONCORDE NATIONALE ET L'UNION SACRÉE :

N° 5. — *Notre offensive. Les profiteurs.*

N° 6. — (Contre le Creusot). *Les petits profits du Creusot.*

N° 8. — *Notre offensive. Les Profiteurs* (contre l'usine Louis Renault).

N° 9. — *Le cléricalisme dans les chemins de fer. Debout les prosternés.*

CONTRE LE PATRIOTISME :

N° 2. — 8 Mai 1917.

« A tous les soldats, il fut dit partout qu'ils se battaient pour la défense de la patrie injustement provoquée. Un grand nombre ignoraient que la patrie est bonne. Beaucoup partirent tout enivrés de haines factices et ils croyaient dans la parole des chefs. Et il y en eut aussi qui ne savaient pas ce qu'ils faisaient », etc...

« LA GRANDE IMPOSTURE » : « L'ESPIONNAGE ALLEMAND EST UNE INVENTION DE CERVEAUX MALADES » :

N° 9. — 17 Juillet 1917. — *On ne passe pas.*

« ... Il n'y a au fond de toute cette affaire (Duval) — l'Affaire, déjà ! — que la résurrection d'une monstrueuse et criminelle légende. L'or allemand !... On nous a trop fait ce coup-là.

« Lorsqu'une solution judiciaire interviendra, on pourra relire cet article. J'ai confiance qu'on n'y trouvera rien que les faits n'auront pleinement justifié...

« On a parlé de *défaitistes*, comme si pareil mot ne devait pas être le dernier à jaillir de la plume ou de la bouche d'un Français. On a osé prétendre qu'une partie de la presse française pouvait — crime ou légèreté — s'être laissé soudoyer par l'ennemi. On a dit, répété, imprimé, cette monstruosité que des Français pourraient, sans mourir de honte, travailler contre la France.

(1) Même thème que dans l'article de Goldsky du 20 Novembre 1915 (chap. V). Ajoutons que l'article de la *Tranchée* cité ci-dessus renferme des passages qui seraient d'une excellente tenue patriotique s'ils ne servaient de prétexte au thème démoralisant qui précède.

(2) On retrouve ici les flagorneries de la *Gazette des Ardennes*.

« Eh bien ! nous ne laisserons pas se perpétrer cette campagne aux fins nettement anti-patriotiques, puisqu'elle ruine la confiance du pays en laissant peser sur toute une catégorie de Français les plus terribles accusations.

« Quoi ! Il suffira d'aimer la République, etc...

« *Il n'y a pas de défaitistes chez nous*, voilà quelle vérité nous devrions clamer au monde. Tous, nous voulons que cette guerre voit (*sic*) le triomphe de la France... Est-ce travailler contre la France que fournir à Liebknecht les outils dont il se servira pour briser les barreaux de sa prison? (1)

« Répondez, professeurs, écrivains, artistes, dépositaires du génie français.

« Nous, ne pas vouloir la victoire rapide sur le militarisme et la tyrannie... allons donc !... Vous, les vôtres, Barrès, vous oserez trop tard ! Vous ne passerez pas... »

J. GOLDSKY.

Nº 12. — *D'où vient l'argent?*

« Cet argent est le produit de notre travail.

« Nous tenons à la disposition de tous nos livres de comptabilité. On pourra y voir, clair comme le jour, que nous n'avons besoin pour vivre que du concours de nos lecteurs fidèles. On y constatera que M. Clemenceau est, une fois de plus, un calomniateur. Nous n'avons reçu de concours pécuniaires que de nos abonnés et de nos lecteurs » (2).

Nº 11. — 31 Juillet 1917. — *Les ouvriers étrangers et les grèves.*

« La presse n'a pas manqué de s'indigner du fait que des étrangers se mêlent à un mouvement auquel seuls les Français avaient le droit de participer.

« Nous comprenons mal cette indignation... », etc...

Nº 12. — *Les Vacances de Milord l'Arsouille.*

« On met en prison le moins suspect des journalistes (3) sous quelle inculpation? On ne sait pas... A la même heure, des feuilles de province impriment avec l'autorisation de la censure des notes qui s'intitulent — simplement — « *Les Agents de l'Allemagne* ». « La calomnie, Monsieur ! »... Basile est un bon maître ».

JEAN GOLDSKY.

3ᵉ campagne : Contre les patriotes français.

a) CONTRE BARRÈS :

Nº 6. — *Le jardin des Supplices*, par MONDOR.

Nº 6. — *Les Médailles de Bonze.*

Nº 8. — *Conseils de guerre*, par PASSIM (contre Barrès et Richepin).

Nº 8. — *Ne mobilisons pas Dieu* (contre Barrès, Masson et Richepin).

Nº 11. — *Ballade des bourreurs de crânes.*

b) CONTRE HERVÉ :

Nº 9. — *Popularité.*

Nº 9. — *On ne passe pas* (contre Hervé et Lysis).

Nº 9. — *La gloire de Judas.*

Nº 9. — *La réincarnation de Judas*, par GOLDSKY.

c) CONTRE CLEMENCEAU :

Nº 6. — *Les médailles de Bonze.*

Nº 9. — *Qui assassina?*

Nº 9. — *Toute la vérité sur l'affaire Steinheil.*

Nº 10. — 24 Juillet 1917. — *Caillaux !*

« Un discours de Clemenceau, c'est tout au plus une poche de fiel qui se crève.

(1) On ne fournit pas des outils à Liebknecht en criant : « Vive la République », tout en démoralisant le combattant, mais en créant de l'union, de l'ordre et de la discipline, seules forces qui peuvent réduire les soldats du Kaiser et qui imposent au peuple allemand.

(2) Et le million rapporté de Suisse par Duval ? (Note de 1920).

(3) Duval, du *Bonnet Rouge.*

« Vous ne m'en voudrez pas non plus de passer rapidement sur le cas de ce Milord l'Arsouille septuagénaire, dont Camille Pelletan disait que c'était un gredin méconnu» (1).

JEAN GOLDSKY.

N° 10. — *Toute la vérité sur l'affaire Steinheil. Derrière les assassins. Les bijoux du Tsar et l'homme à la tête de mort. Où l'on voit apparaître M. Clemenceau.*

N° 11. — 31 Juillet 1917. — *De l'incohérence à l'assassinat. Le bilan du ministère Clemenceau... L'affaire Steinheil. Le Crépuscule des Vieux.*

N° 12. — *Les Vacances de Milord l'Arsouille*, par J. GOLDSKY. *Toute la Vérité sur l'affaire Steinheil.*

ampagne : Contre la grande presse patriote.

N° 8. — *En marge d'une polémique.*
N° 9. — *Silence à Tant-Pis.*
N° 11. — *Ballade des bourreurs de crânes.*

5e campagne : Contre la censure.

N° 5. — *L'Avertissement.*
N° 5. — *Le Peuple au feu.*
N° 9. — *On ne passe pas*, par J. GOLDSKY.
N° 9. — *En pleine croissance.*

7e campagne : Contre les Anglais.

« N° 2. — « Tout au début de la guerre, un Anglais de mes amis, parcourant les pays évacués par l'ennemi (c'était immédiatement après la Marne), s'entendit complimenter par un brave fermier sur les procédés énergiques des Tommies : « Voici des soldats au moins, ils ne perdent pas leur temps, comme font les nôtres, à emmener les prisonniers. Ils leur coupent la tête à tous. » Et malgré les protestations indignées de notre ami, le bonhomme n'en voulut pas démordre. »

9e campagne : Pour les intérêts moraux de l'Allemagne.

En faveur de Wagner : *Un manifeste littéraire* (Voy. plus haut *Primo*, p. 207).

11e campagne : Pacifiste.

« N° 1. — Un souffle révolutionnaire gronde à travers le monde angoissé et les yeux se tournent voilés de deuil, anxieux, et pourtant remplis d'espoir vers celui qui, au nom de la France, mettra sa signature au bas du traité de paix.

« Il semble qu'un avenir prochain laisse entrevoir la fin de la grande tuerie, cependant que les pousses printanières balancent à la brise leurs frondaisons nouvelles. »

M. LERICHE.

N° 5. — *L'avertissement.*

« Les Français ne sont pas des imbéciles, messieurs les Ministres. De plus ils sont curieux... C'est la phase des peuples ! vous crie cependant M. Jean Herbette. N'avez-vous pas entendu cet avertissement solennel? Ne voyez-vous donc rien? N'entendez-vous pas cette rumeur qui monte, s'enfle et domine maintenant jusqu'au tumulte des batailles?... Ministres républicains de la France républicaine, ne voudrez-vous pas aider les bons ouvriers à bâtir enfin la vraie République — celle qui ne veut connaître ni censure ni diplomatie secrète et qui, même au cœur de la guerre, préfère l'olivier au laurier et l'amour à la haine. »

JEAN GOLDSKY.

(1) La même phrase se retrouve dans *Primo* du 30 Juillet 1917.

N° 6. — *Après le Comité secret. La phase des peuples.*

... « Je n'applaudirai pas au vote par la Chambre de l'ordre du jour rédigé par MM. Klotz et Charles Dumont. Il n'honore, hélas, ni le Parlement ni le Gouvernement.

... « Certes, nous voilà loin du fameux discours de Nancy et de ces « cocoricos » grotesques tant exploités par les pangermanistes (1) : Nos buts de guerre se limitent à des restitutions, des compensations et des garanties. Nul n'a osé les étendre jusqu'aux limites fixées par un impérialisme qui, pour n'être pas qualifié « Boche », puisqu'il sévit ailleurs qu'en Allemagne, n'en constitue pas un moindre danger...

... « Ce fut surtout M. Jean Hennessy — encore un modéré ! — qui prononça les paroles nécessaires en invitant le Gouvernement à donner au pays l'assurance qu'il entend faire jouer, pour la conclusion de la paix, la force des peuples.

« Il était bien en peine d'entendre ce suprême avertissement, le Gouvernement !...

« Ministres, parlementaires, et vous, Monsieur le Président de la République, auquel nous devons de n'avoir rien ignoré des vices de la monarchie, prenez garde. Il est moins cinq ! » JEAN GOLDSKY.

a) LES FEMMES DOIVENT COMBATTRE POUR LA PAIX :

N° 6. — 5 Juin 1917. — *Aux femmes qui ne sont pas en guerre* (texte d'une conférence de Mme Magdeleine Marx).

« Libérés de l'admiration, soyez-le de la haine...

« **Une heure viendra où l'homme se jugera et fera comparaître le témoin complaisant qui fut à la première et à la dernière heure. Il lui dira : J'ai payé de mon sang le droit de me tromper. Je ne regrette rien, mais toi qui étais là, devant la Tragédie que j'appelais divine — tu n'as rien dit, toi que je prévoyais si forte, tu n'es donc qu'une esclave ou n'es-tu pas un peu complice, toi qui ne t'es pas interrompue de vivre pour me sauver de moi?** » etc...

N° 7. — *La fontaine de Narcisse*, par MAGDELEINE MARX.

« Depuis des mois, pourtant, je sais par des présences, par des lettres, par des voix innombrables, qu'il existe au cœur de la femme des courages lucides, et de saintes **révoltes !** » etc.

N° 9. — *La femme en danger.*

« **Devant la guerre, nous n'avons été que « les femmes »... N'est-il pas temps encore de donner à un visage des bras et une voix à notre douleur unanime?...**

« N'est-il pas temps que l'une donne son amour, l'autre ses larmes **et l'autre sa révolte** », etc...

CONTRE M. POINCARÉ :

(Les journaux allemands et le *Bonnet Rouge* ont attaqué le Président de la République avec la plus grande violence).

N° 6. — *La phase des peuples* (Voir plus haut).
N° 1. — *Le Roi Poincaré.*

POUR LA CONFÉRENCE DE STOCKHOLM

N° 3. — *Une résolution.*
N° 3. — *De Paris à Stockholm.*
N° 5. — *Une semaine historique.*
N° 6. — *La phase des peuples.*
N° 7. — *L'action socialiste.*
N° 8. — *Deux ordres du jour.*
N° 11. — *Dans les groupes.*

(1) Les pangermanistes exploitent surtout les lâchetés de la presse défaitiste.

En faveur du Soviet :

N° 5. — *L'avertissement* : « La révolution russe n'est pas seulement une révolution contre le gouvernement russe, mais une révolution *contre les gouvernements de l'Europe* », etc.

N° 7. — (En réponse à une lettre de Romain Rolland).

... « L'avenir seul importe. L'excuse de cette guerre, c'est qu'elle aura fait naître du désastre cette fleur ardente et vivace qui s'appelle le *Soviet*. L'excuse de notre pauvre humanité, ce sera qu'il aura pu se trouver à l'aube de la 4e année de guerre, des hommes pour oser parler, écrire, penser et croire — comme ceux du Soviet — à tous les beaux rêves de justice et de bonté toujours encaissés au plus profond des cœurs. Gloire au Soviet qui nous rappela qu'il est des causes pour lesquelles il vaut qu'on meure — ou qu'on vive. Votre mot d'ordre, maître, vous le voyez, est aussi le nôtre. Il faut chercher des formes nouvelles, travailler ardemment à construire sur les ruines.

« Vive le Soviet auquel nous devons la première victoire remportée depuis la guerre par les peuples ressuscités ! » JEAN GOLDSKY.

N° 8. — 19 Juin 1917. — *Ce qu'il faut taire.*

« *P.-S.* — « **Jusqu'ici, les démocraties alliées n'ont pas encore réussi à faire renoncer leurs gouvernements à leurs visées impérialistes : si elles y réussissent cependant et si la démocratie allemande n'impose pas sa volonté, la guerre devra continuer », répond le Soviet aux socialistes d'Italie.**

« **Telle quelle, la formule vaut par sa clarté. A nous les civilisés, les champions du droit, les chevaliers de l'Humanité, de dire les premiers et nettement ce que nous voulons. Après, si l'Allemagne ne se réveille pas** *à la voix des peuples parlant eux-mêmes* **(1) à Dieu vat !... que ce soit la guerre à outrance, la guerre sacrée.**

« **Mais jusque-là, nous dit le Soviet, et tant que notre diplomatie gardera ses secrets : Non !** » JEAN GOLDSKY.

Cette accusation d'impérialisme lancée par le Soviet contre l'Entente (manœuvre allemande) avait déjà été supprimée par la censure dans le numéro du *Primo* du 18 Juin 1917.

N° 11. — *Dans les groupes.*

« Les Soviets ne sauraient en aucun cas ni s'humilier devant l'artillerie du Kaiser (2), ni servir d'instrument de conquête et de violence à des **impérialismes plus ou moins déguisés.** »

C'est la thèse même de la *Gazette des Ardennes*, feuille de l'Etat-Major allemand.

13e campagne : La France et ses alliés sont responsables de la guerre.

N° 2. — 8 Mai 1917. — « **Dis-nous, mon fils, les causes de tels désastres. Elles sont multiples et notre esprit ne les découvre pas toutes : d'irrésistibles passions grandies depuis 9 lustres au milieu de rancunes et de convoitises qui se guettaient, en appétits de conquêtes brutales ; une soif de richesses égoïstes au cœur des riches insatiables, l'orgueil et l'ambition des chefs de partis et des castes ; le jeu trouble des alliances et des paroles souterraines, la fatigue du poids des armes ébranlant la paix qu'elles devaient protéger une animosité craintive divisant les nations esclaves, le silence des peuples dominés ici par des verges de fer, là paralysés par le respect des nouvelles idoles.**

(1) *Les peuples parlant eux-mêmes* ! Mais, en France, en Angleterre, et même en Italie, les peuples ne parlent-ils pas eux-mêmes par la bouche de leurs représentants. Si cette phrase a un autre sens, et elle en a un, très évidemment, ce ne peut être qu'un appel à la Révolution devant l'ennemi.

(2) On l'a bien vu !

« Alors, l'éclair a fendu les nuages », etc...

Nº 4. — *Le Pirate de la Steppe glacée.*

« Messieurs les honnêtes voyageurs, vous savez que je suis un homme qui n'aime pas à demander, mais toute peine mérite salaire. Pendant que je combattais valeureusement pour vous, le vieux brigand malade m'a traîtreusement attaqué.

« Je vais lui prendre la boucle de diamants qu'il porte à la ceinture.

« *Les deux honnêtes voyageurs* (ensemble):

« Bravo, ami Pirate de la Steppe glacée. La boucle t'appartiendra. Pour nous, nous allons nous rattraper sur le Grand Bandit de la Forêt Noire. Il a des bottes magnifiques et un manteau somptueux qui feront bien notre affaire.

« On les aura !

« *Le Grand Bandit de la Forêt Noire* (à part).

« J'aimerais mieux m'en aller (*Haut.*) Messieurs...

« (Mais les deux honnêtes voyageurs n'écoutent pas et continuent à porter et à recevoir des coups, qui ne sont pas des coups décisifs.)

ACTE III

« *Le Pirate de la Steppe Glacée.*

« Il me faut quand même cette boucle.

« Vidons une dernière bouteille de vodka.

« (Il boit trop de vodka et tombe frappé d'une (*sic*) congestion).

... « *Second honnête voyageur.* — Il baissait un peu.

« Voici son jeune et robuste fils qui va dignement prendre sa place.

« *Premier honnête voyageur.* — On les aura !

« *Les deux honnêtes voyageurs.* — Honneur au brave fils du pirate de la Steppe glacée. Range-toi vaillamment à nos côtés. Et à toi la belle boucle de diamants !

« *Le grand Bandit de la Forêt Noire.* — Messieurs...

« (*Personne n'écoute.* Le combat continue.)

ACTE IV

« *Le Fils du pirate de la Steppe glacée.* — Je ne bois pas de vodka.

« Et je ne porte pas de boucle de diamants... j'ai bien envie d'envoyer se laver tous ces braves gens qui saignent du nez.

« (*Il se croise les bras.*

« *Premier honnête voyageur.* — Zut !

« *Second honnête voyageur.* — Dame !

« *Le grand Bandit de la Forêt Noire.* — Messieurs...

« *Premier honnête voyageur.* — Les bottes !

« *Second honnête voyageur.* — Le manteau !

« Tous les combattants, sauf le fils du Pirate de la Steppe glacée, continuent à échanger des mauvais coups qui ne sont pas des coups décisifs et qui même mollissent un peu.

« *Le Fils du pirate de la Steppe glacée.* — Nitchevo ! »

SAM WELLER.

Le sens de cette élucubration est clair : Ce sont la France et l'Angleterre qui veulent dépouiller la pacifique Allemagne !

Nous n'avons rien lu de pire, même dans la *Gazette des Ardennes* !

Nº 4. — S'il a fallu douze ans après 1870 pour connaître le coup de la dépêche d'Ems,

c'est pur enfantillage de croire qu'en une conférence, on déterminera les causes complètes, nombreuses, lointaines ou immédiates de la guerre. » M. LERICHE.

N° 11. — *La quatrième apparition du Surhomme.*

(Nous n'avions qu'à échanger une de nos colonies contre l'Alsace-Lorraine).

« L'heure venait fatale, prochaine, où l'échange pouvait se faire.

« Tout le cataclysme eût été évité.

« — Oui, je commence à comprendre... Mais nos Trublions? Nos Trublions qui voulaient la guerre...

« — Ah ! que ces mères les maudissent. Ce sont eux les coupables... cependant vous les aviez matés...

« — Jules Ferry n'était plus là...

« — D'autres prolongeaient son œuvre... Caillaux, esprit lumineux qui sut éviter la guerre en 1911...

« — Et la gloire, fis-je, la gloire !

« — La gloire !... », etc...

ARMAND CHARPENTIER,
Vice-président du parti radical et radical-socialiste.

II. LA « TRANCHÉE », LE « BONNET ROUGE » ET LES SATELLITES « DU BONNET ROUGE ».

a) La « Tranchée » et le « Bonnet Rouge ».

N° 6. — *Les petits profits du Creusot.*

(Citation d'un article contre le Creusot publié par Almereyda dans le *Bonnet Rouge*.)

N° 9. — *On ne passe pas.*

« Il suffira d'écrire au *Pays*, républicain ; au *Bonnet Rouge*, républicain ; à *Ce qu'il faut dire*, républicain ; à la *Feuille* républicaine ; à la *Tranchée* républicaine, pour être livré à une censure qui tolère l'attaque, mais interdit la riposte, aux tristes disciples de Basile en attendant la matraque des décerveleurs... »

J. GOLDSKY.

N° 10. — 24 Juillet. — *Caillaux !*

« *P.-S.* — Mon cher Almereyda,

« Tu ne douteras pas une minute qu'ici à la *Tranchée* tu es chez toi. »

J. GOLDSKY.

N° 10. — *L'affaire* (dessin).

(Légende). « Cette canaille de D. vendu à l'Allemagne.

« D'ailleurs il a avoué.

« — Oh non, mon vieux tu retardes, on nous l'a déjà fait. »

N° 11. — 31 Juillet. — *Mise au point. L'affaire du chèque.*

(Lettre de Goldsky à l'*Humanité*, sur sa déposition devant M. Drioux. Déclaration de Jacques Landau, sur son intervention lors de la délivrance du passeport à Duval et la restitution du chèque au même Duval).

b) La « Tranchée » et les satellites du « Bonnet Rouge ».

N° 5. — La *Tranchée* cite : les *Cahiers* idéalistes ;
la *Forge* ;
le *Pays* ;
l'*Idée Libre* ;
les Nations.

« C'est le 9 Juin que paraîtra le premier numéro des *Nations*, organe des libéraux d'Angleterre et de France, que dirige notre collaborateur R. de Marmande ».

N° 8. — Sommaire du n° des *Nations* du 22 Juin.
N° 8. — *La démocratie en sûreté* (reproduction d'un article des *Nations*).
N° 9. — La *Tranchée* prend la défense du *Journal du Peuple*;
de la *Feuille* ;
de *Ce qu'il faut dire* ;
de *Primo* ;
du *Pays* ;
et du *Bonnet Rouge*.
N° 9. — Le *Tank Républicain* ne pourra paraître.
N° 11. — Sommaire du *Populaire* socialiste internationaliste.
N° 12. — *La Tache d'encre* (*Journal de jeunes*).
N° 12. — *Le Parti socialiste en Angleterre*, par B. SHAW (traduction d'un article des *Nations*).

III. LA « TRANCHÉE », MM. CAILLAUX ET MALVY.

a) La « Tranchée » et M. Caillaux.

N° 3. — 15 Mai 1917. — (Article sans titre).
N° 6. — 5 Juin 1917. — *Le jardin des supplices*...

... « N'en déplaise à l'*Action française*, je préfère la manière de M. Joseph Caillaux. Eviter de pousser les susceptibilités de l'étranger tout en lui tenant tête résolument chaque fois que la dignité et les intérêts réels du pays l'exigent est un moyen plus sûr d'éviter la guerre que d'organiser, comme parle le père de Bérénice, des « campagnes de presse » en vue de développer les influences nationales.

« Je m'attends à d'insultantes railleries pour ce rapprochement de Richelieu et de M. Caillaux. Mais elles ne m'empêcheront point de tenir celui-ci pour un politique avisé et M. Barrès pour un maladroit avec son inopportune revendication du cardinal impérialiste. »

MONDOR.

N° 5. — *Les médailles de Bonzes*.

CAILLAUX

« On le croyait bon pour la Morgue !
« Mais il se relève avec morgue,
« Tremblez, liardeux et parvenus,
« Il s'impose le Revenu,
« Petit, nerveux, de l'élégance,
« Stick cravachant les arrogances,
« Il soutient, malgré les gogos,
« Que la paix vaut bien... le Congo ! »

N° 10. — *Caillaux !* (éditorial).

« Précisément, cette même semaine nous avait rappelé que nous ne sommes peut-être pas aussi dépourvus d'hommes qu'on se plaît un peu trop à nous le répéter... M. Malvy, en opposant fermement la politique démocratique de mutuelle confiance, d'indulgence, de doigté, aux méthodes incohérentes et inopérantes de l'homme qui confiait aux dynamiteurs le soin de faire la police,..M. Caillaux enfin, en rappelant devant le pays à la fois les buts et les moyens de la guerre démocratique — tous ces hommes qui ont d'autres soucis que l'assouvissement des basses rancunes et qui ambitionnent sincèrement de préparer la France d'après-guerre, la France des revanches économiques et de la victoire sur le militarisme et sur la guerre, tous ces démocrates qui servent la démocratie et qui ne s'en servent pas, nous ont montré combien nous avions raison de tout espérer, de tout attendre de la République.

« On lira d'autre part le texte intégral du discours prononcé par M. Caillaux, à Mamers. On ne pouvait plus éloquemment renouer la tradition révolutionnaire, préciser la tâche de tous ceux qui ne se sont pas battus contre le Pangermanisme pour lui voir survivre les nationalismes bornés, à la fois rivaux et complices, compliquant et envenimant toutes les questions et qui conduiraient, s'ils triomphaient, à une suite indéfinie de guerres d'extermination... »

« On applaudira partout au programme, tracé à grands traits par le chef du parti républicain, etc...

« Le discours de M. Joseph Caillaux — on s'en apercevra — c'est déjà plus que des paroles, c'est un acte... » J. GOLDSKY.

l) **La « Tranchée » et M. Malvy.**

N° 5. — *L'avertissement.*

N° 10. — *Caillaux* (voir plus haut).

N° 12. — *Au créneau.*

« La jeunesse socialiste du 13e arrondissement vient, dans un ordre du jour excellent, de déclarer toute sa sympathie pour la politique libérale suivie par M. Malvy et son horreur des campagnes et de la manière de M. Clemenceau », etc...

N° 12. — « M. Malvy, dont l'état de santé depuis longtemps inquiète ses amis, a décidé de prendre quelques jours de repos. On ne manquera pas, dans certains milieux politiques, d'épiloguer sur les raisons et la nature de ce « congé de maladie ». On se trompera d'ailleurs, et lourdement. Quoi qu'il en soit, nous sommes heureux, en cette circonstance, d'assurer à nouveau le ministre de l'Intérieur de la sympathie des républicains. La démocratie n'oublie pas ce qu'elle doit au ministre radical qui sut lui faire confiance et ne douta jamais du patriotisme d'aucun Français.

« La *Tranchée Républicaine* fait des vœux pour le prompt et complet rétablissement de M. Malvy et souhaite qu'il puisse bientôt reprendre l'œuvre qui valut à notre pays de rester, malgré tout, à peu près uni ! »

III. — LES « NATIONS »

Nous n'avons pu examiner que les morasses des *Nations*. Cette collection comprend 9 numéros, du 14 Juin au 8 Août 1917.

La Revue *Les Nations*, annoncée par *Primo*, dans ses nos du 5 et du 11 Avril, avait pour directeur René de Marmande et pour administrateur M. Albert Goldschild. Parmi ses collaborateurs, on trouve :

J. Goldsky, collaborateur du *Bonnet Rouge* et directeur de la *Tranchée ;*
Henriette Sauret, collaboratrice du *Bonnet Rouge ;*
Magdeleine Marx, collaboratrice de la *Tranchée*, etc...

Les *Nations* avaient pour programme :

1° D'établir un lien entre les pacifistes de l'Entente ;
2° De soutenir en France les bolcheviks, les pacifistes anglais et italiens ;
3° D'agir sur les Anglais, les Italiens et les Russes dans le sens pacifiste ;
4° De soutenir les campagnes du *Bonnet Rouge* et de ses satellites ;
5° De servir d'organe au féminisme pacifiste ;

6° Les *Nations* applaudissaient à la politique de M. Malvy.

Nous ne signalerons, à titre d'exemples, que quelques textes se rapportant d'une part aux campagnes communes des *Nations*, du *Bonnet Rouge* et de la *Gazette des Ardennes*, d'autre part à la politique de M. Malvy.

I. Les « Nations », le « Bonnet Rouge » et la « Gazette des Ardennes ».

Nous avons relevé, dans les *Nations*, 8 campagnes communes à la *Gazette des Ardennes*, au *Bonnet Rouge*, à *Primo* et à la *Tranchée*.

1re campagne : Contre la haine.

N° 3. — 26 Juillet 1917. — *Le Roi Constantin fut victime, à Lugano, de manifestations hostiles.*

« Une jeune femme le gifla. Il nous est impossible de vérifier le fait qui n'a d'ailleurs que l'importance d'un symptôme de l'état d'esprit haineux créé par certaine presse. Si l'histoire n'est pas vraie, du moins est-elle plausible! La bêtise ne connaît pas les frontières», etc.

N° 6. — 17 Juillet. — *Comme un rêve.*

« Haïr est une préoccupation très absorbante, les grands haineux sont de grands platoniques, jaloux de conserver à leur ressentiment son entière efficacité, ils se tiennent sagement le plus loin possible de l'objet de leur haine, crainte qu'à la contempler de trop près, ils ne lui découvrent mainte imperfection dans l'ignominie, que la réalité n'offusque leur idéal et ne les force à confesser que les Boches, à tout prendre, ne sont hélas que des « Allemands ».

« C'est pourquoi nous nous élevons ici contre Barrès qui tient le moi — des autres — pour haïssable, contre un Hervé qui croit qu'il pense parce qu'il hait... notre tâche à nous est de neutraliser la pestilence des Polybes qui empoisonnent de haine la cité. »

LEPEYRAT KIKAM.

2e campagne : Contre le moral français.

a) CONTRE LE MORAL DU POILU :

24 Juillet 1917. — *Les pacifiques* : « Tout votre sang versé sans espoir de moisson...

« Vous saviez la valeur exacte des deux masques de la justice et du devoir », etc...

PAUL VAILLANT-COUTURIER.

3 Juillet 1917. — *Le retour.*

« Toi, mon amour, avec du sang sur les mains?
« Toi, mon amour, avec du sang sur la bouche?...
« Est-ce toi ce soldat sanglant et farouche », etc...

PAUL LANTELME.

20 Juin 1917. — *La danse macabre.*

3 Juillet 1917. — *La force dans la vérité.*

« Si vous voulez que le peuple en armes qui se relève toujours quand on le croit épuisé, garde et tende son énergie, donnez-lui la foi en vous et en lui-même en lui donnant la vérité !

« Vous n'avez plus le droit d'ignorer cette faim qui les tourmente. Et ce n'est plus assez pour les nourrir de ces beaux mots dont on a fait un trop long et trop fréquent usage : Justice, Droit, Patrie, Liberté, ni de ces adjurations retentissantes qui soulèvent les enthousiasmes mais ne suffisent pas à les maintenir lorsque la réalité est si dure et les actes si terribles...

« On nous a trop bourré le crâne. A force de vouloir nous inspirer une confiance aveugle, c'est à la méfiance qu'on nous conduit.

« L'Allemand n'est pas le seul ennemi : le doute en est un autre qu'il faut chasser avant qu'il se retranche et s'incruste dans le cœur »...

MAURICE POTTECHER.

C'est le même thème de « *La Voix des Tranchées* », du *Bonnet Rouge* et de la *Gazette des Ardennes* : On ne dit pas la vérité aux poilus, on les trompe, ils veulent savoir !

Nº 2. — 20 Juin 1917. — *Les nécessités de la situation militaire.*
Nº 4. — 3 Juillet 1917. — *Les Absentes*, pensées d'Henriette SAURET.
Nº 4. — 3 Juillet 1917. — *La plainte de l'Est*, pensées d'Henriette SAURET.
Nº 4. — 3 Juillet 1917. — *The springtime of nations* (letter from an english officer at the front) (en anglais), etc., etc...

b) CONTRE LE MORAL DE LA NATION :

Nº 2. — 20 Juin 1917. — *Les grèves.*

« Assez de légendes ineptes trouvent crédit dans le public sans qu'il soit besoin de propager dans la presse celle des étrangers « agents de l'Allemagne ».

Nº 2. — 20 Juin 1917. — *L'effort des jeunes.*
Nº 3. — 27 Juin 1917.

3e campagne : Contre la grande presse.

Nº 4. — 3 Juillet 1917. — *La lumière qui renaît*, par J. GOLDSKY.

5e campagne : Contre la censure.

Nº 2. — 20 Juin 1917. — (Filet contre la censure).
Nº 4. — 3 Juillet 1917. — *La lumière qui renaît*, par J. GOLDSKY.

6e campagne : Contre la guerre économique.

Nº 3. — 26 Juin 1917. — *The advantages of free trade.*

9e campagne : Pour les intérêts moraux de l'Allemagne.

Nº 3. — 27 Juin 1917. — *L'incident Grimm-Hoffmann.*

« Les amis de Grimm attendent avec impatience ses explications en supposant qu'il a (*sic*) commis une imprudence par excès de zèle pour la cause de la paix ! »

H. D.

etc...

11e campagne : Pacifiste. — La paix !

Nº 3. — 28 Juin 1917. — *L'offensive de la pensée.*

« Tandis que les fronts se stabilisent, le désir de paix s'intensifie d'une manière égale parmi tous les peuples que la folie humaine conduit aux holocaustes. »

AUGUSTE SCHWAN.

Sur l'Alsace-Lorraine.

Nº 3. — 28 Juin.

« Dès le moment que les habitants des provinces annexées garderont la liberté commerciale vis-à-vis du peuple vers lequel leurs industries se sont orientées depuis cinquante ans, leurs sympathies réelles envers leur mère patrie sauront parler de manière à être entendues du monde entier. »

AUGUSTE SCHWAN.

Stockholm.

Nº 2. — 20 Juin 1917. — *La réponse des majoritaires allemands.*

« La réponse des majoritaires allemands... **démontre l'utilité de la conférence de Stockholm.** »

Vivent Lénine et ses bolcheviks !

N° 4. — 2 Juillet 1917. — *La presse contre la Russie.*

« Lénine, traversant l'Allemagne, était accueilli, suivant M. Paul Erio, dans le *Journal*, avec un enthousiasme délirant. Le Soviet, autorité souveraine de la Russie, lançait aux peuples du monde des manifestes analogues à ceux de Kienthal.

« **La presse jaune d'Angleterre et de France, devant un tel péril, entreprit alors l'offensive de la calomnie... Ce serait un travail d'Hercule que de relever toutes les erreurs volontaires, les insinuations perfides, les attaques venimeuses, les calomnies innombrables des journalistes sans conscience qui trompent à plaisir l'opinion et donnent libre cours à leurs sentiments haineux contre la démocratie. Ce fut d'abord un concert d'imprécations pour discréditer les « défaitistes », alors que ceux-ci n'étaient plus défaitistes puisqu'ils attendaient d'un échec militaire la chute du Tsarisme et que, leur prévision étant réalisée, ils reprenaient leur formule : « Ni vainqueurs ni vaincus » dans toutes leurs proclamations.** »

(Non signé).

N° 8. — 2 Août 1917. — *Lénine et les extrémistes.*

... « Les « bolcheviks » sont des révolutionnaires sincères...

« Surtout nous ne pouvons pas passer sous silence la calomnie qui vise Lénine lui-même... ainsi croyons-nous être fidèles à notre devoir en mettant en garde contre ces attaques venimeuses tous les amis de la liberté russe. »

(*Bureau de la presse russe*).

Mouvement féministe pacifiste :

N° 2. — 20 Juin. — *Les femmes en présence de la guerre et de l'Etat.*

« **Elles (les femmes) sont dans tous les pays les ennemies acharnées de l'organisme qui tue, de l'Etat... Elles ne font aucun cas de ce patriotisme factice qui, en créant l'animosité commerciale, engendre le nationalisme outrancier...**

« Mais il n'y a pas une minute à perdre... que les femmes de France se mettent donc instamment à leur besogne.

« **En travaillant pour l'humanité, elles feront acte du seul patriotisme qui correspond aux conditions du monde moderne.** »

AUGUSTE SCHWAN (1).

N° 3. — 27 Juin (réponses à Auguste Schwan).

« **L'inconcevable aujourd'hui, la laideur la plus sombre de toutes les laideurs de la guerre, ce fut cette trahison du féminisme devant le martyre de l'homme...**

« **L'erreur est immense, car elle réside dans le mutisme.** »

MAGDELEINE MARX.

N° 3. — 27 Juin (réponses à Auguste Schwan).

« **Quand on songe à l'irrémédiable que sème chaque minute actuelle, comment se dépenser à autre chose qu'aux actifs moyens d'arrêter cela tout de suite...** »

LARA.

12e campagne : Ne comptons pas sur les Etats-Unis.

N° 1. — 14 Juin 1917. — *Etats-Unis d'Amérique.*

« **Il ne faut pas non plus se faire des illusions sur la coopération militaire des Etats-Unis.** »

(1) Ce Schwan, au nom authentiquement allemand, nous est présenté, au n° 3 des *Nations*, comme un Suédois, auteur de l'ouvrage : *La base d'une paix durable*, qu'il est venu, *en ami de la France*, faire imprimer à Paris. La France se passerait volontiers de tels amis !

13e campagne : L'Entente aussi est responsable de la guerre.

N° 3. — 27 Juin 1917.

« Les gouvernements des Alliés ont trop souvent pataugé dans la mare stagnante de la vieille diplomatie des conquêtes pour réussir d'eux-mêmes à se libérer des formules usitées qui irritent si vivement les adversaires. »

N° 3. — 27 Juin 1917. — *Premières fissures.*

« Les citoyens français peuvent et doivent savoir désormais que, sur les origines et les responsabilités de la guerre, non seulement le débat n'est pas clos, mais qu'il n'a pas été encore sérieusement ouvert... En vain depuis trois ans s'accumulent les livres, les discours, les appels à l'évidence et les plaidoyers écrasants. En fait, fait-il bon dormir sur ce mol oreiller de confiance et d'oubli? Le jour viendra où, malgré tous les charmes, le grand dormeur s'éveillera. » MICHEL ALEXANDRE.

(En travers de cet article, la censure inscrivit : « différé formellement. » Nous ignorons s'il a paru malgré cette prescription.)

II. Les « Nations » et M. Malvy.

N° 2. — 20 Juin 1917. — *Les grèves.*

« Il serait injuste de ne pas signaler l'habileté de M. Malvy qui a su éviter des troubles graves en exerçant une pression sur les employeurs et en tolérant dans une certaine mesure les manifestations **par lesquelles s'exprimait le sentiment de la foule, quant à la prolongation de la guerre. »**

N° 3. — 27 Juin 1917.

« Subitement, une étrange campagne a été entreprise par quelques journaux sous le titre sévère : *Le scandale des gares...* Si habitués que nous fussions aux trouvailles de nos confrères de la grande presse, depuis les engins Turpin jusqu'aux usines à cadavres, nous avons été quelque peu étonnés devant le dernier sujet du jour. Visiblement il s'agissait surtout d'atteindre M. Malvy auquel certains champions du *Droit et de la Liberté* reprochent une administration trop discrète et des moyens de gouvernement trop diplomatiques. »

Il semble donc bien qu'on se trouve en présence d'une savante organisation de défaitisme dans laquelle les rôles sont ainsi distribués : au centre, un quotidien à grand tirage, le *Bonnet Rouge*, destiné au grand public et aux mobilisés du front, essaie d'agir sur l'opinion et s'efforce d'influencer les milieux politiques et le gouvernement. A côté du *Bonnet Rouge*, l'agence *Primo* poursuit dans le même sens, par d'insidieuses et de tendancieuses informations, la même besogne auprès des journaux, des groupements politiques et des municipalités de province. La *Tranchée Républicaine* est un instrument de combat et de révolution, une sorte de « bélier » au moyen duquel on s'efforce de renverser les hommes du gouvernement décidés à mener la guerre jusqu'au bout, et de frayer la voie à M. Caillaux. La revue *Les Nations* groupait tous les pacifistes de l'Entente en un bloc qui devait finir par imposer sa volonté de terminer la guerre au plus vite par une paix qui ne pouvait être qu'une paix allemande, désirée, cherchée, voulue par l'Etat-Major allemand.

Ainsi des Français s'appliquaient à sceller de leurs mains le triomphe du Pangermanisme sur leur Patrie (1).

(1) Et cela continue aujourd'hui encore (avril 1918) dans d'autres journaux comme le *Populaire du Centre*, le *Journal du Peuple* la *Bataille*, le *Droit du Peuple* (de Grenoble), les *Hommes du Jour* le *Canard enchaîné*, etc...

CHAPITRE IV

SOMMAIRE :

COMMENT LA « GAZETTE DES ARDENNES » A-T-ELLE UTILISÉ LE « BONNET ROUGE » ?

I. — Quelle importance faut-il attacher à ce fait ?

Les Allemands ont tiré des articles du *Bonnet Rouge* une quadruple mouturé :

1) Pour décourager les Français « non encore envahis » ;
2) Pour démoraliser les Français des régions envahies ;
3) Pour corser leur propagande, justifier leurs atrocités, relever leur prestige dans les pays neutres ;
4) Pour ravitailler le moral de leur population.

RÉPONSE AUX 10 OBJECTIONS ANTICIPÉES DU « BONNET ROUGE ».

La *Gazette des Ardennes* cite le *Bonnet Rouge* parce qu'il reproduit des arguments allemands de thèses allemandes.

II. — Comment le « Bonnet Rouge » parle de la « Gazette des Ardennes ».

III. — Comment la « Gazette des Ardennes » parle : 1° du « Bonnet Rouge » ; 2° d'Almereyda ; 3° du GENERAL N.

IV. — Textes du Bonnet Rouge cités par la Gazette des Ardennes :

1) Textes communs empruntés par les deux journaux à d'autres périodiques ;
2) Textes du *Bonnet Rouge* reproduits par la *Gazette des Ardennes*, sans indication d'origine ;
3) Textes du *Bonnet Rouge* cités avec l'indication de la source.

COMMENT LA « GAZETTE DES ARDENNES » A-T-ELLE UTILISÉ LE « BONNET ROUGE » ?

Nous venons de voir la *Gazette des Ardennes* et le *Bonnet Rouge* tracer parallèlement leur sillon et y semer à pleines mains les mêmes graines vénéneuses de l'oubli, du découragement, de la lâcheté, du doute, de la méconnaissance des traîtres et des espions, de l'antipatriotisme, de l'antimilitarisme (en pleine guerre !), de la lassitude, de la peur, de la discorde intérieure, de la guerre civile, de la fraternisation avec l'ennemi et de la haine des Alliés. Rien n'a été négligé de ce qui pouvait provoquer l'effondrement moral de la nation. Dans la passion de notre frère le « poilu », il faut ajouter à l'arsenal des engins qui broient, déchirent, écrasent, brûlent, pulvérisent les chairs pantelantes, des instruments de torture morale d'une sauvagerie qui n'avait jamais été atteinte et d'un raffinement tel que toutes les fibres de l'âme française devaient en être, les unes après les autres, faussées jusqu'à l'éclatement.

La pseudo-gazette et le journal d'Almereyda agissaient-ils chacun de leur côté à la suite d'une entente préalable, ou bien ont-ils eu des rapports pendant la guerre? Dans quelle mesure la feuille de l'Etat-Major allemand a-t-elle utilisé le journal radical français?

Un fait incontestable, le premier qui frappe quand on étudie les relations entre les deux journaux, c'est que la *Gazette des Ardennes* est, à partir de Mai 1916, remplie de citations du *Bonnet Rouge*. Ces emprunts indiscrets semblent même avoir assez alarmé la direction du journal parisien pour qu'elle juge nécessaire d'écarter les soupçons qu'ils pouvaient éveiller et justifier. Comme s'il pensait que ce fût le seul argument qu'on pût faire valoir contre la propagande du *Bonnet Rouge*, G. Clairet répond par avance, le 29 Juin 1917, à l'accusation d'avoir servi les desseins de l'ennemi. Son article, d'abord entièrement échoppé, a paru avec des coupures dans le nº du 3 Juillet. Le voici tout entier :

Agents de l'ennemi.

« M. Gustave Hervé n'accuse plus les démocrates d'extrême-gauche d'être des vendus à l'Allemagne.

« Il demandait à l'un de nos confrères :

« — D'où viennent vos fonds?

« Et, en même temps, il assurait que ce confrère sert les intérêts de l'ennemi.

« Cette question et cette affirmation venant l'une sur l'autre dans un article intitulé : « Une Maison borgne », ne constituaient pas, M. Hervé l'assure, une accusation formelle de vénalité et de trahison.

« Mais si M. Hervé consent à faire cette réserve, il n'en maintient pas moins son insinuation injurieuse. Il s'obstine à accuser les républicains du *Pays* et des journaux qui s'inspirent des mêmes principes, de servir les intérêts de l'Allemagne.

« — Agents inconscients ! s'écrie-t-il. Mais agents tout de même.

« C'est un jeu misérable, mais bien facile.

« Nous aurions belle de retourner la balle à nos adversaires.

« On a souvent célébré, sur le mode emphatique, la roublardise du gouvernement allemand, l'habileté diabolique avec laquelle il utilise tout ce que ses ennemis laissent voir, soit de leur mécontentement, soit de leurs querelles.

« Il n'est sans doute, à Paris, pas un seul journal auquel le service de la propagande allemande n'ait emprunté au moins un article, ou un filet, pour le servir, habilement découpé et « chapeauté » soit aux neutres, dans les feuilles subventionnées par les consuls, soit aux habitants des régions occupées, dans la *Gazette des Ardennes* ou le *Bruxellois*.

« Au reste, ce que les Allemands nous font, nous le leur rendons au centuple; vous n'avez qu'à voir, chaque matin, le parti que notre presse officieuse tire, ou pense tirer, de ce qu'elle appelle, suivant les cas, « le répugnant cynisme » ou « l'abjecte duplicité »

de la presse allemande, des « aveux » qu'on croit découvrir ou des ruses qu'on s'imagine déjouer.

« **Si bien qu'au total,** la presse peut fort bien ne faire ni bien ni mal, les services que nos journaux peuvent rendre à la propagande ennemie étant compensés par les arguments que notre propagande tire des journaux allemands.

« Mais, si des services ont été réellement rendus à l'Allemagne par des journaux français, il faut le dire bien haut, c'est surtout par les journaux nationalistes — et nous ne traiterons pas pour cela leurs rédacteurs d'agents, même inconscients, de l'ennemi.

« Nul n'ignore le parti que la propagande allemande a su tirer des mensonges candides et monstrueux de nos « bourreurs de crânes ». Nous passions pour le peuple le plus spirituel de la terre, et les Allemands n'ont eu qu'à répandre les articles de nos grands journaux pour établir que nous sommes, au contraire, les gens auxquels on en fait accroire le plus facilement.

« Qu'est-ce qu'on ne nous a pas fait avaler depuis le mois d'Août 1914?

« Que les obus allemands n'explosaient pas.

« Que les soldats allemands se rendaient pour un morceau de pain.

« Que l'Allemagne entière mourait de faim depuis 1914.

« Que l'industrie allemande traite les cadavres des soldats et en tire cent produits utiles.

« Que les Turcs se révoltaient tous les huit jours.

« Qu'il est impossible de trouver à déjeuner à Vienne et à Budapest.

« A quoi bon rappeler plus longuement les sottises par lesquelles on nous a ridiculisés !

« Ces sottises, qui les a lancées, puis répandues?

La presse républicaine? Les journaux d'extrême-gauche?

« Non pas !

« La presse nationaliste, les journaux des « patriotes » brevetés.

« Autre chose : quel meilleur service pouvait-on rendre à l'Allemagne que celui de nous aliéner les sympathies du nouveau gouvernement russe?

« Les révolutionnaires russes sont déjà attirés vers l'Allemagne par leurs rapports anciens avec certains socialistes de l'Empire. Ils sont, en outre, « travaillés » par des agents habiles et dévoués. Ils se rappellent enfin que le gouvernement français fut l'allié du gouvernement tsariste, **et que la police française aida souvent la police russe à traquer les révolutionnaires.**

« Or, ces gens qui étaient tellement sollicités de nous abandonner, notre presse impérialiste et nationaliste les injuria et tenta de les irriter par ses sarcasmes.

« Ils sont restés et ils resteront nos amis et nos alliés. Mais c'est bien malgré les journaux réactionnaires.

« On n'en finirait pas, si l'on entreprenait d'énumérer tous les services rendus par nos réactionnaires à l'ennemi.

« On ne peut pas, cependant, ne pas rappeler tout le parti que les journaux de l'Empire, orchestrés par la Wilhelmstrasse, ont su tirer des fanfaronnades du *Matin* et des gazettes nationalistes, annonçant que chaque Allemand serait condamné à travailler pendant des années et des années pour payer aux Français les indemnités de guerre.

« Aux mécontents et aux faibles, aux Allemands qui se demandaient pourquoi ils continuaient à se battre et à souffrir, toute la presse officieuse de l'Empire exhiba ces articles de nos journaux en ajoutant :

« Les Français eux-mêmes le reconnaissent : si vous êtes battus, ils feront de vous leurs « esclaves », etc., etc.

« **On ne peut pas ne pas parler, non** (1), ...

presse nationaliste rendit à l'Allemagne le jour où elle permit aux gens de l'Empereur de

(1) Ligne sautée par le *Bonnet Rouge*.

dire aux socialistes et aux libéraux qui réclamaient des réformes et ébauchaient un sérieux mouvement d'opposition et presque de révolte :

« — Prenez garde ! Vous faites le jeu de l'ennemi. Lisez les journaux de Paris : ils ne parlent que de détrôner le Kaiser pour nous imposer un gouvernement de leur choix. »

« La réaction fut immédiate.

« Vous n'avez pas perdu le souvenir de ces articles : les opposants qui passaient pour les plus irréductibles, avertis par les espérances que la presse française avait laissé paraître redevenaient de fidèles et loyaux sujets, Allemands avant tout.

« Nous pourrions citer, à l'appui de chacun des exemples que nous venons d'énumérer, une série d'articles extraits des journaux allemands. Ils montreraient que personne autant que nos publicistes de droite, n'a été utilisé par l'ennemi pour sa propagande à l'étranger et sa politique intérieure.

« Personne?

« Il y a deux hommes qui ne sont pas des réactionnaires et dont les journaux fournissent aussi d'arguments la presse allemande et les radiotélégrammes du service de la propagande. Ces deux hommes, ce sont justement ceux qui dénoncent les socialistes et les démocrates comme des agents de l'ennemi.

« C'est M. Clemenceau, dont l'Allemagne utilise les attaques contre les ministres.

« C'est M. Gustave Hervé, dont tous les journaux ennemis reproduisent les « Peut-on dire? »

« Encore une fois, il faudrait être fou pour présenter tous ces journaux comme des agences allemandes, et nous ne nous abusons pas sur la valeur réelle des services que l'ennemi prétend tirer de nos querelles et de nos polémiques.

« Ces services, nous pouvons les juger d'après ceux que nous pensons tirer nous-mêmes des journaux. C'est peu de chose.

« Mais si peu que ce soit, s'il y a faute commise, ce sont les nationalistes, ce sont nos accusateurs qui l'ont commise. Si peu que l'ennemi prenne chez nous, c'est chez nos adversaires qu'il le trouve. » GEORGES CLAIRET.

Examinons les uns après les autres les arguments de Clairet :

1° *Les Allemands ont emprunté des articles à tous les journaux de Paris.*

Ils ont emprunté des articles à tous les journaux de Paris, mais ceux qui leur en ont fourni le plus grand nombre sont : le *Bonnet Rouge*, la *Bataille*, le *Journal du Peuple*, le *Populaire du Centre*, le *Journal*, l'*Éclair* et l'*Œuvre* ; de plus, les articles des journaux périodiques que nous venons d'énumérer et *seulement de ceux-là*, constituent, dans les journaux allemands, non pas des citations isolées, mais des « séries » qui alimentent des campagnes spécifiquement allemandes. Les citations des autres journaux paraissent au contraire isolément, sans lien, le plus souvent pour étayer une polémique personnelle contre tel ou tel homme politique en vue. C'est donc montrer bien peu de bonne foi que de ne faire aucune distinction, à ce point de vue, entre tous les organes de la presse parisienne.

Ajoutons que les citations du *Bonnet Rouge* dans la *Gazette des Ardennes* ne sont ni habilement découpées, ni tendancieusement chapeautées, comme l'insinue G. Clairet. Elles sont toujours très fidèlement présentées, assez souvent elles reproduisent les titres mêmes du *Bonnet Rouge*. Exemples :

GAZETTE DES ARDENNES Organe de l'Etat-Major allemand.	BONNET ROUGE
18 Juin 1916. — *Un neutre douteux.*	9 Mai 1916. — *Un neutre douteux.*
30 Juillet 1916. — *La voix des tranchées*, etc.	18 Juin 1916. — *La voix des tranchées*, etc.

On retrouve par ailleurs une grande similitude de titres entre les deux feuilles. Exemples :

8 Octobre 1916. — *Haine.*	19 Octobre 1916. — *La Haine.*
8 Novembre 1916. — *La Haine.*	25 Mai 1916. — *La Haine.*
3 Février 1917. — *Jusqu'au bout.*	25 Mai 1916. — *Jusqu'au bout.*
29 Avril 1917. — *1 000.*	5 Mai 1916. — *Mille jours de guerre.*
24 Septembre 1916. — *Le sang de la France. Les naufrageurs du sens commun*, etc.	10 Septembre 1916. — *Le sang des autres. Les naufrageurs de la patrie*, etc...

2° *Ce que les Allemands nous font, nous le leur rendons au centuple.*

C'est faux, hélas ! Jamais la presse française n'a pu tirer des journaux allemands le parti que la presse allemande a tiré du *Bonnet Rouge* et tire toujours des journaux français comme le *Populaire du Centre*, le *Journal du Peuple*, la *Bataille*, le *Droit du Peuple*, et d'autres encore que nous avons déjà cités par ailleurs. Il n'y a, parmi les journalistes allemands, ni Almereydas, ni Goldskys, ni M. Badins, ni Fanny Clars, ni Landaus, ni Clairets. Nous n'avons jamais rien lu dans les journaux allemands qui ressemble à de la prose d'organisateurs de la défaite.

3° *La presse ne fait ni bien ni mal, car les services que nous rendons aux Allemands, les journaux allemands nous les rendent et largement.*

C'est une autre erreur volontaire dont la grotesque énormité apparaît crûment à la lumière des événements. Si la presse ne fait ni bien ni mal, pourquoi les Allemands dépensent-ils tant d'efforts et d'argent pour s'emparer des principaux journaux d'information, tant en France et dans les autres pays de l'Entente que dans les pays neutres? Comment nier l'importance de la presse quand on est journaliste et qu'on écrit dans un périodique qui a montré comment la presse germanophile travaille pour les Allemands? (1). Ne serait-ce point, comme dans la campagne contre l'espionnite, pour « vider le crâne du lecteur », l'endormir, l'engluer de fausse confiance, afin de permettre au reptile germanique de l'avaler plus facilement?

Où Clairet a-t-il vu que notre propagande tire des journaux allemands des arguments qui compensent ceux que nous leur fournissons? Nous n'avons jamais découvert dans toute la presse allemande un seul article qui puisse avoir eu sur le moral germanique l'effet que la « Voix des Tranchées », parue dans le *Bonnet Rouge* du 18 Juin 1916, a essayé de produire sur l'esprit de nos combattants. Jamais les journaux allemands n'ont fourni à notre propa-

(1) Article de L. Lunaire dans le *Bonnet Rouge* du 29 Novembre 1915 : *Comment le Kaiser mobilise les écrivains boches*. Voir : Evolution du *Bonnet Rouge*.

gande des arguments d'un aussi fort calibre que cet article anonyme reproduit tout entier, le 30 Juillet 1916, sous le même titre et sans indication d'origine, par la feuille de l'Etat-Major allemand à Charleville.

Et nous pourrions citer d'autres exemples par centaines. On ne trouvera rien dans la presse allemande qui puisse se comparer, même de très loin, à ces manœuvres de démoralisation intérieure et de ravitaillement moral de l'ennemi.

Si même l'argumentation de Clairet était exacte, quelle singulière façon de comprendre les intérêts de son pays que de dire : « Qu'importe que je procure des armes à l'ennemi puisque j'utilise celles que certains individus de chez lui me font également passer ! » La loi interdit le ravitaillement matériel de l'Allemagne. Le ravitaillement moral a-t-il moins d'importance? N'aggrave-t-il pas autant nos efforts et nos sacrifices? Sous le prétexte que l'Allemagne pourrait nous faire parvenir quelques boîtes d'allumettes (qu'elle se garde d'ailleurs de fabriquer pour nous), irions-nous lui fournir des tonnes d'explosifs?

4° *Si des services ont été rendus à l'Allemagne par des journaux français, c'est surtout par les journaux nationalistes.*

Nouvelle contre-vérité. Les deux seuls journaux « nationalistes » (pour parler comme Clairet) (1), qui ont réellement rendu des services aux Allemands, sont le *Journal* et l'*Eclair*, que la *Gazette des Ardennes* et le *Bonnet Rouge* ménagent avec un ensemble vraiment remarquable. Encore est-ce peu de chose à côté de ce qu'a rapporté à la propagande allemande l'exploitation du *Bonnet Rouge*, de la *Bataille*, du *Journal du Peuple* et d'autres feuilles radicales ou socialistes non « nationalistes », c'est-à-dire, d'après G. Clairet lui-même, internationalistes, donc opposés aux intérêts exclusifs de la patrie ravagée par l'envahisseur. C'est ici le moment de rappeler que c'est sur le parti socialiste internationaliste que l'Allemagne compte pour arriver à ses fins.

« Le parti socialiste français, écrit l'Etat-Major allemand dans sa feuille de Charleville, le 24 Février 1917, était et restera section française de l'Internationale ouvrière. Il ne permettra pas que le sang versé par des milliers de ses enfants serve uniquement à apporter de nouvelles armes à la féodalité financière, son ennemie de toujours... Le parti socialiste a fait une guerre qu'il ne demandait pas; dans ses rangs seulement les patriotards aux abois et les capitalistes en déroute ont trouvé les forces agissantes qui leur ont permis de sauver la face. Qu'ils l'oublient, c'est possible, que nous le leur rappelions, c'est notre droit » (2).

5° *Nul n'ignore le parti que la propagande allemande a su tirer des mensonges candides et monstrueux de nos « bourreurs de crânes ». Que l'Allemagne*

(1) N'est-ce pas avec intention que Clairet emploie le terme de « nationaliste » qui rappelle les dissensions d'avant-guerre que l'agression allemande avait complètement effacées et dont le réveil ne peut que profiter à l'ennemi?

(2) Déjà cité, p. 65.

entière mourait de faim depuis 1914, etc... ***Que l'industrie allemande traite les cadavres des soldats,*** etc...

On a pu se rendre compte à la 5e campagne, par l'exemple de l'usine aux cadavres précisément, de la façon dont opéraient les véritables « bourreurs de crânes » c'est-à-dire les Allemands eux-mêmes avec la complicité de « journalistes » à la Clairet !

6° *Ces sottises, qui les a lancées, puis répandues? La presse républicaine? Les journaux d'extrême gauche? Non pas! La presse nationaliste, les journaux des « patriotes » brevetés.*

C'est encore une fois le contraire de la vérité. Exemple :

Quel journal a lancé, dès le 15 Août 1914, la légende de la famine imminente en Allemagne et publié sous le titre : *Le grand danger pour les Allemands — la famine* — un article, anonyme, où l'on peut lire :

« Les Allemands ont encore une chance (bien minime sans doute) d'échapper à la famine, c'est la pénétration en masse chez nous. La grande bataille annoncée depuis huit jours sera donc l'effort décisif d'une nation affamée qui veut du pain au prix de son sang »?

C'est le *Bonnet Rouge.*

Dans quel quotidien paraissait le 24 Août un article intitulé : *Berlin affamé manifeste* (1)?

C'est encore dans le journal de Clairet.

7° *Les révolutionnaires russes... sont restés et resteront nos amis et nos alliés, mais c'est bien malgré nos journaux réactionnaires.*

Ainsi, d'après Clairet, ce serait notre presse «impérialiste et nationaliste» qui aurait jeté les Lénine et les Trotzki dans les bras de l'Allemagne ! Et Clairet se porte garant de leur amitié et de leur fidélité à l'alliance !

Les événements, ici encore, se sont chargés de le démentir.

8° *Ce sont les « fanfaronnades » du* Matin *et des gazettes nationalistes qui ont ranimé l'ardeur patriotique du peuple allemand.*

Après avoir énuméré nos prétendues déceptions, procédé cher à la *Gazette des Ardennes*, voici que Clairet parle des « fanfaronnades » de notre presse patriote. C'est, au même plan que nos prétendues « tartarinades », une des expressions favorites de l'Etat-Major allemand. Quant au peuple allemand, il n'avait pas besoin des articles de nos journaux patriotes pour soutenir son courage et les ambitions de ses chefs. La lecture des journaux socialistes *Vorwärts*, *Volksstimme*, *Hamburger Echo* (2), etc... lui suffisait. Jamais il n'a manifesté la moindre velléité, pour prouver la pureté de ses convictions socialistes, d'abandonner les territoires conquis par la plus infâme violence et au mépris des droits humains les plus sacrés, sur la Belgique neutre, sur le Luxembourg neutre et la République française pacifiste jusqu'à l'aberration.

(1) Cité au chapitre : l'évolution du *Bonnet Rouge*.

(2) Enrichis des citations de certains journaux français qui se disent libéraux comme le *Bonnet Rouge*, le *Populaire du Centre*, etc...

Clairet, qui semble si bien au courant du service de la Wilhelmstrasse, ignore-t-il que les plus anodines, les plus timides de nos manifestations journalistiques provoquent chez les Allemands d'aussi violentes colères que les prétendues « fanfaronnades » du *Matin*? Sait-il qu'ils traitent les déclarations si modérées, si justes, si raisonnables de M. Wilson par exemple, de folles rodomontades et d'outrageantes provocations? N'a-t-il pas appris que, si pacifique que fût la France, ils l'accusent d'avoir, au mépris de toute équité, disputé à l'Allemagne la « place au soleil qui lui revient de droit »? N'a-t-il pas lu, dans ces journaux allemands qu'il prétend connaître, les campagnes sur ce qu'ils appellent « la Belgique impérialiste » tout au long desquelles ils démontrent que c'est l'arrogante et belliqueuse Belgique qui a provoqué la timide et pacifique Allemagne?

Quel singulier Français que ce Clairet qui fait fond sur la mauvaise foi teutonne pour en tirer argument contre ses compatriotes.

La masse du peuple allemand ne connaît que la Force, n'estime que la Force. Ce sont les journalistes qui, chez ses ennemis, préconisent le reniement de la Patrie et la lâcheté nationale, qui attisent ses appétits et poussent au paroxysme sa volonté de conquête.

9° *C'est la presse « nationaliste »* (décidément Clairet tient autant que l'Etat-Major allemand à ce terme de désunion française) *qui a réconcilié les socialistes avec leur Empereur.*

La manœuvre, cette fois, était par trop grossièrement apparente et la censure est intervenue. Mais qui avait intérêt à ménager ainsi le prestige du Kaiser? Qui avait publié en Janvier 1916 un dessin représentant un ouvrier brandissant la tête de Guillaume II guillotiné? On voit tout le chemin parcouru par le *Bonnet Rouge* dans la dernière phase de son évolution.

On voit aussi avec quelle persévérance criminelle le journaliste qui avait osé défendre devant des républicains français le *Kaiser socialiste* embrasse maintenant les intérêts de celui que le *Bonnet Rouge* appelait autrefois le « fourbe tyran », « le monstre » qui a ordonné le torpillage du *Lusitania* et l'assassinat des femmes et des enfants de Belgique et de France.

Si une presse a provoqué parmi les pseudo-socialistes allemands, un rapprochement autour du souverain, chef des armées germaniques, c'est celle qui, par ses appels à la guerre civile, par ses provocations anti-nationales, déshonore la démocratie française et qui, à travers les citations, trop fidèles hélas ! des journaux d'au delà des Vosges, apparaît au peuple allemand comme l'ilote ivre qui doit à jamais l'éloigner de la république et de la démocratie. Les Allemands aiment l'ordre, ils ont le respect de l'autorité, de la hiérarchie, la religion de la patrie. Un parti de désordre et de discorde nationale ne peut exciter chez eux que mépris et dégoût.

10° *Personne autant que nos publicistes de droite n'a été utilisé par l'ennemi pour sa propagande à l'étranger et sa propagande intérieure.*

C'est exactement le contraire de la vérité. Les publicistes français qui ont le plus largement servi les intérêts de l'ennemi sont ceux qui collaborent à la presse de gauche et avant tout, les Almereyda, les Goldsky, les Badin, Landau, Fanny Clar et les Clairet.

De leurs articles, on l'a vu, les Allemands ont tiré un quadruple profit : — pour décourager les « Français » non encore envahis, comme ils disent ; — pour démoraliser les Français des régions soumises à leur domination ; — pour corser leur propagande, justifier leurs atrocités et relever leur prestige dans les pays neutres ; — pour ravitailler le moral de leur propre population.

11° *Il y a deux hommes dont les journaux fournissent aussi d'arguments la presse allemande et les radiogrammes du service de la propagande : c'est M. Clemenceau dont l'Allemagne utilise les attaques contre les Ministres ; c'est M. G. Hervé, dont tous les journaux ennemis reproduisent les « peut-on dire. »*

La somme de tous les articles de M. Clemenceau et de tous les « peut-on dire » de M. G. Hervé n'a pas fait à la France la millième partie du mal que lui a causé une seule page d'Almereyda. Personne, en France, ni en Allemagne, ne doute du patriotisme du directeur de l'*Homme enchaîné* et du directeur de la *Victoire*. La haine que leur témoignent les journaux allemands en fait foi. Nul n'est plus exécré chez nos ennemis, sinon Barrès et Léon Daudet :

« Ceux qui ont contemplé Clemenceau lors de son dernier discours au Sénat, écrit la *Rheinisch-Westfälische Zeitung* du 25 Août 1917, ont pu se faire une idée du degré que la haine pouvait atteindre dans une âme humaine. Avec une voix tremblante et tous les artifices qui feraient honneur au meilleur comédien, ce vieillard conjura l'assemblée de renverser le ministre de l'Intérieur Malvy, parce que celui-ci se refuse à emprisonner et à fusiller tous les gens qui parlent de paix — autant d'espions allemands, cela va sans dire. Clemenceau veut tout sacrifier à l'unique dessein de détruire l'Allemagne ; il veut introduire la tyrannie la plus sanglante, détruire la liberté, réduire les citoyens à l'esclavage, implanter des jaunes et des noirs sur le sol français ; il vendrait son âme au diable s'il ne l'avait fait depuis longtemps », etc...

Nous verrons plus loin dans quels termes la *Gazette des Ardennes* parle d'Almereyda et de ses collaborateurs. Etablir un rapport quelconque entre les articles de MM. Clemenceau et Hervé et ceux du *Bonnet Rouge* par exemple, au point de vue du parti qu'en ont tiré les Allemands, c'est fausser sciemment la vérité, c'est vouloir faire passer sous une étiquette française une marchandise de contrebande qu'on déclare d'ailleurs sans danger, mais dont la nature a été suffisamment analysée plus haut pour qu'il soit inutile d'insister.

Mais, dira-t-on, que deviennent dans une pareille discussion les droits sacrés de la critique ? Sera-t-il fait défense aux Français de rien écrire et même de rien dire sous prétexte que les Allemands pourraient s'emparer de nos paroles et de nos écrits et s'en servir contre nous? Il n'est en aucun cas question de bâillonner la presse française. Dans un pays libre, la critique doit être libre *dans la mesure où elle ne compromet pas la défense nationale.* Mais il y a la guerre, une guerre « totale » qui impose aux civils comme aux militaires une discipline sévère et de stricts devoirs. S'il est nécessaire de dénoncer les abus, les fautes, les négligences, les erreurs non moins que les lâchetés et les trahisons, il est permis au public qui, en dernier ressort, examine et juge, de dire son sentiment sur le choix des moyens employés. Or voici ce que le public constate :

Quand M. Clemenceau et M. Hervé lançaient contre le Gouvernement leurs articles explosifs, il arrivait que quelques-unes de ces grenades roulaient du côté des Boches qui, naturellement, les recueillaient et nous les renvoyaient avec les commentaires d'usage. Ces grenades ne sont jamais allées loin et n'ont jamais commis de dégâts. Elles n'ont jamais mutilé les énergies nationales.

Il en va tout autrement d'une autre presse, et en particulier du *Bonnet Rouge.*

Dans le journal d'Almereyda, les polémiques mises en œuvre ne s'adressent plus uniquement aux chefs politiques et militaires responsables. Derrière le Gouvernement, elles atteignent et blessent la Patrie. Ici le peuple qui se sent visé et travaillé, le peuple qui réfléchit, dresse l'oreille. Le combattant s'étonne qu'à l'intérieur on lance contre les siens des projectiles asphyxiants dont les gaz délétères refoulent jusque sur le front. Il cherche à connaître l'origine de telles ou telles campagnes de presse qui ont sur son moral les effets de telle ou telle balle dum-dum sur son pauvre corps meurtri. Ces projectiles venus de l'arrière, il les ramasse comme il ramasse des éclats de marmites dans ses tranchées. Il les examine, les soupèse, les compare à ceux qu'il reçoit directement de l'ennemi. Il avait été déjà stupéfait de voir le Boche lui retourner par delà son réseau barbelé, telle bombe de fabrication française dont on lui soulignait ironiquement l'origine. Mais sa surprise se change en indignation, quand il constate que tel obus, telle torpille, lancés de Paris et qui devaient l'atteindre dans le dos, ont exactement la même charge, la même poudre, le même mécanisme, les mêmes dimensions, le même calibre que les torpilles et les obus qu'emploient les Allemands, si bien que ceux-ci, trouvant tout adaptées à leurs engins les munitions françaises qui leur parviennent par-dessus les lignes, s'en servent immédiatement contre nous pour étendre leur œuvre de dévastation et de mort. Au début, on avait pu croire à des maladresses. Des journalistes faisant balle de tout métal auraient pu, par étourderie, par manque de clairvoyance, par ignorance de la mentalité allemande, risquer çà et là un argument qui frôlait une thèse allemande. Mais ici nous nous trouvons en présence d'un système : le nombre des cas où l'on relève une concordance absolue avec les moyens connus, établis, avoués, de l'ennemi, est trop considérable pour que là encore le hasard soit entré seul en ligne de compte. Si la gazette de l'Etat-Major allemand cite si souvent le *Bonnet Rouge*, ce n'est pas seulement parce qu'elle y puise des arguments contre le moral français, c'est surtout parce que, comme nous l'avons établi d'une façon irréfutable, ces arguments sont spécifiquement « allemands », qu'ils portent la marque allemande et qu'à son avis, ils conviennent mieux que tous les autres à la besogne de désagrégation intérieure qui doit précéder l'offensive foudroyante de la diplomatie et des armées allemandes.

II. Comment le « Bonnet Rouge » parle de la « Gazette des Ardennes ».

On a remarqué, dans l'article de Clairet inséré plus haut, comment le collaborateur d'Almereyda évite de préciser le véritable caractère du pseudo-journal de Charleville. A le lire, on peut s'imaginer que la *Gazette des Ardennes* est simplement une feuille française dans laquelle le service de la propagande allemande fait passer de temps à autre des articles d'ailleurs anodins extraits de tous les quotidiens français. C'est la quatrième fois que nous surprenons le *Bonnet Rouge* occupé à créer une équivoque de ce genre. La première fois, c'était dans un article anonyme du 27 Juin 1915 intitulé : « L'investiture de l'ennemi » (dans la campagne « les serviteurs de l'Etranger ») (1). On parlait alors de la *Gazette allemande des Ardennes* (en un seul titre souligné) comme s'il en existait réellement une autre, française celle-là de titre et d'esprit. En second lieu, il est très significatif que le *Bonnet Rouge*, dans son article du 29 Novembre 1915 : « Comment le Kaiser mobilise les écrivains boches », ait orienté l'attention du lecteur sur une *Gazette de Lille* (soi-disant rédigée en français et destinée à abrutir nos malheureux compatriotes), qui n'existe pas et qu'il laisse prudemment dans l'ombre la *Gazette des Ardennes*. Dans l'échoppage du 26 Décembre 1915 : « Quelques nouvelles des Ardennes » par Lorentz, le *Bonnet Rouge* fait bien mention de la « feuille de Charleville », mais en ces termes : « C'est la fameuse *Gazette des Ardennes* qui apprit dans ces régions notre offensive de Champagne ». Quand enfin, dans une cinquième circonstance, le *Bonnet Rouge* (en l'espèce GENERAL N.) parle de la feuille de l'Etat-Major allemand, c'est pour l'appeler « la fameuse *Gazette des Ardennes* qui s'imprime à Charleville, mais qui est allemande de pensée ». Voilà un joli euphémisme pour désigner un engin de guerre allemand, manœuvré par l'Etat-Major allemand, pour broyer le moral de nos malheureux concitoyens envahis !

III. Comment la « Gazette des Ardennes » parle du « Bonnet Rouge », d'Almereyda et de ses collaborateurs.

Les grands chefs d'armées du « front moral » français que sont Clemenceau, Hervé, Barrès et Léon Daudet, ont monopolisé sur leurs têtes les foudres

(1) Voir : L'évolution du *Bonnet Rouge*.

du grand Etat-Major allemand, de sorte qu'il ne reste plus pour Almereyda, ses collaborateurs et leur journal, que tendresses et sourires. On rencontrera plus loin des expressions éparses de cette sympathie à peine déguisée. En voici tout de suite quelques-unes à titre d'exemple et pour l'édification du lecteur.

Sur le « Bonnet Rouge ».

26 Mai 1916. — « Parmi les rares journaux de gauche qui ont conservé une certaine indépendance du jugement à l'égard des versions officieuses, citons l'opinion du *Bonnet Rouge*... »

23 Août 1916. — « Le critique militaire du *Bonnet Rouge*, un des rares journaux évitant les fanfaronnades et le bluff si cher aux feuilles boulevardières, se voit souvent censuré d'une façon particulièrement sévère... », etc...

21 Avril 1916. — *La Norddeutsche Allgemeine Zeitung* (journal officieux de la Chancellerie) écrit sous ce titre : « Voix de France » (1).

« Le *Populaire du Centre* déclare qu'on entend avec plaisir parler enfin de paix et discuter cette question. Il prend nettement position contre l'idée exprimée par l'*Humanité* que l'Allemagne doit être vaincue... D'autres journaux, parmi lesquels le *Bonnet Rouge*, soulignent que le peuple allemand n'est pas un troupeau d'agneaux. Ces feuilles laissent ainsi percer un sentiment de sympathie à l'égard du peuple allemand (2), etc., etc.

Remarquez la date. On lira au chapitre sur l'évolution du *Bonnet Rouge* (7e période) que le mois d'Avril 1916 est précisément l'époque à laquelle le journal d'Almereyda est passé *entièrement* entre les mains allemandes.

Sur Almereyda.

14 Mai 1916. — *La presse boulevardière jugée par un journaliste parisien* : « Il y a en France tout de même quelques écrivains qui réagissent contre la méthode funeste de la grande presse. Nous avons déjà cité quelques-unes de ces voix (1) isolées. Ajoutons aujourd'hui un article de M. Miguel Almereyda en tête de son journal le *Bonnet Rouge* du 7 Mai. Cet article, où l'auteur exprime son opinion personnelle sur la réponse allemande dans la question des sous-marins, dépasse de beaucoup son sujet. Il constitue tout un réquisitoire contre la politique et le journalisme des phrases. Nous le reproduisons intégralement sans commentaires... »

9 Juin 1916. — *La réorganisation de la censure* ; « Nos lecteurs se souviennent que l'*Action française* a prétendu que la disparition de M. Gautier faciliterait la propagande pour la « paix boche ». Le grand maître « a disparu » tout de même (3). Il convient donc de citer le nécrologe de Léon Daudet, du moins en partie. L'homme au style doux et complaisant écrit : « Ce départ va combler de joie le louche Téry et le voleur Vigo. En « revanche, il attriste les patriotes »... (pour éclairer le lecteur, ajoutons que le « louche Téry » et le « voleur Vigo » sont des directeurs de journaux qui ne partagent pas les vues intégralement nationalistes (4) de l'auteur des *Morticoles*). »

(1) Toujours l'obsession des « voix » (Voir chapitre V).

(2) Voir aussi : *Rheinisch-Westfälische Zeitung*, 17 Novembre 1916, etc...

(3) La *Gazette des Ardennes* n'a-t-elle pas l'air d'écrire cette phrase en poussant un soupir de satisfaction ?

(4) On voit que l'Etat-Major allemand, tout comme Clairet, tient à l'emploi de ce mot « nationaliste » qui ne peut que raviver d'anciennes querelles.

23 Juin 1916. — *La conférence économique des Alliés* (éditorial). — « Ce qui est pour nous absolument certain, c'est que cette politique de violence tendant à exclure la concurrence allemande — au profit d'une clique de producteurs et de spéculateurs — ne tarderait pas à se retourner contre les spéculateurs qui forment la masse des peuples. Ce côté essentiel du problème, un journaliste français, M. Miguel Almereyda, vient de le formuler en termes précis. Quels seront, demande-t-il, ces « lendemains réparateurs » dont a parlé M. Briand ? Et voici sa réponse cinglante : »

14 Juillet 1916. — *Pauvre Sénat ! Pauvres Républicains !* : « Les institutions parlementaires ne sont pas au goût de tout le monde. Qu'on en juge d'après les lignes suivantes que nous trouvons dans l'*Action française* :

« Le comité secret de la Chambre a tourné en os (*sic*) de boudin... Celui du Sénat « aura le même sort... Les Allemands ne renonceront pas pour cela à tenter quelque « perturbation, par le moyen du papier imprimé, qui demeurera à leur disposition, tant « qu'on n'aura pas coffré... »

« (Suit le nom du rédacteur en chef d'un journal qui a la guigne de déplaire aux nationalistes intégraux). »

3 Juillet 1917. — Le « *Petit Parisien* mande qu'un nouveau groupe politique vient d'être fondé, nommé « Ligue républicaine ». Parmi les hommes politiques qui en font partie, il cite M. Caillaux et, parmi les journalistes, M. Almereyda, le rédacteur en chef actuel du *Bonnet Rouge*. »

Sur « GENERAL N. ».

26 Mai 1916, — Le critique militaire de ce journal (*Bonnet Rouge*), le Général N., écrivait le 20 Mai, alors que la victoire austro-hongroise n'était encore que dans ses commencements : » (suit la citation du *Bonnet Rouge*, 25 lignes)...

21 Juillet 1916. — *La Grande offensive alliée* : « Depuis, les Anglais sont entrés dans ce bois (des Trônes). Ce sont là des péripéties de la lutte qui n'ont rien de décisif, Le Général N. le dit fort bien dans le *Bonnet Rouge* du 18 Juillet, dans un article fortement blanchi d'ailleurs où la censure semble avoir supprimé de franches vérités. « Succès sur à la Somme? Oui. Leurs conséquences? *Nul n'en sait rien et n'en peut rien savoir* », etc...

26 Juillet 1916. — *Un appel* : « Dans le *Bonnet Rouge* du 19 Juillet, le Général N... semble avoir voulu parler de la nécessité de songer à la paix. La censure ne le lui a pas permis et a coupé le passage subversif ; citons toutefois les considérations finales de cet article... » (38 lignes de citation).

30 Juillet 1916. — *La censure et l'offensive* : « L'autre jour, l'*Eclair* essaya de publier sous le titre : « *Les leçons d'une offensive* », un article de fond de deux colonnes que la censure a entièrement supprimé. Le Général N., critique militaire du *Bonnet Rouge*, se plaint du fait que la censure estropie ses articles consacrés aux événements militaires de la Somme. Il écrit : » (44 lignes de citation).

3 Juillet 1916. — *Où en est-on?* (éditorial) : « D'autres critiques militaires protestent également contre ces dangereuses illusions dont est revenu leur confrère Rousset. (Le lieutenant-colonel Rousset : *Sur les pertes allemandes*).

« Tel est le Général N., écrivant dans le *Bonnet Rouge* du 20 Juin :... « Tous les statisticiens militaires au service de l'Entente accumulent calculs sur supputations, évaluations sur estimations, pour nous prouver que nos adversaires ne possèdent pas de réserves »...

« Le Général N... a voulu achever sa pensée. La censure la lui a coupée. Ainsi donc la réalité se dresse poignante.

« Cet appel aux Anglais, nous le retrouvons dans le *Bonnet Rouge* où le Général N. déjà cité plus haut écrit à propos de l'offensive russe... » (Suivent 12 lignes de citation).

18 Août 1916. — *La double bataille* : Le collaborateur militaire de la *Post* de Zurich (1)

(1) Journal germanophile.

constate que « s'il est prématuré de parler d'un arrêt dans l'offensive anglo-française... il devient de plus en plus possible qu'on voie finalement décroître cette offensive. C'est là d'ailleurs l'opinion qu'un critique militaire de Paris, le Général N..., exprime tous les jours ».

23 Août 1916. — *A l'adresse d'Anastasie* : « Le critique militaire du *Bonnet Rouge*, un des rares journaux évitant les fanfaronnades et le bluff si chers aux feuilles boulevardières, se voit souvent censuré d'une façon particulièrement sévère. Il répond, dans le numéro du 15 Août, par un petit article intitulé : « *En conséquence* » qui débute ainsi : » (suivent les citations du Général N... en italiques, en *caractères gras*, 28 lignes).

23 Août 1916. — *Prophéties et déceptions* (éditorial) : « *Cette victoire hypothétique, voilà ce qui, d'après le Général N..., effacera en France la déception causée par le peu de développement de l'offensive anglo-française.*

« Le critique militaire du *Bonnet Rouge* continue cependant... Nous pourrions aisément, aujourd'hui, confronter nos textes avec d'autres et juger d'après les événements ce qu'il faut penser de certains prophètes »...

9 Septembre 1916. — *A Salonique* : « Il y a d'ailleurs à Paris même de rares journalistes et critiques militaires auxquels l'affaire de Salonique semble louche.

« Dans un article consacré à la situation, le Général N..., après avoir affirmé qu'il ne refuse pas sa confiance au Gouvernement, continue :

« Mais nous supplions nos lecteurs *de ne pas faire, eux, confiance à la presse de bluff et de mensonge qui empoisonne l'opinion française*... Nos buts dans les Balkans... ne sont pas trop éloignés de nous. Mais il ne faut compter ni sur les résultats d'un *assaut impossible donné* aux retranchements bulgares austro-allemands, ni même sur les résultats que pourront donner — plus tard... — les élections grecques ».

« Dans l'*Œuvre*, le Général Verraux n'est pas moins sceptique : « ... Il ne reste au général Sarrail d'autre alternative que d'obéir à l'*Echo de Paris* ou bien de suivre le *Conseil de Napoléon* que rappelle la manchette de l'*Œuvre* »...

« Quel conseil? Le censeur l'a coupé ! C'est le Général N..., critique militaire du *Bonnet Rouge*, qui nous l'apprend en commentant ainsi le jugement cité de son collègue, le général Verraux : »...

24 Septembre 1916. — *Citation de Jean Goldsky* : « L'autre jour dans mon bureau un homme vêtu de noir me contait sa navrante histoire : « J'avais trois fils, me disait-il », etc...

7 Novembre 1916. — « Le Général N... est un des très rares critiques militaires de la presse parisienne qui reconnaissent les qualités de l'adversaire. Est-ce parce qu'il est *soldat* (1), tandis que la plupart de ses confrères sont des écrivains de métier? »

12 Novembre 1916. — *La presse française et la Roumanie* : « Parmi les voix qui signalèrent « ce rayon d'espoir » (l'arrêt de l'avance allemande), citons celle d'un critique qui ne perd jamais complètement le sens des réalités. Le Général N... publiait cet article que nous reproduisons entièrement »...

2 Décembre 1916. — *Sur la mobilisation civile* : (Après une citation du *Temps* qui constate que l'Allemagne augmente ses moyens de défense) : « Le Général N..., critique militaire du *Bonnet Rouge*, relève avec raison cet aveu du *Temps* qui dément d'un seul coup la légende de l'épuisement matériel de l'Allemagne », etc...

23 Novembre 1916. — *Les communiqués ennemis* : « Le Général N... écrit dans le *Bonnet Rouge* : « Nous nous sommes souvent élevés contre l'interdiction faite à la presse française de publier les communiqués ennemis », etc...

3 Décembre 1916. — *Toujours les communiqués ennemis* : « Sur ce sujet inépuisable le Général N..., critique militaire du *Bonnet Rouge*, publie les récriminations que voici : » (28 lignes de citation).

(1) En italiques dans la *Gazette des Ardennes* (cité plus haut).

5 Décembre 1916. — *Victoire en Roumanie* : « Dans le *Bonnet Rouge*, le Général N... s'exprime ainsi : L'heure grave a sonné pour la Roumanie », etc... (32 lignes de citation).

10 Décembre 1916. — *Autour de la prise de Bucarest* : « Il est juste d'opposer à l'opinion de Polybe les commentaires d'un autre critique militaire plus clairvoyant sans doute. Dès le 3 Décembre, le Général N... envisageait, dans le *Bonnet Rouge*, l'éventualité de la prise de Bucarest, disant que « si elle se produit, elle aura des conséquences morales considérables et qu'elle comptera parmi les événements les plus déplorables de cette guerre fertile en surprises ». Il continuait : »... (24 lignes de citation).

19 Décembre 1916. — *Premiers échos de la note de la paix. Voix françaises et anglaises* (éditorial) : « Dans le *Bonnet Rouge*, le Général N... publie un article fortement censuré qui apostrophe ainsi la presse nationaliste : « L'indignation de la grande presse ne se concevrait pas si le grand public n'était habitué à ce ton d'*échappés de cabanons* », etc...

21 Décembre 1916. — *Autour de la proposition de paix. Une voix raisonnable* : « Parmi les voix qui demandent des précisions sur la paix que propose l'Allemagne, il en est de sincères. Celles-ci acceptent en principe la discussion. Citons M. Jean Goldsky qui écrit dans le *Bonnet Rouge* : « La Presse parisienne... *a discutaillé, surtout injurié. Elle eût mieux fait de se taire* », etc... (22 lignes de citation).

Sous le titre « L'indésirable vérité », la *Gazette des Ardennes* du 22 Avril 1917 consacre son éditorial entier (plus de deux longues colonnes) aux articles de Goldsky parus dans le *Bonnet Rouge* des 12 et 13 Avril 1917, intitulés : « Ce que j'ai vu dans les régions récupérées » et « L'apothéose de l'imbécillité ».

Ces deux articles de Goldsky viennent à l'appui de cinq des principales campagnes de la *Gazette des Ardennes* exposées par ailleurs :

1) Contre la haine des Allemands.

2) Contre le moral français.

3) Contre la censure française.

4) Contre la grande presse française.

5) Pour la défense des intérêts moraux de l'Allemagne.

Ils reproduisent exactement un des principaux arguments de la *Gazette des Ardennes* et de tous les journaux allemands : « Les dévastations systématiques des régions abandonnées sont des nécessités militaires, donc légitimes ».

Ainsi qu'en fait foi l'exemplaire ci-joint (1), percé d'un trou à l'emporte-pièce, les Allemands ont envoyé dans les tranchées françaises des numéros de la *Gazette des Ardennes* reproduisant les articles de Goldsky.

IV. Textes du « Bonnet Rouge » cités par la « Gazette des Ardennes ».

Les textes du *Bonnet Rouge* reproduits par la *Gazette des Ardennes* peuvent se ranger sous trois rubriques :

1) Les textes communs empruntés par les deux journaux a d'autres périodiques.

2) Les textes du « Bonnet Rouge » reproduits par la « Gazette des Ardennes » sans indication d'origine.

(1) Remis au capitaine Bouchardon.

3) Les textes du « Bonnet Rouge » cités avec l'indication de la source.

I. Textes communs empruntés par les deux journaux a d'autres périodiques.

Nous avons, au cours de notre étude sur les campagnes parallèles de la *Gazette des Ardennes* et du *Bonnet Rouge*, relevé un certain nombre de citations communes empruntées aux mêmes journaux ou aux mêmes revues. Nouvelle coïncidence bien étrange, qui indiquerait tout au moins une singulière harmonie de pensée entre une feuille soi-disant française et l'Etat-Major ennemi, et qui, par la répétition des cas observés, prend la forme d'un accord tacite. En voici quatre :

1° Un article de Galtier-Boissière, dans le *Crapouillot*, contre la grande presse, inséré :

Dans la *Gazette des Ardennes*, le 3 Juillet 1916, sous le titre : *Une voix de la tranchée.*

Dans le *Bonnet Rouge* du 30 Juin 1916, sous le titre : *Les bourreurs de crânes jugés par un soldat.*

2° Un article de l'*Œuvre* sur l'Usine aux cadavres, inséré :

Dans la *Gazette des Ardennes* du 18 Avril 1917, sous le titre : *Paroles raisonnables.*

Dans le *Bonnet Rouge* du 21 Avril 1917 sous le titre : *L'usine aux cadavres !* Le record de la bêtise dans le mensonge.

3° Un article du *Canard enchaîné* sur le « Deutschland » démontable et deux citations de l'*Echo de Paris* et de la *Liberté* sur le même sujet, insérés :

Dans la *Gazette des Ardennes* du 18 Août (éditorial), sous le titre : *Un bateau démonté.*

Dans le *Bonnet Rouge* du 6 Août 1916, sous le titre : *Comment on fait marcher le public français.*

4° Un entrefilet de la *Grimace* sur la tour de la cathédrale de Soissons :

Dans la *Gazette des Ardennes* du 10 Juillet 1917, sous le titre : *Les bourreurs de crânes* (1).

Dans le *Bonnet Rouge* du 5 Juillet 1917 sous le titre : *Bourrage.*

En poursuivant une enquête dans ce sens, il est très vraisemblable qu'on trouverait d'autres exemples de ces doubles échos qui tous, comme par hasard, chantent le même air.

II. Textes du « Bonnet Rouge » reproduits par la « Gazette des Ardennes » sans indication d'origine.

En citant les mêmes passages des mêmes journaux, la pseudo-gazette et

(1) Voir plus haut : 4e campagne, les mystifications de la grande presse.

la feuille d'Almereyda ont l'air de s'ignorer. Il est des cas où l'Etat-Major de Charleville insère des articles du *Bonnet Rouge* et prend soin de dissimuler le nom de ce journal sous des formules comme celles-ci :

9 Juillet 1916. — *La guerre éternelle* (éditorial) : ... « A ceux qui s'imaginent pouvoir écraser le travail pacifique de l'Allemagne sous des droits prohibitifs, M. Guyot réplique :
« Ils ignorent, ces naïfs ! que les droits de douane sont payés par *les consommateurs* », etc...
« Ce serait, ajoute le journal parisien qui cite ce témoignage autorisé, *nous mettre à* « *l'amende*. Singulière façon de punir les Allemands ».

Ce journal parisien, c'est le *Bonnet Rouge* qui, le 11 Juin 1916, publiait, sur le livre de M. Yves Guyot : « Les causes et les conséquences de la guerre », un long article intitulé : *M. Yves Guyot contre les représailles* (1).

30 Juillet 1916. — *La voix des tranchées* : « Un des rares journaux de Paris qui n'ont pas perdu le contact avec l'âme populaire vient de publier l'article que voici : »...

Ce journal, c'est encore le *Bonnet Rouge.* L'article cité en entier y avait, sans signature, paru le 18 Juin précédent et sous le même titre « La voix des tranchées ». Nous établirons plus loin, au chapitre V, qu'il s'agit d'une page entièrement rédigée par un des collaborateurs de la *Gazette des Ardennes* insérée dans le journal d'Almereyda, puis reprise par l'Etat-Major allemand, qui la servit aux envahis, rehaussée de son camouflage « français ».

15 Octobre 1916. — *La Fortune d'un neutre* (éditorial) : « Dans le camp des Alliés, ce n'est pas sans appréhension qu'on envisage la suprématie croissante du monde américain et ses dangers pour l'avenir de l'Europe. Sous le titre : le Triomphe d'un neutre, M. Gilles Normand étudie le problème dans un article dont voici les passages essentiels » : (suit la citation : 94 lignes).
« Il y a dans cet article d'un auteur français de quoi faire réfléchir les fanatiques de la haine exterminatrice qui poursuivant leur *irréalisable chimère* de la « défaite allemande », se refusent à voir qu'ils ne font qu'aggraver de jour en jour la ruine de la vieille Europe au profit des continents plus jeunes qui guettent l'héritage de sa prospérité et de sa civilisation ».

Ce que la *Gazette des Ardennes* n'ajoute pas, c'est que Gilles Normand est un des rédacteurs du *Bonnet rouge* et que son article « le Triomphe d'un Neutre » paru dans le journal d'Almereyda du 6 Septembre 1916, constitue une manœuvre à double effet qui a sa place dans les deux campagnes : « Pour la paix immédiate » (la paix ou la ruine) et « contre l'intervention américaine ».

(1) Ajoutons que M. Yves Guyot avait auprès de lui comme secrétaire, à la fin de 1915 (c'est-à-dire au moment où il travaillait à un ouvrage dont par ailleurs la sincérité et les convictions françaises ne peuvent être suspectées), un Luxembourgeois naturalisé nommé Bucholz, ancien secrétaire de Wieland, avocat de l'ambassade d'Allemagne à Paris avant la guerre, qui a été convaincu par le 2e bureau du G. M. P. d'avoir rendu des services à son ancien patron pendant la guerre. L'enquête commencée à ce sujet a-t-elle été interrompue par la suppression du 2e bureau du G. M. P. ? c'est ce que nous ne saurions dire.

16 Décembre 1916. — *Un député censuré* (éditorial) : « Le 10 Décembre, M. Roux-Costadau a prononcé à la Chambre un discours qui a fait sensation. Le seul journal de Paris qui ait publié un compte rendu détaillé de cette séance l'a fait en déclarant : « *Nous croyons que le public a le droit de savoir ce qui se passe et ce qui se dit au Parlement* » (1), etc...

Ce journal, c'est toujours le *Bonnet Rouge* qui, le 11 Décembre, sous le même titre : « Un député censuré », mettait sous les yeux des lecteurs français des déclarations sur lesquelles toute la presse française avait jugé plus patriotique de faire le silence.

III. TEXTES DU BONNET ROUGE » CITÉS AVEC L'INDICATION DE LA SOURCE.

Dans la collection de la *Gazette des Ardennes* qui commence au 1er Janvier 1916, ces textes ne deviennent très fréquents qu'à partir du mois de Mai 1916. Et cela ne laisse pas de confirmer ce qu'on sait par ailleurs de l'époque à laquelle le *Bonnet Rouge* n'avait plus rien de français que quelques signatures égarées destinées à donner le change (2).

On verra dans les citations qui vont suivre que l'Etat-Major allemand, avec un manque de tact que n'aiguise pas le mépris où il tient des complices traîtres à leur propre pays, ne manque pas une occasion de plaider devant nos concitoyens envahis la cause du *Bonnet Rouge* et de ses collaborateurs.

Exemples : (jusqu'à la fin d'Août 1916) (3).

19 Janvier 1916. — *L'union sacrée et la presse* : « Le député Longuet a publié dans le *Bonnet Rouge* un article que nous n'avons pas lu (4). Voici toutefois la critique infligée par l'*Action française* au pauvre député. Nous la reproduisons comme un bel échantillon de l'union sacrée entre les divers journaux :

« *Quart de Boche et la conscription anglaise.* — La réaction de la presse patriote est vive « contre l'impudence bochisante du quart de Boche.

« Le *Rappel* qui, le premier, signala l'insolent article du *Torchon*, y revenait hier pour « lui consacrer son éditorial », etc...

« Dans ces temps sérieux, des plaisanteries de ce genre donnent toujours quelques moments agréables aux lecteurs » (5).

14 Mai 1916. — *La presse boulevardière jugée par un journaliste parisien* (6).

(Voir plus haut : La *Gazette des Ardennes* sur Almereyda).

Dans la citation du *Bonnet Rouge*, la *Gazette des Ardennes* souligne les passages suivants :

« *La manie de ravaler l'Allemagne au rang d'une population de papous aura fait plus de mal à la France que tous les engins de destruction dont disposent les armées du Kaiser* (7).

... « *Le blocus hermétique organisé par l'Angleterre oblige l'Allemagne à se défendre. Elle riposte par la guerre de sous-marins, seul moyen efficace de défendre ses indigènes* » (8).

(1) Souligné dans la *Gazette des Ardennes*.
(2) Voir : L'évolution du *Bonnet Rouge*, 7e période.
(3) La *Gazette des Ardennes* ne paraît que quatre fois par semaine.
(4) Naturellement.
(5) 2e campagne.
(6) 4e campagne.
(7) 9e campagne.
(8) Il est effarant que la censure ait laissé passer un texte pareil ; c'est la thèse allemande dans tout son cynisme (voir argument 12).

Remarquons aussi les lignes suivantes :

« Altkirch. Puis sont venues les histoires sur l'usure de l'Allemagne, on crevait de faim à Berlin » (1).

19 Mai 1916. — *Les exotiques et le travail français* : « Ils (les travailleurs français) craignent que cette main-d'œuvre étrangère ne fasse baisser les salaires. A ce sujet, M. Miguel Almereyda écrit dans le *Bonnet Rouge* du 5 Mai un article où il dit entre autres :

« Quoi, vous avez été incapables d'empêcher la guerre et vous osez parler? *Grave* « Temps, *si toi et tes pareils n'aviez pas systématiquement discrédité, outragé, déshonoré les* « *hommes et les partis qui s'efforçaient par une politique de sagesse et de raison, d'éviter* « *que des insensés jouassent avec le feu, l'incendie ne se serait peut-être pas allumé* » (2).

15 Mai 1916. — *Le drame irlandais* (au sujet de la comtesse Markiewicz) « ardente patriote irlandaise et véritable héroïne de Dublin ».

« Représentez-vous, lecteurs, le roman que n'auraient pas manqué de tirer de cette victime de son patriotisme le *Matin* et l'*Echo de Paris* !

« Nous n'imiterons pas ces méthodes, car nous n'avons pas besoin de ces petits moyens. Les faits se chargent de déchirer de jour en jour davantage le voile de mensonge et d'hypocrisie contre lequel nous luttons.

« Nous nous contenterons donc de reproduire ici sur la personne de la comtesse de Markiewicz un article publié par un des rares journaux parisiens qui n'ont pas perdu complètement le souvenir des causes de liberté qu'ils défendaient (3) jadis. Voici ce portrait emprunté au *Bonnet Rouge* du 9 Mai :

La Comtesse Markiewicz.

« ... Fille d'un baronnet irlandais, mariée à un comte polonais, elle unissait en elle... les sentiments de révolte qui sont communs à ces deux peuples... en qui gronde depuis des siècles un même souffle contre la tyrannie de leurs vainqueurs... Telle est cette figure de femme, héroïne de l'émeute » (4).

Signé : JACQUES LANDAU.

26 Mai 1916. — *Deux jugements* (voir plus haut : *Gazette des Ardennes* sur GENERAL N.).

26 Mai 1916. — *La réparation d'une gaffe* (5) : « Le *Bonnet Rouge* qui a été saisi dernièrement pour avoir publié malgré la censure un article paru dans le *Matin*, annonce qu'il assigne M. Jules Gautier, conseiller d'état, directeur de la censure, devant le Tribunal civil de la Seine en 10 000 francs de dommages-intérêts ».

28 Mai 1916. — *Liste des journaux suspendus par la censure* (d'après le *Ruy Blas*).

« *Bonnet Rouge*, 4 jours. »

« *Journal du Peuple*, 28 jours », etc., etc.

7 Juin 1916. — *Réponses aux dirigeants* : « Répondant dernièrement au discours que M. Poincaré prononça dernièrement à Nancy et dans lequel il déclara pour la mille et unième fois vouloir faire la guerre jusqu'à la défaite de l'Allemagne, le *Bonnet Rouge* répond par un article intitulé « Jusqu'au bout », dont voici quelques passages cruels d'ironie :

« Vous rejetez la médiation? Ce qu'il vous faut, c'est le succès total?

« Allons-y ! mais au cas d'un « raté » c'est pour les maladroits la sixième arme (6).

(1) Nous verrons (ch. VI) plus loin que c'est le *Bonnet Rouge* lui-même qui s'était fait le propagateur de ces fausses nouvelles.

(2) Souligné dans la *Gazette des Ardennes* ; 13e campagne.

(3) Cet imparfait est très éloquent, il prouve que la *Gazette des Ardennes* suit le *Bonnet Rouge* depuis le jour de sa naissance : 22 Novembre 1913. (Voir plus loin l'évolution du *Bonnet Rouge*).

(4) Voir 7e campagne : contre l'Angleterre.

(5) 5e campagne.

(6) Voir 2e campagne.

« C'est bien entendu ainsi ».

(A la fin de cet article de menaces, de cette évidente tentative de chantage, la *Gazette des Ardennes* a eu la prudence de supprimer la signature de Miguel Almereyda.)

7 Juin 1916. — *La réorganisation de la censure* (1) : « ... Le *Bonnet Rouge* a été saisi et supprimé pour 8 jours.

« ... Impossible donc de découvrir le nouveau « système » ! Tout ce qu'on peut dire jusqu'à présent, c'est que la nouvelle censure promet ! »

9 Juin 1916. — *La réorganisation de la censure* (2) (voir plus haut *Gazette des Ardennes*, sur Almereyda).

12 Juin 1916. — *Un jugement sur le* Matin : « Un journal parisien hebdomadaire, les *Hommes du Jour*, publie un article de fond sur son confrère le *Matin*. On se rappelle que le *Bonnet Rouge* a été suspendu pour une semaine parce qu'il avait reproduit un article sur Verdun qui avait paru le jour même dans le *Matin*. A ce propos, les *Hommes du Jour* écrit entre autres :

« Le *Matin* dont rien parmi les consignes imposées à la nationale Anastasie ne peut « m'empêcher de dire qu'il est infâme et qu'il déshonore, avec un cynisme immense « comme l'inconscience humaine, la presse française, la patrie française, qui sont ma « patrie et ma presse et l'humanité tout entière » (3).

18 Juin 1916. — *Un neutre douteux* (éditorial) : « M. Charles Humbert n'est plus seul aujourd'hui à mettre à sa place le « douteux allié » qu'est le temps. Un autre journaliste appartenant à la gauche, M. Miguel Almereyda, vient de lui consacrer le petit article plein de verve ironique que voici » (4) :

19 Juin 1916. — *Sacha Guitry et la Prise de Lemberg* : « Le *Bonnet Rouge* s'exprime encore plus nettement (que le *Temps*).

« Le public admet tout, même les productions idiotes. Il n'admettrait pas que pour chauffer l'enthousiasme et la salle les acteurs se transformassent en informateurs... Au surplus ce n'est pas l'affaire des artistes ; dans ce genre de sottise nous avons déjà les journalistes, ça suffit » (5).

23 Juin 1916. — *La conférence économique des Alliés* (6) (éditorial) : (Voir plus haut, *Gazette des Ardennes* sur Almereyda).

30 Juin 1916. — *Une noble protestation* : « Dans le *Bonnet Rouge* du 16 Juin, Mme Fanny Clar publie ce petit article très digne que nous reproduisons sans commentaire » :

(Suit la citation du *Bonnet Rouge*, 29 lignes) (7).

3 Juillet 1916. — *Où en est-on?* (8) (Voir plus haut : *Gazette des Ardenes* sur GENERAL N.).

7 Juillet 1916. — *Une ignominie* (éditorial) : « Dans son n° du 30 Juin, la *Gazette des Ardennes* a reproduit un article d'un journal de Paris (9) qui dénonçait le fait brutal que les Françaises qui avaient épousé des Allemands avant la guerre ont été internées dans des camps de concentration...

« Les mots me manquent pour flétrir cette nouvelle ignominie commise au nom de la France « aimable et sociable »...

« Grâce à vous, Messieurs les Ministres, on pourrait bien ne plus parler dans lemonde, si ce n'est comme d'un souvenir historique, de notre France idéaliste et chevaleresque !

(1) 5e campagne.
(2) 5e campagne.
(3) 4e campagne.
(4) Voir 2e campagne, page 51 et chapitre V.
(5) 4e campagne
(6) 6e campagne.
(7) 10e campagne.
(8) 2e campagne.
(9) On a vu qu'il s'agissait du *Bonnet Rouge*. La *Gazette des Ardennes* fait allusion à l'article de Fanny Clar cité plus haut.

« Tout autre est votre France haineuse, violente, aux gages de l'étranger (1). Hélas ces grands principes semblent ne plus exister que de nom, enfermés dans une nouvelle Bastille du bon plaisir. Mais patience ! Votre Bastille s'écroulera un jour et avec elle ceux qui auront faussé et empoisonné l'âme de notre France libre et généreuse » (2).

UN FRANCAIS INDIGNÉ.

9 Juillet 1916. — *La guerre éternelle* (3) : (Voir plus haut : textes du *Bonnet Rouge* reproduits sans indication d'origine).

14 Juillet 1916. — *Pauvre Sénat ! Pauvres républicains* (4) : (Voir plus haut : la *Gazette des Ardennes* sur Almereyda).

21 Juillet 1916. — *La grande offensive* (voir plus haut : la *Gazette des Ardennes* sur GENERAL N.).

23 Juillet 1916. — *Quelques voix raisonnables* : « On reconnaît volontiers en Allemagne qu'à côté des déclamations haineuses de certains journaux « anti-boches » (il y en a même un qui s'honore de ce nom !), on entend quelquefois des voix (5) plus raisonnables. Enregistrons quelques-uns de ces oiseaux rares... (Ici la *Gazette des Ardennes* cite un article de l'*Intransigeant*, « L'ennemi est encore fort », que le *Bonnet Rouge* a reproduit de son côté dans son n° du 18 Juillet 1916, accompagné des commentaires de M. Badin.) Voilà pour les Allemands du front. Quant à ceux de l'arrière, citons un article de M. Puech, publié dans la *Grande Revue* de Juin. Le *Bonnet Rouge* qui reproduit cet article en partie, l'introduit par les quelques lignes que voici :

« On traque chez nous tout ce qui vient d'Allemagne, même les œuvres des Allemands « de génie, et les expulsions nous privent de plaisirs élevés, tels que l'audition des opéras « de Wagner...

... « Il en va tout autrement chez nos adversaires. Les théâtres ni les concerts ne sont « fermés en Allemagne et on y joue même des œuvres françaises », etc... (37 lignes de citation).

« Nous souhaitons vivement que ces lignes viennent sous les yeux académiques de MM. Barrès, Masson, Saint-Saëns et autres pour qui tout Français qui reconnaît en Wagner un grand musicien commet un crime de haute trahison » (6).

26 Juillet 1916. — *Un appel* (7) : (Voir : *Gazette des Ardennes* sur GENERAL N.).

30 Juillet 1916. — *La censure et l'offensive* (8) : (Voir : *Gazette des Ardennes* sur GENERAL N.).

13 Août 1916. — *Traître et martyr* (9) (sur Casement) : « Nous attendions une protestation de la France démocratique contre l'exécution du patriote irlandais. Cette protestation, nous l'attendons encore... A peine un timide regret de Renaudel dans l'*Humanité*... Le *Bonnet Rouge* qui, seul, semble avoir voulu libérer franchement sa conscience, fut massacré (par la censure), avec plus de sévérité encore.

« Casement écrivait : « Je prie nuit et jour Dieu de sauver l'Allemagne » (10).

« La presse française n'a pas trouvé en face de la vengeance britannique le courage de prononcer le mot libérant la conscience historique de la France... Des journaux neutres l'ont fait pour elle », etc...

(1) Ces étrangers sont les Anglais. Cf. chap. sur l'évolution du *Bonnet Rouge*, la campagne : les serviteurs de l'étranger. « Le coup du prussien ».
(2) 11e campagne.
(3) 6e campagne.
(4) 2e campagne.
(5) Toujours « les voix ».
(6) 9e campagne.
(7) 11e campagne.
(8) 5e campagne.
(9) 7e campagne.
(10) 9e campagne.

13 Août 1916. — *Vaillants prisonniers* (1) : « Nous lisons dans le *Bonnet Rouge* du 2 Août : « Des prisonniers allemands ont aidé à éteindre un incendie », etc...

16 Août 1916. — *Une bibliothèque de journaux* (2) : « ... Voici toutefois une petite remarque critique de M. Jacques Landau (3), que nous reproduisons sans commentaire :

« La censure a dénaturé l'opinion et ce qu'il y aurait de plus intéressant pour l'historien de demain c'est justement ce que la censure n'a pas laissé dans les journaux... Si M. Homolle veut vraiment être utile aux historiens de l'avenir, qu'il conserve précieusement non les productions inutiles des « bourreurs de crânes », mais uniquement les échoppages de la censure. Ce faisant, il apportera sa contribution à l'Histoire et il permettra aux écrivains futurs de mettre en lumière à la fois la pensée française et la bêtise insondable de ceux de nos contemporains qui ont accepté de la sophistiquer et de la châtrer » (4).

18 Août 1916. — *Un bateau démonté* (5) : (Voir plus haut : textes de périodiques cités par la *Gazette des Ardennes* et le *Bonnet Rouge*).

18 Août 1916. — *La double bataille* (6) : (Voir : *Gazette des Ardennes* sur GENERAL N.).

18 Août 1916. — *Le congrès socialiste français* (7) :... « Au nom de la minorité, M. Mistral proposa la résolution suivante, qui fut adoptée par 1081 voix : ... « En outre, *justement inquiet du discours provocateur de Nancy* (8) (il s'agit du discours où M. Poincaré proclama la guerre jusqu'à la défaite complète de l'Allemagne, *La Réd.*) et des prétentions de l'impérialisme russe et dans le but de dissiper toutes les équivoques », etc...

« La publication de cette résolution minoritaire a été interdite par la censure du Gouvernement français à tous les journaux, à l'exception de l'*Humanité* qui a été autorisée à la reproduire en petits caractères.

« Opposant à cette « liberté française » la prétendue « tyrannie », qui, d'après les journaux parisiens, régnerait en Allemagne, le *Bonnet Rouge* cite les paroles suivantes dans lesquelles le chancelier M. de Bethmann-Hollweg résume le principe de la censure allemande : « *On doit, à mon avis, apporter le moins de restrictions possible à la liberté de la presse qui, malgré de grandes difficultés, fait son devoir dans une juste appréciation de ses responsabilités.* »

20 Août 1916. — *La souffrance de l'Irlande* (9) *racontée par un député irlandais* : « Dans le *Bonnet Rouge* du 3 Août, le docteur Arthur Lynch, membre irlandais de la Chambre des Communes, qui est un ami de la France et un partisan des Alliés, a développé le problème irlandais dans un esprit nullement anglophobe. Voici les principaux passages de cet article : ...

(Passages soulignés par la *Gazette des Ardennes*) :

« Ces Protestants sont pour la plupart *les descendants d'immigrants qui furent placés « ou « plantés » sur des terres prises aux catholiques par la confiscation*; *comme conséquence « des invasions successives anglaises la prédominance des protestants était due seulement « à la partialité du gouvernement...*

« *L'Irlande a toujours été mal gouvernée par l'Angleterre... Mécontentement, rébellion, « oppressions sanguinaires forment l'histoire du pays...*

« *De génération en génération, les héros nationaux irlandais ont été ceux qui furent au « premier rang pour s'opposer au joug anglais...*

(1) 1re campagne, citée p. 18.
(2) 4e et 5e campagnes.
(3) Ici encore la *Gazette des Ardennes* évite de rappeler le nom du *Bonnet Rouge* où a paru l'article de Jacques Landau.
(4) Le vœu de Landau est en partie réalisé par la présente publication (note de 1920.)
(5) 4e campagne.
(6) 2e campagne.
(7) 2e, 5e et 11e campagnes.
(8) Souligné dans la *Gazette des Ardennes*.
(9) 7e campagne.

« *Le rôle joué par l'Allemagne dans tout ceci* (la révolte de l'Irlande pendant la guerre) *a réellement été très minime* (cette constatation du député irlandais détruit la légende ridicule du complot allemand. *La Réd.*) (1).

« Là encore, le principal motif (de l'alliance des Sinn Fein avec les germanophiles d'Amérique) n'est pas le progermanisme, mais l'anti-anglicisme.

« Lorsqu'il écrivit l'article ci-dessus, déclare le *Bonnet Rouge*, le docteur Lynch, se fiant aux négociations de Sir Lloyd George — et aux nobles paroles officielles qui commentèrent à chaque instant le but des Alliés dans la guerre actuelle : *la défense du droit des petits peuples*, — crut pouvoir exprimer sa conclusion optimiste. Les événements sont venus sinon démentir entièrement cette conclusion, du moins la contrecarrer momentanément ».

« La censure n'a pas permis au journal populaire de Paris d'en dire davantage. Les implacables ciseaux ont coupé la conclusion, n'en laissant subsister que cette phrase : « *On ne joue pas impunément avec le feu* ».

(181 lignes de citation).

23 Août 1916. — *Prophéties et déception* (2) (éditorial) : (Voir : *Gazette des Ardennes* sur GENERAL N.).

23 Août 1916. — *A l'adresse d'Anastasie* (3) : (Voir : *Gazette des Ardennes* sur GENERAL N.) etc., etc., etc...

La signature « Jean Prouvaire » se retrouve dans la *Gazette des Ardennes* et le *Bonnet Rouge* sous les articles suivants :

GAZETTE DES ARDENNES Organe de l'Etat-Major allemand.	BONNET ROUGE
6 Mai 1917. — *Une idée par semaine.*	10 Août 1916. — *Le pain du riche.*
24 Juin 1917. — *Constatations.*	27 Août 1916. — *Les réformés aux champs.*
	12 Janvier 1918. — *Le couvent* (conte).

(1) 9e campagne.
(2) 2e campagne.
(3) 5e campagne

CHAPITRE V

SOMMAIRE (1) :

LE « BONNET ROUGE » A-T-IL INSÉRÉ DES ARTICLES DE COLLABORATEURS DE LA « GAZETTE DES ARDENNES » ?

Comment on peut dicter des articles allemands à un journal français :

1) Programme général : l'article « Shrapnell ».
2) Développement d'une idée. Exemple.
3) Canevas retouché. Exemple.
4) L'article allemand est directement inséré. Exemple : « La voix des tranchées » paru sans signature dans le *Bonnet Rouge* du 18 Juin 1916 et repris sans précision de source par la *Gazette des Ardennes* du 30 Juillet 1916.

Cet article a été rédigé par le Rédacteur A de la " Gazette des Ardennes ".

PREUVES : I. LES IDÉES, ce sont celles du rédacteur A.

II. LA FORME, c'est celle des articles écrits par le rédacteur A pour la *Gazette des Ardennes* :

A. *Même vocabulaire* : 1° substantifs ; 2° verbes ; 3° adjectifs ; 4° pronoms, locutions adverbiales ; 5° expressions concrètes ; 6° archaïsmes ; 7° argot ; 8° mots latins.

B. *Même style* : 1° *Procédés littéraires* : *a*) procédés d'introduction ; *b*) paragraphe fina ; *c*) phrases interrogatives ; *d*) phrases en apposition ; *e*) procédés de répétition.

2° *Caractères distinctifs* du style de A :

a) Choix caractéristique de pluriels féminins.
b) Dissonances de style.

CONFRONTATION AVEC LES ARTICLES DU RÉDACTEUR A.
RÉPONSE AUX OBJECTIONS.
PIÈCES ANNEXES : Articles du rédacteur A.
Texte complet de la « Voix des Tranchées ».

LE « BONNET ROUGE » A-T-IL INSÉRÉ DES ARTICLES DE COLLABORATEURS DE LA « GAZETTE DES ARDENNES » ?

Il résulte des confrontations précédentes que le *Bonnet Rouge* a mené parallèlement à la *Gazette des Ardennes* un certain nombre de campagnes communes et qu'il a employé un certain nombre d'argumentsquise trouvent,

(1) Sommaire ajouté postérieurement (note de 1920).

parfois jusque dans la nuance des idées et le vocabulaire employé, les mêmes que ceux de la *Gazette des Ardennes*. Ces coïncidences se répètent dans une quantité considérable d'articles. Nous n'avons pas à rechercher si elles sont l'effet d'une rencontre fortuite ou bien si elles obéissent au même mot d'ordre ; nous serions obligés de juger, de peser, d'apprécier le sens, la valeur, la portée de textes sur lesquels nous nous sommes interdit toute considération « subjective ». Toutefois, sans sortir de notre rôle, nous ne pouvons pas ne pas remarquer que, dans ces concordances, la part du hasard diminue dans la mesure où augmente la fréquence des cas constatés. Nous ne pouvons pas non plus ne pas observer que le procédé de libre développement dans les limites d'un sujet choisi ou imposé est précisément celui qu'emploie le *Kriegspressamt* dans ses rapports avec la presse allemande. C'est ainsi qu'on peut lire dans les journaux de nos ennemis des « variations » infinies sur tous les sujets qui touchent à la politique intérieure et extérieure de l'Empire. Le fond est le même, la forme seule change avec le ton, les tendances, le public de chaque journal, le tempérament, le talent, l'imagination de chaque rédacteur. Mais en rapprochant les modifications individuelles, on retrouve invariablement le canevas d'une consigne commune, expression directe de la volonté gouvernementale allemande. C'est un système à la fois habile et prudent qui voile les intentions des chefs militaires et politiques derrière les fantaisies des publicistes, et qui ménage à la fois les susceptibilités et le gagne-pain des journalistes. Il permet toujours au Gouvernement de lancer un ballon d'essai sans s'engager à fond. Il lui réserve toujours la possibilité de renier des déclarations, voire des collaborations qui seraient reconnues dangereuses ou inopportunes. Il offre aux journalistes qui veulent sauvegarder leur indépendance le moyen de répudier de compromettants accords et d'affirmer qu'ils agissent dans la plénitude de leurs droits et de leur liberté.

Nous avons vu en second lieu que la *Gazette des Ardennes* avait abondamment utilisé le *Bonnet Rouge*. La réciproque est-elle vraie? Le journal d'Almereyda a-t-il inséré des articles rédigés par des collaborateurs du journal allemand de Charleville? C'est une démonstration qui peut paraître superflue après les développements qui précèdent. Il convient toutefois de l'examiner par surcroît, afin de ne laisser dans l'ombre aucune des faces du problème qui nous est posé.

Mais avant de l'envisager, il importe de définir une question de méthode. Jusqu'ici nous nous étions avancés sur le terrain solide des constatations objectives. Nous avons présenté des textes immédiatement contrôlables et que nous nous étions interdit de commenter. Nous abordons maintenant un ordre de faits beaucoup plus délicats. Il ne s'agit plus de noter rationnellement les coïncidences d'idées. Nous avons à faire ressortir des concordances de formes qui sont à la fois du domaine de la raison et du sentiment. Nous réduirons au minimum la part de l'affectivité subjective. Nous ne pouvons plus, dans ce chapitre supplémentaire, l'exclure complètement de nos moyens d'investigation.

D'après ce qu'on sait de l'art avec lequel nos ennemis pratiquent l'art du camouflage journalistique et de la prudence qu'ils mettent à se dissimuler, il semblera peut-être invraisemblable qu'ils se soient aventurés à risquer directement leur prose dans un journal parisien. Mais chez les Allemands, la prudence n'exclut par l'audace ; elle marche de pair avec le cynisme. C'est pour eux question d'opportunité.

Il y a d'ailleurs bien des façons de dicter des articles à un journal :

a) On peut lui imposer un programme général, par exemple celui-ci : Toutes vos chroniques, ou au moins tous vos numéros, contiendront régulièrement des attaques contre : 1° la grande presse d'information, *Matin*, *Temps*, *Echo de Paris*, *Figaro*, *Petit Parisien*, *Petit Journal*, etc... ; 2° contre les écrivains patriotes ; 3° contre la censure ; 4° contre tout ce qui peut prolonger la guerre avec l'Allemagne.

C'est à une pareille consigne qu'obéissent les rédacteurs de la *Gazette des Ardennes*. Ce qui caractérise leurs productions journalistiques, c'est que, dans un cadre plus ou moins élastique, elles contiennent toujours quatre ou cinq idées générales, toujours les mêmes, agglomérées avec plus ou moins d'à-propos et qui doivent incessamment marteler l'esprit du lecteur. Ce qu'ils fabriquent, ce n'est pas l'article boulet qui ne frappe qu'en un seul point, c'est « l'article shrapnell » chargé de balles empoisonnées qui toutes doivent porter en même temps.

Si les mêmes instructions valent également pour le *Bonnet Rouge* — le développement sur les campagnes communes de la *Gazette des Ardennes* et du *Bonnet Rouge* a pu jeter sur cette question quelque lumière — un grand nombre d'articles d'Almereyda, du GENERAL N., de Clairet, de Fanny Clar, de Magjab et de M. Badin répondraient particulièrement à ce programme.

b) On peut aussi, sur un sujet déterminé, suggérer ou imposer un plan qui fasse ressortir non plus quelques données générales, mais quelques idées particulières auxquelles on attache beaucoup de prix. C'est le cas, par exemple, de l'article de Fanny Clar, du 15 Mars 1917 « A travers le dictionnaire », reproduit en entier au chapitre sur la fraternisation (1). Il est possible que cette page ait été écrite par Fanny Clar, elle a été certainement « pensée » dans chacun de ses paragraphes par le ou les collaborateurs allemands de la *Gazette des Ardennes* qui ont rédigé les passages mis en regard du texte « français » du *Bonnet Rouge*. Encore n'avons-nous pas multiplié les citations allemandes pour réduire au minimum une liste de textes déjà longue.

c) Un canevas détaillé a pu faire l'objet d'un article dont seuls certains détails auront été retouchés par l'auteur de la signature. Le collaborateur

(1) Pages 31 et 32.

de la *Gazette des Ardennes* se sera naturellement efforcé de prendre le ton de la maison : style nerveux, verveux, désarticulé, en coup de vent, claquant, tout en effet et en clinquant. Pour un « rédacteur A », duplicité germanique assouplie de finesse française, ce ne sera qu'un jeu (1). Exemples:

GAZETTE DES ARDENNES
Organe de l'Etat-Major allemand.

19 Janvier 1916. — *Constantinople.*

« Or, en Orient, l'Angleterre ne règne pas, par la force des armes qu'elle n'a pas et qu'elle tâche, maintenant, trop tard, d'improviser. Car là-bas c'est le pays des mirages et cette petite île, vue de si loin, paraissait monstrueuse et d'une puissance invincible. Mais aujourd'hui, la nouvelle de sa défaite court : elle saute d'un minaret à l'autre, elle traverse d'un bond le canal de Suez, elle grimpe sur un sphinx et, chevauchant ainsi, elle fait le tour de l'Egypte. Puis elle se fait petite, pour susurrer d'oreille en oreille dans les bazars de la Perse. Puis tout d'un coup elle arrive à la frontière des Indes. Alors elle grandit, se bombe comme un nuage, grossit en tempête », etc. (RÉDACTEUR A).

16 Janvier 1916. — *Un bilan.*

« La paix ! doux chuchotement hier, murmure ferme aujourd'hui, cri unanime demain, est-ce donc une chimère? »
(RÉDACTEUR A).

16 Janvier 1916. — *Corfou.*

« Est-ce un idéal flamboyant, un mot sonore et étincelant qui court au devant des troupes débarquées au Pirée? »

26 Janvier 1916. — *La terreur à Salonique.*

« Se fiant aux paroles fallacieuses des maîtres de Salonique... »

18 Juin 1916. — *Un neutre douteux.*

« Le temps, force impassible qui porte

BONNET ROUGE

9 Mai 1916. — *Un neutre douteux* (2).

« Le rouleau compresseur qui devait en cinq étapes broyer les défenses de Berlin à la Noël, faisait-il machine en arrière?... le cri de naïve espérance retentissait à nouveau d'une tribune à l'autre : « Le temps travaille pour nous ».

« Devions-nous arrêter notre offensive après les batailles d'Artois et de Champagne?... la phrase fatidique retentissait du front à l'arrière, rebondissait de l'arrière au front, réconfortante comme une élégie de Tyrtée au temps de l'Hellade héroïque.

« Nous abandonnons Gallipoli, les Dardanelles, l'Allemagne fait sa jonction avec la Turquie... L'expédition anglaise contre Bagdad se termine par la reddition de Kut-el-Amara, qu'importe? « Le temps travaille pour nous ! Le temps travaille pour nous ! »

« Sur nos usines closes, sur nos champs en friches, sur les hôpitaux pleins de mutilés, sur les innombrables tumuli où dorment les morts qui ne répondront jamais, hélas ! à l'appel magnifique, mais fou qu'un dément sublime lança aux cadavres de sa tranchée, la parole passe et repasse, confidente comme le murmure du zéphyr, grondeuse telle la clameur de l'ouragan, suivant qu'elle sort des lèvres cajoleuses de M. le président Un Tel ou du gueuloir emphatique de M. Tel Autre : « Le temps travaille pour nous ! Le temps travaille pour nous ! Le temps travaille pour nous ! »

« Nous en avons été tellement bercés de cette phrase répétée inlassablement à la manière d'une litanie pour derviche tourneur, que nous avons fini par y croire aveu-

(1) On a déjà rencontré un exemple de camouflage stylistique dans la « lettre familière » du rédacteur A, citée p. 23.
(2) Cité par la *Gazette des Ardennes* du 18 Juin 1916, voir p. 52.

GAZETTE DES ARDENNES
Organe de l'Etat-Major allemand.

les destins des peuples, de quoi demain sera-t-il fait? C'est la grande énigme de toujours ».

(RÉDACTEUR A).

31 Octobre 1916. — *Anniversaire.*

« Rappelons la légende du fameux rouleau compresseur... »

27 Janvier 1918. — *Kaiser Wilhelm II.*

« Der Kaiser! Ce nom sonne fier et clair comme un appel de clairon. A l'entendre, la pensée s'arrête pour prendre son élan.., d'un bond elle franchit vingt siècles écoulés, la voilà qui erre vagabonde et curieuse à travers l'antiquité, le moyen âge, les temps modernes. Elle rôde à travers l'ère des Empereurs romains... Elle parcourt ensuite l'ère des Empereurs germaniques. Elle suit son cours... D'un bond elle franchit la monarchie revenue en France», etc...

BONNET ROUGE

glément... Ainsi de temps en temps la Vérité domine d'un grand cri ce fallacieux et étourdissant bourdonnement du Mensonge et impose à nos méditations un thème d'une gravité redoutable et imprévue. »

ALMEREYDA.

Ainsi, même image d'une voix qui passe, « bondit » d'une région à l'autre, tantôt s'amenuise et tantôt grandit en tempête. Même hantise d'une métaphore auditive et mouvementée exploitée jusqu'aux extrêmes limites de ses ressources verbales. Même style, même vocabulaire, même arrière-fond oriental qui s'explique dans la *Gazette des Ardennes* par le choix même du sujet et qui, dans l'article du *Bonnet Rouge*, transparaît comme une réminiscence, à travers l'évocation de Gallipoli, de Bagdad et de Kut-el-Amara.

Il n'est pas jusqu'à ce « derviche tourneur » qui semble surgir dans le *Bonnet Rouge* uniquement pour nous rappeler qu'il sort de l'imagination du « rédacteur A », l'auteur de « Constantinople ». Enfin les grands mots de Vérité et de Mensonge (écrits avec majuscules — habitude allemande), n'ont-ils pas; dans le journal d'Almereyda, la même consonance sentimentale que les mots Devoir (avec un grand D), Mensonge (souligné en italiques) et Mensonge (avec une majuscule) dans les phrases suivantes de la *Gazette?*

GAZETTE DES ARDENNES
Organe de l'Etat-Major allemand.

5 Novembre 1916. — *La Haine* (1).

... « Et l'immoralité croissante de tant de femmes à qui le Devoir semble un fardeau trop pesant. ».

BONNET ROUGE

« Ainsi de temps en temps la Vérité domine d'un grand cri le fallacieux et étourdissant bourdonnement du Mensonge. »

(1) Voir plus haut, p. 41.

GAZETTE DES ARDENNES Organe de l'Etat-Major allemand.	**BONNET ROUGE**
16 Septembre 1916. — *Lettres familières* (1)	
«La France...ne peut vaincre...le champion de l'Esprit (avec un grand E) du Mal (avec un grand M) que par *le mensonge!*»	
2 Septembre 1915. — *Le Mensonge* (2).	
« Cet appel au Mensonge.. .»	

Et que dire de cette « parole confidente comme le murmure du zéphyr » qui est comme l'écho d'une pensée allemande insuffisamment détachée de sa forme germanique?

Soulignons enfin ce « rouleau compresseur » qui fait partie du vocabulaire de la pseudo-gazette, mais non de celui du *Bonnet Rouge*, puisque, les 2 et 5 Septembre 1914, le journal d'Almereyda parlait non de rouleau compresseur, mais de rouleau à vapeur. Ce détail qui, par ailleurs, n'aurait qu'une très médiocre importance, prend ici une singulière signification.

Deux autres pages d'Almereyda : « Retour au bon sens », du 23 Avril 1916 et «En beauté », du 9 Juin 1916 (3), rentreraient dans cette catégorie d'articles et demanderaient un examen particulier.

d) Mais peut-être y a-t-il mieux encore. Il semble bien que l'éditorial *anonyme* paru dans le *Bonnet Rouge* du 18 Juin 1916 sous le titre : «La Voix des tranchées», soit tout entier l'œuvre d'un des collaborateurs de la « feuille immonde » et qu'il soit passé directement des bureaux de l'Etat-Major allemand dans le journal d'Almereyda. La *Gazette des Ardennes* l'a repris d'ailleurs quelques semaines plus tard. Le 30 Juillet 1916, elle le reproduisait en effet intégralement (moins l'échoppage), sous le même titre, *sans citer le Bonnet Rouge*, et simplement précédé des lignes suivantes : « Un des rares journaux de Paris qui n'ont pas perdu le contact avec l'âme populaire (4), vient de publier l'article que voici (5) : »

La coïncidence des idées exposées par l'éditorial du *Bonnet Rouge* et de celles que propage la *Gazette des Ardennes* a été établie plus haut paragraphe par paragraphe :

(1) Voir plus haut, p. 23.

(2) Dans le « Mensonge » du 2 Septembre 1915, on trouve écrits avec des majuscules les mots : cet Autre, le Coq hardi, la Civilisation, la Méfiance et le Mensonge.

(3) Voir plus haut, p. 20.

(4) Cf. *Bonnet Rouge* du 12 Août 1916 : *Tout dire* : «Ces observations ne seront pas sans présenter quelque intérêt dans les milieux où l'on a besoin de connaître l'âme populaire. » J. Goldsky.

(5) Ce demi-silence répondant à l'anonymat du *Bonnet Rouge* est très significatif. Pour qui sait lire entre les lignes, et connaît le caractère infiniment soupçonneux et « précautionneux » des Allemands, c'est déjà un aveu. Remarquons aussi que, par une coïncidence singulière, le jour même où le *Bonnet Rouge* publiait la « Voix des Tranchées », le 18 Juin 1916, la *Gazette des Ardennes* insérait en éditorial, et sous le même titre que le *Bonnet Rouge* : « Un neutre douteux », l'article examiné plus haut.

1) *Le peuple qui se bat doit exiger immédiatement des comptes de représentants qui le bernent.*

2) *Les élus du peuple doivent exiger immédiatement des comptes d'un gouvernement qui agit en dehors de leur contrôle et qui les leurre.*

3) *Les journalistes abusent de la candeur du « poilu » dont ils flattent impudemment l'orgueil et la vanité.*

4) *Il faut cesser « d'insulter » les Allemands.*

5) *Les avantages que la France se promet de la victoire ne sont qu'une vaine illusion de gloire qui lui coûtera trop cher.*

6) *On se moque du « poilu » en lui parlant de la guerre « jusqu'au bout ».*

7) *Députés et gouvernants, prenez garde à la colère du peuple.*

Y a-t-il également identité de forme?

Les passages cités en face de la « Voix des Tranchées » du *Bonnet Rouge* n'ont pas été choisis indistinctement parmi tous les articles de la *Gazette des Ardennes.* Les seuls qui aient été retenus présentent entre eux des similitudes de vocabulaire et de style qui permettent de les identifier. Ils sont tous du « rédacteur A » : vocabulaire abondant et varié, bourré d'érudition latine, de réminiscences médiévales, d'archaïsmes et de trivialités trop actuelles, style éminemment « adaptif » qui passe avec une trop souple désinvolture de l'emphase oratoire à l'argot des salles de rédaction ou de l'atelier (1).

En circonscrivant ainsi très étroitement le champ de nos confrontations nous avons voulu réduire au minimum les possibilités de rencontres dues au hasard.

Le principal collaborateur et directeur de la pseudo-gazette, l'agent direct de l'Etat-Major allemand, est-il également l'auteur de l'éditorial paru dans le *Bonnet Rouge* du 18 Juin 1916?

Le style est plus révélateur encore que l'écriture. Il est l'homme tout entier, alors que les caractères graphiques n'expriment qu'un fragment de la personnalité. De même qu'une expertise graphologique, scientifiquement conduite et contrôlée, permet d'affirmer que telle écriture est de telle personne, de même l'examen approfondi d'un texte peut conduire à l'identification de son auteur.

Comme pour le rapprochement des idées, nous procéderons par juxtaposition. Plus nous pourrons multiplier les identités de vocabulaire et de style, plus diminuera la part des coïncidences fortuites, plus s'affermira le terrain de la certitude absolue. Chacune des concordances signalées peut en elle-même n'avoir aucune valeur. Un point n'est qu'un point. Mais, de même que plusieurs points dessinent une ligne et peuvent même tracer une figure, de même l'ensemble de nos constatations permettra de tirer des conclusions fermes des faits, quand ceux-ci seront assez nombreux pour qu'apparaisse avec évidence la logique interne qui les relie.

(1) Voir p. 281 la liste des articles du rédacteur A qui ont été confrontés avec la « Voix des Tranchées ».

A. VOCABULAIRE

Il en est des mots comme des notes de musique. Par l'emploi qu'il en est fait, certains d'entre eux acquièrent une tonalité particulière qui les fait pour ainsi dire émerger du contexte comme la dominante et la sensible d'une gamme verbale spéciale à chaque écrivain. Ce sont ces mots que nous allons souligner.

BONNET ROUGE

GAZETTE DES ARDENNES
Organe de l'Etat-Major allemand.

Comme Jeanne d'Arc, le « Littéraire » entend partout « des voix ». C'est une véritable obsession, un tic verbal ; mais ce sont des voix au sens abstrait d' « opinion ».

1) Substantifs.

La *voix* des tranchées...
Il est une *voix* au dehors...
Cette *voix* c'est celle du peuple...
Cette *voix* c'est la grande et rude voix...
C'est la *voix* qui s'élève du fond de la terre.
C'est la *voix* des tranchées.
Et voici que clame cette *voix*.

2 Septembre 1916. — *Le Mensonge.*
Pas une *voix* n'ose s'élever...

12 Septembre 1915. — *Le mensonge méthodique.*

La *voix* douloureuse de la Province commence à monter du fond des campagnes...
Les quelques *voix* qui viennent du front...

16 Septembre 1915. — *Le câble asservi.*

Cette *voix* d'Amérique sera un jour le jugement unanime de l'Histoire.

19 Septembre 1915. — *Le Mensonge méthodique.*

Cette *voix* de la France monte du fond de la Province.
Et cette *voix* résonne...
Elle leur dit, cette *voix*...

A cette heure tragique, la *voix* de la Province.

Elle est inconsciente encore, cette *voix*...
22 Octobre 1915. — *Paris et la France.*

Cet écho d'hier n'est-il pas la *voix* de toujours, la *voix* de la France en deuil.

9 Janvier 1916. — Une *voix* roumaine.

BONNET ROUGE	GAZETTE DES ARDENNES Organe de l'Etat-Major allemand.
	23 Avril 1916. — *Cloches de Pâques.* Et à nos *voix* qui supplient d'arrêter les flots de sang... *Voix* divines qui parlez à nos âmes de célestes harmonies... **16 Mars 1916. — *Au pilori.*** Cet appel au meurtre qui n'a rien de la *voix* simple et tragique du Devoir. **31 Mars 1916. — *Arrogance et sagesse.*** A la presse chauvine de Paris, la *voix* du simple bon sens répond... **23 Juillet 1916. — *Le danger belge.*** Cette *voix* ce n'est pas celle de la Belgique officielle... **24 Septembre 1916. — *Le sang de la France.*** Pour sentir quelle est la véritable *voix* du peuple (1), etc...

Le mot *voix* précédé de l'article démonstratif revient dans certaines pages avec une insistance caractéristique :

Cette voix, c'est celle... *Cette voix*, c'est la grande et rude voix... Et voici ce que clame *cette voix*...	**19 Septembre. — *Paris et la France.*** *Cette voix* de la France. Et *cette voix* résonne. Elle leur dit, *cette voix*. Elle est inconsciente encore, *cette voix*...

Cette voix vient *du fond* des campagnes, de la France, des tranchées, etc.

C'est la voix qui s'élève *du fond* de la terre.	**12 Septembre 1915. — *Le Mensonge méthodique.*** La voix de la Province commence à monter *du fond* des campagnes. **19 Septembre 1915. — *Paris et la France.*** Cette voix monte *du fond* de la Province. **16 Novembre 1916. — *Lettre ouverte à M. le Président de la République.*** C'est *du fond* de l'abîme que notre voix s'élève...

(1) Le mot « voix » dans le sens d' « opinion » est une expression courante en allemand. Un grand nombre de journaux allemands portent le nom de *Volkstimme* la voix du peuple, par exemple la *Chemnitzer Volkstimme*.

BONNET ROUGE	GAZETTE DES ARDENNES Organe de l'Etat-Major allemand.

L'oreille du « rédacteur A » est également sensible aux *échos* de ces voix :

Aucun *écho* de ce qui se dit derrière les portes ne doit sourdre au dehors.	22 Octobre 1915. — *Paris et la France.* Cet *écho* d'hier n'est-il pas la voix de toujours?
	16 Février 1916. — *Et la guerre continue.* Ces Français-là dont un *écho* lointain nous apporte la voix hésitante et étouffée seront demain, n'en doutons pas, le peuple entier.
	3 Mars 1916. — *La voix du Canada.* Cette voix d'outre-mer où nous sentons vibrer l'âme du vieux Canada, l'*Irish World* nous en apporte l'*écho*...
	16 Septembre 1916. — *Troisième Lettre familière.* Connaîtriez-vous pas d'aventure un journal français de courage assez haut pour faire *écho* à cette voix française...
	31 Octobre 1916. — *La haine n'est pas une vertu.* Aujourd'hui nous prêtons l'oreille à quelques *échos* qui nous parviennent d'au delà du front, etc...
La terre où dorment les cadavres par *centaines de mille.*	16 Février 1916. — *Et la guerre continue.* ... L'envoi au front où moururent déjà des *centaines de milliers de* pères de familles français, etc...
Ces *folliculaires*...	12 Juin 1917 (daté de Juillet 1916). — *La Victoire*, de Bertourieux. Lorsque les *folliculaires* eurent parcouru le cycle des grandes accusations, etc... (1)
à la grotesque *psychologie*...	31 Octobre 1916. — *La haine n'est pas une vertu.* Des *psychologues* neutres ont dégagé de ces lettres une leçon de vérité, etc...

(1) La *Victoire* de Bertourieux, n'a fort probablement pas pour auteur le rédacteur A. Mais le style de celui-ci se reconnaît par endroits à d'apparentes retouches.

BONNET ROUGE	GAZETTE DES ARDENNES Organe de l'Etat-Major allemand.
Leurs *bavardages* nous irritent.	12 Septembre 1915. — *Le Mensonge méthodique.* La Presse : *La grande Bavarde.* 31 Mai 1916. — *La 200e Gazette.* Nous ne sommes pas de ceux qui substituent leur stérile *bavardage* au dur et fort langage des armes, etc...
On faisait marcher les enfants de la France pour des *chimères*...	22 Octobre 1915. — *Paris et la France.* Paris, cité des éblouissantes *chimères.* 19 Novembre 1915. — *Regain d'illusions.* Peu lui importe que ceux auxquels cela plaira s'adonnent sur son compte à de nouvelles *chimères.* 16 Mai 1916. — *Coup d'œil rétrospectif.* C'est là une rude leçon de choses qui s'ajoute à toutes celles que la grande guerre administra déjà jusqu'à ce jour aux amateurs de *chimères*...
Nous ne sommes plus les *fanfarons*...	19 Septembre 1915. — *La politique mortelle.* Paris, temple de chauvinisme *fanfaron.* Une politique de *fanfaronnades* boulevardières, etc...
Des hâbleurs...	26 Novembre 1915. — *Salonique.* *Hâblerie* et fiasco ! telle est en effet devise de ce trust pour l'extermination de l'Allemagne...
Assez de *flagorneries*...	16 Janvier 1916. — *La France veut-elle la ruine.* Les habiles *flagorneries* de leurs alliés leur font trahir la confiance de leurs concitoyens... 12 Juin 1917 (daté de Juillet 1916). — *La Victoire*, de Bertourieux. Dans un but de *flagornerie* évident, etc...

BONNET ROUGE	GAZETTE DES ARDENNES Organe de l'Etat-Major allemand.
Assez d'*insultes* à nos ennemis.	1er Décembre 1915. — *Sans haine.* Il laisse à quelques petits académiciens la triste gloire d'*insulter* les grands hommes dont les noms représentent devant l'histoire l'immortel Génie de l'Allemagne, etc...
La *gloire* ne suffirait-elle pas sans l'argent?	14 Juin 1917 (daté de Juillet 1916). — *La Victoire*, de Bertourieux. Il est un avantage que l'Angleterre nous laisserait sans lésiner : c'est la *gloire...* une fois de plus notre amour de l'idéal servirait à nous berner.
On nous doit des *comptes...*	19 Septembre 1915. — *Le Mensonge méthodique.* Ces metteurs en œuvre redoublent d'efforts pour conjurer ou du moins retarder l'heure effarante des règlements de *comptes.* 3 Novembre 1915. — *Les trucs de M. Barrès.* Mais un jour la France demandera *compte* à ceux qui l'auront ainsi conduite à l'abîme... 31 Mai 1916. — *La 200e Gazette.* Les politiciens s'efforcent maintenant d'éloigner d'eux l'heure terrible *du règlement des comptes.* 24 Septembre 1916. — *Le sang de la France.* En face des formidables responsabilités dont il faudra un jour rendre *compte*, l'on conçoit la crainte des cercles nationalistes français, etc...

2) Verbes.

Il est une voix au dehors.	9 Février 1916. — *Allemands et Français.* *Il est* des goujats chez eux comme chez nous...
C'est *la voix qui s'élève* du fond de la terre...	2 Septembre 1915. — *Le Mensonge.* Pas une voix n'ose s'*élever.* 15 Mai 1916. — *L'Idylle tragique.* Mais la France officielle ne permettra pas que *cette voix s'élève...*

BONNET ROUGE	GAZETTE DES ARDENNES Organe de l'Etat-Major allemand.
	16 Novembre 1916. — *Lettre ouverte au Président de la République.* C'est du fond de l'abîme que *notre voix s'élève* vers vous, etc...
Et voici ce que *clame* cette voix...	16 Septembre 1916. — *Troisième Lettre familière.* *Cette voix française qui clame* dans le désert, etc...
On croit que nous nous *grisons* de ce vin de la gloire...	15 Octobre 1915. — *Etat d'âme des Alliés.* L'Anglais n'est que rarement dupe des phrases grandiloquentes dont il sait *griser* ceux qui s'y laissent prendre... Ici aussi le peuple est *dégrisé*. 16 Février 1916. — *Et la guerre continue.* En Allemagne... où les victoires remportées n'ont pas *grisé* les cerveaux... 3 Février 1917. — *Jusqu'au bout.* La guerre a sa *griserie*, son ivresse, etc...
On nous *outrage* nous-mêmes...	9 Février 1917. — *Allemands et Français.* C'était le temps où Jules Ferry très *outragé* déjà...
Nous *voulons savoir* ce que...	9 Janvier 1916. — *La peur de la* Gazette. Le peuple français *veut* voir clair et *savoir*. 9 Février 1916. — *Allemands et Français.* *Savoir*, tout est là ! *Savoir*, tout est là !
Nous *voulons savoir* ce que...	23 Janvier 1917. — *Peuple et politiciens.* *Nous voulons savoir ! Nous voulons entendre !... Nous voulons savoir !*

3) Adjectifs.

A huis *clos*...	15 Octobre 1915. — *Etat d'âme des Alliés.* derrière *portes closes*.

BONNET ROUGE	GAZETTE DES ARDENNES Organe de l'Etat-Major allemand.
Les *redondantes* prosopopées.	17 Mars 1917. — *Chronique régionale.* La population du Nord a perdu la foi aux déclarations *redondantes* des parlementaires en mal de réclame...
(Grand au sens emphatique). La *grande* voix...	18 Juin 1916. — *Un neutre douteux.* C'est la *grande* énigme de toujours.
Plaisirs *puérils* (1)...	19 Septembre 1915. — *La politique mortelle* flattant peut-être l'orgueil *puéril* d'un public inconscient...
	31 Octobre 1915. — *Le doigt dans l'œil.* Les cris de victoire de plus en plus *puérils*...
	31 Mai 1916. — *La 200e Gazette.* Ceux qui se livrent à ce jeu *puéril*...
	16 Juin 1917. — *La Victoire*, de Bertourieux. Nous devrions nous demander si la manifestation d'un caractère aussi *puéril* ne risque pas de nous nuire, etc...
Les causes *ténébreuses*...	29 Mars 1917. — *Retards.* La diplomatie *ténébreuse.*
	8 Octobre 1916. Tout était bon aux fomenteurs de haine pour leur œuvre *ténébreuse.*
Les prouesses *belliqueuses*...	22 Octobre 1915. — *Paris et la France.* L'intrigue *belliqueuse*...
	16 Janvier 1916. — *La France veut-elle la ruine?* Les intentions opiniâtrement *belliqueuses* qu'elle exprime...

(1) La *Gazette des Ardennes* et les journaux allemands insistent particulièrement sur le caractère *puril* du peuple français. C'est un de leurs thèmes favoris.

BONNET ROUGE	GAZETTE DES ARDENNES Organe de l'Etat-Major allemand.
La voix *rude* des tranchées.	12 Septembre 1915. — *Le Mensonge méthodique.* La vie des tranchées mûrit les caractères et aiguise le sens des *rudes* réalités.
	1er Décembre 1915. — *Sans haine.* Le peuple allemand a su hausser son âme à la hauteur de sa *rude* tâche...
ce... aux.	31 Octobre 1916. — *La haine n'est pas une vertu.* De rares journaux restés en contact avec l'âme du peuple ont reproduit des lettres de poilus où ce contraste éclatait avec une *rude* éloquence...
Ces folliculaires *aux imaginations ridicules* (1).	1er Septembre 1915. — *Le Mensonge.* *Ce* Potentat *aux exigences draconiennes* .

4) Pronoms, locutions adverbiales, etc...

Emploi simultané de *ça* et de *cela* :

Mais encore faudrait-il savoir ce que *cela* veut dire... Mais tout *cela* ne nous éblouit pas... Nous voulons savoir ce que *cela* coûtera et ceque *cela* rapportera...	3 Novembre 1915. — *Les trucs de M. Barrès.* Le général Joffre a essayé. *Ça* ne lui a pas réussi... ... Aujourd'hui *cela* devient de plus en plus difficile. ... Les chiffres, s'est-il dit, *ça* fait toujours bon effet...
Nous voulons savoir ce que *ça* coûtera en sang et ce que *ça* rapportera d'aller jusqu'au bout.	9 Novembre 1915. — *Regain d'illusions.* *Ça* a même tout à fait l'air du contraire... Tout *ça* n'est pas facile à nier évidemment... S'ils apprennent que les Boches ont encore plus faim qu'eux, *ça* leur fera plaisir... Peu lui importe d'ailleurs que ceux auxquels *cela* plaira s'adonnent sur son compte à de nouvelles chimères...

(1) Nous n'avons jamais rencontré cette tournure dans le style authentique d'Almereyda.

BONNET ROUGE	GAZETTE DES ARDENNES Organe de l'Etat-Major allemand.

On **dans le sens très spécial de : Gouvernement français et son porte-parole la grande presse parisienne.**

On nous a en guise de récompense versé les éloges les plus pompeux... *On* dit que nous sommes des héros... Et l'*on* s'imagine que cela nous suffit. Et l'*on* croit que nous nous grisons... Se figure-t-*on* par hasard... Ne sait-*on* pas... Ne sait-*on* pas... Ne comprend-*on* pas... Qu'*on* nous parle... Qu'*on* nous dise... *On* fera défiler... *On* inscrira... *On* nous doit des explications. *On* nous les doit...	15 Octobre 1915. — *Etats d'âme des Alliés.* *On* a finalement décidé de convoquer les différentes grandes commissions... *On* sent bien que l'expédition balkanique projetée par les Alliés préoccupe sérieusement l'opinion. *On* prévoit que les troupes envoyées là-bas vont vers des destinées aventureuses... et ce sentiment est d'autant plus angoissant qu'*on* se doute que ce seront encore une fois les Français... *On* commence aussi à se rendre compte de l'insuccès...
	15 Novembre 1915. — *Le leurre.* *On* nous avait raconté, n'est-ce pas, que c'était par instinct belliqueux que ce peuple allemand s'était jeté sur l'innocente Russie... *On* insinue qu'une campagne allemande en faveur d'une paix hâtive... *On* raconte que des personnalités plus ou moins autorisées... *On* termine en affirmant, etc...
Et *l'on* s'imagine...	25 Juillet 1915. — *La campagne d'hiver.* *L'on* comprend aussi...
Se figure-t-on par hasard que nous nous battons...?	12 Mars 1916. — *Nation et Parlement.* *Se rendraient-ils compte par hasard*, que ce régime tant calomnié a du bon?...

5) Expressions concrètes.

A côté de ces mots de la « Voix des Tranchées » qui figurent sous la même forme dans le répertoire du rédacteur A, il en est un petit nombre d'autres, également caractéristiques, qui n'ont pas été repérés dans la *Gazette*, soit que les idées qu'ils expriment dans l'article du *Bonnet Rouge* soient trop spéciales, soit que notre champ d'investigation soit trop restreint. Ces mots sont-ils dans la « tonalité » du vocabulaire dont fait usage le « Littéraire »? Qu'on en juge.

Des images semblables évoquent des termes semblables.

BONNET ROUGE	GAZETTE DES ARDENNES Organe de l'Etat-Major allemand.
Retentir.	*Résonner.*
Cette voix a le droit d'y *retentir* plus haut que toutes les apostrophes...	19 Septembre 1915. — *La politique mortelle.* Et cette voix *résonne* comme une accusation aux oreilles de ceux qui firent hier la politique de la France.
Derrière les portes cadenassées...	2 Septembre 1915. — *Le Mensonge.* *Derrière les portes* triplement *verrouillées* des casemates de fer... 19 Novembre 1915. — *Regain d'illusions.* *Les portes* de la vénérable université de Varsovie longtemps *verrouillées* par la tyrannie russe...

Les expressions concrètes, imagées, saisissantes de la « Voix des Tranchées » :

La terre *bossuée* de tombes,
Etreindre un fusil,
Les espaces *foudroyés* par l'artillerie et *fauchés* par la mitraille, etc...

appartiennent au même clavier que les expressions suivantes du rédacteur A :

15 Octobre 1915. — *Etats d'âme des Alliés.*

D'autres (journaux) sont cruellement *hachés* par la censure...

1er Décembre 1915. — *Sans haine.*

Se ruer, tête baissée, vers le suprême anéantissement...

26 Janvier 1916. — *Corfou.*

Est-ce un idéal flamboyant, un mot sonore et étincelant qui court au devant des troupes débarquées au Pirée.

Dans ce *lent étranglement*, dans ce mélange de gémissements humanitaires et d'âpre cruauté, dans toute cette basse hypocrisie, etc...

7 Juillet 1916. — *Une ignominie.*

La belle bravoure, la froide ténacité de nos soldats qui *burinent* le nom sacré de la France sur les tables de l'Histoire...

BONNET ROUGE	GAZETTE DES ARDENNES Organe de l'Etat-Major allemand.
	22 Mars 1916. — *Nation et Parlement.* Des journaux agressifs qui manient le « patriotisme » *comme une cravache...*
	23 Avril 1916. — *Cloches de Pâques.* Les ailes des métalliques voyageurs *battent d'une fièvre ardente...* Cloches rurales qui mêlent leurs voix sourdes aux *sifflantes rafales.*

6) **Réminiscences archaïques, érudition.**

Les *jeux* et les *devis* de *Fanfan la Tulipe* et de *Brin d'Amour.* *Narrer* plus tard sous l'auvent de la ferme, les prouesses... Quand on représente comme des *couards...*	14 Novembre 1916. — *Le leurre.* L'offensive destinée à *bouter* les Allemands hors de France...
	19 Novembre 1916. — *Regain d'illusions.* Mais, *foi* de ministres et de journalistes — les apparences sont trompeuses...
	26 Novembre 1916. — *Salonique.* L'art de passer *force* galants objets dans la valise...
	9 Février 1916. — *Allemands et Français.* De tous ces irréductibles nous en connaissons *moult...* Feu M. de Coislin qui, paraît-il, était l'homme le plus poli de France... Voir : 31 Mai 1916. — *La 200e Gazette.*
	7 Juin, 30 Juin, 16 Septembre 1916. — *Lettres familières.* Notre *doulce* France. *Tout beau,* — j'ai *pérégriné* — *jusques aux* paysannes. — *Que diantre* — *peu ou prou.* — *J'ai bonne souvenance* que... Je n'ai jamais *ouï* porter la moindre accusation... *Faire ouïr vérité et raison...* *Sommant son armet de guerre,* etc., etc...

BONNET ROUGE	GAZETTE DES ARDENNES Organe de l'Etat-Major allemand.

7) Argot, expressions vulgaires et triviales.

Bonnet Rouge :

Qui se faisaient trouer la peau...
Plus de boniment !...
Nous voulons savoir ce que ça coûtera...

Gazette des Ardennes :

25 Juillet 1915. — *La campagne d'hiver.*

Un patriote dont l'héroïsme trouve que cette guerre n'est pas longue — *pardi* lorsqu'on la fait avec le sang des autres.
Vous allez tout de même un peu fort, vous, les journalistes.

19 Novembre 1915. — *Regain d'illusions.*

Cette vieille *rengaine*...

9 Janvier 1916. — *La peur de la* Gazette.

Mais cette *frousse* que la *Gazette* semble inspirer...

26 Janvier 1916. — *Corfou.*

Vu qu'on ne rencontre plus de Serbes...

Juin 1916. — *Lettres familières.*

Un autre *amoché*...
Vous allez *un peu fort pour charrier les meubles*, vous par exemple, etc., etc.

25 Juillet 1915. — *La Campagne d'hiver.*

Cette fois il paraît que *ça y est*...

8) Mots latins (1)

Bonnet Rouge :

Te donner ou te refuser « quitus », ô Parlement !...

Gazette des Ardennes :

25 Juillet 1915. — *La campagne d'hiver.*
... *les poilus de la tranchée*, idem...

2 Septembre 1915. — *Le mensonge.*
O altitudo !

26 Janvier 1916. — *Carnet d'un provincial.*

Aujourd'hui faute de nouveautés (*felix culpa*) on relit un peu partout nos vieux auteurs...

(1) « En beauté », dans le *Bonnet Rouge* du 9 Juin 1916, contient une citation latine et c'est encore un des articles que nous attribuons au rédacteur A. Cf. dans « Un neutre douteux » la réminiscence classique : « réconfortante comme une élégie de Tyrtée au temps de l'Hellade héroïque », du même rédacteur A.

BONNET ROUGE

GAZETTE DES ARDENNES
Organe de l'Etat-Major allemand

20 Février 1916. — *La raison du mal.*

« *Audiatur et altera pars* » (il faut aussi écouter l'adversaire), ce dicton latin qui aurait dû parvenir aux Français plus directement qu'à d'autres peuples, etc...

23 Avril 1916. — *Cloches de Pâques.*

Quand la nature immortelle entonne son *Resurrexit.*

Et à nos voix qui supplient d'arrêter les flots de sang, qui espèrent en silence qu'un *Deus ex machina* viendra hâter le dénouement...

31 Mai 1916. — *La 200e Gazette.*

Bellum in pace, la guerre de demain et de toujours...

30 Juin 1916. — *Deuxième Lettre familière.*

Un déchaînement inouï de *furor teutonicus*... pour l'amener à *quia*...

16 Septembre 1916. — *Troisième Lettre familière.*

Cet aveuglement en fait l'admiration du monde (au sens latin du mot, s'entend).

Comme si la France et l'Allemagne, ces deux nobles faces de l'esprit humain, étaient désormais condamnées à vivre à couteaux tirés, *in secula seculorum* !

B. STYLE

1) Procédés littéraires.

L'anonyme de la « Voix des Tranchées » use exactement des mêmes procédés littéraires que le rédacteur A. Sans attacher une importance exagérée à ces coïncidences, il convient de les noter et d'en tenir compte.

a) Procédés d'introduction par conjonctions de coordination.

1) *Et*... au début de la phrase.

Exemples :

Et voici ce que clame cette voix...

Et l'on s'imagine que cela nous suffit...

Et l'on voit.

12 Septembre 1915. — *Le Mensonge méthodique.*

Et c'est ainsi que pour les besoins de leur sainte cause...

BONNET ROUGE	GAZETTE DES ARDENNES Organe de l'Etat-Major allemand.
	Et voici une perle particulièrement réussie...
	19 Septembre 1915. — *La politique mortelle.* *Et* cette voix résonne comme une accusation... *Et* à cette heure tragique...
	22 Octobre 1916. — *Paris et la France.* *Et* à cette heure encore, etc...

2) Paragraphes commençant par : *Mais.*

Mais il est une voix au dehors... *Mais* encore faudrait-il savoir... *Mais* tout cela ne nous éblouit pas...	3 Novembre 1915. — *Les trucs de M. Barrès.* *Mais* ici perce le mensonge... *Mais* là où Barrès ment sciemment... *Mais* il reste bien des choses... *Mais* ce que Barrès a surtout omis de dire... *Mais* un jour la France demandera compte...
	23 Janvier 1916. — *Peuple et politiciens.* *Mais* si ces Messieurs ne sont pas curieux, les peuples le seront... *Mais* alors pourquoi mourons-nous... *Mais* nous commençons à voir clair...

3) Phrases commençant par : *Car.*

Car on nous doit des explications et des comptes...	12 Septembre 1916. — *Le Mensonge méthodique.* *Car* c'est là un point des plus intéressants...
	14 Novembre 1915. — *Le leurre.* *Car* on nous avait raconté...
	19 Janvier 1916. — *Constantinople.* *Car* là-bas c'est le pays des mirages...

BONNET ROUGE	GAZETTE DES ARDENNES Organe de l'Etat-Major allemand.
	14 Avril 1916. — *Les neutres sollicités.* *Car* les Neutres ont eu le temps de distinguer phrases et réalités...

b) Procédé d'introduction du paragraphe final.

	22 Septembre 1915. — *Le Mensonge méthodique.* Et c'est ainsi que, pour les besoins de leur sainte cause, les champions de la civilisation, de la liberté, etc... ont organisé méthodiquement l'outrage à la vérité.
Ainsi parle par des milliers de bouches la voix rude et auguste des tranchées.	3 Juillet 1917. — *Aux poilus de France.* *Ainsi parle* le Général Pétain.

c) Phrases interrogatives construites avec « *donc* ».

	2 Septembre 1915. — *Le Mensonge.*
Ne comprennent-ils donc pas. ces folliculaires...?	L'esprit français n'*existe donc plus* chez nous?... La caricature doit-elle *donc* être immonde?
	19 Novembre 1915. — *Regain d'illusions.* Le gouvernement et la presse espèrent-ils *donc*...
	26 Janvier 1916. — *Corfou.* Mais où est *donc* la France? Que fait la France dans tout cela?...

d) Phrases en apposition formant un paragraphe détaché (1).

	25 Juillet 1915. — *La campagne d'hiver.*
Occupations charmantes, plaisirs puérils, voluptés innocentes et simples, etc...	Faillite financière? ruine menaçante? Vieille chanson familière à nos oreilles, pour avoir rempli il y a un mois déjà, le tout premier paragraphe des espérances alliées...
	14 Novembre 1915. — *Le leurre.* Paroles simples et nettes auxquelles il n'y a rien à ajouter.

(1) Le style d'Almereyda ignore ce genre de phrases.

BONNET ROUGE

GAZETTE DES ARDENNES
Organe de l'Etat-Major allemand.

19 Novembre 1915. — *Regain d'illusions.*

Tactique très simple : les Parisiens se plaignent.

e) Procédés de répétition.

1) *Et*... répété au début de deux phrases qui se suivent.

***Et* l'on s'imagine... *et* l'on croit...**

16 Février 1916. — *Et la guerre continue.*

***Et* la guerre continue ainsi... *et* la responsabilité en retombe sur ce gouvernement...**

***Et* ce jour là n'oublions pas... *et* c'est avec celles-ci qu'il leur faudra régler des comptes, *et* sans doute alors, etc......**

2) Redoublement du sujet et du verbe.

Cette voix, *c'est* celle...
Cette voix, *c'est* la grande...
Nous voulons savoir ce que cela coûtera...
Nous voulons savoir ce que ça coûtera...

23 Janvier 1917. — *Peuple et politiciens.*

Nous voulons savoir !
Nous voulons entendre !
Nous qui combattons, nous sommes curieux !
Nous qui mourons, nous voulons savoir !
On oublie !... On oublie !...
On oublie !... etc...

3) Triple répétition du possessif.

C'est la voix qui s'élève du fond *de la terre* fouillée par les pioches, bouleversée par les marmites, *de la terre* trempée de sang, bossuée de tombes, *de la terre* où dorment les cadavres par *centaines de mille*, où, par *centaines de mille*, les vivants endurent toutes les affres, toutes les souffrances qui peuvent torturer le corps et l'âme de l'homme.

12 Septembre 1915. — *Le Mensonge méthodique.*

La voix douloureuse de la *Province* longtemps muette, de la *Province* laborieuse et martyre, de la *Province* asservie et soumise à l'orgueil souverain de Paris et de ses maîtres momentanés, commence à monter du fond des campagnes en deuil...

4) Répétition du superlatif.

Les éloges les plus pompeux, les qualificatifs les plus flatteurs...

26 Janvier 1916. — *La terreur à Salonique.*

... Les obligations les plus solennelles, les engagements les plus sacrés, etc...

Le redoublement des mêmes mots, procédé journalistique un peu élémentaire, est poussé à la manie. On s'en rendra mieux compte encore en comparant à ce point de vue la « Voix des Tranchées » avec, par exemple, la chronique du 9 Février 1916 : « Allemands et Français ».

BONNET ROUGE	**GAZETTE DES ARDENNES** **Organe de l'Etat-Major allemand.**
La Voix des Tranchées.	9 Février 1916. — *Allemands et Français.*
cette voix, c'est celle... *cette voix,* c'est la grande...	C'était le temps où... C'était le temps où...
et grave... *et* rude.	Toujours la *même plainte* et la *même complainte.*
c'est la voix qui s'élève... *c'est la voix* des tranchées...	d'autres *mangent* de l'Allemand... comme il en est qui *mangent* du juif ou du curé...
par centaines de mille... *par centaines de mille...*	*par* habitude... *par* conviction...
toutes les affres... toutes les souffrances...	*Ce sont des hommes comme* les autres... *Ce sont des hommes comme* nous...
de *tout* entendre... de *tout* ordonner...	Et *si vous* avez le courage... *Si vous* êtes calé en histoire...
On nous a... *On* dit...	*Je ne savais pas* ça... *Je ne savais pas...*
Et l'on s'imagine... *Et l'on* croit...	*Chez* l'habitant ils sont... *Chez* le commerçant...
Ne sait-on pas... *Ne sait-on pas* encore...	*Il est* des goujats... *Il en est...*
Assez de coups d'encensoir... *Assez* de flagorneries et *assez* aussi...	*On le leur a dit...* *Et on le leur redit...*
Qu'on nous parle... *Qu'on nous* dise...	Les journaux *l'ont écrit...* *et l'écrivent* encore.
Tenez... *Tenez* jusqu'au bout	les discours l'*ont proclamé...* et le *proclament* encore...
Nous tenons... *Nous tiendrons...*	*comme nous* l'étions... *comme nous* l'avons été...
On fera... *On* inscrira...	les Français les estimeront *comme nous...* s'ils les connaissaient *comme nous...*
Leurs veuves toucheront... *Leurs* orphelins seront assurés...	
Nous voulons savoir ce que cela coûtera...	*il se fera* envers et contre tous... *il se fera...*

BONNET ROUGE	**GAZETTE DES ARDENNES** Organe de l'Etat-Major allemand.
Nous voulons savoir ce que ça coûtera...	*Quand* les Français et les Allemands se connaîtront mieux...
On nous doit des explications... On nous les doit...	*Quand* ils sauront...

2) Caractères distinctifs du style de « A ».

Peu à peu, comme à travers des cercles qui se resserrent, nous atteignons au cœur d'une individualité nettement définie. Par la communauté des thèses soutenues, des idées exposées, du vocabulaire employé, des procédés littéraires utilisés, l'auteur de la « Voix des Tranchées » et le rédacteur A se sont rapprochés au point de se confondre et de ne plus former qu'une seule et même personne. D'autres indices confirment-ils cette conclusion? Oui, et ce sont précisément ceux qui constituent l'originalité même du rédacteur A, ceux qui font que sa manière ne peut se confondre avec aucune autre et qu'une page écrite par lui ne peut être l'œuvre de personne autre que lui, savoir : 1° ses préoccupations littéraires et musicales dans le choix des pluriels féminins ; 2° le disparate même de son style.

1° Choix caractéristique de pluriels féminins.

Le rédacteur A connaît la poésie des pluriels français (1) ; il sait les ressources rythmiques des substantifs, terminés par un *e* muet, particulièrement des féminins pluriels accompagnés d'épithètes qui rebondissent sur leur terminaison comme sur un tremplin élastique, il aime à les faire galoper par couples, comme des cavales trépidantes :

Toutes les apostrophes virulentes.
Toutes les redondantes prosopopées.
Toutes les argumentations captieuses.
Toutes les affres.
Toutes les souffrances.
Occupations charmantes.
Voluptés innocentes et simples.
Ces folliculaires aux imaginations ridicules.
Leurs louanges.
Leurs bavardages.
Des chimères et des causes ténébreuses.
Les promesses belliqueuses et les truculentes épopées.

12 Septembre 1915. — *Le Mensonge méthodique.*

Du fond des campagnes en deuil,
semeurs de haines fatales,
l'heure effarante des règlements de comptes,
une presse assouplie à toutes les tâches,
disposant des plumes les plus habiles et les plus fameuses,
des rudes réalités,
des calembredaines boulevardières,
paradis des légendes et des fantaisies romanesques,
etc...

12 Septembre 1915. — *La politique mortelle.*

de fanfaronnades boulevardières,

(1) Nous l'avons nous-même signalée dans notre édition classique de la *Princesse lointaine* de M. Rostand, à l'usage des Lycées et des Universités d'Allemagne (Leipzig, 1907).

BONNET ROUGE	GAZETTE DES ARDENNES Organe de l'Etat-Major allemand.

les orgueils séculaires,
et de toutes les autres idoles capricieuses.

22 Octobre 1915. — *Paris et la France.*

Cité sainte des éblouissantes chimères, des glorioles faciles et téméraires et des dangereuses ambitions...
des glorioles boulevardières,
des brillantes mises en scène parisiennes,
les folles excitations, les vociférations haineuses et insensées,
des intrigues, des fanfaronnades, des mécomptes et des ambitions.

3 Novembre 1915. — *Les Trucs de M. Barrès.*

Les méfaits et les bévues, les haines et les intrigues, ces sanglantes hécatombes, etc...

22 Mars 1915. — *Nation et Parlement.*

Des erreurs et des responsabilités,
la faiblesse, les erreurs... et la responsabilité des intrigues anti-allemandes,
les influences souveraines d'une clique financière,
des cliques actives,
les illusions faciles et les glorioles éphémères,
etc...

14 Avril 1916. — *Les neutres sollicités.*

Sous leurs plumes peu scrupuleuses une formidable coalition de rancunes et de jalousies,
ses sollicitations trop mielleuses,
aux fanfaronnades affolées,
aux formidables responsabilités,
des intrigues des plus habiles et des mieux déguisées.

2° Dissonances de style.

Ce qui fait la singularité du style de la « Voix des Tranchées », c'est son caractère hétéroclite. C'est un mélange disparate d'emphase oratoire, de trivialités, d'archaïsmes et de réminiscences érudites, de citations latines et de recherches musico-littéraires qui constituent un spécimen unique, ce que les Allemands appelleraient un « unicum ». Et cet « unicum », c'est précisément le style du rédacteur A, combinaison mal équilibrée de vulgarité, de lyrisme trop déclamatoire, d'érudition trop peu discrète, de pédantisme et d'aptitudes auditives remarquables. Malgré sa science incontestable, l'Allemand, manquant de mesure, victime de sa fougue et de sa vanité germaniques, n'est pas parvenu à fondre tous ces éléments hétérogènes en un tout harmonieux et « français ». Jamais un Français de France, connaissant la valeur des mots (et l'anonyme du *Bonnet Rouge* ne pèche pas par ignorance) n'aurait composé, si l'on peut dire, une page où voisinent, comme dans un sac de bric à brac, et hurlent de se trouver réunis, un vocatif solennel : « O Parlement ! » et « Plus de boniments ! », ce que ça rapportera, les jeux et les devis, des couards, « quitus », des chimères et des causes ténébreuses.

Il n'y a qu'un homme au monde pour écrire ainsi : c'est le rédacteur A. Le « Littéraire » a en effet l'habitude des exclamations et des vocatifs grandiloquents. Exemples :

2 Septembre 1915. — *Le Mensonge* : O altitudo ! Notre peuple est souvent logique, messieurs les journalistes !

9 Janvier 1916. — *La peur de la* Gazette : L'astre de la Vérité n'est pas un chandelier, messieurs de Paris...

19 Janvier 1916. — *Constantinople* : Un hors-d'œuvre un peu cher, messieurs...

7 Juillet 1916. — *Une ignominie* : Ne savez-vous pas, messieurs les Ministres...

27 Mai 1917. — *Patriotisme* : Car ton ombre, ô Gambetta...

Et te profanant, ô mot sacré de Patriotisme.

8 Octobre 1916. — *Haine* : Ainsi donc, *ô Donnay*, la bonté l'emportera sur la méchanceté...

Quant aux dissonances de style qui le caractérisent, elles font tellement partie de sa forme d'esprit qu'on les retrouve, non seulement en proportion variable dans tous ses articles, mais au complet dans ceux qui se rapprochent le plus de la « Voix des Tranchées ». Exemples :

2 Septembre 1915. — *Le Mensonge*.

Emphase. — Maître omnipotent, souverain redoutable, ce Potentat aux exigences draconiennes, sous le joug duquel tous servilement se courbent, car quiconque n'est point son digne valet ne peut être qu'un ennemi de son propre pays... O altitudo — cet autocrate veut encore étendre bien au delà de ses limites l'impudence de ses propos comminatoires.

Trivialité. — Notre peuple est souvent logique, messieurs les Journalistes, très logique, et s'il « gueule » parfois ferme... il nous est bien permis de contredire légèrement vos assertions, hein !

Crédié ! vous avez l'imagination maladive !

Le métier rapporte, fichtre !

Erudition. — La cinglante philippique que voici... Ce Coq hardi...

Latin. — O altitudo !

Pluriels féminins. — Aux heures immortelles des combats fameux.

Cet autre qui hurle et bave d'incompréhensibles, d'incroyables outrages.
Des expressions outrancières, répugnantes, malpropres...
Ce Potentat aux exigences draconiennes...
Vous aider dans vos lâches manœuvres...
Les inénarrables horreurs qui se passent derrière les portes triplement verrouillées des casemates de fer...

26 Novembre 1915. — *Salonique.*
Emphase. — Ces projets éclos qui rappellent bien les pauvres d'esprit de l'Ecriture Sainte, mais où l'on chercherait vainement un atome de la saine raison d'un Bismarck ou de la froide énergie d'un Richelieu...
Trivialités. — Rien de désopilant...
Cette guerre criminelle mijotée depuis des années...
Talleyrand « à la manque »...
Réminiscences archaïques. — Force galants objets.
Latin. — La pensée d'Euripide formulée en latin par Boissonnade : « Quos vult perdere Jupiter dementat ». Ceux que Jupiter veut perdre, il commence par les priver de raison.
Pluriels féminins. — Des phrases ronflantes.
Les deux rimes favorites.
Ses nombreuses têtes, ses destinées politiques...
Leurs études politiques, les terribles responsabilités encourues.
Plus cher que toutes les promesses même entremêlées de menaces...

30 Juin 1916. — *Deuxième Lettre familière.*
Emphase. — Parlons donc aujourd'hui, ami Chauvin, de ces fameux excès, aussi variés qu'innombrables, que, dès les premières semaines de l'invasion, votre chauvinisme averti (ô combien) et vengeur (ô que vengeur) accusa à la face d'un monde horrifié l'armée allemande toute entière de commettre délibérément et par ordre...
Trivialité. — Avec une patte de derrière cassée...
Vous chapardez.
Un autre légèrement amoché...
Réminiscences archaïques. — Que diantre... Peu ou prou... à vous ouïr... Je n'ai jamais ouï parler... j'ai bonne souvenance...
Latin. — Un déchaînement inouï de « furor teutonicus ».
Pour l'amener plus tôt « a quia ».
Erudition classique. — Attila et Cambyse... faisant quadrige au char de l'infâme Kultur... La guerre de Troie ne s'est pas faite en un jour.
Pluriels féminins. — Les hordes germaniques... par dizaines de dizaines... des pillages de maisons abandonnées... de singulières histoires... de vulgaires mosquées...

16 Septembre 1916. — *Troisième Lettre familière.*
Emphase. — Quoi ! mon destin (aidé un peu par cet esprit critique dont je ne me crois point entièrement dépourvu) m'a mis à même de constater quels funestes préjugés nourrissaient (*sic*) la France à l'encontre de son formidable adversaire ; ma conscience de patriote m'incite à l'avertir que ses dirigeants, en l'entretenant dans cet aveuglement « qui fait l'admiration du monde » (au sens latin du mot, s'entend), le poussent droit à l'abîme, je n'ai sous la plume qu'un journal allemand pour tâcher de lui faire ouïr vérité et raison et je n'aurais point le droit de m'en servir, je devrais me taire parce que la moisson est indigente qui lève en terre étrangère?
Trivialités. — Vous allez un peu fort pour charrier les meubles, vous, par exemple !..
Cette proposition ébouriffante...
Réminiscences archaïques. — Faire ouïr vérité et raison...

Sommant son armet de guerre, sa galante bourguignotte...

Latin. — Comme si la France et l'Allemagne — ces deux nobles faces de l'esprit humain — étaient désormais condamnées à vivre à couteaux tirés in secula seculorum.

Pluriels féminins. — Affolés des terribles responsabilités encourues.

Toutes leurs complaisances et tout leur fol espoir.

Parce qu'occurence et conjonctures sont telles.

Ces deux nobles faces de l'esprit humain.

Dans mes lettres familiales.

L'ennemi des libres nations.

Se régale de ces insanités.

Peu importe, après ces constatations, d'observer que dans la « Voix des Tranchées » le mot Peuple, trois fois répété, est écrit trois fois avec des majuscules (habitude allemande); que l'expression « sourdre au dehors », insolite en français, est la traduction littérale de l'allemand : hervorquellen (ou heraus-schallen, en parlant d'un son) ; ce sont de menus détails qui ne valent que parce que, si infimes qu'ils soient, ils ne sont pas en contradiction avec le sens général de nos déductions et qu'ils les confirment, même sur un point aussi insignifiant.

Si la « Voix des Tranchées » est tout entière de la main du rédacteur A, peut-on parler d'adaptation à la manière d'Almereyda? Il serait bien extraordinaire que, dans une circonstance où il se produisait sans signature, c'est-à-dire sans masque devant le public parisien, le « Littéraire », grand maître dans l'art du camouflage stylistique, eût complètement négligé le principe du « mimétisme » qui semble faire partie de la doctrine hermétique du gouvernement allemand. Il est possible qu'il ait repris quelques expressions familières au directeur du *Bonnet Rouge*. Il lui a très vraisemblablement emprunté, dans la page que nous examinons, l'abus des points à la ligne. Almereyda avait l'habitude de commencer un nouveau paragraphe presque à chaque phrase. C'est un procédé primaire, qui donnait à sa prose une allure haletante, qui convenait à sa nervosité, et qu'il était vraiment trop facile d'imiter. On conviendra que cette concession n'a pas entraîné le directeur de la gazette d'Etat-Major à abdiquer la moindre de ses prétentions littéraires ou anti-françaises.

Objections.

Mais, dira-t-on, comment peut-on parler des rapports du *Bonnet Rouge* avec la *Gazette des Ardennes*? Les collaborateurs d'Almereyda ne connaissaient l'organe de l'Etat-Major allemand que superficiellement, comme beaucoup de publicistes à Paris. Aucun d'eux ne s'intéressait d'une façon particulière à la feuille immonde. Il suffira de rappeler l'article du GENERAL N. « La censure et l'ennemi », du 31 Octobre 1916, cité plus haut à la campagne contre la censure française, et l'article de Clairet « Agents de l'ennemi », du 30 Juin 1917, reproduit en partie au chapitre D « Comment la *Gazette* a-t-elle utilisé le *Bonnet Rouge* », pour démontrer que les rédacteurs du *Bonnet*

Rouge, non seulement lisaient la *Gazette des Ardennes*, mais suivaient de très près les campagnes menées par cet organe officiel de démoralisation et de trahison (1).

Une seconde objection consisterait à soutenir que tel ou tel collaborateur du *Bonnet Rouge*, Almereyda par exemple, recevait régulièrement la pseudo-gazette et qu'il s'était assimilé le style du rédacteur A au point de l'avoir reproduit inconsciemment et dans tous ses détails. Le collaborateur du *Bonnet Rouge* n'aurait été, dans ce cas, qu'un reflet exact et fidèle du principal agent journalistique de l'Etat-Major allemand dans la France envahie. On voit tout ce qu'un pareil aveu aurait d'accablant, si, contre toute vraisemblance, il était jamais formulé.

Une troisième objection, ce serait d'affirmer délibérément que l'anonyme auteur de la « Voix des Tranchées » n'est autre qu'Almereyda lui-même. Certes, la prose d'Almereyda affecte assez communément la grandiloquence imprécatoire ou le ton populacier ; elle utilise un certain nombre de mots et de procédés soulignés dans le vocabulaire du Littéraire, et qui sont le bien commun de tous les écrivains, particulièrement des journalistes. Mais :

1° Il ne s'agit pas de juger un style sur quelques coïncidences mais sur la totalité des indices tels qu'on les rencontre, non dans un article isolé, mais dans une série d'articles. Or la prose authentique d'Almereyda ne réunit jamais toutes les particularités verbales et syntactiques que nous avons relevées à la fois dans l'éditorial du 18 Juin et dans les articles du rédacteur A ; elle n'a jamais la mobilité, l'instabilité trop savante et composite, l'élasticité rythmique qui donnent au style de la « Voix des Tranchées » et à celui du Littéraire la même sonorité, la même tonalité et la même cadence ; certaines formules syntactiques de l'éditorial anonyme lui sont tout à fait étrangères.

2° Avant de poser une pareille thèse, il faudrait commencer par distinguer nettement les articles authentiques d'Almereyda de ceux qui ont été rédigés par d'autres que lui et publiés sous son nom. On aboutirait ainsi à séparer les productions journalistiques du directeur du *Bonnet Rouge* en deux groupes : celles qui lui appartiennent en propre et celles qui sont l'œuvre du rédacteur A, comme par exemple : « Un Neutre douteux », du 9 Mai 1916, signalé plus haut en la réponse allemande du 7 Mai 1916. On comprend que si l'on s'appuyait sur ces dernières chroniques pour démontrer que la « Voix des Tranchées » est bien d'Almereyda, on tirerait une conclusion fausse d'une erreur manifeste. Une pareille discrimination confirme au contraire les résultats auxquels nous sommes parvenus.

Au surplus, pour se convaincre que l'article anonyme que nous étudions

(1) Le *Bonnet Rouge* avait parmi ses abonnés l'agent allemand Hartmann, le fondateur et directeur de *Paris-Genève*, à qui le journal était envoyé en plusieurs exemplaires en Suisse, en particulier à Zurich.

n'est pas du directeur du *Bonnet Rouge*, il suffira de reproduire une page authentique d'Almereyda. Voici ce qu'il écrivait le 11 Août 1914 :

« Il y a en Allemagne un parti socialiste. Ce parti est le plus grand du monde. Il groupe un million d'adhérents. Quatre millions d'électeurs, près du tiers du collège électoral, votent pour ses candidats.

« Dès la première heure de la mobilisation, la pensée des socialistes du monde entier s'est tournée vers les socialistes d'Allemagne.

« Que feraient-ils? Allaient-ils se déshonorer en donnant leur appui au Kaiser ou bien, dans un sursaut de conscience, sauteraient-ils à la gorge de leur gouvernement de crime?

« Jusqu'ici, rien n'était venu qui laissât place à l'espérance. Et les socia listes de France, quand ils évoquaient leurs coreligionnaires d'Allemagne sentaient le rouge de la honte leur monter au front.

« Mais voici qu'une grande nouvelle nous parvient : le peuple allemand se soulève contre son Kaiser.

« Pour l'honneur de notre Internationale, je souhaite que la nouvelle ne soit pas démentie ».

Le 16 Juillet 1917, Almereyda adressait à M. Jean Dupuy une lettre où l'on peut lire (1) :

« Je tiens mon collaborateur pour victime d'un malentendu qui ne tardera pas à s'expliquer et je lui conserve toute ma confiance.

« Il ne vous échappera pas que le fait de frapper un journal d'une mesure aussi grave, aussi préjudiciable à son crédit et à l'honneur de son directeur, alors que ni l'un ni l'autre ne sont impliqués dans l'instruction en cours et avant même que le délit reproché à M. Duval soit prouvé, constitue un intolérable abus contre lequel le président du syndicat de la Presse se doit de faire entendre une vigoureuse protestation. »

Voilà de l'Almereyda authentique.

Si inégale que soit l'inspiration chez un même écrivain, on reconnaîtra difficilement dans cette prose incorrecte, essoufflée, qui s'essaye gauchement au pathos (dans un *sursaut* de conscience *sauteraient-ils* à la *gorge* (?) (2) de leur gouvernement de crime !), le style de la « Voix des Tranchées ».

3° Une pareille thèse n'enlèverait rien aux concordances de vocabulaire et de syntaxe signalées plus haut et qui sont beaucoup trop étroites et nombreuses pour être nées du hasard. Il faudrait les expliquer; or rien ne les explique qu'une même origine.

4° Enfin, il faudrait expliquer aussi pourquoi le directeur du *Bonnet Rouge* n'aurait pas signé un article aussi important que la « Voix des Tranchées ». Almereyda n'avait pas l'habitude de mettre sa signature dans sa poche : elle s'étale en grosses lettres grasses précédée de son pseudo prénom « Miguel » sous tous ses articles. Pour quel motif mystérieux

(1) Publiée par *Primo*, le 19 Juillet 1917.

(2) Cf. p. 290 : « prendre les responsables à la gorge », et p. 291 : « en sautant à la gorge de la Serbie ».

l'aurait-il supprimée? Cette omission ne peut être le fait d'une distraction. L'éditorial du 18 Juin 1916 est allé à la censure sans signature il en est revenu assez largement échoppé pour attirer l'attention du metteur en pages, du correcteur, du rédacteur et du directeur du *Bonnet Rouge*. Si le nom de l'auteur n'a pas été ajouté, c'est donc manifestement qu'on a voulu le dissimuler. On avait évidemment d'excellentes raisons pour le taire, comme la *Gazette des Ardennes* six semaines plus tard — prudent délai — avait de non moins bonnes raisons pour voiler le nom du journal où avait éclaté cette véritable torpille journalistique, cet engin, allemand de fabrication et de contenu, qu'est la « Voix des Tranchées ».

PIÈCES ANNEXES

GAZETTE DES ARDENNES

Articles du rédacteur A qui ont été retenus pour être confrontés avec la « Voix des Tranchées » du *Bonnet Rouge* (1) :

25 Juillet 1915. — *La campagne d'hiver* (éditorial).
2 Septembre 1915. — *Le Mensonge*, 1re page.
12 Septembre 1915. — *Le Mensonge méthodique* (éditorial).
19 Septembre 1915. — *La politique mortelle* (éditorial).
3 Octobre 1915. — *Le doigt dans l'œil* (éditorial).
15 Octobre 1915. — *Etats d'âme des Alliés* (éditorial).
22 Octobre 1915. — *Paris et la France* (éditorial).
*3 Novembre 1915. — *Les trucs de M. Barrès* (éditorial).
*14 Novembre 1915. — *Le leurre* (éditorial).
26 Novembre 1915. — *Salonique* (éditorial).
*19 Novembre 1915. — *Regain d'illusion* (éditorial).
*1er Décembre 1915. — *Sans haine* (éditorial).
*9 Janvier 1916. — *La peur de la* Gazette (éditorial).
16 Janvier 1916. — *La France veut-elle la ruine* (éditorial).
19 Janvier 1916. — *Constantinople* (éditorial).
26 Janvier 1916. — *Corfou* (éditorial).
26 Janvier 1916. — *La terreur à Salonique*, 1re page.
26 Janvier 1916. — *Carnet d'un provincial*, 3e page.
*9 Février 1916. — *Allemands et Français*, 4e page.
*16 Février 1916. — *Et la guerre continue* (éditorial).
*20 Février 1916. — *La racine du mal* (éditorial).
*20 Mars 1916. — *Au pilori* (éditorial).
22 Mars 1916. — *Nation et Parlement* (éditorial).
*31 Mars 1916. — *Arrogance et sagesse* (éditorial).
*14 Avril 1916. — *Les neutres sollicités* (éditorial).

(1) Les articles marqués d'un astérisque figurent dans « Parades et Ripostes », recueil d'articles parus dans la *Gazette des Ardennes* de Novembre 1915 à Mai 1916, publié par les Allemands dans la France envahie et qui, de l'aveu de témoins (Gassmann, sergent-major surveillant de la *Gazette des Ardennes*, etc.), ne contient guère que des articles de Prévôt (celui que nous appelons le rédacteur A). La liste ci-dessus reproduit les titres de *douze* de ces articles sur vingt-six que renferme le recueil. Je n'ai eu connaissance de « Parades et Ripostes » qu'au procès Toqué, en Juillet 1919 (Note de 1920).

23 Avril 1916. — *Cloches de Pâques* (éditorial).
26 Mai 1916. — *Coup d'œil rétrospectif* (éditorial).
*31 Mai 1916. — *La 200e Gazette* (éditorial).
18 Ju n 1916. — *Un neutre douteux* (éditorial).
7 Juin, 30 Juin, 16 Septembre 1916. — *Lettres familières d'un prisonnier français à son ami Jean Chauvin* (éditorial).
7 Juillet 1916. — *Une ignominie* (éditorial).
17 Juillet 1916. — *Un méchant rêve* (éditorial).
30 Juillet 1916. — *La Voix des Tranchées* (reproduction de l'article du *Bonnet Rouge*).
31 Octobre 1916. — *La haine n'est pas une vertu.*
16 Novembre 1916. — *Lettre ouverte à M. le Président de la République française.*
23 Janvier 1917. — *Peuple et politiciens* (éditorial).
Voir aussi :
27 Mai 1917. — *Patriotisme.*
19 Janvier 1918. — *Lettre à Dumanet.*
27 Janvier 1918. — *Kaiser Wilhelm II vu par un Français.*

Numéro du « Bonnet Rouge » du 18 Juin 1916.

La Voix des Tranchées.

« A huis clos, comme dans les débats de procès-verbaux, le ministère fournit à la Chambre les explications que celle-ci réclama ardemment durant de longs mois.

« Aucun écho de ce qui se dit derrière les portes cadenassées ne doit sourdre au dehors.

« Mais, il est une voix au dehors qui a le droit, malgré les gardes et les tambours, les grilles et les serrures, de pénétrer dans la salle où siègent les représentants du peuple, et d'y retentir plus haut que toutes les apostrophes virulentes, que toutes les redondantes prosopopées, que toutes les périodes savamment cadencées, que toutes les argumentations captieuses.

« Cette voix, c'est celle du Peuple lui-même, du Peuple en armes, du Peuple qui se bat et qui meurt.

« Cette voix, c'est la grande et grave et rude voix des « poilus ».

« C'est la voix qui s'élève du fond de la terre fouillée par les pioches et bouleversée par les marmites, de la terre trempée de sang, bossuée de tombes, de la terre où dorment les cadavres par centaines de mille, où par centaines de mille les vivants endurent toutes les affres, toutes les souffrances qui peuvent torturer le corps et l'âme de l'homme.

« C'est la voix des tranchées.

« Et voici ce que clame cette voix, s'adressant à ceux qui ont reçu de la nation mandat de tout entendre et de tout ordonner :

« Nous sommes face à l'ennemi depuis des mois et des mois, tous ceux qui ont la force d'étreindre un fusil, de lancer une grenade et de franchir au pas de charge les espaces foudroyés par l'artillerie et fauchés par la mitraille qu'on nous commande de conquérir sur l'ennemi.

« Nous avons, ô Parlement, fait notre devoir sans relâche et sans faiblesse. Nous n'avons pas toujours été les plus forts, mais nous avons toujours été braves.

« On nous a, en guise de récompense, versé à flots les éloges les plus pompeux ; les journaux nous accablent des qualificatifs les plus flatteurs.

« On dit que nous sommes des héros et nos chefs parlent de se mettre à genoux devant nous.

« Et l'on s'imagine que cela nous suffit.

« Et l'on croit que nous nous grisons de ce vin de la gloire, dont on nous abreuve si généreusement.

« Bien mieux, il en est, parmi ces journalistes, qui cherchent à nous représenter non seulement comme des braves épiques, mais encore comme de joyeux drilles ; à les en croire, nous passons le meilleur de notre temps à jouer aux cartes, à nous gaver de pinard, à fumer pipes sur pipes, à sculpter des cannes, à ciseler des bijoux d'aluminium.

« Occupations charmantes, plaisirs puérils, voluptés innocentes et simples, qui rappellent les jeux et les devis de Fanfan la Tulipe et de Brin d'amour !

« Ne comprennent-ils donc pas, ces folliculaires aux imaginations ridicules, à la grotesque psychologie, que leurs louanges nous obsèdent et que leurs bavardages nous irritent?

« Se figure-t-on, par hasard, que nous nous battons par vanité et par goût de l'encens.

« Ne sait-on pas que les temps sont révolus où l'on faisait marcher et mourir les enfants de la France, pour des grands mots, des chimères et des causes ténébreuses?

« Ne sait-on pas encore que nous ne sommes plus les fanfarons et les hâbleurs, qui se faisaient trouer la peau pour la sotte satisfaction de narrer, plus tard, sous l'auvent de la ferme ou près du foyer de la chaumière les prouesses belliqueuses et les truculentes épopées de leurs campagnes?

« Assez de coups d'encensoir, assez de flagorneries.

« Et assez aussi d'insultes à nos ennemis.

« Ne comprend-on pas qu'on nous outrage nous-mêmes, quand on représente comme des couards, ceux qui nous contraignent à un effort si terrible, si long, si indécis?

« Plus de boniments !

« Qu'on nous parle net et franc comme nous le méritons.

« Qu'on nous dise ce que l'on veut de nous.

« — Tenez, nous répète-t-on depuis vingt-deux mois.

« Nous tenons.

« — Tenez jusqu'au bout, nous répète-t-on encore.

« Nous tiendrons.

« Mais encore faudrait-il savoir ce que cela veut dire, ce que l'on entend faire pour que nous tenions efficacement, non seulement afin d'être victorieux, mais afin que la victoire soit profitable au pays.

« On fera défiler sous l'Arc de Triomphe ceux d'entre nous qui ne seront pas trop éclopés pour marcher.

« On inscrira au Panthéon les noms de ceux qui seront tombés au Champ d'honneur.

« Leurs veuves toucheront une petite pension. Leurs orphelins seront assurés d'un morceau de pain.

« C'est quelque chose. D'aucuns trouvent sans doute même que c'est beaucoup.

« La gloire ne suffirait-elle pas, sans l'argent?

« Mais tout cela ne nous éblouit pas, ô Parlement, et nous voulons savoir ce que cela coûtera et ce que cela nous rapportera d'aller jusqu'à ce bout dont nous ignorons même s'il est à Saint-Nazaire ou à Tipperary.

« Nous voulons savoir ce que ça coûtera en sang et en argent et ce que ça rapportera en bénéfices tangibles et réels pour notre pays.

« Car on nous doit des explications et des comptes ; on nous les doit avant que nous ne soyons plus en état de les vérifier et de te donner ou de te refuser « quitus » ô Parlement ».

[— Ainsi parle, par les milliers de bouches dont nous relevons les confidences, la voix — rude et auguste des tranchées] (1).

(1) Paragraphe échoppé, publié malgré la censure

CHAPITRE VI

SOMMAIRE :

L'ÉVOLUTION DU « BONNET ROUGE » AU POINT DE VUE NATIONAL

A) Le « Bonnet Rouge » avant le 2 Août 1914.

1) L'affaire Caillaux.
2) Le rapprochement franco-allemand.
3) L'affaire du *Journal*.
4) La guerre.

B) Le « Bonnet Rouge » après le 2 Août 1914.

Sept périodes :

1) Du 2 au 11 Aout 1914 :

Le *Bonnet Rouge* fait montre d'une attitude patriotique impeccable et d'un illusionnisme enfantin.

2) Du 12 au 29 Aout 1914 :

Dans un conflit où il s'agit de vaincre ou de mourir, des voix se font entendre en faveur des Allemands et contre la guerre à outrance qui accapare toutes les forces de la nation. On préconise un silence qui peut fort bien s'interpréter comme un bâillon. On propage la fausse nouvelle de la famine imminente en Allemagne.

3) Du 29 Aout au 5 Septembre 1914 :

Le *Bonnet Rouge* ne s'alarme pas de l'avance allemande et proclame sa confiance dans la victoire française. Almereyda veut défendre Paris le fusil au poing.

4) Du 6 Septembre 1914 au 1er Mars 1915 :

Pas d'excès d'héroïsme ! Pas de gaffes !

On mène le double jeu :

Sur les questions économiques et la paix, on ne laisse d'abord entendre que a parole française. Mais, après s'être montré farouche partisan de l'Union Sacrée, on commence une violente campagne anti catholique. C'est ce système de brutale antithèse qui prévaut pour les autres questions. On réclame la revision des réformés, mais on s'élève contre les « enragés » qui chassent les embusqués. On publie des articles d'inspiration patriotique, mais on prépare la démobilisation des esprits en menant campagne pour la levée de l'état de siège et la réouverture des cafés-concerts et des lieux de plaisir. On abandonne Guillaume II à la vindicte française, mais on s'évertue à prouver que le peuple allemand n'est pas solidaire de son empereur. On proteste contre la barbarie germanique, mais on s'efforce d'apitoyer les Français sur le sort de l'envahisseur. On laisse passer des articles sur l'espionnage, mais on en insère d'autres où l'on amorce « la grande imposture » : la campagne contre « l'espionnite ».

5) Du 1er Mars 1915 au 1er Juin 1915 :

Le *Bonnet Rouge*, qui paraissait jusqu'alors sur deux pages, publie des numéros de quatre pages et étend la liste de ses rubriques. J. Longuet collabore au journal d'Almereyda et introduit la campagne contre les patriotes français ;

Trois séries d'articles :

a) Ceux qui affirment très nettement leurs sentiments français ;

b) Ceux qui peuvent être interprétés dans un sens favorable aux intérêts allemands ;

c) Ceux qui, de toute évidence, font le jeu des Allemands.

6) Du 1er Juin 1915 au 27 Mars 1916 :

C. Pelletan est mort.

Des écrivains patriotes : Herriot, Brouville, Gourju, etc... continuent leur collaboration au *Bonnet Rouge*.

Le général Percin rédige les articles militaires.

A l'abri de ces signatures, le *Bonnet Rouge* continue son double jeu. Tout en frappant de temps en temps les cymbales patriotiques, il mène une série de campagnes qui toutes se développent dans le sens des intérêts allemands et travaillent à la désagrégation du moral français :

1re Campagne. — *Les serviteurs de l'étranger*, du 6 Juin au 9 Septembre. 80 chroniques non signées dirigées apparemment contre Léon Daudet (1), Maurras et l'*Action Française*, destinées en réalité à tourner les suspicions françaises contre des Français qui dénonçaient l'activité occulte et les effets terribles de l'espionnage allemand en France. On fait à Daudet le « coup du Prussien » (2), on l'accuse, avec des arguments d'une grossièreté stupide, d'être vendu aux Allemands.

Du 11 au 28 Septembre 1916, suit sous le même titre : *Les serviteurs de l'étranger*, une série d'articles également anonymes contre « *L'Avant-Guerre* » de Daudet. Pour tous ceux qui ont lu cet ouvrage et qui connaissent l'implacable volonté d'envahissement de l'Allemagne, il n'est pas douteux que la campagne du *Bonnet Rouge* contre des révélations qui gênaient au plus haut point des intérêts allemands, ne représente une besogne essentiellement allemande. L'agitation anti-royaliste n'intervient ici que pour faire absorber par le lecteur bénévole les arguments empoisonnés qu'on lui sert.

2e Campagne. — Le 18 Juin 1915, on lance le premier article de la série : « Au-dessus de la mêlée », par J.-M. Renaitour, destinée à faire accepter en France les idées de Romain Rolland sur la guerre. On insère les réponses de M. Servant et P.-H. Loyson sur cette question, mais le dernier mot reste à Romain Rolland dans sa lettre du 28 Décembre 1915. G. Clairet collabore à la même tâche que l'auteur de *Jean Christophe*.

3e Campagne. — C'est en Juin également que l'on voit pour la première fois, sous le titre : « Regards vers l'Est », des articles signés G. Reuillard (3) d'une noirceur à donner le cafard au combattant le plus résolu.

4e Campagne. — Sous le voile humanitaire, Fanny Clar intensifie avec une perfide ténacité son œuvre de défaitisme et de démoralisation.

5e Campagne. — Le 11 Juin 1915, le collaborateur du *Bonnet Rouge* qui signe J. G. publie le premier article d'une série qui paraît d'abord sous le titre : « Là-bas », jusqu'au 2 Novembre et qui, du 6 Novembre au 4 Décembre, se continue sous le nom de

(1) Nous parlons de M. Léon Daudet sans parti pris ni prévention. Nous ne le connaissons pas. Nous ne partageons pas ses idées politiques. Nous sommes républicain (ancien membre des comités Painlevé et Viviani). Nous pensons qu'il est absurde et dangereux de confier les destinées d'un pays un homme uniquement parce qu'il est le fils de son père.

(2) Rappelons ici la définition que nous avons donnée plus haut du « coup du Prussien ». Le « coup du Prussien » se résume en quatre mots : bluff, esbrouffe, intimidation, terrorisme. Le coup du Prussien cela consiste, pour le voleur qui se sauve, à crier « au voleur ! » plus fort que le gendarme; pour l'incendiaire, à accuser sa victime d'avoir mis elle-même le feu à sa propre maison ; — cela consiste à vous soutenir que l'on est vous, que par conséquent vous n'existez plus et que vous n'avez plus qu'à vous taire, cela consiste à vous étourdir d'affirmations si monstrueuses que vous vous demandez si vous avez perdu la raison et qu'au moins pour un moment, vous doutez de vous-même. C'est cette seconde d'hésitation que guette le Prussien. Comme le matador épie l'instant précis où le taureau désorienté lui présente sa nuque immobile, pour lui enfoncer son « estoque » jusqu'au cœur, ainsi, le « Prussien » saisit l'instant psychologique où son adversaire est « démonté » pour lui passer la ficelle autour du cou et l'étrangler. Si vous vous laissez le moins du monde déconcerter, éberluer, stupéfier, méduser, paralyser, influencer ou simplement distraire, vous êtes perdu.

(3) Le *Bonnet Rouge* du 20 Juin 1916 annonce que G. Reuillard, sergent-major, porté comme disparu, est prisonnier en Allemagne. On peut lire dans le n° du 6 Octobre 1916 : « Nous recevons avec de bonnes nouvelles ce dessin d'Asservant qui évoque la silhouette de G. Reuillard en tenue de prisonnier. 4e Cie, 1er Bat. 202596, camp de prisonniers de guerre de Taubenbischofsheim, Baden, Allemagne. » Comme Fanny Clar, Renaitour et G. Clairet, G. Reuillard collabore aujourd'hui au *Journal du Peuple*, où il mène une violente campagne contre le patriotisme. (Note de 1920.)

« Lettres à Marraine ». C'est, à un degré plus accentué encore, la même propagande que celle de Fanny Clar. Après avoir amorcé le lecteur par de grandes phrases débordant de patriotisme, on prêche dans ces prétendues lettres d'un vrai poilu des tranchées : le découragement, l'horreur de la guerre et l'éloge des Allemands.

6° Campagne. — « La grande imposture ». On complète la campagne « Les serviteurs de l'étranger » par des chroniques où l'on revient sur ce thème : les Allemands ont le génie de l'organisation, le service d'espionnage est le plus important du temps de guerre, donc l'espionnage en France n'est pas aussi dangereux qu'on veut bien le dire.

Ces 6 campagnes principales sont accompagnées d'articles plus ou moins isolés qui peuvent se classer sous les rubriques suivantes :

1) *Contre la mobilisation de toutes les forces nationales, on prépare la « démobilisation perlée ».*
2) *Contre les écrivains patriotes.*
3) *Contre la propagande française à l'étranger.*
4) *Pour la paix.*
5) *Pour faire taire les réfugiés du Nord.*
6) *Pour les intérêts moraux de l'Allemagne et la « Kultur ».*

Du 1er Janvier au 27 Mars 1916, le *Bonnet Rouge* fait paraître deux dessins violents : le 11 Janvier contre le Kaiser, le 2 Mars sur les atrocités allemandes en Belgique.

Du 27 au 28 Mars, des articles sur un même sujet et un dessin du Kaiser changent brusquement et complètement de ton.

Le 20 Avril, G. Clairet publie un article intitulé en lettres énormes : « Le Kaiser socialiste ».

7) Du 28 Mars au 12 Juillet 1917 :

A partir du 28 Mars 1916, les 15 campagnes du *Bonnet Rouge* exposées plus haut se poursuivent avec un accord parfait, parallèlement, à la *Gazette des Ardennes*. Peu à peu, tous les musiciens sont entrés dans le concert. C'est Fanny Clar qui a donné le ton, un ton authentiquement germanique. Isolément, puis par groupes, les instruments attaquent leur partie et soutiennent de leurs accents de plus en plus nourris les strophes — d'abord coupées de silences — du duo Fanny Clar-Almereyda. Maintenant l'orchestre est au complet. Ses cuivres déchaînés font écho à une musique lointaine qui, de l'autre côté du front, s'efforce d'étourdir les fidélités françaises dans les régions envahies. Ce qu'il joue — sous la direction d'un chef invisible qui mène également la « Kapelle » de Charleville, c'est un pot pourri où alternent le « Deutschland über alles » et à la façon d'un « chahut » que dominent les trémolos ironiques de M. Badin — la marche funèbre de la France assassinée.

Neuf ordres de faits confirment par ailleurs qu'en Avril 1916, le *Bonnet Rouge* est devenu l'organe de l'Etat-Major allemand au même titre que la *Gazette des Ardennes*, mais avec les modifications qu'imposaient les circonstances de temps et de lieu :

1° C'est le moment où le général Percin quitte le *Bonnet Rouge*.

2° C'est le 28 Mars que le « Général N. » publie son premier article.

3° Les noms de Brouville, Gorju et de quelques autres collaborateurs patriotes disparaissent du *Bonnet Rouge*. Par contre, on y trouve quotidiennement les signatures d'Almereyda, de Fanny Clar, de G. Clairet, de J. Goldsky, du « GENERAL N. », de Landau et de quelques autres rédacteurs entièrement dévoués aux intérêts allemands.

4° C'est le moment où le *Bonnet Rouge* cesse de publier des dessins violents contre les Allemands et en particulier contre l'Empereur. Le 20 Avril, G. Clairet publie un article intitulé en lettres énormes : Le Kaiser socialiste.

5° C'est le moment où paraît la signature de M. Badin.

6° Les articles de propagande pacifiste, défaitiste et démoralisatrice passent, de plus en plus nombreux, de la seconde à la première page du *Bonnet Rouge*.

7° C'est à cette époque que commence une série d'articles significatifs, inspirés ou transmis directement par l'Etat-Major allemand — qu'inaugure :

Le Retour au bon sens, du 23 Avril (signé Almereyda) ;
et qui continue par :
La Réponse allemande, du 7 Mai (signé Almereyda) ;
Les Grands Allemands, du 8 Mai (signé G. Clairet) ;
(du 12 au 17 Mai le *Bonnet Rouge* est suspendu).
Le manifeste de Kienthal, du 17 Mai (censuré) ;
Les Allemands chez nous, du 29 Mai (signé L. L. — Lucien Lunaire) ;
Le roi d'Espagne et la paix, du 21 Mai (signé Almereyda) ;

Jusqu'au bout, du 25 Mai (publié par l'Etat-Major allemand sous la signature d'Almereyda) ;
En beauté, du 9 Juin (signé Almereyda) ;
La Voix des Tranchées, du 18 Juin (publié directement par l'Etat-Major allemand, sans signature).

8° Les articles du *Bonnet Rouge*, en particulier ceux de M. Badin, de Claret, de Fanny Clar, d'Almereyda et du GENERAL N. prennent de plus en plus nettement l'aspect des « articles shrapnell » (destinés à enfoncer plusieurs idées à la fois) qu'on trouve dans la *Gazette des Ardennes*.

9° C'est à partir du mois de Mai que les citations du *Bonnet Rouge* dans la *Gazette des Ardennes* se font régulièrement et trahissent, à côté de beaucoup d'autres indices, une évidente collusion entre les deux journaux.

L'ÉVOLUTION DU « BONNET ROUGE » AU POINT DE VUE NATIONAL

A. — LE « BONNET ROUGE » AVANT LE 2 AOÛT 1914

Fondé sous forme de revue hebdomadaire, le *Bonnet Rouge* publie son premier numéro le 22 Novembre 1913 (1). Il est devenu quotidien le 24 Mars 1914 et consacra ses premières feuilles à la défense de M. et de Mme Caillaux.

1) L'affaire Caillaux.

Nous n'avons pas à entrer dans le détail de cette « cause célèbre ». Signalons simplement dans le n° du 24 Mars, le premier du journal *Le Bonnet Rouge*, un article de Fanny Clar sur Mme Caillaux où nous lisons :

« Autour du crime de Mme Caillaux, bruissent mille rumeurs de haine ».

Et dans le n° du lendemain 25 Mars, l'article intitulé « L'affaire ».

« C'est bien l'*Affaire*. Mêmes hommes, mêmes procédés. Dreyfus s'appelle Caillaux et c'est toute la différence. Imposer à l'opinion la culpabilité de Dreyfus c'était reculer pour assez longtemps les partis de démocratie, de pensée libre... Toute la question est là. Par ailleurs c'est un duel : le duel des gauches et des droites, de la démocratie et de l'oligarchie, du parti de la paix et du parti de la guerre, de la calotte et de la République. Choisissez ». MIGUEL ALMEREYDA.

Relevons aussi, à la date du 23 et du 24 Juillet 1914, les passages du plaidoyer de M. Caillaux où l'ancien Ministre démontre que le *Figaro* a inséré des articles tendancieux d'un agent secret du gouvernement hongrois, nommé Lipscher. Cet espion, rentré en France après la déclaration de la guerre avec un sauf-conduit de la Kommandantur de Bruxelles, a été

(1) Le premier exemplaire du *Bonnet Rouge* à la Bibliothèque Nationale est le n° 3 du 6 Décembre 1913. Nous en avons déduit que le n° 1, paru 15 jours plus tôt, devait être du 22 Novembre.

l'objet, au Gouvernement militaire de Paris, d'une enquête qui a été arrêtée, sur l'ordre de M. Malvy, dès qu'elle eut révélé les accointances de l'agent hongrois avec M. Caillaux.

2) Le rapprochement franco-allemand.

Dès son apparition, le *Bonnet Rouge* travaille au rapprochement franco-allemand.

Le 18 Avril 1914, il proteste contre le refus de laisser exposer au Salon le buste de Guillaume II, par Bezner :

Exécution capitale. — Le Kaiser au Salon.

« Pourquoi cet acharnement contre le buste de M. Bezner? Serait-ce uniquement parce que M. Mercié, réactionnaire tenace, sculpteur revanchard, croirait déchoir aux yeux de ses partisans en autorisant, dans une section dont il est Président, l'exposition du portrait de l'empereur d'Allemagne?... En ce cas, M. Mercié a une singulière idée des devoirs de sa charge », etc...

Le 21 Avril 1914, au moment de la visite du Roi et de la Reine d'Angleterre, il rappelle nos vieilles querelles avec nos voisins d'outre-Manche, et préconise ouvertement le rapprochement avec l'Allemagne.

Il y a 12 ans.

« Tralalalala lalalalala, voilà les Anglais : aoh yes ! Plum Puding! (*sic*) Ohé Parisien, mets des drapeaux à ta fenêtre et toi, bonhomme, viens avec moi acclamer le roi Georges et la dame Mary.

« Vivat ! Vivat ! Ce sont nos amis qui débarquent : Vivat ! Vivat ! Viens ici, l'Angliche, que je t'embrasse. Dis donc, l'ami ! sais-tu qu'il y a seulement douze ans tu m'eusses écharpé si j'avais poussé devant toi un seul des cris que tu t'apprêtes à prodiguer aux deux souverains?

« Tu te souviens, n'est-il pas vrai? Les Anglais? Ah, les cochons !... Ils ont brûlé Jeanne d'Arc !... Ils nous ont volé le Canada ! Les voilà maintenant qui nous filoutent Fachoda... ils humilient Marchand, les misérables ! et ridiculisent la France, les bandits ! A bas les Anglais ! D'ailleurs c'est l'ennemi héréditaire ! Mort aux Anglais ! Rappelle-toi quand nous te disions : « Tu es la victime des excitations d'une presse vendue ou en proie au délire... »

« Il y a douze ans, une camarilla cherchait à t'entraîner dans une guerre contre l'Angleterre. La camarilla est aujourd'hui tout entière anglophile. C'est contre l'Allemand qu'on t'excite.

« Ne mets pas douze années, ami, à t'apercevoir de la niaiserie de ta haine pour l'Allemand et du péril que font courir à la civilisation et au progrès humain les excitations dont tu te fais l'écho contre cet autre grand peuple de l'Europe.

« Vivent les Anglais !... Vive l'Entente Cordiale ! parisien. Mais vive aussi le rapprochement franco-allemand qui donnera aux peuples une certitude de paix ».

M. ALMEREYDA.

Le *Bonnet Rouge* prend parti contre Hansi condamné par les Allemands :

20 Mai 1914. — *A propos d'Hansi* : « Les caricatures épaisses d'Hansi ne valent pas

la peine d'une autre condamnation que celle que lui inflige le bon goût. Ce n'est pas un artiste qui parle, c'est un polémiste. Qu'Hansi alors, en acceptant les risques, ne se retranche pas derrière de vagues excuses.

« Il est déplorable qu'Hansi soit arrêté, mais il est déplorable aussi, et nous devions le dire, qu'au moment où des efforts sincères sont tentés des deux côtés entre la France et l'Allemagne pour résoudre cette irritante question d'Alsace-Lorraine, de très sérieuses excitations à la guerre se déguisent sous l'allure bon enfant de contes pour les petits. »

Cet article, non signé, soulève les protestations de la presse, et en particulier de M. G. de Cassagnac. Le 26 Mai, Almereyda le rétracte :

A propos d'Hansi.

... « Je déclare tout net que je n'approuve pas les termes de ce filet... La condamnation d'un écrivain, d'un artiste est un scandale...

« Ceci dit, pour les pauvres d'esprit et les charlatans du nationalisme, M. de Cassagnac me permettra de sourire de ses rodomontades ».

M. ALMEREYDA.

De même qu'on ne témoigne aux Anglais qu'une sympathie forcée, de même on montre peu d'enthousiasme pour l'alliance franco-russe. Exemple :

9 Juin 1916. — « *Nous sommes maîtres chez nous : Comment le Général André reçut naguère un attaché de l'Ambassade de Russie qui voulait lui faire le coup de l'alliance et ce qu'il en advint* ».

D'après le *Bonnet Rouge*, le pangermanisme n'est pas si dangereux qu'on le raconte :

5 Juillet 1914. — *Sur une brochure* : « Une fort intéressante brochure vient de paraître sur le rapprochement franco-allemand. Nous en détachons ce passage sur le « pangermanisme »... « Le professeur Nippold, il est vrai, note avec effroi les progrès du pangermanisme en ces dernières années... Il en juge apparemment par le langage des journaux. La preuve n'est pas concluante... En définitive, le pangermanisme n'est pas un article de francophobie. Le pangermaniste proteste même de son amour pour nous. Le général Keim écrit : « Acceptez donc de cœur le traité de Francfort », etc...

Quelques jours avant la déclaration de la guerre, on ne manifeste pas au *Bonnet Rouge* un amour immodéré de la France et des Français :

1er Juillet 1914. — *Paris Quartier Latin* : « Je sens que ces étrangers me sont moins étrangers que les fils dégénérés de Barrès, de Bourget, de Péguy », etc...

GABRIEL REUILLARD.

3) L'affaire du « Journal ».

Dès les premiers mois de 1914, le *Bonnet Rouge* s'intéressait à la direction du *Journal*, d'une façon vraiment extraordinaire :

15 Mai 1914. — *Eminences grises. M. Etienne Grosclaude, agent du Creusot et autres*

firmes, rédacteur en chef du Journal : « Il s'est passé ces jours derniers un fait auquel le grand public n'a prêté aucune attention et qui a pourtant une importance capitale : M. Grosclaude a pris la direction politique du *Journal*...

« Grosclaude, c'est, dans les milieux politiques et journalistiques, la sentinelle avancée du parti de la guerre...

« Jusqu'ici le *Journal* se signalait au milieu de la grande presse cocardière et revancharde par une mentalité sous laquelle on découvrait sans peine un amour certain pour la paix...

« Les choses vont-elles changer? Allons-nous voir le *Journal*, comme le laisse entendre M. Bailby, prendre place parmi les professionnels de la provocation? Aurons-nous un *Journal* bêtement chauvin, belliqueux, provoquant, au service des grands et petits requins qui ont mis la patrie en actions? Si oui, que le *Journal* ne s'étonne pas de voir les bons citoyens passer par-dessus M. Grosclaude pour prendre les responsables à la gorge ». M. ALMEREYDA.

24 Mai 1914. — *Le fiasco lamentable du* Journal : « La main-mise par M. Grosclaude, agent de la grosse métallurgie et du prince Victor Napoléon, sur une des plus grandes puissances journalistiques de notre temps a provoqué un vif mouvement de réprobation dans tous les milieux républicains et pacifistes. L'article de la *Journée Républicaine* que nous reproduisons ci-dessous est entre cent autres la preuve de l'existence d'un courant d'opinion dont M. Letellier — qui ne doit pas avoir complètement abdiqué entre les mains de M. Grosclaude — fera bien de tenir compte s'il a quelque souci de sa tranquillité et de ses intérêts.

« Le *Bonnet Rouge* est fier d'avoir été le premier à pousser le cri d'alarme repris par toute la presse républicaine... L'énergique campagne menée par la quasi-unanimité de la presse républicaine de province, de tous les départements, de toutes les régions, depuis que la famille Letellier a chargé M. Grosclaude, agent du prince Victor Napoléon, de la direction politique du *Journal*, donne des résultats inespérés. Le mouvement de réprobation contre l'alliance cynique des panamistes et des bonapartistes s'accentue », etc.

27 Mai 1914. — *Les campagnes antirépublicaines du* Journal, article de la *Journée Républicaine* :

16 Juillet 1914. — (*Sur les révélations de M. Charles Humbert au Sénat*) : « Mais tout de même, pour avoir attendu ainsi le dernier moment pour faire éclater sa bombe, alors qu'il pouvait fort bien opérer il y a deux mois, il faut que le sénateur Humbert soit un grand coupable ou un... savoureux pince-sans-rire ».

VICTOR MÉRIC (1).

4) La Guerre.

Le *Bonnet Rouge* est d'avis que les Autrichiens cherchent aux Serbes une mauvaise querelle.

28 Juillet 1914. — *La nouvelle crise balkanique et l'attitude française* : « Il faut le dire bien haut, l'assassinat de François-Ferdinand et de la duchesse Hohenberg n'est pour le parti militaire de Vienne qu'un prétexte ».

B. — LE « BONNET ROUGE » APRÈS LE 2 AOUT 1914

L'évolution du *Bonnet Rouge*, au point de vue national, à partir du 2 Août 1914, comprend 7 périodes :

(1) Collabore au « *Journal du peuple* » (note de 1920).

1re période : du 2 au 11 Août 1914.

Le *Bonnet Rouge* fait montre d'une attitude patriotique impeccable et d'un illusionnisme enfantin.

3 Août 1914. — *Notre Guerre* : « Ça y est.

« Le Gouvernement a fait l'impossible pour écarter de l'humanité le cataclysme. C'est la caste militaire autrichienne qui a ouvert la porte au fléau en sautant comme des brigands à la gorge de la Serbie (1).

« C'est la caste militaire allemande qui l'a généralisé en approuvant cet acte de banditisme.

« La France a donc le droit pour elle.

« L'heure n'est plus aux dissertations sur les horreurs de la guerre.

« L'heure est à l'action.

« On nous force à nous battre : nous nous battrons.

« La guerre actuelle est une guerre sainte.

« Nous n'avons pas renoncé à notre grand rêve de fraternité universelle.

« Au contraire, à l'heure tragique où nous sommes, ce qui fait nos cœurs plus vaillants, c'est la conviction que cette guerre porte précisément en elle la réalisation de ce grand rêve.

« De la guerre de 70-71 est sorti (*sic*) notre République. De la guerre actuelle sortira la République allemande. Et la République allemande c'est dans un temps très proche les Etats-Unis d'Europe, c'est-à-dire la paix enfin certaine, la route définitivement ouverte au progrès social.

« En avant donc !...

« Socialistes, mes frères, reléguons notre *Internationale* et notre drapeau rouge. Notre chant désormais c'est la *Marseillaise* et notre drapeau les trois couleurs.

« Comme en 93, l'un dans ses plis et l'autre dans ses strophes portent l'âme des peuples libres ».

M. ALMEREYDA.

(1) Cf. p. 280 : Sauteraient-ils à la gorge de leur gouvernement de crime, et p. 290 Pour prendre les responsables à la gorge.

3 Août 1914.

« Je suis réformé. Il y a huit ans, alors que le gouvernement faisait à mes amis et à moi l'injure de croire qu'en cas de guerre défensive nous serions assez criminels pour nous opposer à la mobilisation, on m'a réformé, non pas pour incapacité physique, mais de toute évidence dans le but de m'éloigner de l'armée où l'on craignait de me voir exercer une propagande impie.

« Aujourd'hui, je considérerais comme un outrage sanglant d'être tenu à l'écart de la défense nationale.

« Je suis valide et je crois avoir fait la preuve que les coups ne me font pas peur.

« Hier soir, à 6 heures, je suis allé me mettre à la disposition du gouvernement.

« Dans l'impossibilité de joindre le Président du Conseil, j'ai dit à M. Malvy, ministre de l'Intérieur : « Où faut-il s'enrôler? »

« M. Malvy m'a dit : « Pour le moment, des hommes comme vous sont plus utiles à Paris qu'à la frontière. Je vous prie de rester. »

« Je reste ! A la minute où l'on me dira : Partez, pour où que ce soit, je répondrai : Présent ! »

M. Almereyda.

5 Août. — *Sauvages* : « La France n'a pas marché.

« Enfin l'équivoque a pris fin. Le masque tombe, découvrant la face horrible de l'impérialisme allemand et de la barbarie prussienne », etc...

M. ALMEREYDA.

6 Août. — « C'est un grand réconfort de se dire que le monde presque tout entier est avec nous, soulevé contre la barbarie prussienne », etc...

M. ALMEREYDA.

6 Août. — *La goujaterie prussienne.*
— *La guerre sainte*, poésie d'EMILE HINZELIN.
— *Hurrah for England.*
— *L'Angleterre est entrée dans la lutte.*

8 Août. — *Libérez Deperdussin* (éditorial), par ALMEREYDA.

10 Août. — *La furia française* : « Sans doute il y a des morts...

« Français, ne les pleurons pas trop !

« Leur mort est de celles qui exaltent au lieu d'abattre. Ils sont morts pour la liberté, pour le salut de la civilisation et, paradoxe énorme, pour la paix du monde. Salut à eux ! Gloire à eux ! Morts, ils vivront éternellement dans nos cœurs, comme ils vivront dans le cœur des générations futures enfin réconciliées. »

M. ALMEREYDA.

2e période : du 12 au 29 Août 1914.

Des voix se font entendre en faveur de l'Allemagne et, dans un conflit où il s'agit de vaincre ou de mourir, contre la guerre à outrance qui accapare toutes les forces vives de la Nation.

On préconise un silence qui peut fort bien s'interpréter comme un « bâillon ». On propage la fausse nouvelle de la famine imminente en Allemagne.

12 Août. — *Respect à toutes les larmes* : « L'autre matin une jeune femme parlait... Elle parlait et de ses lèvres ne tombaient que des mots de haine, des mots affreux qui semblaient déformer sa bouche et en effacer à tout jamais toute bonté et tout amour... elle appelait avec l'ivresse d'une Ménade la vision horrible du carnage, elle en respirait déjà avec délices l'odeur affreuse. Je contemplais cette furie, avec tristesse, saisie d'une sorte d'effroi... Mères de France, songez que les mères allemandes n'auront même pas la consolation suprême de se dire comme nous autres : « Nos fils sont tombés pour une juste cause, de leur sang peut sortir pour l'humanité une aurore de libération ».

FANNY CLAR.

13 Août. — *Cannibales.*

14 Août. — *Les socialistes allemands* : ... « Ça des socialistes? Ça des frères? Des traîtres et des pleutres ! »

M. ALMEREYDA.

15 Août. — *Le Grand danger pour les Allemands. La Famine* : « Les Allemands ont encore une chance (bien minime sans doute) d'échapper à la famine, c'est la pénétration en masse chez nous. La grande bataille annoncée depuis deux jours sera donc l'effort décisif d'une nation affamée qui veut du pain au prix de son sang ».

(*Non signé*).

15 Août. — *Les Cannibales.*
— *Les espions.*
— *L'élan national.*

16 Août. — *Au secours* (éditorial) : ... « A l'heure présente, donner du pain aux malheureux n'est pas moins indispensable que de donner des balles à nos soldats »...

M. ALMEREYDA.

16 Août. — *Les Brutes. Allemands et Autrichiens font la paire.*

17 Août. — *Casse-cou* : « Qu'on rende l'argent à la circulation et puisqu'il est maintenant prouvé qu'au moins jusqu'à nouvel ordre nous avons trop d'hommes sous les drapeaux, qu'on renvoie dans leurs foyers les chefs d'industrie, les patrons d'usine en exigeant d'eux qu'ils rouvrent sans retard leurs ateliers. Qu'on lève immédiatement l'état de siège... qu'on autorise les cafés et même les établissements de plaisir à rester ouverts jusqu'à minuit.

« Je répète au Gouvernement que s'il ne prend pas de suite des mesures pour rendre à Paris son activité et sa joie — ce qui est le cas de Londres, par exemple, où rien de la vie extérieure n'a été modifié — il se prépare les plus redoutables mécomptes. Casse-cou ! monsieur Malvy ! » (1). M. ALMEREYDA.

18 Août. — *Assez d'ambulances ! du pain !*

19 Août. — *La situation* (éditorial) : « On voit que l'activité haineuse allemande se déploie dans tous les pays. Après avoir essayé par tous les moyens de séparer l'Angleterre de la France, elle tente maintenant de détacher l'Amérique de la cause du droit et de la civilisation »...

Du pain ! par M. ALMEREYDA.

Les grandes misères (2).

Le responsable de la guerre : « Le Kronprinz poussé par le parti militaire »...

20 Août. — *Quand le bâtiment va !* « Enfin l'activité va reprendre...

« Faisons donc aller le bâtiment... Il y a à l'heure actuelle pour 96 167 900 francs de travaux à exécuter... Quand le bâtiment va, tout va... Messieurs les Ministres, il dépend de vous de le faire aller »... M. ALMEREYDA.

Les grandes misères.

21 Août. *Les grandes misères.*

— *Les grandes misères.*

23 Août. — *Silence dans le rang* : « M. Clemenceau a dit : « Je veux savoir tout ce qui se passe ». Immédiatement une partie de la presse lui a emboîté le pas... J'approuve le Gouvernement de ne pas céder à ces pressions... Le peuple français peut tout savoir !

« Allons donc ! Vous, moi, pouvons tout savoir. Nous sommes assez réfléchis et assez avertis des choses de la guerre pour ne pas nous laisser affoler par un revers. Le public, la foule, non ! Ne dites pas : « On énerve le public en ne lui disant pas toute la vérité ». Ceux qui énervent le public, c'est vous avec vos exigences, vos récriminations ! A force de réclamer la vérité au Gouvernement, le public finira par s'imaginer qu'en effet on lui cache des choses terribles... A l'heure actuelle, la France est une immense armée. Les journalistes ne sont que des soldats, M. Clemenceau comme les autres.

« Dans le rang, on ne discute pas, on obéit.

« Silence aux irresponsables » (3). M. ALMEREYDA.

Pas de demi-mesures. Pour rendre au travail national son activité. — « Nos élégantes ont renoncé à parader sur les plages à la mode... pour s'improviser infirmières... Arbitres des convenances et des élégances, elles rendraient à la France un service autrement important en décrétant une « saison parisienne » qui serait adoptée aussitôt avec enthousiasme par une foule de gens riches »...

P. D'ALTON SHEE.

24 Août. — *Berlin affamé manifeste. Levez l'état de siège* : « La vie de Paris la nuit, monsieur Hennion, c'est le pain assuré pour 10 000 familles.

(1) Il suffit de comparer un article comme celui-ci aux commentaires de la *Gazette des Ardennes* et du *Bonnet Rouge* lui-même sur les fêtards et les embusqués de Paris (voir plus haut, p. 68 et suivantes), pour comprendre l'arrière-pensée criminelle d'une pareille campagne.

(2) Dans ces articles intitulés « Les grandes misères », il s'agit non pas des misères du front, mais de celles des civils de l'intérieur.

(3) Cf. p. 74, « La Voix des Tranchées », du 18 Juin 1916.

« En 70, théâtres et cafés fonctionnaient la nuit (1).

« Il y a de l'argent à Paris, il faut lui faciliter la circulation...

« Et puis, croyez-vous le Parisien des faubourgs assez bête pour ne pas se rendre compte que certaines dépenses somptuaires sont nécessaires à la vie du pays et qu'il sera le premier à en profiter !...

« Rien, entendez-vous, rien de sérieux ne s'oppose à la levée de l'état de siège. Tout, au contraire, exige cette mesure de salut public ».

M. ALMEREYDA.

Rouvrez les théâtres (anonyme). — « Nous ne sommes pas en deuil, que diable. La France se défend, tous nos enfants sont à la frontière, soutenus par la civilisation entière, coalisée contre la Barbarie (l'a-t-on assez répétée sur tous les tons et dans toutes les feuilles, cette phrase) » !... (2).

« La femme restée seule entourée de ses enfants pleurera moins quand elle entendra la foule s'amuser, vivre, en un mot, autour d'elle. De la joie autour de nous ! Notre collaborateur M. d'Alton Shee réclamait hier ici même une saison parisienne. Qu'on l'organise !... Un si beau programme pourrait être donné », etc...

25 Août. — *Mais oui silence* : « Ce contre quoi je me suis élevé, c'est contre cette manie de journalistes et de parlementaires de vouloir connaître par le menu le détail des opérations ». M. ALMEREYDA.

Les Mesures urgentes.

« *Il faut* laisser les cafés ouverts comme avant la guerre... rouvrir les théâtres, en un mot, rendre à Paris la vie normale »...

Les grandes misères.

L'état de siège. Notre enquête.

26 Août. — *Misérables* ! « Quand on relèvera les morts, M. Gervais, quand on identifiera les cadavres, M. Bunau-Varilla, on trouvera au premier plan nos militants révolutionnaires. Et ce sont ces hommes que vous osez insulter ! Misérables ! »

M. ALMEREYDA.

27 Août. — *Besogne de traître* (contre un article de Jean Drault dans la *Libre Parole*).

3e période : du 29 Août au 5 Septembre 1914.

Le *Bonnet Rouge* ne s'alarme pas de l'avance allemande et proclame sa confiance dans la victoire française.

29 Août. — *Confiance* (déclaration du colonel Amabichim, agent (*sic*) militaire russe à Paris).

Qu'on les muselle : « J'appelle l'attention du Gouvernement sur le danger que font courir à la France les propagateurs de fausses nouvelles. Avant-hier, dans les couloirs de la Chambre, un député du centre de Paris disait : « Paris sera investi avant huit jours ! » Et cet inconscient appuyait son raisonnement d'une démonstration technique.

« Un peu avant, un sénateur du Nord annonçait que tout son département était aux mains des Allemands.

« ... S'il faut sévir, qu'on sévisse ! »

M. ALMEREYDA.

30 Août. — *Confiance* : « Eh bien ! Parigot ! c'est à un match de boxe que nous assistons... L'Allemand encaisse bien.

« Le Français, qui est un scientifique, est devenu prudent devant cet encaisseur prodigieux, qui est d'ailleurs un cogneur terrible.

(1) Piètre argument ! On sait trop comment s'est terminée la guerre de 1870 !
(2) Cette parenthèse n'est-elle pas suffisamment éloquente !

« Le Français attend donc le moment de cogner au bon endroit », etc...

M. ALMEREYDA.

31 Août — *Du cœur au ventre* : « C'est inimaginable ce que depuis huit jours on a entendu de sottises ! J'ai une femme et un enfant de neuf ans. Les Prussiens peuvent venir dans Paris. A moins d'un ordre des autorités militaires, ma femme et mon gars resteront là.

« Ça leur trempera les foies ». M. ALMEREYDA.

Les Vandales : « Voici que sont brûlés l'hôtel de ville de Louvain et son admirable bibliothèque... Des artistes, ça ! Quel art peut jaillir d'un peuple qui sans révolte accepte que sa soldatesque brise à coups de mitraille tout un passé cher aux yeux amoureux de la beauté? » FANNY CLAR.

1er Septembre. — *La marche à la mort* : « Il suffirait d'un rien pour que les deux ou trois centaines de paniquards qui se répandent dans Paris fassent perdre la boule au populo.

« C'est contre ces agents de démoralisation que je mets en garde les Parisiens.

« Paris, en 70, s'est défendu six mois »... M. ALMEREYDA.

2 Septembre. — *Aux barbares* (réponse belge à la déclaration de guerre autrichienne) : *Reculer pour mieux les faire sauter* : « Nous cédons, oui, parce qu'il entre dans la stratégie générale des Alliés de céder ». M. ALMEREYDA.

Le Rouleau à vapeur fait son effet : « Le Kaiser rappelle en toute hâte une partie des troupes qui luttaient contre nous ».

La catastrophe finale est inévitable.

3 Septembre. — *Fini de rire* : « Français ! plus que jamais, confiance !

« Attila a le feu au derrière, c'est maintenant que la conversation va devenir intéressante ». M. ALMEREYDA.

4 Septembre. — *Le grand choc* : « Si la manœuvre réussit, l'envahisseur est culbuté, refoulé, peut-être balayé.

« C'est la victoire.

« Et si la manœuvre rate? Eh bien, pas d'émotion ! La première manche est perdue, rien de plus. Il y aura toujours une belle à faire et la France ne peut pas ne pas gagner « la belle » ! M. ALMEREYDA.

5 Septembre. — *Fidèles au poste. Le* Bonnet Rouge *reste à Paris* : « Nous sommes déjà des combattants. Notre journal est un clairon. Notre plume est un fusil... A la minute même où le gouvernement militaire de Paris nous dira : « L'heure n'est pas aux articles « de journaux, l'heure est aux actes », tous d'un seul cri, nous répondrons : Présent !

« Nous avons dit aux autres : Marchez ! ils ont marché.

« Quand notre tour viendra, nous marcherons pour la défense de Paris, pour la France, pour la République... O vous mes collaborateurs, amis très chers... n'est-ce pas que vous êtes prêts comme moi à faire le sacrifice de votre peau? »

M. ALMEREYDA.

Le Rouleau à vapeur. Vers Berlin.

4e période : du 6 Septembre 1914 au 1er Mars 1915.

Pas d'excès d'héroïsme ! Pas de gaffes !

On mène le double jeu :

Sur les questions économiques et la paix, on ne laisse d'abord entendre que la parole française. Mais, après s'être montré farouche partisan de l'Union sacrée, on commence une violente campagne anticatholique. C'est le système de brutale antithèse qui prévaut pour les autres questions. On réclame la revision des réformés, la levée en masse, mais on s'élève contre les « enragés » qui chassent les embusqués. On publie des articles d'inspiration patriotique mais on prépare la « démobilisation des esprits » en menant campagne pour la levée de l'état de siège et la réouverture des cafés-concerts. On abandonne Guillaume II à la vindicte française, mais on s'évertue à prouver que le peuple allemand n'est pas solidaire de son empereur. On proteste contre la barbarie germanique, mais on s'efforce d'apitoyer les Français sur le sort de l'envahisseur. On laisse passer des articles sur l'espionnage, mais on en insère d'autres où l'on amorce « la grande imposture », la campagne contre « l'espionnite » :

6 Septembre. — *Pas de gaffes !* « ... Un peu partout on s'enrôle.

« Des gens m'ont dit : Si les Prussiens rentrent dans Paris, nous nous ferons tuer dans la rue.

« Ce sont là des paroles que ni vous ni moi ne devons prononcer. Si Paris cède, c'est aux autorités compétentes et non pas à nous de décider si on doit le défendre rue par rue, maison par maison...

« Il ne faudrait tout de même pas, par excès d'héroïsme, compromettre une partie gagnée d'avance ». M. ALMEREYDA.

7 Septembre. — *Tout va bien*, par M. ALMEREYDA : « Silence aux vipères, le général Percin n'est ni un traître, ni un fou ».

La partie simple :

I. — *Questions économiques.*

29 Septembre 1914. — *Neutralité*, par M. ALMEREYDA (contre la violation de la neutralité commerciale hollandaise).

10 Novembre 1914. — *L'entente économique* : « Il est à espérer qu'au moment du règlement de comptes, une alliance économique de tous ceux qui ont dû subir et repousser les violences du militarisme teuton réfrénera ses prétentions commerciales sur le continent ». CAMILLE GORJU.

15 Novembre 1914. — *Le régime économique allemand*, par CAMILLE GORJU.

17 Novembre 1914. — *La défense économique* : ... « La défaite allemande doit être complète »... CAMILLE GORJU.

1er Décembre 1914. — *Une dette de la Nation. Solidarité économique*, par CAMILLE GORJU.

9 Décembre 1914. — *En Allemagne. Le besoin d'expansion économique* : « Ce qu'il faut clairement envisager à l'heure actuelle c'est que cette aspiration d'expansion mondiale qui est en somme la grande cause de la guerre actuelle réapparaîtra infailliblement du fait de la densité de la population allemande très peu de temps avant la guerre. C'est en voyant le danger en face qu'on peut arriver à trouver les canalisations nécessaires pour l'endiguer ». CAMILLE GORJU.

II. — *La Paix.*

20 Octobre 1914. — *Autre genre de folie* : « Depuis quelques jours, les Parisiens, particulièrement les commerçants et les industriels, sont inondés de lettres anonymes en faveur du rétablissement de la paix. Les lettres sont si nombreuses que le Préfet de police s'est ému de cette campagne de démoralisation.

« Pour l'honneur du parti républicain, je veux croire qu'aucun de nos amis ne participe à cette mauvaise besogne.

« La Paix? La Paix avant d'avoir rogné jusqu'à la viande les griffes du monstre?
« Non, mais des fois?
« L'accouchement qui se fait, ô chers agneaux, c'est l'accouchement de la Liberté!
« Couvrez-vous la vue si vous ne voulez pas voir, mais foutez-nous... la paix! »

M. ALMEREYDA.

6 Janvier 1915. — *La Paix* : « On m'a dit que des prospectus poussant à la paix étaient glissés nuitamment sous les portes particulières. Pour ma part, je n'ai rien vu de tel, mais je sais que certaines gens voudraient parler de paix... Parler de paix à l'heure actuelle, c'est travailler pour l'Allemagne ». G. BAZILE.

11 Janvier 1915. — *Les deux paix*, par G. BAZILE (sur un article du général Cherfils).

16 Février 1915. — *Il y a 44 ans*, par G. BAZILE : « La guerre commence...
« Aujourd'hui nous ne parlons pas de paix »...

Le double jeu :

I. — *Le danger clérical n'existe pas. Les cléricaux veulent bâillonner les républicains.*

a) 10 Octobre 1914. — *Après* : « Des amis m'écrivent : « Vous ne voyez donc pas l'énorme travail que font les cléricaux pour reprendre l'influence et le crédit perdus? »... Peuh! Peuh! Laissez donc les cléricaux faire leur petite cuisine. Pour le moment, une seule chose prime : la Victoire.

« S'il plaît à nos adversaires de réveiller des dissentiments anciens au risque de briser l'élan de la nation, libre à eux, moi je m'y refuse ».

M. ALMEREYDA.

b) 12 Novembre 1914. — *Le bâillon* : ... « Les bons chrétiens de la censure nous ont coupés. Nous voilà contraints, pour relever les insolences de ceux qui n'ont pas désarmé, d'attendre que la République soit redevenue républicaine »...

M. ALMEREYDA.

19 Janvier 1915. — *Il faut en finir* : « ... Les républicains, messieurs les prêtres, ne sont pas encore bons à rôtir »... PAUL RAOULT.

28 Février 1915. — *Silence, nos Seigneurs*, par PAUL RAOULT.

II. — *Mobilisons toute la nation. Les chasseurs d'embusqués sont des « enragés ».*

a) 8 Septembre 1914. — *Et les autres* : ... « Réformés, exemptés et auxiliaires valides et capables de faire campagne, formeraient une armée de plusieurs centaines de mille hommes. Qu'on les appelle tous! »...

M. ALMEREYDA.

Ce que durera la guerre. Longue ou brève, l'épuisement de l'Allemagne est au bout (article de la *Stampa*, du 2 Septembre).

9 Septembre 1914. — *Silence aux vipères*, par M. ALMEREYDA.

— *Faites vite.*

11 Septembre 1914. — *Sans délai* : « L'opinion publique peut être fière. En moins de trois jours, elle vient de remporter deux grandes victoires. Hier elle obtenait que les hommes de l'armée auxiliaire non mobilisés fussent rappelés et versés dans le service actif. Aujourd'hui elle obtient que réformés et exemptés passent une nouvelle revision.

« Félicitons-nous et félicitons le Gouvernement. C'est le commencement de la levée en masse de toutes les forces valides de la nation ».

M. ALMEREYDA.

22 Décembre 1914. — *Le scandale des embusqués*, par RAOUL ANGLÈS, député.

b) 9 Octobre 1914. — *Pour les enragés* : « Ne trouvez-vous pas que certains de nos concitoyens et même de nos concitoyennes exagèrent !
« Je veux parler des gens qui passent leur temps à chasser le tire-au-flanc...
« Tous les jours on découvre un nouveau gibier. Hallali !
« Hallali ! Le tire-au-flanc est aux abois...
« Ma parole, je n'ose plus sortir !... » M. ALMEREYDA.

III. — *Patriotisme et démobilisation des esprits.*

a) 14 Septembre 1914. — *Feuilles de route* : « Courage ! confiance ! Les soldats de la civilisation accourent de toute part (*sic*). La victoire est proche »...
J. GOLDSKY.

1er Octobre 1914. — *Guy de Cassagnac* : « Guy de Cassagnac est mort...
« Il a dû mourir joyeusement dans un don absolu de toute sa jeunesse, dans un élan magnifique de tout son être... comme j'aimerais mourir ».
M. ALMEREYDA.

13 Octobre 1914. — *Ne nous frappons pas* : « Pour si douloureuse [que soit la prise de la glorieuse cité amie (Anvers), sa chute ne change rien au résultat final : la barbarie sera vaincue ». M. ALMEREYDA.

19 Novembre 1914. — *Lettre de la Tranchée*, chanson d'E. LEMERCIER.

23 Novembre 1914. — *L'idéal républicain et la guerre* (conférence de M. Paul Painlevé).

25 Novembre 1914. — *C'est long* : « Eh sans doute, c'est long !...
« Il faut renoncer à l'espoir de voir l'Allemagne mettre bas les armes à cause d'une disette intérieure...
« Quel moyen reste-t-il d'en finir?
« L'écrasement de ses armées, tout bêtement.
« Ce sera long.
« Je pense que nous fêterons la fin du cauchemar, c'est-à-dire la signature de la paix en même temps que le 14 Juillet ». M. ALMEREYDA.

31 Décembre 1914. — *Delenda est Germania*, par G. BROUVILLE.

6 Novembre 1914. — *Au fond de la race* : « ... Cette armée nationale se trouvera logiquement imprégnée de toutes nos qualités raciques. De plus, elle sait qu'elle lutte non pour quelques privilégiés, mais pour le bien commun. Voilà pourquoi elle est assurée du succès »... POINSOT.

b) 29 Septembre 1914. — *Vexations de pions* (anonyme) : « ... Cet état de siège qu'on espérait voir s'élargir, va-t-il au contraire devenir encore plus sévère?
« A quoi riment ces punitions qui rappellent celles de l'école?... »

13 Octobre 1914. — *Pour nos cigales* : « Dès le mois d'Août, le *Bonnet Rouge* a réclamé la réouverture des théâtres et concerts, etc...
« Un peuple qui combat en chantant a déjà vaincu »...
M. ALMEREYDA.

20 Octobre 1914. — *Pour nos cigales* (1). *A des confrères* : « Je plains les journalistes qui ont le courage, à un moment si dur, de rompre des lances en faveur du maintien de la fermeture des théâtres.

(1) Il n'entre pas dans notre esprit de considérer comme un acte d'antipatriotisme, un appel en faveur de celles qu'Almereyda appelle « nos cigales ». Nous constatons simplement que la réouverture des cafés-concerts et lieux de plaisir (nous ne parlons pas des théâtres qui pouvaient et devaient donner des pièces patriotiques) au moment où le sang français coule à flots, où des millions de Français gémissent sous le talon de l'envahisseur, où des milliers de familles sont en deuil d'un ou de plusieurs des leurs tombés pour la Patrie, où nous vivons les heures les plus tragiques de notre histoire, ne pouvait que contribuer à la démoralisation du combattant et des populations envahies. La *Gazette des Ardennes* et le *Bonnet Rouge* lui-même n'ont pas manqué d'en tirer argument pour pousser le poilu au dégoût de sa tâche et à la révolte.

« Pauvres gens qui osent parler de fesses quand il s'agit de pain !...
« Car il s'agit de pain, malheureux, simplement ! »

M. ALMEREYDA.

22 Octobre 1914. — *Deux poids, deux mesures* : « ... Tant qu'on n'aura pas expliqué pourquoi, autorisant les cinémas, on interdit les concerts, je persisterai à mettre tous les soirs M. le Ministre de l'Intérieur et M. le Préfet de police sur la sellette »...

M. ALMEREYDA.

23 Octobre 1914. — *Pour nos cigales*, par M. ALMEREYDA.

24 Octobre 1914. — *Pour nos cigales*, par M. ALMEREYDA.

25 Octobre 1914. — *Pour nos cigales*, par M. ALMEREYDA.

25 Novembre 1914. — *La réouverture du concert*, chanson d'E. LEMERCIER.

26 Novembre 1914. — *La réouverture des spectacles*, par M. SERANO.

3 Décembre 1914. — *N'exagérons rien* : « ... Il existe aux environs de la gare Saint-Lazare un petit théâtre, d'ailleurs fort élégant, qui porte le nom de théâtre Albert Ier. Il paraît que ce choix est un scandale... Le titre d'un sketch parfaitement inoffensif a été le prétexte de cet accès de puritanisme »... M. ALMEREYDA.

IV. — *Guillaume II est un monstre, mais le peuple allemand est pour Liebknecht* :

a) 13 Septembre 1914. — *Ses surnoms.*

1er Octobre 1914. — *Jusqu'à la dernière cartouche* (anonyme) : « Le Kaiser se déclare inconsolable de son échec en France. De violentes querelles ont éclaté entre le Kronprinz et lui ».

15 Octobre 1914. — *Guillaume II faux prophète*, chanson d'E. LEMERCIER.

17 Octobre 1914. — *La proclamation de Maboul II*, chanson d'E. LEMERCIER.

3 Novembre 1914. — *Væ !* » Væ ! Malheur à toi, Guillaume, empereur maudit ! Malheur à toi, chouette humaine ! Tu réhabilites Néron et Caligula !:.. »

J. L. ANDRÉ BONNET.

12 Novembre 1914. — *Les tifes à Guillaume*, chanson d'E. LEMERCIER.

28 Novembre 1914. — *Guillaume II impotent* : « Il n'y a pas de doute... Dans la suite à venir de l'Histoire des monstres du Dr E. Martin, figurera à une bonne place Guillaume II », etc... J. L. ANDRÉ BONNET.

6 Décembre 1914. — *Son fils change de peau* (sur une interview du Kronprinz) : « Le terrible va-t-en guerre a mis une sourdine à ses fanfaronnades. Finies les plastronnades ! Envolés les airs de matamore !... Malheureux Kronprinz !... «

Dr LOMBARD.

30 Décembre 1914. — *La pipe du Kronprinz*, chanson d'ALBERTY.

27 Janvier 1915. — *La fête du Kaiser*, chanson d'ALBERTY.

Guillaume II et le socialisme : « ... Aujourd'hui les yeux se dessillent. Demain, espérons-le, ils seront grands ouverts et les socialistes allemands sauront ce qu'ils doivent penser de leur Kaiser et de son pseudo-socialisme »...

J. L. ANDRÉ BONNET.

23 Février 1915. — *Sa binette, S. A. I. le Kronprinz*, chanson d'ALBERTY.

b) 13 Décembre 1914. — *Karl Liebknecht* (1) : « Dominant le fracas des canons, le tintamarre des musiques et les acclamations des esclaves, une grande voix s'est élevée. Elle dit : « Frères, il n'est pas vrai que vous vous battiez pour une cause juste ! il n'est

(1) Nous faisons les plus expresses réserves sur la paternité de cet article qui, pour le fond, répond trop exactement à une tactique allemande, et, pour la forme, s'écarte trop sensiblement du style d'Almereyda. On ne manquera pas de remarquer certains rapports de vocabulaire et de syntaxe avec le style de l'anonyme auteur de l'éditorial paru dans le *Bonnet Rouge* du 18 Juin 1916.

« pas vrai que cette guerre soit pour vous une guerre de délivrance. Elle est de la part « de vos maîtres le plus sordide des attentats ».

« Alors les chiens de la meute ont découvert leurs crocs et poussé des grognements féroces...

« Mais voici que dans la foule des humbles qui avaient écouté en silence et immobiles, une vague courut. Des hommes qui paraissaient prostrés et abolis dressèrent le front. Et dans les yeux des femmes passa une flamme étrange.

« Et d'un seul mouvement, en un geste où l'on n'eût pu dire s'il y avait plus une muette menace qu'une impérieuse interrogation, les millions d'hommes et de femmes se tournèrent vers un palais aux portes closes devant lequel des soldats inquiets montaient la garde »... M. ALMEREYDA.

14 Décembre 1914. — *Pour le Roi de Prusse* (1). *Lettre d'une Française rapatriée* :

« ... Ce qu'ils ont caché même à Berlin, c'est l'attentat du Kaiser le jour qu'il est parti en guerre. Un jeune homme armé d'un revolver l'a manqué. Moi j'étais à la gare, j'ai tout vu ».

Cet article du 13 Décembre, complété par l'information infiniment suspecte du lendemain, est déjà très nettement une manœuvre allemande... Seul un agent allemand en France ou un comparse des Allemands pouvait avoir intérêt à répandre sous cette forme une nouvelle aussi fausse, un bruit aussi tendancieux que ce prétendu soulèvement général des consciences allemandes, à montrer ainsi *à cette époque* (2) le peuple allemand (des millions d'hommes et de femmes) insurgé contre la volonté d'un empereur qu'on charge avec intention par ailleurs de tous les péchés de la Germanie et qu'on représente ici dans son palais aux portes closes « gardé par des soldats inquiets ». Quel meilleur moyen de gagner l'âme républicaine des Français compatissants? Ne faut-il pas faire la part du feu? On la fait bien dans la *Gazette des Ardennes* ! On la fait ici, aussi large que peut la réclamer le plus exigeant des patriotes de France. Mais, en feignant de sacrifier par des mots un souverain qu'on sait inaccessible aux coups de l'ennemi, on espère sauver des milliers d'existences allemandes contre lesquelles il faut coûte que coûte émousser le glaive terrible de la haine. C'est le plus pressé. L'empereur, on le réhabilitera plus tard. Et c'est en effet, comme on l'a vu plus haut à la 9e campagne, ce qui est arrivé. On va voir

(1) On remarquera la date de cet article. Il paraissait le lendemain même du précédent et poursuivait la même manœuvre : faire croire aux Français que les Allemands se révoltaient contre leur Empereur.

(2) Nous soulignons : *à cette époque*. Comparez à ces déductions l'information suivante du *Matin* : *Matin*, 27 Août 1918 :

New-York, 26 Août. — *Un agent de l'Allemagne.*

« M. Becker, attorney général adjoint de l'Etat de New-York, chargé par les autorités fédérales de faire une enquête sur la propagande pro-allemande, a communiqué, hier soir, une note à la presse sur les menées en Allemagne et aux Etats-Unis de George T. Odell, ancien correspondant berlinois de l'*Evening Mail*.

« M. Becker, après avoir entendu Odell et d'autres témoins, a acquis la certitude que plusieurs mois après la déclaration de guerre des Etats-Unis à l'Allemagne, l'Allemagne essaya de retarder les préparatifs de guerre en faisant courir aux Etats-Unis des bruits prétendant que la révolution couvait en Allemagne et que le renversement du Kaiser et de l'autocratie prussienne était imminent.

« Tous les articles d'Odell lui étaient communiqués par de hauts personnages allemands ». (Note de 1920).

par la contre-partie des citations suivantes que l'article du 13 Décembre rentre dans une série destinée à réaliser le rapprochement franco-allemand en pleine guerre.

V. — *Les Allemands sont des barbares. Pitié pour l'envahisseur!*

a) 17 Septembre 1914. — *Berlin et Vienne.*

Les éternelles poires (1), chanson d'Eugène Lemercier.

27 Septembre 1914. — *Les barbares devant l'histoire*, par Fanny Clar (sur l'incendie de la cathédrale de Reims).

13 Octobre 1914. — *Tas d'assassins. La guerre aux femmes* : « Ce qu'on ne peut admettre, ce que les derniers sauvages, ce que les cannibales eux-mêmes repousseraient comme indigne d'eux, ce qui est contraire à toute loi, à toute raison, à tout sentiment, c'est l'assassinat des femmes dans les rues des villes non belligérantes ».

(Suivent les noms des victimes des « Taubes », à Paris).

14 Octobre 1914. — *Dernier espoir* : « N'étions-nous donc que de pauvres illuminés quand nous rêvions non point d'une entente avec la soldatesque prussienne et son Kaiser, mais d'un rapprochement avec le peuple travailleur d'Allemagne... serait-il vrai que de la base au faîte, du laboureur au savant, de l'artisan à l'artiste, la race allemande est (*sic*) une race en marge de la grande famille humaine !

« Le silence de la social-démocratie et l'indécent manifeste de l'élite allemande semblent donner raison à cette thèse...

« Il ne reste plus d'espoir que dans les masses populaires qui peuvent encore, en sautant à la gorge de leur Kaiser, sauver le renom d'une nation que ses savants viennent de déshonorer ». M. Almereyda.

25 Octobre 1914. — *Réponse à un intellectuel allemand, A M. Wundt*, par le professeur Ruyssen.

12 Novembre 1914. — *La Vanité allemande* : « C'est aux militaires qu'il faut imputer la perversion du génie allemand, mais les professeurs en ont tous une large part de responsabilité.

« La satisfaction d'eux-mêmes n'a pas affermi la pensée des maîtres allemands », etc...

Ferdinand Herold.

31 Décembre 1914. — *Delenda est Germania*, par G. Brouville.

4 Janvier 1915. — *L'Allemagne prussienne*, par Roman Dmowski.

« ... C'est la Prusse qui, à la tête de toute l'Allemagne, fait maintenant la guerre à l'Europe »...

14 Janvier 1915. — *Soldatesque allemande* (citation du *Telegraaf* d'Amsterdam).

15 Janvier 1915. — *Le bilan de la honte* : « M. Viviani vient de décider que le rapport sur les atrocités allemandes serait tiré en brochures et répandu chez toutes les nations neutres », etc... G. Brouville.

6 Février 1915. — *Qu'ils commencent* (contre un arrêt de M. Mirman suspendant un maire qui avait tiré sur un Taube).

« M. Mirman fut très mal inspiré. Ses arguments ne convaincront personne et surtout pas les Allemands. Moins ceux-ci auront à craindre dans la perpétration de leurs crimes, plus ils se montreront cruels et impitoyables ». G. Brouville.

Récit d'un prisonnier de guerre, par Nicolas Haas.

9 Novembre 1914. — *L'enfant du crime*, chanson par Alberty.

... « Quand on a vécu ça, je vous le jure,
« De parler de haine, on a bien le droit !... »

13 Novembre 1915. — *Sous le joug. La Belgique et les Boches* : « Comme on comprend,

(1) Ces « poires », ce sont les Français qui soignent trop bien les « Boches ».

après de tels traits, le mépris universel qui monte et grandit autour de l'Allemagne et qui la déshonorera à jamais... » G. Brouville.

15 Novembre 1915. — *Votre Kultur*, chanson d'Alberty.

24 Novembre 1915. — *Cri de haine*, chanson d'Alberty.

« Tu m'as tout pris, Barbare atroce,
« Et maintenant, je n'ai plus rien
« Plus rien qu'une haine féroce
« Je me vengerai tout à fait
« Oui, tout à fait... »

b) 13 Septembre 1914. — *Sur le champ de bataille. Vision d'épouvante* : « Deux lettres d'Allemands... J'ai pris la lettre et la photographie. Après la guerre, je renverrai ces reliques en Allemagne. Ce sera peut-être, pour la blonde Poméranienne qui pleure un fiancé, une consolation de savoir que sa dernière pensée fut pour elle », etc...

M. Almereyda.

14 Septembre 1914. — *Sur le champ de bataille*, par M. Almereyda.

échoppage.

17 Septembre 1914. — *De la mesure* : ... « Dans un article de tête, en un langage de dément, il (le *Matin*) pousse à l'égorgement des prisonniers...

« Qu'une pareille prose puisse passer dans un journal prussien, passe encore. Mais qu'elle ait pu trouver place dans un journal français, voilà qui dépasse l'entendement.

« Il faut dire que le seul écho qu'elle ait produit est un écho de réprobation.

« Le Français se bat en soldat, pas en apache ».

M. Almereyda.

4 Octobre 1914. — *Kamerad ! Pardon !* « Dites-moi, vous toutes qui songez, les yeux humides, aux champs où les nôtres les refoulent, si d'une parole vous pouviez suspendre l'arme levée sur le fils d'une mère allemande, n'est-ce pas que vous arrêteriez ce bras en disant :

« Toi que cet ennemi aurait peut-être par ordre massacré sans pitié, accorde ce qu'il te demande, trace sur lui le geste de pardon. » Fanny Clar.

29 Novembre 1914. — *La médaille*, par Fanny Clar (échoppé en entier).

2 Décembre 1914. — *Les cinq tombes* : ... « Par exemple ! Quelle horreur !

« L'horreur c'était ceci : après avoir fleuri les tombes françaises, les deux femmes tranquillement s'étaient dirigées vers cinq tombes allemandes et déposaient des bouquets sur les croix où s'étalaient au-dessous de noms germaniques, les âges : 24, 26, 22 ans...

« Elles s'en allèrent, calmes sous les huées.

« Et je vous assure que ce fut très beau ». Fanny Clar.

7 Décembre 1914. — *Les échos de l'invasion à Lille* : « Une Lilloise a fait au *Bulletin des Réfugiés du département du Nord*, le récit de la vie actuelle à Lille... « Les Allemands « n'ont fait subir aucun mauvais traitement à la population civile » (1).

18 Janvier 1915. — *Ceux qui osent parler* : « Proclamation de la ligue allemande de l'Humanité »...

21 Janvier 1915. — *A l'ambulance. C'est un Boche qui vous remercie* (histoire touchante d'un prisonnier allemand blessé qui remercie ses infirmiers).

... « et il glissa à un blessé français une grosse pièce blanche que celui-ci refusa »...

Jean E. Bayard.

21 Janvier 1915. — *Appel aux intellectuels* : « Le bureau international de la paix a adressé aux intellectuels de tous les pays un appel dont voici la terminaison : »...

(1) Pour saisir le caractère mensonger et tendancieux de cette déclaration, il suffit de lire, au G. M. P., les dépositions des réfugiés du Nord, en particulier celles de la famille de Jacquet le Martyr, de Lille.

18 Février 1915. — *Du sang sur le mur* : « C'était hier soir. Armand Bour présentait sur un écran quelques vues des champs désormais historiques de la Marne...

« Lorsqu'Armand Bour présenta au public ce mur taché de sang allemand, malgré que je m'attendais à tout autre chose, un grand silence se fit, un de ces silences où passe quelque chose qui fait frissonner.

« Un applaudissement, un seul, entendez-vous, s'éleva et mourut bien vite dans ce silence solennel.

« Non, toute pitié n'est pas morte au cœur des hommes et ce silence, je vous le jure, fut d'une grande beauté. » FANNY CLAR.

VI. — *Les Allemands ont des espions (disent les Anglais), et ils mentent dans leurs communiqués. Il faut se garder de trop croire à l'espionnage allemand :*

a) 1er Octobre 1914. — *Leurs espions* : « Voici, d'après un rapport du général French les ruses d'espionnage employées par les Allemands en France »...

10 Octobre 1914. — *Roman d'aventures* (non signé) : « Jamais un Ponson du Terrail, qui eut pourtant l'imagination fertile, ne pourra inventer d'aussi rocambolesques aventures que celles découvertes dans les communiqués officiels paraissant en Belgique dans les feuilles que les conquérants ont la gentillesse de dispenser aux Bruxellois.

« Le titre ci-dessus est le fac-simulé réduit de la manchette du *Journal officiel* publié à Bruxelles par les autorités allemandes. Le texte est en deux langues ».

« *Nos troupes sont devant Paris.* »

« Vous avez lu... maintenant regardez la date du journal : 24 Septembre. 24 Septembre ! C'est le 14 Septembre que nos troupes rejetaient ces messieurs au delà de la Marne ! »

9 Novembre 1914. — *L'espionnage allemand* (1) (par ARMGAARD KARL GRAVES, traduit de l'anglais).

b) 15 Octobre 1914. — *Tu vas fort* : « Junius... a découvert ceci : une campagne anticléricale se dessine et cette campagne est d'origine allemande.

« D'après Junius, tout un service d'espionnage allemand s'applique à créer des courants d'opinion... Vous écrivez un article ; vous vous imaginez peut-être que vous êtes maîtres d'écrire telle ou telle phrase, de choisir tel ou tel mot? Quelle illusion ! Votre porte-plume, c'est l'espion qui le tient ! Vos mots, c'est l'espion qui les impose !

« Je ne doute pas que les Allemands verraient d'un bon œil la division entrer dans nos rangs. Je suis convaincu, si la chose était en leur pouvoir, qu'ils ne manqueraient pas de souffler sur la braise de nos querelles anciennes dans l'espoir que quelque gogo se laisserait prendre au piège. Mais, outre que je juge impossible l'application du procédé, où Junius a-t-il vu se dessiner une campagne anticléricale? »

M. ALMEREYDA.

30 Octobre 1914. — *A propos d'espionnage* : « L'histoire qui vient d'arriver au *Matin* montre avec quelle prudence il faut accueillir les accusations d'espionnage... »

M. ALMEREYDA.

30 Novembre 1914. — *Le Prussien*, par FANNY CLAR : (C'est l'histoire d'un certain Henri Laban qui est venu s'établir mystérieusement dans une commune de France et que tout le monde prend pour un espion. Les commérages vont leur train. En fait, l'homme n'était qu'un meurtrier qui, sa peine terminée, était retourné dans le pays de ses pères et voulait mourir dans la maison qui l'avait vu naître).

(1) On remarquera que ces deux informations, parues d'ailleurs dans tous les journaux français, sont toutes deux de source anglaise.

Ce conte à dormir debout, criant d'invraisemblance, est de tendance trop claire pour qu'il soit nécessaire d'insister.

Remarquons toutefois ce nom de Fanny Clar que nous avons rencontré chaque fois qu'il s'est agi d'amorcer une nouvelle campagne uniquement inspirée par les intérêts allemands.

5e période : du 1er Mars au 1er Juin 1915.

Le *Bonnet Rouge*, qui paraissait jusqu'alors sur deux pages, publie des numéros de quatre pages et étend la liste de ses rubriques. Il publie le 28 Février la liste de ses collaborateurs. C. Pelletan envoie des éditoriaux animés d'un ardent esprit national. J. Longuet introduit au journal d'Almereyda la campagne contre les patriotes français.

(Le *Bonnet Rouge* prend la défense de Desclaux).

Trois séries d'articles :

a) Ceux qui affirment nettement leurs sentiments français :

1er Mars 1915. — *Une guerre? Non, une croisade*, par FERDINAND BUISSON.

2 Mars 1915. — *Le Kaiser et le Manneken-Pis*.

7 Mars 1915. — *La folie allemande* : « Le cas des Allemands que nous avons sous les yeux est donc bien un phénomène anormal et sans exemple. Je peux dire que nul ne l'avait prévu ni ne pouvait le prévoir et qu'il a stupéfait le monde » (1).

CAMILLE PELLETAN.

11 Mars 1915. — *La barbare Allemagne*.

12 Mars 1915. — *La culture allemande par un républicain espagnol*, Lettre ouverte de Fernando Lozano à Hæckel :

... « Il y a un demi-siècle que l'Allemagne se préparait à l'abominable entreprise »...

14 Mars 1915. — *Unser Gott* : « La férocité est plus répugnante encore quand elle est dévote et que par surcroît l'assassin est un cafard ».

C. PELLETAN.

20 Mars 1915. — *La manière boche* : ... « Ainsi c'est la France qui a rompu la paix, qui s'est précipitée tête baissée dans les aventures guerrières, après s'être recueillie pendant 44 ans ! Une fois de plus, c'est le lapin qui a commencé ! »

G. BROUVILLE.

21 Mars 1915. — *Jus, en latin, c'est le droit; en prussien, c'est le potage*, par G. BROUVILLE.

24 Mars 1915. — *Naturalisation et espionnage* : « Les événements actuels ne prouvent-ils pas au contraire jusqu'à la dernière évidence que, pour les Allemands, les mots naturalisation et espionnage sont en quelque sorte devenus synonymes. Mais ces odieux et misérables moyens ne prévaudront pas. Non ! »

HENRI MICHEL,
Sénateur des Basses-Alpes.

26 Mars 1915. — *Leur rêve*.

Détruire, toujours détruire, c'est l'obsession allemande : ... « Leurs troupes, avant d'éva-

(1) Cette affirmation, dont la bonne foi ne peut être suspectée, a dû ravir les Allemands. C'est la négation, touchante de naïveté et d'ignorance, des longs et patients efforts de préparation du Gouvernement allemand, que quelques Français clairvoyants suivaient avec une anxiété croissante, mais qui échappaient à un trop grand nombre d'hommes politiques, hypnotisés par l'idée de la paix universelle et incapables de se renseigner par eux-mêmes sur les choses d'Allemagne.

cuer les territoires soit par traité, soit par la force détruiront systématiquement usines, fabriques, machines et comptoirs » (1)...

29 Mars 1915. — *Le Roi Kaiser*, chanson d'ALBERTY.

31 Mars 1915. — *Huit mois après* : ... « Notre moral est intact et meilleur que jamais...

... « Nous pouvons avoir confiance en l'issue de la lutte »...

HENRI CONNEVOT,
Député de la Creuse.

2 Avril 1915. — *Les manœuvres germaniques auprès des socialistes et révolutionnaires russes*, par GREGOIRE ALEXIWSKI, 1er article.

3 Avril 1915. — *Les manœuvres germaniques auprès des socialistes et révolutionnaires russes*, par GREGOIRE ALEXIWSKI, 2e article.

6 Avril 1915. — *Et le Kronprinz.*

6 Avril 1915. — *Il y a cent ans. « Partagez la France ! »* ... « Le plan des publicistes allemands était très simple. Pour supprimer la France il suffisait de la partager »...

LEO POLDÈS.

8 Avril 1915. — *La lumière* : « Ce fut une erreur énorme, ce fut une erreur criminelle, au début de la guerre, durant les premiers mois, d'avoir caché les abominables forfaits des hordes teutonnes en Belgique et dans le Nord de la France »...

ALEXANDRE BÉRARD,
Sénateur de l'Aisne.

9 Avril 1915. — *La légende du Roi de Tue-les*, chanson d'ALBERTY.

14 Avril 1915. — *Manœuvres allemandes* : « L'Allemagne ne cesse de diriger contre nous la haine la plus active et la plus vigilante...

« L'argent dont elle dispose encore, elle le consacre à pervertir et à soudoyer. Pour résister à cette guerre savante, sommes-nous armés?... »

ED. HERRIOT, sénateur.

17 Avril 1915. — *Le Dilemme* : « Le Kaiser subira son destin ».

HENRI MICHEL.

18 Avril 1915. — *Une interview d'Escobar II de Hohenzollern*, par G. BROUVILLE.

2 Mai 1915. — *A bas Guillaume*, par G. BROUVILLE.

9 Mai 1915. — *Les bandits* (à propos du torpillage du *Lusitania*) : « Ils étaient des Barbares. Ce ne sont plus que des bandits. Plus de pitié pour eux. Le droit des gens n'existe pas pour ceux qui le violent eux-mêmes délibérément.

« Tous les moyens leur sont bons. Ils doivent l'être aussi pour nous ».

G. BAZILE.

13 Mai 1915. — *Le crime du* Lusitania. *A la porte les Boches.*

15 Mai 1915. — *Comment les journaux allemands forment l'opinion publique* (article du *Secolo*).

16 Mai 1915. — *La pensée allemande* (article de M. Boutroux dans la *Renaissance*).

26 Mai 1915. — *Leur esprit d'organisation* : « Cette guerre, c'est la faillite de l'organisation aveugle...

... « L'organisation qui est à la base de tout progrès doit être salutaire et humaine »...

A. D.

b) Articles qui peuvent être interprétés dans un sens favorable aux intérêts allemands :

20 Mars 1915. — *Ce que coûte la guerre* : « Pour ma part, je n'ai jamais cru à la possi-

(1) Il ne faut pas oublier que les Allemands ont fait de ce moyen de chantage un des arguments favoris de la *Gazette des Ardennes*.

bilité d'une prolongation de la guerre aussi grande que l'ont écrit certains, surtout nos amis d'Angleterre, désireux, par ce bluff, d'en imposer à l'orgueil intraitable du gouvernement prussien.

« Mais il y a surtout les nécessités économiques qui constituent le frein le plus solide à l'aveugle déchaînement des passions humaines.

« Ils (les libéraux anglais), entendent abattre la caste militaire des Junkers, renverser le militarisme prussien et non partager ou démembrer l'Allemagne. La victoire nécessaire et suffisante qui est en vue ne pourrait qu'être indéfiniment éloignée par la poursuite de ces buts chimériques et néfastes, par la réalisation de projets mégalomanes que, dès l'origine de cette terrible guerre, notre Gouvernement avait résolument écartée en proclamant avec M. Viviani, à Reims même, devant la cathédrale bombardée, que nous ne faisions pas une guerre de conquête. » JEAN LONGUET.

23 Mars 1915. — *Nouvelles d'Allemagne. Le mouvement pour la paix* : « D'après la *Gazette de Francfort*, il se produit en ce moment dans l'opinion (allemande) un mouvement en faveur de la paix analogue à celui qui s'est manifesté au début de la guerre, lorsqu'on annonçait à toute heure la chute d'une forteresse ennemie » (1).

3 Avril 1915. — *La reprise des affaires peut-elle être complète en ce moment*, par L. POLDÈS.

4 Avril 1915. — *La reprise des affaires peut-elle être complète en ce moment*, par L. POLDÈS.

Les revendications des commerçants ne sont pas exagérées.

c) Articles qui, de toute évidence, font le jeu des Allemands :

19 Mars. — *Entre deux films*, par FANNY CLAR.

25 Mars 1915. — *Echos*, **échoppage du 24 Mars**, voir ci-dessous la note 2.

31 Mars 1915. — *Bochetées et saletés* : « La publication de cette lettre sous la signature du Général Zurlinden prouve qu'elle a fait du chemin. Elle prouve aussi qu'il ne s'agit pas d'une « bochetée » mais d'une saleté bien française », etc...

10 Avril 1915. — *Faisons-nous toujours la guerre du droit?* (3) : « Si j'en crois les renseignements que me communique un ami de Suisse, les articles de Barrès, Bazin, F. Masson, les excitations du *Matin* auraient été, par les soins de la Wilhelmstrasse, traduits en allemand, tirés à des centaines de milliers d'exemplaires et répandus à travers tout l'Empire, cela au moment même où l'héroïque campagne de *Liebknecht* et de ses amis est sur le point de détacher des masses populaires de plus en plus profondes de la cause impériale. Il est donc grand temps de se ressaisir et de désavouer les échauffés et les chauvins qui compromettraient la plus noble des causes » (4). J. LONGUET.

C'est la première fois que nous rencontrons, dans le journal d'Almereyda, ces expressions de « chauvin », d' « échauffés », etc... chères à la *Gazette des*

(1) Ce qui s'est manifesté à ce moment-là, c'est, les journaux allemands en témoignent, un enthousiasme patriotique délirant.

(2) « Un tout jeune soldat entre dans le tramway. La moitié de son visage est normal (*sic*), presque joli (*sic*), mais l'autre est labourée comme si une main brutale s'était acharnée sauvagement. L'œil n'existe plus. A sa place un trait rouge. Les femmes, à demi tremblantes, le regardent en hésitant, essayant de s'habituer à ce qu'il faudra voir, la guerre finie, et une si grande pitié étreint tous les voyageurs qu'un grand silence tombe sur eux.

« Et c'est bien là le visage de James (*sic*), la double face des choses, la gloire des combats doublée de son horreur. »

(3) Nous avouons ne pas comprendre le sens de ce titre, écrit à une époque où nous nous efforçions de repousser les Allemands de notre sol envahi.

(4) Cet éditorial, publié le 10 Avril, figure parmi les échoppages du 9. Ou l'interdiction de la censure a été levée, ou l'article a paru malgré cette interdiction.

Ardennes et qui désormais, en descendant de plus en plus bas dans l'injure, vont faire partie du langage courant du *Bonnet Rouge.*

1er Mai 1915. — *Paroles de raison* : « Je voudrais attirer l'attention des lecteurs du *Bonnet Rouge* sur une excellente brochure que vient de publier sous le titre : *Les événements actuels vus de la Suisse romande*, un distingué professeur de l'Université de Zurich, M. Paul Seippel.

« L'Europe, écrit-il, est actuellement aux prises avec une crise de démence collective. »

« Et constatant plus loin les phénomènes singuliers de suggestion collective qui produisent chez les nations en guerre un état de semi-hallucination, il observe :

« *On recueille pieusement les pires sottises qu'ont pu proférer les écrivains et les journa-* « *listes les moins autorisés. Qui dira tout le mal qu'ont fait les héros de l'écritoire et combien* « *ils ont contribué à exaspérer la guerre actuelle.* »

« Et immédiatement après ces magnifiques paroles, Seippel fait encore entendre à nos chauvins et à nos fous furieux la voix de la raison, leur montre comment et dans quelle limite à l'extérieur, tous les amis et défenseurs de la France, de la France républicaine et humaine veulent la voir triompher.

« Un peu plus loin il ajoute : « L'anéantissement de la France aurait été un désastre « irréparable pour la Suisse, l'anéantissement de l'Allemagne en serait un autre ».

« Au milieu d'une guerre effroyable qu'en des paroles prophétiques Renan avait d'avance qualifiée de zoologique, il est consolant de voir que la clarté de la raison humaine n'est pas pourtant complètement obscurcie » (1). JEAN LONGUET.

4 Mai 1915. — *Echos.*

« La *Deutsche Scheiz Zunge*, journal allemand, a publié en portugais à Sao Paulo la note suivante :

« Certainement la France, aujourd'hui bien réduite quant à son territoire et sa population, devrait nous remercier plus que jamais. Si de fait le passage des Allemands a été signalé par le grand nombre de femmes maintenant en état de grossesse, c'est un bonheur pour la France, c'est la régénération du sang qui aura lieu dans cette partie du territoire ».

« Merci pour la régénération. »

C'est ainsi qu'on lance pour la première fois ce que nous avons appelé « l'argument ignoble ».

Mais il y a mieux ou pire :

Les Allemands publient bien au Brésil entre autres périodiques (2), une *Deutsche Zeitung*. Mais la gazette allemande qui aurait inséré en portugais (?) l'information transmise au *Bonnet Rouge* porte un nom qui, si le filet du journal d'Almereyda n'avait été coupé par la censure, aurait bien amusé les officiers de l'Etat-Major allemand de Charleville. Il s'appellerait en français : « La langue qui chie ! » Sans doute on a légèrement camouflé l'orthographe de *Scheiz* qui correctement s'écrit *Scheisz*, mais il faudrait vraiment trop de bonne volonté pour voir dans les mots *Scheiz* et *Zunge* qui tous deux ont un sens très défini (et trop précis !) une déformation du

(1) On voit tout de suite le crescendo dans l'emploi des termes qui désignent les patriotes. Les « échauffés » du 10 Avril sont devenus des « fous furieux ». Nous sommes déjà en plein vocabulaire de la feuille d'Etat-Major éditée à Charleville, par l'autorité militaire allemande.

(2) Le nombre de ces périodiques s'élève dans l'état de Sao Paulo à une vingtaine, mais aucun d'eux, est-il besoin de le dire, ne porte un nom qui ressemble, même de loin, au titre cité par le *Bonnet Rouge.*

mot *Zeitung*. Des coquilles de ce calibre-là ne poussent que dans les marécages arrosés par les eaux germaniques. Le sens et l'intention de cette plaisanterie bien allemande, destinée à provoquer de larges rires chez nos ennemis et qui corrobore ce que nous signalons par ailleurs des mystifications de la presse française par les « Boches », ne font aucun doute. On y trouve une preuve de plus que les accointances allemandes au *Bonnet Rouge* remontent beaucoup plus loin qu'on ne le croit communément.

6 Mai 1915. — *Valenciennes* sous la botte !

« Comment on les joue.

« Les Allemands... ce sont en somme de grands enfants ; lorsqu'ils n'assassinent pas, ils se montrent fort abordables et leurs crimes s'expliquent peut-être par la primitivité de leur caractère.

« Cet âge est sans pitié, n'est-ce pas? »

18 Mai 1915. — *Le Prisonnier* : « Un jeune Allemand de seize ans s'était rendu ces jours-ci à la ferme de M... à votre gauche, sur le canal. Seize ans! Comme il avait dû partir héroïquement, cet adolescent, avec la ferveur qu'à un tel âge on met dans le rêve, qu'il soit d'amour ou de gloire.

« La grande patrie allemande ! L'empereur au-dessus des hommes... Et les chants de guerre voltigeaient sur les lèvres : « On dirait que Siegfried s'est réveillé »... Je le vois cet enfant ! Qu'ils sont loin ces songes glorieux...

« Celui-ci ne pourra, j'en réponds, devenir une brute »...

FANNY CLAR.

6e période : du 1er Juin 1915 au 1er Avril 1916.

Camille Pelletan est mort. Des écrivains patriotes : Herriot, Brouville, Gorju, etc... continuent leur collaboration au *Bonnet Rouge*.

Le général Percin rédige les articles militaires.

A l'abri de ces signatures, le *Bonnet Rouge* continue son double jeu. Tout en frappant de temps en temps les cymbales patriotiques, il mène une série de campagnes de plus en plus nourries qui, toutes, se développent dans le sens des intérêts allemands et travaillent sournoisement à la désagrégation du moral français.

I. — ARTICLES PATRIOTIQUES.

On ménage encore, du moins en principe, la censure et la grande presse.

5 Juillet 1915. — *La Ferme !* : « Alors il y en aura toujours !

« Il y aura toujours des gens qui viendront jeter la panique même parmi les optimistes !... Les brutes !

« Et je voudrais pour eux une peine infamante !... »

M. ALMEREYDA.

15 Juin 1915. — *Les jaunes* : « L'homme qui à l'heure actuelle s'ingénie à créer des courants d'opinion en faveur de la paix immédiate, est semblable à l'ouvrier qui, pendant que ses frères se battaient et souffraient pour obtenir de meilleures conditions de travail, s'acharnait à déconsidérer la grève, à amollir les courages, à semer le doute et la démo-

ralisation... Celui qui bêle à la paix alors que l'ennemi salit encore plusieurs de nos départements est, lui aussi, un jaune. » MIGUEL ALMEREYDA.

18 Juin 1915. — *Jugés par eux-mêmes*, par HERRIOT : « Il faut avouer la vérité. La germanophilie fait en ce moment dans plusieurs pays des progrès qu'il importe de surveiller. Elle se développe en Hollande », etc...

20 Juin 1915. — *La Paix*, par FRÉDÉRIC BRUNET (député de Paris) : « Nous ne pouvons parler de paix tant que notre sol est souillé par la présence des armées étrangères ».

21 Juin 1915. — *Curiosité inutile* : « La Ligue des droits de l'homme avait demandé au Gouvernement de publier le chiffre de nos morts. Le Gouvernement vient de répondre à cette demande par un refus... j'avoue que je suis de l'avis du Ministre ».

G. BAZILE.

22 Juin 1915. — *C'est pain bénit* : « Ces Boches ont vraiment tous les culots... les voilà en révolution parce que vingt-trois de nos avions sont allés semer quelques pruneaux sur leur bonne ville de Carlsruhe. Alors vous avez cru, Tartuffes, qu'on allait encaisser comme cela toutes vos saletés? Il y a des limites à tout, camarades, même au poirisme... ne dites pas... « le bombardement des villes ouvertes ne sert à rien ».

« Etes-vous sûr que cela ne sert à rien?

« Croyez-vous que l'apparition de nos avions au-dessus des villes allemandes est (*sic*) sans effet?... » M. ALMEREYDA.

24 Juin 1915. — *Si vous voulez la paix*, par G. BAZILE : « Le peuple est las de la guerre, s'écrient Haase et ses amis. *Il veut la paix.* Que ce soit vrai, nous n'en doutons pas, mais devons-nous nous emballer sur ce « cri de lassitude » paru avec l'autorisation de la censure officielle boche? »

3 Juillet 1915. — *L'état d'esprit en Allemagne. Plus la guerre dure, plus la haine contre les ennemis augmente.*

« Le 9e commandement du soldat allemand :

« *Soyez durs pour l'ennemi.* » (éditorial non signé).

« Le livre des dix « commandements de fer » des soldats allemands... a pour auteur le lieutenant Joachim von der Goltz... Voici le commentaire du 9e commandement :

« *Les autres parlent de pitié et de ménagements, mais vous devez abattre et anéantir vos ennemis, et pour cette fin, vous devez partager les souffrances et les joies de vos camarades. Guerriers, devenez durs !* »

12 Août 1915. — *Le rêve des pangermanistes. Des intellectuels boches s'unissent aux agrariens.*

14 Août 1915. — *La légende des francs-tireurs belges* (éditorial).

M. E. NORIS.

14 Août 1915. — *Lettre à un Allemand*, par P. H. L. (LOYSON) : « A M. X, auteur du livre allemand *J'accuse !* publié en Suisse ».

6 Septembre 1915. — *Surboche* (contre Guillaume II), par G. GORJU : « Non pas Néron, mais Tartuffe ».

8 Septembre 1915. — *Un comparse du Surboche*, par CAMILLE GORJU.

28 Septembre 1915. — *En pleine action* (1).

« Ce n'est pas encore la victoire.

« Ce n'est pas le coup de balai définitif.

« La bête s'attache encore de toutes ses griffes à notre sol... Mais le coup de boutoir que viennent de donner les armées franco-anglaises autorise toutes les espérances...

« Bravo et courage, les poilus !

« L'heure tant attendue a sonné !

« La grande battue est ouverte.

(1) C'est le moment de la grande offensive de Champagne. On ne sait pas encore comment les choses vont tourner.

« Le cœur de la France bat d'émotion et de confiance.
« La République peut être fière des armées qu'elle a préparées ».

M. ALMEREYDA.

2 Octobre 1915. — *Contre le poison prussien, contre la cocaïne* : « Nous l'avons toujours dit, nous ne cesserons de le répéter. L'Allemagne n'est pas étrangère à cette besogne d'empoisonnement pratiqué par les marchands de toxiques.

« La maison Bœringer et Sohn de Mannheim... accomplit ce tour de force qui consiste à approvisionner de stupéfiants boches tous les marchands de poison de Paris. »

L. P.

23 Septembre 1915. — *Le système du bluff*, par C. GORJU : « A la base de tous les actes de la Germanie, dans la courte période de son histoire unitaire, se retrouve toujours fatalement cette particularité prédominante de bluff et d'intimidation ».

24 Septembre 1915. — *Mentalité tudesque*, par CAMILLE GORJU : « Dans son ensemble, l'impression qui prédomine est la volonté d'inspirer la terreur.

« Ce qui reste incompréhensible, c'est ce bluff à toute épreuve qui ne désarme pas. »

(Il est impossible de joindre à ces citations une lettre du 30 Septembre 1915 où Fanny Clar ne peut prendre sur elle d'encourager une mère à attendre patiemment les lettres de son fils, sans ajouter avec les plus sournoises réticences : « Cette fois (il s'agit de l'attaque de Champagne), le silence a une raison et cette raison vous la connaissez. *Elle vous paraîtra superflue...* Il n'en est *peut-être* rien. *Croyons* à sa nécessité »...)

2 Octobre 1915. — *L'Allemagne cherche des jeunes Suissesses pour faire de l'espionnage* (article de la *Tribune de Genève*).

11 Octobre 1915. — *L'espionnage allemand par les neutres.*

29 Novembre 1915. — *Comment le Kaiser mobilise les écrivains boches* : « L'Allemagne, ou mieux l'Empereur d'Allemagne et les gens qui l'assistent de leurs conseils et de leur activité se font une haute idée des services que peut rendre la presse à la cause qu'ils défendent.

« Ils ne méprisent pas du tout le papier.

« Ils croient dur comme fer à l'impondérable — mais réelle — puissance des mots, et surtout des mots imprimés. Et autant presque que le développement de leur incomparable espionnage, le développement de la presse germanophile préoccupe les Allemands.

« Utilisation rationnelle : Chacun est utilisé suivant ses aptitudes... Oskar Hœker fut expédié sur l'autre front, chez nous. Il est actuellement à Lille. Il y rédige un journal de langue française destiné à abrutir nos malheureux compatriotes : la *Gazette de Lille* (1), etc...

LUCIEN LUNAIRE.

Sur la grande Presse :

2 Décembre 1915. — *Avec les Boches* : « L'*Œuvre*, annonçait M. Téry dans l'un des premiers numéros de son pamphlet devenu quotidien, ne polémique qu'avec les Boches. » M. Téry a attaqué jusqu'à ce jour des Français. Il s'est acharné tout particulièrement contre la presse parisienne.

« On ne sait quels desseins mystérieux poursuit Téry. Toujours est-il qu'on l'a vu

(1) Ce passage renferme plusieurs erreurs, qui, toutes, comme par hasard, détournent l'attention du lecteur de la feuille éditée par l'Etat-Major allemand : la *Gazette des Ardennes*. Le journal dirigé par Oskar Hœker n'est pas un journal français, il ne s'appelle pas *la Gazette de Lille*, mais la *Liller Kriegszeitung* (la *Gazette de guerre de Lille*), il est rédigé tout entier en allemand, il ne s'adresse pas à nos populations envahies, mais uniquement aux soldats allemands du front occidental chez qui il attise l'orgueil du vainqueur, l'esprit de guerre et la dureté envers le vaincu.

tour à tour s'employer à jeter le discrédit sur l'*Echo de Paris*, sur l'*Humanité* et sur le *Journal* qu'il venait de quitter ; aujourd'hui, c'est au *Matin* qu'il s'en prend.

« Entre temps, Téry avait attaqué la presse en bloc, à propos de l'emprunt.

« Quand Téry aura discrédité la presse, il aura par là même exposé le public à devenir la victime de tous les nouvellistes qui répandent les informations de vive voix : or ces nouvellistes, chacun le proclame, semblent être manœuvrés, qu'ils le veuillent ou qu'ils l'ignorent, par l'espionnage allemand.

« Servir les Allemands, est-ce là ce que M. Téry appelle polémiquer avec eux ? Ce ne serait pas la première fois qu'on verrait M. G. Téry attaquer des gens d'accord avec eux pour leur rendre service. N'alla-t-il pas un jour, pour repêcher un homme disqualifié, jusqu'à lui envoyer des témoins et accepter de se battre en duel avec lui? »

Sur la Censure :

10 Juin 1915. — *A propos d'une saisie* : « Hier, le numéro de la *Guerre Sociale* a été saisi.

« Ce matin, le journal a été saisi une seconde fois...

« A l'époque que nous vivons, le journaliste a-t-il le droit de tout dire?

« Sous prétexte que nous sommes en régime démocratique et que le rôle de la presse est d'informer exactement et complètement le public, le journaliste peut-il dire tout ce qu'il sait, tout ce qui lui plaît?

« Pour ma part, je n'hésite pas à répondre : non.

« J'ai, moi aussi, malmené la censure.

« Chaque fois que la censure m'a fait des représentations pour des informations ou des articles d'ordre militaire ou diplomatique, je me suis incliné ».

M. ALMEREYDA.

II. — CAMPAGNES ANTI-NATIONALES.

1re campagne. — *Les Serviteurs de l'étranger.*

Du 6 Juin au 9 Septembre, le *Bonnet Rouge* publie 80 chroniques, non signées, dirigées apparemment contre Léon Daudet (1), Maurras et l'*Action française*, destinées en réalité à détourner les suspicions françaises contre des Français qui dénonçaient l'activité occulte et les effets terribles de l'espionnage allemand en France. On fait à Daudet « le coup du Prussien » (2), on l'accuse avec des arguments d'une grossièreté stupide d'être vendu aux Allemands.

(1) Nous parlons de M. Léon Daudet sans parti pris, ni prévention. Nous ne le connaissons pas. Nous ne partageons pas ses idées politiques. Nous sommes républicain (ancien membre des comités Painlevé et Viviani). Nous pensons qu'il est absurde et dangereux de confier les destinées d'un pays à un homme uniquement parce qu'il est le fils de son père.

(2) Le « coup du Prussien » se résume en quatre mots : bluff, esbrouffe, intimidation, terrorisme. Le coup du Prussien, cela consiste, pour le voleur qui se sauve, à crier : au voleur! plus fort que le gendarme ; pour l'incendiaire à accuser sa victime d'avoir mis elle-même le feu à sa propre maison. Cela consiste à vous soutenir que l'on est vous, que par conséquent vous n'existez plus et que vous n'avez plus qu'à vous taire; cela consiste à vous étourdir d'affirmations si monstrueuses que vous vous demandez si vous avez perdu la raison et qu'au moins pour un moment, vous doutez de vous-même. C'est cette seconde d'hésitation que guette le « Prussien ». Comme le matador épie l'instant précis où le taureau désorienté lui présente sa nuque immobile pour lui enfoncer son « estoque » jusqu'au cœur, ainsi le « Prussien » saisit l'instant psychologique où son adversaire est « démonté » pour lui passer la ficelle autour du cou et l'étrangler. Si vous vous laissez le moins du monde déconcerter, éberluer, méduser, paralyser, influencer, ou simplement distraire, vous êtes perdu.

Du 11 au 28 Septembre 1915 suit, sous le même titre, *les Serviteurs de l'Etranger*, une série d'articles également anonymes contre l'*Avant-guerre*, de L. Daudet. Pour tous ceux qui ont lu cet ouvrage et qui connaissent l'implacable volonté d'envahissement de l'Allemagne, il n'est pas douteux que la campagne du *Bonnet Rouge* contre des révélations qui gênaient au plus haut point des intérêts allemands ne représente une besogne essentiellement allemande. L'agitation anti-royaliste n'intervient ici que pour faire absorber par le lecteur bénévole les arguments empoisonnés qu'on lui sert.

Pendant le mois de Décembre, la campagne contre Daudet prend une tournure plus personnelle et se complique d'attaques virulentes contre Urbain Gohier.

6 Juin 1915. — *Les serviteurs de l'étranger, Léon Daudet* : « Il ne faut pas que ce louche individu poursuive sa besogne malpropre »... (*Anonyme*).

7 Juin 1915. — *Les serviteurs de l'étranger. Quelques avatars de L. Daudet.*

... « Dire ce qu'est cet individu, qui déshonorerait l'humanité s'il n'y avait pas en lui davantage du pourceau que de l'homme, c'est faire échouer ses manœuvres.

« Ces agents, l'Allemagne les recrute parmi les hommes perdus de vices coûteux et prêts à tout pour de l'argent...

« Or de quoi se soucie Daudet ? Qu'est-ce qu'il cherche ? C'est l'or, rien que l'or.

« Nous continuerons à éclairer à la lumière du passé l'âme de cet agent dont le mystère sera bientôt dissipé ». (*Anonyme*).

10 Juin 1915. — *Les serviteurs de l'étranger. Léon Daudet contre l'Entente Cordiale* : « Le clan des yes ».

« Il (Daudet) oublie que peu de temps avant la guerre... tandis qu'il faisait sans accroc métier d'agent prussien... il accusait pareillement nos hommes politiques d'être vendus, mais à l'Angleterre. Il parlait alors du « clan des yes »... Il fabrique aujourd'hui, pour donner le change, le « clan des ya »... Brûlé comme espion, il est perdu, nous l'achèverons ». (*Anonyme*).

11 Juin 1915. — *Les serviteurs de l'étranger. Une conversion de Léon Daudet* : « Le journal de M. de Schœn, l'*Action Française*, s'imagine que nous venons de découvrir Léon Daudet et que seules ses trahisons d'aujourd'hui sont connues de nous », etc. (*Anonyme*).

12 Juin 1915. — *Les serviteurs de l'étranger. Une autre conversion de l'agent Daudet* ... « Agent secret au service de l'ennemi, Daudet (1), conserve quelques naïfs partisans... l'écœurant bandit garde des défenseurs. « Certes Daudet a tort, disent-ils, et sa polémique est funeste au pays. Mais il ne s'en rend pas compte, c'est la passion politique qui l'emporte et l'égare. » La passion politique ! Le gros hernieux à ces mots doit rire jusqu'à en casser son bandage... cet être — toute sa vie le montre — subordonne toutes ses passions à celle de l'or. La vénalité éclipse ses autres vices »... (*Anonyme*).

15 Juin 1915. — *Les serviteurs de l'étranger. La psychologie d'un traître* : « Il fallait à Maurras (1) d'autres collaborations. Il accepta celles de l'ennemi ».

16 Juin 1915. — *Les serviteurs de l'étranger. Le plan de la Wilhelmstrasse* : « C'est sur l'ennemi que comptent Daudet et Maurras.

« Ils ont partie liée avec l'Allemagne. Leurs intérêts et ceux du Kaiser concordent.

« Que veut le Kaiser? La guerre — une guerre dont la France sorte écrasée.

(1) Cela n'empêche pas le *Bonnet Rouge* d'écrire, le 23 Septembre 1916, sous le titre « l'Action anti-française » : « Nous ne dirons pas, nous, que Daudet et Maurras sont payés par l'Allemagne »...

« Que souhaitent nos deux coquins? La guerre, car seule une guerre — ils ne le nient point — peut rendre possible un changement de régime.

« Guillaume II a dû leur donner un satisfecit tintant d'or quand il a appris l'assassinat de Jean Jaurès, leur œuvre »... (*Anonyme*).

17 Juin 1915. — *Les serviteurs de l'étranger. Un Daudet en robe rouge* : ... « Dans tous les lieux, dans tous les temps, de toutes les façons, l'*Action Française*, la bande Daudet, entraînée par sa fatalité, trahit la France irrésistiblement »...

(*Anonyme*).

18 Juin 1915. — *Les serviteurs de l'étranger. Elle est bien bonne. Les pandiffamateurs poursuivent le* Bonnet Rouge *pour diffamation !* (*Anonyme*).

20 Juin 1915. — *Les serviteurs de l'étranger* (15e article). *Daudet et ses royalistes sont prêts à tuer la France pour ressusciter la monarchie.* (*Anonyme*).

21 Juin 1915. — *Les serviteurs de l'étranger. Semeurs d'épouvante. Les efforts de Daudet pour ébranler la confiance. Les factums alarmistes.*

... « Les Allemands sentent bien que cette robuste confiance du Français, c'est l'un des plus précieux éléments de notre force, aussi font-ils tout pour l'ébranler »...

(*Anonyme*).

27 Juin 1915. — *Les serviteurs de l'étranger. L'agent Daudet ami de l'espion Behrens. Les services rendus à l'*Action Française *par la Presse allemande. L'investiture de l'ennemi.*

« Quand les lecteurs se lassent ou se mettent à douter, quand le public devient défiant, vite les Boches arrivent au secours de leur *Action Française*. Vite la *Gazette de Cologne* ou la *Gazette allemande des Ardennes* (1) publient des articles injurieux contre les néo-orléanistes, contre Daudet et ses co-chanteurs. Et Maurras, une fois de plus, met sur le papier quelque triomphante ânerie de ce genre : « Vous le voyez, Français ! les injures que nous adressent les Allemands montrent bien que nous sommes, nous, ceux de l'*Action Française*, les vrais patriotes, les seuls brevetés et estampillés par la *Kölnische Zeitung* et le *Tageblatt* ! » Idiot ! Triple idiot ! Sourd comme il est, il n'entend pas les rires que provoque tout autour de lui son outrecuidante stupidité » (2).

(*Anonyme*).

5 Août 1915. — *Les serviteurs de l'étranger. Le pseudo-péril antimilitariste.*

19 Août 1915. — *Les serviteurs de l'étranger. Les trente deniers de Judas Daudet* :

... « L'ennemi ne se montre pas ingrat. Le paiement prend toutes sortes de formes. L'une des plus fréquentes, c'est la publicité...

« Aussitôt, dans une de ces innombrables revues qui se publient dans l'Empire, un Doktor entonne l'éloge des néo-monarchistes. Il les représente comme des gens fort lettrés... une petite phrase dédaigneuse de-ci de-là pour montrer que tout de même M. Boche et M. Louis-Philippe ne sont pas de mèche et l'article est bouclé... On l'envoie tout traduit aux journaux de Paris. Et les Français qui admirent tout ce qui vient de chez leurs ennemis se disent : « Tout de même, cette *Action Française* c'est sérieux, voyez ce qu'en disent les Allemands ! » (3). (*Anonyme*).

9 Septembre 1915. — *Les serviteurs de l'étranger. Le clan des yes.*

(*Anonyme*).

(1) Ce titre, tout entier souligné en italiques, est de toute évidence destiné à créer une équivoque : il laisse supposer qu'à côté de cette *Gazette allemande des Ardennes*, il existe une autre *Gazette des Ardennes*, française de nom et d'esprit.

(2) Voilà le coup du Prussien dans toute son impudente audace. On essaye de faire passer cette ahurissante imposture : La *Gazette des Ardennes* injurie l'*Action Française*, donc l'*Action Française* est boche ! et son inévitable corollaire : la *Gazette des Ardennes* traite avec déférence le *Bonnet Rouge*, donc le journal d'Almereyda est patriotiquement bon teint ! On a vu plus haut, par le rapprochement entre la feuille allemande de Charleville et le *Bonnet Rouge*, ce qu'il faut penser de cette manœuvre directement inspirée et dirigée par l'Etat-Major allemand.

(3) La contradiction entre cet article et celui du 27 Juin saute aux yeux.

11 Septembre 1915. — ***Un bluff malfaisant.*** L'Avant-guerre *de **Léon Daudet*** : « Le *Bonnet Rouge* **poursuivra sa campagne contre les serviteurs de l'étranger par quelques articles consacrés au feuilleton mensonger et malfaisant publié par Léon Daudet sous le titre : l'*Avant-guerre* ».** (1).

13 Septembre 1915. — *Pamphlet royaliste, tel est le véritable caractère de* l'Avant-guerre. (*Anonyme*).

14 Septembre 1915. — *Tous espions ! En dénonçant d'imaginaires espions, Daudet couvrait nos trop réels concurrents* (2). (*Anonyme*).

18 Septembre 1915. — *Révélations dangereuses. Où l'on voit le mal que fait Daudet quand par extraordinaire il dit vrai.* (*Anonyme*).

Maintenant, veut-on savoir ce qu'à la même époque la *Gazette des Ardennes* disait de Léon Daudet? Voici qu'elle écrit le *30 Avril 1915* à propos des conférences que le directeur de l'*Action Française* voulait faire sur l'espionnage allemand et qui, on peut le dire sans partager les idées politiques de M. Daudet, auraient rendu les plus grands services au pays si le Gouvernement français n'avait jugé bon de les interdire :

Semeurs de haine. — « Personne n'ignore que M. Léon Daudet, directeur de l'*Action Française*, a toujours eu son idée pour ne pas dire sa monomanie : il découvre des espions partout, jusque dans certains cubes Maggi dont les gens moins méfiants se contentent de faire du bouillon !...

« Les conférences de ce genre (sur l'espionnage allemand) qui ne servent que la cause des haines aveugles et irréparables contre un adversaire dont l'Histoire démontre la valeur intellectuelle et morale, sont au plus haut point dangereuses... Aveugles et exaltés, tous ces semeurs de haine semblent vouloir fermer à jamais les portes de l'Avenir », etc.

2e Campagne : Le 18 Juin 1915, on lance le premier article de la série « Au-dessus de la mêlée » (par J. M. Renaitour) destinée à faire accepter en France les idées de Romain Rolland sur la guerre. On insère les réponses de M. Servant et P. H. Loyson sur cette question, mais le dernier mot reste à Romain Rolland dans sa lettre du 28 Décembre 1915. G. Clairet collabore à la même tâche que l'auteur de *Jean Christophe*.

Exemples :

18 Juillet 1915. — *Au-dessus de la mêlée.*

Romain Rolland et la France pendant la guerre : « Depuis quelques jours, aux étalages de tous les libraires, on voit un petit livre rouge qui tire l'œil et qui se vend. Le titre en est allêchant, en vérité : « *Romain Rolland contre la France* ».

« Ainsi, pour avoir, au *Journal de Genève*, fait entendre sa grande voix humanitaire, Romain Rolland sous l'accusation de calomniateurs réactionnaires pourrait passer pour un traître? Et personne ne dénoncerait à nos concitoyens inquiets les manœuvres déloyales par lesquelles on détournerait de lui les foules françaises?

« C'est impossible. Et sans porter la moindre atteinte à l'union sacrée, il faut nous élever ici avec véhémence contre les perfides dévoyeurs de l'opinion, contre ceux qui voudraient jésuitiquement rompre cette trêve d'union sacrée qui semble leur peser. »

J. M. Renaitour (3).

(1) C'est pourtant un titre terriblement gênant !
(2) Toujours le « coup du Prussien ».
(3) Collabore aujourd'hui au *Journal du Peuple*. (Note de 1920).

25 Juillet 1915. — *Romain Rolland penseur français.*

8 Août 1915. — *Au-dessus de la mêlée. II. Le cas Romain Rolland*, par J. M. Renaitour.

16 Août 1915. — *Les opinions de Romain Rolland. III*, par J. M. Renaitour.

5 Septembre 1915. — *De Romain Rolland et de son attitude. IV. Conclusion* : « Ils viendront, les beaux jours. C'est en vain que les hommes repoussent le bonheur que nous travaillons à leur donner. Leur bonheur s'imposera.

« Romain Rolland, pour en avoir été le précurseur, restera plus tard une mémoire honorée. On dira que, vivant pendant des temps troublés, des roquets jaloux ont aboyé dans ses jambes. On en sourira ». J. M. Renaitour.

8 Septembre 1915. — *Au-dessus de la mêlée. V. Post-scriptum*, par Renaitour.

13 Septembre 1915. — *Au-dessus de la mêlée, VI. Post-scriptum* (suite), par Renaitour.

18 Septembre 1915. — *Au cœur de la mêlée, réponse à M. Renaitour*, par Stéphane Servant : « Il y a, dans le point de vue soutenu par R. Rolland, tant d'éléments de santé, tant de positives raisons; d'autre part, la presse républicaine, nous ne parlons pas de l'autre, nous a paru tellement injuste à l'égard de ce grand écrivain que nous nous sommes fait un devoir de publier les articles de M. Renaitour, lequel formulait déjà une partie des réserves que nous aurions à formuler nous-mêmes.

« Nous n'approuvons pas davantage entièrement M. Servant et M. Loyson que nous n'approuvons entièrement Romain Rolland ». M. Almereyda.

19 Septembre 1915. — *Au cœur de la mêlée*, par Stéphane Servant.

21 Septembre 1915. — *Au cœur de la mêlée. Au delà des hommes, les principes* : ... « Qui oserait prétendre que P. H. Loyson ait dépassé la mesure en enregistrant chez R. Rolland l'effondrement d'une puissance morale et la déchéance d'un poète. »

30 Septembre 1915. — *Au-dessus de la mêlée. VII. Anniversaire*, par Renaitour.

5 Octobre 1915. — *Au-dessus de la mêlée. VIII. Frédéric Masson et Sganarelle contre Romain Rolland*, par Renaitour.

10 Octobre 1915. — *Au-dessus de la mêlée. IX. Une lettre de Romain Rolland*, par Renaitour : « J'écrivais dans *Jean Christophe*, la fin du voyage, 3e partie... Vienne la guerre ! Elle ne dénouera pas l'étreinte de nos mains, elle ne brisera pas l'essor de nos âmes fraternelles.

« La guerre est venue, j'ai tenu ma promesse. Les membres du comité du rapprochement franco-allemand ont-ils tenu les leurs? »

Romain Rolland.

... « Le débat a suffisamment duré pour l'instant. Ce qu'il faut, c'est qu'on accorde à Rolland le droit de publier le recueil intégral de ses articles. »

Renaitour.

18 Octobre 1915. — *Au cœur de la mêlée. Erostratisme. Réplique à M. Renaitour*, par S. Servant.

20 Octobre 1915. — *Au cœur de la mêlée. Erostratisme. Réponse de XXX. à la lettre de Romain Rolland* : ... « Lisez ce qui suit un peu plus loin dans cette même lettre de M. Rolland : « Voici nos mains; disait-il avant guerre... Vienne la guerre ! Elle ne dénouera « pas l'étreinte de nos mains. » Et R. Rolland d'ajouter aujourd'hui : « La guerre est « venue, *J'ai tenu ma promesse* », etc...

« De stupéfaction en stupéfaction !... » XXX.

21 Octobre 1915. — *Au cœur de la mêlée. Des textes*, par XXX.

24 Octobre 1915. — *Au cœur de la mêlée. Conclusion*, par XXX.

15 Novembre 1915. — *Romain Rolland incompris. Renaitour répond à Loyson* : « Elle n'est pas étrange, Loyson, cette polémique... Vous avez tort d'insister si complaisamment sur ce que vous appelez « les contradictions » de Romain Rolland. Vous avez lu qu'il disait lui-même : « Qui ne voit que je ne peux parler librement? Nous sommes au milieu « du combat et dans l'appréciation des idées et des hommes, je m'oblige comme Français « à une réserve que je ne garderai pas après la paix ».

« (*Note*). — C'est même cette assertion qui peut nous servir d'explication de ce que j'ai dit en écrivant que le Français se révélait encore trop en Rolland. Loyson, pour vous scandaliser aussi facilement de ce que je pense ainsi, n'avez-vous jamais lu Tolstoï? Et vous a-t-il outré au point que vous eussiez décliné toute discussion ultérieure avec lui? »

RENAITOUR.

19 Novembre 1915. — *A propos de Romain Rolland. Une lettre de P. H. Loyson.*

9 Décembre 1915. — *A la manière de Romain Rolland* : « Le professeur Borghese veut que l'Italie combatte l'Allemagne, mais il ne hait pas les Allemands. « Adversaire de l'Allemagne sans haine de l'Allemagne », tel est le titre fort significatif de son premier article. Animé de sentiments analogues à ceux que l'on a reprochés à Romain Rolland, Giuseppe Borghese ayant rappelé ce titre, écrit...

« Si mes amis allemands m'ont mis au ban de l'Empire, ce n'est pas une raison pour que j'aille exploiter les sentiments francophiles d'une plèbe ignorante et crier des insultes contre le peuple où sont nés Kant et les maîtres de l'homme nouveau », etc...

G. CLAIRET.

11 Décembre 1915. — *Dans la mêlée. A propos de Romain Rolland*, par TH. RUYSSEN.
13 Décembre 1915. — *Dans la mêlée. A propos de Romain Rolland*, par TH. RUYSSEN.
14 Décembre 1915. — *Dans la mêlée. A propos de Romain Rolland*, par TH. RUYSSEN.
28 Décembre 1915. — *Ara Pacis*, par ROMAIN ROLLAND.

3e CAMPAGNE : C'est en Juin également que l'on voit pour la première fois, sous le titre « Regards vers l'Est », des articles signés : G. Reuillard, d'une noirceur à donner le « cafard » au combattant le plus résolu.

21 Juin 1915. — *Regards vers l'Est. I. Le cri de la charrue*, par G. REUILLARD.

28 Juin 1915. — *Regards vers l'Est. II. Visage* : ... « On a parlé déjà, on parlera encore, après avoir chanté immodérément l'héroïsme, et, pour mêler, comme la vie le veut, comme la vie le fait, le jour avec la nuit, l'ombre avec la lumière, on parlera des misères physiques des guerriers ». GABRIEL REUILLARD.

12 Juillet 1915. — *Regards vers l'Est. III. Les Isolés* : « Un jet de gaz avait brûlé leurs yeux.

« Les soirs d'attaque il fallait les voir revenir par groupes de deux, trois, quatre et quelquefois plus, se guidant en tâtant les parois des boyaux avec leurs mains inhabituées »...

G. REUILLARD.

26 Juillet 1915. — *Regards vers l'Est. IV*, par G. REUILLARD.
2 Août 1915. — *Regards vers l'Est. V. Une amitié*, par G. REUILLARD.
9 Août 1915. — *Regards vers l'Est. VI. L'Attente*, par G. REUILLARD.
16 Août 1915. — *Regards vers l'Est. VII*, chanson, par G. REUILLARD : ... « A une table, cinq soldats parlent avec animation. Déjà une ivresse âcre bout en eux, fermente et jette son écume. Et pourtant dans les mots banaux qu'ils lancent à grands coups de gueule, on sent que leurs cœurs sont absents. Un bienfaisant apaisement les baigne bientôt et les lave des souillures de la guerre, un bienfaisant apaisement que leur versa ce même mot que l'on entend le soir sur le champ de bataille après chaque combat et qui semble porter en lui toute l'ardeur mourante des blessés : Maman ! Maman ! »

Reuillard reprend l'argument ignoble lancé dans le *Bonnet Rouge*, on s'en souvient, par le journal allemand au titre singulier la *Deutsche Scheiz Zunge*, et l'enjolive de tous les détails d'une imagination évidemment peu dévouée au ravitaillement moral du « poilu » :

6 Septembre 1915. — *Le permissionnaire* : ... « Dis donc, le capitaine m'a désigné pour le départ : Je suis en tête de la liste ! Après-demain je serai à Panam !... Dans trois jours je vais embrasser ma bourgeoise et mes trois moutards... (Il en avait parlé souvent de sa bourgeoise et de ses trois moutards)...

« Il partit.

« Il revint.

« Il revint, oui. Et vous savez : ça va... ça va, du ton du camarade de pension qu'on retrouve à Paris dans la purée... ça va... ça va... d'une voix blanche et comme désolée, sans timbre, sans accent du cœur !

... « Dans l'ombre profonde de la nuit, le feu d'une cigarette brillait à la place qu'occupait Louis, petit point rouge inextinguible. Et Louis inlassablement l'attisait comme il attisait sa douleur... A présent il se souvenait... son arrivée d'abord chez la maman, parce que sa femme veillait à l'atelier, que la pipelette avait dit (1)... Il avait dîné avec les parents. Puis il était remonté doucement à pied, chez lui, par le faubourg, en tenant sa petite par la main.

— Alors, petit papa, où que tu vas coucher ce soir?

— Mais dans le dodo, ma chérie, à côté de maman.

— Et M. Paul, alors, où c'est qu'il va coucher, petit papa? »

GABRIEL REUILLARD.

13 Septembre 1915. — *Regards vers l'Est. IX. Le Portefeuille*, par G. REUILLARD.

20 Septembre 1915. — *Regards vers l'Est. X. Propos*, par G. REUILLARD : ... « Oui, tu sais le fils Grinchard, il a été tué l'autre soir auprès de moi à l'assaut de la ferme du Pardon...

« Ah, il a été tué... dis donc, Plantin, quand que le jus va être prêt? »

GABRIEL REUILLARD.

27 Septembre 1915. — *Regards vers l'Est. XI. Amour*, par G. REUILLARD.

11 Octobre 1915. — *Regards vers l'Est. XII. Les Prisonniers* : « Tout près de moi un homme se dressait, levant les bras au ciel. Je l'entendis crier de sa voix gutturale à travers le fracas de la déflagration :

« Kânon ! Kânon ! fou ! fou !

« Puis il s'abattit à mes pieds.

« C'était un Allemand qui se rendait. Les yeux hagards désorbités roulaient entre les paupières congestionnées qui paraissaient ne plus pouvoir les contenir, semblables à des billes en fusion dans un creuset que l'action du feu a fait éclater. Et aux coins de sa bouche, une bave blanchâtre s'amassait et coulait jusqu'à son menton noir de poudre et de terre. Aux questions que nous lui posions il faisait signe de la main qu'il ne pouvait répondre encore. Et sa large poitrine, que son cœur semblait vouloir briser d'un bond pour s'évader, se soulevait, s'abaissait, dans un mouvement saccadé : Kânon ! Kânon ! fou ! fou ! » (2).

G. REUILLARD.

23 Novembre 1915. — *Regards vers l'Est. XIII. Boyaux*, par G. REUILLARD.

3 Décembre 1915. — *Regards vers l'Est. XIV. Premier contact* : « Malgré le bruit, nous entendions parfois tout près de nous deux ou trois ah ! sur deux ou trois notes qui décroissaient. C'était quelqu'un qui se couchait éternellement dans la mort.

« Ah ! Ah ! Ah ! Et c'était fini après ces derniers cris d'une âme et d'une chair, ces derniers mots d'une espérance... Un obus emporta auprès de moi la jambe d'un petit soldat... il tenait à deux mains sa cuisse mutilée d'où le sang giclait à grands jets comme

(1) Quelle pipelette? A travers les invraisemblances de ce récit, on voit parfaitement se dessiner l'intention de la pointe finale.

(2) Ou cette scène est inventée de toutes pièces, ou G. Reuillard transcrit bien mal les mots prononcés par des Allemands. Le mot canon se dit en effet Kanon en allemand et se prononce Kanône (et non kânon). Il faut que le prisonnier de Reuillard ait été bien ému pour changer ainsi l'accent de sa langue maternelle.

s'il avait été vidé de sa vie par une pompe. Et il ne cessait de se lamenter d'un ton qui était déjà résigné :

« Maman ! Maman ! Si tu voyais ma jambe, oh maman ! qu'elle saigne ! »

G. REUILLARD.

8 Décembre 1915. — *Regards vers l'Est. XV. La mère* (1), par G. REUILLARD.

4e CAMPAGNE : Sous le voile humanitaire, Fanny Clar intensifie avec une perfide ténacité son œuvre de défaitisme et de démoralisation.

1er Juin 1915. — *La vie double* : « Presque heure par heure nous sommes sursaturés d'héroïsme (2), une double vie est en nous avec deux visages. Cela vous suffit-il à vous qui réclamez des émotions pour remplir vos jours? Aveugles qui dédaigniez la bonne vie à la façon d'un malade qui refuse la bonne miche de ménage, la danse frénétique de la mort rouge vous a-t-elle guéris de vos neurasthénies? »...

FANNY CLAR.

2 Juin 1915. — *L'Histoire et la Légende*, par FANNY CLAR.

10 Juin 1915. — *T'en fais pas* : « Elle n'est pas née de la guerre... cette locution qui navrera les fervents du beau parler.

« T'en fais pas ! » Cela évoque la fille veule, poings aux hanches, la lançant d'une voix enrouillée. Pourtant elle garde un sourire, n'a point l'horrible barbarie du mot « boche » par exemple »... FANNY CLAR.

13 Juin 1915. — *Ce que nos yeux n'ont pas dû voir* : « Nous avons été stupéfaits de nous trouver devant une Allemagne formidablement douée d'un esprit d'organisation...

« Si nous avions su mieux voir ce qui nous fut plusieurs fois démontré de façon pourtant évidente, nous aurions peut-être songé que l'Allemagne armée allait se développer, poussée par ce besoin de vaincre, des facultés de labeur acharné et d'ordre, déjà si frappantes dans de pacifiques manifestations...

« On n'a pas oublié l'ensemble des artistes munichois présenté au salon d'automne.

« A ce moment nous aurions dû réfléchir sur la démonstration d'un tel esprit chez un peuple dont la population, comprimée par ses frontières trop étroites pour sa densité, allait forcément s'épandre au détriment des voisins.

« Nos yeux n'ont pas su voir...

« Quand on veut être juste, on essaye de ne pas se laisser entraîner par des sensations qu'on suppose partiales, envers une race qui ne peut être condamnée en un seul de ses individus »... FANNY CLAR.

15 Juin 1915. — *Une mère douloureuse*, par FANNY CLAR.

Echoppé en entier.

17 Juin 1915. — *Tout est dans tout* (1re page) : « Les trains de banlieue, le samedi soir, sont bondés de femmes de territoriaux...

« Peu à peu les propos glissent aux plaintes... Ah ! que c'est long !

« Ne vous plaignez pas... Madame qui savez votre mari vivant. L'affreux, voyez-vous, c'est de ne pas connaître... depuis le mois de Décembre... moi, je n'ai plus...

« La voix s'étrangla tellement qu'on n'entendit pas la fin de la phrase ».

FANNY CLAR.

22 Juillet 1915. — *Prisonniers boches*, par FANNY CLAR (2e page) : « Certains journaux se plaisent sous ce titre à exciter la bonne humeur de leurs lecteurs...

... « Est-il nécessaire d'exciter de tels sentiments et la guerre n'a-t-elle point d'autre but à poursuivre?

(1) Cf. à la même date : « La Fête interrompue », de FANNY CLAR (voir p. 321).

(2) Cf. plus haut « Regards vers l'Est », 18 Juin 1915 : « Après avoir chanté immodérément l'héroïsme », etc...

« On m'a conté la mort d'un de ces prisonniers « boches » d'une crânerie que ne répudierait pas un de nos soldats qui s'y connaissent en valeur. »

FANNY CLAR.

13 Août 1915. — *La bonne manière*, par FANNY CLAR.

Echoppé en entier.

21 Octobre 1915. — *La plainte* : « Dans le corridor de l'hôpital, soudain on dirait qu'un enfant pleure. Mais je sais qu'il n'y a pas là d'enfant. Ce sanglot, c'est un homme qui le jette...

« Ici la plainte se fait moins horrible, même avec la peine des blessés. On songe aux soirs plus sinistres où elle s'élève des champs mouillés de sang et de la sueur des hommes », etc...

FANNY CLAR.

4 Novembre 1915. — *Semailles* : ... « Quand donc se lèveront-ils, les jours si longs à venir où l'acier ne servira plus qu'à forger les socs de charrue en même temps que les outils de tous les métiers fraternels? »... FANNY CLAR.

13 Novembre 1915. — *Le bon temps* (1) : ... « J'ai entendu affirmer maintes fois avec indignation que beaucoup de femmes se trouvaient bien plus heureuses depuis la guerre qu'auparavant. J'ai entendu accuser les épouses de s'être conduites comme des écolières ivres de liberté. Blâmer est vite dit, réfléchir aux causes est plus long.

« Si la femme a crié: ouf! si elle a pris du bon temps, selon l'expression populaire, c'était fort compréhensible... A qui la faute bien souvent? »...

FANNY CLAR.

14 Novembre 1915. — *Jamais plus* : « Dans la cour de l'hôpital on hisse aux quatre coins du corbillard les drapeaux qui flotteront sur le cercueil drapé des trois couleurs...

« Sur (*sic*) le porche de l'hôpital des femmes se pressent qui ne connaissaient pas le mort, mais dont la pitié se fait solidaire de l'atroce douleur...

« A les voir je me remémore la photographie d'un groupe de femmes allemandes venues consulter la liste de leurs morts.

« Pauvres femmes du peuple de là et d'ici, combien vous vous ressemblez... jamais plus ! jamais plus ! les entendez-vous bien, lamentables femmes de tous les pays, ces deux mots. Ils ont courbé vos têtes. Ils ont mis des cheveux bancs à vos tempes : ils feront de vous de vieilles mendiantes de tendresse filiale à qui l'écho jettera : jamais plus !... Si vous les avez compris, alors enseignez aux plus jeunes que, pour la joie future du monde, c'est elles qui devront, victorieuses des haines et des vengeances, prononcer à leur tour : Jamais plus ! » FANNY CLAR.

26 Novembre 1915. — *La 17.*

« Le 15 Décembre.

« A mon fils Jean,

« C'est donc vrai, mon petit, que tu vas bientôt partir. Mon petit ! Tu ne sauras qu'un jour, beaucoup plus tard peut-être, tout ce que peuvent contenir d'amour ces deux mots.

« Et demain ! arrachés de nous, si tôt parce que la terre avidement a bu le sang de vos aînés, vous allez devenir de vrais soldats ! des soldats ! Ce qui représente pour nous toute la force haïssable, le poing brutal abattu sur la face de l'humanité, l'horreur maudite des carnages que nous n'osions pas croire possibles encore... Comme il fera froid, mon fils, dans la maison que tes pas n'éveilleront plus...

« Va-t en sans retourner la tête, dans ton jeune orgueil. Pars rejoindre tes camarades de la 17. Sois avec eux tous celui qui fera fleurir le rameau d'olivier au sillon enfin reconquis au labeur des humains. Mais plantez-le en bonne terre cette fois. Devenez pour

(1) Toujours « l'argument ignoble ».

l'avenir rasséréné, non le bataillon de la conquête, mais l'armée de la délivrance du monde.

« Soyez cela, classe 17 » (1). FANNY CLAR.

8 Décembre 1915. — *La Fête interrompue* : ... « A l'heure où il devait arriver, où les minutes paraissaient marcher à reculons, tellement elles étaient lentes à venir, on frappe à la porte. Ce n'était pas lui, ce n'était qu'une lettre. Sans défiance elle fut ouverte. Elle était d'une main qui avait dû hésiter bien longtemps avant de tracer les mots. Comment, en effet, trouver des mots assez pitoyables pour annoncer la mort. Douleur sans pareille. L'enfant pour qui le couvert était mis, gisait là-bas, les yeux à jamais clos, la face glacée du froid que nul baiser ne réchauffera. Quand je vous le disais, Madame, que vous auriez pleuré.

« Quel crime aurait-il fallu commettre pour l'expier d'une pareille torture? », etc...

FANNY CLAR.

14 Décembre 1915. — *La vieille* : ... « Qu'avaient-elles perdu toutes deux? Un frère, un fils, d'après ce que je compris. Elles descendirent du tramway au même moment que moi et le hasard nous conduisit quelque temps par le même chemin. Il nous arriva de croiser un enterrement de soldat. Derrière le convoi, une femme qui s'appuyait sur une amie sanglotait éperdument », etc... FANNY CLAR.

17 Décembre 1915. — *Repartir* : ... Ils repartent, c'est le moment cruel.

« Un, déjà vieux, secoue sa femme : « Allons, répète-t-il, te bile pas pour moi »...

« Mais brusquement, c'est lui qui éclate en sanglots.

« Les mioches désespérément s'agrippent au papa qui s'en va et leurs sanglots sont peut-être les plus durs à supporter pour celui qui part », etc...

FANNY CLAR.

5e CAMPAGNE : Le 11 Juin 1915, le collaborateur du *Bonnet Rouge* qui signe J. G. (Jean Goldsky) publie le premier article d'une série qui paraît d'abord sous le titre : « *Là-bas* », jusqu'au 2 Novembre et qui du 2 Novembre au 4 Décembre se continue sous le nom de « *Lettres à Marraine* ». C'est la même propagande que celle de Fanny Clar et de Reuillard. Après avoir amorcé le lecteur par des phrases qui respirent le plus pur patriotisme, on prêche dans ces prétendues lettres d'un vrai poilu des tranchées : le découragement, l'horreur de la guerre et l'éloge des Allemands.

11 Juin 1915. — *De la musique au crépuscule* (éditorial) : ... « Le Général s'est assis à son bureau : il signe des ordres. Quatre petits mots résument les plus impatiemment attendus : « Se porter en avant »...

« La musique s'est tue pour laisser parler le canon.

« Nul n'a bougé cependant. Chacun sait maintenant se raidir, se faire un cœur et des nerfs d'acier, se défendre contre une défaillance, contre trop d'attendrissement »...

J. G.

19 Juillet 1915. — *Là-bas* (éditorial) : ... « Une ligne grise que l'on devinerait à peine à vingt pas court en zigzag à travers la plaine.

« Tout autour c'est l'enfer. Les explosions se succèdent, se mêlent.

« Pas un cri : à quoi servirait de crier dans cet enfer ?...

(1) Voici Fanny Clar prise en flagrant délit de mensonge. Le 13 Août 1916, elle déclare en effet : « Je n'ai point d'enfant et, à voir ce qu'on fait pour celles qui en ont, je n'en veux pas ! » (Voy. plus haut, chapitre Ier, p. 60). Seule la logique de son action antinationale — contre la repopulation, contre le moral du soldat — explique ces contradictions.

« Hélas, ce n'est pas Austerlitz ! Des hommes tombent depuis si longtemps que le soleil n'ose plus se montrer pour une si petite chose. Le ciel est désespérément gris, exaspérant d'uniformité. Et voilà que sur les morts et les vivants, sur les vainqueurs et les vaincus — plus cruelle que la mitraille qui ne cesse de tomber en rafales — une pluie fine, opiniâtre, navrante, tisse un immense voile de deuil. » J. G.

Aux Armées, Juillet 1915.

7 Septembre 1915. — *Là-bas. La manille interrompue*, par J. G.

26 Octobre 1915. — *Là-bas. Les témoins*, par J. G.

2 Novembre 1915. — *Quelques embuscades de la 22e*, par J. G.

6 Novembre 1915. — *Ce que leurs yeux n'ont pas vu* : « Non, madame, il ne faut pas croire ce que vous disent nos bons académiciens. Ils décrivent trop aisément ce que leurs yeux n'ont pas vu. Mais la guerre, madame, n'a pas cette figure-là...

« Tuer un homme, avez-vous imaginé ce que valent ces mots? Certes il s'agit de frapper des assassins, de défendre la patrie, le grand foyer français menacé par la horde sauvage... Mais tuer ! avez-vous oublié quelle déconsidération générale entoure le bourreau?

« Et la mort qui les attend (nos soldats)... Les ventres ouverts, les têtes fracassées, les membres arrachés, les pauvres corps traînés au long des boyaux étroits, laissant à chaque tournant encore un peu de chair... mais cela c'est la guerre... mais, madame, si sainte, si nécessaire, si sublime qu'elle soit, la guerre est la guerre, et la guerre c'est hideux. »

J. G.

8 Novembre 1915. — *Lettre à Marraine. Au-dessus de la mêlée* (1) : « C'était dans un tout petit village de la Champagne pouilleuse, non loin de ces lieux maintenant fameux où nos soldats prouvèrent à force d'héroïsme que notre France est immortelle. Nous cantonnions. Je trompai ma fatigue en errant de-ci de-là, émerveillé de trouver en cet endroit des maisons intactes. La petite église avait longtemps retenu mon attention à cause de ses vitraux parfaits bien que modernes.

« Non loin du cimetière une tombe perdue, toute seule dans les champs attira mon attention. Je m'approchai. Sur la croix de bois blanc, des doigts d'enfant s'étaient essayés à des caricatures. Sous un casque de Prusse, un visage grossièrement dessiné grimaçait avec assez de sévérité. De l'autre côté de la croix, le nom du mort était écrit en français (2).

« Je lus :

HEINRICH VON RUEPP
Capitaine au 3e Landwer (*sic*)
tué en duel.

« Ces trois mots accrochèrent ma curiosité. Tué en duel? Comment, en pleine guerre, en terre ennemie, il avait pu se trouver deux officiers allemands pour désirer s'ouvrir la gorge entre eux !...

« Le journaliste l'emportant sur le soldat, je voulus savoir. Et voici ce qui me fut conté :

(1) On voit par ce titre, comme par celui de l'article de Clairet signalé plus haut, l'intention de la propagande faite aux idées de Romain Rolland.

(2) Jamais les Allemands ne rédigent en français les épitaphes de leurs morts. Von Ruepp aurait donc été enterré par les Français. Mais comment ceux-ci auraient-ils su le nom de l'officier tué en duel? Comment auraient-ils été au courant d'une algarade qui n'a pas dû se passer en français devant des Français? La seule raison qui explique pourquoi von Ruepp (?) n'aurait pas été enterré par ses compatriotes, c'est qu'ils n'en auraient pas eu le temps. Ils auraient été obligé de fuir en abandonnant sans sépulture le corps de leur camarade. Mais alors, comment les Français du village de X... (?) auraient-ils jamais pu apprendre les brimades qui auraient acculé l'héroïque adversaire de von Ruepp au suicide ?

Le vrai « bourrage de crânes » le voilà !

Ajoutons enfin, de source certaine, que le 3e Landwehr n'a jamais été sur le front de Champagne à l'époque où s'est livrée la bataille de la Marne.

« C'était au moment de la bataille de la Marne. Les Allemands occupaient le village. Vint l'ordre d'évacuer, c'était la grande retraite. Partout autour de X... des torches s'allumèrent, monstrueuses : c'étaient des fermes, des granges, des églises qui brûlaient.

« Le major (1) Heinrich von Ruepp voulut faire subir à X... le sort commun. Or il se trouva ceci : un autre officier allemand s'interposa. Il fit remarquer que le village ne présentait aucun intérêt militaire, que la population était paisible et qu'aucun incident n'avait marqué l'occupation. Il parla de kultur et des devoirs qui incombaient selon lui aux soldats de la grande Allemagne.

« Bref, il s'ensuivit une querelle que tout de suite les deux hommes allèrent régler, le sabre en main, au bord du champ voisin. Le major incendiaire fut tué à la place même où repose son corps, et le village fut épargné.

« — Ainsi, dis-je à celui qui me conta cette histoire, il y a dans l'armée ennemie un officier qui fait la guerre en soldat et pas en bandit...

« — Non, monsieur, trancha mon interlocuteur. Vous pensez bien que l'affaire avait fait du bruit. Les officiers supérieurs s'en mêlèrent. L'adversaire du major von Ruepp comprit ce qui l'attendait : il se suicida.

« — Où l'a-t-on inhumé?

« —On ne sait pas. Personne ne l'a jamais su. » Je le regrettai. Blâmez-moi si vous voulez, madame, j'aurais aimé pouvoir, sur la tombe de cet Allemand, déposer quelques fleurs françaises. »

J. G.

Tout sonne faux dans cette histoire de brigands.

Nous serions bien étonnés si l'on retrouvait la tombe de ce capitaine (qui est en même temps un commandant) tué en duel par un héroïque officier allemand, défenseur sublime des droits de l'humanité, qui poussa la sainteté jusqu'à se suicider pour rester fidèle à *nos* principes de justice et de civilisation ! Mais la tendance du morceau est claire : jetons des fleurs sur la tombe d'un de ces officiers allemands qui par leur arrogance et leur brutalité, sont devenus l'objet de l'exécration universelle.

20 Novembre 1915. — *Lettres à Marraine. Les gants rouges* : « Il nous fallut prendre les corps à pleins bras, fouiller dans cet amas de chairs. Une odeur forte nous prenait à la gorge et je me souvins l'avoir respirée ailleurs déjà, aux arènes et aux abattoirs... Quelque chose remua sous ma main.

« Il y en a un qui vit.

« Alors il nous fallut, avec mille précautions, essayer de sauver celui-là. Quelle tâche ! Les morts enserraient le vivant de toutes parts. les membres étaient mêlés. Une main s'était refermée à jamais sur la capote du blessé. Ce furent des minutes effroyables... Nous nous acharnâmes cependant et à la fin nos efforts aboutirent. Alors, sanglants de la tête aux pieds, rouges du sang des morts, du sang du blessé et de notre sang aussi, car dans notre hâte nous nous étions écorchés aux rudes arêtes du boyau, nous emportâmes notre blessé comme une proie »...

J. G.

29 Novembre 1915. — *Lettre à Marraine. L'angoisse* : « Dans le fossé un vieux carnet traînait. Heure par heure, quelqu'un, je ne sais pas qui, quelqu'un des nôtres avait écrit ce qu'il voyait, ce qu'il sentait.

« Pour vous, madame, j'ose commettre l'indiscrétion de recopier ces quelques lignes, les dernières...

(1) Ce major (en français : ce commandant) qui, plus haut, n'était encore que simple capitaine, a dû monter en grade depuis son enterrement.

« Un hoquet et je crache rouge... je gagne un grand abri pour blessés... plus loin un autre hoquet... Sa face n'est plus qu'une plaie ; le sang bouillonne à la place où fut le nez. A-t-il sa connaissance? Je ne sais pas, je ne peux pas parvenir à voir ce qui se passe sous ce masque sanglant, c'est horrible...

« Tandis que je griffonne ces notes, mon regard heurte mes mains sanglantes ! **[mes — mains qui ont tué... j'ai tué. Pour la première fois ces mots me déconcertent. Quoi ! mes — yeux qui ont vu l'agonie de l'ennemi pourront-ils se perdre dans des yeux purs de femme? — Et mes mains, ces mains horribles, ces mains de meurtre pourront caresser les boucles — blondes de mon enfant? Oui, je sais bien : j'ai accompli la tâche sacrée, nécessaire. Mais comment oublier? Ne vais-je pas faire tache au foyer? les choses paisibles des calmes bonheurs — passés ne vont-elles pas crier après moi leur horreur ou leur répulsion?]** (1) Pour la première fois je sens que j'ai peur ». J. G.

26 Novembre 1915. — *Lettres à Marraine. L'énigme* : « Je vous assure, madame, que je les ai vus, de mes yeux vus, et pas qu'une seule fois. La dernière, c'était à M... Voilà les Allemands partis, accompagnés de nos brancardiers sans armes, pour arracher à leur mitraille, à leurs obus, à leurs balles nos soldats blessés...

« Je me demandais devant cette bravoure certaine, mise au service, cette fois, de l'humanité, comment ces hommes pouvaient être les frères de sang — ou les complices — de ceux que j'avais vus à l'œuvre...

« Quoi, tant de lâcheté et cette vaillance ! Tant d'horreurs, tant d'infamies et ce beau geste secourable !... Les mêmes hommes, la même race !... Comment pareille dualité pouvait-elle être?...

« Madame, je n'ai pas osé, trop près des horreurs de la lutte pour juger sans partialité, répondre — même pour moi seul — à ces questions qui m'angoissaient. »

20 Novembre 1916. — *Lettres à Marraine. Optimiste*, par J. G.

4 Décembre 1915. — *Lettres à Marraine. Une page du grand livre*, par J. G.

6e Campagne : « La grande imposture ». On complète la campagne « les serviteurs de l'étranger » par des chroniques où l'on revient sur ce thème : les Allemands ont le génie de l'organisation, le service d'espionnage est le plus important du temps de guerre, donc l'espionnage en France n'est pas aussi dangereux qu'on veut bien le dire.

6 Septembre 1915. — *La vague de fiel* : ... « La lettre anonyme n'est pas digne d'un espion.

« On effectuera une enquête sur les dénonciations de la lettre anonyme, voulez-vous parier que cette enquête aura comme résultat de démontrer presque toujours que l'espion est un brave Alsacien, que le déserteur est un blessé, etc... »

Léo Poldès.

17 Septembre 1915. — *A M. Gustave Téry. Ne publie pas la prose des espions.*

... « Ce matin M. Téry passe la mesure. « L'*Œuvre* ne publie pas la prose des espions ».

« Qu'est-ce à dire?

« Il y a donc des journaux français qui hospitalisent la prose des espions?

« Oui? C'est en connaissance de cause, après réflexion, que M. Téry lance une pareille accusation?

« Alors qu'il nomme les indignes !

« L'accusation de M. Téry, publiée après visa de la censure, atteint toute la presse comme un soufflet.

... « Encaisse qui veut.

(1) Publié malgré l'interdiction de la censure.

« Le *Bonnet Rouge* n'encaisse pas.

« M. Téry, nous vous sommons de désigner nommément la ou les feuilles françaises qui publient la prose des espions. » M. ALMEREYDA.

19 Octobre 1915. — *Défense de l'espion Jellineck Mercédès.*

24 Octobre 1915. — *De Svoboda à Lombard* : ... « Sur les racontars d'un agent de la Sûreté générale, bavard et vaniteux, un journal partit à fond de train.

« Svoboda... n'était plus l'Américain que chacun connaissait.

« Il devenait Allemand.

« Etre allemand, c'est naturellement être espion.

« Espion, Svoboda était un espion criminel.

... « Ces gens-là, avec leurs histoires de brigands qui s'arrêtent subitement sans qu'on sache pourquoi, nous rasent...

« S'ils ne faisaient que nous raser...

« Mais ils sèment le soupçon universel et le doute général et ils déconsidèrent la France » (1). G. CLAIRET.

19 Octobre 1915. — *Un royaliste au Sénat. Les racontars d'un ami de Daudet* : ... « Que reste-t-il dès lors des racontars du sénateur Gaudin de Villaine?

« Ce qu'il reste des allégations de Léon Daudet dans l'*Avant-guerre*. Rien ».

(*Anonyme*).

2 Novembre 1915. — *Chut* : ... « On a raison de nous protéger contre les espions. Ne serait-il pas logique de nous défendre également contre les espionomanes? »

LÉO POLDÈS.

15 Novembre 1915. — *Appel à la délation* : « Nous lisons dans la *Libre Parole* :

« Que dans tous les arrondissements, dans tous les quartiers de Paris, dans toutes les villes de province, des comités de vigilance se forment, qui recueilleront et contrôleront tous les renseignements sur les Austro-Boches d'aujourd'hui et d'hier, bénéficiaires de permis de séjour ou naturalisés récents ou prétendus neutres... »

« En d'autres termes, la *Libre Parole* veut instituer la délation en permanence.

« Il y a des gens qui sont chargés de surveiller les Allemands : ce sont les policiers.

« Qu'on les laisse faire.

« Quant à des initiatives comme celle de la *Libre Parole*, leur effet le plus certain ne serait que de dresser les Parisiens les uns contre les autres, de semer partout le soupçon et l'inquiétude, de favoriser l'assouvissement des haines personnelles, d'entretenir des rancunes.

« Nous osons espérer que personne n'enverra son adhésion à la *Libre Parole*. »

12 Décembre 1915. — *M. Malvy et l'espionnage austro-boche. La réponse à une campagne de calomnie* : « Le *Journal* publie ce matin d'importantes déclarations du Ministre de l'Intérieur, déclarations que nous croyons devoir reproduire en entier, car elles sont la réponse par des faits et des chiffres aux accusations dont le Ministre était l'objet depuis quelque temps...

« Contre toutes les tentatives perfides de nos ennemis, M. Malvy a agi et est décidé à agir »...

27 Décembre 1915. — *La chasse aux espions. Une lettre de M. Malvy à la* Liberté : « Je considère qu'il est mauvais, par des campagnes de cette nature, d'énerver l'opinion publique et de lui faire perdre ce calme, ce sang-froid qui ont donné à notre pays cette force morale qui le fait si grand ».

Ces six campagnes principales sont accompagnées d'articles plus ou moins isolés qui peuvent se classer sous les rubriques suivantes :

(1) Svoboda a été arrêté comme espion allemand à Zurich, en Juin 1917.

1º Contre la mobilisation de toutes les forces nationales. On prépare la « démobilisation perlée » :

11 Juin 1915. — *Des canons, des munitions !* (1) : « L'admirable campagne amorcée dans la presse française par M. le sénateur Humbert dont on ne vantera jamais assez la clairvoyance, le zèle et le talent, vient d'aboutir à une série de décisions que le pays accueillera avec la plus grande faveur.

« Tous les ouvriers spécialistes de la métallurgie, tous les ingénieurs, tous les chimistes vont être rendus à la production guerrière »... M. Almereyda.

6 Août 1915. — *A propos du rapport de M. Chéron. Un projet impopulaire. Pas de nouvelles visites pour les réformés de 1915.*

7 Août 1915. — *Une mesure absurde. Les réformés nº 2 de 1915. M. H. Chéron condamne lui-même son projet.*

8 Août 1915. — *Un projet impopulaire. Doit-on examiner de nouveau les réformés de 1915? Non, répond l'opinion publique. M. Louis Martin contre le paragraphe Chéron.*

10 Août 1915. — *Oserait-on incorporer en plein hiver des malades et des blessés? La condamnation du paragraphe Chéron.*

12 Août 1915. — *Un paragraphe indésirable. M. H. Chéron défend son rapport.*

14 Août 1915. — *Les réformés nº 2 en 1915. L'opinion du docteur Lombard.*

16 Août 1915. — *Condamné par la presse, le paragraphe Chéron sera condamné par la Chambre* : Une protestation du *Journal* (article de Gustave Téry intitulé : « Inutiles tracasseries », contre le projet Chéron.)

30 Novembre 1915. — *Billets rouges*, par G. Clairet, etc...

2º Contre les écrivains patriotes :

Contre Daudet et Maurras : toute la campagne : « au service de l'étranger », plus un certain nombre d'articles publiés dans les dernières semaines de 1915, en particulier ceux des 14, 19, 27, 30 et 31 Décembre.

Contre Gohier :

25 Juin ; 15, 18, 22 Décembre 1915, etc...

Contre Barrès :

15 Octobre 1915. — *Où petite secousse perd son temps.*

17 Novembre 1915. — *Barrès aussi...*

20 Novembre 1915. — *Billets rouges*, etc...

3º Contre la propagande française à l'étranger :

14 Décembre 1915. — *Les dangers d'une propagande* : « Catholique? oui. Mais Français? heu, heu...

« Un Comité catholique s'est constitué à Paris il y a plusieurs mois sous la direction d'un prélat et le patronage de deux cardinaux et de M. Denys Cochin... Ce comité entend

(1) Il n'entre pas dans notre idée de critiquer la campagne du *Journal* « Des canons, des munitions ! », qui, à un certain point de vue, a rendu les plus grands services au pays. Nous constatons seulement qu'en Allemagne la production des obus et du matériel de guerre a été surtout accélérée par la mobilisation civile. Les Allemands craignaient avec raison que nous introduisions chez nous ce qu'ils ont appelé « le service national auxiliaire » qui permettait de maintenir au front la presque totalité des effectifs. Le succès de la campagne pour le rappel d'un nombre considérable d'ouvriers mobilisés à l'avant est venu les rassurer.

faire de la propagande française auprès des neutres. Tâche délicate, car dans la plupart des pays neutres, si l'on aime la France passionnément, c'est justement parce qu'on sait qu'elle est non point hostile au catholicisme, mais libérée de l'influence cléricale », etc...

G. Clairet.

4° Pour la paix :

24 Juin 1915. — *Un manifeste des socialistes allemands contre la guerre. Le peuple est las ; il désire la paix.*

8 Novembre 1915. — *Intrigues et potins. L'Allemagne et la paix.*

20 Novembre 1915. — *Harden et la paix.*

13 Novembre 1915. — *L'Allemagne veut-elle la paix?*

30 Novembre 1915. — *L'Allemagne cherche la paix* (1).

4 Décembre 1915. — *Harden et la paix. Les pacifistes de la rue Fondary* : « On fait grand bruit autour d'un groupe de femmes pacifistes qui se réunit 32, rue Fondary, à Grenelle. Ce groupe a attiré l'attention sur lui en lançant une brochure qui n'avait pas été au préalable soumise à la censure, mais qui est loin de constituer « l'infâme libelle » dont on a parlé fort inconsidérément »...

5 Décembre 1915. — *Le mouvement pacifiste chez les Austro-Allemands. A bas la guerre. Vive la Révolution, crie-t-on en Autriche.*

6 Décembre 1915. — *Pacifistes et délateurs* : « Nous pensions qu'on en avait fini avec cette histoire des femmes pacifistes de la rue Fondary.

« Mais non ! On revient à la charge. On trouve qu'on n'a pas déjà fait assez de mal en livrant à la malignité les noms de femmes que nous ne connaissons pas...

« On renouvelle la calomnie et de nouveau on donne l'alarme.

« Car c'est mentir que de raconter que les femmes de la rue Fondary font de la propagande allemande », etc... G. Clairet.

6 Décembre 1915. — *Conférence interdite* : « La réunion que nous avions annoncée hier, qui devait avoir lieu cet après-midi à Montreuil et au cours de laquelle Mme Marcelle Capy devait parler de Romain Rolland et de la jeunesse et Merrheim de la *Conférence de Zimmerwald* à laquelle il participa, a été interdite. »

7 Décembre 1915. — *Les femmes pacifistes et leur « f »*, par G. Clairet.

8 Décembre 1915. — *Les femmes pacifistes. Une descente rue Fondary*, par G. Clairet.

9 Décembre 1915. — *Les femmes pacifistes. Autour de la paix*, par G. Clairet.

12 Décembre 1915. — *Les socialistes allemands veulent la paix. La levée de l'état de siège. Les conclusions de la commission.*

14 Décembre 1915. — *Une lettre des femmes pacifistes* : « Pacifistes bien avant la guerre, nous n'avons certes rien renié de nos idées ». Jeanne Halbwachs.

19 Décembre 1915. — *Le peuple allemand est-il las de la guerre?* « Le nombre de gens qui en sont arrivés à souhaiter par-dessus tout la fin de cette guerre dont ils pâtissent cruellement, semble devenir sérieux et digne de considération. »

G. Clairet.

9 Décembre 1915. — *L'Allemagne faiblirait-elle? On le croit de plus en plus en Suède.*

21 Décembre 1915. — *La lassitude de l'Allemagne.*

22 Décembre 1915. — *Encore quelques mots sur le comité Fondary*, par Fanny Clar.

5° Pour faire taire les réfugiés du Nord, on publie des démentis où l'on insiste sur le fait (contrôlé ou non) que les Allemands auraient épargné telle ou telle propriété particulière :

28 Novembre 1915. — *Défendons-nous*, par Fauconier.

(1) On remarquera la gradation savante de ces titres.

6° Pour les intérêts moraux de l'Allemagne et la « Kultur » :

a) Il ne faut pas appeler les Allemands : des Boches :

3 Décembre 1915. — *Neues Vaterland. Des Allemands qui ne sont pas des Boches.*
7 Décembre 1915. — *Allemands, mais pas Boches.*
16 Décembre 1915. — *Autrichien et non Boche*, etc...

b) La haine des Allemands c'est de la « bochophobie morbide » :

20 Octobre 1916. — *Alsaciens et Boches* : « Une des plus déplorables manifestations de la bochophobie morbide qui sévit chez un certain nombre de « patriotes » est sans conteste celle qui atteint nos frères d'Alsace »... J. LONGUET.

c) Les Allemands sont cruels, mais *surtout* ce qui est cruel c'est la guerre :

13 Septembre 1915. — *Un document* : « Le rapport sur les atrocités allemandes dans les pays envahis vient d'être publié...

« Que ce livre soit répandu partout...

« Que dans le monde entier on le lise, non seulement pour s'instruire sur le caractère grossier et cruel de l'armée allemande, mais aussi et *surtout* pour qu'il montre ce que c'est que la guerre. » J. M.

d) Chantons en France, en pleine guerre avec les Allemands, l'incomparable génie du plus allemand des musiciens allemands : Richard Wagner :

16 Juin 1915 (1). — *A propos de la musique allemande*, par MARCEL SERANO.

13 Décembre 1915. — *Wagner de légende* : « Nombre de gens affirment comme s'ils le savaient que R. Wagner a insulté la France dans un pamphlet relatif à la capitulation de Paris en 1871.

... « Wagner voulait non pas offenser la France, mais ridiculiser l'état du théâtre allemand, guérir ses compatriotes et contemporains de la manie d'imiter toujours la France. Ce n'est pas tout à fait la même chose »... LUCIEN LUNAIRE.

17 Décembre 1915. — *Daudet contre Wagner* : « Ce n'est point qu'il déteste cette musique.

« Non, Léon Daudet admire Wagner et prend un plaisir extrême à l'entendre.

« Vers 1887, il était assidu aux concerts Lamoureux. Et maintenant le voilà qui débite contre Wagner des âneries de marmiton.

« Que s'est-il passé?

« Cherchez l'argent »... (*Anonyme*).

25 Décembre 1915. — *La bataille autour de Wagner*, par G. CLAIRET.

e) Respect aux Allemands ! Respect à leurs cadavres ! à leurs bottes :

GAZETTE DES ARDENNES
Organe de l'Etat-Major allemand.

14 Juin 1915. — *L'infamie* (éditorial).

« Une des armes et non la moindre dont les ennemis du peuple allemand usent et abusent à outrance depuis, voire même

BONNET ROUGE

2 Juin 1915. — *Une ignominie.*

« L'*Echo de Paris* publie ce matin même un dessin d'A. Faivre tout simplement ignoble. Un mort allemand dont seuls les

(1) Remarquons que cette campagne en faveur de Wagner débute, elle aussi, au mois de Juin 1915.

GAZETTE DES ARDENNES
Organe de l'Etat-Major allemand.

bien avant l'explosion du conflit européen... c'est la calomnie systématiquement infâme.

« Certains journaux en Angleterre comme en France semblent se vouer particulièrement à ce genre d'*ignominie* qui ose se couvrir du pavillon sacré du patriotisme.

« Dès que l'*Echo de Paris* du 1er Juin fut parvenu, la rédaction de la *Gazette des Ardennes* a exposé publiquement à son tableau d'affichage à Charleville un dessin particulièrement ignoble... (le dessin d'Abel Faivre dont il est question dans la citation ci-contre du *Bonnet Rouge*).

« La tendance de cette presse consiste à semer par tous les moyens la haine du peuple allemand...

« Reconnaissons d'ailleurs qu'il se trouve encore dans le journalisme parisien des hommes assez indépendants pour protester en pleine tourmente contre la bassesse qui s'étale autour d'eux et pour clouer au pilori de l'infamie, ceux dont la lâche haine ne désarme pas devant le respect humain et silencieux qui est dû même à l'ennemi mort pour sa patrie.

« Citons par exemple un article de la *Bataille syndicaliste* du 2 Juin, lequel s'occupe précisément du dessin publié par l'*Echo de Paris*, et exposé au tableau de la *Gazette* :

« *Un tel dessin est franchement écœurant, il est une injure pour les soldats du front... ils n'ont pas cette âme vile que veulent lui attribuer les écrivains et les dessinateurs nationalistes* » (3).

BONNET ROUGE

pieds dépassent est enseveli dans un monticule de terre... devant ce tableau funèbre, le caricaturiste fait dire à deux soldats français dont le sourire est déjà indécent : *Méfions, c'est peut-être un boche qui téléphone.* Un tel dessin et une telle légende sont une ignominie... La mort, surtout celle-là, au champ d'honneur sur un sol ennemi (1), mérite un respect auquel le plus bas des individus de la société ne saurait manquer. Demandez plutôt à nos poilus qui se heurtent à elle tous les jours là-bas.

[Mais, puisque nous avons une censure, — que faisait-elle donc cette nuit?] (2).

8 Juin 1915. — *Aux Ecoutes, dédié à Abel Faivre.*

« D'une lettre de poilu nous extrayons cet épisode.

« Cet hiver en face de Carency, tout près des tranchées ennemies, le génie, en creusant un boyau, mit à jour un pied de cadavre allemand enterré là. On reconnut tout de suite la nationalité aux bottes qui chaussaient le cadavre...

« Je n'ai jamais entendu aucun des nombreux soldats qui passaient là faire une remarque déplacée ».

Un Soldat.

Du 1er Janvier au mois d'Avril 1916.

Du 1er Janvier au 15 Mars 1916, le *Bonnet Rouge* fait paraître deux dessins violents : le 21 Janvier contre le Kaiser, le 2 Mars sur les atrocités allemandes en Belgique.

Du 27 au 28 Mars deux articles sur un même sujet : un dessin du Kaiser, changent brusquement et complètement de ton :

(1) Il s'agit du sol français trempé de sang français !
(2) Publié malgré l'interdiction de la censure.
(3) Souligné dans la feuille de l'État-Major allemand.

21 Janvier 1916. — *Le vrai jour des Roys* (dessin représentant un ouvrier, brandissant la tête de Guillaume II guillotiné). Légende : *A quand le 21 Janvier du Kaiser.*

2 Mars 1916. — *Une page du livre rouge des atrocités allemandes* (dessin de Domergue, représentant un officier français exécuté par les Allemands).

En légende : « A Tanines, un officier français blessé a été emmené près d'un arbre, lié au tronc, on a attelé un cheval à chacune de ses jambes; au signe donné, on a fouetté les chevaux, c'est l'écartèlement dans toute sa cruauté.

« J'ai vu, dit le témoin, qui rapporte ce fait, tremblant encore, j'ai vu le pantalon se déchirer, le corps s'ouvrir. »

27 Mars 1916. — « *Le Carnet de la Semaine* publie dans son numéro du 25 Mars, un dessin allégorique de Guillaume II absolument inconnu en France et dans lequel celui-ci représente le soldat allemand comme le défenseur de la paix.

« Ce dessin a été composé en 1896. Il nous a paru intéressant de le mettre sous les yeux du public français *vingt ans après*, à l'heure même où se déchaînent les horreurs de la terrible guerre préparée et voulue par ce fourbe tyran. »

28 Mars 1916. — « *Le Carnet de la Semaine* a eu pour son dernier numéro un collaborateur imprévu : notre confrère publie un dessin qui est l'œuvre de Guillaume II. C'est une allégorie médiocre intitulée : « Le Michel Allemand, gardien de la paix ». N'entendez pas par gardien de la paix, sergent de ville. Le Kaiser dessina cette horreur il y a vingt ans. »

Ainsi, de l'information présentant Guillaume II comme un champion de la paix, on a fait disparaître du jour au lendemain toute expression justicière, toute parole de haine. Le « fourbe tyran » n'est plus qu'un mauvais dessinateur. Une volonté est intervenue qui effaça les ombres pour ne laisser subsister que les lumières. Le fait est significatif. C'est en raccourci toute la tactique du *Bonnet Rouge*. Le bruit fait autour du Kaiser, c'est en quelque sorte la pierre de touche des relations entre le *Bonnet Rouge* et ses inspirateurs allemands. Au début, devant l'impossibilité de dominer les imprécations qui s'élèvent de toutes les poitrines françaises contre le véritable auteur de la guerre, on l'abandonne, on le charge, on le noircit. Mais c'est pour dégager, blanchir son peuple. Maintenant l'heure est arrivée de tenter le sauvetage de Guillaume II. Le dessin du 21 Janvier a peut-être un peu forcé la note pour faire monter le prix d'une dernière concession à laquelle on sentait bien que la partie donnante attachait beaucoup d'importance — petit chantage. — L'entrefilet du 28 Mars marque la première étape d'une dernière évolution qui conduira, le 20 Avril, à l'article de Clairet sur le « Kaiser socialiste » et qui aboutira plus tard aux éloges bien sentis du Kronprinz et de la famille impériale allemande !

7e période : du 28 Mars au 12 Juillet 1917

A partir du 28 Mars 1916, les 15 campagnes du *Bonnet Rouge* exposées plus haut se poursuivent avec un accord parfait parallèlement à la *Gazette des Ardennes*. Peu à peu tous les musiciens sont entrés dans le concert. C'est Fanny Clar qui a donné le ton, un ton authentiquement germanique. Isolément, puis par groupes, les instruments attaquent leur partie et soutiennent de leurs accents de plus en plus nourris les strophes — d'abord coupées de silences — du duo Fanny Clar-Almereyda. Maintenant, l'orchestre est au complet. Ses cuivres déchaînés font écho à une musique lointaine qui, de l'autre côté du front, s'efforce d'étourdir les fidélités françaises dans les régions envahies. Ce qu'il joue — sous la direction d'un chef invisible qui mène également la « Kapelle » de Charleville, c'est un pot-pourri où alternent le *Deutschland über alles*, et, à la façon d'un « chahut » que dominent les trémolos ironiques de M. Badin — la marche funèbre de la France assassinée.

Neuf ordres de faits confirment par ailleurs qu'en Avril 1916, le *Bonnet Rouge* est devenu l'organe de l'Etat-Major allemand au même titre que la *Gazette des Ardennes*, mais avec les modifications qu'imposaient les circonstances de temps et de lieu :

1° C'est le moment où le Général Percin quitte le *Bonnet Rouge*.

2° C'est le 28 Mars que le « GENERAL N. » publie son premier article.

3° Les noms de Brouville, Gorju et de quelques autres collaborateurs patriotes disparaissent du *Bonnet Rouge*. Par contre, on y trouve quotidiennement les signatures d'Almereyda, de Fanny Clar, de G. Clairet, de J. Goldsky, du « GENERAL N. », de Landau, et de quelques autres rédacteurs entièrement dévoués aux intérêts allemands.

L'équipe des écrivains patriotes est peu à peu remplacée par l'autre.

4° C'est le moment où le *Bonnet Rouge* cesse de publier des dessins violents contre les Allemands et en particulier contre l'Empereur. Le 20 Avril, G. Clairet publie un article intitulé en lettres énormes : LE KAISER SOCIALISTE.

5° C'est le moment où paraît la signature de M. Badin.

6° Les articles de propagande pacifiste, défaitiste et démoralisatrice passent, de plus en plus nombreux, de la seconde à la première page du *Bonnet Rouge*.

7° C'est à cette époque que commence une série d'articles significatifs, inspirés ou transmis directement par l'Etat-Major allemand, — qu'inaugure :

Le Retour au bon sens, du 25 Avril (signé ALMEREYDA) et qui continue par :
La Réponse allemande, du 7 Mai (signé ALMEREYDA).
Les Grands Allemands, du 8 Mai (signé G. CLAIRET) (du 12 au 17 Mai, le *Bonnet Rouge* est suspendu).
Le manifeste de Kienthal, du 17 Mai (censuré).
Les Allemands chez nous, du 29 Mai (signé L. L. — LUCIEN LUNAIRE?)
Le roi d'Espagne et la paix, du 21 Mai (signé ALMEREYDA).
Jusqu'au bout, du 25 Mai (publié par l'Etat-Major allemand, sous la signature d'ALMEREYDA).
En beauté, du 9 Juin (signé ALMEREYDA).
La Voix des Tranchées, du 18 Juin (publié directement par l'Etat-Major allemand, sans signature).

8° Les articles du *Bonnet Rouge*, en particulier, ceux de M. Badin, de Clairet, de Fanny Clar, d'Almereyda et du « GENERAL N. », prennent de plus en plus nettement l'aspect des « articles shrapnell » (destinés à enfoncer plusieurs idées à la fois) qu'on trouve dans la *Gazette des Ardennes.*

9° C'est à partir du mois de Mai que les citations du *Bonnet Rouge* dans la *Gazette des Ardennes* se font régulières et trahissent, à côté de beaucoup d'autres indices, une évidente collusion entre les deux journaux.

En résumé, la propagande antinationale du *Bonnet Rouge* a commencé dès les premiers jours de la guerre. A deux reprises, pendant quelques semaines, à l'heure où il eût été vraiment trop dangereux de heurter de front l'instinct de défense du peuple en armes, elle s'est tue pour faire chorus avec la presse patriotique. Comme la *Gazette des Ardennes*, elle a toujours sauvé la face. Elle tape sur l'honneur, la grandeur, la gloire de la France comme sur une grosse caisse. Derrière des noms honnêtes et respectés, elle a étendu le champ de ses campagnes, d'abord insidieuses, puis de plus en plus serrées, de plus en plus pressantes, prenant d'abord les lecteurs par les sentiments, puis par la raison. A partir d'Avril 1916, le *Bonnet Rouge* n'est plus — avec les précautions d'usage — qu'une édition parisienne de la *Gazette des Ardennes* : une feuille camouflée de l'Etat-Major allemand.

Au total, la collusion entre le *Bonnet Rouge* et la *Gazette des Ardennes* nous paraît établie par trois faisceaux de faits :

1° La communauté des nombreuses campagnes menées par les deux journaux en vue de torpiller les énergies françaises et d'imposer à la France la paix allemande, campagnes qui se développent dans le même sens, utilisent les mêmes arguments spécifiquement « boches » et s'expriment parfois en termes tellement identiques qu'il est possible, par le rapprochement des textes, de remonter au canevas commun qui les a dictées.

Il n'est pas une thèse de la *Gazette des Ardennes* que le *Bonnet Rouge* n'ait défendue et tenté d'imposer. Il n'est pas un point de détail, si infime qu'il soit, sur lequel les deux journaux ne montrent le plus parfait accord.

2° Les immenses services rendus par le *Bonnet Rouge* à l'Etat-Major allemand par la publication d'articles qui devaient démoraliser les Français et que le *Kriegspressamt* a utilisés d'autre part :

a) Dans les régions envahies pour déprimer les populations françaises ;

b) Dans les pays neutres pour justifier toutes les mesures prises par les autorités militaires allemandes et relever le prestige de l'Empire ;

c) A l'intérieur pour ravitailler le moral du peuple allemand.

3° L'insertion dans le *Bonnet Rouge* d'articles rédigés par des collaborateurs de la *Gazette des Ardennes*, agents directs de l'Etat-Major allemand.

Chacune de ces preuves est basée sur des documents irréfutables et immédiatement contrôlables. Les quelques exemples que nous en avons fournis seront complétés s'il en est besoin. On n'a pu les présenter tous. Ils sont trop.

Une enquête comme celle-ci comporte deux conclusions :

La première concerne des accusés et n'a pas place ici.

La seconde intéresse tous les Français : dans cette guerre « totale », notre front intérieur n'est pas défendu. Il est urgent d'établir une ligne de résistance morale qui mette l'opinion française à l'abri des campagnes antinationales. Il importe d'organiser en annexe du bureau de contre-espionnage un bureau de contre-propagande journalistique qui surveille, dénonce, brise les manœuvres allemandes de pénétration par le journal et de dissociation intérieure. Ne laissons pas, non plus, chez les neutres, des institutions comme l'A. L. A. (*Auslandsanzeigergesellschaft*) (1) de Suisse sans contre-partie. La presse est devenue pour l'Allemagne la septième arme, arme d'autant plus terrible qu'elle est, pour le commun des lecteurs, insaisissable et invisible, qu'elle agit à la façon d'un gaz corrosif et que d'elle dépendent à la fois la discipline militaire, c'est-à-dire toutes les autres armes, et l'énergie morale de toute la nation. Le temps des improvisations hâtives et de l'empirisme est passé. Nous ne vaincrons l'Allemagne qu'en opposant à son esprit scientifique un esprit scientifique plus raffiné, à ses méthodes, des méthodes plus perfectionnées. Nous sommes à une heure où les choses ne s'arrangent que lorsqu'on les combine par des prévisions exactes et qu'on les mûrit par un labeur opiniâtre. Puisse le scandale inouï du *Bonnet Rouge*, journal subventionné par le Gouvernement français, et organe du grand Etat-Major allemand, puisse le grave avertissement de la dernière offensive austro-allemande sur le front italien — succès que la presse italienne attribue en grande partie à la propagande allemande en Italie, puisse enfin l'expérience de la Russie en déliquescence nous servir de leçon.

« La guerre, a dit Carnot, est un état violent, il faut la faire avec violence ou ne pas s'en mêler ».

(1) Voir *Petit Parisien*, 29 Janvier 1918. « Les menées allemandes », par G. BATAULT.

INDEX DES NOMS CITÉS

TABLE DES MATIÈRES

7811-19. — Corbeil. Imprimerie Crété. — Avril 1920.

1 27 Janvier 1920

Cher Maître,

Permettez-moi d'attirer votre attention sur les faits suivants que je n'ai pas eu le temps de vous signaler dimanche dernier :

A. Propagande allemande

1°/ La meilleure preuve que nos bureaux militaires ne sont pas organisés pour nous défendre contre la propagande boche, c'est que j'ai présenté moi même mon mémoire sur "l'offensive morale" au "centre d'action de propagande contre l'ennemi" (dirigé par le Cdt Chaix) et qu'on m'a rendu mon manuscrit sans le publier ni en tirer parti. La raison qui m'a été donnée c'est que mon travail était trop considérable et que le "centre d'action" ne publiait que des brochures et des tracts !! Personne ne s'est soucié de ce plan de l'offensive morale boche que j'avais reconstitué sur des documents authentiques et qui nous permettait de voir clair dans le jeu de nos ennemis.

2°/ Le lieutenant Bruyant, chargé au G. Q. G. de ce qu'on a appelé, peut être prétentieusement : "la direction du moral de l'armée", et qui a fait au procès du Bonnet Rouge 2

une si remarquable et si accablante déposition contre Leymarie, était, si je ne me trompe, plutôt chargé d'un service d'observation et de surveillance que de contre-offensive. Je n'ai jamais appris qu'on se soit inquiété dans les bureaux militaires de remonter aux sources de la propagande boche et qu'on ait organisé, dans les journaux allemands, particulièrement dans la gazette des Ardennes, des recherches dans ce sens.

3°/ Vous verrez à la IVe campagne (contre la grande presse) que l'État major allemand ménageait le "Journal" autant que "l'Éclair". Le Bonnet Rouge observait la même attitude à l'égard de la feuille de M. Ch. Humbert. Il y eut bien un accroc au moment où le général Percin protesta contre la démobilisation d'un trop grand nombre "d'ouvriers métallurgistes" du front. Mais l'intempestif général fut proprement débarqué et ~~remplacé~~ remplacé par le soldat Goldschild dit Goldsky promu pour la circonstance à la dignité de GENERALN.

C'est cet incident qui me dévoila les dessous de la fameuse campagne : des canons !

des munitions! Le général Percin trouvait, avec raison, qu'on avait dégarni dangereusement les tranchées de 1ère ligne au moment de l'attaque sur Verdun. Ce ce moment là (mars 1916) on avait rappelé dans les usines 350.000 hommes de l'avant. Or disait Percin si l'on est obligé d'emprunter 150.000 spécialistes aux unités combattantes nous pouvons remplacer au moins 200.000 hommes des usines par des civils mobilisés sur place. On pouvait donc, d'après lui, rendre immédiatement à l'armée des milliers de soldats jeunes et vigoureux indispensables ~~Sur~~ le front. C'était le bon sens. Mais ce projet ruinait les effets d'une campagne qui, tout en réclamant des canons et des munitions nécessaires à la défense nationale, faisait le jeu des allemands de quatre façons :

a) Elle entraînait, ou plutôt elle devait entraîner d'après M. Ch. Humbert, le rappel de tous les ouvriers d'usine ~~sans~~ souci de leur âge ou de leur classe et ainsi elle affaiblissait les 1ères lignes de leurs meilleurs éléments.

b) elle créait la discorde entre les ouvriers des villes et les ruraux sur qui retombait lourdement tout le poids de la bataille.

c) Elle rapprochait les soldats des centres de propagande boche et les claquait de la stricte discipline de l'avant

3°/ Elle faisait échouer en France tout projet de mobilisation civile, qui était le cauchemar de l'état major boche.

J'ai déposé sur ces faits auprès du capitaine Bouchardon. Je lui ai également signalé les étranges articles parus dans "le journal" sur les réfugiés du Nord (15e campagne). Le lieutenant Jousselin m'avait demandé de faire une enquête à ce sujet et il m'envoya une convocation à la D.E.O. (Direction des Étapes de l'Ouest) où j'étais à ce moment. Mais jamais cette convocation ne m'a rejoint et jamais l'enquête en question n'a été faite. Elle eut été cependant d'un certain poids dans le procès Humbert. J'ignore pourquoi on n'a pas fait de recherches de ce côté.

4°/ Le plan boche d'offensive morale d'après guerre continue en partie celui que j'ai identifié: On y retrouve la 1re campagne contre la haine
2e ~~campagne~~ : contre la morale de la nation
la 3e contre les patriotes : aujourd'hui c'est contre Clemenceau, demain ce sera contre Daudet et contre vous
la 4e contre la grande presse d'information,
la 6e contre la guerre économique

B. Questions d'enseignement.

1/ J'espère que vous avez bien reçu la 1ère année d'allemand et ma brochure sur l'enseignement scientifique des langues vivantes que j'avais chargé la librairie Larousse de vous faire parvenir.

2/ Vous trouverez ci-jointe la préface de mon "1er livre de français" que, sur la demande de la "Conférence au Village" j'ai composé pour les Alsaciens Lorrains. L'ouvrage est terminé mais la Conférence au Village attend pour le faire paraître une subvention de l'État qui tarde bien à venir. Et nos compatriotes d'Alsace continuent à parler boche!

3/ Si la question des enregistrements phonographiques vous intéresse, et si vous possédez un phonographe Pathé, je me ferai un plaisir de vous faire entendre quelques-uns de mes disques au jour qui vous voudrez bien me fixer. Vous aurez comme une évocation musicale de l'Allemagne, — moins le contact et moins l'odeur.

Veuillez agréer, mon cher maître, l'expression de mes sentiments les plus respectueusement dévoués.

Marchand

48 Rue du Louvre. Viroflay (S. et O.)

la 7e contre l'Angleterre
la 9e pour les intérêts moraux de l'Allemagne: Wagner etc..
la 10e pour les intérêts matériels de l'Allemagne contre le traité de Versailles, pour la révision de ce traité etc.
et la 13e sur les responsabilités de la guerre.

Les plus nourries et les plus perfides sont la seconde et la 13e:
On veut absolument "dégoûter" les Français de la guerre, tuer chez eux tout ressort défensif. On leur raconte qu'ils se battaient uniquement pour engraisser des capitalistes et que leurs véritables ennemis ce sont les patrons qui les emploient et les officiers qui les dirigent. La phrase: "Les Allemands sont des hommes comme nous" dictée par l'État major boche et répétée à satiété par la Gazette des Ardennes et les agents boches des camps de prisonniers français, était devenue une formule courante entre tous les ouvriers de France. Les vrais fauteurs du massacre ce sont nos propres généraux et c'est Lenine qui, par sa propagande, a fini la guerre et nous a sauvés.
Il faudrait être fou pour s'imaginer que les Boches ne préféreront pas dépenser

8

10 milliards à déchaîner sur nous tous les journalistes à vendre et les milliers de "moutons" et d'agents qu'ils ont recrutés dans le Nord envahi et dans leurs camps de prisonniers et les neutres qui ne demandent qu'à gagner de l'argent, plutôt que de nous apporter sur un plat les 165 milliards qu'ils nous doivent. Songez à toutes les consciences qu'on peut corrompre avec tant d'argent !

Quand le moral français sera bien décomposé, quand les difficultés économiques croissantes et la vie de plus en plus chère auront bien accompli leur œuvre de désagrégation intérieure, une petite offensive des soviets (commandés par des officiers boches déguisés) contre la Pologne viendra jeter à terre la clef de voûte de tout l'édifice européen.

A ce moment on pourra organiser à Berlin par exemple des "Vêpres Siciliennes" dont on fera retomber la responsabilité sur les Français naturellement. Que fera ~~notre~~ gouvernement si l'opinion travaillée, l'abandonne ? si nos alliés mal instruits des causes du nouveau conflit, et fort occupés eux-mêmes par leurs difficultés intérieures, nous lâchent ?

Je ne vois qu'un moyen de parer à ce danger : c'est de maintenir l'unité nationale, c'est d'atteindre dans la presse la fourberie allemande qui s'y dissimule.

Est-il possible de voter une loi qui dirait : "Tout attentat contre la sûreté nationale, par la parole ou par l'écrit, sera poursuivi par les Tribunaux ?"

Pour nous préserver des métèques à la Rappoport et des agents boches camouflés en naturalisés français ne peut-on voter une loi qui dirait : "Tout naturalisé contre lequel une pétition de 2000 Français aura été déposée sur le bureau de la Chambre sera déclaré déchu de sa qualité de Français et expulsé ?"

Est-il possible d'organiser un bureau militaire de contre-offensive morale comme nous avons un bureau de contre-espionnage ?

Sans cette vigie nous sommes perdus.

5° Je prends la liberté de joindre à la présente lettre un article que j'avais écrit pour la <u>Démocratie Nouvelle</u> au moment des élections et que la presse des Trippos a empêché de paraître.

6° J'ai contrôlé le B. Bernard que vous m'avez signalé p. 117 une fiche du Bonnet Rouge porte bien B. et non Ch. Bernard.

29 janvier 1910

Cher Maître,

Je me fais un devoir de vous communiquer les nos ci-joints du "Journal du peuple" d'hier et d'aujourd'hui. Je crois que les commentaires de "l'animateur" et de la "Capture" vous intéresseront. Comme dit Lacache "le Théâtre est un merveilleux instrument de propagande".

Et ce n'est qu'un commencement!

Veuillez agréer, Cher Maître, l'expression de mes sentiments les plus respectueusement dévoués

Marchand

48 Rue des Louvres Viroflay (S. et O)

P.S. J'espère que ma lettre d'hier vous est bien parvenue.

Viroflay Tel. 74. – 14 Février 1920.

Cher maître,

Je vous remercie de tout cœur de votre bonne lettre du 10. Si je ne vous ai pas répondu plus tôt la faute en est au 2e Conseil de guerre devant lequel j'étais appelé à déposer, pour la seconde fois, sur la "gazette des ardennes." J'ai passé l'après-midi de jeudi à me morfondre avec d'autres témoins convoqués en même temps que moi et ma déposition d'hier m'a tenu devant le conseil de 1h à 6 heures. Je ne sais si vous vous représentez de pareils débats. Devant un public composé en grande partie d'acolytes des inculpés, les avocats multipliant avec un zèle scandaleux les moyens d'obstruction, les objections, les interruptions de témoins etc.. Ils voulant à tout prix faire casser le procès, et ils ne s'en cachent pas.

2

Le colonel président ne bronche pas. Il a, évidemment, peur de faire des gaffes et les défenseurs en robe, armés de leur code qu'ils brandissent comme un épouvantail, semblent lui inspirer un saint respect. Les avocats s'en rendent bien compte et semblent s'amuser follement des bons tours qu'ils jouent au brave colonel, obligé de se retirer à chaque instant, avec son conseil, dans la salle des délibérations. Ceci c'est le côté comique. Il y en a malheureusement un autre.

Le plan des défenseurs est celui-ci : la Gazette des Ardennes a publié un si grand nombre d'articles de Clemenceau et de Gustave Hervé, elle a fait un tel éloge du soldat français, ses attaques contre l'Angleterre sont tellement justifiées par les événements d'hier et d'aujourd'hui,

17

que d'excellents Français ont bien pu penser qu'ils avaient le droit d'y collaborer. Et, ~~[illegible]~~ inculpés, marri de La Fontaine ~~[illegible]~~ de soutenir la thèse de l'Etat-major boche, que la gazette des Ardennes ne faisait que défendre les intérêts supérieurs de la France. Les avocats approuvaient. Le colonel président ne bronchait ~~toujours~~ pas.

Je fais observer que parler ainsi c'est défendre l'état major boche. Clameur des avocats : "Alors vous, vous défendons les Boches ! Nous, nous avons fait notre devoir au front ! Nous sommes des mutilés ! on nous insulte ! on insulte le barreau ! Le Bâtonnier ! allez chercher le Bâtonnier". Et derrière mes oreilles, comme un coup de matraque sur la nuque m'arrivent ces paroles : "Nous savions que c'était un fou, nous ne savions pas encore que c'était un malfaiteur !

C'en est trop. Je prie le commissaire du gouvernement de vouloir bien prendre acte des injures qui me sont adressées. Ces mots ramènent un peu de calme. Le Président me demande si j'ai insulté les défenseurs. Je proteste, naturellement. "Je n'ai jamais eu l'intention d'insulter personne"! Les avocats par derrière semblent apaisés. Le colonel a leur approbation. Il déclare l'incident clos et l'interrogatoire de l'accusé continue. L'accusé c'est moi. "Où a-t-il servi? Il parle des Tranchées et il n'y est jamais allé. Il parle de l'avant comme un de l'arrière." Cette fois c'est le colonel président qui semble s'amuser. Je n'ai pas à me justifier, mais c'est tout de même des légendes

5)

qu'il ne faut pas laisser exploiter. Je déclare donc qu'à la mobilisation j'étais réformé, que j'ai immédiatement demandé à servir comme interprète, que je n'ai pas reçu de réponse, qu'une fois mobilisé j'ai, après le procès du "Bonnet Rouge", sollicité la faveur de servir sur le front de l'avant, que j'ai été envoyé à la Direction des Etapes de l'Ouest, que j'ai partout fait mon devoir... Mais les vociférations des avocats m'interrompent à nouveau et cette scène aussi pénible (pour moi) que grotesque (pour le public) prend fin dans un brouhaha auquel participent les spectateurs de la salle!..

Enfin Massé de Lafontaine put lire, pendant deux heures, les innombrables articles de la Gazette des Ardennes où les Boches avaient ramassé, dans la presse française, tous les arguments qui pouvaient appuyer leurs campagnes. XA

J'ai dû subir ce nouveau, et – je l'espère – dernier assaut de propagande boche, jusqu'à six heures!

Je n'ai pas besoin de vous dire combien cette séance m'a écœuré. Je le sens au point que, ce matin, j'ai déclaré au commandant Abert que je renonçais à faire l'expertise de l'affaire Paul Meunier qu'il voulait me confier. Je terminerai mon enquête sur l'Éclair, puisque aussi bien, j'ai eu l'imprudence de l'accepter mais j'abandonne le rôle ingrat qu'on semble prendre plaisir à me faire jouer en m'abandonnant seul aux fureurs d'une clique intéressée.

Je m'excuse, cher maître, de vous entretenir de ces incidents. Si je vous en parle c'est uniquement parce qu'ils me paraissent symptomatiques d'un certain état d'esprit qui règne dans la Basoche. Il n'est pas douteux que tous les [?]bochés ont singulièrement relevé la tête depuis le dernier procès d'octobre.

Vous me demandez de vous écrire ce que je verrais encore d'intéressant à mettre dans l'esprit du public. Permettez-moi de vous soumettre ces 4 idées suivantes.

1° au moment où Armand Charpentier fait une conférence contre la Censure (annoncée par le Journal du Peuple du 9 dernier) il importe d'attirer l'attention du public sur les immenses services que le Bureau de la presse a rendus. Sans doute il y eut des erreurs, des tâtonnements et parfois aussi, du temps de Malvy, surtout ~~des~~ consignes qui intéressaient plus certains gouvernants que la France. Mais l'institution était bonne. Sans elle l'offensive morale des Boches se serait déchaînée sans obstacle et les "Bonnets Rouges" auraient pullulé dans notre pays. Nul ne peut calculer le mal qu'ils auraient fait.

Mais il faut améliorer la censure. Il est de toute nécessité qu'à l'avenir elle ne signale plus par des blancs révélateurs les articles qu'elle a échoppés. Les allemands ont toujours rempli ces "lacunes" par des "filets" de tout repos qui n'attiraient ni le regard du lecteur ni l'attention de l'ennemi. On peut très bien se faire entendre de l'autre côté de la frontière en provoquant des échoppages dans certains points déterminés.

2°/ Le public doit se méfier plus que jamais des bruits et des racontars tendancieux qui circulent en ce moment même chez nos alliés les anglais et chez les américains.

3°/ Tout ce monde peut suivre l'"anatomie" d'un journal en remontant des articles aux campagnes, des campagnes aux idées, des idées aux intuitions de son directeur. C'est une enquête qu'il serait utile de faire subir officiellement à certains périodiques.

4°/ Il serait fort intéressant pour l'histoire même de la guerre et de ses dessous, de réunir tous les renseignements que les alliés possèdent sur l'organisation de la propagande boche et de confronter les résultats obtenus par chacun d'eux. Je sais en particulier que mon "mémoire" s'éclaire singulièrement par les révélations du procès von Gerlach d'Italie, les enquêtes de M. Becker sur la propagande boche aux États-Unis etc...

Quelques unes des idées qui me sont venues intéressent plus particulièrement notre service diplomatique. La méthode que j'ai employée pour la Gazette des Ardennes permettrait en effet de retrouver par de nombreux recoupements, les directives du gouvernement boche à la presse. C'est en procédant de la sorte que j'ai pu annoncer au Cdt Armand quelques jours à l'avance le sens du discours que le Chancelier de l'Empire devait prononcer le 17 mai 1917. Mais ceci ne regarde ni le public, ni les Boches.

J'ai lu dans l'Officiel votre beau discours de Vendredi dernier et je vous félicite de votre magnifique succès. Toutefois je ne suis pas d'accord avec vous sur l'idée de revanche des Allemands. Elle ne leur viendra pas. Elle leur est venue le jour même de l'armistice.

Je crois de plus qu'ils seront plus vite prêts pour la guerre qu'on se l'imagine communément. Le culte de Napoléon sur les bords du Rhin est une de ces légendes qui datent du temps où Hauff publiait son "Portrait de l'Empereur". Personnellement je n'ai jamais vu ni à Worms, ni à Mayence, ni à Francfort d'image de Napoléon dans les maisons des gens que je fréquentais. Et j'en fréquentais beaucoup.

10

Je ne suis pas allé en Allemagne depuis longtemps mais je suis persuadé que les Prussiens sont obsédés par le souvenir de 1813. Vous n'obtiendrez rien d'eux que par la force.

Je vous envoie ci-joint les feuilles du Titre et la préface de mon volume. Suivant votre bon conseil j'ajouterai un Index des noms cités et une table des matières assez développée.

Veuillez agréer cher Maître l'expression de ma vive gratitude et de mon bien cordial dévouement.

Marchand

P.S. Puisque je suis devenu le témoin qu'il faut "démolir" et sur lequel les avocats des traîtres s'acharneront dans leurs plaidoiries, permettez-moi d'ajouter ceci, que je n'ai pas dit dans la salle d'audience, mais qui peut-être vous semblera pas superflu :
Le 31 Juillet 1914 j'étais en Allemagne j'ai été retenu prisonnier à Metz le 1er Août,

11)

j'ai fait des démarches toute la journée, j'ai réussi à voir le général commandant la place et j'ai eu le bonheur de ramener en France 60 de nos compatriotes retenus comme moi par les autorités allemandes. Si la question vous intéresse, je vous montrerai des lettres de collègues que j'ai pu arracher ainsi aux camps de concentration boches.

Je ne suis pas allé dans les tranchées de 1ère ligne, mais j'ai traduit pour le 2e Bau [?] autour [?] documents sténographiques lesquels je ne peux vous donner d'autres précisions écrits et que j'étais seul à pouvoir déchiffrer. J'espère avoir de cette façon sauvé la vie à un grand nombre de personnes.

S'il s'en souvient, le colonel Goubet pourrait vous renseigner sur ces faits qui remontent à la fin de 1916 c'est le capitaine Lodoux [?] qui me fit remettre les documents.

Comme jamais personne ne s'est occupé de ces services

et que je n'ai jamais sollicité
la moindre récompense, les avocats
des agents locaux ont vraiment
trop beau jeu pour me salir.
Dois-je me taire plus longtemps?

P.

livre ne tombera pas en poussière dans quelques dizaines d'années »

Ce sera, paraît-il, le sort des ouvrages qu'on imprime aujourd'hui sur papier ordinaire.

Veuillez agréer, cher maître, l'expression de mes sentiments les plus affectueusement dévoués.

[illegible]

P.S. J'ai constaté, non sans déception, que plusieurs corrections que j'avais indiquées sur les secondes épreuves n'ont pas été faites, entre autres le S. Bernard de la page 117 !

15 Avril 1920

Cher Maître,

La "Renaissance du Livre" vous adresse aujourd'hui le premier volume de mon ouvrage sorti des presses, pour que vous soyez le premier à l'avoir entre les mains. L'exemplaire de luxe dont je me permettrai de vous faire hommage est encore chez le brocheur et ne sera livré que dans quelques jours. Je vous l'enverrai dès que l'éditeur me le remettra.

C'est M. Lafuma le grand fabricant de papier qui, très généreusement, a mis à la disposition de la "Renaissance du Livre" quelques rames de son "pur chiffon" afin qu'on en tire quelques exemplaires pour les bibliothèques. «Ainsi nous serons certains, m'a-t-il dit, que votre

"La grammaire étant l'art de lever les difficultésd'une langue ,il ne faut pas que le levier soit plus lourd que le fardeau."

RIVAROL.

PREFACE

Que le comité alsacien de la" CONFERENCE AU VILLAGE" et plus particulièrement M.F.Koecklin,son dévoué Président, ainsi que MonsieurAndler, professeur à la Sorbonne,Président de la "COMMISSION DU MANUEL" ,veuillent bien nous permettre de les remercier ici du très grand honneur qu'ils nous ont fait en nous confiant le soin d'établir une méthode de français à l'usage des Alsaciens-Lorrains.Les principes que nous avions appliqués à l'enseignement de l'allemand dans nos classes ont paru se rapprocher suffisamment despréoccupations scientifiques de l'heure présente pour motiver un choix dont nous sentons tout le prix. Nous nous sommes efforcé dans les pages suivantes de justifier la confiance qui a été mise en nous et de la faire partager par les maîtres et les élèves qui se serviront de ce livre.

BUTS DE LA METHODE.PRINCIPES GENERAUX.

Notre méthode n'est pas un recueil de formules pratiques présentées dans un désordre empirique mais un plan complet de gradations destinées à enseigner à la fois le français et la mantalité française.

1.ENSEIGNEMENT DU FRANCAIS.Latraduction àl'air d'être le moyen- le plus court d'acquerir une langue vivante . En réalité c'est un procédé très long et très pénible dans lequel les mots "ne s'accrochent pas "et qui fatalement dénature le caractère de la langue ainsi indirectement apprise.Notre méthode enseigne le français ,directement ,par le français .Mais pour y parvenir,il fallait observer et mettre en oeuvre les deux grandes lois naturelles de l'acquisition du langage:l'intuition et la répétition .

a/INTUITION .Comment avons nous appris notre langue maternelle? En la devinant continuellement.Pourquoi avons-nous pu la deviner tout entière? Parce qu'elle s'est présentée à nous dans un ordre naturel qui nous a fait passerprogressivement des termes les plus simples et les plus généraux ,aux expressions les plus dérivées et les plus particulières ,et aussi des habitudes grammaticales les plus rudimentaires aux règles les plus savantes et les plus délicates.
C'est par cette même gradation que nous procédons.

LE VOCABULAIRE : nous introduisons les mots par ordre de fréquence en commençant par les plus usités. Si l'on attribue, à chacun d'eux un "coefficient d'usage" de 1 à 10, 1 représentant les plus employés, 10 les plus rares, le texte du présent volume ne contiendra que des coefficients 1 et 2. Par exception, un très petit nombre de coefficientsplus élevés figurent dans les poésies et les chansons que nous avons citées et qui faisaient partie d'un ensemble par ailleurs très facile quenous avons voulu faire connaître enraison de sa valeur littéraire ou musicale

LA GRAMMAIRE: de même nous avons établi une échelle des règles grammaticales en tenant compte à la fois de leur degré d'utilité et de difficulté. Voilà pourquoi nous enseignons les verbes être et avoir avant les verbes reguliers et ceux-ci avant les verbes irréguliers, l'indicatif avant le conditionnel et le subjonctif, le passé composé avant le passé simple, la proposition principale avant la subordonnée, etc...

LA PHRASE : ce vocabulaire et ces règles se combinent dans des phrases qui ne renferment qu'un seul terme inconnu que les élèves peuvent toujours deviner. Ils y parviennent aisément grâce 1° aux dessins qui illustrenttoutes les leçons 2° aux définitions qui accompagnent les mots 3° au texte lui mêmequi fait surgir ces mots suivant le degré de complication de leur sens et de leur forme 4° aux phrases qui précèdent et qui suivent 5° à la gradation des règles employées 6° au récit d'une histoire suivie dont les personnages sont doués des attributs de la vie : forme, caractère, destinée.

Ainsi soutenu et pour ainsi dire porté par son texte l'élève s'habitue à se passer de l'intermédiaire encombrant de la traduction. Grâce au "sentiment linguistique" qu'il acquiert peu à peu, il s'entraîne à penser en français.

b/ RÉPÉTITION. Mais posséder une langue c'est savoir à la fois la lire, l'écrire, l'entendre et la parler. Or c'est la répétition incessante des formes intuitivementacquises qui permet à l'oreille de saisir la musique des mots et de la reproduire par la parole vivante.

Les leçons de ce livre sont donc destinées à être parlées. De plus, pour aider le professeur, il a paru nécessaire de les faire enregistrer par le phonographe. En s'ajoutant à l'effort intuitif, la répétition de la machine parlante, vient comme dans la vie, soulager la mémoire, former l'oreille, préparer l'appareil vocal. Sans être indispensable, le phonographe, réduit à son rôle de répétiteur, n'en est pas moins le meilleur auxiliaire du professeur de langues vivantes.

2. LA MENTALITÉ FRANÇAISE : Notre ambition est liée encore plus loin. En même temps que le français nous voudrions enseigner la France et la mentalité française. Voilà pourquoi nous transportons le lecteur dans une famille française où il pourra en quelque sorte s'imprégner de l'atmosphère de notre pays.

Ce milieu ,nous l'avons évoqué également par le dessin et la chanson.L'oreille est bien plus intuitive que l'oeil.Cest une x"ILLUSTRATION MUSICALE" de la France ,de toutes ses provinces que nous avons tenté de réaliser.Nous pensons que l'audition phonogra phique de nos plus jolis airs populaires aidera les élèves à vivre de nos communes émotions et peut-être à les partager.

COMPOSITION DE LA METHODE
XXXXXXXXXXXXXXXXXXXXXXXXXXXXXXXXXXXX

PRINCIPES PARTICULIERS APPLIQUES dans ce VOLUME .

....

Ce "Premier livre " est destiné à enseigner les 2000mots les plus usités du français .XXX.C'est un LIVREde COURS et non un LIVRE DE LECTURE . Il remplace l'elaboration automatique du langage dans le milieu français et ne fait qu'exceptionnellement l'application de ces notions acquises à des morceaux choisis.
LE TEXTE est composé d'une série de dialogues , forme élémentaire du langage ,et se complique de plus en plus à mesure que se développe l'entraînement intuitif des élèves.
Comme dans le miléeu français , les mots-sont élaborés au double point de vue de la forme et du sens:
Le COMPOSE ETYMOLOGIQUE est précédé du mot simple , on trouvera par exemple "prendre"avant "comprendre" nourrir "avant nourriture","la place"avant "placer,"remplacer"etc...
LES MOTSDE SENS DERIVÉ ne paraissent qu'après les MOTS de SENS ELEMENTAIRE, par exemple "attentif "après "ecouter et regarder" "mentir après, "parler,et,dire","paresseux"après "travailler et,obliger"après,"fort",la force,et forcer" etc...

Comme dans le milieu français ,nous cultivons"le sens analogique" de l'élève par des rapprochements continuels qui éveillent en lui la notion des préfixes , des suffixes, et des formes grammaticales :par exemple :revenir ,et retenir,grandir et grossir (37e leçon) ,clairement ,facilement,malheureusement(49e leçon) etc.
LES DEFINITIONS ne contiennent que des mots déja connus et par conséquent plus simples que le terme à définir. Elles contiennent un véritable dictionnaire d'où nous avons exclu systématiquement les explications trop savantes ou trop abstraites et tous les Pseudo-éclaircissements qui trainent dans trop de lexiques.Les mots de sens multiples si nombreux en français sont toujours introduits dans leur signification la plus large .Les nouvelles acceptions d'un même mot sont toujours indiqués par les chiffres I, II,etc...
La GRAMMAIRE est enseignée sous trois formes :d'abord par la gradation même des règles qui forment l'armature des leçons ,ensecond lieu par une ébauche d'explications grammaticales en français dans le corps même des leçons,enfin à la fin du volume ,par une grammaire en allemand qui dans les livres suivants disparaîtra à mesure que l'élève sera de plus en plus capable de comprendre la grammaire en français .

Cette "Grammatik" est complétée par 1/. des rapprochements étymologiques entre les mots français de la leçon et des leçons précédentes .2/.par des rapprochements analogiques entre les termes composés des mêmes formes .3/.des gradations de sens qui fixent les rapports des termes de même signification 4/.par des parapprochements étymologiques entre le français et l'allemand.

LES EXERCICES et les "devoirs" n'utilisent que les mots de la leçon ou des leçons précédentes. Les questions qu'ils posent ne sont que des exemples que le professeur peut multiplier à l'infini.

LA PARTIE MUSICALE est comme une introduction à la poésie. Elle ne renferme que les airs connus de l'immense majorité des Français et qui traduisent quelques uns des aspects les plus profonds de l'âme française.

LES DISQUES, seuls, peuvent par l'enregistrement de toutes les voix et de toute la musique du volume, apporter dans l'enseignement la variété, le naturel, l'intérêt et le charme de la vie.

EMPLOI DE LA METHODE

LEÇONS. Les leçons un peu longues sont coupées en deux par un trait. Quand elles sont ainsi partagées, les exercices se rapportent toujours à la 1-ère moitié, les devoirs à la seconde moitié de la leçon de sorte que chaque partie constitue un tout et peut faire l'objet d'un cours.

EXERCICES. Afin d'habituer les élèves à l'emploi des différentes personnes du verbe, les "exercices" ne contiennent que la forme du tutoiement, tandis que les "devoirs" n'emploient que la 2-ème personne du pluriel.

En principe les "exercices" sont destinés à l'entrainement oral et les "devoirs" doivent être faits par écrit. Mais le professeur peut toujours transformer les exercices en devoirs ou inversement.

Les questions posées gardent forcément un caractère général puisqu'elles s'adressent à tout le monde. En parlant directement à "ses" élèves le professeur trouvera au contraire des traits particuliers qui les intéressent personnellement. Il en tirera de nouvelles questions en se rappelant que le vocabulaire doit être vécu par l'élève et que les mots doivent être présentés successivement sous tous leurs aspects. Il y a comme une mastication linguistique qui est la condition nécessaire d'une bonne assimilation.

VOCABULAIRE. De même qu'il convient de graduer le vocabulaire dans son ensemble, de même il importe de sérier les difficultés qui se présentent àpropos de chaque mot. A notre point de vue, la compréhension passe avant la prononciation qui passe elle même avant la correction grammaticale, que nous plaçons dans cette échelle des valeurs, avant l'orthographe.

Pour les élèves qui travaillent seuls et pour eux seulement, nous avons traduit sur la dernière feuille du livre quelques-uns des mots les plus délicats des leçons. Cette page ne doit servir que de contrôle et non supprimer l'effort intuitif. Indispensable à l'élève isolé, qui doit sentir bien ferme le terrain sur lequel il s'avance, elle est superflue dans les classes et le professeur pourra toujours la faire disparaitre.

GRAMMAIRE. Peut-être s'étonnera-t-on que nous ayons consacré les 20 premières leçons de ce livre au "Présent" des verbes "être et avoir". Les maîtres impatients trouveront que nous nous attardons trop. Qu'ils réfléchissent seulement à ceci: Les élèves auront à retenir les 6 formes des verbes être et avoir affirmatif et interrogatif plus les 2 formes de l'interrogation par le substantif, plus "il y a", plus "y a-t-il", plus les propositions formées de "voici", "voila", plus les formes négatives, c'est à dire une trentaine de tournures, toutes indispensables qui dérouteraient un débutant si elles n'étaient enseignées isolément . Par la simplicité de leurs sons elles accoutument l'élève au nouveau milieu linguistique dans lequel il s'exerce à vivre et servent elles mêmes à des formes plus compliquées. Elles épargnent les explications grammaticales trop abondantes. Et c'est précisément un écueil qu'il faut éviter , surtout au début. La possession d'une langue est faite d'autant de réflexes que de réflexion. Si l'élève doit pouvoir se rendre compte des règles qu'il emploie il convient de ne pas insister sur les détails grammaticaux qui rebuteraient les bonnes volontés les plus courageuses. Ce qui importe, c'est de créer des réflexes conscients ; c'est d'entretenir la joie d'apprendre une langue qui est comme le sourire de la pensée universelle.

PLAN DE LA PREMIERE PARTIE DU 1-er LIVRE

leçons	VOCABULAIRE (sujets traités)	GRAMMAIRE (constructions)	conjugaison	mots variables	mots invar.	MUSIQUE
1	La maison		c'est	l'art. le subst.	Adv. de lieu	
2	N. Noms d'objets	I. Propositions principales			dans	
3	A l'école		Etre Prés.	Suj. Attribut	et. de. sur	sous
4	Formes		"			
5	Couleurs		"	Compl. poss.	avec. ou	
6	Les vêtements		"	Art. partitif	comment	
7	Noms de nombres		"	L'adjectif	aussi	
					mais	
8	Formes, nombres		Avoir. Prés	compl. direct	combien	
9	Nombr. vêtements		"	" indirect	nombr. en. a	
10	Vêtements		"	pron. pers.	devant. .	
11	Nombres ordin.		"	adj. dém. & poss	si	
12	La famille		"	n. ord. compar. Superl.	comme	
13	La parenté		"			
14	La semaine		"	tout, tous		
15	Le corps humain			Subst. & Adj.	pour, ni, ni	
16	Formes, corps hum		Il y a	" "	Adv. temps y	
17	Qualités.		" "	" "	trop, assez	
18	L'argent. N. de mat		n'est-ce pas	Comp. sup. irr.	Bien	
19	Le mois, la date		" "	Subst. & Adj.	rien, qqch	
20	Pluie, beau temps		être }	" "	Adv. temps	
21	Les saisons		avoir } imp	" "	" "	
22	Noms de temps		" passé	" "	" "	
23	La nuit, le jour		" futur	" "	" "	
24	Les meubles		" impérat	" "	" "	
25	Dans la maison		mangrer	" "	" "	
26	Hors de la mais		V. en -er	" "	Adv. manière	
27	La température		Aller	" "	à travers	Ô mon pays
28	Les mouvements		faire)	" "	par,	
29	De la grammaire		V. en -er	" on.	alors	
30	Les maladies, santé			Pron. comp. dir.		
31	M. Dufait du café		" "	Pron. " indir		
32	" va au marché		" "	Pron. rel. qui		
33	Suz. cultive jard.		" "	Subst. & Adj.	donc	
34	J. bâtit maison		" "	" "		
35	L'habitation		Bâtir	diminutifs		Au mandroite
36	Vouloir & pouvoir		V. rég. en -ir	"		Sur le pont
37	L'habitation		V. en -oir	Pron. poss.	que, parceque, quand, lorsque	d'Avignon
38	Dans le jardin		V. irr. en -ir	Pron. poss		
39	" " "		" " "	Subst. & Adj.	presque) environ	Nous n'irons plus au bois
40	On reçoit lettres		" " "	" "		Les lauriers sont coupés
41	Un peu de musique		V. en -oir	" "		
42	On écrit. lettres		V. en -re	" "		
43	L'orage		" " "	" "		Il était une bergère
44	F. apprend le franç		V. en -oir	" "		
45	Tte. fam. aide F.		V. rég. & irr	" "		
46	Leçon de M. Dur.		V. impers.	" "	fort, très	Il pleut bergère
47	" " "		V. en -re	" "		La chèvre et le loup
48	René prend. train		" " "	" "		Chanson du
49	Les repas		V. pronom.	se, soi	Adv. en -ment	gd père (U.H)
50	La table	II. Propositions principales & subordonnées	V. passifs	" "		Biquette ne veut pas
			" "	moi-même	Comme. si	Ch. d'Alsace
						O France

(suite du plan) 3ème partie

	leçons	VOCABULAIRE	GRAMMAIRE constr	conjugaison	m. var	m. invar	MUSIQUE
	51	Objets table		subjonctif	pareil	conjonct.	Chanson Vosgienne
	52	un peu de géographie		"		Préposit.	
	53	Les animaux		"		L'adverbes.	Chanson Bourguignonne
	54	La forêt, les arbres		"			L'aurore s'allume (VH)
La campagne	55	Le printemps,		"	term. ~~des sub~~		
	56	L'été		"	Préfixes		Chanson des Pyrénées
	57	L'automne		"	et		Montagnes Pyrénées
	58	L'hiver		"	suffixes		Chanson Normande
	59	Le départ à la mer		"			
	60	La mer		"			Il était un petit navire
La petite ville	61	La petite ville le marché	Propositions incidentes	conditionel			Meunier, tu dors / Frère Jacques
	62	L'école, l'instituteur		"			Chanson Bretonne
	63	A la mairie, les élections		"			Le semeur (air breton)
	64	L'église		"			L'angélus
	65	Les marins		"			La chanson du pêcheur / Les marins de Groix
	66	M. Michel à Paris		le parfait			
	67	Le faubourg & la caserne		"			Malbrough
	68	A l'hôpital		"			
	69	le quartier commerçant		"			Mes beaux sabots
	70	Le changeur		"			Le pommier Normand
La grande ville	71	Le magasin		"			Ma Normandie
	72	Le restaurant		"			
	73	L'hôtel		préfixes et suffixes			Déclin du jour
	74	Le musée, le théâtre		"			Bonsoir brillantes étoiles
	75	Le Palais de justice		"			
	76	La Chambre des Députés		"			
	77	Un peu d'histoire		"			Dis-moi quel est ton Pays (ERCKMANN-C)
	78	La poste		"			
	79	La gare		"			Oh! mon Pays!
	80	Le départ		"			

Le Journal du Peuple

Directeur : HENRI FABRE

10 c.

RÉDACTION et ADMINISTRATION : 17, Rue Grange-Batelière, Paris (9e). Téléphone : Bergère 37-47. — Archives 01 14. Louvre 12-77.

CINQUIÈME ANNÉE — N° [illegible] [illegible] [illegible] JANVIER 1920

M. Millerand dément qu'il soit opposé au relèvement de l'indemnité parlementaire.

Le Parlement lui fera donc confiance, vendredi.

TRIBUNE LIBRE

Retour aux urnes

Il y a trois mois à peine, quand la précédente Chambre clôtura définitivement la législature et que les députés sortants, à nouveau candidats, s'apprêtèrent à comparaître devant leurs électeurs, que disait-on, un peu partout ?

On disait que la Chambre expirante avait donné la nausée au pays et qu'à part quelques droitiers et centriers (naturellement !), aucun de ses membres ne retournerait.

Et l'on ajoutait qu'à une Assemblée incohérente, composée à peu près exclusivement d'incapables et de bavards, succéderait une Assemblée de techniciens et de travailleurs pour qui le silence serait d'or.

Dès que les élections, grâce aux défectuosités de la loi récemment votée et grâce surtout à d'immorales coalitions, eurent fourni les résultats que vous savez, ce fut, dans les milieux conservateurs de toutes nuances, un grand enthousiasme.

Pensez donc ! Le groupe socialiste perdait une quarantaine, presque la moitié, des siens, malgré l'accroissement des suffrages socialistes. En revanche, la Droite arrivait, tellement augmentée, qu'elle déferlait sur les bancs du Centre et même de la Gauche.

On allait donc faire de la bonne besogne. Et, avant tout, les séances auraient enfin de la tenue. Les gens du monde, les habitués de salon, avec ou sans particules plus ou moins usurpées, sauraient imposer le ton convenable à ceux qui n'en avaient point l'habitude.

C'est pourquoi la première de ces séances amena tant de curieux. Ce seraient, cette fois, et désormais, des débats académiques où, en dépit de tout, l'urbanité la plus parfaite serait de règle. Gare aux socialistes s'ils ne se ralliaient pas à cette règle d'urbanité.

Les socialistes ont, en effet, eu, les premiers, la preuve que la courtoisie régnait dans l'hémicycle. A peine l'un d'eux, presque aussi décoratif que modéré, fut-il à la tribune que le vacarme commença chez les gens du monde. Quelle force de poumons !

Quelle force de poumons, et quelles force d'invectives ! Ma foi, oui, les invectives servirent d'arguments. Tels qui figurent, paraît-il, à l'Armorial, se distinguaient par des grossièretés qui feraient rougir, comme une ingénue, la plus ordurière des poissardes.

— Oui, déclarèrent les amis de ces députés qui déployaient une ardeur si... expressive, c'est entendu, la tenue laisse à désirer, mais il ne s'agit que d'une rencontre, d'un écho de luttes électorales et de querelles de réunions publiques. Cela ne durera pas. On va travailler.

Cela dure ; et on ne travaille pas. Les reproches adressés aux anciens, de trop parler sans jamais agir, ces reproches s'adresseraient mieux encore, avec plus de justesse, à beaucoup de nouveaux qui n'ont été élus qu'à cause de l'impopularité de la Chambre défunte. Les bavards ont été remplacés, mais par des braillards.

D'ailleurs ceux qui composent la grande majorité, la presque unanimité de l'Assemblée actuelle, seraient bien embarrassés s'ils devaient se mettre d'accord, et sur une méthode de travail, et sur la nature du travail.

Ils sont venus, coalisés contre le parti socialiste. Rien dans leur programme commun, que la haine du socialisme. Programme destructif, mais négatif aussi. Aujourd'hui, à pied d'œuvre pour des réalisations, ils se regardent, plus incapables les uns que les autres de réaliser quoi que ce soit.

De temps en temps, pour maintenir l'accord — et la belle allure et le beau ton — ils s'exclameront contre l'Extrême-Gauche, ils rééditeront des injures, ils ramasseront quelques termes inédits dans leur argot d'écurie. Puis ils retomberont dans le silence, et l'inaction, quand ce ne sera pas une action malfaisante.

Si le pays, si les prolétaires surtout ont espéré, s'ils espèrent encore, si le pays et les prolétaires ont pour deux sous encore de confiance dans ces millionnaires arrivés, alors les millionnaires arrivés ont le droit de tout oser.

Mais les travailleurs murmurent ; ils commencent à se rendre compte qu'ils payeront, seuls, les frais de la politique des « hommes d'ordre » ; ils commencent à comprendre qu'ils furent indignement trompés.

Et c'est pourquoi, au lendemain — et pour la première fois cela se produit — au lendemain même des élections, le mot de dissolution est prononcé ; on s'accoutume à l'idée d'une prochaine consultation d'un pays dont la Chambre ne représente pas les opinions ; *ni les intérêts*. La dissolution est prévue.

Pas avant qu'une loi établissant la proportionnelle intégrale soit votée ; mais tout de suite après le vote de cette loi.

Alexandre Blanc.

Dans les "Hommes du Jour" MAURICE DONNAY

par Bernard Lecache et le poème d'Humanrouille

La Troisième Internationale

Quelques lecteurs ont bien voulu me manifester leur étonnement à la suite de mon article : le Péril russe. A vrai dire, ce n'est pas le fond de l'article qui est en cause, mais les dernières lignes dans lesquelles je prie Lénine et Trotsky de ne pas se livrer à des agressions de plume contre des camarades comme Longuet et Cachin. Ces deux citoyens, vis-à-vis de la Révolution russe ont fait leur devoir, tout leur devoir. Les mettre dans le même sac que les bourgeois qui ont favorisé l'intervention, ça m'a paru un peu roide et fai tenu à protester.

Et puis, libre aux camarades lecteurs du Journal du Peuple *d'avoir un certain engouement pour les deux dirigeants russes, s'ils veulent bien me permettre d'user de la liberté de ne pas m'emballer et d'attendre, pour juger le gouvernement des Soviets, d'être plus amplement informé.*

Quand je vois la tournure donnée à la discussion sur la Troisième Internationale, au sein même des sections, par les admirateurs de Lénine et de Trotsky, je suis obligé d'avoir des appréhensions pour l'avenir du Parti socialiste.

Ne nous le dissimulons pas, c'est la scission inévitable. Qu'on me permette de ne pas accepter cette alternative d'un cœur léger.

Alors l'effort de réorganisation fait depuis quelques mois par les fédérations aboutirait, en plein développement, à une irrémédiable cassure ? Non ! non ! non !

Les cris de « Vive Lénine ! Vive Trotsky ! » qui ponctuent les discours des orateurs extrémistes, ne m'ont paru, jusqu'ici, qu'une protestation contre la violence de l'Entente vis-à-vis d'un peuple qui, comme les autres, doit rester maître de ses destinées. S'ils signifient, aujourd'hui, un acquiescement, une acceptation du régime des soviets pour notre usage, je ne marche pas.

Cette attitude peut déplaire à certains de mes lecteurs ; qu'ils me permettent de leur dire que je n'ai jamais écrit pour leur agrément. Ici, nous exprimons des opinions. Nous les jetons sur le papier comme elles viennent à notre esprit, sans souci de répondre à leur goût. L'idée que je me fais du journalisme est plus haute...

La deuxième Internationale a fait faillite. C'est un fait. Nous allons à la troisième Internationale avec enthousiasme, mais pourquoi, comme de braves petits garçons qui ne peuvent sortir sans leur nourrice, accepterions-nous, les yeux fermés, les suggestions de Moscou ?

La scission du Parti socialiste, c'est une responsabilité que nous ne prendrons pas. Il importe de rechercher et de trouver un terrain d'entente. Un peu de bonne volonté de part et d'autre et on y parviendra.

Henri Fabre.

Couloirs et Coulisses

Conseil des ministres

Les Ministres et sous-secrétaires d'État se sont réunis ce matin, en conseil, à l'Élysée, sous la présidence de M. Poincaré.

Le Conseil a décidé de déposer à nouveau un projet de loi tendant à autoriser des promotions extraordinaires, à titre civil, dans la Légion d'honneur, pour services exceptionnels rendus pendant la guerre.

Les ministres des Finances et du Commerce ont fait approuver un projet de loi instituant un Office des compensations pour le règlement des dettes et créances d'avant-guerre entre Français et Allemands.

Le ministre des Travaux Publics a mis le Conseil au courant des mesures qu'il prend pour augmenter les ressources du pays en charbon. Il a fait approuver les termes d'un projet de loi autorisant la réquisition de la batellerie afin de permettre la reprise des transports fluviaux de charbon et de denrées de ravitaillement.

Le Conseil a également approuvé les mesures prévues par le ministre des Travaux Publics, d'accord avec le ministre de l'Agriculture, tendant à accorder une priorité exceptionnelle aux transports d'engrais.

Sur la proposition du ministre du Commerce et de l'Industrie, le Conseil a pourvu à la nomination comme membres du Conseil suprême économique, de MM. François Marsal, Isaac et Thoumyre, en remplacement de MM. Klotz, Clémentel et Vilgrain.

Le ministre de l'Hygiène, de l'Assistance et de la Prévoyance sociales a présenté à la signature du président de la République, un décret instituant un Conseil supérieur de la Natalité chargé de rechercher toutes les mesures susceptibles de combattre la dépopulation, d'accroître la natalité, de développer la puériculture et de protéger les familles nombreuses.

L'indemnité parlementaire

Un journal du soir annonce que le Conseil des ministres s'est occupé ce matin de la question de l'indemnité parlementaire, mais qu'il n'a pas cru « devoir prendre actuellement l'initiative de proposer un relèvement de l'indemnité au Parlement avant que la situation de la politique générale soit définitivement réglée. »

Nous sommes autorisés à déclarer que cette nouvelle est dénuée de tout fondement. — (Radio.)

LES DÉPUTÉS DU BLOC NATIONAL

"Travaillons" et ils bavardent !

Les interpellations ajournées. — Le citoyen Groussier élu vice-président.

— « Eh ! viens-y donc, eh, grand lâche ! »

On ne peut pas ne pas évoquer les défis des boulevards extérieurs quand l'on contemple la Chambre et le ministère se lancer le gant, — et se garder de le ramasser.

La Chambre ne veut pas avaler ce ministère dont ne font partie ni les réactionnaires qui croient, depuis le 16 novembre, qu'ils sont les maîtres du pays, ni les républicains qui, pour avoir, comme Millerand, signé avec ces réactionnaires un pacte d'infamie, se croient autant de droits que le Président du Conseil à encaisser le prix de leur trahison, un portefeuille de trente deniers.

Mais ces mêmes gens qui voudraient bien s'installer dans le fauteuil de Millerand n'osent pas le dire franchement. Et voilà pourquoi, hier encore, ils ont évité la bataille, ils ont accepté de remettre à plus tard l'assaut qu'ils devaient donner.

M. Millerand, lui, acceptait le combat.

Dira-t-on qu'il l'acceptait d'autant plus joyeusement qu'il avait choisi ses adversaires ?

Assurément, les deux députés qui devaient interpeller hier le cabinet sur sa politique générale, pouvaient difficilement passer pour des adversaires du ministère, encore moins pour des adversaires redoutables.

L'un, M. Géo-Gérald, est un compère. Il joue, dans ce débat parlementaire, le rôle de l'ami du lutteur qui devant la baraque, relève le défi du bonisseur, se dépouille de son maillot et de tous ses vêtements, saisit le caleçon traditionnel, gonfle ses muscles, fronce les sourcils, se démène, transpire, et se laisse gentiment tomber sur le tapis pour achalander la boutique, consacrer la renommée du champion et empêcher que de vrais adversaires surgissent.

Magallon à vendredi

L'autre interpellateur c'était le marquis Xavier de Magallon. Nous verrons vendredi ce que recèle cette outre assurément sonore. M. de Magallon se « dégonflera-t-il ? » Ce ne serait pas la première fois. Ce Provençal d'Arles fut d'abord candidat républicain, à Gap, dans le Dauphiné, avant d'être élu député royaliste dans le Languedoc. Cette évolution en promet d'autres. M. de Magallon n'a découvert les vices rédhibitoires du régime républicain que le jour où il découvrit que les électeurs du Champsaur, du Dévoluy et Gapençais ne voulaient pas de lui : peut-être fera-t-il d'autres découvertes. En attendant, il passe pour un lieutenant de Léon Daudet, et il ne veut, en interpellant, que tenter de rattraper la « gaffe » dudit Daudet, lequel, l'autre jour, a sauvé le cabinet en l'attaquant.

Quoi qu'il en soit, M. Millerand, hier, acceptait volontiers que l'on discutât l'interpellation de son compère, M. Géo-Gérald et plus volontiers encore, l'interpellation du marquis royaliste Xavier de Magallon.

Mais les choses n'allèrent pas ainsi.

Des « travailleurs »

A l'appel aigrelet de M. Louis Barthou, qui ne tient pas outre-mesure à voir des Magallon fortifier le cabinet par leurs attaques inconsidérées, la Chambre décida de renvoyer les interpellations à vendredi prochain. D'ici là...

Le prétexte de ce renvoi ?

— Il faut travailler !

Tiens ! Tiens !... La nouvelle Chambre se rappelle ses promesses : plus de politique, plus de bavardage, du travail !

Elle veut, en tout cas, le faire croire. Elle s'y efforce. Elle y réussit mal.

Pour pouvoir travailler, il faut adopter des méthodes de travail. Un nouvel élu dit quelles pourraient être ces méthodes ; C'est M. Joseph Barthélemy : il passe pour un juriste de premier ordre ; il est certainement un bon orateur parlementaire, et il acquerra vite l'assurance qui lui manque encore parce qu'étant supérieur, il est modeste. M. Barthélemy, au nom de la Commission du règlement, proposait que l'on réduisît le nombre des Commissions. Les Commissions sont si nombreuses que tous les députés peuvent faire partie de l'une d'elles, mais presque tous n'assistent pas aux séances. Donc : moins de commissions, et plus de travail !

— Parfait ! Entendu ! Mais comment donc !...

La Chambre approuvait.

Mais, à la discussion des articles, elle rétablit la plupart des commissions superflues dont elle avait approuvé, quelques minutes auparavant, la suppression.

Et voilà comment on « travaille » dans la Chambre du Bloc National.

Au début de la séance, on avait à choisir un vice-président pour remplacer M. André Lefèvre, devenu ministre : par 347 voix, on désigne le citoyen Arthur Groussier qu'il y a quelques semaines on avait chassé, en le traitant comme le dernier des derniers.

Séance vendredi ; au programme : les interpellations.

GEORGES CLAIRET.

CHEZ LES FONCTIONNAIRES

Le Sénat contre le droit syndical

On sait que les grandes fédérations de fonctionnaires, douanes, postiers, instituteurs ont décidé à la quasi-unanimité la transformation des amicales fondées d'après la loi de 1901 sur les associations, en syndicats, et à la grosse majorité l'affiliation de ces syndicats à la C. G. T.

La récente décision de la Fédération des Amicales d'Instituteurs, qui est comme nous l'avons montré la confirmation de celle du Congrès de septembre et qui implique l'affiliation entière et prochaine des membres de l'Enseignement à la grande organisation ouvrière a fait couler des flots d'encre dans toute la presse de réaction.

Comment ? Les instituteurs qui sont destinés à façonner l'esprit des jeunes citoyens, des futurs électeurs, dans un sens conforme à l'orthodoxie bourgeoise, osent se rebeller contre l'administration, et jeter à bas les sacro-saints principes. Ils vont recevoir maintenant leur mot d'ordre des révolutionnaires, et mêler au bon grain de l'instruction officielle l'ivraie fabriquée dans les officines suspectes de la rue Grange-aux-Belles.

Le Temps, *les Débats* menèrent une sarabande impitoyable, ils furent d'ailleurs suivis immédiatement par les feuilles de moindre importance, mais qui savent tout de même donner le coup de gueule quand il le faut, pour grossir le concert d'imprécations contre ces « vendus » de syndicalistes.

Ils n'osaient aller trop fort tout de même, car enfin, il faut bien se rappeler que la Chambre défunte, pourtant jugulée dans les derniers temps par M. Clemenceau, reconnut à une grosse majorité le droit de se syndiquer à tous les fonctionnaires. Ce n'est pas un rêve, le ministre du Travail, lui-même, au nom de tout le Gouvernement, a reconnu la nécessité d'étendre aux serviteurs de l'État, à ceux qui ont la charge des rouages administratifs, les bienfaits de la loi de 1884. Il est de plus en plus évident, qu'il est indispensable d'armer les fonctionnaires des mêmes droits que les ouvriers ou employés. L'État, patron-collectif, n'est pas souvent meilleur que le patron-individu — et il a besoin de trouver en face de lui une force organisée — avec qui il est souvent utile de parler, et même de collaborer, en vue de mettre sur pied bien des programmes, de réaliser de sérieuses réformes — et notre administration désuète et surannée, que l'Europe ne nous envie plus depuis Napoléon quoi qu'on en dise, notre administration comparable en beaucoup de points aux écuries d'Augias a besoin d'un nouvel Hercule, pour la nettoyer de fond en comble, pour la rénover entièrement, pour l'adapter aux temps présents, pour lui permettre de faire face aux difficultés de l'heure actuelle, qui sont lourdes et pressantes. Ce nouvel Hercule peut être le syndicat des fonctionnaires, solidaire par son adhésion à la C.G.T., des syndicats ouvriers.

Cela semble trop audacieux à beaucoup et le Sénat actuel, qui s'est toujours montré, comme le temporisateur des énergies de la Chambre ancienne, et qui se trouve au diapason de la nouvelle, proteste et se refuse à confirmer le vote de la Chambre. Il ne veut pas reconnaître le droit syndical aux fonctionnaires.

Sa décision peut sembler inutile à beaucoup, car les fonctionnaires n'ont pas attendu que ces messieurs du Luxembourg veuillent bien leur accorder la permission de se syndiquer, pour la prendre et s'unir aux autres travailleurs.

La décision qui vient d'être prise par le Sénat, en complet accord avec la Commission chargée d'étudier la question et qui conclut au rejet de l'article adopté par la Chambre, reviendra devant les députés actuels. La Chambre de réaction maintiendra-t-elle le vote de son aînée ?

Tout dépend du gouvernement ! Ce dernier se déjugera-t-il. Peut-être ? M. Jourdain, ministre du Travail, ne paraît pas être très large dans ses conceptions générales.

Les conclusions de la commission sénatoriale s'appliquent à tous les fonctionnaires. Il y a beaucoup de chances pour qu'il se trouve également à la Chambre, un soupçon Chéron pour les prôner et pousser à leur adoption.

Ces conclusions sont remarquables. Elles semblent dictées par la Sainte Frousse — la même qui animait le pays, le 16 novembre dernier :

« Quel que soit notre désir de transaction avec l'autre Assemblée, il nous paraît impossible, en conscience, de reconnaître le droit syndical aux fonctionnaires ou agents qui détiennent une portion quelconque de la puissance publique.

« Au moment où l'intérêt supérieur du pays commande de rétablir l'ordre et d'assurer par tous le respect de la souveraineté nationale, comment risquer d'affaiblir ou d'anéantir l'autorité déjà trop réduite du gouvernement régulier et responsable sur des agents sans le concours desquels la loi ne peut être obéie ?

« Et comment risquer, d'autre part, par une irréparable imprudence, de transférer tous les moyens de gouvernement à des collectivités dont l'action, à certaines heures et en dépit de la loi, peut être détournée de son but et être amenée à s'exercer contre les pouvoirs publics eux-mêmes ?

« Le Sénat ne peut vraiment se résoudre à une pareille abdication de la puissance publique. En tout cas, ce n'est pas sa commission qui prendra la responsabilité de la lui proposer. »

Le Sénat s'est résolu à « une pareille abdication de la puissance publique ». Peu importe ! La question ne se pose pas ainsi.

Les fonctionnaires sont syndiqués, et le resteront.

Aucun gouvernement n'est parvenu à avoir raison de la petite fédération illégale des Syndicats d'Instituteurs... La force de Ministres futurs, s'ébrécherait sur le roc inattaquable des puissants syndicats de fonctionnaires.

Mais ils n'en viendront pas là !

Fernand MORELLE.

Arrestation d'un anarchiste espagnol

Madrid, 26 janvier. — L'auteur de l'attentat du chemin de fer de Valence, où fut blessé grièvement le secrétaire de la Confédération catholique agricole, a été arrêté au village de Villena, province d'Alicante. Il était connu par la police comme anarchiste. (Radio.)

UNE ŒUVRE D'HUMANITÉ

"L'Animateur"

d'Henry Bataille est une pièce de "vérité"

Il n'y a peut-être pas de théâtre du Peuple, au sens exact du mot. Il y a, cependant, les auteurs du peuple, les écrivains courageux mettant au service de leurs convictions les ressources d'un pur talent. François de Curel, au Théâtre des Arts, Sacha Guitry, à la Porte-Saint-Martin, accordent au public des œuvres d'une pensée hautaine, d'un style noble, des œuvres d'idées.

Voici, maintenant Henry Bataille qui, au Gymnase, monte une pièce splendide, magnifiquement conçue, largement inspirée par un esprit supérieur. Voici, maintenant, Henry Bataille, dont nous savions tout le désintéressement intellectuel, dressé, à nos côtés, pour la bonne guerre, dans la grande bataille des idées où nous allons vaincre.

Nous n'avions jamais douté de lui, nous pensions que l'auteur de *Maman Colibri*, de la *Femme Nue*, du *Phalène*, de la *Marche Nuptiale*, des *Flambeaux*, de *Notre Image*, de la *Vierge Folle*, ou des *Sœurs d'Amour*, devait, un jour ou l'autre, être conquis à nos aspirations. Nous espérions, depuis longtemps, l'œuvre qui le classerait à nos côtés, à notre tête, pour le combat sans merci que nous avons soutenu, que nous soutiendrons encore, contre tous les adversaires, ceux de la politique étant singulièrement mêlés à ceux de la littérature et du théâtre.

Un talent aussi grand, fait de sensibilité, d'amour, de bonté, pouvait-il se prêter à nous détruire ? Henry Bataille vient à nous. Camarades, venons à lui. Que *l'Animateur* soit le trait d'union entre cet homme et vous. Son héros, Dartès, découvre le cœur douloureux des foules. Vers lui, l'acclamant, le hissant au pavois, les foules sont frémissantes, pleines de foi, dévouées, attachées à sa défense, montant la garde.

Voici l'intellectuel, Henry Bataille, qui, pareil à tant d'autres, aurait pu s'éloigner de vous, outrager vos idées, injurier votre pauvreté, railler vos mains calleuses. Il vient à vous, portant cette œuvre qui est la vôtre, intellectuel fièrement associé, dorénavant, à vos travaux et vos peines. Faites-lui l'accueil qu'il convient de réserver à ceux qui, courageusement — car il faut du courage pour briser net avec la bourgeoisie — vous honorent de leur fraternelle amitié. Et d'abord, allez au Gymnase. Acclamez *l'Animateur*.

De vos galeries, vous contemplerez l'orchestre, comblé de mercantis et de nouveaux riches, de gens de bons tons. Vous verrez. Chaque réplique sera comme une gifle reçue par l'un d'eux, chaque scène comme la révélation d'une situation nouvelle, d'un monde nouveau. Vous les verrez, dans les couloirs, commentant avec effarement, « l'audace de Bataille. C'est à ne pas croire, diront-ils. C'est à croire, tout au contraire. C'est à croire, à soutenir. Pour cette œuvre, soyez les propagandistes fervents comme je le suis moi-même. Il dépend de vous que ce chef-d'œuvre connaisse les innombrables représentations réservées ordinairement aux cochonneries bêtes des vaudevillistes. Après *l'Ame en Folie*, *l'Animateur*. En vérité, nous ne pouvons pas nous plaindre, puisque, sur tant de productions écoulées en une saison, il subsiste le génie de François de Curel, le talent magnifique d'Henry Bataille, imposés par leur courage, notre admiration et l'immanente justice qui dédaigne, parfois, ses courtisans.

⁂

Un moment arrive, chez les hommes nourris de fortes pensées, méditant sur eux-mêmes, où, surpris par l'aveuglante vérité, ils ne peuvent s'empêcher de crier bien haut leur joie d'avoir enfin compris. Tel est le cas de Dartès, le personnage de Bataille, l'animateur. Tel est le cas d'Henry Bataille lui-même. Éblouis par l'irradiante lumière, ils marchent vers elle, les mains tendues, et rien, les pires embûches, les calomnies, ne peuvent les arrêter vers le but suprême. Ils peuvent trébucher, se meurtrir, se blesser. Une force nouvelle les surprend et les porte, croyants, clairvoyants et lucides.

Cette révolution de l'esprit, qui de nous n'en fut pas l'heureuse victime ? On ne naît pas socialiste, par exemple, mais on se transforme, de jour en jour, pour dépouiller le vieil homme, revivre d'idées neuves, s'améliorer d'une expérience qui, fatalement, logiquement, pousse à changer de méthodes, de sentiments, d'action. Henry Bataille vient admirablement, de commenter cette révolution de l'homme, et cela, si simplement, si humainement, que les critiques les plus acerbes ne sauront pas discerner le défaut par où peut pécher l'exposition de la thèse. Il a su placer Dartès dans la vie, laisser mouvoir autour de lui le cortège coutumier de ceux ou celles qui, tout au long de leur existence, ne font que suivre, par intérêt, par lâcheté, ou par désœuvrement, les maîtres qu'ils se sont attachés. Le drame est brutal, cruel, sans artifice, d'une belle nudité. Trop nu, affirmait-on. Tartufe disait cela, déjà. Et les habituels reproches que certains faisaient à l'auteur tombent d'eux-mêmes. La morbidesse, le souci d'équivoque, le style délayé, où, en quoi pourrait-on fonder ces maladresses ?

L'action est ramassée, saisissante. Tout y est d'une clarté, d'une pureté remarquables. Le style est d'une sûreté, d'une précision rares. Voici un drame, oui, un drame sensé, puisqu'il est fait de drames sensationnels en leur temps. A-t-on pu, un instant, résister à sa redoutable émotion ? Non pas, et qu'il y ait eu des spectateurs hostiles ou non à la pensée directrice, tous, du moins, étaient empoignés, saisis à la gorge, par l'âpre dialogue. Je répète, cette œuvre est belle, d'une puissance extraordinaire, d'un grand courage. A nos camarades de me confirmer.

⁂

En trois actes d'un incessant intérêt, *l'Animateur* suffit pour triompher. Dans un journal à gros tirage, le directeur littéraire, Dartès, poussé par un impétueux désir de justice, fait insérer un article vengeur contre Émile Gibert, pamphlétaire maître-chanteur qui, dans un hebdomadaire, s'attaque tout à tour à tous les hommes propres du pays.

Dartès peut-il expliquer à quel obscur sentiment il obéit pour se jeter ainsi délibérément dans la mêlée, à s'exposer aux coups de Gibert. Devant le conseil d'administration réuni, il expose quels besoins moraux le firent agir. Une discussion violente s'engage, qui monte jusqu'aux paroles irrémédiables au fur et à mesure que les actionnaires découvrent les intérêts que menace l'action de Dartès. Cette scène est vraie, d'une vérité tragique. Elle est suffisante, déjà, pour consacrer toutes les attentions. Gibert, attaqué, se défend avec ses armes habituelles. Il accuse Dartès d'une complicité mythique dans une affaire louche. Le Conseil d'administration décide, dès lors, de démissionner Dartès, que sa femme, directrice d'une gazette féminine et conservatrice, désavoue publiquement.

On annonce Gibert, qui, Giboyer moderne, visiblement reconnaissable, s'approche de Dartès, des arguments que nous connaissons trop. Il déclare une guerre implacable. Il luttera par tous les moyens. Quand Dartès lui adresse de cinglants reproches, il lui jette une infamie : « Ta fille n'est pas ta fille ! ». Dartès sait vite, près de sa femme, que Gibert n'a pas menti. Ils se sépareront, mais Renée Dartès, la fille, n'hésite pas. Au moment où tout croule autour de son père, elle restera pour le défendre, le protéger.

Réfugiés, tous deux, dans une banlieue, ils reçoivent les offres des organisations ouvrières qui, désireuses de placer à leur tête un écrivain de sa valeur, proposent à Dartès de prendre la direction du journal *La Lumière*. Il hésite, sa fille tente sur lui de le détourner de cette voie. Une offre particulière lui parvient d'ailleurs, entre temps. Quand Donadieu, représentant des ouvriers, vient lui demander réponse, il s'apprête à refuser. N'a-ton pas crié, en bas : « A bas Dartès ! » — Non, pas crié ! répond Dartès. Donadieu, avant qu'il ne refuse, lui parle, à cœur ouvert, élevant la question à des conceptions plus hautes, lui démontrant qu'il n'y a rien à faire, qu'il peut hésiter, refuser maintenant. Le moment viendra où la petite idée, ayant fait son chemin, s'épanouira, sera forte, dominatrice. « Un jour ou l'autre, vous y viendrez ». Dartès, cependant, se refuse.

Pendant son absence, sa femme vient essayer de reprendre sa fille. Pour la reprendre, toutes les armes lui sont bonnes. Elle ne tardera pas à révéler à Renée qu'elle n'est pas la fille de Dartès. Mais la douleur éclatante de celle-ci lui démontre qu'elle a creusé, entre elle deux, un fossé.

Dartès revient. Il voit que sa fille sait. Il jette dehors sa femme. Et le voici sans force, prêt à tout renoncement. Mais Renée se ressaisit. Elle comprend, maintenant. Elle n'est pas la chair de sa chair, mais elle est la fille spirituelle, l'admiratrice, l'enfant des idées qui poussent Dartès. Elle rappelle Donadieu, les ouvriers. Dartès accepte. Il est lui aussi, fier et prêt à militer.

L'épilogue va se dérouler chez Gibert qui vient de publier, avec la complicité de Mme Dartès, un livre ignoble dévoilant les malheurs conjugaux de son ennemi, la véritable paternité de Renée. L'ouvrage commence à avoir le plus formidable retentissement. Il faut briser les ailes à la *Lumière*, qui tire à deux cents mille. Il faut tomber Dartès. Des bandes de jeunes gens vont agiter l'opinion, et le livre fera le reste. Cependant Gibert reçoit la visite de Renée, désespérée, prête à tout pour que le livre ne paraisse point. Elle ne vient pas pour le tuer, mais pour se tuer devant lui s'il ne lui donne pas la promesse formelle d'arrêter la vente. Gibert raille, et, avec ce mélange de folie, de sincérité, de crapulerie, qui s'appliquerait à bien d'autres polémistes (!) trop connus, il déclare que seule la France peut lui donner des ordres. Les bourgeois, eux-mêmes, protestent dans la salle.

Dartès survient, affolé, croyant que Renée veut se faire justice. On ne tue pas les espionnistes. La calomnie, c'est la plus belle des récompenses. Quand il se sent lassé, dit-il, une calomnie lui redonne sa force, sa vigueur. Il méprise trop Gibert pour lui cracher au visage. Mais Renée tient à son idée. Elle a fermé la porte. Gibert crie à l'aide. Dartès paraît à la fenêtre pour dire que Gibert ne craint rien, que la vie d'un homme est sacrée. Une balle le touche. Il tombe. Et Renée, sanglotant de douleur, crie : « Assassins ! Assassins ! »

⁂

J'en ai trop et pas assez dit, sans doute, pour bien rendre compte de la belle pièce de Bataille. Elle désigne clairement qui se dissimule, derrière Gibert, et quel est l'homme de haute pensée qui tombe frappé lâchement. M. Arquillière a joué, avec une intensité de vie surprenante, le rôle terriblement superbe de Dartès. M. Dumény incarna intelligemment celui de Gibert. MM. Jean Ayme, Roger Vincent, Collen, Venelly, Vanel, etc., composèrent fort bien leurs personnages. M. Berthier fut un extraordinaire président de conseil d'administration.

M. Armand Bour (dont on regrettera plus que jamais qu'il n'ait pas la situation capitale à laquelle tout l'appelle : son talent, sa culture théâtrale, sa valeur personnelle) représentait Donadieu, le porte-parole des ouvriers. Dans une scène brève, il sut, magistralement, avec une belle foi, lancer les strophes du croyant qui porte vers la petite idée triomphante des autres sa foi sublime et généreuse.

Mme Henriette Roggers avait un rôle difficile. Elle s'en tira du mieux qu'il était possible. Mme Yvonne de Bray, créatrice splendide de l'auteur, fut Renée, la jeune fille pure, admirablement. Et ce n'est pas assez dire. Elle était, toute entière, de toute son âme, la grande, et belle femme éprise des grandes et belles idées, celle qui ne se laisse pas terrasser par la méchanceté de l'homme, qui réagit, et qui triomphe, douloureusement.

Bernard LECACHE.

Demain, jeudi, 29 janvier, à huit heures et demie du soir, à la Maison des Syndicats, 33, rue Grange-aux-Belles.

Sebastien FAURE

fera une CONFÉRENCE publique et contradictoire. — Sujet traité :

« SOMMES-NOUS PRÊTS ? »

L'orateur exposera une *Revendication* unique sur laquelle tous les *travailleurs* pourront asseoir un *mouvement d'ensemble*.

Les portes de la salle seront ouvertes dès 7 h. 30. La conférence commencera à 8 heures et demie précises. La réunion prendra fin vers 11 heures.

Le Journal du Peuple

Directeur : HENRI FABRE

10 c.

RÉDACTION et ADMINISTRATION : 77, Rue Grange-Batelière, Paris (9e). Téléphone : Bergère 37-47. — Archives 91-14. Louvre 18-18.

CINQUIÈME ANNÉE. — N° 28 — MERCREDI 28 JANVIER 1920

M. Millerand dément qu'il soit opposé au relèvement de l'indemnité parlementaire.

Le Parlement lui fera donc confiance, vendredi.

TRIBUNE LIBRE

Retour aux urnes

Il y a trois mois à peine, quand la précédente Chambre clôtura définitivement la législature et que les députés sortants, à nouveau candidats, s'apprêtèrent à comparaître devant leurs électeurs, que disait-on, un peu partout ?

On disait que la Chambre expirante avait donné la nausée au pays et qu'à part quelques droitiers et centriers (naturellement !), aucun de ses membres ne reviendrait.

Et l'on ajoutait qu'à une Assemblée incohérente, composée à peu près exclusivement d'incapables et de bavards, succéderait une Assemblée de techniciens et de travailleurs pour qui le silence serait d'or.

Dès que les élections, grâce aux défectuosités de la loi récemment votée et grâce surtout à d'immorales coalitions, eurent fourni les résultats que vous savez, ce fut, dans les milieux conservateurs de toutes nuances, un grand enthousiasme.

Pensez donc ! Le groupe socialiste perdait une quarantaine, presque la moitié, des siens, malgré l'accroissement des suffrages socialistes. En revanche, la Droite arrivait, tellement augmentée, qu'elle déferlait sur les bancs du Centre et même de la Gauche.

On allait donc faire de la bonne besogne. Et, avant tout, les séances auraient enfin de la tenue. Les gens du monde, les habitués de salon, avec ou sans particules plus ou moins usurpées, sauraient imposer le ton convenable à ceux qui n'en avaient point l'habitude.

C'est pourquoi la première de ces séances amena tant de curieux. Ce serait, cette fois, et désormais, des débats académiques où, en dépit de tout, l'urbanité la plus parfaite serait de règle. Gare aux socialistes s'ils ne se ralliaient pas à cette règle d'urbanité.

Les socialistes ont, en effet, eu, les premiers, la preuve que la courtoisie régnait dans l'hémicycle. A peine l'un d'eux, presque aussi décoratif que modéré, fut-il à la tribune que le vacarme commença chez les gens du monde. Quelle force de poumons !

Quelle force de poumons, et quelles force d'invectives ! Ma foi, oui, les invectives servirent d'arguments. Tels qui figurent, paraît-il, à l'Armorial, se distinguaient par des grossièretés qui feraient rougir comme une ingénue, la plus ordurière des poissardes.

— Oui, déclareront les amis de ces députés qui déployaient une ardeur si... expressive, c'est entendu, la tenue laisse à désirer, mais il ne s'agit que d'une rencontre, d'un écho de luttes électorales et de querelles de réunions publiques. Cela ne durera pas. On va travailler.

Cela dure ; et on ne travaille pas. Les reproches adressés aux anciens, de trop parler sans jamais agir, ces reproches s'adresseraient mieux encore, avec plus de justesse, à beaucoup de nouveaux qui n'ont été élus qu'à cause de l'impopularité de la Chambre défunte. Les bavards ont été remplacés, mais par des braillards.

D'ailleurs ceux qui composent la grande majorité, la presque unanimité de l'Assemblée actuelle, seraient bien embarrassés s'ils devaient se mettre d'accord, et sur une méthode de travail, et sur la nature du travail.

Ils sont venus, coalisés contre le parti socialiste. Rien dans leur programme commun, que la haine du socialisme. Programme destructif, mais négatif aussi. Aujourd'hui, à pied d'œuvre pour des réalisations, ils se regardent, plus incapables les uns que les autres de réaliser quoi que ce soit.

De temps en temps, pour maintenir l'accord — et la belle allure et le beau ton — ils s'exclameront contre l'Extrême-Gauche, ils rééditeront des injures, ils ramasseront quelques termes inédits dans leur argot d'écurie. Puis ils retomberont dans le silence, et l'inaction, quand ce ne sera pas une action malfaisante.

Si le pays, si les prolétaires surtout ont espéré, s'ils espèrent encore, si le pays et les prolétaires ont pour deux sous encore de confiance dans ces millionnaires arrivés, alors les millionnaires arrivés ont le droit de tout oser.

Mais les travailleurs murmurent : ils commencent à se rendre compte qu'ils paieront, seuls, les frais de la politique des « hommes d'ordre » ; ils commencent à comprendre qu'ils furent indignement trompés.

Et c'est pourquoi, au lendemain — et pour la première fois cela se produit — au lendemain même des élections, le mot de dissolution est prononcé : on s'accoutume à l'idée d'une prochaine consultation d'un pays dont la Chambre ne représente pas les opinions : *ni les intérêts*. La dissolution est prévue.

Pas avant qu'une loi établissant la proportionnelle intégrale soit votée ; mais tout de suite après le vote de cette loi.

Alexandre Blanc.

Dans les "Hommes du Jour"

MAURICE DONNAY

par Bernard Lecache et le galbe d'Aristide...

La Troisième Internationale

Quelques lecteurs ont bien voulu me manifester leur étonnement à la suite de mon article : le Péril russe. A vrai dire, ce n'est pas le fond de l'article qui est en cause, mais les dernières lignes dans lesquelles je prie Lénine et Trotsky de ne pas se livrer à des agressions de plume contre des camarades comme Longuet et Cachin. Ces deux citoyens, vis-à-vis de la Révolution russe ont fait leur devoir, tout leur devoir. Les mettre dans le même sac que les bourgeois qui ont favorisé l'intervention, ça m'a paru un peu roide et j'ai tenu à protester.

Et puis, libre aux camarades lecteurs du Journal du Peuple d'avoir un certain engouement pour les deux dirigeants russes, s'ils veulent bien me permettre d'user de la liberté de ne pas m'emballer et d'attendre, pour juger le gouvernement des Soviets, d'être plus amplement informé.

Quand je vois la tournure donnée à la discussion sur la Troisième Internationale, au sein même des sections, par les admirateurs de Lénine et de Trotsky, je suis obligé d'avoir des appréhensions pour l'avenir du Parti socialiste.

Ne nous le dissimulons pas, c'est la scission inévitable. Qu'on me permette de ne pas accepter cette alternative d'un cœur léger.

Alors l'effort de réorganisation fait depuis quelques mois par les fédérations aboutirait, en plein développement, à une irrémédiable cassure ? Non ! non ! non !

Les cris de « Vive Lénine ! Vive Trotsky ! » qui ponctuent les discours des orateurs extrémistes, ne m'ont paru, jusqu'ici, qu'une protestation contre la violence de l'Entente vis-à-vis d'un peuple qui, comme les autres, doit rester maître de ses destinées. S'ils signifient, aujourd'hui, un acquiescement, une acceptation du régime des soviets pour notre usage, je ne marche pas.

Cette attitude peut déplaire à certains de mes lecteurs ; qu'ils me permettent de leur dire que je n'ai jamais écrit pour leur agrément. Ici, nous exprimons des opinions. Nous les jetons sur le papier comme elles viennent à notre esprit, sans souci de répondre à leur goût. L'idée que je me fais du journalisme est plus haute...

La deuxième Internationale a fait faillite. C'est un fait. Nous allons à la troisième Internationale avec enthousiasme, mais pourquoi, comme de braves petits garçons qui ne peuvent sortir sans leur nourrice, accepterions-nous, les yeux fermés, les suggestions de Moscou ?

La scission du Parti socialiste, c'est une responsabilité que nous ne prendrons pas. Il importe de rechercher et de trouver un terrain d'entente. Un peu de bonne volonté de part et d'autre et on y parviendra.

Henri Fabre.

Couloirs et Coulisses

Conseil des ministres

Les Ministres et sous-secrétaires d'Etat se sont réunis ce matin, en conseil, à l'Elysée, sous la présidence de M. Poincaré.

Le Conseil a décidé de déposer à nouveau un projet de loi tendant à autoriser des promotions extraordinaires, à titre civil, dans la Légion d'honneur, pour services exceptionnels rendus pendant la guerre.

Les ministres des Finances et du Commerce ont fait approuver un projet de loi instituant un Office des compensations pour le règlement des dettes et créances d'avant-guerre entre Français et Allemands.

Le ministre des Travaux Publics a mis le Conseil au courant des mesures qu'il prend pour augmenter les ressources du pays en charbon. Il a fait approuver les termes d'un projet de loi autorisant la réquisition de la batellerie afin de permettre la reprise des transports fluviaux de charbon et de denrées de ravitaillement.

Le Conseil a également approuvé les mesures prévues par le ministre des Travaux Publics, d'accord avec le ministre de l'Agriculture, tendant à accorder une priorité exceptionnelle aux transports d'engrais.

Sur la proposition du ministre du Commerce et de l'Industrie, le Conseil a pourvu à la nomination comme membres du Conseil suprême économique, de MM. François Marsal, Isaac et Thoumyre, en remplacement de MM. Klotz, Clémentel et Vilgrain.

Le ministre de l'Hygiène, de l'Assistance et de la Prévoyance sociales a présenté à la signature du président de la République, un décret instituant un Conseil supérieur de la Natalité chargé de rechercher toutes les mesures susceptibles de combattre la dépopulation, d'accroître la natalité, de développer la puériculture et de protéger les familles nombreuses.

L'indemnité parlementaire

Un journal du soir annonce que le Conseil des ministres s'est occupé ce matin de la question de l'indemnité parlementaire, mais qu'il n'a pas cru « devoir prendre actuellement l'initiative de proposer un relèvement de l'indemnité au Parlement avant que la situation de la politique générale soit définitivement réglée. »

Nous sommes autorisés à déclarer que cette nouvelle est dénuée de tout fondement. — (Radio.)

LES DÉPUTÉS DU BLOC NATIONAL

"Travaillons" et ils bavardent !

Les interpellations ajournées. — Le citoyen Groussier élu vice-président.

— « Eh ! viens-y donc, eh, grand lâche ! »

On ne peut pas ne pas évoquer les défis des boulevards extérieurs quand l'on contemple la Chambre et le ministère se lancer le gant, — et se garder de le ramasser.

La Chambre ne veut pas avaler ce ministère dont ne font partie ni les réactionnaires qui croient, depuis le 16 novembre, qu'ils sont les maîtres du pays, ni les républicains qui, pour avoir, comme Millerand, signé avec ces réactionnaires un pacte d'infamie, se croient autant de droits que le Président du Conseil à encaisser le prix de leur trahison, un portefeuille de trente deniers.

Mais ces mêmes gens qui voudraient bien s'installer dans le fauteuil de Millerand n'osent pas le dire franchement. Et voilà pourquoi, hier encore, ils ont évité la bataille, ils ont accepté de remettre à plus tard l'assaut qu'ils devaient donner.

M. Millerand, lui, acceptait le combat.

Dira-t-on qu'il l'acceptait d'autant plus joyeusement qu'il avait choisi ses adversaires ?

Assurément, les deux députés qui devaient interpeller hier le cabinet sur sa politique générale, pourraient difficilement passer pour des adversaires du ministère, encore moins pour des adversaires redoutables.

L'un, M. Géo-Gérald, est un compère. Il joue, dans ce débat parlementaire, le rôle de l'ami du lutteur qui devant la baraque, relève le défi du bonisseur, se dépouille de son maillot et de tous ses vêtements, saisit le caleçon traditionnel, gonfle ses muscles, fronce les sourcils, se démène, transpire... et se laisse gentiment tomber sur le tapis pour achalander la boutique, consacrer la renommée du champion et empêcher que de vrais adversaires surgissent.

Magallon à vendredi

L'autre interpellateur c'était le marquis Xavier de Magallon. Nous verrons vendredi ce que recèle cette outre assurément sonore. M. de Magallon se « dégonflera-t-il ? » Ce ne serait pas la première fois. Ce Provençal d'Arles fut d'abord candidat républicain, à Gap, dans le Dauphiné, avant d'être élu député royaliste dans le Languedoc. Cette évolution en promet d'autres. M. de Magallon n'a découvert les vices rédhibitoires du régime républicain que le jour où il découvrit que les électeurs du Champsaur, du Dévoluy et Gapençais ne voulaient pas de lui ; peut-être fera-t-il d'autres découvertes. En attendant, il passe pour un lieutenant de Léon Daudet, et il ne veut, en interpellant, que tenter de rattraper la « gaffe » dudit Daudet, lequel, l'autre jour, a sauvé le cabinet en l'attaquant.

Quoi qu'il en soit, M. Millerand, bien acceptait volontiers que l'on discutât l'interpellation de son compère, M. Géo-Gérald et plus volontiers encore, l'interpellation du marquis royaliste Xavier de Magallon.

Mais les choses n'allèrent pas ainsi.

Des « travailleurs »

A l'appel aigrelet de M. Louis Barthou, qui ne tient pas outre-mesure à voir des Magallon fortifier le cabinet par leurs attaques inconsidérées, la Chambre décida de renvoyer les interpellations à vendredi prochain. D'ici là...

Le prétexte de ce renvoi ?

— Il faut travailler !

Tiens ! Tiens !... La nouvelle Chambre se rappelle ses promesses : plus de politique, plus de bavardage, du travail !

Elle veut, en tout cas, le faire croire. Elle s'y efforce. Elle y réussit mal.

Pour pouvoir travailler, il faut adopter des méthodes de travail. Un nouvel élu dit quelles pourraient être ces méthodes : C'est M. Joseph Barthélemy : il passe pour un juriste de premier ordre ; il est certainement un bon orateur parlementaire, et il acquerra vite l'assurance qui lui manque encore parce qu'étant supérieur, il est modeste. M. Barthélemy, au nom de la Commission du règlement, proposait que l'on réduisît le nombre des Commissions. Les Commissions sont si nombreuses que tous les députés peuvent faire partie de l'une d'elles, mais presque tous n'assistent pas aux séances. Donc : moins de commissions, et plus de travail !

— Parfait ! Entendu ! Mais comment donc !...

La Chambre approuvait.

Mais, à la discussion des articles, elle rétablit la plupart des commissions superflues dont elle avait approuvé, quelques minutes auparavant, la suppression.

Et voilà comment on « travaille » dans la Chambre du Bloc National.

Au début de la séance, on avait à choisir un vice-président pour remplacer M. André Lefèvre, devenu ministre : par 347 voix, on désigna le citoyen Arthur Groussier qu'il y a quelques semaines on avait chassé, en le traitant comme le dernier des derniers.

Séance vendredi ; au programme : les interpellations.

GEORGES CLAIRET.

CHEZ LES FONCTIONNAIRES

Le Sénat contre le droit syndical

On sait que les grandes fédérations de fonctionnaires, douanes, postiers, instituteurs ont décidé à la quasi-unanimité la transformation des amicales fondées d'après la loi de 1901 sur les associations, en syndicats, et à la grosse majorité l'affiliation de ces syndicats à la C. G. T.

La récente décision de la Fédération des Amicales d'Instituteurs, qui est comme nous l'avons montré la confirmation de celle du Congrès de septembre et qui implique l'affiliation entière et prochaine des membres de l'Enseignement à la grande organisation ouvrière a fait couler des flots d'encre dans toute la presse de réaction.

Comment ? Les instituteurs qui sont destinés à façonner l'esprit des jeunes citoyens, des futurs électeurs, dans un sens conforme à l'orthodoxie bourgeoise, osent se rebeller contre l'administration, et jeter à bas les sacro-saints principes. Ils vont recevoir maintenant leur mot d'ordre des révolutionnaires, et mêler au bon grain de l'instruction officielle l'ivraie fabriquée dans les officines suspectes de la rue Grange-aux-Belles.

Le *Temps*, les *Débats* menèrent une sarabande impitoyable, ils furent d'ailleurs suivis immédiatement par les feuilles de moindre importance, mais qui savent tout de même donner le coup de gueule quand il le faut, pour grossir le concert d'imprécations contre ces « vendus » de syndicalistes.

Ils n'osaient aller trop fort tout de même, car enfin, il faut bien se rappeler que la Chambre défunte, pourtant jugulée dans les derniers temps par M. Clemenceau, reconnut à une grosse majorité le droit de se syndiquer à tous les fonctionnaires. Ce n'est pas un rêve, le ministre du Travail, lui-même, au nom de tout le Gouvernement, a reconnu la nécessité d'étendre aux serviteurs de l'Etat, à ceux qui ont la charge des rouages administratifs, les bienfaits de la loi de 1884. Il est de plus en plus évident, qu'il est indispensable d'armer les fonctionnaires des mêmes droits que les ouvriers ou employés. L'Etat, patron-collectif, n'est pas souvent meilleur que le patron-individu — et il a besoin de trouver en face de lui une force organisée — avec qui il est souvent utile de parler, et même de collaborer, en vue de mettre sur pied bien des programmes, de réaliser de sérieuses réformes — et notre administration désuète et surannée, que l'Europe ne nous envie plus depuis Napoléon quoi qu'on en dise, notre administration comparable en beaucoup de points aux écuries d'Augias a besoin d'un nouvel Hercule, pour la nettoyer de fond en comble, pour la rénover entièrement, pour l'adapter aux temps présents, pour lui permettre de faire face aux difficultés de l'heure actuelle, qui sont lourdes et pressantes. Ce nouvel Hercule peut être le syndicat des fonctionnaires, solidaire par son adhésion à la C.G.T., des syndicats ouvriers.

Cela semble trop audacieux à beaucoup et le Sénat actuel, qui s'est toujours montré, comme le temporisateur des énergies de la Chambre ancienne, et qui se trouve au diapason de la nouvelle, proteste et se refuse à confirmer le vote de la Chambre. Il ne veut pas reconnaître le droit syndical aux fonctionnaires.

Sa décision peut sembler inutile à beaucoup, car les fonctionnaires n'ont pas attendu que ces messieurs du Luxembourg veuillent bien leur accorder la permission de se syndiquer, pour la prendre et s'unir aux autres travailleurs.

La décision qui vient d'être prise par le Sénat, en complet accord avec la Commission chargée d'étudier la question et qui conclut au rejet de l'article adopté par la Chambre, reviendra devant les députés nouveaux. La Chambre de réaction maintiendra-t-elle le vote de son aînée ?

Tout dépend du gouvernement ! Ce dernier se déjugera-t-il. Peut-être ? M. Jourdain, ministre du Travail, ne paraît pas être très large dans ses conceptions générales.

Les conclusions de la commission sénatoriale s'appliquent à tous les fonctionnaires. Il y a beaucoup de chances pour qu'il se trouve également à la Chambre, un sous-Chéron pour les prôner et pousser à leur adoption.

Ces conclusions sont remarquables. Elles semblent dictées par la Sainte Presse — la même qui animait le pays, le 16 novembre dernier :

« Quel que soit notre désir de transaction avec l'autre Assemblée, il nous paraît impossible, en conscience, de reconnaître le droit syndical aux fonctionnaires ou agents qui détiennent une portion quelconque de la puissance publique.

« Au moment où l'intérêt supérieur du pays commande de rétablir l'ordre et d'assurer par tous le respect de la souveraineté nationale, comment risquer d'affaiblir ou d'anéantir l'autorité déjà trop réduite du gouvernement régulier et responsable sur des agents sans le concours desquels la loi ne peut être obéie ?

« Et comment risquer, d'autre part, par une irréparable imprudence, de transférer tous les moyens de gouvernement à des collectivités dont l'action, à certaines heures et en dépit de la loi, peut être détournée de son but et être amenée à s'exercer contre les pouvoirs publics eux-mêmes ?

« Le Sénat ne peut vraiment se résoudre à une pareille abdication de la puissance publique. En tout cas, ce n'est pas sa commission qui prendra la responsabilité de la lui proposer. »

Le Sénat s'est résolu à « une pareille abdication de la puissance publique ». Peu importe ! La question ne se pose pas ainsi.

Les fonctionnaires sont syndiqués, et le resteront.

Aucun gouvernement n'est parvenu à avoir raison de la petite fédération illégale des Syndicats d'instituteurs... La force de Ministres futurs, s'ébrécherait sur le roc inattaquable des puissants syndicats de fonctionnaires.

Mais il n'en viendront pas là !

Fernand MORELLE.

Arrestation d'un anarchiste espagnol

Madrid, 26 janvier. — L'auteur de l'attentat du chemin de fer de Valence, où fut blessé grièvement le secrétaire de la Confédération catholique agricole, a été arrêté au village de Villena, province d'Alicante. Il était connu par la police comme anarchiste. (Radio.)

UNE ŒUVRE D'HUMANITÉ

"L'Animateur"

d'Henry Bataille est une pièce de "vérité"

Il n'y a peut-être pas de théâtre du Peuple, au sens exact du mot. Il y a, cependant, les auteurs du peuple, les écrivains courageux mettant au service de leurs convictions les ressources d'un pur talent. François de Curel, au Théâtre des Arts, Sacha Guitry, à la Porte-Saint-Martin, accordent au public des œuvres d'une pensée hautaine, d'un style noble, des œuvres d'idées.

Voici, maintenant Henry Bataille qui, au Gymnase, monte une pièce splendide, magnifiquement conçue, largement inspirée par un esprit supérieur. Voici, maintenant, Henry Bataille, dont nous savions tout le talent, le combattant intellectuel, dressé, à nos côtés, pour la bonne guerre, dans la grande bataille des idées où nous allons vaincre.

Nous n'avions jamais douté de lui, nous pensions que l'auteur de *Maman Colibri*, de la *Femme Nue*, du *Phalène*, de la *Marche Nuptiale*, des *Flambeaux*, de *Notre Image*, de la *Vierge Folle*, ou des *Sœurs d'Amour*, devait, un jour ou l'autre, être conquis à nos aspirations. Nous espérions, depuis longtemps, l'œuvre qui le classerait à nos côtés, à notre tête, pour le combat sans merci que nous avons soutenu, que nous soutiendrons encore, contre tous les adversaires, ceux de la politique étant singulièrement mêlés à ceux de la littérature et du théâtre.

Un talent aussi grand, fait de sensibilité, d'amour, de bonté, pouvait-il se prêter à nous détruire ? Henry Bataille vient à nous. Camarades, venons à lui. Que *l'Animateur* soit le trait d'union entre cet homme et vous. Son héros, Dartès, découvre le cœur douloureux des foules. Vers lui, l'acclamant, le hissant au pavois, les foules sont frémissantes, pleines de foi, dévouées, attachées à sa défense, montant la garde.

Voici l'intellectuel, Henry Bataille, qui, pareil à tant d'autres, aurait pu s'éloigner de vous, outrager vos idées, injurier votre pauvreté, railler vos mains calleuses. Il vient à vous, portant cette œuvre qui est la vôtre, intellectuel fièrement associé, dorénavant, à vos travaux et vos peines. Faites-lui l'accueil qu'il convient de réserver à ceux qui, courageusement — car il faut du courage pour briser net avec la bourgeoisie — vous honorent de leur fraternelle amitié. Et d'abord, allez au Gymnase. Acclamez l'*Animateur*.

De vos galeries, vous contemplerez l'orchestre, constellé de mercantis et de nouveaux riches, de gens de bons tons. Vous verrez. Chaque réplique sera comme une gifle reçue par l'un d'eux, chaque scène comme la révélation d'une situation nouvelle, d'un monde nouveau. Vous les verrez, dans les couloirs, commentant avec effarement, « l'audace de Bataille. C'est à ne pas croire, diront-ils. C'est à croire, tout au contraire. C'est à croire, à soutenir. Pour cette œuvre, soyez des propagandistes, fervents comme je le suis ici-même. Il dépend de vous que ce chef-d'œuvre connaisse les innombrables représentations réservées ordinairement aux cochonneries bêtes des vaudevillistes. Après *l'Ame en Folie*, *l'Animateur*. En vérité, nous ne pouvons pas nous plaindre, puisque, sur tant de productions écoulées en une saison, il subsiste le génie de François de Curel, le talent magnifique d'Henry Bataille, imposés par leur courage, notre admiration et l'immanente justice qui dédaigne, parfois, ses courtisans.

***

Un moment arrive, chez les hommes nourris de fortes pensées, méditant sur eux-mêmes, où, surpris par l'aveuglante vérité, ils ne peuvent s'empêcher de crier bien haut leur joie d'avoir enfin compris. Tel est le cas de Dartès, le personnage de Bataille, l'animateur. Tel est le cas d'Henry Bataille lui-même. Eblouis par l'irradiante lumière, ils marchent vers elle, les mains tendues, et rien, les pires embûches, les calomnies, ne peuvent les arrêter vers le but suprême. Ils peuvent trébucher, se meurtrir, se lasser. Une force nouvelle les surprend et les porte, croyants, clairvoyants et lucides.

Cette révolution de l'esprit, qui de nous n'en fut pas l'heureuse victime ? On ne naît pas socialiste, par exemple, mais on se transforme, de jour en jour, pour dépouiller le vieil homme, revivre d'idées neuves, s'améliorer d'une expérience qui, fatalement, logiquement, pousse à changer de méthodes, de sentiments, d'action. Henry Bataille vient admirablement, de commenter cette révolution de l'homme, et cela, si simplement, si humainement, que les critiques les plus acerbes ne sauront pas discerner le défaut par où peut pécher l'exposition de la thèse. Il a su placer Dartès dans la vie, laisser mouvoir autour de lui le cortège coutumier de ceux ou celles qui, tout au long de leur existence, ne font que suivre, par intérêt, par lâcheté, ou par désœuvrement, les maîtres qu'ils se sont attachés. Le drame est brutal, cruel, sans artifice, d'une belle nudité. Trop nu, affirmait-on. Tartufe disait cela, déjà. Et les habituels reproches que certains faisaient à l'auteur tombent d'eux-mêmes. La morbidesse, le souci d'équivoque, le style délayé, où, en quel pouvait-on fonder ces maladresses ?

L'action est ramassée, saisissante. Tout y est d'une clarté, d'une pureté remarquables. Le style est d'une sûreté, d'une précision rares. Voici un drame, oui, un drame sans... puisqu'il est fait de drames sensationnels en leur temps. A-t-on pu, un instant, résister à sa redoutable émotion ? Non pas, et qu'il y ait eu des spectateurs hostiles ou non à la pensée directrice, tous, du moins, étaient empoignés, saisis à la gorge, par l'âpre dialogue. Je répète, cette œuvre est belle, d'une puissance extraordinaire, d'un grand courage. A nos camarades de me confirmer.

***

En trois actes d'un incessant intérêt, l'*Animateur* suffit pour triompher. Dans un journal à gros tirage, le directeur littéraire, Dartès, poussé par un impétueux désir de justice, fait insérer un article vengeur contre Emile Gibert, pamphlétaire maître-chanteur qui, dans un hebdomadaire, s'attaque tout à tour à tous les hommes propres du pays.

Dartès peut-il expliquer à quel obscur sentiment il obéit pour se jeter ainsi délibérément dans la mêlée, et s'exposer aux coups de Gibert. Devant le conseil d'administration réuni, il expose quels besoins moraux le firent agir. Une discussion violente s'engage, qui monte jusqu'aux paroles irrémédiables au fur et à mesure que les actionnaires découvrent les intérêts que menace l'action de Dartès. Cette scène est vraie, d'une vérité tragique. Elle est suffisante, déjà, pour concentrer toutes les attentions. Gibert, attaqué, se défend avec ses armes habituelles. Il accuse Dartès d'une complicité mystique dans une affaire louche. Le Conseil d'administration décide, dès lors, de démissionner Dartès, que sa femme, directrice d'une gazette féminine et conservatrice, désavoue publiquement.

On annonce Gibert, qui, Giboyer moderne, vilipende sans vergogne, emploie, près de Dartès, des arguments que nous connaissons trop. Il déclare une guerre implacable. Il luttera par tous les moyens. Quand Dartès lui adresse de cinglants reproches, il lui jette une infamie : « Ta fille n'est pas ta fille ! ». Dartès saura vite, près de sa femme, que Gibert n'a pas menti. Ils se séparent, mais Renée Dartès, la fille, n'hésite pas. Au moment où tout croule autour de son père, elle restera pour le défendre, le protéger.

Réfugiés, tous deux, dans une banlieue, ils reçoivent les offres des organisations ouvrières qui, désireuses de placer à leur tête un écrivain de sa valeur, proposent à Dartès de prendre la direction du journal *La Lumière*. Il hésite, sa fille tente sur lui de le détourner de cette voie. Une offre particulière lui parvient d'ailleurs, entre temps. Quand Donadieu, représentant des ouvriers, vient lui demander réponse, il s'apprête à refuser. N'a-t-on pas crié, en bas : « A bas l'anglais ! » — Non, par cela ! répond Dartès. Donadieu, avant qu'il ne refuse, lui parle, à cœur ouvert, élevant la question à des conceptions plus hautes, lui démontrant qu'il n'y a rien à faire, qu'il peut hésiter, refuser maintenant. Le moment viendra où la petite idée, ayant fait son chemin, s'épanouira, sera forte, dominatrice. « Un jour ou l'autre, vous y viendrez », Dartès, cependant, se refuse.

Pendant son absence, sa femme vient essayer de reprendre sa fille. Pour la reprendre, toutes les armes lui sont bonnes. Elle ne tardera pas à révéler à Renée qu'elle n'est pas la fille de Dartès. Mais la douleur éclatante de celle-ci lui démontre qu'elle a creusé, entre elle deux, un fossé.

Dartès revient. Il voit que sa fille souffre. Il jette dehors sa femme. Et le voici sans force, prêt à tout renoncement. Mais Renée se ressaisit. Elle comprend, maintenant. Elle n'est pas la chair de sa chair, mais elle est la fille spirituelle, l'admiratrice, l'enfant des idées qui poussent Dartès. Elle rappelle Donadieu, les ouvriers. Dartès accepte, libéré lui aussi, fier et prêt à marcher.

L'épilogue va se dérouler chez Gibert qui vient de publier, avec la complicité de Mme Dartès, un livre ignoble dévoilant les malheurs conjugaux de son ennemi, la véritable paternité de Renée. L'ouvrage commence à avoir le plus formidable retentissement. Il faut briser les ailes à la *Lumière*, qui tire à deux cents mille. Il faut tomber Dartès. Des bandes de jeunes gens vont agiter l'opinion, et le livre fera le reste. Cependant Gibert reçoit la visite de Renée, désespérée, prête à tout pour que le livre ne paraisse point. Elle ne vient pas pour le tuer, mais pour se tuer devant lui s'il ne lui donne pas la promesse formelle d'arrêter la vente. Gibert raille, et, avec ce mélange de folie, de sincérité, de crapulerie, qui s'appliquerait à bien d'autres polémistes (!) trop connus, il déclare que seule la France peut lui donner des ordres. Les bourgeois, eux-mêmes, protestent dans la salle.

Dartès survient, affolé, croyant que Renée veut se faire justice. On ne tue pas les calomniateurs. La calomnie, c'est la plus belle des récompenses. Quand il se sent lassé, dit-il, une calomnie lui redonne sa force, sa vigueur. Il méprise trop Gibert pour lui cracher au visage. Mais Renée tient à son idée. Elle a fermé la porte. Gibert crie à l'aide. Dartès paraît à la fenêtre pour dire que Gibert ne craint rien, que la vie d'un homme est sacrée. Une balle le touche. Il tombe. Et Renée, sanglotant de douleur, crie : « Assassins ! Assassins ! »

***

J'en ai trop et pas assez dit, sans doute, pour bien rendre compte de la belle pièce de Bataille. Elle désigne clairement qui se dissimule, derrière Gibert, et quel est l'homme de haute pensée qui tombe frappé lâchement. M. Arquillière a joué, avec une intensité de vie surprenante, le rôle terriblement superbe de Dartès. M. Dumény incarna intelligemment celui de Gibert. MM. Jean Ayme, Roger Vincent, Collen, Venelly, Vanel, etc., composèrent fort bien leurs personnages. M. Berthier fut un extraordinaire président de conseil d'administration.

M. Armand Bour (dont on regrettera plus que jamais qu'il n'ait pas la situation capitale à laquelle tout l'appelle : son talent, sa culture théâtrale, sa valeur personnelle) représentait Donadieu, le porte-parole des ouvriers. Dans une scène brève, il sut, magistralement, avec une belle foi, lancer les strophes du croyant qui porte vers la petite idée triomphante des autres sa foi sublime et généreuse.

Mme Henriette Roggers avait un rôle difficile. Elle s'en tira du mieux qu'il était possible. Mme Yvonne de Bray, collaboratrice splendide de l'auteur, fut Renée, la jeune fille pure, admirablement. Et ce n'est pas assez dire. Elle était, toute entière, de toute son âme, la grande et belle femme éprise des grandes et belles idées, celle qui ne se laisse pas terrasser par la méchanceté de l'homme, qui réagit, et qui triomphe, douloureusement.

Bernard LECACHE.

Demain, jeudi, 29 janvier, à huit heures et demie du soir, à la Maison des Syndicats, 33, rue Grange-aux-Belles.

Sebastien FAURE

fera une CONFÉRENCE publique et contradictoire. — Sujet traité :

« SOMMES-NOUS PRÊTS ? »

L'orateur exposera une *Revendication unique* sur laquelle *tous les travailleurs* pourront asseoir un mouvement d'ensemble.

Les portes de la salle seront ouvertes dès 7 h. 30. La conférence commencera à 8 heures et demie précises. La réunion prendra fin vers 11 heures.

L'ACTUALITÉ

AU SÉNAT

Les Commissions sont nommées

Au début de la séance, M. Léon Bourgeois prononce l'éloge funèbre de M. Vallé, sénateur de la Marne.

M. Albert Peyronnet pose ensuite, au ministre de l'Agriculture, une question sur le transport en temps utile des engrais et tourteaux nécessaires à l'agriculture.

M. Ricard, ministre de l'Agriculture, promet que la question sera résolue par un décret au Conseil d'État.

« C'est une question d'heures », dit-il.

Après une suspension de séance, le Président annonce que MM. Ratier, par 185 voix, et Pichon, par 132 voix, sont élus membres du Comité consultatif des assurances sur la vie.

Les résultats du scrutin pour la nomination de la Commission des Affaires étrangères sont aussi proclamés. Les voici :

Sont élus sur 227 votants :

M. Lucien Hubert, par 227 voix ;

MM. Méline, B. Martin, Millès-Lacroix, Bompard, Louis Martin et Reynald, par 226 voix ;

MM. Milliard, Rivet, Noulens, par 225 voix ;

MM. Dibot, Goy, Boivin-Champeaux, Colin, Berthoulat, Réveillère, Chéneboit, par 224 voix ;

MM. de Selves, Ratier, V. Bérard, Cornet, Imbart de la Tour, R. Besnard, par 223 voix ;

MM. Savary, P. Strauss, Cruppi, Hugues Le Roux, par 221 voix.

MM. de Saint-Quentin, d'Estournelles de Constant, de Las Cases, A. Bérard, par 220 voix ;

MM. G. Doumergue, par 219 voix ; M. de Lamarzelle, par 217 voix ; MM. Joseph Reynaud, Lazare Weiller, R. Renault, par 217 voix.

La Commission de l'Armée est aussi constituée :

Président : M. Bordenoot ;

Vice-présidents : MM. Paul Doumer, Chéron, Paul Strauss, Gaston Menier ;

Secrétaires : MM. Lucien Cornet, Charles Chabert, comte d'Alsace, Henry Bérenger.

Séance jeudi.

L'organisation internationale du travail

La seconde séance du Conseil d'administration de l'Organisation internationale du Travail a été tenue hier matin. Le président, M. Arthur Fontaine, a donné lecture d'un télégramme reçu des délégués canadiens, retenus en mer, et qui espèrent arriver au milieu de la semaine.

Les procès-verbaux des séances tenues à Washington ont été adoptés après des observations de M. Guérin (France) et Jouhaux (France).

Le Conseil a discuté ensuite les mesures à prendre pour donner suite et efficacité aux résolutions prises à Washington avant la ratification du Traité de Paix. Plusieurs délégués, notamment MM. Guérin (France), Carlier (Belgique), ont formulé des réserves et souligné que la compétence des Parlements reste entière. Après les observations de MM. Rufenacht, au nom du gouvernement suisse, Mahaim pour la Belgique, Mayer des Planches pour l'Italie, et Jouhaux, au nom des ouvriers, le Conseil décide de clore purement et simplement la Conférence de Washington, confiant à la Société des Nations le soin d'appliquer ses décisions conformément au Traité de Versailles.

M. Albert Thomas est nommé directeur du Bureau International

Le Conseil passe ensuite à la nomination du directeur définitif du Bureau international du Travail. Sur la proposition de sir Malcolm Delevingne (Angleterre), M. Albert Thomas, directeur provisoire, est élu directeur définitif, à l'unanimité et par acclamation.

M. Arthur Fontaine, président, adresse quelques paroles de félicitations à M. Albert Thomas, qui répond en exprimant sa foi dans l'œuvre internationale du travail et dans les destinées de la Société des Nations.

M. Albert Thomas expose ensuite ses plans sur l'organisation générale du bureau, qui doit être avant tout un organe d'action. MM. Guérin et Jouhaux formulent quelques critiques d'ensemble. M. Mayor des Planches suggère la création d'un directeur-adjoint, qui est accueillie avec faveur, à condition que sa nomination soit laissée à la compétence exclusive du directeur.

Le Conseil décide de s'en tenir à un examen du plan d'organisation dans ses grandes lignes et à l'étude du budget provisoire. Une Commission composée d'un délégué gouvernemental, d'un ouvrier et d'un patron sera nommée pour préparer ces délibérations.

Avant que la Commission spéciale et le Comité du budget ne se réunissent, Jouhaux tient à demander immédiatement un vote du Conseil sur la question de savoir si les dépenses résultant des délégations ouvrières et patronales au Conseil d'administration devront être supportées par les gouvernements ou par l'Organisation internationale du Travail. Jouhaux souligne le caractère international des délégués ouvriers et patronaux qui ne représentent pas seulement leur propre pays, mais aussi les ouvriers et les patrons des pays non représentés. Sir Malcolm Delevingne (Angleterre) appuie cette interprétation du Traité de Paix, et M. Pirelli (Italie) se joint aux observations de Jouhaux concernant la suppléance des membres du Conseil, afin de faciliter la représentation de la classe ouvrière italienne.

Le Conseil s'ajourne ensuite à cet après-midi.

Lettres et Arts

NOTRE ENQUÊTE LITTÉRAIRE

Qu'est-ce qu'un « jeune » écrivain?

C. FAMBREILLE

Un « jeune écrivain » dans l'acception courante de l'expression, est un écrivain débutant. Tous, même les plus grands, ont été de « jeunes écrivains ». La Fontaine, l'incomparable écrivain, qui ne publia ses premiers contes qu'à l'âge de quarante-quatre ans et son premier livre de fables que « quelques années plus tard », fut, à cet âge, un « jeune écrivain ». Voltaire, par contre, fut un « jeune écrivain » au sortir de l'adolescence. L'un et l'autre furent consacrés écrivains, dès leurs premières productions.

Il ressort de cette façon de voir que pour être un « jeune écrivain », il faut évidemment et d'abord manifester, tout au moins en puissance, les qualités qui caractérisent la griffe de l'écrivain véritable ; il faut ensuite, pour mériter la qualification de « jeune », être un apprenti dans les lettres.

Cet apprentissage peut être plus ou moins long selon les difficultés à vaincre. J'estime toutefois qu'il doit prendre fin, et que, la quatrième ou cinquième production, au plus tard, doit porter définitivement, ou jamais, le sceau de l'écrivain dans la maturité, sinon dans la maîtrise du génie qui lui est propre.

Bien cordialement votre

C. Fambreille.

MARCELLE RIFFARD

« Un jeune écrivain ? C'est un être qui, possédant le don de sentir la multiple souffrance humaine, et la faculté d'analyser cette souffrance, s'efforce de la calmer et essaye d'en conjurer le retour. Il la calme, il l'endort, en appelant les pensées dans un sillage autre que celui de leur mal. Tantôt confiant il redonne de la confiance, tantôt âpre, caustique, il fouaille les volontés qui faiblissent, tantôt pessimiste il signale la menace du danger obscur. Toujours il voit plus loin, plus haut... Ses yeux sont fixés sur une lumière qu'on devine éblouissante dans un ciel inconnu. Et parfois, sans le savoir, on marche vers elle, derrière lui. »

Marcelle Riffard.

Les obsèques d'Amedeo Modigliani

Hier eurent lieu les obsèques du peintre Amedeo Modigliani, brutalement enlevé dans la force de son talent hardi et original.

De nombreux amis et admirateurs de l'artiste avaient tenu à accompagner sa dépouille mortelle jusqu'au cimetière du Père-Lachaise, où eut lieu l'inhumation. Le char mortuaire disparaissait sous les fleurs.

Parmi l'assistance nous avons remarqué :

Notre confrère André Salmon, le peintre Kisling, Max Jacob, Francis Carco, Fernande Amoro, le compositeur Georges Auric ; les peintres Picasso, Zborowsky, Haydn, Conrad de Mauricio, P. Dalal, Férat, Ortiz de Zarate, Severini, Albert Gleizes, Brunelleschi, Rey, Fernand Léger, Lager, Durey, Juan Gris, Jean Kotel ; le poète italien Ungaretti ; les sculpteurs Pina et Fanisso ; le graveur Gorvel ; Dioutriani, etc., etc.

Conférences :

— Aujourd'hui mercredi, de 4 à 7 heures, 6, rue Puteaux (métro Rome), grande controverse libre et gratuite, sous la présidence de Paul Brulat : « La Liberté de l'Art doit-elle être intégrale ? » — Protestation contre le procès Victor-Cyril-Gallet. Prendront la parole : Georges Pioch, Henry Marx, Victor Cyril, de Carrié ; Léo Poldès, du Syndicat des Revues ; Marcel Say, du Syndicat des Écrivains ; Noël Garnier, de l'A. R. A. C. Artistes et écrivains sont particulièrement invités.

Expositions :

— A la Galerie Devambez (43, boulevard Malesherbes). — A partir d'aujourd'hui et jusqu'au 12 février prochain, exposition des œuvres de : André Derain, Henri Matisse, Picasso, O. Mesier, de Vlaminck, Chirico, Utrillo, Ozenfant, Modigliani, Galanis, Kisling, Lhote, Bissière, Van Dongen, Gimmi, Coubine, Raoul Dufy, Waldo Barbey, Osterlind, Survey, Kremegne, Hertz, Férat, Suzanne Valadon, Albert Gleizes, Ozeresco, etc...

TRIBUNAUX

ENFIN, DES SPÉCULATEURS CONDAMNÉS

La 10e Chambre correctionnelle a la spécialité de juger les spéculateurs, trafiquants et autres fauteurs de vie chère. Elle ne chôme pas, et les condamnations s'ajoutent aux condamnations... sans que le coût de la vie s'en trouve sensiblement modifié.

Hier après-midi, cette Chambre a rendu un jugement concernant une affaire de hausse illicite sur les lards et saindoux du ravitaillement. Le principal accusé était un nommé Lachaud, ex-commandant au ravitaillement et qui depuis sa démobilisation avait gardé des intelligences dans la place. Ce mercanti galonné réussit ainsi à obtenir des bons d'attribution pour de grosses quantités de lard et de saindoux, et naturellement, les cède à des tiers moyennant une honnête petite commission.

Les marchandises passaient ainsi d'intermédiaires en intermédiaires et arrivaient à des prix fantastiques. Les lards et saindoux achetés par l'ignoble Lachaud aux prix de 275 et 360 francs les 100 kilogs furent revendus 480 et 600 francs, se trouvant ainsi majorés de près de 100 %, alors que le Ravitaillement autorisait seulement une majoration maximum de 15 %.

Pour une fois nous nous associons pleinement aux dures paroles du ministère public. Le tribunal, d'ailleurs, a prononcé les condamnations suivantes :

Lachaud à 20.000 francs d'amende, et onze intermédiaires aux peines suivantes : MM. Henri Breuillac et Henri Chin, 12.000 francs d'amende ; MM. Fernand Galizar et Édouard Bertrand, 10.000 francs ; Henri Coll, Édouard Weill et Joseph Logny, 6.000 francs ; Pierre de Goy, 3.000 francs ; John Lerceuley, 2.000 francs, et Arthur Capron et Mme Marthe Mongel, 500 francs d'amende. Enfin un treizième prévenu, M. Maurice Jaugé, a été acquitté.

Espérons que nulle grâce ne sera faite aux mercantis et que les amendes et dépens seront rigoureusement recouvrés, sans oublier la contrainte par corps au cas de non-exécution. Bien des pauvres bougres moisissent en prison pour des vétilles. C'est sans pitié que nous verrions quelques mercantis faire connaissance avec les prisons nationales.

Toute indulgence envers ces malfaiteurs véritables disqualifierait encore davantage, si possible, dans l'esprit du prolétariat une « Justice » déjà trop relative.

Les Sports

BOXE

Assassinat de Willie Lewis

L'excellent boxeur Willie Lewis qui, aux débuts de la boxe en France mit à son actif une brillante série de victoires, vient d'être tué à coups de revolver par un apache dans le cabaret qu'il avait ouvert à New-York.

CROSS-COUNTRY

Ajournement du Challenge Dezeaux

Les dirigeants du Racing abandonnent la date du 1er février choisie pour le challenge Dezeaux, ne voulant contrarier en rien le succès du cross du Comité de Préparation Olympique.

Nos échos

EUNUQUE.

M. Paul Painlevé, ancien président du Conseil, un de ceux qui sont le plus violemment attaqués par le sieur Daudet, est enfin validé. Les députés réactionnaires désiraient le laisser à la porte. C'est donc pour eux un cuisant échec.

M. Painlevé prend ses fonctions avec de bonnes intentions. Il a, en effet, déclaré : « Je suis enchanté de pouvoir enfin rentrer à la Chambre. Car je tiens à être présent le jour où il plaira à certains de me mettre en cause. Et soyez persuadés que ce jour-là je saurai répondre directement et fournir les explications nécessaires. »

Léon Daudet est prévenu ! Il va donc se tenir tranquille, car, il ne sait attaquer que les absents. Il vient de le prouver récemment, à propos de M. Steeg qui se trouvait au Sénat lors de son interpellation. Lorsque le ministre de l'Intérieur arriva à la Chambre, le fougueux Tartarin fut aussi muet que ceux du Sérail ! Serait-il aussi eunuque ?

FAMEUX TÉMOIGNAGE

Les membres de la Commission des réparations, qui comprend des délégués des États-Unis, du Royaume-Uni (appelé de cette façon à propos de l'Irlande !), de l'Italie, et de la Belgique, viennent d'adresser à leur ancien président, M. Loucheur, un témoignage d'estime.

Le Petit Journal s'empresse de la publier espérant peut-être qu'un peu de l'hommage rejaillira aussi sur la personne de son directeur, le falot Stephen Pichon, et il l'accompagne de commentaires qui méritent d'être reproduits : « Cette lettre, qui est plus qu'un simple acte de courtoisie, honore les personnalités éminentes qui l'ont signée et le ministre dont elle reconnaît si délicatement les mérites exceptionnels. M. Loucheur ne pouvait souhaiter une consécration plus autorisée des services qu'il a rendus à son pays et à la cause des alliés. »

Évidemment! Évidemment ! Ce sont là de belles paroles. Mais un peu plus de charbon dans nos caves et la vie moins chère seraient de beaucoup préférables.

Mais, de cela M. Loucheur se « fouteit » pas mal !

LES COURSES

LES RÉSULTATS D'HIER A VINCENNES

PRIX DE TROARN

Quesita (Jeandon), G., 11 50 ; P., 8 ». — Padyrille (L. Boudet), P., 14 ». — Non placés : Philoh, Paula, Qualité, Pégase, Patriarche.

PRIX D'AVRANCHES

Numance (C. Pentecôte), G., 15 » ; P., 8 50. Petit Père (Choisselet), P., 10 ». — Possesse (Simonard), P., 24 50. — Non placés : Pachuka, Ouraïs-Picciola V., Pasta Willey, Odette, Olivette, Olgita, Owen Pearl, Prudence, Ogues, Belgrad, Prince du Manoir.

PRIX DE COURTEILLES

Père Léon (Caudel), G., 26 » ; P., 8 50. — Prince (A. Sourroubille), P., 7 ». — Quêteuse (C. Pentecôte), 11 50. — Non placés : Quiola, Pacôme, Perle Fine, Quoniam, Quinze Mille.

PRIX DE BOURIGNY

Quos Ego (T. Mariel), G., 8 50. — Non placés : Quolibet, Quand Même.

PRIX DE SAINT-CONTEST

Le Loupillon (Carré), G., 9 50. — Non placés : Leader, Incertaine.

PRIX DE CARENTAN

Ganesse (M. de Wasiérest), G., 17 50 ; P., 9 50. — Pomona (A. Tamberli), P., 9 50. — Patriote (C. Pentecôte), P., 11 ». — Non placés : Pologne, Phoenomenon, Pacha.

PRIX D'ÉVREUX

Oba (T. Lallierre), G., 31 » ; P., 10 ». — Kervenne (Villet), P., 8 50. — Bruyère (A. Sourroubille), P., 9 50. — Non placés : Norrois, Ouragan, Tapageuse, Jarey, Jégrana, Jabel, Jacques.

« LE JOURNAL DU PEUPLE »
12, rue Grange-Batelière, PARIS (9e)

TARIF DES ABONNEMENTS

	Un an	6 mois	3 mois
Seine et Seine-et-Oise	30 »	15 »	7 50
France et Colonies	32 »	16 »	8 50
Étranger	[illegible]	[illegible]	[illegible]

Les Théâtres

PETIT COURRIER

Théâtre des Arts. — Le retentissement de *L'Âme en folie*, le chef-d'œuvre de François de Curel, vient de se manifester de curieuse façon. Une revue littéraire de New-York vient de demander les photographies des décors et des artistes de la pièce, ainsi qu'un compte rendu et a obtenu que tous ces documents lui soient envoyés par la valise diplomatique. *L'Âme en folie* vient d'être d'ailleurs traduit en anglais, en norvégien, en italien, en espagnol, en roumain et en langue tchéco-slovaque. Matinées jeudis, samedis et dimanches.

PROGRAMME DES SPECTACLES

Ce soir :

OPÉRA. — *Rebecca ; Sylvia.*
COMÉDIE-FRANÇAISE, 8 h. 30. — *Le Prince d'Aurec.*
OPÉRA-COMIQUE, 8 h. 15. — *Monsieur Beaucaire.*
ODÉON, 8 h. 15. — *Les Américains chez nous ; Chaudics.*
TRIANON, 8 h. 30. — *Le Barbier de Séville.*
GAITÉ, 8 h. — *La Belle Hélène.*
VAUDEVILLE (Th. Lyrique), 8 h. 30. — *Méphistophélès.*
VARIÉTÉS, 8 h. 30. — *La Chasse à l'Homme.*
THÉÂTRE DE PARIS, 8 h. 30. — *La Vierge folle.*
CIRQUE D'HIVER, 8 h. 30. — *Œdipe (Gémier, Andrée Mégard).*
CHATELET, 8 h. — *Mathias Sandorf.*
PORTE-SAINT-MARTIN, 8 h. 30. — *Béranger.*
NOUVEL-AMBIGU, 8 h. 30. — *Fouet avoir un enfant.*
GYMNASE, 8 h. 30. — *Le Voleur.*
SARAH-BERNHARDT, 8 h. 15. — *L'Aiglon.*
PALAIS-ROYAL, 8 h. 30. — *Hercule à Paris.*
ANTOINE, 8 h. 30. — *Aux Jardins de Murcie.*
BOUFFES-PARISIENS, 8 h. 30. — *Phi-Phi.*
DÉJAZET, 8 h. 30. — *Tire au flanc.*
CONCERT MAYOL. — La grande Revue d'hiver : *Tout à l'Amour*. 150 artistes, 500 costumes. Au 2e acte : *Le Coucher des ingénues.*
TH. IMPÉRIAL, 20 h. 45. — *La Revue.* Lise Berty.
ÉDOUARD VII, 8 h. 30. — *La Liaison dangereuse.*
EUROPÉEN, mat., soir. — Nine Pinson, Sinks, Gabardin, Norcel, etc., etc.
L'ABRI, 8 h. 45. — *Ça Boyauterie.*
THÉÂTRE MICHEL, 8 h. 30. — *L'Heure exquise.*
LA PIE-QUI-CHANTE, 9 h. — Revue.
THÉÂTRE DES MATHURINS, 9 h. — *Il était un petit « Homme ».*
THÉÂTRE DES ARTS, 8 h. 15. — *L'Âme en folie.*
SCALA, 8 h. 30. — *Le Coup de Jarnac.*
APOLLO, 8 h. 30. — *La Princesse Carnaval.*
MARIGNY, 8 h. 30. — *Les Belles Anglaises.*
NOUVEAU-CIRQUE. — T. l. s. (mardi, sam.), mat. jeudi, sam., dim., fêtes.
ALHAMBRA. — Attractions variées.
KURSAAL, soirée à 8 h. 30.
OLYMPIA, 8 h. 30. — *La Revue des As.*
ELDORADO. — Revue. Montel, Dorvil.
GAITÉ-ROCHECHOUART, 8 h. 30. — *Une de plus, revue.*
ATHÉNÉE, 8 h. 30. — *Amour, quand tu nous tiens !*

NOUVEAUTÉS-AUBERT-PALACE, 24, boulevard des Italiens. — *Impossible Mariage*, drame ; *Le Fils de la Nuit*, 5e épisode ; *Panthères.*
MONCEY-CINÉMA, 30, avenue de Clichy. — *Valet de Cœur*, dramatique ; *Le Fils de la Nuit*, 5e épisode ; *Serpentin*, *le Bonheur est chez toi*, interprété par Levesque. — Matinée à 2 heures ; soirée à 8 heures.
TIVOLI-CINÉMA, 14, rue de la Douane. — *Travail*, 7e épisode : *L'Apostolat* d'après le célèbre roman d'Émile Zola ; *Charlot Brocanteur* ; *Le Fils de la Nuit*, 5e épisode. — Matinée à 2 heures ; soirée à 8 heures.
CINÉMA SAINT-PAUL, 73, rue Saint-Antoine ; 38, rue Saint-Paul. — *Le Fils de la Nuit*, 5e épisode ; *La Baigneuse inconnue*, comédie sentimentale ; *Charlot Brocanteur.* — Matinée à 2 heures ; soirée à 8 heures.

FAITS DIVERS

Le crime d'Asnières

On a pu identifier le cadavre repêché hier à Asnières. Il s'agit de M. Janis, courtier en chevaux, à Levallois. Quant à l'assassin, il a été arrêté. C'est un employé de la victime. Il a fait des aveux et a raconté les détails du crime.

Ce serait à la suite d'une discussion qu'il aurait tué son patron.

Il paraît que, sur une somme de quinze mille francs, on n'aurait retrouvé que trois mille cinq cents francs.

L'assassin aurait, paraît-il, des complices.

Épuisons Paris

La nuit dernière, des battues ont été faites par la police dans les 4e, 5e, 10e et 11e arrondissements.

Au cours de ces battues, il a été procédé à de nombreuses arrestations, notamment pour vol, prostitution et port d'armes prohibé.

« Encore des gens qu'il va falloir nourrir », s'est écrié le directeur du Dépôt, en voyant arriver bondés les paniers à salade.

Marché de Paris

MARCHÉ TRÈS ACTIF. HAUSSE DES VALEURS RELEVANT DE LONDRES ET DE NEW-YORK. LA LIVRE ANGLAISE VAUT 46 FR. 04, LE DOLLAR 12 FR. 69. — Établissements de crédit calmes. Valeurs maritimes irrégulières. Grande fermeté au groupe des nitrates. Cuivres soutenus. Léger tassement des caoutchoucs et des pétroles.

EN AVANCE : Banque de Paris, Banque Ottomane, Messageries Maritimes, Voitures à Paris, Nitrate Railway, Lautaro, Rio-Tinto, Utah Copper, Rand Mines, Héraclée.

EN RECUL : Union Parisienne, Compagnie Transatlantique, Sucreries d'Égypte, Naïs-Bonhomme, Bakou, Royal Dutch, Mexican Eagle, Padang, Malacca.

BRUITS ET NOUVELLES

Valeurs cotées. — Câbles télégraphiques, Télégraphie sans fil, Tréfileries du Havre, Applications du Bois, Établissements Cessi, Recherches et Forages ne sont pas cotés ou conservent péniblement les cours de la veille. Santa-Fé, Kuhlmann, Chaux et Ciments du Maroc, Naraveno y Anbezoa enregistrent une nouvelle hausse. Sosnowice avance à petits pas ; la part Héraclée, mieux habituée aux excentricités, bondit de nouveau et atteint le cours de 22,000 francs.

Changes. — Le franc faiblit encore devant les devises étrangères et dans des proportions particulièrement inquiétantes. On nous promet tous les jours un accord international qui doit rétablir l'équilibre des changes : il serait temps que cet accord soit conclu. Nous avons aux Finances un financier ; mieux que tout autre il doit sentir le danger de notre position. On attend qu'il y porte remède avec promptitude.

Compagnie de Constructions Industrielles. — Les résultats de l'exercice 1919 s'annoncent comme particulièrement brillants. Les bénéfices seraient de 4 millions pour un capital de 6 millions 1/2.

Bons de la Défense Nationale

Les Bons de la Défense Nationale offrent toutes les facilités pour effectuer un placement des plus rémunérateurs, qui n'immobilise les capitaux engagés que pour peu de temps.

C'est un devoir absolu pour tout Français ayant des disponibilités de les employer à l'achat de ces titres : il met ainsi ses économies au service du pays, tout en se ménageant un intérêt très avantageux.

Voici à quel prix on peut les obtenir (intérêt déduit) :

BONS de la DÉFENSE NATIONALE

[illegible]	SOMME A PAYER POUR AVOIR [illegible] : 1 MOIS	3 MOIS	6 MOIS	1 AN
[illegible]	—	—	—	[illegible]
[illegible]	—	—	—	[illegible]
[illegible]	[illegible]	[illegible]	[illegible]	[illegible]
[illegible]	[illegible]	[illegible]	[illegible]	[illegible]
[illegible]	[illegible]	[illegible]	[illegible]	[illegible]
[illegible]	[illegible]	[illegible]	[illegible]	[illegible]

On trouve les Bons de la Défense Nationale partout : Agents du Trésor, Percepteurs, Bureaux de Poste, Agents de change, Banque de France et ses succursales, Sociétés de Crédit et leurs succursales, dans toutes les Banques et chez les Notaires.

L'ouverture de la souscription du prochain Emprunt a été fixée au 10 février 1920.

Les conditions essentielles de cet emprunt ont été définies par la loi du 20 décembre 1919. Nous les rappelons ci-après :

Prix d'émission .... 100 fr.
Intérêt annuel .... 5 fr.
Durée de l'amortissement .... 60 ans
Prix du remboursement .... 150 fr.

LES CRUCIFIÉS

14 planches en couleurs par
ANTONIO GALBEZ
Préface de Victor Cyril
Prix : 1 fr. 50 ; franco : 1 fr. 75
A la Librairie du « Journal du Peuple ».

La Vie Sociale et Politique

LES GRÈVES

AUX ABATTOIRS

Les travailleurs des abattoirs se sont réunis hier, avenue du Pont de Flandre, au nombre de 800. Ils ont déclaré qu'ils ne reprendraient le travail qu'après que les margariniers auraient obtenu satisfaction. Bel exemple de solidarité.

LES MARÉCHAUX FERRANTS

Ils ont cessé le travail hier matin, à la suite du renvoi d'un certain nombre d'entre eux qui voulaient faire respecter le contrat du 6 juin dernier. Ils demandent, en outre, une augmentation de 0 fr. 90.

LES BISEAUTEURS ET ARGENTEURS DE GLACES

Ils ont déclaré la grève hier matin et se sont réunis à la Bourse du Travail. Ils demandent une augmentation de 2 fr. — 15 maisons ont fermé leurs portes.

LES MARINIERS

La grève continue. Les grévistes, réunis hier, ont protesté contre la station au Pont d'Austerlitz d'une vedette portant trois mitrailleuses et un canon de 35. L'attitude des grévistes n'a cependant pas donné lieu à de telles provocations.

DANS LES P. T. T.

La Fédération postale a repris les relations avec l'administration en application des décisions du Conseil fédéral dernier.

SITUATION INTOLÉRABLE DANS LES MÉTAUX

La pénurie de charbon s'accentue, les manques de courant deviennent plus fréquents et la situation de la classe ouvrière privée de salaires ne s'améliore pas. La réglementation du courant élaborée par les groupes des industriels, d'accord avec les secteurs, n'est pas respectée. Pendant qu'une partie des ouvriers chôment, d'autres sont astreints aux heures supplémentaires. Où veut-on en venir ?

La suppression de la journée de huit heures est certainement l'objectif.

Le chômage rendra les ouvriers plus dociles.

A la métallurgie électrique, à Ivry, une catégorie d'ouvriers, ceux occupés à la fonderie, n'a pas repris le travail depuis le 1er janvier. Pour eux pas de courant. Cependant, toutes les usines ont repris, la métallurgie électrique comprise, exception faite à la fonderie.

Dans les mairies, on ne veut plus connaître ces ouvriers comme chômeurs.

Ils ne sont pas assez nombreux pour toucher l'opinion publique. Les pouvoirs publics les ignorent.

Que compte-t-on faire pour que cesse cet abus?

A. Bouve, du Syndicat des Métaux.

COMMUNICATIONS

Cheminots. — Le Conseil d'administration de l'Union des Syndicats du P.-L.-M. décide de refuser toute échelle qui ne serait pas à base de 3.800 fr. avec les modalités de la Fédération.

Fixe la date du 10 février pour qu'une réponse définitive nous soit donnée portant l'acceptation des échelles et du statut présentés par la Fédération.

A cette date, le travail cessera sur l'ensemble du réseau si nous n'avons pas satisfaction.

CONVOCATIONS

SYNDICATS

Jeunesse Syndicaliste du Livre. — Réunion ce soir, à 8 h. 30, au siège, 20, rue de Savoie, Paris (6e).

Cheminots (Syndicats parisiens). — Mercredi 28, assemblée plénière. En raison de l'importance des questions à solutionner, les syndicats sont invités à adjoindre au moins trois camarades aux trois délégués auxquels les syndicats ont droit. — Très important.

— (Section Exploitation du Syndicat Paris-État R. D.). — Comité à 20 heures, 1, rue Jouffroy.

Métaux et Similaires (18e). — Réunion à 20 heures 30, salle Garrigue, 18, rue Ordener, de tous les camarades métallurgistes : Les huit heures. — Organisation pratique de la fusion.

Monteurs-Électriciens. — A 8 h. 30. Conseil syndical, salle des Commissions, 4e étage.

Puisatiers en bâtiment. — A 17 h. 30, au siège, contrôle.

Groupe d'Études du 14e. — A la Maison Commune, 111, rue du Château, à 20 h. 30.

Comité intersyndical (Nogent-sur-Marne). — A 20 h. 30, salle du Comité Intersyndical (Beltscher, 102, Grande-Rue, à Nogent-sur-Marne) réunion de tous les délégués.

Jeunesse syndicaliste des 17e et 18e. — Ce soir, à 20 h. 30, réunion extraordinaire, au siège, 172, rue Legendre.

Grainetiers et Polisseurs de Granit. — A 18 heures, Bourse du Travail. Urgent.

Serruriers en Bâtiment. — Délégués à 6 h. 15 du soir, salle Bas-Côté, Bourse du Travail.

Bijou (Jeunesse Syndicaliste). — Réunion générale, 179, rue du Temple, Bar de la Rotonde, à 8 h. 30.

Hôtels, Cafés, Restaurants et Bouillons. — Conseil syndical, à 17 heures, salle des Commissions, Bourse du Travail, 1er étage.

Voiture Aviation. — Conseil, salle des Commissions, 3e étage.

Garçons de Lavoirs et Couleurs. — Les secrétaires de section sont priés de passer, à partir de samedi après-midi, à la permanence, afin de retirer les tracts pour l'assemblée générale du 15 février.

Ouvriers et Ouvrières sur Métaux. — Conseil central, le 28 janvier, à 20 h. 30, salle des Commissions, 2e étage.

Producteurs et Distributeurs d'Énergie électrique. — Conseil syndical ce soir, mercredi, à 7 h. 30, salle des Commissions Bondy.

Cimentiers et Maçons d'Art. — Réunion de la Commission de la Bibliothèque, ce soir, à 19 heures, au siège.

PARTI SOCIALISTE

Jeunesses Socialistes d'Asnières. — A 20 heures 30, rue du Tir, 11, Asnières.

10e Section. — A 20 h. 30, rue Lassus, 3, Commission d'études municipales.

Originaires de l'Yonne. — Réunion remise au vendredi 30 janvier.

12e Jeunesse. — A 20 heures, Commission de contrôle et trésorerie. — A 20 h. 30, réunion.

FÉDÉRATION ANARCHISTE

Groupe des 17e et 18e. — A 8 h. 30, salle Tollin, 55, rue Ordener, causerie par le camarade Péaché sur : « Le Communisme autoritaire et le Communisme libertaire ».

Groupe libertaire Vanves-Malakoff. — Réunion privée des adhérents du groupe, ce soir, à 20 heures, même endroit.

Groupe des 10e, 19e, 20e. — Mercredi, à 20 heures, rue Piquet-Chevreau, 3e, causerie par le camarade Salvator sur : « L'Individualisme et le Communisme ». Pour les adhésions, écrire à Dehart, au *Libertaire*, 69, boulevard de Belleville (11e).

DIVERS

Muse des Cheminots. — Répétition (harmonie et chorale). — A 20 heures, lieu habituel.

A. R. A. C. (11e). — A 20 h. 30, Café Martin, boulevard Voltaire (angle rue de Charonne).

— Section de Vincennes. — A 20 h. 30, salle Cancel, 82, rue de Fontenay, réunion de la Commission exécutive. Les adhésions seront reçues.

Cercle des Coopérateurs des 17e et 18e. — A 8 h. 30, salle Boudier, 135, rue Damrémont.

Langue internationale Ido. — Cours gratuit, à 20 h. 30, 162, rue Saint-Charles (15e).

PETITE POSTE

Ollo Louis. — 1° Oui ; 2° C'est une question d'interprétation ; 3° Indéfiniment, si cet auxiliaire possède une pièce constatant l'origine en service de sa blessure ou maladie ; six mois après sa démobilisation dans le cas contraire.

Un socialiste révolutionnaire. — Ce mariage est légal. A l'étranger, vous devez vous adresser au consul de France, qui remplit les fonctions d'officier de l'état civil.

Lecteur assidu, accident du travail. — N'importe quel avocat peut défendre vos droits ; s'il vous plaît, passez à nos bureaux de 5 à 7 heures.

Émile 73. — Les primes mensuelles ne sont accordées qu'après 18 mois de service effectif. Vous n'avez droit qu'à la prime fixe.

Jacquot Doney. — Cette veuve n'a pas droit au pécule, mais aux primes de démobilisation : prime fixe et primes mensuelles, à 20 fr. si le mari faisait partie d'une unité combattante, à 15 fr., dans le cas contraire.

Livres critiques sur la guerre

FERNAND ENGERAND : Le Secret de la frontière : Charleroi (1815-1871-1914) ; huit portraits et quatre cartes, 1 vol. .... 15 »
Franco 15 60
GÉNÉRAL PERCIN : Lille, 1 vol. .... 5 »
Franco 5 50
1914 : Les erreurs du Haut Commandement, 1 vol. 4 90
Franco 5 20
ANDRÉ MORIZET : Le Plan 17, 1 vol. 3 50
Franco 3 85
VICTOR MARGUERITTE : Au bord du Gouffre (août-septembre 1914), 1 vol. .... 7 »
Franco 7 50
A la Librairie du Journal du Peuple.

IMPRIMERIE FRANÇAISE (Maison J. Dangon) Georges DANGON, imprimeur 123, rue Montmartre, Paris (2e arr.)
Le Gérant : Louis DESCARSIN.
Travail exécuté par des ouvriers payés au tarif syndical

AU SÉNAT

Les Commissions sont nommées

Au début de la séance, M. Léon Bourgeois prononce l'éloge funèbre de M. Vallé, sénateur de la Marne.

M. Albert Peyronnet pose ensuite, au ministre de l'Agriculture, une question sur le transport en temps utile des engrais et tourteaux nécessaires à l'agriculture.

M. Ricard, ministre de l'Agriculture, promet que la question sera résolue par un décret en Conseil d'État.

« C'est une question d'heures », dit-il.

Après une suspension de séance, le Président annonce que MM. Ratier, par 185 voix, et Philip, par 132 voix, sont élus membres du Comité consultatif des assurances sur la vie.

Les résultats du scrutin pour la nomination de la Commission des Affaires étrangères sont aussi proclamés. Les voici :

Sont élus sur 227 votants :

M. Lucien Hubert, par 227 voix ;

MM. Milliès-Lacroix, D. Martin, [illegible], Bompard, Louis Martin et Reynald, par 226 voix ;

MM. Milliard, Rivet, Noulens, par 225 voix ;

MM. Bliad, Gay, Boivin-Champeaux, Fabin, [illegible], Brière, Chéradon, par 221 voix ;

MM. de Selves, Ratier, V. Bérard, L. Cornet, Imbart de la Tour, R. Besnard, par 223 voix ;

MM. Savary, P. Strauss, Cruppi, Hugues Le Roux, par 221 voix ;

MM. de Saint-Quentin, d'Estournelles de Constant, de Las Cases, A. Bérard, par 220 voix ;

MM. G. Doumergue, par 219 voix ; M. de Lamarzelle, par 217 voix ; MM. Joseph Reynaud, Lazare Weiller, R. Renault, par 217 voix.

La Commission de l'Armée est aussi constituée :

Président : M. Doudenoot ;

Vice-présidents : MM. Paul Doumer, Chéron, Paul Strauss, Gaston Menier ;

Secrétaires : MM. Lucien Cornet, Charles Chabert, comte d'Alsace, Henry Bérenger.

Séance jeudi.

L'organisation internationale du travail

La seconde séance du Conseil d'administration de l'Organisation Internationale du Travail a été tenue hier matin. Le président, M. Arthur Fontaine, a donné lecture d'un télégramme reçu des délégués canadiens, retenus en mer, et qui espèrent arriver au milieu de la semaine.

Les procès-verbaux des séances tenues à Washington ont été adoptés après des observations de M. Guérin (France) et Jouhaux (France).

Le Conseil a discuté ensuite les mesures à prendre pour donner suite et efficacité aux résolutions prises à Washington avant la ratification du Traité de Paix. Plusieurs délégués, notamment MM. Guérin (France), Carlier (Belgique), ont formulé des réserves et souligné que la compétence des Parlements reste entière. Après des observations de MM. Rufenacht, au nom du gouvernement suisse, Mahaim pour la Belgique, Mayor des Planches pour l'Italie, et Jouhaux, au nom des ouvriers, le Conseil décide de clore purement et simplement la Conférence de Washington, confiant à la Société des Nations le soin d'appliquer ses décisions conformément au Traité de Versailles.

M. Albert Thomas est nommé directeur du Bureau international

Le Conseil passe ensuite à la nomination du directeur définitif du Bureau international du Travail. Sur la proposition de sir Malcolm Delevingne (Angleterre), M. Albert Thomas, directeur provisoire, est élu directeur définitif, à l'unanimité et par acclamation.

M. Arthur Fontaine, président, adresse quelques paroles de félicitations à M. Albert Thomas, qui répond en exprimant sa foi dans l'œuvre internationale du travail et dans les destinées de la Société des Nations.

M. Albert Thomas expose ensuite ses plans sur l'organisation générale du bureau, qui doit être avant tout un organe d'action. MM. Guérin et Jouhaux formulent quelques critiques d'ensemble. M. Mayor des Planches suggère la création d'un directeur-adjoint, qui est accueillie avec faveur, à condition que sa nomination soit laissée à la compétence exclusive du directeur.

Le Conseil décide de s'en tenir à un examen de plan d'organisation dans ses grandes lignes et à l'étude du budget provisoire. Une Commission composée d'un délégué gouvernemental, d'un ouvrier et d'un patron sera nommée pour préparer ces délibérations.

Avant que la Commission spéciale et le Comité du budget ne se réunissent, Jouhaux tient à demander immédiatement un vote du Conseil sur la question de savoir si les dépenses résultant des délégations ouvrières et patronales au Conseil d'administration devront être supportées par les gouvernements ou par l'Organisation Internationale du Travail. Jouhaux souligne le caractère international des délégués ouvriers et patronaux qui ne représentent pas seulement leur propre pays, mais aussi les ouvriers et les patrons des pays non représentés. Sir Malcolm Delevingne (Angleterre) appuie cette interprétation du Traité de Paix, et M. Pirelli (Italie) se joint aux observations de Jouhaux concernant la suppléance des membres du Conseil, afin de faciliter la représentation de la classe ouvrière italienne.

Le Conseil s'ajourne ensuite à cet après-midi.

L'ACTUALITÉ

Lettres et Arts

NOTRE ENQUETE LITTERAIRE

Qu'est-ce qu'un « jeune » écrivain?

C. FAMBREILLE

Un « jeune écrivain » dans l'acception courante de l'expression, est un écrivain débutant. Tous, même les plus grands, ont été de « jeunes écrivains ». La Fontaine, l'incomparable écrivain, qui ne publia ses premiers contes qu'à l'âge de quarante-quatre ans et son premier livre de fables que « quelques années plus tard », fut, à cet âge, un « jeune écrivain ». Voltaire, par contre, fut un « jeune écrivain » au sortir de l'adolescence. L'un et l'autre furent consacrés certains, dès leurs premières productions.

Il ressort de cette façon de voir que pour être un « jeune écrivain », il faut évidemment et d'abord manifester, tout au moins en puissance, les qualités qui caractérisent la griffe de l'écrivain véritable ; il faut ensuite, pour mériter la qualification de « jeune », être un apprenti dans les lettres.

Cet apprentissage peut être plus ou moins long selon les difficultés à vaincre. J'estime toutefois qu'il doit prendre fin, et que, la quatrième ou cinquième production, au plus tard, doit porter définitivement, ou jamais, le sceau de l'écrivain dans la maturité, sinon dans la maîtrise du génie qui lui est propre.

Bien cordialement vôtre

C. Fambreille.

MARCELLE RIFFARD

« Un jeune écrivain ? C'est un être qui, possédant le don de sentir la multiple souffrance humaine, et la faculté d'analyser cette souffrance, s'efforce de la calmer et essaye d'en conjurer le retour. Il la calme, il l'endort, en appelant les pensées dans un sillage autre que celui de leur mal. Tantôt consolant il redonne de la confiance, tantôt âpre, caustique, il fouille les volontés qui faiblissent, tantôt pessimiste il signale la menace du danger obscur. Toujours il voit plus loin, plus haut... Ses yeux sont fixés sur une lumière qu'on devine éblouissante dans un ciel inconnu. Et parfois, sans le savoir, on marche vers elle, derrière lui. »

Marcelle Riffard.

Les obsèques d'Amedeo Modigliani

Hier, eurent lieu les obsèques du peintre Amedeo Modigliani, brutalement enlevé dans la force de son talent hardi et original.

De nombreux amis et admirateurs de l'artiste avaient tenu à accompagner sa dépouille mortelle jusqu'au cimetière du Père-Lachaise, où eut lieu l'inhumation. Le char mortuaire disparaissait sous les fleurs.

Parmi l'assistance nous avons remarqué :

Notre confrère André Salmon, le peintre Kisling, Max Jacob, Francis Carco, Fuss-Amoré, le compositeur Georges Auric ; les peintres Picasso, Zborowsky, Hayden, Conrad de Moricand, P. Delal, Derain, Ortiz de Zarate, Severini, Albert Gleizes, Brancusi, Rey, Fernand Léger, Lagar, Burey, Juan Gris, Jean Nolet ; le poète italien Ungaretti ; les sculpteurs Pina et Fantozo ; le graveur Gervei ; Dardel, etc., etc.

Conférences :

— Aujourd'hui mercredi, de 4 à 7 heures, 6, rue Puteaux (métro Rome), grande controverse libre et gratuite, sous la présidence de Paul Brulat : « La Liberté de l'Art doit-elle être intégrale ? ». — Protestation contre le procès Victor-Cyril-Gallet. Prendront la parole : Georges Pioch, Henry Marx, Victor Cyril, de Cinrie ; Léo Poldès, du Syndicat des Revues ; Marcel Say, du Syndicat des Ecrivains ; Noël Garnier, de l'A. R. A. C. Artistes et écrivains sont particulièrement invités.

Expositions :

.. A la Galerie Devambez (43, boulevard Malesherbes). — A partir d'aujourd'hui et jusqu'au 12 février prochain, exposition des œuvres de : André Derain, Henri Matisse, Picasso, G. Menier, de Vlaminck, Chirico, Utrillo, Oggi, Modigliani, Galanis, Kisling, Lhote, Bissière, Van Dongen, Gimel, Coubine, Raoul Dufy, Valdo Barbey, Osterlind, Burey, Kremegne, Berly, Ferrat, Suzanne Valadon, Albert Gleizes, Dufresne, etc...

TRIBUNAUX

ENFIN DES SPECULATEURS CONDAMNÉS

La 10e Chambre correctionnelle a la spécialité de juger les spéculateurs, fraudeurs et autres fauteurs de vie chère. Elle ne chôme pas, et les condamnations s'ajoutent aux condamnations... sans que le coût de la vie s'en trouve sensiblement modifié.

Hier après-midi, cette Chambre a rendu un jugement concernant une affaire de hausse illicite sur les lards et saindoux du ravitaillement. Le principal accusé était un nommé Lachaud, ex-commandant au ravitaillement et qui depuis sa démobilisation avait gardé des intelligences dans la place. Ce mercanti galonné réussit ainsi à obtenir des bons d'attribution pour de grosses quantités de lard et de saindoux, et naturellement les céda à des tiers moyennant une honnête petite commission.

Les marchandises passaient ainsi d'intermédiaires en intermédiaires et arrivaient à des prix fantastiques. Les lards et saindoux achetés par l'inculpé Lachaud aux prix de 275 et 290 francs les 100 kilogs furent revendus 480 et 600 francs, se trouvant ainsi majorés de plus de 100 %, alors que le Ravitaillement autorisait seulement une majoration maximum de 15 %.

Pour une fois nous nous associons pleinement aux dures paroles du ministère public. Le tribunal, d'ailleurs, a prononcé les condamnations suivantes :

Lachaud à 20.000 francs d'amende, et onze intermédiaires aux peines suivantes : MM. Henri Breuillac et Henri Clain, 12.000 francs d'amende ; MM. Fernand Galizar et Edouard Bertrand, 10.000 francs ; Henri Coll, Edouard Weill et Joseph Logny, 6.000 francs ; Pierre de Goy, 3.000 francs ; John Lereculey, 2.050 francs, et Arthur Capron et Mme Marthe Mongel, 500 francs d'amende. Enfin un treizième prévenu, M. Maurice Jaugé, a été acquitté.

Espérons que nulle grâce ne sera faite aux mercantis et que les amendes et dépens seront rigoureusement recouvrés, sans oublier la contrainte par corps au cas de non-exécution. Bien des pauvres bougres moisissent en prison pour des vétilles. C'est sans pitié que nous verrions quelques mercantis faire connaissance avec les prisons nationales.

Toute indulgence envers ces mercantis véritables discréditerait encore davantage, si possible, dans l'esprit du prolétariat une « Justice » déjà trop relative.

Les Sports

BOXE

Assassinat de Willie Lewis

L'excellent boxeur Willie Lewis qui, aux débuts de la boxe en France, fut à son actif une brillante série de victoires, vient d'être tué à coups de revolver par un apache, dans le cabaret qu'il avait ouvert à New-York.

CROSS-COUNTRY

Ajournement du Challenge Dezeaux

Les dirigeants du Racing abandonnent la date du 1er février choisie pour le challenge Dezeaux, ne voulant contrarier en rien le succès du cross du Comité de Préparation Olympique.

Nos échos

EUNUQUE

M. Paul Painlevé, ancien président du Conseil, un de ceux qui sont le plus violemment attaqués par le sieur Daudet, est enfin validé. Les députés réactionnaires désiraient le laisser à la porte. C'est donc pour eux un cuisant échec.

M. Painlevé prend ses fonctions avec de bonnes intentions. Il a, en effet, déclaré : « Je suis enchanté de pouvoir enfin rentrer à la Chambre. Car je tiens à être présent le jour où il plaira à certains de me mettre en cause. Et soyez persuadés que ce jour-là je saurai répondre directement et fournir les explications nécessaires. »

Léon Daudet est prévenu ! Il va donc se tenir tranquille, car, il ne sait attaquer que les absents. Il vient de le prouver récemment, à propos de M. Steeg qui se trouvait au Sénat lors de son interpellation. Lorsque le ministre de l'Intérieur arriva à la Chambre, le fougueux Tartarin fut aussi muet que ceux du Sérail ! Serait-il aussi eunuque ?

FAMEUX TEMOIGNAGE

Les membres de la Commission des réparations, qui comprend des délégués des Etats-Unis, du Royaume-Uni (appelé de cette façon à propos de l'Irlande !), de l'Italie, et de la Belgique, viennent d'adresser à leur ancien président, M. Loucheur, un témoignage d'estime.

Le Petit Journal s'empresse de le publier espérant peut-être qu'un peu de l'hommage rejaillira ainsi sur la personne de son directeur, le fameux Stéphen Pichon, et il l'accompagne de commentaires qui méritent d'être reproduits : « Cette lettre, qui est plus qu'un simple acte de courtoisie, honore les personnalités éminentes qui l'ont signée et le ministre dont elle reconnaît si délicatement les mérites exceptionnels. M. Loucheur ne pouvait souhaiter une consécration plus autorisée des services qu'il a rendus à son pays et à la cause des alliés. »

Evidemment! Evidemment ! Ce sont là de belles paroles. Mais un peu plus de charbon dans nos caves et la vie moins chère seraient de beaucoup préférables.

Mais, de cela M. Loucheur se « foutait » pas mal !

LES COURSES

LES RESULTATS D'HIER A VINCENNES

PRIX DE THOARN

Quand-Ira (Jeandot), G., 11 50 ; P., 8 »». — Pollypole (G. Bonlet), P., 11 »». — Non placés : Piment, Paola, Quolité, Pégase, Patriarche.

PRIX D'AVRANCHES

Nuance (C. Pentecôte), G., 15 »» ; P., 8 50. Petit Père (Cosserat), P., 10 »». — Possesse (Simonard), P., 21 50. — Non placés : Pacluka, Ocelia Piccola V., Posen Willer, Odette, Olivette, Olette, Owen Pearl, Prudence, Ogues, Pétrograd, Prince du Mouoir.

PRIX DE COURTEILLES

Père Léon (Candé), G., 26 »» ; P., 8 50. — Primos (A. Sourroubille), P., 7 »». — Quêteuse (C. Pentecôte), 11 50. — Non placés : Quinte, Pacôme, Perle Fine, Quoniam, Quinze Mille.

PRIX DE BOURIGNY

Opes Eco (T. Marie), G., 8 50. — Non placés : Quolibet, Quand Même.

PRIX DE SAINT-CONTEST

Le Loupillon (Carré), G., 5 50. — Non placés : Leader, Incertaine.

PRIX DE CARENTAN

Inneuse (M. de Watières), G., 17 50 ; P., 8 50. — Poloupa (A. Tamberti), P., 9 50. — Patricia (C. Pentecôte), P., 11 »». — Non placés : Pologne, Phénomènenon, Pacha.

PRIX D'EVREUX

Oba (R. Lelièvre), G., 37 »» ; P., 10 »». — Neiveuse (Vilet), P., 9 50. — Bruyère (A. Sourroubille), P., 9 50. — Non placés : Norvoie, Ouragan, Tapageuse, Jarey, Ilgrane, Jabel, Jacques.

« LE JOURNAL DU PEUPLE »

17, rue Grange-Batelière, PARIS (9e)

TARIF DES ABONNEMENTS

	Un an	6 mois	3 mois
Seine et Seine-et-Oise....	25 »	13 »	7 »
France et Colonies......	28 »	14 »	7 50
Etranger	50 »	25 »	[illegible]

Les Théâtres

PETIT COURRIER

Théâtre des Arts. — Le retentissement de L'Ame en folie, le chef-d'œuvre de François de Curel, vient de se manifester de curieuse façon. Une revue littéraire de New-York, vient de demander les photographies des décors et des artistes de la pièce, ainsi qu'un compte rendu et a obtenu que tous ces documents lui soient envoyés par la valise diplomatique. L'Ame en folie vient d'être d'ailleurs traduit en anglais, en norvégien, en italien, en espagnol, en roumain et en langue tchéco-slovaque. Matinées jeudis, samedis et dimanches.

PROGRAMME DES SPECTACLES

Ce soir :

OPERA. — Debecca ; Sylvia.
COMEDIE-FRANÇAISE, 8 h. 30. — Le Prince d'Aurec.
OPERA-COMIQUE, 8 h. 15. — Monsieur Dassoucy.
ODEON, 8 h. 15. — Les Américains chez nous; Chevilles.
TRIANON, 8 h. 30. — Le Barbier de Séville.
GAITE, 8 h. — La Belle Hélène.
VAUDEVILLE (Th. Lyrique), 8 h. 30. — Méphistophélès.
VARIETES, 8 h. 30. — La Chasse à l'Homme.
THEATRE DE PARIS, 8 h. 15. — La Vierge folle (Réjane).
CIRQUE D'HIVER, 8 h. 20. — Œdipe (Gémier, Andrée Mégard).
CHATELET, 8 h. — Malikoko, roi nègre.
PORTE-SAINT-MARTIN, 8 h. 30. — Béranger.
NOUVEL-AMBIGU, 8 h. 30. — Pour avoir un enfant.
GYMNASE, 8 h. 30. — Le Voleur.
SARAH-BERNHARDT, 8 h. 15. — L'Aiglon.
PALAIS-ROYAL, 8 h. 30. — Hercule à Paris.
ANTOINE, 8 h. 30. — Aux Jardins de Murcie.
BOUFFES-PARISIENS, 8 h. 30. — Phi-Phi.
DEJAZET, 8 h. 30. — Tire au flanc.
CONCERT MAYOL (Tél. : Gut. 65-07). — La grande Revue d'hiver : Tout à l'Amour. 150 artistes, 500 costumes. Au 2e acte : Le Coucher des Ingénues.
TH. IMPERIAL, 20 h. 45. — La Revue. Lise Berty.
EDOUARD VII, 8 h. 30. — La Liaison dangereuse.
EUROPEEN, mat., soir. — Nine Pinson, Janka, Gabardin, Norcel, etc., etc.
L'ABRI, 8 h. 45. — La Rogatelle.
THEATRE MICHEL, 8 h. 30. — L'Heure exquise.
LA PIE-QUI-CHANTE, 9 h. — Revue. (Ch.
THEATRE DES MATHURINS, 9 h. — Il était un petit « Home ».
THEATRE DES ARTS, 8 h. 15. — L'Ame en folie.
SCALA, 8 h. 30. — Le Coup de Jarnac.
APOLLO, 8 h. 30. — La Princesse Carnaval.
MARIGNY, 8 h. 30. — Les Belles Anglaises.
NOUVEAU-CIRQUE. — T. l. s. (vend. exc.), mat. jeudi, sam., dim., fêtes.
ALHAMBRA. — Attractions variées.
KURSAAL, soirée à 8 h. 25.
OLYMPIA, 8 h. 30. — La Revue des As.
ELDORADO. — Revue, Montel, Bevel.
GAITE-ROCHECHOUART, 8 h. 30. — Une de plus, revue.
ATHENEE, 8 h. 30. — Amour, quand tu nous tiens !

NOUVEAUTES-AUBERT-PALACE, 24, boulevard des Italiens. — Impossible Mariage, drame ; Le Fils de la Nuit, 9e épisode ; Pendières.

MONTEY-CINEMA, 50 avenue de Clichy. — Voie de Cœur, dramatique ; Le Fils de la Nuit, 5e épisode ; Serpentin, le Bonheur est chez toi, interprété par Levesque. — Matinée à 2 heures ; soirée à 8 heures.

TIVOLI-CINEMA, 14, rue de la Douane. — Tire-all, 2e épisode ; L'Apostolat d'après le célèbre roman d'Emile Zola ; Charlot Brocanteur ; Le Fils de la Nuit, 5e épisode. — Matinée à 2 heures ; soirée à 8 heures.

CINEMA SAINT-PAUL, 73, rue Saint-Antoine; 38, rue Saint-Paul. — Le Fils de la Nuit, 5e épisode ; La lumineuse inconnue, comédie sentimentale ; Charlot Brocanteur. — Matinée à 2 heures ; soirée à 8 heures.

FAITS DIVERS

Le crime d'Asnières

On a pu identifier le cadavre repêché hier à Asnières. Il s'agit de M. Janin, courtier en chevaux, à Levallois. Quant à l'assassin, il a été arrêté. C'est un employé de la victime. Il a fait des aveux et a raconté les détails du crime.

Ce serait à la suite d'une discussion qu'il aurait tué son patron.

Il paraît que, sur une somme de quinze mille francs, on n'aurait retrouvé que trois mille cinq cents francs.

L'assassin aurait, paraît-il, des complices.

Epurons Paris

La nuit dernière, des battues ont été faites par la police dans les 4e, 5e, 10e et 13e arrondissements.

Au cours de ces battues, il a été procédé à de nombreuses arrestations, notamment pour vol, prostitution et port d'armes prohibé.

« Encore des gens qu'il va falloir nourrir », s'est écrié le directeur du Dépôt, en voyant arriver bondés les paniers à salade.

Marché de Paris

MARCHE TRES ACTIF. HAUSSE DES VALEURS RELEVANT DE LONDRES ET DE NEW-YORK. LA LIVRE ANGLAISE VAUT 46 FR. 05, LE DOLLAR 12 FR. 69. — Etablissements de crédit calmes. Valeurs maritimes irrégulières. Grande fermeté au groupe des nitrates. Cuivres soutenus. Léger tassement des caoutchoucs et des pétroles.

EN AVANCE : Banque de Paris, Banque Ottomane, Messageries Maritimes, Voitures à Paris, Nitrate Railway, Toulaire, Rio-Tinto, Utah Copper, Rand Mines, Héraclée.

EN RECUL : Union Parisienne, Compagnie Transatlantique, Sucreries d'Egypte, Huta-Bankowa, Bakou, Royal Dutch, Mexican Eagle, Padang, Malacca.

BRUITS ET NOUVELLES

Valeurs nouvelles. .. Câbles télégraphiques, Télégraphie sans fil, Tréfileries du Havre, Applications du Bois, Etablissements Caipil, Recherches et Forages ne sont pas cotés ou conservent péniblement les cours de la veille. Santa-Fé, Kuhlmann, Chaux et Ciments du Maroc, Navarrenо y Anexas enregistrent une nouvelle baisse. Sosnowice avance à petits pas ; la part Héraclée, mieux habituée aux excentricités, bondit de nouveau et atteint le cours de 20.000 francs.

Changes. — Le franc faiblit encore devant les devises étrangères et dans des proportions particulièrement inquiétantes. On nous promet tous les jours un accord international qui doit rétablir l'équilibre des changes ; il serait temps que cet accord soit conclu. Nous avons aux Finances un financier : mieux que tout autre il doit sentir le danger de notre position. On attend qu'il y porte remède avec promptitude.

Compagnie de Constructions Industrielles. — Les résultats de l'exercice 1919 s'annoncent comme particulièrement brillants. Les bénéfices seraient de 4 millions pour un capital de 8 millions 1/2.

Bons de la Défense Nationale

Les Bons de la Défense Nationale offrent toutes les facilités pour effectuer un placement des plus rémunérateurs, qui n'immobilise les capitaux engagés que pour peu de temps.

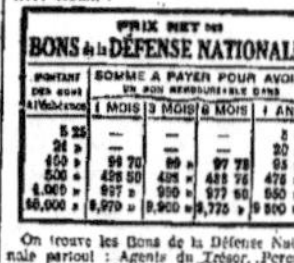

C'est un devoir absolu pour tout Français ayant des disponibilités de les employer à l'achat de ces titres : il met ainsi ses économies au service du pays, tout en se ménageant un intérêt très avantageux.

Voici à quel prix on peut les obtenir (intérêt déduit) :

PRIX NET DES BONS de la DÉFENSE NATIONALE

MONTANT DES BONS à l'échéance	SOMME A PAYER POUR AVOIR UN BON REMBOURSABLE DANS 1 MOIS	3 MOIS	6 MOIS	1 AN
5 25	—	—	—	5 »
21 »	—	—	—	20 »
100 »	99 70	99 »	97 75	95 »
500 »	498 50	495 »	488 75	475 »
1.000 »	997 »	990 »	977 50	950 »
10.000 »	9.970 »	9.900 »	9.775 »	9.500 »

On trouve les Bons de la Défense Nationale partout : Agents du Trésor, Percepteurs, Bureaux de Poste, Agents de change, Banque de France et ses succursales, Sociétés de Crédit et leurs succursales, dont toutes les Banques et chez les Notaires.

L'ouverture de la souscription du prochain Emprunt a été fixée au 19 février 1920.

Les conditions essentielles de cette émission ont été définies par la loi du 30 décembre 1919. Nous les rappelons ci-après :

Prix d'émission .... 100 fr.
Intérêt annuel .... 5 fr.
Durée de l'amortissement ...... 60 ans
Prix du remboursement........ 150 fr.

La Vie Sociale et Politique

LES GRÈVES

AUX ABATTOIRS

Les travailleurs des abattoirs se sont réunis hier, avenue du Pont de Flandre, au nombre de six. Ils ont déclaré qu'ils ne reprendraient le travail qu'après que les margariniers auraient obtenu satisfaction. Bel exemple de solidarité.

LES MARECHAUX FERRANTS

Ils ont cessé le travail hier matin, à la suite du renvoi d'un certain nombre d'entre eux qui voulaient faire respecter le contrat du 6 juin dernier. Ils demandent, en outre, une augmentation de 2 fr. 50.

LES BISEAUTEURS ET ARGENTEURS DE GLACES

Ils ont déclaré la grève hier matin et se sont réunis à la Bourse du Travail. Ils demandent une augmentation de 2 fr. — 15 maisons ont fermé leurs portes.

LES MARINIERS

La grève continue. Les grévistes, réunis hier, ont protesté contre la station au Pont d'Austerlitz d'une vedette portant trois mitrailleuses et un canon de 75. L'attitude des grévistes n'a cependant pas donné lieu à de telles provocations.

DANS LES P. T. T.

La Fédération postale a repris les relations avec l'administration en application des décisions du Conseil fédéral dernier.

SITUATION INTOLERABLE DANS LES METAUX

La pénurie de charbon s'accentue, les manques de courant deviennent plus fréquents et la situation de la classe ouvrière privée de salaires ne s'améliore pas. La réglementation du courant élaborée par les groupes des industriels, d'accord avec les secteurs, n'est pas respectée. Pendant qu'une partie des ouvriers chôment, d'autres sont astreints aux heures supplémentaires. Où veut-on en venir ?

La suppression de la journée de huit heures est certainement l'objectif.

Le chômage rendra les ouvriers plus dociles.

A la métallurgie électrique, à Ivry, une catégorie d'ouvriers, ceux occupés à la fonderie, n'a pas repris le travail depuis le 1er janvier. Pour eux [illegible] de courant. Cependant, toutes les usines [illegible] la métallurgie électrique [illegible] à la [illegible].

Dans les mairies, on ne veut plus connaître ces ouvriers comme chômeurs.

Ils ne sont pas assez nombreux pour toucher l'opinion publique. Les pouvoirs publics les ignorent.

Que compte-t-on faire pour que cesse cet abus?

A. Douve, du Syndicat des Métaux.

COMMUNICATIONS

Cheminots. — Le Conseil d'administration de l'Union des Syndicats du P.-L.-M. décide de refuser toute échelle qui ne serait pas à base de 3.800 fr. avec les modalités de la Fédération.

Fixe la date du 10 février pour qu'une réponse définitive nous soit donnée portant l'acceptation des échelles et du statut présentés par la Fédération.

A cette date, le travail cessera sur l'ensemble du réseau si nous n'avons pas satisfaction.

CONVOCATIONS

SYNDICATS

Jeunesse Syndicaliste du Livre. — Réunion ce soir, à 8 h. 30, au siège, 29, rue de Savoie, Paris (6e).

Cheminots (Syndicats parisiens). — Mercredi 28, assemblée plénière. En raison de l'importance des questions à solutionner, les syndicats sont invités à adjoindre au moins trois camarades aux trois délégués auxquels les syndicats ont droit. — Très important.

— (Section Exploitation du Syndicat Parisien. H. D.). — Comité à 20 heures, 1, rue Jouffroy.

Mouleurs et Similaires (15e). — Réunion à 20 heures 30, salle Garrigue, 18, rue Ordener, de tous les camarades métallurgistes ; Les huit heures. — Organisation pratique de la lutte.

Monteurs-Electriciens. — A 8 h. 30, Conseil syndical, salle des Commissions, 4e étage.

Fumistes en bâtiment. — A 17 h. 30, au siège, contrôle.

Groupe d'études du 14e. — A la Maison Commune, 111, rue du Château, à 20 h. 30.

Comité intersyndical (Nogent-sur-Marne). — A 20 h. 30, salle du Comité intersyndical (Beltscher, 108, Grande-Rue, à Nogent-sur-Marne) : réunion de tous les délégués.

Jeunesse syndicaliste des 17e et 18e. — Ce soir, à 20 h. 30, réunion extraordinaire, au siège, 172, rue Legendre.

Chauffeurs et Poliseurs de Granits. — A 18 heures, Bourse du Travail. Urgent.

Serruriers en Bâtiment. — Délégués à 6 h. 15 du soir, salle Bas-Côté, Bourse du Travail.

Bijou (Jeunesse Syndicaliste). — Réunion générale, 176, rue du Temple, Bar de la Monnaie, à 8 h. 30.

Hôtels, Cafés, Restaurants et Bouillons. — Conseil syndical, à 17 heures, salle des Commissions, Bourse du Travail, 1er étage.

Voiture Aviation. — Conseil, salle des Commissions, 3e étage.

Garçons de Lavoirs et Couleurs. — Les secrétaires de section sont priés de passer, à partir de samedi après-midi, à la permanence, afin de retirer les tracts pour l'assemblée générale du 15 février.

Ouvriers et Ouvrières sur Métaux. — Conseil central, le 28 janvier, à 20 h. 30, salle des Commissions, 2e étage.

Producteurs et Distributeurs d'Energie électrique. — Conseil syndical ce soir, mercredi, à 7 h. 30, salle des Commissions Dondy.

Cimentiers et Maçons d'Art. — Réunion de la Commission de la Bibliothèque, ce soir, à 18 heures, au siège.

PARTI SOCIALISTE

Jeunesses Socialistes d'Asnières. — A 20 heures 30, rue du Tir, 11, Asnières.

10e Section. — A 20 h. 30, rue Lancry, 3, Commission d'études municipales.

Originaires de l'Yonne. — Réunion remise au vendredi 30 janvier.

11e Jeunesse. — A 20 heures, Commission du contrôle et trésorerie. — A 20 h. 30, réunion.

FEDERATION ANARCHISTE

Groupe des 17e et 18e. — A 8 h. 30, salle Toffin, 55, rue Ordener, causerie par le camarade Pouhé sur : « Le Communisme autoritaire et le Communisme libertaire ».

Groupe libertaire Vanves-Malakoff. — Réunion privée des adhérents du groupe, ce soir, à 21 heures, même endroit.

Groupe des 18e, 19e, 20e. — Mercredi, à 20 heures, rue Henri-Chevreau, 31, causerie par le camarade Salvator sur : « L'Individualisme et le Communisme ». Pour les adhésions, écrire à Delost, au Libertaire, 69, boulevard de Belleville (11e).

DIVERS

Muse des Chemins. — Répétition chansonnier et chorale. — A 20 heures, lieu habituel.

A. L. A. C. (11e). — A 20 h. 30, Café Martin, boulevard Voltaire (angle rue de Charonne).

— (Section de Vincennes). — A 20 h. 30, salle Cantes, 82, rue de Fontenay, réunion de la Commission exécutive. Les adhésions seront reçues.

Cercle des Coopérateurs des 17e et 18e. — A 8 h. 30, salle Romilier, 120, rue Damrémont.

Langue internationale Ido. — Cours gratuit à 20 h. 29, 163, rue Saint-Charles (15e).

PETITE POSTE

Otto Lovis. — 1° Oui ; 2° C'est une question d'interprétation ; 3° Indéfiniment, si cet auxiliaire possède une pièce constatant l'origine en service de sa blessure ou maladie ; six mois après sa démobilisation dans le cas contraire.

Un socialiste révolutionnaire. — Ce mariage est légal. A l'étranger, vous devez vous adresser au consul de France, qui remplit les fonctions d'officier de l'état civil.

Lecteur assidu, accident du travail. — N'importe quel avocat peut défendre vos droits ; s'il vous plaît, passez à nos bureaux de 5 à 7 heures.

Emile 78. — Les primes mensuelles ne sont accordées qu'après 18 mois de service effectif. Vous n'avez droit qu'à la prime fixe.

Jacquet Doney. — Cette veuve n'a pas droit au pécule, mais aux primes de démobilisation : prime fixe et primes mensuelles, à 20 fr. si le mari faisait partie d'une unité combattante, à 15 fr., dans le cas contraire.

Livres critiques sur la guerre

FERNAND ENGERAND : Le Secret de la frontière : Charleroi (1815-1871-1914) ; huit portraits et quinze cartes), 1 vol... 15 »
Franco 15 60
GENERAL PERCIN : Lille, 1 vol....... 5 »
Franco 5 50
1914 : Les erreurs du Haut Commandement, 1 vol. 4 90
Franco 5 30
ANDRE MORIZET : Le Plan 17, 1 vol.. 3 50
Franco 3 85
VICTOR MARGUERITTE : Au bord du Gouffre (août-septembre 1914), 1 vol... 7 »
Franco 7 50

A la Librairie du Journal du Peuple.

IMPRIMERIE FRANÇAISE (Maison J. Dangon) Georges DANGON, imprimeur

123, rue Montmartre, Paris (2e arr.)

Le Gérant : Louis DESCARSIN.

MARQUE SYNDICALE — TRAVAIL EXECUTE PAR DES OUVRIERS PAYES AU TARIF SYNDICAL

Le Journal du Peuple

REDACTION et ADMINISTRATION : 17, Rue Grange-Batelière, Paris (9e).
Téléphone : Bergère [illegible] — Après 21 h. : Louvre [illegible]

CINQUIÈME ANNÉE. — N° 29 — JEUDI 29 JANVIER 1920

Directeur : HENRI FABRE

10 c.

> Il n'y a pas de paix durable sans la justice sociale.
>
> ALBERT THOMAS.
>
> ...Et il n'y a pas de justice sociale sans la Révolution sociale.

OPINIONS

Je ne vais plus à Strasbourg...

Lettre au citoyen Verfeuil, secrétaire de la Fédération Socialiste de la Seine.

Mon cher secrétaire,

Vous avez su, comme tout le monde, puisque les journaux l'ont claironné, que M. Millerand était allé dimanche à Strasbourg faire ses adieux de Haut-Commissaire — et organiser une retraite militaire, car il n'y a point manqué.

Il a prononcé un discours qui n'offre, en l'espèce et pour ce qui va nous occuper, aucun intérêt. Mais on lui en a adressé et voici, notamment, ce qu'il a entendu :

« *L'activité que vous avez déployée comme commissaire général de la République et l'énergie dont vous avez fait preuve en maintes occasions, rendront à votre successeur la tâche facile. Si dans l'Alsace et dans la Lorraine on eut la bonne fortune de voir, ces quelques mois, à la tête du pays, un homme de votre qualité, un organisateur, un administrateur, désireux avant tout de faire une politique de réalisation, on ne peut que se féliciter aujourd'hui de retrouver le même homme comme chef du gouvernement central. Avec la passion de la justice, avec le culte de [illegible] l'amour de la patrie qui conduisirent toujours votre vie d'homme politique, vous deviez nécessairement arriver, monsieur le président, à devenir un jour successeur de l'illustre vieillard qui va prendre son repos bien mérité, avec la certitude que le sort du pays se trouve en de bonnes mains.* »

Vous allez vous demander ce qui me prend de vous citer ça. Quel nationaliste ivre, direz-vous, quel suppôt du Bloc National, voire quel vibrion d'Action Française a pu ainsi « piquer la lèche » au sinistre Millerand, à celui que toutes les réactions ont acheté, et qui, provocateur de guerre, n'a jamais su qu'organiser la défaite de son pays ?

Mais justement, citoyen Verfeuil, je vous signale cette prose stupide et servile parce qu'elle a — ô honte ! — pour auteur un socialiste, un membre de notre Parti, de notre Section française de l'Internationale ouvrière, le citoyen Peirotes, maire de Strasbourg.

Ce serait déjà une raison suffisante !... Pourtant il en est une autre plus pressante. Le mois prochain, le Parti doit tenir son congrès justement à Strasbourg.

Or, est-il possible, est-il digne du Parti socialiste, qu'il soit l'hôte d'une section socialiste qui compte Peirotes au nombre de ses membres ? Concevez-vous que ce soit Peirotes qui reçoive là-bas le Parti ?

Je ne le pense pas. Vous ne le penserez pas. La Fédération de la Seine ne le pensera pas.

⁂

La Fédération de la Seine, il y a quelque deux mois, s'est montrée sévère pour quelques-uns de ses membres. Le souvenir en est dans l'esprit de tous. Si ceux que les exigences de la Fédération ont rejeté dans la dissidence étaient capable de sincères regrets, ils en éprouveraient d'amers en comparant leur faute à celle que Peirotes vient de se permettre. C'est un fait que Rozier lui-même, et même depuis qu'il ne doit plus de compter au Parti, n'a rien écrit qui se puisse comparer du plus loin avec ce que Peirotes a asséné dimanche sur la tête solide de M. Millerand.

Ne croyez point qu'à lire ce discours odieux j'aie éprouvé un étonnement sans limite. Du temps qu'il était dans la Social-Démocratie allemande, ce n'est pas du côté des révolutionnaires que Peirotes se rangeait. Il était là-bas, contre le vrai socialisme, avec toute la vermine revisionniste, dont le grouillement allait de Scheidemann à Legien — le Legien du Comité international du Travail — et de Bauer à l'assassin Noske. Il était député au Reichstag, mais ce n'est pas lui, ce sont les Liebknecht et les Haase, qui se sont dressés de toute leur âme contre le militarisme pangermaniste. Que dis-je ? Même le jour où ceux qui devaient devenir les « Indépendants » d'Allemagne se résolurent à voter contre les crédits de guerre, l'audace socialiste — socialiste et *française* — du député alsacien Peirotes se limita à l'abstention. Nous en fûmes alors blessés. Aujourd'hui notre indignation est pleine.

⁂

Tandis que naguère nous n'étions point responsables de l'attitude du député social-démocrate au Reichstag Peirotes, aujourd'hui, socialistes de France, nous sommes responsables du maire socialiste français de Strasbourg.

Je dois conclure : il ne serait possible au Parti de tenir son congrès à Strasbourg, chez la section socialiste de Strasbourg, que si elle se délestait tout de suite du citoyen Peirotes.

Comme hélas ! il est peu probable que cette exécution, pourtant si nécessaire, soit à temps un fait accompli, je vous demande, par la présente de faire saisir le Parti, par la Fédération, d'une proposition tendant à tenir le Congrès ailleurs qu'à Strasbourg. Je suis de ces socialistes qui n'aiment pas les indésirables hôtes et fuient la mauvaise compagnie des domestiques du Pouvoir. Et je ne suis pas le seul, vous en êtes persuadé !

Recevez, mon cher secrétaire, mon salut de vieux socialiste.

Mayéras.

MOSCOU et l'Internationale

A la veille du Congrès de Strasbourg, les discussions s'accentuent et les points de vue se précisent. Toute la gauche socialiste, c'est-à-dire tout le Parti véritablement socialiste, est aujourd'hui unanime sur un point : l'abandon de la Deuxième Internationale, qui ne correspond plus aux désirs, aux aspirations et aux volontés du monde socialiste international. Seule la droite s'obstine à ne point lâcher cette planche pourrie. Grand bien fasse aux électeurs s'ils se trouvent à l'aise aux côtés des Scheidemann, des Ebert, des Noske et si leur social-patriotisme s'accommode du social-impérialisme d'outre-Rhin.

Mais, il est un deuxième point sur lequel l'accord des gauches se fait plus difficilement. Ce dissentiment, léger à l'origine et qui entraîne certaines polémiques fâcheuses, vient surtout de ce que les uns et les autres font une confusion en assimilant rigoureusement la Troisième Internationale à Moscou. Je vois que Fabre est tombé, hier, dans la même erreur. En réalité, il y a une Révolution russe bolcheviste, qui s'est poursuivie à travers heurts et difficultés et dont on ne peut pressentir exactement l'évolution future. Cette révolution, par protestation contre les agissements d'une Internationale endormie, a jeté les bases de la Troisième Internationale. C'est un fait. Mais depuis, des adhésions nombreuses sont venues modifier le caractère de la nouvelle organisation. Depuis, le grand Parti Socialiste Italien, dont les succès électoraux ont été approuvés par Lénine, a pris place au premier plan, dans l'Internationale. D'autres fractions importantes de partis socialistes se sont ralliées également. Mais chacun est venu avec ses méthodes propres, ses tactiques particulières et sur la base des principes de lutte de classes. De sorte qu'il ne s'agit plus aujourd'hui, de soviétisation ni de bolchevisme et que ce n'est point là-dessus que doivent, au sein de la Troisième Internationale, se confronter les partis dont l'adhésion est décidée.

Cela, certains socialistes de gauche ne le voient pas assez. Dès qu'on leur parle de Troisième Internationale, ils répondent : « Lénine » ou « Trotsky ». Mais non, camarades ! Il ne s'agit pas d'aller à Moscou. Il s'agit encore moins d'y aller, la corde au cou, dans l'attitude des Bourgeois de Calais. Il s'agit d'adhérer purement et simplement, sans ambages ni détours, à une organisation nouvelle dont les cadres sont prêts, dont les bases sont déjà solides et que nous appelons la Troisième Internationale uniquement parce que, dans l'ordre du temps, elle vient après la deuxième et que, dans l'ordre arithmétique, le chiffre 3 se place après le chiffre 2.

Voilà la vraie question. Le reste me paraît accessoire. J'avoue, cependant, que lorsque certains prétendent qu'il faut d'abord causer et qu'on adhère ensuite, *s'il y a lieu, je regrette sincèrement qu'on n'ait pas indiqué, de façon formelle,* l'adhésion avant tout et malgré tout. *Cette clarté nécessaire est absente de la motion des reconstructeurs. J'avoue, d'autre part, que si d'autres camarades d'extrême-gauche envisagent la possibilité d'une scission et d'une adhésion en dehors du Parti, il est difficile de les suivre. Une troisième Internationale, au sein de laquelle viendraient se grouper des éléments épars, sans force ni autorité, serait condamnée d'avance.*

Le Parti socialiste français doit adhérer en bloc à la Troisième Internationale. Et si une scission doit se produire, il faut que ce soit la droite du parti qui en fasse les frais.

Victor Méric.

LE BEAU VOYAGE

La fuite en Egypte

M. Clemenceau va partir pour l'Egypte. Dégoûté de la rue Franklin, où, sur sa vie chère, veille avec sollicitude un comité de « vigilants », le Tigre va calmer ses rancœurs de vaincu à l'ombre des Pyramides.

Le débarqué va s'embarquer, le 3 février prochain, le paquebot *Lotus* emportera vers Alexandrie ce voyageur de marque. Le fidèle docteur Wicart l'accompagnera dans l'éventualité d'une nouvelle fêlure.

Et M. Clemenceau, devant le Sphynx camard, se consolera du nez de Mandel.

Il contemplera longuement les Pyramides et devant ces quarante siècles, l'octogénaire se sentira jeune, jeune comme un petit enfant...

DU COTÉ DE L'ORIENT

L'ARMISTICE avec les Soviets

Il faut qu'une porte soit ouverte ou fermée. Avec ou sans déclaration, l'état de guerre régnait en fait entre les puissances occidentales et la Russie des Soviets tant que sévissait le blocus, accompagné ou non d'actions militaires.

A la proclamation de levée du blocus par l'Entente, le gouvernement de Moscou répliqua logiquement par une proposition d'armistice. La refuser serait avouer le dessein d'entrer en contact, au sein de la Russie, avec les éléments hostiles à son gouvernement pour les aider à le renverser. Or, le gouvernement de Moscou n'est pas assez [illegible] pour se laisser prendre. A côté diplomatie [illegible] fort pour permettre qu'on [illegible] tel. Il n'y a guère qu'en France qu'on compte encore réussir avec de semblables procédés, mais les faits viennent chaque jour donner un nouveau soufflet à cette politique d'hésitations continuelles, de [illegible] masquées.

Le fil barbelé est par terre ; l'armistice conclu entre l'Esthonie et la Russie des Soviets permet, sur ce point du front, le transit des marchandises et un traité de paix définitif ne tardera pas à remplacer l'armistice. Tandis que, répondant à l'appel sollicité des nationalistes polonais, réclamant Foch à grands cris pour préparer l'offensive du printemps, nous continuerons à envoyer de ce côté des officiers instructeurs, du matériel, des hommes peut-être — naturellement des volontaires ! — et l'argent que nos contribuables ont en excédent, les Anglais et les Américains feront passer par cette première brèche leurs marchandises et les matières premières nécessaires aux produits qu'ils écouleront chez nous aux prix forts du temps de guerre.

L'orientation nouvelle que laisse prévoir, en Angleterre, l'élection Asquith et l'échec de Barnes et des députés travaillistes refusant de suivre la politique de leur gouvernement, montrent que le prolétariat britannique sort de la torpeur dans laquelle l'avait plongé la guerre.

En Italie, c'est encore l'influence du prolétariat plus conscient qu'ailleurs, parce que l'entrée tardive du pays dans la guerre lui avait laissé plus de temps pour réfléchir, qui forcera son gouvernement à accepter l'armistice proposé par Lénine. C'est en Italie que sont arrivés les premiers envoyés de Tchitcherine avec lesquels, malgré ses efforts dilatoires, Nitti sera forcé d'entrer en pourparlers, parce que la Chambre a nettement manifesté sa volonté de paix avec les Soviets.

Partout c'est la classe ouvrière qui doit forcer la main des gouvernants, que la guerre a portés au pouvoir et dont elle continue à diriger la politique, pour rendre effective la reprise des relations pacifiques. En Esthonie, de même les gouvernants, guidés et soudoyés par l'Entente, ont, depuis un an, poussé leur peuple à la guerre contre les bolcheviks. Seule la volonté prolétarienne les a contraints à faire la paix.

Puisse l'exemple être suivi, sans tarder, par les prolétaires de l'Occident !

D. B.

C'est bien ce soir, jeudi 29 janvier, à huit heures trente, que

Sebastien FAURE

fera une CONFÉRENCE publique et contradictoire. — Sujet traité :

« SOMMES-NOUS PRETS ? »

L'orateur exposera le projet d'une *Revendication unique* sur laquelle tous les militants : *Socialistes, Syndicalistes* et *Libertaires*, peuvent se mettre d'accord et assurer un

Mouvement d'ensemble

Pour éviter l'encombrement aux portes, celles-ci seront ouvertes dès sept heures et demie du soir. La Conférence commencera à huit heures trente précises et, pour que chacun puisse profiter des moyens de transport, la réunion prendra fin vers onze heures.

La Troisième Internationale

Des adhésions

A la 2e section du Parti socialiste, Fédération du Rhône, la motion du Comité de la Troisième Internationale a été votée à l'unanimité moins deux voix. Les délégués de cette section sont chargés de défendre intégralement la motion au Congrès.

Dans la Drôme

(De notre correspondant)

Le dimanche 25 janvier s'est tenu à Valence, au siège du Parti, le congrès départemental.

Toutes les sections y étaient représentées et la salle était bondée. Les diverses questions portées à l'ordre du jour ont été discutées avec calme, et notre fédération voit croître avec satisfaction le nombre de ses adhérents. Sous peu une active propagande va être entreprise pour créer encore de multiples sections.

Toutes les questions administratives étant liquidées, le congrès a abordé l'examen de l'ordre du jour du Congrès de Strasbourg.

Confirmant ses votes antérieurs, la fédération, à l'unanimité, déclare se rallier immédiatement à la Troisième Internationale de Moscou.

Pour bien marquer son adhésion, le Congrès vote par acclamation une adresse de félicitation à l'armée rouge, qui, comme nos ancêtres, les « Sans-Culottes » a débarrassé son sol des armées contre-révolutionnaires.

Le citoyen Jules Blanc a été désigné à l'unanimité comme délégué au Congrès national de février.

La grève des cheminots italiens

Rome, 27 janvier. M. Nitti a reçu une délégation des cheminots et des secrétaires du parti socialiste. La réunion a duré jusqu'à deux heures un quart (heure italienne).

L'accord n'a pu toutefois se faire sur tous les points et un autre entretien aura lieu demain matin à 11 heures ; on espère que cette fois une entente interviendra. — (Radio.)

AU-DESSUS DES FRONTIÈRES

"La Captive"

une œuvre courageuse de Charles MÉRÉ

Le public, le grand public, doit se préparer à subir une véritable crise, celle de la stupidité triste du vaudeville, celle des pièces de guerre, celle des cochonneries malheureusement écrites et malheureusement jouées des fabricants de pornographie théâtrale. Nous avons la joie d'acclamer, depuis quelques jours, de véritables œuvres, hier, l'admirable *Animateur*, de notre grand Henry Bataille, aujourd'hui la douloureuse *Captive* du courageux Charles Méré, au théâtre Antoine.

Ah ! c'en est fini de la médiocrité, de l'avilissement, des tabous, des actes [illegible] quand [illegible] nous sommes en paix. Nous n'avons plus contre nous [illegible] l'arbitraire, le bon plaisir. Nous ne sommes plus humiliés par le régime déplorable, avilissant d'un état de siège [illegible], d'une censure implacable, bâillonnant les derniers indépendants. Nous avons brisé nos chaînes, et nos corps ne sont plus asservis aux tâches [illegible] qu'ordonnaient, dans les [illegible] des [illegible] inconscients.

Je ne saurais trop répéter combien l'*Animateur* nous [illegible] d'une joie [illegible]. Mais, à ses côtés, sans l'égaler, avec des qualités diverses, un courage — j'insiste sur le mot — remarquable, une force de conviction qui étonne, puis émeut, puis nous prend tout entier à la réalité mesquine, la *Captive* s'élève vers les plus hautes sphères de la pensée, frémit d'une humanité [illegible], d'une tendresse profonde, éblouit de toute sa vérité. Certaines pièces devaient être dites un jour, certains faits devaient être portés, un jour, à la scène. Le théâtre, [illegible] des Joies. Le voici, justement employé par Henry Bataille, puis Charles Méré [illegible]

[illegible] *La Captive*, après avoir langui durant deux actes, un peu sommaires, un peu stricts d'idées, mêlés de défauts habiles et de scènes extraordinaires, monte tout à coup aux plus hauts sommets. Cette œuvre atteint, au troisième, la sérénité d'un ciel, la divine pureté. Dès le lever du rideau, alors que nous imaginons je ne sais quelle conclusion hâtive, l'émotion nous enserre, nous étreint à la gorge, nous captive, c'est le mot, jusqu'à nous surprendre, les larmes aux yeux, n'essayant plus de surmonter le trouble surhumain, qui nous oppresse, nous tient, nous domine.

Quoi de plus poignant, de plus terrible, que ce drame, auquel, si brutalement, Charles Méré nous fait assister. Sabine Feister est une Neustrienne qui, divorcée, s'est remariée avec un Gallois. De son premier lit elle a un fils, Francis Lesueur, qui vit loin d'elle, en Neustrie, et une fille, Claire Lesueur, qui passe sa jeunesse auprès des frères du second lit, Maxence et Adolphe Feister, gallois ceux-là.

Sabine Feister vit en pays neutre, lorsque la déclaration de guerre survient, cette affreuse « mobilisation générale » qui va déchirer le cœur de la mère. D'un côté, ce sont Maxence et Adolphe que leur patrie appelle au combat. De l'autre, c'est Francis qui répond à l'ordre de la Neustrie. Les frères deviennent ennemis, tout s'enchevêtre [illegible], pour qui ? Pour la grande guerre, que chacun, de part et d'autre, trouve noble et nécessaire, et pour laquelle chacun consent au sacrifice de sa vie. Placée dans ce cruel malheur, Sabine Feister n'a qu'un cri, le seul cri possible, le seul cri humain. Elle se révolte. Elle n'accepte pas la loi des hommes. Elle veut garder ses petits. Mais Maxence et Adolphe la repoussent. Là-bas, Francis est parti. Mais, ici, sa fille, qui doit épouser Gilbert Christiaens, le neutre, se souvient trop qu'elle est de naissance neustrienne. Et la mère douloureuse, captive de ses égales amours, pleure sur des douleurs égales, seule, sans voix.

Ainsi passent les premier et deuxième actes, dont certains passages sont d'une force prestigieuse, d'une hurlante sincérité. Maxence vient d'être tué par les Neustriens, les « ennemis ». Francis combat les Gallois, et Adolphe lutte, les armes à la main, contre les compatriotes de Francis. La guerre règne, faisant entrer le malheur et le désespoir dans les maisons des deux pays, faisant pleurer des mêmes larmes les mères de tous les combattants.

Un oncle de Claire Lesueur, Neustrien ultra-patriote, chauvin seulement fixé dans l'amour de son pays et la haine de l'adversaire, vient lui intimer l'ordre, sur la prière du père agonisant, de regagner la Neustrie et de rompre avec son fiancé, qui est neutre. Etre neutre, aimer la paix, l'aimer plus que la guerre, quel crime ! La jeune fille quitte sa mère, part. La maison est sombre, la mort rôde, la guerre fait son œuvre...

Et puis voici le troisième acte. Ne célons pas notre admiration, notre émotion, notre grande joie. Voici la sublime révélation.

Adolphe Feister, revenu de la guerre, aveugle, repose à la maison. Sabine apprend que Francis, l'autre, le fils « ennemi », grand blessé, fera partie d'un convoi de rapatriés, passera par le pays neutre, et espère, comme une récompense suprême, embrasser sa maman.

Alors quoi ? Les deux frères, les deux épaves lamentables de la guerre, les deux victimes innocentes, vont-elles se rencontrer et pourront-elles se rencontrer sans haine ? La mère n'a-t-elle pas fini de souffrir ? Elle consulte le pasteur, confident de ses peines, l'ami pacifiste, l'aumônier neustrien qui accompagna Francis. Tous trois ont les mêmes paroles de pardon, d'union, de paix.

Les deux frères sont en présence. L'aveugle et le mutilé s'affrontent. Leur premier geste, leur premier cri, c'est encore de la guerre. Et puis... l'inéluctable, le souverain accord des âmes pitoyables, le divin.

Ils ont souffert des mêmes souffrances, partagé les mêmes douleurs, les mêmes angoisses, passé les mêmes nuits aux mêmes endroits, sous le même sifflement des obus meurtriers. L'un et l'autre sont des malheureux, l'un et l'autre sont des réprouvés. Pourquoi se haïr, pourquoi se meurtrir ? L'un revoit en l'autre le [illegible] et devant portrait de la mère, l'autre entend en la voix du frère « ennemi », celle du frère mort. Tout les rapproche, les réunit, les unit insensiblement, dans la nuit qui, peu à peu, s'éclaire. Les mains se tendent pour de fertiles serrements, les visages se rassérènent, la vie commune des deux cœurs s'établit. Les voici, miracle, ensemble, fraternels, l'un offrant la cigarette à l'autre, l'un quêtant l'appui de l'autre. Les voici, [illegible] à [illegible], pour toujours, sous l'étreinte maternelle.

[illegible] acte est impossible. Il faut l'aller voir. Il faut acclamer, avec Charles Méré, ses interprètes, l'admirable et douloureuse Suzanne Desprès, la tendre Falconetti, la précis Davagon, MM. Janvier, Bernard, Pellier, Dumont, etc. Et surtout, presqu'aussi émouvants que Mme Desprès, MM. Henri Rollan et Puylagarde, saisissants de vérité.

Bernard LECACHE.

LES QUAT'Z'ARTS

Le Salon des Indépendants

C'était hier le vernissage

Une considérable foule se pressait hier au vernissage des Indépendants. Le nombre des envois est exactement de 5.110, ce qui fait environ 3.000 artistes peintres ou sculpteurs, en supposant que chaque exposant ait 10 amis fidèles, en ajoutant à ce produit un nombre respectable de curieux, on aura ainsi le chiffre approximatif de la foule qui encombrait hier le Grand Palais.

Faire un compte rendu suffisant de ce salon demanderait quelques jours, pour le moins. Le spectateur ébahi, submergé par cette avalanche de peinture, éprouve un insurmontable malaise, et ne récupère ses esprits — et son esprit — qu'après un considérable effort.

Une promenade de quelques heures à travers les salles permet seulement un classement général des œuvres exposées, et une vision succincte d'où émergent seuls les exposants réellement remarquables.

Les cubistes

Les cubistes sérieux — il y en a — tendent, semble-t-il, à s'évader d'une formule étroite et insuffisante, pour entrer dans la réalisation personnelle. Parmi ceux-ci Lhôte et Luc-Albert Moreau s'affirment particulièrement. Nous ne parlerons que pour mémoire des extravagances de M. Picabia. Hellsen, Archipenko, avec ses bas-reliefs en tôle et bois vernis, Chérie Charlotte; Goudouin qui, au Salon d'Automne, nous offrait un Mirbeau si extraordinaire, semble avoir voulu le dépasser encore... passons !

Le public fait masse dans les salles cubistes. A écouter les conversations, on se demande qui vaut le moins, de la foule incompréhensive, ou des peintres farceurs ou loufoques. On se console en songeant que de œuvres intéressantes sont accrochées çà et là et que pendant que les pitres battent la caisse, les artistes sérieux travaillent.

En entrant notre attention avait été arrêtée par une pancarte du groupe *Dada*, futuro-cubisto-extilarant, laquelle annonce que trente-huit conférenciers parleront... Parleront-ils ensemble ?...

Quelques peintres

Au hasard, le regard du passant est arrêté par de véritables œuvres d'art. On s'étonne même de voir, lorsqu'on s'immobilise en une salle, du nombre de toiles de valeur noyées dans le fatras des pompiers et des fous. L'ensemble est chaotique. La carte postale en couleurs voisine avec l'élucubration démente. Cependant un mouvement semble se dessiner vers le retour à la probité, à la véritable peinture.

Les femmes de Van Dongen, les paysages d'Urbain, de Vlaminck, de Gromaire, de Monizain, Segonzac, Séguin, Raymond Maillard, retiennent justement l'attention.

En d'autres salles on remarque : *les Baigneuses* de Favory, le souvenir du Douanier Rousseau hante *la Chasse au Lion* de Bissière, et *les Dentellières* de Coubine. Paul Signac expose une *Vue du Port de Marseille* vraiment lumineuse. Bonnard, un *Intérieur* charmant.

Auprès d'eux exposent Mme Agutte, Mlle Paske, Veltat, Othon Friesz, dont un grand panneau au Salon d'Automne fut remarqué.

Dans la salle suivante, nous trouvons Pézinel, R. Lalque, Elbert, Bonnanoist, Morgan Russel, dont les deux nus, notamment *Achille* et *Briséis* sont inattendus ; et aussi le remarquable envoi de Villard dont le talent s'affirme de plus en plus.

Dans le pourtour, nous sommes arrêtés par les paysages marocains d'Eggimann dont la *Vieille Porte de Meknez* éclate de lumière africaine. Un portrait de Méridional du même artiste offre de très solides qualités.

Les paysagistes intéressants sont assez nombreux, parmi eux s'imposent à l'attention les envois de Maurice Veil, pleins de fougue et de couleur, très bien composés et « sentis ». Un portrait du même dénote un travail continu et de larges promesses d'avenir.

L'envoi d'Emile Aldey est d'une rare sincérité et aussi les toiles de S. Kerger.

Madame Suzanne Valadon expose un *Adam et Eve* inquiétants et Utrillo ne justifie guère l'engouement factice de certains « amateurs ». Mme Juliette Roche exagère vraiment la fantaisie. Elle n'est d'ailleurs pas seule dans ce cas.

Mais le jour baisse. Le flot du public roule vers la sortie où se balance sous la pluie la pancarte de *Dada*.

GENOLD.

« HORS CONCOURT »

UNE VISITE à Lucien Descaves

Vous rappelez-vous, dans *Philémon vieux de la vieille*, un roman qui est une conscience mise à nu, la description de cette maison et de la cour intérieure de cette maison, où habite Philémon ? — Vous rappelez-vous aussi *la Maison anxieuse*, un petit volume paru chez Crès pendant la guerre ? Eh bien cette même maison — car c'est la même — qu'à plusieurs reprises Lucien Descaves s'est complu à nous peindre, ce n'est autre que celle qu'il habite. Elle est sise rue de la Santé, de l'autre côté de la morne prison. Le quartier est paisible, trop paisible. Mais comme s'il ne l'était pas encore assez, l'appartement de l'écrivain ne donne pas sur la rue. Au fond d'un jardinet minuscule, qui n'est bien là que pour qu'on puisse dire qu'il est là, un petit pavillon constitue la retraite rêveuse où Barrabas fut conçu ; et c'est un pavillon qui semble issu d'un conte énigmatique de Conan Doyle, un pavillon fait pour que des drames s'y perpètrent. On sonne avec appréhension, et l'on n'est rassuré que par l'accueil ouvert, par l'hospitalité presque antique qu'on reçoit. Le maître du lieu se rend le moins bourru qu'il peut. Il fait un grand effort sur soi-même, quand il est entendu que le dimanche matin ceux qui l'aiment lui volent le temps de son travail. Et on lui en sait gré.

C'est avec un brin de mélancolie qu'il constate qu'il redevient d'actualité. Le gouvernement inculpé en effet et traîne aux assises, sous l'accusation d'insulte à l'armée, notre confrère Victor Cyril, du groupe *Clarté*, pour son dernier livre : *les Crucifiés*. Alors c'est le procès de Descaves qui recommence, ce sont des poursuites analogues à celles dont il fut jadis l'objet et la victime à propos de *Sous-offs*. Rien n'est changé. Le militarisme règne plus que jamais. Et l'âpre intelligence de la nation [illegible], toujours les laves de Voragine, lèpre de la pensée.

⁂

Mais Lucien Descaves nous parle de ses projets. Il vient de donner *l'Imagier d'Épinal*, d'une documentation précise et qui, de son propre aveu, lui a coûté des efforts considérables. Mais son activité ne chôme pas. Et dès que le succès de *François de Curel* s'épuisera au Théâtre des Arts, on y représentera son *As de Cœur*. *L'As de Cœur*, qui s'intitulera peut-être d'ailleurs autrement, *L'Albatros*, par exemple, en souvenir du poème de Baudelaire. Vous vous rappelez ? « Ses ailes de géant l'empêchent de marcher ». C'est le thème même de l'œuvre. Il s'agit d'un aviateur de la guerre, qui ne peut se réadapter à la vie banale et à la réputation qu'elle impose. Superbe sujet, n'est-ce pas ? pour l'auteur d'*Oiseaux de passage*.

Mais nous interrogeons : « Est-ce vrai que vous ne vous rendez plus aux déjeuners parce que l'Académie Goncourt affirme sa vitalité ? » Le visage de Descaves se fronce. Il renouvelle l'acte d'Anatole France, qui ne fréquentait plus, délibérément, l'Académie Française, avant la guerre. Que voulez-vous ! Ses collègues l'ennuient. Ils sont là dix, pas même, car il y a toujours des absents. Ils ne peuvent s'entendre. Ils se serrent la main avec déplaisir. « Vous parlez donc politique ? » Non pas. Mais les questions littéraires sont souvent aussi brûlantes. *Genus irritabile.*

J'interroge encore : « N'est-ce pas Daudet qui avait décidé de ne jamais accorder le prix annuel à un romancier israélite ? » Oui, c'est lui, c'est ainsi que fut jadis écarté le beau talent de Julien Benda. C'est même à ce propos que les affaires commencèrent à se gâter. Car Descaves, lui, ne l'entendait pas de cette oreille sectaire. Mais où les relations ne furent plus possibles, ce fut quand l'élection de Courteline fut compromise. Ça, c'était un peu fort. Léon Hennique seul le défendit avec Descaves. Elémir Bourges affecta le plus total mépris. C'était inadmissible. C'est vrai.

⁂

Lucien Descaves ne vieillit pas. En vrai mes amis ses fils sont trois, et l'aîné a vingt-huit ans, et le plus jeune affirme déjà d'heureuses dispositions pour l'art littéraire. Toujours Lucien Descaves s'intéresse à tout. Toujours sa tête de bon dogue sur sa petite taille exprime une humeur qui signifie : « A quoi bon être bon ? » Ses courtes moustaches relevées sous son nez se prêtent mal au sourire. Mais les yeux savent pétiller quand on parle littérature.

Et dire que, toute sa vie, sans une défaillance, Descaves l'aura consacrée à démentir ses apparences et à servir ses confrères malheureux, de toute son influence vite acquise ! Mieux que quiconque, cet homme incarne le mot : Solidarité. Combien de talents il a découverts et révélés ! C'est un mérite qui s'ajoute à ceux de son art probe, scientifiquement historique, un peu austère, mais toujours évocateur. Certes celui-là ne « ségale » pas devant la vie. Mais il pense devant l'Histoire. Sans lui, nos générations ne connaîtraient pas la Commune sous son jour le plus favorable et le plus réel, à la fois. Avec lui, les idées généreuses d'hier et de demain trouvent un défenseur toujours sur la brèche. Il a le bon sens et il a le bon goût. Et s'il ne rit pas devant la vie, c'est qu'il sait que c'est une chose grave. A propos des problèmes de la vie chère et du pain absent, Clemenceau, comme Marie-Antoinette, faisait de l'esprit. Mais les mots d'esprit ne résolvent rien. Il faut autre chose que des saillies. Et un peuple qui a faim préfère les études sociales d'un Descaves aux gandrioles pour gens repus des boulevardiers réactionnaires.

Jean-Michel RENAITOUR.

L'avance des bolcheviks

Bâle, 28 janvier. — On télégraphie de Vienne :

Le Bureau Europa Presse publie la note suivante :

La légation polonaise affirme de nouveau que le bruit qui court au sujet de l'arrivée des bolcheviks sur la frontière de l'ancienne Galicie orientale, n'est nullement confirmé jusqu'à présent.

Des nouvelles officielles venues de Varsovie permettent de déclarer que les cercles compétents polonais ne savent rien d'une menace immédiate sur le front de la Galicie orientale.

La nouvelle de la prise de Brody et de Tarnopol par l'armée rouge est également dénuée de toute fondement. — (Radio.)

Le Journal du Peuple

Directeur : HENRI FABRE

10 c.

RÉDACTION et ADMINISTRATION : 17, Rue Grange-Batelière, Paris (9e). Téléphone : Bergère 37-47. — Après 21 h. Louvre 12-11.

CINQUIÈME ANNÉE. — N° 29 — JEUDI 29 JANVIER 1920.

Il n'y a pas de paix durable sans la justice sociale.

ALBERT THOMAS.

...Et il n'y a pas de justice sociale sans la Révolution sociale.

OPINIONS

Je ne vais plus à Strasbourg...

Lettre au citoyen Verfeuil, secrétaire de la Fédération Socialiste de la Seine.

Mon cher secrétaire,

Vous avez su, comme tout le monde, puisque les journaux l'ont claironné, que M. Millerand était allé dimanche à Strasbourg faire ses adieux de Haut-Commissaire — et organiser une retraite militaire, car il n'y a point manqué.

Il a prononcé un discours qui n'offre, en l'espèce et pour ce qui va nous occuper, aucun intérêt. Mais on lui en a adressé et voici, notamment ce qu'il a entendu :

« *L'activité que vous avez déployée comme commissaire général de la République et l'énergie dont vous avez fait preuve en maintes occasions, rendront à votre successeur la tâche facile. Si dans l'Alsace et dans la Lorraine on eut la bonne fortune de voir, ces quelques mois, à la tête du pays, un homme de votre qualité, un organisateur, un administrateur, désireux avant tout de faire une politique de réalisation, on ne peut que se féliciter aujourd'hui de retrouver le même homme comme chef du gouvernement central. Avec la passion de la justice, avec le culte de [illegible] et l'amour de la patrie qui conduisirent toujours votre vie d'homme politique, vous deviez nécessairement arriver, monsieur le président, à devenir un jour successeur de l'illustre vieillard qui va prendre son repos bien mérité, avec la certitude que le sort du pays se trouve en de bonnes mains.* »

Vous allez vous demander ce qui me prend de vous citer ça. Quel nationaliste ivre, direz-vous, quel suppôt du Bloc National, voire quel vibrion d'Action Française a pu ainsi « piquer la lèche » au sinistre Millerand, à celui que toutes les réactions ont acheté, et qui, provocateur de guerre, n'a jamais su qu'organiser la défaite de son pays ?

Mais justement, citoyen Verfeuil, je vous signale cette prose stupide et servile parce qu'elle a — ô honte ! — pour auteur un socialiste, un membre de notre Parti, de notre Section française de l'Internationale ouvrière, le citoyen Peirotes, maire de Strasbourg.

Ce serait déjà une raison suffisante !... Pourtant il en est une autre plus pressante. Le mois prochain, le Parti doit tenir son congrès justement à Strasbourg.

Or, est-il possible, est-il digne du Parti socialiste, qu'il soit l'hôte d'une section socialiste qui compte Peirotes au nombre de ses membres ? Concevez-vous que ce soit Peirotes qui reçoive là-bas le Parti ?

Je ne le pense pas. Vous ne le penserez pas. La Fédération de la Seine ne le pensera pas.

⁂

La Fédération de la Seine, il y a quelque deux mois, s'est montrée sévère pour quelques-uns de ses membres. Le [illegible] dans l'esprit de paix. Si ceux que les exigences de la Fédération ont rejeté dans la dissidence étaient capable de sincères regrets, ils en éprouveraient d'amers en comparant leur faute à celle que Peirotes vient de se permettre. C'est un fait que Rozier lui-même, et même depuis qu'il ne doit plus de compter au Parti, n'a rien écrit qui se puisse comparer de plus loin avec ce que Peirotes a asséné dimanche sur la tête solide de M. Millerand.

Ne croyez point qu'à lire ce discours odieux j'aie éprouvé un étonnement sans limite. Du temps qu'il était dans la Social-Démocratie allemande, ce n'est pas du côté des révolutionnaires que Peirotes se rangeait. Il était là-bas, contre le vrai socialisme, avec toute la vermine revisionniste, dont le grouillement allait de Scheidemann à Legien — le Legien du Comité international du Travail — et de Bauer à l'assassin Noske. Il était député du Reichstag, mais ce n'est pas lui, ce sont les Liebknecht et les Haase, qui se sont dressés de toute leur âme contre le militarisme pangermaniste. Que dis-je ? Même le jour où ceux qui devaient devenir les « Indépendants » d'Allemagne se résolurent à voter contre les crédits de guerre, l'audace socialiste — socialiste et *française* — du député alsacien Peirotes se limita à l'abstention. Nous en fûmes alors blessés. Aujourd'hui notre indignation est pleine.

⁂

Tandis que naguère nous n'étions point responsables de l'attitude du député social-démocrate au Reichstag Peirotes, aujourd'hui, socialistes de France, nous sommes responsables du maire socialiste français de Strasbourg.

Je dois conclure : il ne serait possible au Parti de tenir son congrès à Strasbourg, chez la section socialiste de Strasbourg, que si elle se délestait tout de suite du citoyen Peirotes.

Comme hélas ! il est peu probable que cette exécution, pourtant si nécessaire, soit à temps un fait accompli, je vous demande, par la présente de faire saisir le Parti, par la Fédération, d'une proposition tendant à tenir le Congrès ailleurs qu'à Strasbourg. Je suis de ces socialistes qui n'aiment pas les indésirables hôtes et fuient la mauvaise compagnie des domestiques du Pouvoir. Et je ne suis pas le seul, vous en êtes persuadé !

Recevez, mon cher secrétaire, mon salut de vieux socialiste.

Mayéras.

MOSCOU et l'Internationale

A la veille du Congrès de Strasbourg, les discussions s'accentuent et les points de vue se précisent. Toute la gauche socialiste, c'est-à-dire tout le Parti véritablement socialiste, est aujourd'hui unanime sur un point : l'abandon de la Deuxième Internationale, qui ne correspond plus aux désirs, aux aspirations et aux volontés du monde socialiste international. Seule la droite s'obstine à ne point lâcher cette planche pourrie. Grand bien fasse aux droitiers s'ils se trouvent à l'aise aux côtés des Scheidemann, des Ebert, des Noske et si leur social-patriotisme s'accommode du social-impérialisme d'outre-Rhin.

Mais, il est un deuxième point sur lequel l'accord des gauches se fait plus difficilement. Ce dissentiment, léger à l'origine et qu'ont envenimé certaines polémiques fâcheuses, vient surtout de ce que les uns et les autres font une confusion en assimilant rigoureusement la Troisième Internationale à Moscou. Je vois que Fabre est tombé, hier, dans la même erreur. En réalité, il y a une Révolution russe bolcheviste, qui s'est poursuivie à travers heurts et difficultés et dont on ne peut pressentir exactement l'évolution future. Cette révolution, par protestation contre les agissements d'une Internationale caduque, a jeté les bases de la Troisième Internationale. C'est un fait. Mais depuis, des adhésions nombreuses sont venues modifier le caractère de la nouvelle organisation. Depuis, le grand Parti Socialiste Italien, dont les succès électoraux ont été approuvés par Lénine, a pris place au premier plan, dans l'Internationale. D'autres fractions importantes de partis socialistes se sont ralliées également. Mais chacun est venu avec ses méthodes propres, ses tactiques particulières et sur la base des principes de lutte de classes. De sorte qu'il ne s'agit plus aujourd'hui, de soviétisation ni de bolchevisme et que ce n'est point là-dessus que doivent, au sein de la Troisième Internationale, se confronter les partis dont l'adhésion est décidée.

Cela, certains socialistes de gauche ne le voient pas assez. Dès qu'on leur parle de Troisième Internationale, ils répondent : « Lénine » ou « Trotsky ». Mais non, camarades ! Il ne s'agit pas d'aller à Moscou. Il s'agit encore moins d'y aller, la corde au cou, dans l'attitude des Bourgeois de Calais. Il s'agit d'adhérer purement et simplement, sans ambages ni détours, à une organisation nouvelle dont les cadres sont prêts, dont les bases sont déjà solides et que nous appelons la Troisième Internationale uniquement parce que, dans l'ordre du temps, elle vient après la deuxième et que, dans l'ordre arithmétique, le chiffre 3 se place après le chiffre 2.

Voilà la vraie question. Le reste me paraît accessoire. J'avoue, cependant, que lorsque certains prétendent qu'il faut d'abord causer et qu'on adhère ensuite, s'il y a lieu, je regrette sincèrement qu'on n'ait pas indiqué, de façon formelle, l'adhésion avant tout et malgré tout. Cette clarté nécessaire est absente de la motion des reconstructeurs. J'avoue, d'autre part, que si d'autres camarades d'extrême-gauche envisagent la possibilité d'une scission et d'une adhésion en dehors du Parti, il est difficile de les suivre. Une troisième Internationale, au sein de laquelle viendraient se grouper des éléments épars, sans force ni autorité, serait condamnée d'avance.

Le Parti socialiste français doit adhérer en bloc à la Troisième Internationale. Et si une scission doit se produire, il faut que ce soit la droite du parti qui en fasse les frais.

Victor Méric.

LE BEAU VOYAGE

La fuite en Egypte

M. Clemenceau va partir pour l'Egypte. Dépouillé de la rue Franklin, où, sur sa vie chère, veille avec sollicitude un comité de « vigilants », le Tigre va calmer ses rancœurs de vaincu à l'ombre des Pyramides.

Le débarqué va s'embarquer, le 3 février prochain, le paquebot *Lotus* emportera vers Alexandrie ce voyageur de marque. Le fidèle [illegible] Wicart l'accompagnera dans l'éventualité d'une nouvelle fugue.

Et M. Clemenceau, devant le Sphynx camard, se consolera du nez de Mandel.

Il contemplera longuement les Pyramides et devant ces quarante siècles, l'octogénaire se sentira jeune, jeune comme un petit enfant...

DU COTÉ DE L'ORIENT

L'ARMISTICE avec les Soviets

Il faut qu'une porte soit ouverte ou fermée. Avec ou sans déclaration, l'état de guerre régnait en fait entre les puissances occidentales et la Russie des Soviets tant que sévissait le blocus, accompagné ou non d'actions militaires.

A la proclamation de levée du blocus par l'Entente, le gouvernement de Moscou répond logiquement par une proposition d'armistice. La refuser serait avouer le dessein d'entrer en contact, au sein de la Russie, avec les éléments hostiles à son gouvernement pour les aider à le renverser. Or, le gouvernement de Moscou n'est pas assez naïf pour se laisser prendre à cette diplomatie ententiste ; il est trop fort pour permettre qu'on se moque de lui. Il n'y a guère qu'en France qu'on compte encore réussir avec de semblables procédés, mais les faits viennent chaque jour donner un nouveau soufflet à cette politique d'hésitations continuelles, de faux pas et de ruses mesquines.

Le fil barbelé est par terre ; l'armistice conclu entre l'Esthonie et la Russie des Soviets permet, sur ce point du front, le libre transit des marchandises et un traité de paix définitif ne tardera pas à remplacer l'armistice. Tandis que, répondant à l'appel sollicité des nationalistes polonais, réclamant Foch à grands cris pour préparer l'offensive du printemps, nous continuerons à envoyer de ce côté des officiers instructeurs, du matériel, des hommes peut-être — bassement des volontaires ! — et l'argent que nos contribuables ont en excédent, les Anglais et les Américains feront passer par cette première brèche leurs marchandises et les matières premières nécessaires aux produits qu'ils écouleront chez nous aux prix forts du temps de guerre.

L'orientation nouvelle que laisse prévoir, en Angleterre, l'élection Asquith et l'attitude de Barnes et des députés travaillistes refusant de suivre la politique de leur gouvernement, montrent que le prolétariat britannique sort de la torpeur dans laquelle l'avait plongé la guerre.

En Italie, c'est encore l'influence du prolétariat plus conscient qu'ailleurs, parce que l'entrée tardive du pays dans la guerre lui avait laissé plus de temps pour réfléchir, qui forcera son gouvernement à accepter l'armistice proposé par Lénine. C'est en Italie que sont arrivés les premiers envoyés de Tchitcherine avec lesquels, malgré ses efforts dilatoires, Nitti sera forcé d'entrer en pourparlers, parce que la Chambre a nettement manifesté sa volonté de paix avec les Soviets.

Partout c'est la classe ouvrière qui doit forcer la main des gouvernants, que la guerre a portés au pouvoir et dont elle continue à diriger la politique, pour rendre effective la reprise des relations pacifiques. En Esthonie, de même les gouvernants, guidés et soudoyés par l'Entente, ont, depuis un an, poussé leur peuple à la guerre contre les bolcheviks. Seule la volonté prolétarienne les a contraints à faire la paix.

Puisse l'exemple être suivi, sans tarder, par les prolétaires de l'Occident !

D. B.

C'est bien ce soir, jeudi 29 janvier, à huit heures trente, que

Sebastien FAURE

fera une CONFÉRENCE publique et contradictoire. — Sujet traité :

« SOMMES-NOUS PRÊTS ? »

L'orateur exposera le projet d'une *Déclaration unique* sur laquelle tous les militants : *Socialistes, Syndicalistes* et *Libertaires*, peuvent se mettre d'accord et assurer un

Mouvement d'ensemble

Pour éviter l'encombrement aux portes, celles-ci seront ouvertes dès sept heures et demie du soir. La Conférence commencera à huit heures trente précises et, pour que chacun puisse profiter des moyens de transport, la réunion prendra fin vers onze heures.

La Troisième Internationale

Des adhésions

A la 2e section du Parti socialiste, Fédération du Rhône, la motion du Comité de la Troisième Internationale a été votée à l'unanimité moins deux voix. Les délégués de cette section sont chargés de défendre intégralement la motion au Congrès.

Dans la Drôme

(*De notre correspondant*)

Le dimanche 25 janvier s'est tenu à Valence, au siège du Parti, le congrès départemental.

Toutes les sections y étaient représentées et la salle était bondée. Les diverses questions portées à l'ordre du jour ont été discutées avec calme, et notre fédération voit croître avec satisfaction le nombre de ses adhérents. Sous peu une active propagande va être entreprise pour créer encore de multiples sections.

Toutes les questions administratives étant liquidées, le congrès a abordé l'examen de l'ordre du jour du Congrès de Strasbourg.

Confirmant ses votes antérieurs, la fédération, à l'unanimité, déclare se rallier immédiatement à la Troisième Internationale de Moscou.

Pour bien marquer son adhésion, le Congrès vote par acclamation une adresse de félicitation à l'armée rouge, qui, comme nos ancêtres, les « Sans-Culottes » a débarrassé son sol des armées contre-révolutionnaires.

Le citoyen Jules Blanc a été désigné à l'unanimité comme délégué au Congrès national de février.

La grève des cheminots italiens

Rome, 27 janvier. M. Nitti a reçu une délégation des cheminots et des secrétaires du parti socialiste. La réunion a duré jusqu'à deux heures un quart (heure italienne).

L'accord n'a pu toutefois se faire sur tous les points et un autre entretien aura lieu demain matin à 11 heures ; on espère que cette fois une entente interviendra. — (*Radio*.)

AU-DESSUS DES FRONTIÈRES

"La Captive" une œuvre courageuse de Charles MÉRÉ

Le public, le grand public, doit se préparer à subir une véritable crise, celle de la stupidité triste du vaudeville, celle des pièces de guerre, celle des cochonneries [illegible] écrites et malheureusement jouées des fabricants de pornographie théâtrale. Nous avons la joie d'acclamer, depuis quelques jours, de véritables œuvres, hier, l'admirable *Animateur*, de notre grand Henry Bataille, aujourd'hui la douloureuse *Captive* du courageux Charles Méré, au théâtre Antoine.

Ah ! c'en est fini de la médiocrité, de l'avilissement, des saletés, des actes patriotiques à double fin, de la guerre ! Nous respirons, nous sommes en paix. Nous n'avons plus contre nous, au-dessus de nous, l'arbitraire, le bon plaisir. Nous ne sommes plus humiliés par le régime déplorable, avilissant, d'un état de siège régi par des polices et d'une censure implacable bâillonnant les derniers indépendants. Nous avons brisé nos chaînes, et nos corps ne sont plus asservis aux tâches ignobles qu'ordonnaient, dans les châteaux tranquilles, des états-majors inconscients.

Je ne saurais trop répéter combien l'*Animateur* nous emplit d'une joie radieuse. Mais, à ses côtés, sous l'égaler, avec ses qualités diverses, un courage — j'insiste sur le mot — remarquable, une force de conviction qui étonne, puis émeut, puis nous prend tout entier à la réalité mesquine, la *Captive* s'élève vers les plus hautes splières de la pensée, frémit d'une humanité pitoyable, d'une lucidité profonde, éblouit de toute sa vérité. Certaines phrases devaient être dites un jour, certains faits devaient être portés, un jour, à la scène. Le théâtre, merveilleux [illegible] des foules. Le voici, justement employé par Henry Bataille, puis Charles Méré, pour servir la vérité.

Que dire ? *La Captive*, après avoir langui durant deux actes, un peu sommaires, un peu stricts d'idées, mêlés de défauts habiles et de scènes extraordinaires, monte tout à coup aux plus hauts sommets. Cette œuvre atteint, au troisième, la sérénité d'un ciel, la divine pureté. Dès le lever du rideau, alors que nous imaginons je ne sais quelle conclusion hâtive, l'émotion nous enserre, nous étreint à la gorge, nous captive, c'est le mot, jusqu'à nous surprendre, les larmes aux yeux, n'essayant plus de surmonter le trouble surhumain, qui nous oppresse, nous tient, nous domine.

Quoi de plus poignant, de plus terrible, que ce drame, nuancé si brutalement, Charles Méré nous fait assister. Sabine Feister est une Neustrienne qui, divorcée, s'est remariée avec un Gallois. De son premier lit elle a un fils, Francis Lesueur, qui vit loin d'elle, en Neustrie, et une fille, Claire Lesueur, qui passe sa jeunesse auprès des frères du second lit, Maxence et Adolphe Feister, gallois ceux-là.

Sabine Feister vit en pays neutre, lorsque la déclaration de guerre survient, cette affreuse « mobilisation générale » qui va déchirer le cœur de la mère. D'un côté, ce sont Maxence et Adolphe que leur patrie appelle au combat. De l'autre, c'est Francis qui répond à l'ordre de la Neustrie. Les frères devenant ennemis, iront s'entre-tuer, pourquoi, pour qui ? Pour la grande guerre, que chacun, de part et d'autre, trouve noble et nécessaire, et pour laquelle chacun consent au sacrifice de sa vie. Placée dans ce cruel malheur, Sabine Feister n'a qu'un cri, le seul cri possible, le seul cri humain. Elle se révolte. Elle n'accepte pas la loi des hommes. Elle veut garder ses petits. Mais Maxence et Adolphe la repoussent. Là-bas, Francis est parti. Mais, ici, sa fille, qui doit épouser Gilbert Christiaens, le neutre, se souvient trop qu'elle est de naissance neustrienne. Et la mère douloureuse, captive de ses égales amours, pleure sur des douleurs égales, seule, sans voix.

Ainsi passent les premier et deuxième actes, dont certains passages sont d'une force prestigieuse, d'une hurlante sincérité. Maxence vient d'être tué par les Neustriens, les « ennemis ». Francis combat les Gallois, et Adolphe lutte, les armes à la main, contre les compatriotes de Francis. La guerre règne, faisant entrer le malheur et le désespoir dans les maisons des deux pays, faisant pleurer des mêmes larmes les mères de tous les combattants.

Un oncle de Claire Lesueur, Neustrien ultra-patriote, chauvin seulement fixé dans l'amour de son pays et la haine de l'adversaire, vient lui intimer l'ordre, sur la prière du père agonisant, de regagner la Neustrie et de rompre avec son fiancé, qui est neutre. Être neutre. Aimer la paix, l'aimer plus que la guerre, quel crime ! La jeune fille quitte sa mère, part. La maison est sombre, la mort rôde, la guerre fait son œuvre....

Et puis voici le troisième acte. Ne cédons pas notre admiration, notre émotion, notre grande joie. Voici la sublime révélation.

Adolphe Feister, revenu de la guerre, aveugle, repose à la maison. Sabine apprend que Francis, l'autre, le fils « ennemi » grand blessé, fera partie d'un convoi de rapatriés, passera par le pays neutre, et espère, comme une récompense suprême, embrasser sa maudit.

Alors quoi ? Les deux frères, les deux épaves lamentables de la guerre, les deux victimes innocentes, vont-elles se rencontrer et pourront-elles se rencontrer sans haine ? La mère n'a-t-elle pas fini de souffrir ? Elle consulte le pasteur, confident de ses peines, l'aumônier pacifiste, l'aumônier neustrien qui accompagne Francis. Tous trois ont les mêmes paroles de pardon, d'union, de paix.

Les deux frères sont en présence. L'aveugle et le mutilé s'affrontent. Leur premier geste, leur premier cri, c'est encore de la guerre. Et puis... l'inéluctable, le souverain accord des âmes pitoyables, le divin.

Ils ont souffert des mêmes souffrances, partagé les mêmes douleurs, les mêmes angoisses, passé les mêmes nuits, aux mêmes endroits, sous le même sifflement des obus meurtriers. L'un et l'autre sont des malheureux, l'un et l'autre sont des réprouvés. Pourquoi se haïr, pourquoi se meurtrir ? L'un revoit en l'autre le doux et vivant portrait de la mère, l'autre entend en la voix du frère « ennemi » celle du frère mort. Tout les rapproche, les réunit, les unit insensiblement, dans la nuit qui, peu à peu, s'éclaire. Les mains se tendent pour de furtifs serrements, les visages se rassérènent, la vie commune des deux cœurs s'établit. Les voici, miracle, ensemble, fraternels, l'un offrant la cigarette à l'autre, l'un quêtant l'appui de l'autre. Les voici, embrassés frères enfin, pour toujours, sous l'étreinte maternelle.

Dire la beauté de cet acte est impossible. Il faut l'aller voir. Il faut acclamer, avec Charles Méré, ses interprètes, l'admirable et douloureuse Suzanne Desprès, la tendre Falconetti, la précis Daragon, MM. Janvier, Blancard, Praillier, Dumont, etc. Et surtout, presque aussi émouvants que Mme Desprès, MM. Henri Rollan et Puylagarde, saisissants de vérité.

Bernard LECACHE.

LES QUAT'Z'ARTS

Le Salon des Indépendants

C'était hier le vernissage

Une considérable foule se pressait hier au vernissage des Indépendants. Le nombre des envois est exactement de 5.316, ce qui fait environ 3.000 artistes peintres ou sculpteurs, en supposant que chaque exposant ait 10 amis fidèles, en ajoutant à ce produit un nombre respectable de curieux, on aura ainsi le chiffre approximatif de la foule qui encombrait hier le Grand Palais.

Faire un compte rendu suffisant de ce salon demanderait quelques jours, pour le moins. Le spectateur ébloui, submergé par cette avalanche de peinture, éprouve un insurmontable malaise, et ne récupère ses esprits — et son esprit — qu'après un considérable effort.

Une promenade de quelques heures à travers les salles permet seulement un classement général des œuvres exposées, et une vision succincte d'où émergent seuls les exposants réellement remarquables.

Les cubistes

Les cubistes sérieux — il y en a — tendent, semble-t-il, à s'évader d'une formule étroite et insuffisante, pour entrer dans la réalisation personnelle. Parmi ceux-ci Lhote et Luc-Albert Moreau s'affirment particulièrement. Nous ne parlerons que pour mémoire des extravagances de M. Picabia, Hellsen, Archipenko, avec ses bas-reliefs en tôle et bois vernis, Chérie Charlisse ; Goudchin qui, au Salon d'Automne, nous offrait un *Mirbeau* si extraordinaire, semble avoir voulu le dépasser encore... passons !

Le public fait masse dans les salles cubistes. A écouter les conversations, on se demande qui vaut le moins, de la foule incompréhensive, ou des peintres farceurs ou loufoques. On se console en songeant que des œuvres intéressantes sont accrochées ça et là et que pendant que les pitres battent la caisse, les artistes sérieux travaillent.

En entrant notre attention avait été arrêtée par une pancarte du groupe *Dada*, futuro-cubiste-exhilarant, laquelle annonce que trente-huit conférenciers parleront... Parleront-ils ensemble ?..

Quelques peintres

Au hasard, le regard du passant est arrêté par de véritables œuvres d'art. On s'étonne même de voir, lorsqu'on s'immobilise en une salle, du nombre de toiles de valeur noyées dans le flot des pompiers et des fous. L'ensemble est chaotique. La carte postale en couleurs voisine avec l'élucubration démente. Cependant un mouvement semble se dessiner vers le retour à la probité, à la véritable peinture.

Les femmes de Van Dongen, les paysages d'Urbain, de Vlaminck, de Gromaire, de Manzana, Segonzac, Séguin, Raymond Maillard, retiennent justement l'attention.

En d'autres salles on remarque : *les Baigneuses* de Favory, le souvenir du Douanier Rousseau hante *la Chasse au Lion* de Birbire, et les *Dentellières* de Coubine. Paul Signac expose une *Vue du Port de Marseille* vraiment lumineuse. Bonnard, un *Intérieur* charmant.

Auprès d'eux exposent Mme Agutte, Mlle Peské, Vollal, Othon Friesz, dont un grand panneau au Salon d'Automne fut remarqué.

Dans la salle suivante, nous trouvons Perinet, R. Laloue, Ebert, Bonnamour, Morgan Russel, dont les deux nus, notamment *Achille* et *Briséis* sont inattendus ; et aussi le remarquable envoi de Villard dont le talent s'affirme de plus en plus.

Dans le pourtour, nous sommes arrêtés par les paysages marocains d'Engelmann, dont la *Vieille Porte de Meknès* éclate de lumière africaine, un portrait de Méridional du même artiste offre de très solides qualités.

Les paysagistes intéressants sont assez nombreux, parmi eux s'imposent à l'attention les envois de Maurice Vell, pleins de fougue et de couleur, très bien composés et « sentis ». Un *portrait* du même dénote un travail continu et de larges promesses d'avenir.

L'envoi d'Emile Alder est d'une rare sincérité et aussi les toiles de S. Kergar.

Madame Suzanne Valadon expose un *Adam et Eve* inquiétants et Utrillo ne justifie guère l'engouement factice de certains « amateurs ». Mme Juliette Roche exagère vraiment la fantaisie. Elle n'est d'ailleurs pas seule dans ce cas.

Mais le jour baisse. Le flot du public roule vers la sortie où se balance sous la pluie la pancarte de *Dada*.

GENOLD.

« HORS GONCOURT »

UNE VISITE à Lucien Descaves

Vous rappelez-vous, dans *Philémon vieux de la vieille*, un roman qui est une confidence mise à nu, la description de cette maison et de la cour intérieure de cette maison, où habite Philémon ? — Vous rappelez-vous aussi *la Maison anxieuse*, un petit volume paru chez Crès pendant la guerre ? Eh bien ! cette même maison — car c'est la même — qu'à plusieurs reprises Lucien Descaves s'est complu à nous peindre, ce n'est autre que celle qu'il habite. Elle est sise rue de la Santé, de l'autre côté de la morne prison. Le quartier est paisible, trop paisible. Mais comme s'il ne l'était pas encore assez, l'appartement de l'écrivain ne donne pas sur la rue. Au fond d'un jardinet minuscule, qui n'est bien là que pour qu'on puisse dire qu'il est là, un petit pavillon constitue la retraite rêveuse où *Barrabas* fut conçu ; et c'est un pavillon qui semble issu d'un conte énigmatique de Conan Doyle, un pavillon fait pour que des drames s'y perpètrent. On sonne avec appréhension, et l'on n'est rassuré que par l'accueil ouvert, par l'hospitalité presque antique qu'on reçoit. Le maître du logis se rend le moins bourru qu'il peut. Il fait un grand effort sur soi-même, puisqu'il est entendu que le dimanche matin ceux qui l'aiment lui volent le temps de son travail. Et on lui en sait gré.

C'est avec un brin de mélancolie qu'il constate qu'il redevient d'actualité. Le gouvernement inculpe en effet et traîne aux assises, sous l'accusation d'injure à l'armée, notre confrère Victor Cyril, du groupe *Clarté*, pour son dernier livre : *les Crucifiés*. Alors c'est le procès de Descaves qui recommence, ce sont des poursuites analogues à celles dont il fut jadis l'objet et la victime à propos de *Sous-offs*. Rien n'est changé. Le militarisme règne plus que jamais. Et l'élite intellectuelle de la nation alignera toujours les tares de l'armée, lèpre de la patrie.

⁂

Mais Lucien Descaves nous parle de ses projets. Il vient de donner *l'Imagier d'Epinal*, d'une documentation précise et qui, au son propre aveu, lui a coûté des efforts considérables. Mais son activité ne cesse pas. Et dès que le succès de François de Curel s'épuisera au Théâtre des Arts, on y représentera son *As de Cœur*. *L'As de Cœur*, qui s'intitulera peut-être d'ailleurs autrement, *L'Albatros*, par exemple, en souvenir du poème de Baudelaire. Vous vous rappelez ? « Ses ailes de géant l'empêchent de marcher ». C'est le thème même de l'œuvre. Il s'agit d'un aviateur de *la guerre*, qui ne peut se réadapter à la vie banale et aux réputations qu'elle impose. Superbe sujet, n'est-ce pas ? pour l'auteur d'*Oiseaux de passage*.

Mais nous interrogeons : est-ce vrai que vous ne vous rendez plus aux déjeuners par quoi l'Académie Goncourt affirme sa vitalité ? » Le visage de Descaves se fronce. Il renouvelle l'acte d'Anatole France, qui ne fréquentait plus, délibérément, l'Académie française, avant la guerre. Que voulez-vous ? Ses collègues l'ennuient. Ils sont là dix, pas même, car il y a toujours des absents. Ils ne peuvent s'entendre. Ils se serrent la main avec déplaisir. « Vous parlez donc politique ? » Non pas. Mais les questions littéraires sont souvent aussi brûlantes. *Goncourtable*.

J'interroge encore : « N'est-ce pas Daudet qui avait décidé de ne jamais accorder le prix annuel à un romancier israélite ? » Oui, c'est lui. C'est ainsi que fut jadis écarté le beau talent de Julien Benda. C'est même à ce propos que les affaires commencèrent de se gâter. Car Descaves, lui, ne l'entendait pas de cette oreille sectaire. Mais où les relations ne furent plus possibles, ce fut quand l'élection de Courteline fut compromise. Ça, c'était un peu fort. Léon Hennique seul le défendit avec Descaves. Elémir Bourges affecta le plus total mépris. C'était inadmissible. C'est vrai.

⁂

Lucien Descaves ne vieillit pas. En vérité, ses fils sont trois, et l'aîné a vingt-huit ans, et le plus jeune affirme déjà d'heureuses dispositions pour l'art littéraire. Toujours Lucien Descaves s'intéresse à tout. Toujours sa tête de bon dogue sur sa petite taille exprime une humeur qui signifie : « A quoi bon être bon ? » Ses courtes moustaches relevées sous son nez se prêtent mal au sourire. Mais les yeux savent pétiller quand on parle littérature.

Et dire que, toute sa vie, sans que défaillance, Descaves l'aura consacrée à défendre ses opprimés et à servir ses confrères malheureux, de toute son influence vite acquise ! Mieux que quiconque, cet homme incarne le mot : Solidarité. Combien de talents il a découverts et révélés ! C'est un mérite qui s'ajoute à ceux de son art probe, scientifiquement historique, un peu austère mais toujours évocateur. Certes celui-là ne « rigole » pas devant la vie. Mais il pense devant l'Histoire. Sans lui, nos générations ne connaîtraient pas la Commune sous son jour le plus favorable et le plus réel, à la fois. Avec lui, les idées généreuses d'hier et de demain trouvent un défenseur toujours sur la brèche. Il a le bon sens et il a le bon goût. Et s'il ne rit pas devant la vie, c'est qu'il sait que c'est une chose grave. A propos des problèmes de la vie chère et du petit aigrefin, Clemenceau, comme Marie-Antoinette, faisait de l'esprit. Mais les mots d'esprit ne résolvent rien. Il faut autre chose que des saillies. Et un peuple qui a faim préfère les études sociales d'un Descaves aux gaudrioles pour gens repus des boulevardiers réactionnaires.

Jean-Michel RENAITOUR.

L'avance des bolcheviks

Bâle, 28 janvier. — On télégraphie de Vienne :

Le Bureau Europa Presse publie la note suivante :

La légation polonaise affirme de nouveau que le bruit qui court au sujet de l'arrivée des bolcheviks sur la frontière de l'ancienne Galicie orientale, n'est nullement confirmé jusqu'à présent.

Des nouvelles officielles venues de Varsovie permettent de déclarer que les cercles compétents polonais ne savent rien d'une menace immédiate sur le front de la Galicie orientale.

La nouvelle de la prise de Brody et de Tarnopol par l'armée rouge est également dénuée de toute fondement. — (*Radio*.)

NOS ÉCHOS

EN ÉCOUTANT « L'ANIMATEUR »

C'était à la première de l'*Animateur*. Aux fauteuils d'orchestre. Après le premier acte. Une barbiche blanche qui réfléchit tout haut vers son voisin très inattentif : « C'est vrai cependant... La presse... Les calomnies ne sont pas des arguments. Ainsi, tenez, on accuse Lénine d'être vendu aux Boches, de vouloir faire sa pelotte. Eh bien ! moi, je ne suis pas bolchevik, je ne suis pas révolutionnaire, loin de là, mais moi, je sais que sa femme ayant été malade il a refusé d'accepter pour elle une ration de lait plus grande que celle à laquelle elle avait droit et qui était insuffisante... Quand on agit ainsi on n'est ni un voleur ni un vendu... »

Bravo Bataille !

L'INDISCIPLINE SUR LE QUAI

A la station du métro de la Concorde. Un train entre en gare. Fidèle à sa consigne, l'employé préposé au portillon ferme prestement celui-ci. Certain commandant, avec ses quatre galons magnifiquement exhibés, se trouve ainsi prisonnier dans l'escalier et, vexé, il vitupère, il hurle, il braille. Habitué à régner en pays conquis, il se sent humilié, diminué, flapi devant cette petite barrière qui s'est fermée pour lui comme pour le commun des mortels. Ça barde, en somme !

Le pauvre employé (un ancien poilu de 2e classe, sans doute) reçoit l'averse de quelques grossièretés. Finalement, las des réflexions odieuses du commandant qui exagère tout de même et abuse de la tolérance générale, l'employé se décide à lancer ces mots délicieux à l'adresse du « galonnard » :

« Pas tant de bruit, monsieur ! Si vous avez quatre galons sur les manches... j'ai deux étoiles au képi ! »

BONNE RÉPONSE

Doit-on reprendre les relations diplomatiques avec le Vatican ? Telle est la question posée aux hommes politiques et littérateurs dans différents journaux.

Anatole France vient de faire connaître son opinion dans la *Lanterne*. Il est naturellement d'avis de « laisser tomber » le Pape. Il le dit un peu moins crûment, mais très ironiquement tout de même, à sa manière [illegible]

[illegible]

Les menées monarchistes en Hongrie

Bâle, 28 janvier. — On télégraphie de Budapest : [illegible]

L'extradition de l'ex-kaiser

Londres, 27 janvier. — [illegible]

Lettres et Arts

NOTRE ENQUÊTE LITTÉRAIRE

Qu'est-ce qu'un « jeune » écrivain ?

E. GERBAUD-LOMBARD

« Cher citoyen Clairet, d'abord que je m'excuse de vous donner du « cher », car vous ne me connaissez pas, plus, vous m'ignorez. Mais, moi je vous connais, grâce à vos articles du *Journal du Peuple*, et je vous admire, pour tous vos articles qui vous ont valu les insultes du Daudet national.

Quant à la réponse à votre question : « Qu'est-ce qu'un jeune écrivain », je la crois celle-ci :

C'est celui qui fondera la « Ligue pour la protection des vieillards gâteux » dont la présidence sera offerte à notre Hyène Nationale, déchue, hélas ! à la grande déception de Léon Daudet, et celui qui n'a nul souci des conventions surannées littéraires qu'ont signées, en glorifiant la société actuelle, les fossiles Bourget et Bazin et les tardigrades et antiques Maurras et Barrès.

Ce sont, en un mot : Barbusse, Léon Werth, Morel, vous, et la phalange des indépendants, qui flagellent la bourgeoisie et la société actuelle, comme l'a fait le maître si regretté Laurent Tailhade. Avec mes sentiments socialistes les meilleurs.

E. Gerbaud-Lombard,
Président du Club des Grognards, Gardanne.

P. S. — Quoique je stationne près des Martigues, je vous prie de croire que je n'ai rien de commun avec le barbier des Martigues selon Sixte-Quenin.

Contre l'arbitraire

Un beau meeting eut lieu [illegible], en faveur de Victor Cyril et Berger, inculpés par le gouvernement pour délit [illegible] à propos de leur livre *Les Cruels*. Armand Charpentier rappela Zola, condamné jadis pour diffamation après la publication de *J'accuse*. [illegible]

[illegible]

FAITS DIVERS

[illegible]

Les Théâtres

PETIT COURRIER

CONCERTS PASDELOUP :

Aujourd'hui jeudi, à 3 heures, au Cirque d'Hiver, conférence de M. Julien Tiersot : Berlioz. Exemples musicaux tirés de la *Symphonie Fantastique*, *La Damnation de Faust*, *Le Carnaval Romain*, *L'Enfance du Christ* et *Les Troyens*, avec le concours de Mme Suzanne Balguerie et de l'Orchestre Pasdeloup, sous la direction de M. Rhené-Baton.

PROGRAMME DES SPECTACLES

Ce soir :

OPERA. — *Ballets russes.*
COMEDIE-FRANÇAISE, 8 h. 15. — *L'Abbé Constantin.*
OPERA-COMIQUE, 8 h. 15. — *La Basoche.*
ODEON, 8 h. 15. — *Les Américains chez nous ; Les Cheville.*
TRIANON, 8 h. 30. — *Les Visitandines ; Le Soleil magicien.*
GAITE, 8 h. — *La Belle Hélène.*
VAUDEVILLE, 8 h. 30. — *La Fille Sauvage.*
VARIETES, 8 h. 30. — *La Chasse à l'Homme.*
THEATRE DE PARIS, 8 h. 15. — *La Vierge folle.*
CIRQUE D'HIVER, 8 h. 30. — *Œdipe* (Gémier, Andrée Mégard).
CHATELET, 8 h. — *Mélikoko, roi nègre.*
PORTE-SAINT-MARTIN, 8 h. 30. — *Béranger.*
NOUVEL-AMBIGU, 8 h. 30. — *Toute à son enfant.*
GYMNASE, 8 h. 15. — *L'Animateur.*
SARAH-BERNHARDT, 8 h. 15. — *L'Aiglon.*
PALAIS-ROYAL, 8 h. 30. — *Hercule à Paris.*
TH. ANTOINE, 8 h. 15. — *La Captive.*
BOUFFES-PARISIENS, 8 h. 30. — *Phi-Phi.*
DEJAZET, 8 h. 30. — *Tire au flanc.*
CONCERT MAYOL (Tél. : Gut. 68-07). — La grande Revue d'hiver : *Tout à l'Amour*, 100 artistes, 500 costumes. Au 1er acte : *Le Tombeur des Impériales.*
TH. IMPERIAL, 20 h. 45. — *La Revue d'Albert.*
EDOUARD VII, 8 h. 30. — *La Tendre danseuse.*

[illegible]

LES COURSES

Aujourd'hui, courses au trot à VINCENNES, à 13 h. 15.

Une grève des typos en Pologne

Bâle, 28 janvier. — On télégraphie de Berlin : [illegible]

Marché de Paris

MARCHÉ SOUTENU. HAUSSE DES DEVISES ÉTRANGÈRES : LA LIVRE ANGLAISE VAUT 47 FR. 90 1/2, LE DOLLAR 13 FR. 40 1/2. — *Etablissements de crédit sans affaires. Mines de cuivre, mines d'or, pétroles, caoutchoucs en progrès. Le groupe colonial poursuit son avance. Léger fléchissement des valeurs maritimes.*

EN AVANCE : *Crédit Foncier Colonial, Banque Ottomane, Nitrate Railway, Tabacs des Philippines, Rio-Tinto, De Beers, Utah Copper, Rand Mines, Padang, Royal-Dutch, Shell.*

EN RECUL : *Banque de Paris, Thomson-Houston, Compagnie Transatlantique, Câbles Télégraphiques, Auto-Banlieue, Chargeurs Réunis, Industrielle des Pétroles, Ekaterine.*

BRUITS ET NOUVELLES

Valeurs vedettes. — Mauvaise journée pour ces valeurs : Recherches et Forages, Nazereno y Annexas, Bestno, Phosphates des Ardennes, Maritime Française, Froid Sec, Applications du Bois [illegible] aux cours des séances précédentes. Les Pêcheries à vapeur, Etablissement Caroll, Victoria, Santa-Fé, Câbles Télégraphiques, Héraclée fléchissent de nouveau.

Platine. — On fait monter les cours de cette valeur sous prétexte que le platine métal vaut 30.000 francs le kilog. Les acheteurs ne devraient cependant pas oublier que les stocks de cette société sont épuisés depuis 1916. Or, depuis cette époque, tout travail d'extraction a été suspendu. L'actif industriel doit de plus se ressentir fortement de ce chômage. Rien ne justifie donc cette hausse et la seule explication qu'on en puisse donner est que les gros porteurs cherchent à liquider leur position au plus haut cours.

TRIBUNAUX

Le trafic des billets de théâtre

La 11e chambre jugeait hier des employés d'agences théâtrales qui trafiquaient des billets de théâtre, vendant par exemple 22 francs des places cotées 18 francs.

Après réquisitoire de Me Chartron et plaidoirie de Me de Monzie, le jugement a été remis à huitaine.

Spéculateur condamné

La 10e chambre ne chôme pas. Hier, elle a condamné à deux mois de prison et 30.000 fr. d'amende un important commissionnaire en bestiaux de la Villette, M. A. Séjourné.

Ce dernier s'était livré à une spéculation illicite sur le veau et, dans un seul marché notamment, avait réalisé un bénéfice abusif de 6.000 francs !

La Vie Sociale et Politique

LES GRÈVES

LES MÉTALLURGISTES DE NEVERS

Les ouvriers métallurgistes des ateliers de constructions et réparations de locomotives, route de Vauzelles, à Nevers, sont en grève depuis le 11 courant, pour augmentation de salaire. [illegible]

DANS L'IMPRIMERIE

[illegible]

LES MARÉCHAUX-FERRANTS

[illegible]

DANS LA MARINE FLUVIALE

[illegible]

AUX ABATTOIRS

[illegible]

COMMUNICATIONS

[illegible]

CHEZ LES CHEMINOTS

[illegible]

CONVOCATIONS

SYNDICATS

[illegible]

Coiffeurs. — Conseil et professeur, à 21 heures. Bourse du Travail.

PARTI SOCIALISTE

[illegible]

A. R. A. C. (13e section). — A 20 h. 30, au Coq, 11, avenue d'Italie.

[illegible]

Le Gérant : Louis DESCARSIN.

IMPRIMERIE FRANÇAISE (Maison J. Dangon), Georges DANGON, imprimeur, 123, rue Montmartre, Paris (2e arr.).

NOS ÉCHOS

EN ÉCOUTANT « L'ANIMATEUR »

C'était à la première de l'*Animateur*. Aux fauteuils d'orchestre. Après le premier acte. Une barbiche blanche qui réfléchit tout haut vers son voisin très inattentif : « C'est vrai cependant... La presse... Les calomnies ne sont pas des arguments. Ainsi, tenez, on accuse Lénine d'être vendu aux Boches, de vouloir faire sa pelote. Eh bien ! moi, je ne suis pas bolchevik, je ne suis pas révolutionnaire loin de là, mais moi, je sais que sa femme ayant été malade il a refusé d'accepter pour elle une ration de lait plus avancée que celle à laquelle elle avait droit et qui était insuffisante... Quand on agit ainsi on n'est ni un voleur ni un gredin... »

Bravo Bataille !

L'INDISCIPLINE SUR LE QUAI

A la station du métro de la Concorde... Un train entre en gare. Fidèle à sa consigne, l'employé préposé au portillon ferme prestement celui-ci. Certain commandant, avec ses quatre galons magnifiquement exhibés, se trouve ainsi prisonnier dans l'escalier en vain. Il vitupère, il hurle, il braille. Habitué à régner en pays conquis, il se sent humilié, diminué, flapi devant cette petite barrière qui s'est fermée pour lui comme pour le commun des mortels. Ça bouge, en un mot !

Le pauvre employé (un ancien biffin de 2e classe, sans doute), reçoit l'averse de quelques grossièretés. Finalement, las des réflexions odieuses du commandant qui exagère tout de même et abuse de la tolérance générale, l'employé se décide à lancer ces mots délicieux à l'adresse du « galonnard » :

« Pas tant de bruit, monsieur ! Si vous avez quatre galons sur les manches... j'ai deux étoiles au képi ! »

BONNE RÉPONSE

Doit-on reprendre les relations diplomatiques avec le Vatican ? Telle est la question posée aux hommes politiques et littérateurs dans différents journaux.

Anatole France vient de faire connaître son opinion dans la *Lanterne*. Il est naturellement d'avis de « laisser tomber » le Pape. Il le dit un peu moins élégamment, mais avec immensément tout de même, à sa manière, qui est inimitable.

Le Pape, affirme-t-il en substance, ne dispose plus depuis cinquante ans que d'un pouvoir spirituel. Si l'on se met à vouloir le reconnaître, il ne faut pas s'arrêter en si bon chemin. Il faut aussi, logiquement, déléguer un ambassadeur au Temple de l'Humanité que des disciples d'Auguste Comte ont dressé à Rio de Janeiro. C'est un autre pouvoir spirituel ! »

Bien dit M. Bergeret ! Il ne restera bientôt plus comme partisans de la reprise des relations avec le Vatican que les bons catholiques Joseph Reinach et Lazare Weiller !

Les menées monarchistes en Hongrie

Bâle, 28 janvier. — On télégraphie de Budapest :

Ainsi que les premiers résultats du dépouillement le faisaient prévoir, les élections hongroises doivent être considérées comme une manifestation unanime du pays en faveur de la monarchie. Pas un socialiste et pas un républicain n'ayant été élu, on peut donc, dès aujourd'hui, considérer la monarchie comme restaurée en Hongrie, alors même que la désignation du souverain pourrait en faire attendre encore pendant quelque temps.

On parle, avec une certitude croissante, de la désignation de l'archiduc Joseph ou du comte Apponyi comme chef provisoire de l'Etat. — (*Radio*.)

L'extradition de l'ex-kaiser

Londres, 27 janvier. — Dans les milieux officiels, on ne croit pas qu'une pression économique sera exercée sur la Hollande pour l'amener à modifier ses vues au sujet de l'extradition de l'ex-kaiser. L'échange de notes continuera néanmoins jusqu'à ce que la Hollande soit mise en demeure de répondre par un oui ou un non catégorique. Si sa réponse est définitivement négative, les Alliés auront recours à une proclamation par contumace afin qu'il existe une condamnation historique des faits reprochés à l'ex-kaiser. — (*Radio*.)

Lettres et Arts

NOTRE ENQUÊTE LITTÉRAIRE

Qu'est-ce qu'un « jeune » écrivain ?

E. GERBAUD-LOMBARD

« Cher citoyen Clairet, d'abord que je m'excuse de vous donner du « cher », car vous ne me connaissez pas, plus, vous m'ignorez. Mais, moi je vous connais, grâce à vos articles du *Journal du Peuple*, et je vous admire, pour tous vos articles qui vous ont valu les insultes du Daudet national.

Quant à la réponse à votre question : « Qu'est-ce qu'un jeune écrivain », je la crois celle-ci :

C'est celui qui fondera la « Ligue pour la protection des vieillards poëteux » dont la présidence sera offerte à notre Hyène Nationale, décline, hélas ! à la grande déception de Léon Daudet, et celui qui n'a nul souci des conventions surannées littéraires qu'ont signées, en glorifiant la société actuelle, les fossiles Bourget et Bazin et les tardigrades et antiques Maurras et Barrès.

Ce sont, en un mot : Barbusse, Léon Werth, Méric, vous, et la pléiade des indépendants, qui flagellez la bourgeoisie et la société actuelle, comme l'a fait le maître et regretté Laurent Tailhade. Avec mes sentiments socialistes les meilleurs.

E. Gerbaud-Lombard.
Président du Club des Cinquante, Gardanne.

P. S. — Quoique je stationne près des Martigues, je vous prie de croire que je n'ai rien de commun avec le barbier des Martigues, selon Sixte-Quenin.

Contre l'arbitraire

Un beau meeting eut lieu hier, au Faubourg, en faveur de Victor Cyril et Galhe, inculpés par le gouvernement pour insultes à l'armée, à propos de leur livre : *Les Cruelles*. Armand Charpentier rappela Zola, condamné jadis pour diffamation après la publication de *Pierrette*. Emile Pignot parla de Jeanne Laborde [illegible] par des officiers français. J.-M. Renaitour déclara sa solidarité avec Victor Cyril. P.-N. Roinard parla du Syndicat des Ecrivains et de l'action qu'il devrait avoir. Cette réunion, qui fera certainement réfléchir le titre de la Ligue sur les volontés actuelles de l'opinion publique.

Les Revues :

— *L'Idée Libre* du 1er février vient de paraître (A. Lorulot, à Conflans-Sainte-Honorine (Seine-et-Oise). Un numéro très intéressant, accompagné d'un beau portrait hors texte, est entièrement consacré à Haeckel et rédigé par Vigué d'Octon. Il est extrêmement éducatif (28 pages, 0 fr. 30 franco).

— *Le Crapouillot* donne une analyse du « Salon des Indépendants », par J.-G. Lemoine, avec la reproduction des tableaux de Favory, de Segonzac, Lhote, Chacenon, M. Crissay, Valdo Barbey, Vlaminck, Mainssieux, Coubine ; et un « avant-salon » [illegible], de Jean Galtier-Boissière.

Conférences :

— A la Jeunesse Républicaine du 2e, vendredi 30 janvier, à 20 h. 30, huitième cours sur *L'Art Musical*. (Entrée gratuite). *L'Art Populaire*. Auditions et Projections.

— Université Populaire, 157, faubourg Saint-Antoine, samedi 31 janvier, à 8 h. 30 du soir, conférence de M. André Yvert, président de la « Cocarde Blanche » sur : *La Doctrine et les Hommes d'Action française*.

Club du Faubourg. — Samedi 31, à 4 heures, 6, rue Puteaux (métro Rome) : *Les Fautes d'Etat-Major pendant la Guerre*, par Armand Charpentier. Entrée gratuite.

FAITS DIVERS

Rafles

Dans le 10e arrondissement, on a arrêté 21 filles soumises, 11 prostituées insoumises, pour prostitution clandestine.

Paris la nuit

Boulevard de Courcelles, à l'angle de la rue de Monceau, Mlle Angot, 26 ans, infirmière à l'hôpital Beaujon, a été assaillie par deux individus. Les agresseurs ont pu être arrêtés et Mlle Angot a dû regagner son infirmerie.

Ne prenez plus l'ascenseur

D'abord pour économiser la force motrice ; ensuite pour ne pas subir le sort du jeune Hussine, âgé de 14 ans, qui a été trouvé hier serré dans la cage de l'ascenseur de l'Hôtel Richemond rue du Helder.

Un docteur a constaté son décès et un commissaire de police informé.

Les Théâtres

PETIT COURRIER

CONCERTS PASDELOUP :

Aujourd'hui jeudi, à 3 heures, au Cirque d'Hiver, conférence de M. Julien Tiersot : Berlioz. Exemples musicaux tirés de la *Symphonie Fantastique*, *La Damnation de Faust*, *Le Carnaval Romain*, *L'Enfance du Christ* et *Les Troyens*, avec le concours de Mme Suzanne Balguerie et de l'Orchestre Pasdeloup, sous la direction de M. Rhené-Baton.

PROGRAMME DES SPECTACLES

Ce soir :

OPÉRA. — *Ballets russes*.
COMÉDIE-FRANÇAISE, 8 h. 15. — *L'Abbé Constantin*.
OPÉRA-COMIQUE, 8 h. 15. — *La Basoche*.
ODÉON, 8 h. 15. — *Les Américains chez nous ; Les Chevilles*.
TRIANON, 8 h. 30. — *Les Visitandines ; Le Soldat magicien*.
GAITÉ, 8 h. — *La belle Hélène*.
VAUDEVILLE, 8 h. 30. — *La Fille Sauvage*.
VARIÉTÉS, 8 h. 30. — *La Chasse à l'Homme*.
THÉÂTRE DE PARIS, 8 h. 15. — *La Vierge folle* (Réjane).
CIRQUE D'HIVER, 8 h. 20. — *Œdipe* (Gémier, Andrée Mégard).
CHATELET, 8 h. — *Mélikoko, roi nègre*.
PORTE-SAINT-MARTIN, 8 h. 30. — *Béranger*.
NOUVEL-AMBIGU, 8 h. 30. — *Veux avoir un enfant*.
GYMNASE, 8 h. 15. — *L'Animateur*.
SARAH-BERNHARDT, 8 h. 15. — *L'Aiglon*.
PALAIS-ROYAL, 8 h. 30. — *Hercule à Paris*.
TH. ANTOINE, 8 h. 15. — *La Captive*.
BOUFFES-PARISIENS, 8 h. 30. — *Phi-Phi*.
DÉJAZET, 8 h. 30. — *Tire au flanc*.
CONCERT MAYOL (Tél. : Gut. 68-07). — *La grande Revue d'hiver : Tout à l'Amour*. 150 artistes, 500 costumes. Au 2e acte : *Le Coucher des Ingénues*.
TH. IMPÉRIAL, 20 h. 45. — *La Revue*. Lise Berty.
EDOUARD VII, 8 h. 30. — *La Liaison dangereuse*.
EUROPÉEN, mat., soir. — Nine Pinson, Jenks, Gabardin, Norcel, etc., etc.
L'ABRI, 8 h. 45. — *La Bagatelle*.
THÉÂTRE MICHEL, 8 h. 30. — *L'Heure exquise*.
LA PIE-QUI-CHANTE, 9 h. — Revue. (Ch.
THÉÂTRE DES MATHURINS, 9 h. — *Il était un petit « Homme »*.
THÉÂTRE DES ARTS, 8 h. 15. — *L'Ame en folie*.
SCALA, 8 h 30. — *Le Coup de Jarnac*.
APOLLO, 8 h. 30. — *La Princesse Carnaval*.
MARIGNY, 8 h. 30. — *Les Belles Anglaises*.
NOUVEAU-CIRQUE. — T. l. s. (vend. exc.), mat. jeudi, sam., dim., fêtes.
ALHAMBRA. — *Attractions variées*.
KURSAAL, soirée à 8 h. 25.
OLYMPIA, 8 h. 30. — *La Revue des As*.
ELDORADO. — Revue, Montel, Ifeval.
GAITÉ-ROCHECHOUART, 8 h. 30. — *Les Bi plus*, revue.
ATHÉNÉE, 8 h. 30. — *Amour, quand tu nous tiens !*
GRAND-GUIGNOL, 8 h. 30. — *Une Nuit au Bouge*.
POTINIÈRE. — *Vas-y voir*.
THÉÂTRE ALBERT Ier, 8 h. 30. — *Le Temps des Cerises*.
RENAISSANCE, 8 h. 30. — *La Passerelle*.
FÉMINA, 8 h. 15. — *Triplepatte*.
CLUNY, 8 h. 30. — *L'Enfant de ma Sœur*.
EMPIRE, 8 h. 15. — *La Cocarde de Mimi Pinson*.
FOLIES-BERGÈRE, 8 h. 30. — *Paris-Vertige* (revue).
CASINO DE PARIS, 8 h. 30. — *Paris qui danse*.

NOUVEAUTÉS-AUBERT-PALACE, 24, boulevard des Italiens. — *Impossible Mariage*, drame ; *Le Fils de la Nuit*, 5e épisode ; *Fontières*.
MONCEY-CINÉMA, 30, avenue de Clichy. — *Valet de Cœur*, dramatique ; *Le Fils de la Nuit*, 5e épisode ; *Serpentin, le Bonheur est chez toi*, interprété par Levesque. — Matinée à 2 heures ; soirée à 8 heures.
TIVOLI-CINÉMA, 14, rue de la Douane. — *Travail*, 2e épisode ; *L'Apostolat* d'après le célèbre roman d'Emile Zola ; *Charlot Brocanteur* ; *Le Fils de la Nuit*, 5e épisode. — Matinée à 2 heures ; soirée à 8 heures.
CINÉMA SAINT-PAUL, 73, rue Saint-Antoine ; 38, rue Saint-Paul. — *Le Fils de la Nuit*, 5e épisode ; *La Liseuse inconnue*, comédie sentimentale ; *Charlot Brocanteur*. — Matinée à 2 heures ; soirée à 8 heures.

LES COURSES

Aujourd'hui, courses au trot à VINCENNES, à 13 h. 15, et à PAU.

Une grève des typos en Pologne

Bâle, 28 janvier. — On télégraphie de Berlin :

Le *Lokal Anzeiger* apprend de Posen que tous les ouvriers typographes allemands et polonais se sont mis en grève. — (*Radio*.)

Marché de Paris

MARCHÉ SOUTENU. HAUSSE DES DEVISES ETRANGÈRES : LA LIVRE ANGLAISE VAUT 41 FR. 20 1/2, LE DOLLAR 13 FR. 30 1/2. — *Etablissements de crédit mal affaiblis. Mines de cuivres, mines d'or, pétroles, caoutchoucs en progrès. Le groupe colonial poursuit son avance. Léger fléchissement des valeurs maritimes.*

EN AVANCE : Crédit Foncier Colonial. Banque Ottomane. Nitrate Railway. Tabacs des Philippines. Rio-Tinto. De Beers. Utah Copper. Rand Mines. Padang. Royal-Dutch. Shell.

EN RECUL : Banque de Paris. Thomson-Houston. Compagnie Transatlantique. Câbles Télégraphiques. Hutchinson. Chargeurs Réunis. Industrielle des Pétroles. Ekaterina.

BRUITS ET NOUVELLES

Valeurs-vedettes. — Mauvaise journée pour ces valeurs : Recherches et Forages, Naterena y Anexas, Spano, Phosphates des Ardennes, Maritime Française, Tedd Sec, Applications du Bois semblent figées aux cours des séances précédentes. Les Pêcheries à vapeur, Etablissement Caroll, Victoria, Santa-Fé, Câbles Télégraphiques, Héraclée fléchissent de nouveau.

Platine. — On fait monter les cours de cette valeur sous prétexte que le platine métal vaut 30.000 francs le kilog. Les acheteurs ne devraient cependant pas oublier que les stocks de cette société sont épuisés depuis 1918. Or, depuis cette époque, tout travail d'extraction a été suspendu. L'actif industriel doit de plus se ressentir fortement de ce chômage. Rien ne justifie donc cette hausse et la seule explication qu'on en puisse donner est que les gros porteurs cherchent à liquider leur position au plus haut cours.

TRIBUNAUX

Le trafic des billets de théâtre

La 11e chambre jugeait hier des employés d'agences théâtrales qui trafiquaient des billets de théâtre, vendant par exemple 22 francs des places cotées 18 francs.

Après réquisitoire de Me Charteau et plaidoirie de Me de Monzie, le jugement a été remis à huitaine.

Spéculateur condamné

La 10e chambre ne chôme pas. Hier, elle a condamné à deux mois de prison et 20.000 fr. d'amende un important commissionnaire en bestiaux de la Villette, M. A. Séjourné.

Ce dernier s'était livré à une spéculation illicite sur le veau et, dans un seul marché notamment, avait réalisé un bénéfice abusif de 5.400 francs !

La Vie Sociale et Politique

LES GRÈVES

LES MÉTALLURGISTES DE NEVERS

Les ouvriers métallurgistes des ateliers de construction et réparations de locomotives, route de Vauzelles, à Nevers, sont en grève depuis le 17 courant, pour augmentation de salaire.

Voici les tarifs demandés : professionnels (1re catégorie), 2 fr. ; professionnels (2e catégorie), 1 fr. ; manœuvres spécialisés, 1 fr. ; manœuvres non-spécialisés, 1 fr.

Les métallurgistes sont donc invités à ne pas diriger leurs pas sur cette usine.

DANS L'IMPRIMERIE

Le personnel de l'Imprimerie Pigelet (typos, clicheurs et imprimeurs) s'est mis en grève à la suite du refus de l'administration de lui accorder une indemnité de vie chère de 5 francs. La permanence de grève se tient Maison Lesueur, 201, boulevard Voltaire.

LES MARÉCHAUX-FERRANTS

La grève s'étend en banlieue. Les directeurs de certaines administrations se sont mis en rapport avec le syndicat. Une réunion a eu lieu hier ; aucune décision n'a été prise.

DANS LA MARINE FLUVIALE

Une délégation des grévistes mariniers s'est rendue hier matin au ministère des Travaux publics. Elle a été reçue par M. Dreyfus, directeur de la navigation, qui leur a dit que la réquisition pourrait continuer en temps de guerre mais selon les conditions de salaires et de travail obtenues. Il aurait, en outre, déclaré que, en lieu et place des directeurs des compagnies, il aurait signé l'accord depuis longtemps.

AUX ABATTOIRS

Les travailleurs en grève des Abattoirs de la Villette et de Vaugirard se sont réunis hier matin, à la Bourse du Travail, sous la présidence de Feuillet.

Dumercq, délégué de l'Union des Syndicats de la Seine, a fait une causerie éducative très applaudie et l'ordre du jour de « lutte à outrance » a été adopté.

D'après les déclarations apportées à la tribune, quelques défections se sont produites à la Villette ; par contre, à Vaugirard, le chômage serait complet.

Le fait saillant à signaler est la proposition faite par le syndicat ouvrier, de constituer une commission d'arbitrage.

L'entrevue, à la bourse patronale, serait présidée par M. Montsarrat, commissaire divisionnaire des Halles.

M. Montsarrat a accepté, ainsi que M. Jouzin, président de la chambre syndicale patronale des bouchers en gros. On attend l'acceptation de M. Mitonel, président des patrons fondeurs-margariniers.

COMMUNICATIONS

Union des Syndicats de la Seine. — Les candidatures suivantes ont été régulièrement déposées :

Gutrand, Syndicat des Industries Electriques ; Lecuyer, Syndicat des Polisseurs-Nickeleurs ; Lefèvre, secrétaire sortant, Syndicat du Bijou ; Perrot, secrétaire sortant, Syndicat de la Serrurerie et de la Construction métallique.

Le nombre des secrétaires à nommer est de trois. La désignation aura lieu à la réunion du Comité général du 18 février 1920.

L'Union demande aux organisations parisiennes de lui adresser, tous les lundis, une fiche relative aux grèves en cours dans leur champ d'action.

Section socialiste d'Antony. — Les camarades ayant encore entre leurs mains des feuilles de souscription sont priés de les remettre au trésorier.

Il est du devoir des camarades en retard de leurs cotisations, ainsi que ceux n'ayant pas encore effectué le versement du supplément imposé par les nécessités de la campagne électorale, de se mettre à jour à la réunion du mois prochain. La section ayant besoin de fonds pour régler les comptes avec la Fédération et aussi pour assurer son existence, nous pensons que les camarades auront à cœur d'acquitter leurs retards.

Charpentiers en fer. — Une sérieuse offensive est commencée par le patronat pour abolir les huit heures. Il nous revient que, dans les régions libérées, les compagnies en déplacement pour des maisons de Paris acceptent trop facilement de travailler les dimanches et de faire des heures supplémentaires.

Nous rappelons à tous les corporants organisés qu'ils doivent se refuser à toute dérogation des huit heures.

Bâtiment. — Le Conseil syndical de section, réuni le 27 janvier, a décidé la levée de l'index de la Maison Greiner, cette maison ayant rétabli les salaires d'avant-grève.

Les camarades chaudronniers, ferblantiers, tôliers, découpeurs, estampeurs, boulonniers, soudeurs et soudeuses, collecteurs et délégués d'ateliers, peuvent passer au siège retirer les traites pour l'assemblée générale de section du 7 février.

Ciseleurs et Maçons d'Art. — A la salle des démissions données à l'assemblée du 24 janvier, à la réunion du 15 février il sera procédé à l'élection d'un secrétaire, d'un trésorier, d'un délégué propagandiste et de neuf membres du conseil.

Les camarades désireux d'être candidat à un de ces postes doivent se faire inscrire à la permanence jusqu'au dimanche 8 février, 11 h. 30, dernier délai.

Il a été trouvé des papiers au nom de Pascal Gabriel. Prière à l'intéressé de passer les prendre à la permanence.

CHEZ LES CHEMINOTS

Versailles. — Les cheminots du syndicat de Versailles se sont déclarés prêts à mener la lutte sur tous les terrains pour que l'émancipation des travailleurs soit l'œuvre des travailleurs eux-mêmes.

Asnières, Bécon, Bois-Colombes, La Garenne. — Les cheminots de ces localités sont décidés à ne pas laisser passer le 10 février 1920 sans manifester, même par la grève, leur volonté de voir aboutir l'échelle de traitement et le rappel du 1er janvier 1919.

Vrelot. — Les cheminots d'Vrelot repoussent toute collaboration de classes, s'engagent à répondre à l'appel de l'Union pour la réalisation rapide de leurs revendications et invitent la C. G. T. à entreprendre une action contre l'impôt sur les salaires ; en attendant, ils ne le payeront pas.

CONVOCATIONS

SYNDICATS

Comité des Syndicats minoritaires. — Vendredi, à 20 h. 30, salle des Commissions, 1er étage. Présence indispensable.

Cheminots (Paris Nord). — A 16 heures, au siège, 4, rue Myrha.

— (Argenteuil-Ouest). — A 17 h. 30, salle Gymnase. Tous les cheminots sont invités à y assister.

Grignoteurs. — Conseil à 17 h. 30, au siège. Les deux délégués au Comité minoritaire sont priés d'être présents.

Scieurs, Découpeurs, Mouluriers. — Conseil à 20 heures, Bourse du Travail, salle des Commissions, 2e étage.

Maçonnerie-Pierre. — Conseil à 19 h. 30, au siège. Tous les camarades susceptibles de faire de la propagande sont invités à cette réunion.

Menuisiers. — A 20 h. 30, Conseil au siège.

Cimentiers et Maçons d'Art. — Commission du journal, à 18 heures, au siège.

Bijou. — Conseil à 18 heures, salle Commission, 1er étage.

Peintres en Bâtiment. — Assemblée générale à 18 heures, salle Ferrer, Bourse du Travail. Décisions à prendre.

Habillement. — Employés de la couture, à 19 heures, rue de Valois, 9.

— (Tailleurs et Culottières). — A 19 heures, Bourse du Travail.

Coiffeurs. — Conseil et professeur, à 21 heures, Bourse du Travail.

PARTI SOCIALISTE

Jeunesse de Clichy. — A 20 h. 30, rue de Paris, 60, causerie par Cayous.

Drancy. — A 20 heures, salle Chauvel, 78, avenue Marceau.

Parti Italien (Section de Paris). — A 8 h. 30, rue de Bretagne, conférence par Feri.

DIVERS

Coopérative d'Alfortville. — Commission de propagande, à 20 h. 30, au Petit Caporal, Grande-Rue Maison-Alfort.

A. R. A. C. (13e section). — A 20 h. 30, au siège, 14, avenue d'Italie.

Harmonie de l'U. C. P. — Répétition, à 20 heures 30, au siège, 17, rue Sambre-et-Meuse.

Syndicat professionnel des Ecrivains. — Assemblée générale, dimanche 1er février, à 14 heures 30, au siège provisoire, 38 bis, rue Fontaine.

Le Gérant : Louis DESCARSIN.

IMPRIMERIE FRANÇAISE (Maison J. Dangon)
Georges DANGON, imprimeur
123, rue Montmartre, Paris (2e arr.)

Travail exécuté par des ouvriers payés au tarif syndical